21世纪会计系列规划教材 **通用型**

审计学

易金翠 于静霞／主编

罗苑玮 赵少君 汪振纲／副主编

AUDITING

东北财经大学出版社
Dongbei University of Finance & Economics Press
大连

图书在版编目（CIP）数据

审计学 / 易金翠，于静霞主编. —大连：东北财经大学出版社，2025.5. —（21世纪会计系列规划教材·通用型）. —ISBN 978-7-5654-5559-9

Ⅰ. F239.0

中国国家版本馆 CIP 数据核字第 2025AS6808 号

审计学

SHENJIXUE

东北财经大学出版社出版

（大连市黑石礁尖山街217号　邮政编码　116025）

网　　　址：http://www.dufep.cn

读者信箱：dufep@dufe.edu.cn

大连天骄彩色印刷有限公司印刷　　东北财经大学出版社发行

幅面尺寸：185mm×260mm　字数：616千字　印张：25.75　插页：1

2025年5月第1版　　　　　　　　2025年5月第1次印刷

责任编辑：李　栋　周　慧　　　　　责任校对：何　莉

封面设计：原　皓　　　　　　　　　版式设计：原　皓

书号：ISBN 978-7-5654-5559-9　　　定价：58.00元

前　言

　　审计是推动国家治理体系和治理能力现代化的重要力量。习近平总书记在二十届中央审计委员会第一次会议讲话时指出："努力构建集中统一、全面覆盖、权威高效的审计监督体系，更好发挥审计在党和国家监督体系中的重要作用；要加强对内部审计工作的指导和监督，充分调动内部审计和社会审计的力量，增强审计监督合力。"新时代对审计赋予了更高的要求和期望。作为应用型本科院校，作为从教多年的审计教育工作者，我们深入思考"培养什么人""怎样培养人""为谁培养人"这一系列教育根本问题，在总结前人成果基础上，结合三十余年的审计教学实践，汲取新知，认真研究，分工协作，编写了本教材。

　　本教材是审计专业领域的入门教材，适用于审计学专业或其他财经类专业学生，以及对审计感兴趣的非专业学生和在职人士。本教材坚持理论与实践相统一的原则，以社会审计（又称注册会计师审计）知识为主干，以国家审计和内部审计知识为互动，并嵌入智慧审计知识，构建起融党和国家战略、审计基础知识，以及审计前沿动态为一体的审计知识体系，以培养能够适应各领域审计、监督工作的新时代审计人才。为教材内容共分为三个部分：第一部分是审计概述（第一章至第二章），主要是对审计的历史和现状进行介绍，从审计的产生和发展中了解审计的职能、作用、概念框架和审计的分类，理解国家审计、内部审计和社会审计形成的审计监督合力；第二部分是社会审计的职业道德和专业能力（第三章至第十三章），第三章主要阐述注册会计师职业规范与法律责任，第四章至第九章阐述财务报表审计的理论，第十章至第十三章从审计流程角度阐述财务报表审计实务；第三部分是最新的审计技术和理念（第十四章），简要介绍了数智时代的智慧审计环境、大数据审计和审计机器人等前沿审计技术，让读者了解审计学科的前沿动态。我们希望，这本教材能够成为各位读者开启审计知识大门的钥匙，帮助大家在审计的广阔领域中探索前行，为未来从事审计工作或者理解经济监督体系打下坚实的基础。

　　本教材注重传道、授业、解惑。"传道"，旨在帮助审计初学者塑造正确的价值观，树立新时代审计的使命感和责任感，课程思政内容贯穿教材始终。"授业"，旨在帮助审计初学者更好理解、掌握审计理论知识。因此，本教材编写从初学者的角度考虑，尽可能用词更通俗易懂，用图表来更简洁明了地表述，用案例讲解知识点，增强趣味性。同时，又从"两性一度"的要求出发阐述内容，高阶性体现在教材编写过程中参考了审计界知名教授陈汉文、秦荣生等编写的《审计学》教材，注册会计师考试指定用书《审计》，以及知名期刊登载的文章，创新性体现在教材关注审计理论创新、审计内容创新、审计技术方法创新等审计发展前沿动态，挑战度体现在教材直接选用资本市场上经典的"康美药业"等案例进行深入分析，虽然有一定的难度，但能学以致用，促进初学者系统、全面地掌握审计的基本理论及实务。"解惑"，旨在帮助初学者解决学习中的困惑，教材编写团队结合三十余年的教学实践经验，不仅对审计程序、重要性、审计风险、控制测试等重点难点内容以及容易含糊不清的内容进行重点阐述，又增加了典型例题讲解，还在"学习通"上设置了题库，帮助初学者举一反三进行练习和释惑。

本教材结合应用型本科的审计教学实践，精心设计了章节顺序，每章都配有思维导图、思政领航、知识传授、案例引入、主要内容、本章小结、课后思考题等模块，方便读者在学习过程中把握重点、巩固所学知识，并能够灵活运用所学理论解决实际问题。本教材还设计了配套PPT和章节练习题，方便教师教学使用。"学习通"上设置的"审计学"课程，为教师提供了线上交流的场所，同时增强资料获取的便利性，还能实现习题的动态更新。

本教材是教学团队集体智慧的结晶，教学团队曾研发"南宁市骏业高温材料有限责任公司"审计实训资料、安琪儿食品有限责任公司审计实训资料，出版《注册会计师审计综合实训》《内部控制与风险管理》《计算机审计》等教材，承办全国审计实验教学师资培训班。本教材由易金翠、于静霞担任主编，罗苑玮、赵少君、汪振纲担任副主编。具体分工如下：第一章、第四章、第十三章由易金翠编写，第二章、第三章由于静霞编写，第五章由罗苑玮编写，第六章、第七章、第八章由汪振纲编写，第九章由黄露葵编写，第十章至第十二章由赵少君编写，第十四章由黄胤强编写。易金翠教授编写大纲，并审改全部书稿。感谢所有编写人员为编写教材不辞辛劳，在寒暑假仍笔耕不辍；感谢陈建宁副教授默默付出，为编写教材持续查阅并审核教学案例；感谢出版社和编辑们，是你们所有人的支持和努力，才有了这本教材的正式出版。

囿于编者的水平，书中错误之处在所难免，期待同仁、学生和其他读者对本书提出更多的改进意见和建议，我们愿意为大家服务，持续修订完善，编著出更高质量的教材，为新时代审计理论与实践的发展作出应有的贡献。

编　者
2025年2月

目　录

第一章
审计概述

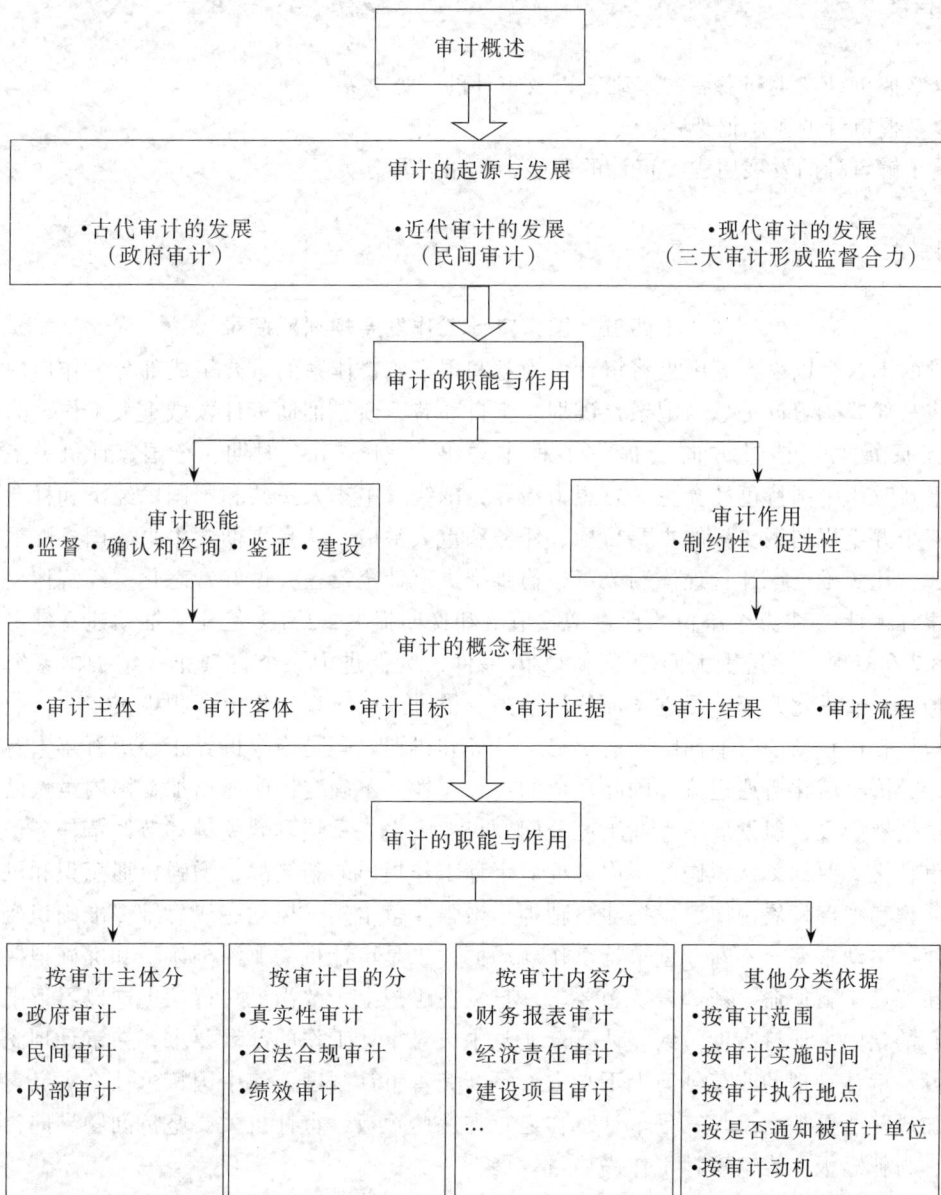

审计概述

审计的起源与发展
- 古代审计的发展（政府审计）
- 近代审计的发展（民间审计）
- 现代审计的发展（三大审计形成监督合力）

审计的职能与作用

审计职能
- 监督 • 确认和咨询 • 鉴证 • 建设

审计作用
- 制约性 • 促进性

审计的概念框架
- 审计主体 • 审计客体 • 审计目标 • 审计证据 • 审计结果 • 审计流程

审计的职能与作用

按审计主体分
- 政府审计
- 民间审计
- 内部审计

按审计目的分
- 真实性审计
- 合法合规审计
- 绩效审计

按审计内容分
- 财务报表审计
- 经济责任审计
- 建设项目审计
- …

其他分类依据
- 按审计范围
- 按审计实施时间
- 按审计执行地点
- 按是否通知被审计单位
- 按审计动机

思政领航

- 了解审计的发展历程，领悟我国古代审计的智慧，鉴古思今，从审计发展历程中汲取精神和力量，与时代同振，积极投身于党和国家的审计事业，为中华民族伟大复兴贡献审计智慧。
- 把握审计的本质规律，理解习近平总书记对审计工作的重要指示和重要讲话精神，充分认识审计在党和国家监督体系、推进国家治理体系和治理能力现代化中的重要作用，培养具有家国情怀和责任担当的审计人才。

知识传授

- 掌握审计产生和发展的基础，以及审计的三方关系；
- 掌握审计的概念框架；
- 了解审计的发展历程，审计的职能、作用以及分类。

案例引入

《"十四五"国家审计工作发展规划》摘录

党的十八大以来，党中央将审计作为党和国家监督体系的重要组成部分，作出一系列重大决策部署。习近平总书记亲自谋划、亲自部署、亲自推动审计领域重大工作，为审计事业发展指明了前进方向、提供了根本遵循。"十三五"时期，全国审计机关坚持以习近平新时代中国特色社会主义思想为指导，围绕《中华人民共和国国民经济和社会发展第十三个五年规划纲要》的主要目标、任务和重大举措，认真贯彻党中央、国务院重大决策部署，扎实推进审计管理体制改革，稳步推进审计全覆盖，做好常态化"经济体检"工作，累计审计50多万个单位，促进增收节支和挽回损失2.2万多亿元，推动建立健全规章制度3.7万多项，移送重大问题线索3.9万多件，为促进中央令行禁止、维护国家经济安全、推动全面深化改革、促进全面依法治国、推进廉政建设等作出了积极贡献。

审计工作在新的时期面临新的形势、任务和机遇。一是当今世界正经历百年未有之大变局，经济全球化遭遇逆流，国际环境的不稳定性、不确定性明显增加，国内虽然已转向高质量发展阶段，但发展不平衡不充分问题仍然突出，重点领域关键环节改革任务仍然艰巨，审计机关要深刻认识国际国内环境对审计工作提出的新挑战，增强机遇意识和风险意识，认识和把握发展规律，发扬斗争精神，增强斗争本领，树立底线思维，准确识变、科学应变、主动求变，不断开创审计工作新局面。二是审计机关要深刻认识和准确把握新时代的新特点、新使命、新部署、新要求，自觉在思想上、政治上、行动上同以习近平同志为核心的党中央保持高度一致，认真落实党中央对审计工作的部署要求，在审计理念、审计手段、审计管理的改革创新上下功夫，不断完善审计制度，使中国特色社会主义审计制度更加成熟、更加定型。三是审计工作还存在一些短板，审计机关要坚持问题导向，精准施策，力补短板，推动审计工作高质量发展。

"十四五"时期是我国全面建成小康社会、实现第一个百年奋斗目标之后，乘势而上开启全面建设社会主义现代化国家新征程、向第二个百年奋斗目标进军的第一个五年，审计工作必须坚持党中央集中统一领导，坚持稳中求进工作总基调，立足新发展阶段，贯彻新发展理念，构建新发展格局，以推动高质量发展为主题，围绕统筹推进"五位一体"总体布局和协调推进"四个全面"战略布局，依法全面履行审计监督职责，深化审计制度改革，加强全国审计工作统筹，加快构建集中统一、全面覆盖、权威高效的审计监督体系，更好发挥审计在推进国家治理体系和治理能力现代化中的作用，为全面建设社会主义现代化国家开好局、起好步提供监督保障。

资料来源：中央审计委员会办公室，审计署. 中央审计委员会办公室、审计署关于印发《"十四五"国家审计工作发展规划》的通知［EB/OL］.［2021-06-22］. https://www.gov.cn/zhengce/zhengceku/2021-06/28/content_5621230.htm.

◎ 第一节 审计的产生与发展

一、审计的起源：政府审计的产生早于民间审计和内部审计

（一）我国审计的起源与发展

我国古代审计源远流长，起源于先秦时期、确立于秦汉时期、发展于隋唐宋时期，元明清时期基本停滞不前。尽管不同时期的审计制度各异，但都是由专门机构以查核账目为主要方法，对财政财务收支实施的监督。

先秦时期是审计的初始阶段。《史记》记载夏代大禹会诸侯"会稽"贡赋的传说；商代甲骨文证实了当时检查土地、谷物、养牛等经济监督活动。西周王朝在夏商审计萌芽的基础上，除中央行政机构外在天子之下设三公（太师、太傅、太保）和冢宰，三公辅助周王掌理国政，冢宰负责主管王室事务和全国的监察工作；冢宰之下又设司会和小宰，司会负责王朝财政经济收支的会计核算，小宰主管王朝的财物保管，小宰的属官宰夫为执行具体的监察和审计业务的官吏。据《周礼》的记载，宰夫"掌治法，以考百官府、郡、都、县、鄙之治，乘其财用之出入。凡失财用物辟名者，以官刑诏冢宰而诛之。其足用长财善物者，赏之。"即宰夫掌管对百官府、诸郡都县鄙的治理情况，考察群吏的功过得失，检查百官在财计方面有无欺诈等劣迹，并根据官吏的政绩优劣，上报冢宰而分别予以赏罚。西周把负责审计工作的宰夫置于负责财计部门的司会之外，独立行使审计职权，标志着我国政府审计的产生。春秋战国时期，各国为求生存和发展，先后实施变法，分封制逐步演变为中央集权的郡县制，爵位世袭制也相应改为官员任命制，"上计"制度应运而生。"上计"制度是君王亲自参加听取和审核各级地方官吏的财政会计报告以决定赏罚的制度。"上计"制度成为统治者了解地方政治、经济、财政和社会状况的重要途径，也是考核官吏、整饬吏治的重要手段，对加强地方控制发挥了积极的作用。

秦汉时期是我国封建社会的建立和成长时期，也是我国审计的确立阶段。秦灭六国后建立了幅员空前辽阔的国家，在中央设丞相、太尉和御史大夫三公，丞相掌政事，太尉掌军事，御史大夫执掌弹劾、纠察之权，专司监察全国的民政、财政以及财务审计事项，并协助丞相处理政事；在地方实行郡县制，在郡设监御史，监御史隶属于御史大夫，作为常

驻地方的监察审计官员，其主要职责是对郡太守、郡府属官及属县执行监察审计任务，由此开启了延续两千多年的御史监察审计制度。汉承秦制，西汉初仍由御史大夫领掌监督审计大权。秦汉时期的御史大夫不仅行使政治、军事的监察之权，还行使经济的监督之权，控制和监督财政收支活动，钩稽总考财政收入情况。同时，"上计"制度在秦汉时期日趋完善。

隋唐宋五代时期是我国制度文化发展的又一高峰，封建社会经济的发展促使古代审计走向成熟。隋唐至宋，中央集权不断加强，官僚系统进一步完善，审计制度方面也日臻健全，隋创设三省六部，设置隶属于都官（后改为刑部）的比部，掌管国家财计监督，行使审计职权；唐代延续隋代的三省六部制，比部隶属于六部中的刑部，刑部掌天下律令、刑法、徒隶等政令，比部审计之权通达国家财经各领域，而且一直下伸到州、县，较于隋代比部的审查范围更广、项目更多，而且具有很强的独立性和较高的权威性。宋代审计在元丰改制后，财计官制复唐之旧，审计之权重归刑部之下的比部执掌，审计机构重获生机；南宋还专门设置隶属于太府寺的审计司，后又曾将这个机构改称为审计院。宋代审计司（院）的建立，是我国审计的正式命名，从此，"审计"一词便成为财政监督的专用名词，对后世中外审计建制具有深远的影响。

元明清各朝，君主专制日益强化，审计虽有发展，但总体上停滞不前。元代取消比部，户部兼管会计报告的审核，独立的审计机构即告消亡。明初设比部，不久即取消；洪武十五年设置都察院，以左右都御史为长官，审查中央财计。清承明制，设置都察院，职掌"对君主进行规谏，对政务进行评价，对大小官吏进行纠弹"，成为最高的监察、监督、弹劾和建议机关。虽然明清时期的都察院制度有所加强，但其行使审计职能却具有一揽子性质。由于取消了比部这样的独立审计组织，其财计监督和政府审计职能被严重削弱，与唐代行使司法审计监督职能的比部相比，后退了一大步。

辛亥革命加速了清朝的覆灭，并促成了中华民国国民政府的成立，标志着中国两千多年封建帝制的终结。北洋政府1912年在国务院下设审计处，1914年根据《中华民国约法》改为审计院，同年颁布的《审计法》成为我国在西方现代民主法制思想的影响下所颁布的第一部具有近代意义的审计法规。中华民国国民政府根据孙中山先生五权分立的理论，设立立法、行政、司法、考试、监察五院，在监察院下设审计部，各省（市）设审计处，不能按行政区域划分的单位，如国库、铁路局、税务机关等，则根据需要与可能设审计办事处，分别对中央和地方各级行政机关以及单位的财政和财务收支实行审计监督。中华民国国民政府也于1928年颁布了《审计法》和实施细则，1929年颁布了《审计组织法》，审计人员有审计、协审、稽察等职称。

（二）西方审计的起源与发展

在西方国家，随着生产力的发展和经济关系的变革，审计也经历了一个漫长的发展过程。

据考证，早在奴隶制度下的古罗马、古埃及和古希腊时期，已有官厅审计机构。审计人员以"听证"（audit）方式，对掌管国家财物和赋税的官吏进行审查和考核，成为具有审计性质的经济监督工作。在历代封建王朝中，也设有审计机构和人员，对国家的财政收支进行监督。但当时的审计，不论从组织机构上还是方法上，都处于很不完善的阶段。

随着经济的发展和资产阶级国家政权组织形式的完善，政府审计也有了进一步的发展。现代资本主义国家大多实行立法、行政、司法三权分立，议会或国会是国家的最高立法机关，并对政府行使包括财政监督在内的监督权。为了监督政府的财政收支，切实执行财政预算法案，维护统治阶级的利益，西方国家大多在议会下设有专门的审计机构，由议会或国会授权，对政府及国有企业和非营利组织的财政财务收支进行独立的审计监督。美国于1921年成立的总审计局就是隶属于国会的一个独立经济监督机构，它担负着为国会行使立法权和监督权提供审计信息和建议的重要职责。总审计长由总统提名，经国会同意，由总统任命。总审计局和总审计长置于总统管辖以外，独立行使审计监督权。另外，加拿大的审计公署、西班牙的审计法院等，也都是隶属于国家立法部门的独立机构，其审计结果要向议会报告，享有独立的审计监督权限。这是世界上比较普遍的立法系统的政府审计机关。

各国政府审计机关都是根据自己的国情来设置的，除立法系统的政府审计机关外，还有一些国家的审计机关隶属于政府领导，称为行政系统政府审计机关，如罗马尼亚由总统直接领导的高级监察院等；一些国家的审计机关由政府的财政部领导，称为次行政系统政府审计机关，如瑞典的政府审计局等；此外，实际上还存在一种既不属立法系统也不属行政系统的政府审计机关，如日本的会计检察院直接对日本天皇负责。总之，不管采取哪种类型，政府审计机关都应保证拥有独立性和权威性，以不受干扰，客观、公正地行使审计监督权。

二、民间审计在近现代得以快速发展

（一）民间审计萌芽于欧洲并在西方国家快速发展

民间审计也称社会审计，随着资本主义商品经济的兴起得到迅速发展。早在13、14世纪时期，地中海沿岸国家的商品贸易日益繁荣，为了筹集所需的大量资金，合伙制企业应运而生。未参与经营管理的合伙人需要了解掌握企业的财务情况，而参与经营管理的合伙人有责任向他们证明合伙契约得到了认真履行，利润的计算与分配正确且合理。因此，他们聘请一些精通复式簿记的、与任何一方都无利害关系的第三者进行核算监督。1581年，世界上第一个会计职业团体——威尼斯会计协会——成立，拉开了社会审计的序幕。

第一阶段：查错揭弊阶段（18世纪末至20世纪初）。社会审计真正产生并初步形成制度的历史进程是在英国完成的。英国的工业革命使股份公司这种组织形式问世并得到迅速发展。股份公司组织形式导致了财产所有权和经营权在更大程度上的分离，隐含着经营管理人员为谋取私利而损害所有者利益的风险。作为沟通公司内部和外部信息的桥梁，财务报表必须由财产所有者和经营者以外的专业人员加以鉴证。1720年，英国的南海公司破产事件导致了世界上第一位民间审计师查尔斯·斯内尔（Charles Snell）的诞生。为保护广大股票持有者的利益，英国政府1844年颁布了《公司法》，规定股份有限责任公司必须设置一名以上的股东作为监察人，负责审查公司账目；1856年修订的《公司法》取消了审计师必须是股东的要求，允许公司从外部聘请审计师；1862年，对有限责任公司进行年度审计成为法定要求，这些规定无疑对民间审计发展起到了推动作用。1853年，世界上第一个执业会计师的专业团体——爱丁堡会计师协会——在苏格兰的爱丁堡成立，标志着社会审计职业的诞生；随后，英国有数家会计师协会相继成立，民间审计队伍迅速扩大。但此时的英国民间审计没有成套的方法和理论依据，只是出于查错揭弊的目的，对大量的账簿记录进行逐笔审查，即详细审计。19世纪末20世纪初，美国南北战争结束后，英国巨额资本流入美国，美国经济得以快速发展。为了保护广大投资者和债权人的利益，英国的执业会计师远涉重洋到美国开展民间审计业务；与此同时，美国也很快形成了自己的民间审计队伍。1887年美国会计师公会成立，1916年改组为美国会计师协会；后来发展为美国注册公共会计师协会（American Institute of Certified Public Accountants，AICPA），成为世界上最大的民间审计专业团体。初期的美国民间审计多采用详细审计。

第二阶段：资产负债表审计阶段（20世纪初至20世纪30年代初）。20世纪初期的美国短期信用发达，公司多从银行举债，银行为了维护自身利益，要求对申请贷款公司的资产负债表进行审查、分析，判断公司的偿债能力，以决定是否给予贷款。因此，以证明公司偿债能力为主要目的的资产负债表审计，即信用审计，在美国风行一时。

第三阶段：财务报表审计阶段（20世纪30年代初至今）。20世纪20年代以后，随着资本市场的发育成熟，证券交易的业务量和规模都有了较大的发展。为顺应证券市场发展和社会各方面的要求，资产负债表审计已无法满足需要，美国率先进入财务报表审计时代。1933年，美国颁布《证券法》，规定在证券交易所上市的所有公司的财务报表都必须进行强制审计，由注册会计师出具审计报告。由于美国以立法的形式推行公司财务信息公开制度，要求所公开的各种财务报表必须按一定的标准编制，客观上要求与之相适应的审计工作也必须步入规范化、标准化的轨道，西方社会各阶层加速了对会计准则、审计准则的研究，许多国家的会计职业团体制定和实施了会计准则和审计准则。第二次世界大战以后，各经济发达国家通过各种渠道推动本国的公司向海外拓展，跨国公司得到空前发展，首先是发达国家的公司向不发达国家投资，然后是发达国家之间的公司相互渗透，之后一些欠发达的国家也向发达国家投资。跨国公司的日益增多带动了注册会计师的业务向世界范围扩展，为服务于分设在不同国家和地区的跨国公司，一些国家的会计师事务所组成大规模的国际会计师事务所，或者是跨国公司母国的会计师事务所在投资国分设机构，从而形成普华永道、德勤、安永、毕马威等国际会计师事务所。这些国际会计师事务机构庞大、人员众多，有统一的工作程序和质量要求，能够适应不同国家和地区的业务环境，不但为跨国公司的各分支公司服务，也为当地的公司服务，其业务收入每年达数百亿美元，在国际经济活动中起着重要作用。与此同时，审计技术也在不断完善，抽样审计方法普遍运用，审计准则逐步完善，审计理论体系开始建立，注册会计师业务扩大到代理纳税、代理记账等业务。

（二）我国民间审计的产生与发展

辛亥革命以来，我国资本主义工商业有所发展，社会审计业务被外国的注册会计师包揽，谢霖等一批爱国的会计学者为了维护民族利益与尊严，积极倡导创建中国的注册会计师事业。著名会计学家谢霖于1918年6月上书北洋政府财政部和农商部，要求推行注册会计师制度。1918年9月，北洋政府农商部颁布了我国第一部注册会计师法规《会计师暂行章程》，并向谢霖先生颁发了中国第一号注册会计师证书；1921年，谢霖在北京创办了我国第一家会计师事务所——正则会计师事务所；1925年，在上海成立了中国第一个注册会计师职业组织——上海会计师公会，此后，各地的会计师公会也相继成立，并于1933年成立全国会计师公会，至1947年，全国已拥有注册会计师2 619人。当时的会计师事务所主要集中在沿海大城市，开展企业会计制度设计、代理申报纳税、培训会计人才和其他会计咨询服务等业务。

三、当代信息技术助推了审计发展

（一）西方审计的技术和方法不断完善

20世纪60年代以后，科学技术有了飞跃的进步，新兴产业部门不断涌现，高等数学、电子计算机、系统科学等新技术和新方法成功运用于经济管理领域，在给公司管理带来思想和观念的变革的同时，也促进了审计技术的进步和管理咨询业务的发展。注册会计师从适应公司管理手段的改变和改进经营管理的需要出发，制度基础审计不断完善，并开发了电子数据处理系统审计和计算机辅助审计技术，把业务范围从主要执行审计职能迅速向管理咨询领域扩展，包括提供经济和财务信息、电子数据处理、存货管理，直至人事管理和个人财务管理等，这些无疑提高了注册会计师在经济生活中的重要性。在一些西方国家，大多数投资者和公司经理在作出重大决策前，都要先听取注册会计师的意见。注册会计师在社会中的形象更加高大，被称为"强大的无形力量"。

21世纪初，随着安然公司等一批美国公司财务丑闻的揭露及安达信国际会计师事务所的崩塌，美国实施了《萨班斯-奥克斯利法案》，强化了对公司内部控制的要求和对外部注册会计师的监管。为了适应这种形势，国际审计与鉴证准则委员会以及美国等发达国家的职业会计师组织修改相关的审计准则，推行适合揭露财务报表重大错报的风险导向审计。

（二）我国审计的恢复与快速发展

中华人民共和国成立以后，国家没有设置独立的审计机构，对企业的财税监督和货币管理是通过不定期的会计检查进行的。党的十一届三中全会以后，我国审计制度得以恢复并快速发展，先后经历了恢复重建、国际趋同发展和新时代新征程新使命三个阶段。

1.恢复重建阶段（1980—2005年）

社会审计方面：国家为适应经济发展和贯彻对内搞活、对外开放总方针的需要，财政部于1980年颁布了《关于成立会计顾问处的暂行规定》，同年5月开始筹备上海公证会计师事务所，于次年正式开业，接受国内外企事业单位的委托，承办会计和审计的有关业务；同时，从1983年起，审计部门领导下的审计事务所在全国陆续组建。我国1985年公布的《中华人民共和国会计法》第20条规定："经国务院财政部门或者省、自治区、直辖市人民政府的财政部门批准的注册会计师组成的会计师事务所，可以按照国家有关规定承办查账业务"，这是中华人民共和国成立以来第一次通过法律形式对注册会计师的地位和任务作出明确规定，有力推动了社会审计的发展。1986年国务院发布了《中华人民共和国会计师条例》，1988年成立注册会计师行业的全国组织——中国注册会计师协会（以下简称中注协），1991年全国注册会计师考试首次举办。1993年10月31日全国人大常委会通过了《中华人民共和国注册会计师法》，1995—1997年财政部批准发布了《中国注册会计师独立审计基本准则》、《独立审计具体准则》以及《独立审计实务公告》等一系列审计准则，这些法律和准则有力地推动了我国注册会计师工作的发展及其规范化。1995年，中国注册会计师协会与中国注册审计师协会实现联合，从此我国社会审计事业走上了统一发展的道路。1999年，全国会计师事务所基本完成脱钩改制，至此，我国基本建立与社会主义市场经济相适应的事务所管理体制，形成以注册会计师为投资主体、独立承担法律责任的运行机制,使事务所成为自主经营、自担风险、自我约束、自我发展的社会中介机构,注册会计师的个人风险意识进一步增强。与此同时,我国20世纪80年代末90年代初开启资本市场,注册会计师行业伴随着资本市场的发展得以快速成长起来。

政府审计方面:我国1982年修改后的《中华人民共和国宪法》规定:"国务院设立审计机关,对国务院各部门和地方各级政府的财政收支,对国家的财政金融机构和企业事业组织的财务收支,进行审计监督……审计机关在国务院总理领导下,依照法律规定独立行使审计监督权,不受其他行政机关、社会团体和个人的干涉。"1983年9月,我国政府审计的最高机关——中华人民共和国审计署成立,在县以上各级人民政府设置各级审计机关。1985年8月发布了《国务院关于审计工作的暂行规定》,1988年11月颁发了《中华人民共和国审计条例》,1995年1月1日实施《中华人民共和国审计法》,从法律上进一步确立了政府审计的地位。

内部审计方面:为加强部门、单位内部经济监督和管理,我国于1984年在部门、单位内部成立了审计机构,实行内部审计监督;1985年10月发布了《审计署关于内部审计工作的若干规定》,内部审计在各级政府审计机关、各级主管部门的积极推动下蓬勃发展。

至此,我国形成了政府审计、社会审计和内部审计三位一体的审计监督体系,审计制度和审计工作逐步形成常态化。

2.国际趋同发展阶段(2006—2017年)

社会审计方面:2005年,财政部和中国审计准则委员会提出完善中国审计准则体系、加快实现国际趋同的主张,并制订了国际趋同的工作计划。2006年2月,与国际审计准则趋同的《中国注册会计师执业准则》及其应用指南颁布,自2007年1月1日起实施。为与国际审计准则保持全面趋同,我国审计准则及其应用指南于2010年、2016年、2017年、2019年先后进行了多次更新与修订。在趋同的同时,为了培育服务中国企业"走出去"的国内大型会计师事务所,中国注册会计师协会出台了大量推动国内会计师事务所发展壮大的措施以及规范会计师事务所管控的制度。2000年,财政部印发《会计师事务所扩大规模若干问题的指导意见》,推动会计师事务所上规模、上水平。2007年5月,中国注册会计师协会印发《中国注册会计师协会关于推动会计师事务所做大做强的意见》以及《会计师事务所内部治理指南》;2009年10月,国务院办公厅转发财政部《关于加快发展我国注册会计师行业的若干意见》;2010年4月,中国注册会计师协会印发《会计师事务所合并程序指引》;2010年1月,财政部、原国家工商行政管理总局印发《关于推动大中型会计师事务所采用特殊普通合伙组织形式的暂行规定》,推动大中型会计师事务所转制为特殊普通合伙组织形式,同年财政部印发《会计师事务所分所管理暂行办法》;2012年6月,中国注册会计师协会印发《关于支持会计师事务所进一步做强做大的若干政策措施》。2014年8月,修订后的《中华人民共和国注册会计师法》正式实施,进一步明确了注册会计师的职责和作用,强调了注册会计师在社会经济活动中的鉴证和服务作用。值得注意的是,我国上市公司数量从2000年初的976家①,到2017年末已有3 485家,我国资本市场的迅猛发展为同时期注册会计师行业的发展提供了前所未有的机遇和挑战。截至2017年12月31日,全国共有会计师事务所8 605家(含分所1 082家),执业注册会计师105 570

---

① 中华人民共和国1999年国民经济和社会发展统计公报。

人，全年实现业务收入711.35亿元。

政府审计方面：2006年修订《中华人民共和国审计法》并发布实施，主要涉及审计机构管理、审计人员职责、被审计单位配合等方面的内容，对审计机构、审计人员和被审计单位的行为进行了更加严格的规范；2010年9月，为规范和指导审计机关和审计人员执行审计业务的行为，保证审计质量，防范审计风险，发挥审计保障国家经济和社会健康运行的"免疫系统"功能，审计署公布了《中华人民共和国国家审计准则》，对审计机关和审计人员、审计计划、审计实施、审计报告、审计质量控制和责任等作出了明确规定，准则自2011年1月1日起施行。2014年10月，国务院印发了《关于加强审计工作的意见》，提出发挥审计促进国家重大决策部署落实的保障作用。党的十八届四中全会提出："完善审计制度，保障依法独立行使审计监督权。对公共资金、国有资产、国有资源和领导干部履行经济责任情况实行审计全覆盖。"我国政府审计的对象和领域不断扩大。

内部审计方面：为规范内部审计工作，保证内部审计质量，明确内部审计机构和内部审计人员的责任，中国内部审计协会根据《审计法》及其实施条例，以及其他有关法律、法规和规章，于2013年发布《中国内部审计准则》，自2014年1月1日起施行。

3.新时代新征程新使命阶段（2018年至今）

审计是党和国家监督体系的重要组成部分，是推动国家治理体系和治理能力现代化的重要力量。党的十九届三中全会决定改革审计管理体制，2018年3月，党中央成立"中央审计委员会"，作为党中央决策议事协调机构，习近平总书记担任中央审计委员会主任，这是我国审计发展史上的创举，迎来了我国审计发展的新时代。习近平总书记在中央审计委员会第一次会议中指出，要落实党中央对审计工作的部署要求，加强全国审计工作统筹，优化审计资源配置，深化审计制度改革，解放思想、与时俱进，创新审计理念，及时揭示和反映经济社会各领域的新情况、新问题、新趋势，做到应审尽审、凡审必严、严肃问责，努力构建集中统一、全面覆盖、权威高效的审计监督体系，更好发挥审计在党和国家监督体系中的重要作用。中央审计委员会要强化顶层设计和统筹协调，提高把方向、谋大局、定政策、促改革能力，为审计工作提供有力指导。要拓展审计监督广度和深度，消除监督盲区，加大对党中央重大政策措施贯彻落实情况跟踪审计力度，加大对经济社会运行中各类风险隐患揭示力度，加大对重点民生资金和项目审计力度。审计机关要以审计精神立身、以创新规范立业、以自身建设立信，依法全面履行审计监督职责，促进经济高质量发展，促进全面深化改革，促进权力规范运行，促进反腐倡廉。2023年2月，中共中央办公厅、国务院办公厅印发《关于进一步加强财会监督工作的意见》，推动健全党统一领导、全面覆盖、权威高效的监督体系，包括财政部门主责监督、有关部门依责监督、各单位内部监督、相关中介机构执业监督、行业协会自律监督等各方面。内部审计、社会审计分别在单位内部监督、中介机构执业监督中发挥着重要作用；政府审计进一步上升为国家审计，需要站在国家治理的高度，充分调动内部审计和社会审计力量，为国家治理体系和治理能力现代化贡献审计智慧。

政府审计方面：为适应新时期审计发展需要，中央审计委员会办公室、审计署在2021年6月印发的《"十四五"国家审计工作发展规划》明确提出以下目标：（1）健全集中统一的审计工作体制机制：把加强党对审计工作的领导落实到审计工作全过程各环节，构建完成覆盖全国、上下贯通、执行有力的组织体系，健全党中央关于审计工作的重大决策部署落实机制、军地联合审计工作机制；健全各级党委审计委员会关于审计领域重大事项请示报告制度，形成审计工作全国一盘棋。（2）着力构建全面覆盖的审计工作格局。统筹各级审计力量，拓展审计监督的广度和深度，消除监督盲区，形成多层次、全方位的审计监督体系，确保党中央重大政策措施部署到哪里、国家利益延伸到哪里、公共资金运用到哪里、公权力行使到哪里，审计监督就跟进到哪里；实现审计全覆盖纵向与横向相统一、有形与有效相统一、数量与质量相统一。（3）推动形成权威高效的审计工作运行机制：坚持依法审计，用事实和数据说话，维护审计监督的权威性和公信力；坚持党政同责、同责同审，促进权力规范运行；建立健全审计查出问题整改长效机制；着力构建审计计划、组织实施、复核审理、督促整改等既相互分离又相互制约的审计工作机制，不断提升审计管理的制度化、规范化、信息化水平。2022年1月1日，新修订的《中华人民共和国审计法》正式实施，本次修订的要点有：加强党对审计工作的领导，巩固和深化审计管理体制改革成果；健全审计工作报告机制，更好发挥审计监督对人大监督的支持作用；扩展审计监督范围，推进审计全覆盖，增加对国有资源及国有资产的审计；优化审计监督手段，赋予审计机关履行职责必需的权限，规范审计监督行为；强化审计查出问题整改，提升审计监督效能。新修订的《审计法》为审计机关依法履职提供了强有力的法律依据。2023年5月，习近平总书记在二十届中央审计委员会第一次会议上强调，在强国建设、民族复兴新征程上，审计担负重要使命，要立足经济监督定位，聚焦主责主业，更好发挥审计在推进党的自我革命中的独特作用。

社会审计方面：2021年，中国注册会计师协会印发《注册会计师行业发展规划（2021—2025年）》，确立了"十四五"时期行业专业化、标准化、数字化、品牌化和国际化发展的主要目标；2022年，财政部印发《会计师事务所一体化管理办法》，进一步加强会计师事务所内部治理。2021年9月，北京证券交易所（简称北交所）的成立标志着我国资本市场多层次结构进一步完善，我国上市公司数量从2018年初的3 485家快速增长至2023年末的5 354家，截至2024年5月31日，全国共有会计师事务所10 794家、注册会计师105 667人，从业人员超过40万人，全年实现业务收入1 106.75亿元。

内部审计方面：传统内部审计人员只关注被审计单位的被审计事项，根据审计结果对照审计标准，仅提出专业性的审计意见和审计结论，只见树木不见森林，未能发现问题的根源。在新时代新征程中，党和国家赋予了内部审计新的使命。内部审计人员应认真学习习近平新时代中国特色社会主义思想，深入把握党和国家的重大决策部署，深刻认识我国社会经济发展的新情况和新特征，坚持围绕部门和单位发展要求和中心工作来谋划内部审计工作，始终将有效落实党和国家的重大决策部署、部门和单位发展要求作为内部审计工作的重点来部署。内部审计人员应善于从大局着眼，从全局性来看待和分析内部审计发现的问题，着力分析单位长远发展和健康发展存在的问题，并提出改进和完善的意见和建议；也要善于从细节着手，客观揭示单位经营管理中面临的问题和矛盾，及时提出整改和完善措施。内部审计机构和内部审计人员应始终坚持把握大局，有重点、有深度、有科技含量地推进内部审计工作全覆盖，促进党和国家、单位的重大决策、重大部署、重大事项的有效落实。2018年3月公布实施的《审计署关于内部审计工作的规定》为新时期内部审计工作提供了有力依据。

四、受托经济责任与审计的三方关系

（一）评价受托经济责任关系是审计产生和发展的基础

在奴隶社会和封建社会，奴隶主和封建主阶级为了巩固其统治地位，必须设置军队、法庭和监狱等国家权力机关，并通过征税来维持这些权力机关的运转，税负征收都是由最高统治者的代理官员负责的，最高统治者是授权者，代理官员是代理者，两者之间产生了一种受托经济责任关系。在民间，奴隶主或封建主将其剥削得来的财产也授权给代理人管理，奴隶主、封建主与代理人之间也产生了同样的受托经济责任关系。这时，无论是奴隶主、封建主由代理人所从事的财政经济活动，还是个别奴隶主、封建主的私有财产由代理人所从事的财产管理活动，都有必要授权给独立于代理人以外的人员来进行审查，对代理人所经手的钱、财、物、账予以钩稽核实，以评价代理人是否诚实地履行了受托经济责任。中外古代审计都是在这样的客观条件下应运而生的。

随着社会的发展和生产规模的日益扩大，资本主义社会出现了以股份有限责任公司为主要形式的生产经营组织形式。股东拥有公司的财产所有权但并不直接参与公司经营管理，而是委托管理层代为行使其对公司进行经营管理的权力，股东的财产所有权与经营管理权日益分离，股东逐步成为公司的外部人，经营管理层逐步成为公司的内部人。相对于股东来说，作为内部人的经营管理层更具有信息优势，作为外部人的股东仅能依据管理层提供的定期财务报告来了解公司的经营情况和财务成果。这些财务报告是否真实、正确，管理层是否恪尽职守、切实履行了其所承担的经济责任，需要作为第三者的审计人员进行审查、评价，以保证股东的正当权益不受侵犯。这时，民间审计应运而生。

20世纪20年代以来，随着公司生产经营规模不断扩大、经济贸易活动日趋国际化，跨国公司越来越多，这些公司具有规模大、层级多、地域广等特点，公司董事会随着公司发展逐步将经营管理权授权给各层级管理者。董事会为审查各层级管理者是否在所有权统一的前提下切实履行受托经济责任，内部审计便产生和发展起来。

社会主义国家的政府、人民团体和事业单位受托对国家进行管理，负有节约财政开支、减少经费支出和提高工作效率的受托经济责任，因此，国家的审计机关要审查其财政财务收支的真实性、合法性和效益性；国有企业对国家受托承担国有资产保值增值、及时足额上缴利税等经济责任，国家为了保护全体人民利益，维护企业的合法权益，必须由独立的审计机构审查企业的财务收支情况，以监督国有企业经营管理者是否尽职尽责地履行其经济责任。

因此，从审计的萌芽状态到政府审计、民间审计和内部审计的形成，从奴隶社会、封建社会到资本主义社会和社会主义社会，审计都同财产所有权与经营管理权相分离而产生的受托经济责任关系有关。审计因受托经济责任而产生和发展，也因这种受托经济责任关系产生审计中的三方关系。

（二）审计的三方关系

审计关系是指委托人、受托人和审计人三者之间构成的经济责任关系。凡是审计业务，均涉及委托人、受托人和审计人三方，缺少任何一方，独立、客观、公正的审计都将不复存在，这是由财产所有权与经营管理权相分离所产生的受托经济责任决定的。

委托人是审计中的第一关系人，即审计委托者，受托人对其承担某种受托经济责任，存在一定的权责关系；受托人是审计中的第二关系人，即审计客体（被审计单位），被审计单位对审计委托者承担的委托经济责任须经审计机构或人员监督、确认和鉴证后才能确定或解除；审计人是审计中的第三关系人，即审计机构或人员，审计人根据委托人的委托，对被审计单位的财务状况、经营管理活动及有关人员履行受托经济责任的情况进行审查和评价，并提出审计报告。独立性是保证审计工作顺利进行的必要条件，审计人必须全程独立于其他两方开展审计工作。审计中的三方关系人如图1-1所示。

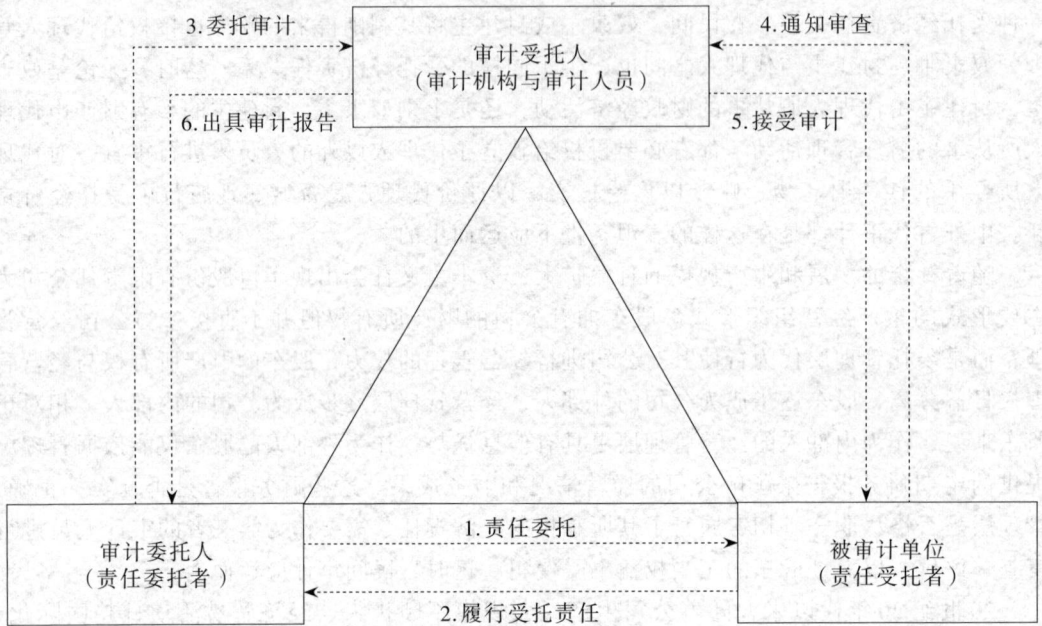

图1-1　审计中的三方关系人

五、审计的职能和作用

（一）审计职能

审计职能是指审计本身所固有的内在功能，是由经济社会发展的客观需要决定的。审计职能随着经济社会的发展而变化，因此，审计职能不是一成不变的。综观审计发展历程和现实的审计实践，一般认为审计具有监督、确认和咨询、鉴证、建设等职能。

监督是指监察和督促被审计单位的全部经济活动或其某一特定方面在规定的标准以内，或者在正常的轨道上进行。古代封建王朝的官厅审计，为维护封建王朝的统治和利益，代理皇室专司财经监督的职责，对侵犯皇室利益者予以惩处；资本主义国家的政府审计通过审计监督，对损害资本主义利益的行为进行严格的审查和处罚；社会主义国家的政府审计通过审计监督，严肃财经纪律执行，维护国家、人民和单位的利益。社会审计和内部审计也发挥着对被审计单位经济活动进行监督的职能，政府审计要充分调动社会审计和内部审计的力量，形成对经济活动进行多层次、多角度监督的合力。

确认和咨询是指通过审核检查，确定被审计单位的计划、预算、决策、方案是否先进可行，经济和管理活动是否按照既定的决策和目标进行，内部控制系统是否适当有效，以及经济效益的高低优劣，从而有针对性地提出意见和建议，以促使其改善经济和管理，提高经济效益。确认是咨询的前提，确认是肯定成绩、发现问题的过程，只有查明了被审计单位的客观事实，才能按照一定的标准进行对比分析，形成各种经济咨询意见；咨询是审计人员提出改进经济工作、提高效率的建议和措施，是紧接着经济确认而产生的，是经济确认职能的扩展。国际内部审计师协会理事会将内部审计描述为：内部审计是一种独立、客观的确认和咨询活动，旨在增加组织价值和改善组织的运营。

鉴证是指通过对被审计单位的财务报表及有关经济资料的合法性、公允性进行审核检查，确定其可信赖程度并作出书面报告，以增强委托人等预期使用者的信任程度。鉴证职能主要体现在注册会计师承担的上市公司财务报表审计业务中。

建设是指通过对经济活动进行深入分析，发现问题及其根源，并针对性地提出改进建议。审计不仅应关注经济活动的合法合规性，更应关注经济活动的经济性、效率性和效果性，建设职能主要体现在政府审计中。随着经济社会的发展，政府审计的范围越来越广泛，政府审计的职能也由国家财政财产的"看门人"、经济安全"守护者"、社会经济运行"免疫系统"进一步上升为"推动国家治理体系和治理能力现代化的重要力量"。政府审计需围绕国家和地方经济社会发展的大局，通过在审计项目中发现新问题、反映新情况，及时揭示经济发展中的结构调整、增长方式转变、经济发展动力转换中存在的问题，及时预警动力变革、效率变革、质量变革等经济运行中的风险，提出高质量审计建议，形成高质量和高层次的审计成果，更好地推动国家机制体制的改革完善，增进党和国家监督体系的整体效能，从而更好地服务国家治理（晏维龙，2021；晏维龙，2022；张宜平和李云，2021）。

由此，不同的审计组织形式在审计职能上的侧重点有所不同，政府审计侧重于监督职能和建设职能，内部审计侧重于监督职能、确认和咨询职能，社会审计则更侧重于监督职能和鉴证职能。

（二）审计作用

审计作用是履行审计职能、实现审计目标过程中所产生的社会效果。总结古今中外的审计实践，审计具有制约性和促进性两大作用。

审计的制约性作用主要表现在：通过对被审计单位的财务收支、内部控制及其有关经济和管理活动进行监督、确认和鉴证，揭示错误舞弊、弄虚作假等违法乱纪、严重损失浪费及不经济的行为，依法提请追究相关单位和人员的责任，从而维护法律法规、财经纪律和各项规章制度的严肃性，保护财产安全完整。

审计的促进性作用主要表现在：通过对被审计单位的经济管理活动的效益性及制度有效性进行深入分析，揭示经济管理活动中存在的问题和制度上的薄弱环节，提出改进建议，从而促进改善经济和管理，提升经济效益和管理效能。

◎ 第二节　审计的概念框架和分类

一、审计的概念框架

由于审计所处环境的不同，人们对审计的理解也有所不同。在众多审计定义中，最具代表性、权威性的有两种：一是美国会计学会基本审计概念委员会 1973 年在《基本审计概念说明》（A Statement of Basic Auditing Concepts）指出，"审计是客观地获取和评价关于对经济活动和事项的认定的证据，以查明这些认定与既定的标准之间相符合的程度，并将其传达给预期使用者的一个系统过程"；二是美国会计学会前会长阿尔文·阿伦斯（Alvin A. Arens）在《审计学：一种整合方法》一书提出，"审计是由有胜任能力的独立人员对特定的经济实体的可计量信息进行收集和评价证据，以确定和报告这些信息与既定标准的符合程度"。以上两组定义涵盖了审计的核心要素和主要概念，并将其融合在一个有机的系统之中（如图1-2所示）。

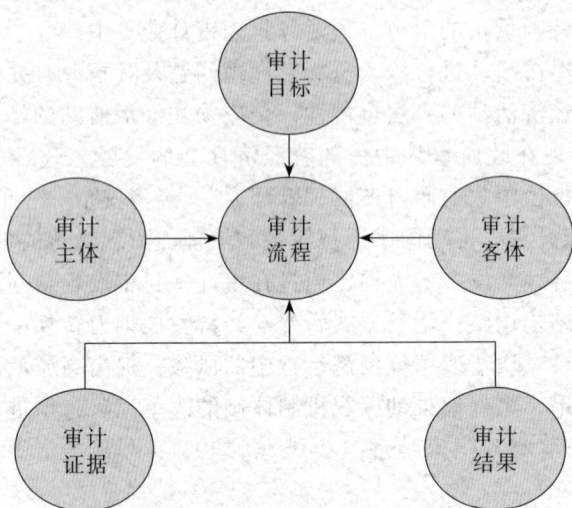

图1-2　审计的概念框架图

（一）审计主体：有独立性和专业胜任能力的审计人员

审计主体是执行审计工作的人员，简称审计人员。审计的三方关系决定了审计人员的独立性，审计人员只有保持与委托方、受托方在形式上以及实质上的独立，秉持客观与公正，审计结果才具有公信力。同时，审计是一项专业性非常强的工作，涉及大量复杂的职业判断，审计人员必须具备相应的专业胜任能力，才能作出恰当的职业判断，形成恰当的审计结论和审计意见。合格的审计人员应当同时具备独立性和专业胜任能力，这样才能合理保证既能够有效发现问题又能如实揭示问题。这些内容将在本书第2章予以介绍。

（二）审计客体：对经济活动和事项的认定

审计客体，即审计对象，参与审计活动关系并享有审计权力和承担审计义务的主体所作用的对象，是对被审计单位和审计的范围所作的理论概括。审计对象包含两层含义：其一是外延上的审计实体，即被审计单位；其二是内涵的审计内容或审计内容在范围上的限定。被审计单位既可能是各级人民政府及其各个部门，也可能是企业等营利机构，还可能是事业单位、社会团体等非营利机构；既可能是单位整体，也可能是单位的分支机构或特定分部。审计范围既包括政府预算的执行情况和决算以及财政财务收支情况，也包括建设项目的预算执行情况和决算、资金管理使用、建设运营情况，还包括资源、资产的有效利用情况以及财务报表等。在财务报表审计中，审计客体是被审计单位的财务报表。

（三）审计目标：确定与既定标准的符合程度

审计的目标是确定特定实体的可计量信息与既定标准之间的相符程度。判断相符程度的关键在于用以规范特定实体计量信息的既定标准，因为这是审计人员得出结论的依据。

这里涉及两个问题：其一，既定标准本身是否明晰。既定标准本身的明晰性很大程度上是由特定实体信息的可否计量性决定的，当然也有标准制定机构的因素。但无论由何种因素导致，不明晰的标准都将增加审计工作的难度，降低审计目标的达成率和预期使用者的满意度。其二，审计人员对既定标准是否有清晰透彻的理解。这是对审计人员基本的职业素养要求，直接决定审计质量的高低。审计人员在确定与既定标准符合程度的全过程中应遵循审计执业规范，并受职业道德、法律责任的约束，不可随意得出结论。这些内容将在本书第3章和第4章予以介绍。

（四）审计证据：充分、适当

审计证据，是指为了得出审计结论和形成审计意见而使用的信息。客观地收集和评价审计证据构成了审计过程的核心（如图1-2所示）。在形成审计意见前，审计人员必须对审计证据的充分性（sufficient）和适当性（appropriate）作出评价。审计证据的充分性，是指审计证据的数量足以支持审计目标的实现，是对审计证据数量维度的要求；审计证据的适当性，是指审计证据的可靠性（reliable）和相关性（relevant），前者指审计证据是客观的、可验证的，后者指审计证据与审计目标相关，适当性是对审计证据质量维度的要求。只有充分且适当的证据才是有效的证据。本书第5章将详细介绍审计证据的含义、特征、种类、收集审计证据的审计程序以及记录审计证据的审计工作底稿。

（五）审计结果：传递给委托方等预期使用者的审计报告

将审计结果传递给预期使用者是整个审计系统过程的最后一步。预期使用者，是指预期使用或者依赖审计结果作出决策的各方，通常包括委托方及其他利益相关者。被审计单位可能是预期使用者，但不是唯一的预期使用者。在财务报表审计中，预期使用者除了被审计单位外，还包括股东、债权人、管理人员、政府机构、社会公众以及潜在投资者等。审计报告是审计的最终产品，审计人员通过审计报告这一媒介将审计结果向预期使用者报告。在财务报表审计中，审计报告的主要意见类型有四类：无保留意见、保留意见、无法表示意见和否定意见。该内容将在本书第12章予以介绍。

（六）审计流程：系统化的过程

审计是审计主体围绕审计目标收集审计客体的证据、形成审计结论并报告给预期使用者的过程，项目管理理论适用于审计工作。审计流程与项目管理流程类似，通常包括计划阶段、实施阶段和完成阶段，计划阶段包括项目选择与确定、团队组建、审计计划制订等工作；实施阶段按照审计计划实施审计程序、获取审计证据；完成阶段汇总整理审计证据，形成审计结论和审计报告。对于需要督促被审计单位整改审计查出的问题，审计流程还包括后续审计阶段，对被审计单位整改情况进行跟踪检查。

在财务报表审计中，审计的系统过程可以用图1-3予以概括：首先，通过初步业务活动，为审计项目启动做好准备工作（如考虑是否接受或保持审计业务委托、确定审计前提、就审计业务约定条款与被审计单位达成一致意见、签订业务约定书）；其次，制订审计计划（包括总体审计策略与具体审计计划）；然后，执行审计计划、获取审计证据；最后，完成审计工作，包括整理与总结审计发现、调整审计差异、编制试算平衡表、获取管理层书面声明以及审计报告出具前的其他应考虑事项等，形成审计结论，出具审计报告，最终达成审计目标。该内容将在本书第10章—第12章予以介绍。

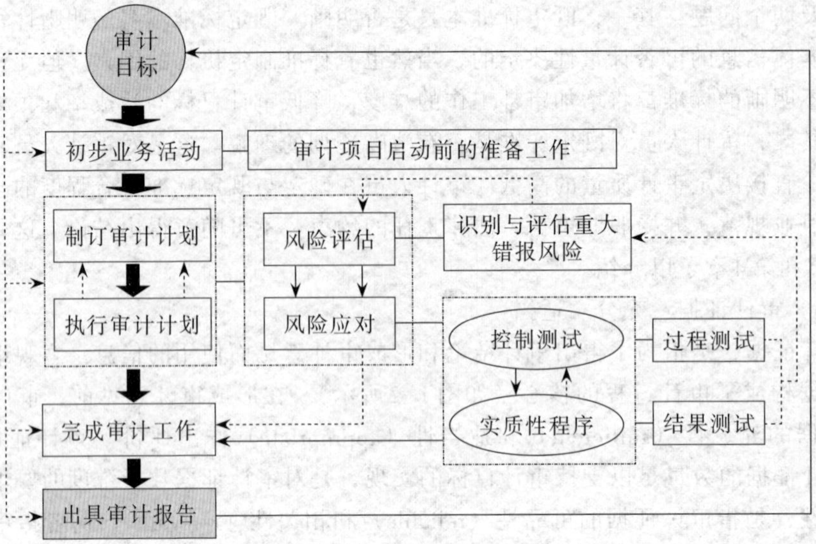

图1-3 审计流程图

二、审计的分类

（一）按审计主体分类

按审计主体分类，审计可以分为政府审计、民间审计和内部审计。

政府审计，是指由政府审计机关执行的审计，在我国也称为国家审计。我国政府审计机关包括按我国宪法规定由国务院设置的中华人民共和国审计署，由各省、自治区、直辖市、市、县等地方各级政府设置的审计局和审计机关在地方或中央各部委设置的派出审计机关。政府审计主要是依法对国务院各部门和地方各级人民政府及其各部门的财政收支，国家的财政金融机构和企业事业组织的财务收支，以及其他依照审计法规定应当接受审计的财政收支、财务收支进行审计监督。政府审计具有强制性。

民间审计，又称社会审计、注册会计师审计，是指由经财政部门审核批准成立的会计师事务所实施的审计。民间审计组织受政府审计机关、国家行政机关、企事业单位和个人委托，依法对被审计单位的财务报表、内部控制及其经济效益等进行审计，并向委托方报告审计结果。民间审计的特点是受托审计。

内部审计是指由本部门和本单位内部专职的审计机构或人员实施的审计。内部专职的审计机构或人员需独立于财会部门，直接接受本部门、本单位董事会及其下设的审计委员会或本部门、本单位主要负责人的领导，通过运用系统、规范的方法，审查和评价组织的业务活动、内部控制和风险管理的适当性和有效性，促进组织完善治理、增加价值和实现目标。本质上，内部审计是一项为了改善组织自身的经营与管理而在组织内部执行的独立性监督活动。

（二）按审计目的分类

按审计目的分类，审计可以分为真实性审计、合法合规性审计和绩效审计。

真实性审计是指通过对被审计单位的财务报表和相关信息的真实性和完整性进行审查核实，以合理保证财务报表和相关信息是否真实反映被审计单位的财务状况和经营成果。

真实性审计的目的在于揭示财务信息中的虚假陈述或误导性信息，提高财务报告的透明度和可信度，从而保护投资者和其他利益相关者的权益，进而维护市场的正常秩序。真实性审计通常采用询问、观察、检查、函证、对比分析等多种审计方法。

合法合规性审计是指审计人员确定被审计单位在执行业务的过程中是否遵循了特定的法律、法规、程序或规则，或者是否遵守经营合同或财务报告的要求。合规性审计的既定标准包括法律、法规、规章、制度以及单位内部制定的各项制度。例如，审计企业和个人是否按照税法及时申报纳税，或者检查企业的工薪率是否符合最低工资限额等。合法合规性审计通常采用询问、观察、检查等多种审计方法。

绩效审计旨在评估被审计单位在一定时期内的经济活动绩效，其核心在于审查和评价经济活动的经济性、效率性和效果性。从绩效审计目标来看，绩效审计由"3E审计"（经济性、效率性、效果性）逐步拓展到"5E审计"（增加了环境性、公平性）。从绩效审计应用来看，我国政府绩效审计已经扩展到农村公共项目、重大政策落实情况、生态环境保护等多个领域（邢文龙，2011；程亭、张龙平，2012；梁帆，2014；侯洪沄、孟志华，2016）。从绩效审计指标体系来看，美国、英国由能力指标、结构指标、投入-产出指标等硬指标和顾客满意度等评价政府部门服务的软指标组成（钱存端，2004），我国学者建议构建多维度多层次的综合评价指标体系（温美琴，2007）。从绩效审计方法来看，美国、英国和法国等国家既有常规财务审计的方法，又有比较分析与线性回归分析数理统计与计量的方法，还要运用Excel、SAS、STATA、SPSS等软件进行数据分析；我国学者则认为政府绩效审计方法分为证据收集方法、证据分析方法和绩效评价方法（王丽、王燕云、吴晓红，2012）。

（三）按审计内容分类

按审计内容分类，审计可分为财务报表审计、财政财务审计、财经法纪审计、经济责任审计、内部控制审计、经济效益审计、建设项目审计、金融审计、社保资金审计、扶贫资金审计、资源环境审计、信息系统审计和政策跟踪审计等。

财务报表审计是指注册会计师对财务报表是否不存在重大错报提供合理保证，以增强除管理层之外的预期使用者对财务报表信赖的程度。

财政财务审计是指审计机关对国务院各部门和地方各级人民政府及其各部门、财政金融机构和企业事业组织的财务报表、有关资料的公允性及其所反映的财政财务收支的合法性所进行的审计监督，其目的是通过对被审计单位的财务报表及其有关资料的审查和验证，确定其可信赖的程度，并作出书面报告，以确定或解除被审计单位的受托经济责任。

财经法纪审计是指审计机关对被审计单位和个人严重侵占国家资产、严重损失浪费、在经济交易中行贿受贿、贪污以及其他严重损害国家和企业利益的重大经济案件等违反财经纪律行为所进行的专案审计。财经法纪审计是我国审计监督的一种重要形式，其目的是保护国家财产，严肃财经纪律。其主要特点是根据群众揭发和会计资料所反映出来的问题，对有关单位或当事人在经济活动中的不法行为立案审查，以查清事实并确定问题的性质。

经济责任审计是指审计机关接受有关部门的委托，依据国家法律法规和有关政策，审计领导干部任职期间所在部门、单位财政财务收支的真实性、合法性和效益性，以及领导干部本人对有关经济活动应当负的责任，借以评价领导干部履行经济责任情况的审计活动。经济责任审计包括任期经济责任审计和离任经济责任审计。

内部控制审计是指审计人员对特定基准日内部控制设计与运行的有效性进行的审计。在《企业内部控制审计指引》的规定中，内部控制审计的对象均是财务报告内部控制，要求对财务报告内部控制的有效性发表意见。内部控制审计的目的是帮助企业识别内部控制缺陷，保障企业内部控制体系的有效运行，从而保障企业资产的安全、提高经营效率、提高财务信息可靠性、促进合规经营，并增强企业的风险防控能力。

经济效益审计是指审计机关对被审计单位的财政财务收支及经济和管理活动的经济性和效益性所实施的审计。经济效益审计的内容通常包括对各级政府及其各部门的财政收支及其管理活动，企业的财务收支及其经济和管理活动，事业单位的资金使用及其管理活动，固定资产投资及其管理活动的经济效益情况及影响因素、途径所进行的审计。其主要特点是通过对被审计单位工作和生产经营活动的分析评价，发现其在经济和管理活动中存在的薄弱环节，挖掘潜力，厉行节约，增收节支，寻求提高经济效益的正确途径。

建设项目审计是指对建设项目的资金使用、进度、质量等方面进行监督和评价的过程，其目的是确保项目资金的合理、合法使用，以提高项目的经济效益和管理水平。建设项目审计通常涉及多个阶段，包括项目规划、实施和竣工等环节。

金融审计是一种专注于金融活动和金融机构的审计类型，通过评估金融活动的合规性、真实性和有效性，防范金融风险，确保金融系统的稳定性。金融审计的范围通常包括对金融机构的财务报表、内部控制系统、风险管理措施以及合规性。

社保资金审计是对社会保障资金的管理和使用进行监督和评价的过程，旨在确保资金的安全、完整和高效运用，从而推动完善社会保障制度，保障社会公平，维护社会和谐稳定。社保资金审计需要结合数据挖掘技术等信息化手段，以提高审计的效率和效果。

扶贫资金审计是指对用于扶贫项目的财政资金进行监督和评价的过程。其主要目标是提高资金使用效率、规范资金管理、预防和发现腐败行为，并促进扶贫政策的有效实施。扶贫资金审计通常采用现场核查、数据分析（如 GIS 矢量数据和遥感影像的叠加分析）、绩效评价等技术方法，以提高审计的效率和精度。

资源环境审计是一种专注于自然资源和环境保护的审计类型，旨在监督和评估资源的管理和利用效率，促进生态文明建设和可持续发展策略的实施。资源环境审计对于揭示资源管理缺陷、指导环境政策制定、增强公众环保意识等方面具有重要作用。

信息系统审计是指对企业或组织的信息系统进行评估和检查，以确保其安全性、可靠性和有效性。信息系统审计的目标是识别和评估信息系统中的风险，并提出改进建议，以保障信息系统的正常运行和数据的准确性。在企业数字化转型中，信息系统审计应注重对信息系统应用和管理的持续审计，以应对数字化带来的风险。

政策跟踪审计是一种确保政府有效履行治理职责的审计活动，其实质目标包括战略和战术两个层面，即提升政策执行能力和达到预期的政策目标（颜盛男，2019）。Pomeranz 首次倡导在国家重大决策中运用"事先审计"，并认为"事后审计"不能全面地解决决策问题，应当实现审计全过程监督（Pomeranz，1983）。政策跟踪审计可采用专家咨询、实地调研、访谈和政策梳理等方法（汪峰等，2016），也可以利用爬虫、3S 等技术来收集数据，采用 NoSQL、NewSQL、标记树匹配提取等方法对数据进行预处理来解决审计数据的碎片化和海量问题，通过文本挖掘、聚类、关联规则、R 语言等方法对实验结果进行分析，以及文本可视化、网络可视化、多维数据可视化、时空数据可视化和人机交互呈现等方法进行数据可视化，提高审计工作效率和审计整改跟踪力度（刘国城，2019）。"研究型审计"通过深入了解党和国家重大政策的制定背景、战略意图和改革目标，有利于促进有关条款的优化和制度的完善（晏维龙，2022）；研究型审计工作应从审计目标入手，遵循"政治-政策-项目-经费"的思路，在"做实"上下足功夫，把研究型审计的思想与思路贯彻到项目立项、组织管理、项目实施、报告整改等各个方面的工作中（文华宜，2022）。

（四）按审计范围分类

审计按其范围分类，可以分为全部审计、局部审计和专项审计。

全部审计又称全面审计，是指对被审计单位一定期间的财政财务收支及有关经济活动的各个方面及其资料进行全面的审计。这种审计的业务范围较广，涉及被审计单位的所有会计资料及其经济资料所反映的采购、生产、销售、各项财产物资、债权债务和资金以及利润分配、税款缴纳等经济业务活动。其优点是审查详细彻底；缺点是工作量太大，花费时间太多。全部审计一般适合规模较小、业务较简单、会计资料较少的行政机关和企事业单位，也适合被审计单位内部控制薄弱及会计核算工作质量差等情况。

局部审计又称部分审计，是指对被审计单位一定期间的财务收支或经济和管理活动的某些方面及其资料进行部分、有目的、重点的审计，如对被审计单位进行的现金审计、银行存款审计、存货审计等，都属于局部审计。另外，为了查清贪污盗窃案件而对部分经济业务进行的审查，也属于局部审计范围。这种审计时间较短，耗费较少，能及时发现和纠正问题，达到预定的审计目的和要求，但容易遗漏问题，所以有一定的局限性。

专项审计又称专题审计，是指对某一特定项目所进行的审计。该种审计的范围是特定业务，针对性较强，如基建资金审计、支农扶贫专项资金审计、世界银行贷款审计等。专项审计有利于及时围绕当前的中心工作和重点开展审计工作，有利于有针对性地提出意见和建议，为经济控制和决策提供真实、可靠的信息。

（五）按审计实施时间分类

按照审计实施的时间在被审计单位经济业务发生的时间点分类，审计可以分为事前审计、事中审计和事后审计。

事前审计是指在被审计单位经济业务发生以前所进行的审计。例如，对预算或计划的编制和对经济事项的预测及决策进行的审计。事前审计的目的是加强预算、计划、预测和决策的准确性、合理性和可行性，对保证经济活动的合理性、有效性提出建设性意见，形成最佳决策方案，对于防患于未然具有积极作用，故也称为预防性审计。

事中审计是指在被审计单位经济业务执行过程中进行的审计。通过对被审计单位的费用预算、费用开支标准、固定资产建设等执行过程中的有关经济业务进行事中审计，可以及时发现并纠正偏差，以保证经济活动的合法性、合理性和有效性。

事后审计是指在被审计单位经济业务完成以后所进行的审计。例如，财务报表审计就是典型的事后审计。事后审计通过监督和评价被审计单位的财务收支、内部控制及有关经济活动、会计资料的真实性、合法合规性和效益性，从而确定或解除被审计单位的受托经济责任。

此外，按照审计是否按规定的期限进行，审计还可以分为定期审计和不定期审计。定期审计是按照预先确定的时间进行的审计，如社会审计对各类公司的年度财务报表审计，政府审计对领导干部履行经济责任实施的经济责任审计；不定期审计是出于需要而临时安排进行的审计，如民间审计对公司出于并购目的而进行的公司并购审计，政府审计对被审计单位存在的贪污、受贿案件而进行的财经法纪审计等。

（六）按审计执行地点分类

按审计执行地点分类，审计可以分为报送审计和实地审计。

报送审计又称送达审计，是指审计机构按照审计法规的规定，对被审计单位按期报送来的凭证、账簿和财务报表及有关账证等资料进行的审计。报送审计主要适用于政府审计机关对规模较小的单位执行财政财务审计。报送审计的优点是节省人力、物力；缺点是不能实地观察、了解被审计单位的实际情况，不易从财务报表及相关资料外发现被审计单位的实际问题。

实地审计是指审计机构委派审计人员到被审计单位所在地进行的审计。实地审计可以深入实际，调查研究，易于全面了解和掌握被审计单位的实际情况，是我国审计中使用最广泛的一种方式。按照实地审计的具体方式不同，又可分为驻在审计、专程审计和巡回审计三种。驻在审计是审计机构委派审计人员长期驻在被审计单位所进行的实地审计。专程审计是审计机构为特定目的而委派有关人员专程到被审计单位进行的实地审计。巡回审计是审计机构委派审计人员轮流对若干被审计单位所进行的实地审计。

（七）按审计是否通知被审计单位分类

按审计实施前是否预先告知被审计单位分类，审计可以分为预告审计和突击审计。

预告审计是指在进行审计以前，把审计目的、主要内容和日期预先通知被审计单位的审计方式。预告审计可以使被审计单位有充分时间做好准备工作，以利于审计工作的顺利进行。审计人员进行财务审计、经济效益审计和经济责任审计时多采用这种方式，事前向被审计单位下达审计通知书或签订审计业务约定书。

突击审计是指在对被审计单位实施审计之前，不预先把审计目的、内容和日期通知被审计单位而进行的审计。其目的是使被审计单位或被审计者在事前不知情的情况下接受审查，没有时间弄虚作假、掩盖事实真相，以利于取得较好的审计效果。突击审计主要用于对贪污盗窃和违法乱纪行为进行的财经法纪审计。

（八）按审计动机分类

按审计动机分类，审计可以分为强制审计和自愿审计。

强制审计是指审计机构根据法律法规规定对被审计单位行使审计监督权而进行的审计。这种审计是按照审计机关的审计计划进行的，不管被审计单位是否愿意接受审计，都应依法进行。我国政府审计机关根据法律赋予的权力，对国务院各部门和地方各级政府及其各部门的财政收支、国家的财政金融机构和企事业单位的财务收支实行强制审计。我国各类公司按照《中华人民共和国公司法》的规定，年度财务报表须经中国注册会计师审计，也属于强制审计的范畴。

自愿审计是根据被审计单位自身的需要，委托审计组织对其相关业务和事项进行的审计。民间审计机构接受委托人的委托，按照委托人的要求对其进行的审计，即属于自愿审计。

本章小结 ┄┄┄┄┄┄┄◎

　　本章概述了国内外审计的产生与发展，重点介绍了党的十八大以来国家审计管理体制的改革与成就。详细阐述了不同时期审计制度的演变，并分析其特点和作用。受托经济责任关系是审计产生和发展的基础，并由此产生由委托人、受托人和审计人三者构成的审计三方关系，缺少任何一方，审计都将不复存在。审计具有监督、确认和咨询、鉴证、建设等职能，不同的审计组织形式在审计职能上的侧重点有所不同，政府审计侧重于监督职能和建设职能，内部审计侧重于监督职能、确认和咨询职能，民间审计则更侧重于监督职能和鉴证职能，同时具有制约性和促进性两大作用。审计的概念框架是由审计主体、审计客体、审计目标、审计证据、审计结果和审计流程有机融合的一个系统。审计分类的依据有审计主体、审计目的、审计内容、审计范围、审计实施时间、审计执行地点、审计是否通知被审计单位、审计动机等，按照每个分类依据，审计又可以划分为多个审计类型。

课后思考题 ┄┄┄┄┄┄┄◎

　　1.我国的政府审计、社会审计和内部审计各经历了哪些发展阶段？各阶段分别有哪些重大变革？

　　2.国外的政府审计、社会审计和内部审计各经历了哪些发展阶段？各阶段分别有哪些重大变革？

　　3.审计产生的动因是什么？

　　4.审计的定义是什么？审计的定义中包含哪些核心要素？

　　5.审计的分类依据有哪些？依据这些分类依据，审计可以划分为哪些类型？

本章测评

第二章
国家审计、内部审计及社会审计

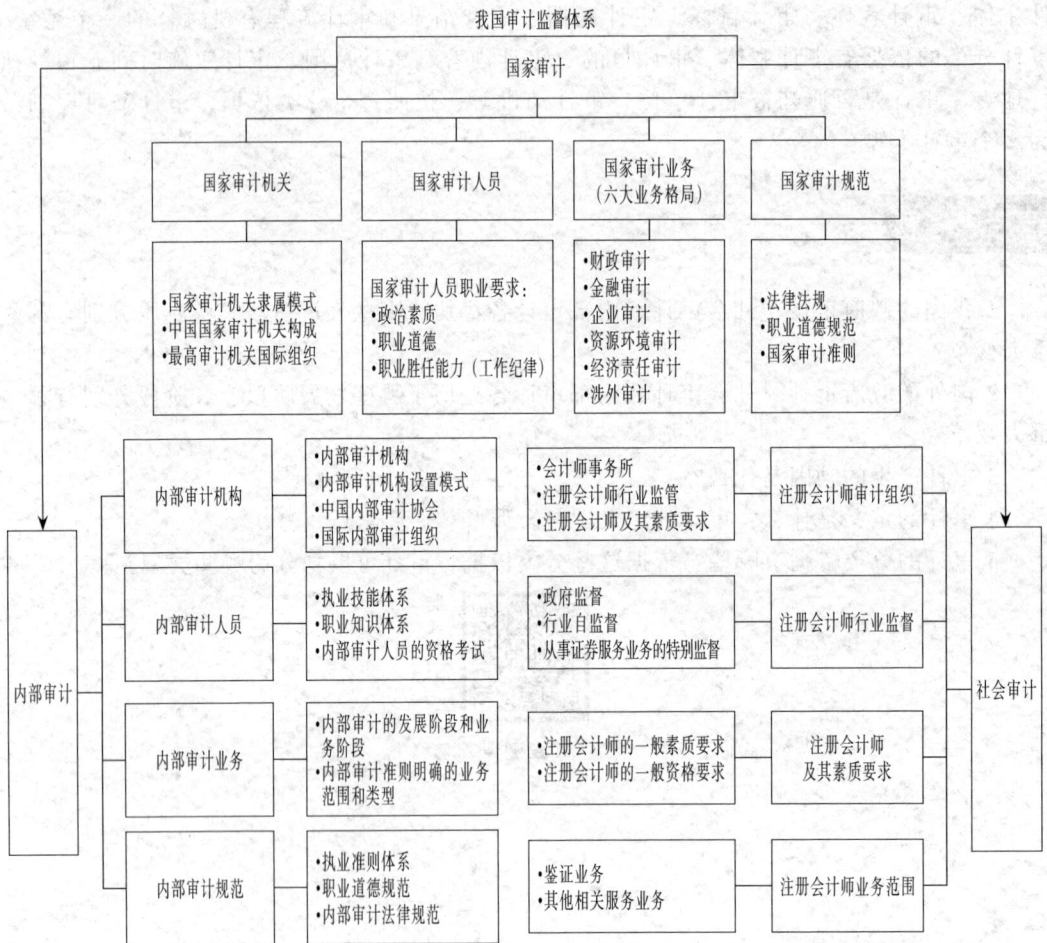

● 认真学习习近平总书记关于审计的系列重要讲话和重要指示精神，并结合习近平新时代中国特色社会主义思想，深刻体会习近平总书记一心为民、一心为党和国家的初心、格局与智慧，切实拥护党的领导，共同致力于实现中华民族伟大复兴。

● 充分认识审计在党和国家监督体系、推进国家治理体系和治理能力现代化中的重要作用，激发爱国热情和家国情怀，并立志学好审计知识，成为服务国家良治的各行业审计监督人才。

知识传授

● 理解国家审计，熟悉国家审计机关的组织体系，了解国家审计人员的资质要求，重点掌握国家审计的业务，并熟悉国家审计的规范体系，了解规范体系构成部分的具体内容。

● 理解内部审计，熟悉内部审计机构的设置与管理，了解内部审计人员的资质要求和成为国际注册内部审计师的条件，重点掌握内部审计的业务，并熟悉内部审计的规范体系，了解规范体系构成部分的具体内容。

● 理解社会审计，熟悉社会审计的监管架构、掌握注册会计师的一般资格要求，熟悉注册会计师在会计师事务所的职业发展路径，掌握会计师事务所采取有限责任公司制、普通合伙制、特殊普通合伙制的优缺点，事务所的业务范围。

● 理解国家审计、内部审计与社会审计的区别与联系，并能够思考、提炼、总结审计的共性逻辑、思维、方法与规律。

案例引入

习近平总书记的审计治理蓝图

党的十八大以来，以习近平同志为核心的党中央站在新时代新征程党和国家事业发展全局的战略高度，重视发挥审计在党和国家监督体系中的重要作用，"审计是推动国家治理体系和治理能力现代化的重要力量"。在党的二十大报告中，习近平总书记强调："健全党统一领导、全面覆盖、权威高效的监督体系，完善权力监督制约机制，以党内监督为主导，促进各类监督贯通协调，让权力在阳光下运行。"

2018年3月，中央审计委员会成立，习近平总书记担任中央审计委员会主任，亲自谋划、亲自部署、亲自推动审计领域重大工作，发表一系列重要讲话，作出一系列重要指示批示，为推动新时代审计工作高质量发展指明了前进方向、提供了根本遵循。习近平总书记明确提出做好新时代新征程审计工作总的要求，强调"具体要做到'三个如'"：审计监督要集中统一，做到"如臂使指"；审计监督要全面覆盖，做到"如影随形"；审计监督要权威高效，做到"如雷贯耳"。

根据党和国家的战略方针、审计工作现状，习近平总书记提出了具体要求：要深化审计制度改革，解放思想、与时俱进，创新审计理念，及时揭示和反映经济社会各领域的新情况、新问题、新趋势。要坚持科技强审，加强审计信息化建设。要加强对全国审计工作的领导，强化上级审计机关对下级审计机关的领导，加快形成审计工作全国一盘棋。要加强对内部审计工作的指导和监督，调动内部审计和社会审计的力量，增强审计监督合力。

资料来源：新华社．习近平主持召开中央审计委员会第一次会议［EB/OL］．［2023-05-23］．https://www.gov.cn/yaowen/liebiao/202305/content_6875819.htm.

◎ 第一节　国家审计

国家审计，也称政府审计，是指国家审计机关依法独立检查被审计单位的会计凭证、会计账簿、财务会计报告以及其他与财政收支、财务收支有关的资料和资产，监督财政收支或财务收支真实、合法和效益的行为。国家审计是国家治理体系的重要组成部分，是依法监督制约权力的一项制度安排，在现代国家治理中发挥着越来越重要的作用。因此，为适应新时代的要求，需要合理地对国家审计职能进行定位，恰当地设置审计组织机构。本节将从国家审计机关、国家审计人员、国家审计业务和国家审计规范四个方面展开介绍。

一、国家审计机关

截至2021年年底，世界上已有210多个国家和地区设置了适应各自国情的政府审计机关。国家审计机关的设置模式与管理体制直接影响国家审计机关和国家审计人员的权威性与独立性，进而将在很大程度上决定国家审计总体效能的发挥。

（一）国家审计机关的隶属模式

国家审计机关的隶属模式主要指审计机关归谁领导、对谁负责。纵观世界各国，世界各国的国家审计机关按隶属关系不同，主要有以下几种模式：

立法模式下，审计机关隶属于立法机关，直接对立法机构负责并报告工作，独立于政府，依法实施审计监督权。目前，世界上较多国家最高审计机关属于立法型，如奥地利、美国、加拿大等。立法型审计机关地位高、独立性强，不受行政当局的控制和干预。

司法模式下，审计机关隶属于国家司法机关，除拥有审计监督权外，还拥有一定的司法权，即能够直接对违反财经法规、制度的事项和个人进行处罚，如意大利、西班牙的审计法院，这种模式由于审计机关具有司法地位，具有很高的权威性。

行政模式下，审计机关隶属于政府行政部门或政府某一部门，是国家行政机构的一部分，依法对政府各部门、各单位的财政预算和收支活动等进行审计，并对政府负责，以保证政府财经政策、法令、计划和预算等的正常实施，这种审计模式实质上是一种半独立的审计模式。如沙特阿拉伯王国审计总局、泰国审计长公署等，行政型审计机关独立地位相对较低。

独立模式下，审计机关独立于立法、司法和行政部门，单独形成一个国家政权的分支，履行监督权，对法律负责或者作为顾问为立法部门和政府部门提供帮助，对审计中发现的问题没有处理权，需交有关部门处理。如日本会计检查院，只向日本天皇负责。这类审计机关只接受法律约束，不受国家机关的直接干预。

（二）中国国家审计机关

国家审计机关是代表政府依法行使审计监督权的行政机关，它具有宪法赋予的独立性和权威性。现行《中华人民共和国宪法》第九十一条规定："国务院设立审计机关，对国务院各部门和地方各级政府的财政收支，对国家的财政金融机构和企业事业组织的财务收支，进行审计监督。"第一百零九条规定："县级以上的地方各级人民政府设立审计机关。地方各级审计机关依照法律规定独立行使审计监督权，对本级人民政府和上一级审计机关负责。"我国国家审计机关实行统一领导、分级负责的原则。

经过多年实践探索，我国已经形成在中国共产党领导下的一套特色鲜明、层次分明、职能齐全的国家审计组织体系。如图2-1所示，该组织体系由中国共产党中央审计委员会（以下简称中央审计委员会）、审计署以及各审计机构构成。

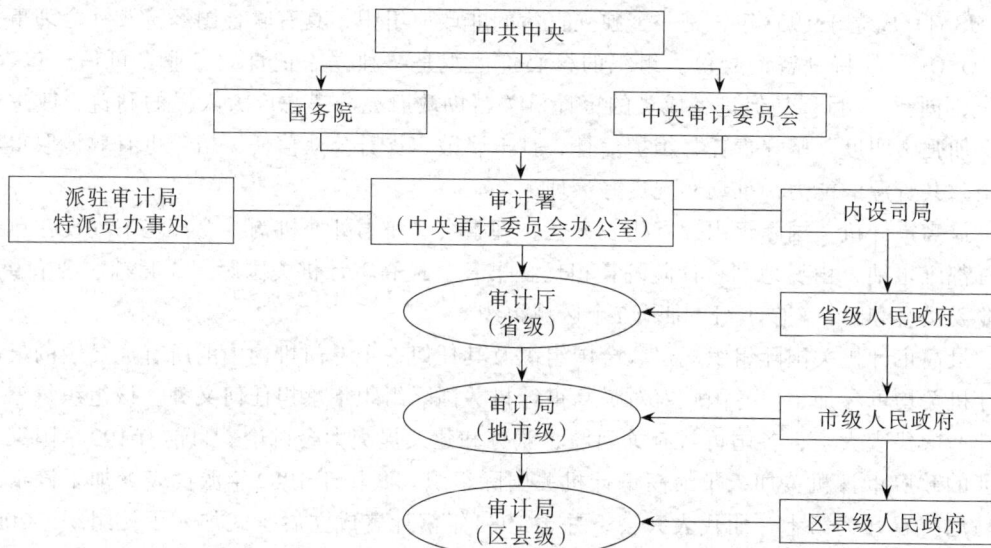

图2-1　我国国家审计机关的组织结构图

1.中央审计委员会

为了加强党对国家审计工作的领导，构建集中统一、全面覆盖、权威高效的审计监督体系，更好发挥审计监督作用，2018年3月，中共中央提出并组建了中央审计委员会，作为党中央的决策议事协调机构，并由习近平总书记亲自担任中央审计委员会主任。中央审计委员会的职责是，研究提出并组织实施在审计领域坚持党的领导、加强党的建设方针政策，审计监督重大政策和改革方案，审议年度中央预算执行和其他财政支出情况审计报告，审计决策审计监督其他重大事项等。中央审计委员会办公室设在审计署，其后，县级以上地方各级党委审计委员会相继成立，作为当地党委的议事协调机构，以加强对当地国家审计工作的领导。

2.审计署

1983年9月15日成立审计署，属于中央政府层面，是国务院25个组成部门之一。审计署作为中央审计委员会的办事机构，接受中央审计委员会和国务院的双重领导，对二者负责并报告工作。审计署设审计长一人，副审计长若干人。审计长由国务院总理提名并经全国人民代表大会决定，国家主席任命。在内部机构设置上，审计署直接领导21个内设司局、30个派出审计局及18个特派员办事处，组织开展各项审计工作、专项审计调查。

3.其他各级审计机关

在地方政府层面，县级以上各级人民政府设立审计机关，地方各级审计机关分别在省长、自治区主席、市长、州长、县长、区长和上一级审计机关的领导下，负责本行政区域内的审计工作，负责领导本级审计机关审计范围内的审计事项，对上一级审计机关和本级人民政府负责并报告工作外，还要向当地中共党委审计委员会负责并报告工作。

（三）最高审计机关国际组织

最高审计机关国际组织（International Organization of Supreme Audit Institutions, INTOSAI）成立于1953年，是一个独立自治的非政府组织，具有联合国经济及社会理事会（CECOSOC）的特别咨询身份。组织的核心价值观是"独立、正直、专业、可信、包容、合作、创新"，目标是促进各成员的审计机关帮助政府充分考虑广大人民的利益，改进绩效、加强透明度、坚守责任、维护信誉、打击腐败、提升公众信任，培养更有效地取得和使用公共资源的能力，推动实现良好治理。

最高审计机关国际组织设有代表大会、理事会、秘书处等机构。总部秘书处设在奥地利首都维也纳，由奥地利审计院院长担任秘书长。最高审计机关国际组织目前主要有9个专业委员会和3个工作小组，拥有7个区域组织。

最高审计机关国际组织规定联合国组织及其任何一个专门机构中的所有成员国的最高审计机关均可参加，但各国政府对最高审计机关国际组织不承担任何义务。该组织每三年召开一次代表大会，各国可将有关问题、意见和建议提交大会讨论。目前有192个国家和地区的政府审计机关加入了最高审计机关国际组织。我国于1982年派代表参加了该组织在马尼拉召开的第十一届代表大会，并于1983年审计署成立后正式加入了该组织。2007年，中国成为世界审计组织理事会成员；2013年10月至2016年12月，我国审计署审计长担任该组织理事会主席。2013年10月，最高审计机关国际组织在北京召开第二十一届代表大会，通过了《北京宣言——最高审计机关促进良治》。

二、国家审计人员

国家审计人员作为国家公务人员，应当具备公务员的条件，履行公务员的义务，享有公务员的权利。国家审计人员的录用、职务任免、考核、奖励、工资福利保险、辞职辞退和退休等，按照《中华人民共和国公务员法》和国家其他有关规定进行管理。同时，国家审计工作是一项原则性强、极富专业性的工作，因此对国家审计人员具有特定的职业要求。为了确保国家审计人员符合上述职业要求，并提高审计队伍的专业化水平，国家审计机关推进审计职业化建设。

国家审计人员开展国家审计工作，应符合以下职业要求：

（一）政治素质

在我国，国家审计人员必须具有坚定正确的政治方向，坚持四项基本原则，具有较高的政策水平，自觉遵守和执行党和政府的路线方针政策，自觉遵守法律法规和规章制度；热爱本职工作，爱岗敬业，具有较强的事业心和责任感；具有集体主义和爱国主义精神，对自我、家庭、集体和社会具有责任感，热爱劳动，忠于职守，坚持真理，诚实守信，积极奉献，威武不能屈，富贵不能淫；崇尚真理，以人民利益为最高目标，勇于创新，追求卓越。

（二）职业道德

为了确保国家审计工作的公信力，国家审计人员开展国家审计工作应当恪守严格依法、正直坦诚、客观公正、勤勉尽责、保守秘密的基本审计职业道德。具体而言：

1.严格依法，是指审计人员应当严格依照法定的审计职责、权限和程序进行审计监督，规范审计行为。

2.正直坦诚，是指国家审计人员应当坚持原则，不屈从于外部压力，不歪曲事实，不隐瞒审计发现的问题；廉洁自律，不利用职权谋取私利，维护国家利益和公共利益。

3.客观公正，是指审计人员应当保持客观公正的立场和态度，以充分、适当的审计证据支持审计结论，实事求是地作出审计评价，处理审计中发现的问题。

4.勤勉尽责，是指审计人员应当爱岗敬业、勤勉高效、严谨细致，认真履行审计职责，保证审计工作质量。

5.保守秘密，是指审计人员对在执行职务中知悉的国家秘密、工作秘密、商业秘密、个人隐私和个人信息，应当予以保密，不得泄露或者向他人非法提供。

（三）职业胜任能力

职业胜任能力是审计人员完成审计工作所需要的专业标准和技能。国家审计人员要善于学习，勤于实践，努力保持和提高自身的职业胜任能力。在具体开展国家审计工作时，国家审计人员的职业胜任能力体现在其是否严格遵守《国家审计准则》，以确保其承担的审计工作的质量。为了确保国家审计人员开展的国家审计工作符合《国家审计准则》的要求，审计署还专门制定了审计"四严禁"工作要求和审计"八不准"工作纪律。

【资料1-1】　　审计"四严禁"工作要求和审计"八不准"工作纪律

2018年7月，审计署印发《审计"四严禁"工作要求》和《审计"八不准"工作纪律》，用于规范国家审计人员的行为。

审计"四严禁"工作要求

一、严禁违反政治纪律和政治规矩，不严格执行请示报告制度。

二、严禁违反中央八项规定及其实施细则精神。

三、严禁泄露审计工作秘密。

四、严禁工作时间饮酒和酒后驾驶机动车。

违反上述工作要求的，严格按照规定追究责任。

审计"八不准"工作纪律

一、不准由被审计单位和个人报销或补贴住宿、餐饮、交通、通信、医疗等费用。

二、不准接受被审计单位和个人赠送的礼品礼金，或未经批准通过授课等方式获取报酬。

三、不准参加被审计单位和个人安排的宴请、娱乐、旅游等活动。

四、不准利用审计工作知悉的国家秘密、商业秘密和内部信息谋取利益。

五、不准利用审计职权干预被审计单位依法管理的资金、资产、资源的审批或分配使用。

六、不准向被审计单位推销商品或介绍业务。

七、不准接受被审计单位和个人的请托干预审计工作。

八、不准向被审计单位和个人提出任何与审计工作无关的要求。

违反上述工作纪律的，严格按照规定追究责任。

三、国家审计业务

随着经济社会的发展，国家审计的审计范围日益扩大，从财政、财务收支审计扩展到金融审计、社保资金审计、扶贫资金审计、资源环境审计、绩效审计、重大政策措施落实情况跟踪审计、经济责任审计等。

（一）按审计的业务类型分

1.财政财务收支审计，是指审计机关对被审计单位的财政收支、财务收支的真实性、合法性所进行的检查和评价，是审计机关经常要开展的审计业务。

2.绩效审计，也称效益审计，是指审计机关对照预先确定的评价标准，对审计项目是否实现预定目标或者达到既定标准进行检查，对该项目的经济效益、社会效益和环境效益作出独立评价，对影响各种效益的深层次原因进行分析，为有关部门和单位改善管理、合理决策提供有用信息，促进公共资源的有效利用。

3.经济责任审计，是我国特有的一种审计业务类型，是审计机关对党政领导干部和国有企业领导人员任职期间应负经济责任的履行情况所进行的审计监督。

4.专项审计调查，是审计机关依照审计法律法规及国家有关规定，运用多种有效的程序和方法，对与国家财政收支有关的特定事项进行的专门调查活动。

（二）按审计涉及的领域分

按审计涉及的领域分，国家审计可分为财政审计、金融审计、企业审计、资源环境审计、经济责任审计、涉外审计，也称"六大业务格局"。其中，财政审计包括中央财政管理审计、预算执行审计、地方财政收支审计、税收征管审计、政府投资项目审计、农业资金审计、社会保障审计等内容。国家审计业务类型见表2-1。

表2-1　　　　　　　　　　　国家审计业务类型

业务类型	主要内容	审计对象
财政审计	本级政府财政部门具体组织下级政府本级预算执行和决算草案情况 本级政府发展改革部门组织分配本级政府投资情况 税务、海关等部门组织财政收入情况	管理分配使用财政资金的本级政府，下级政府和其他有关部门，单位负责征收财政收入的税务、海关和其他有关部门、单位，其他取得财政资金的单位和项目等
金融审计	与金融机构有关的资产、负债、损益以及其他财务收支情况	国有企业、国有金融机构和国有资本占控股地位或者主导地位的企业、金融机构
企业审计	企业遵守国家法律法规、贯彻执行党和国家重大政策措施情况 投资、运营和监管国有资本情况 贯彻落实"三重一大"决策制度情况 公司法人治理及内部控制情况等方面	（1）国有独资企业；（2）国有资本占企业资本总额50%以上的企业，以及国有资本占企业资本总额比例不足50%，但是国有资产投资主体实质上拥有控制权的企业；（3）国有企业领导人员履行经济责任情况；（4）国有资产相关监管机构、国有资本投资、运营公司等

业务类型	主要内容	审计对象
资源环境审计	资源环境资金执行、征收管理使用情况 政府及相关单位履行资源管理和环境保护责任情况 重大环境保护项目建设运行情况	资源审计：各级政府中承担资源管理职能的行政主管部门和财政、发展改革等部门，从事资源勘查、开发、利用、保护的企业和事业单位 环境审计：各级政府中承担环境保护与污染防治监督管理职能的行政主管部门和财政、发展改革等部门，对生活环境和生态环境产生直接影响的企业和事业单位
经济责任审计	财务财政管理和经济风险防范情况 重大经济事项的决策、执行和效果情况，资金管理使用和效益情况 预算管理、民生保障和生态文明、廉洁从政、审计问题整改	地方各级党委、政府、审判机关、检察机关的正职领导干部或者主持工作一年以上的副职领导干部 中央和地方各级党政工作部门、事业单位和人民团体等单位的正职领导干部等 国有和国有控股企业（含国有和国有控股金融企业）的法定代表人
涉外审计	对国外贷援款项目的审计 对利用外资工作的主管部门以及有关企业外商直接投资的审计	我国利用外资工作的主管部门及其所开展的相关经济活动 国外贷援款资金、项目及其执行机构 国有资本占控股地位或主导地位的外商投资企业及其接受的外商直接投资等

四、国家审计规范

国家审计规范是国家审计监督制度建立的法律依据和国家审计机关及其审计人员在审计工作中应当遵守的各种审计法规、制度、准则等的总称，我国国家审计规范体系包括国家法律、行政法规、部门规章及规范性文件等，如图2-2所示。

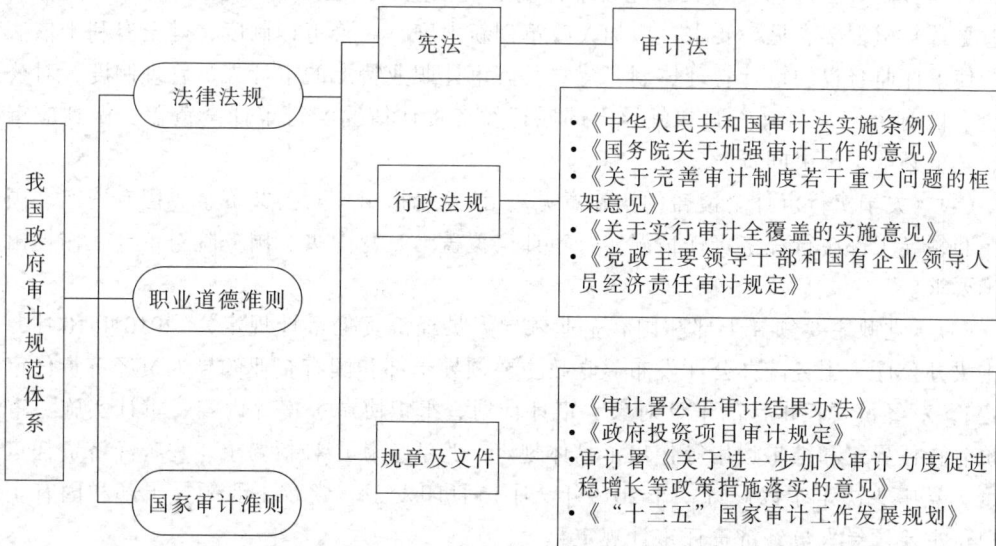

图2-2　我国政府审计规范体系

（一）法律规范

1.国家法律

（1）《中华人民共和国宪法》（以下简称《宪法》）。《宪法》第九十一条规定："审计机关在国务院总理领导下，依照法律规定独立行使审计监督权，不受其他行政机关、社会团体和个人的干涉。"此外，《宪法》还对审计监督的基本原则、审计机关的设置和领导体制、审计监督基本职责、审计长的地位和任免条件等基本制度作了规定。

（2）《中华人民共和国审计法》（以下简称《审计法》）。2006年2月28日颁布的《审计法》对审计机关和审计人员、审计机关职责、审计机关权限、审计程序以及法律责任等内容进行了规范。2021年10月23日，《中华人民共和国审计法》经第十三届全国人民代表大会常务委员会第三十一次会议第二次修正，并从2022年1月1日起施行。

2.行政法规

（1）《中华人民共和国审计法实施条例》。为了指引《审计法》的具体实施工作，国务院于1997年10月制定了《中华人民共和国审计法实施条例》，后于2010年2月经国务院第100次常务会议修订通过。《中华人民共和国审计法实施条例》对审计机关和审计人员、审计机关职责、审计机关权限、审计程序、法律责任等内容作了具体规定。

（2）《国务院关于加强审计工作的意见》。2014年10月27日，国务院印发《国务院关于加强审计工作的意见》，具体内容包括：审计机关要把对国家重大政策措施贯彻落实情况进行跟踪审计作为一项日常工作；审计机关要对稳增长、促改革、调结构、惠民生、防风险等政策措施落实情况，以及公共资金、国有资产、国有资源、领导干部经济责任履行情况进行审计；某些重大项目可以进行"全过程跟踪审计"；凡是涉及管理、分配、使用公共资金、国有资产、国有资源的部门、单位和个人，都要接受审计、配合。

（3）《关于完善审计制度若干重大问题的框架意见》。2015年12月8日，中共中央办公厅、国务院办公厅印发《关于完善审计制度若干重大问题的框架意见》（以下简称《框架意见》）。《框架意见》要求：应加大改革创新力度，完善审计制度，健全有利于依法独立行使审计监督权的审计管理体制，建立具有审计职业特点的审计人员管理制度，对公共资金、国有资产、国有资源和领导干部履行经济责任情况实行审计全覆盖，做到应审尽审、凡审必严、严肃问责。

（4）《关于实行审计全覆盖的实施意见》。该意见指出：对公共资金、国有资产、国有资源和领导干部履行经济责任情况实行审计全覆盖，是党中央、国务院对审计工作提出的明确要求。

（5）《党政主要领导干部和国有企业领导人员经济责任审计规定》。2010年10月，中共中央办公厅、国务院办公厅发布《党政主要领导干部和国有企业领导人员经济责任审计规定》，对经济责任审计的审计对象、审计计划、组织协调、审计内容、审计实施、审计评价、责任界定和结果运用等作出了具体规定。为适应新形势新要求，完善经济责任审计制度，党中央决定予以修订，于2019年7月15日印发了《党政主要领导干部和国有企事业单位主要领导人员经济责任审计规定》。

3.部门规章及规范性文件

（1）《"十四五"国家审计工作发展规划》。2021年6月，中央审计委员会办公室、审计署发布《"十四五"国家审计工作发展规划》，提出审计工作的目标要求。

（2）《关于进一步加大审计力度促进稳增长等政策措施落实的意见》。2015年9月18日，审计署印发该意见，规定了各级审计机关的主要五项任务——进一步加大审计工作重点领域主动公开力度、进一步深化权威解读和舆论引导、进一步加强政务公开平台建设、进一步推进政务公开制度化规范化、进一步强化对政务公开工作的组织领导。

（3）《审计署公告审计结果办法》。2006年6月，审计署发布《审计署公告审计结果办法》。该办法规定，凡审计署统一组织审计项目的审计结果，除受委托的经济责任审计项目和涉及国家秘密、被审计单位商业秘密的内容外，原则上都要向社会公告；对于中央预算执行和其他财政收支的审计工作报告以及审计查出问题纠正情况报告、向国务院报送的综合性专题报告以及其他认为需要报经国务院同意的审计结果应当事先报经国务院同意后再进行公告，其他审计事项的审计结果需要公告的，由审计署决定；审计署公告审计结果需要报经国务院同意的，应当在向国务院呈送的相关报告中加以说明，并形成公告稿报国务院审批。

（4）其他部门规章与规范文件。如《党政主要领导干部和国有企业领导人员经济责任审计规定实施细则》（2014年）、《国家重大政策措施和宏观调控部署落实情况跟踪审计实施意见（试行）》（2015年）、《审计署办公厅关于加强审计监督进一步推动财政资金统筹使用的意见》（2015年）、《审计署审计现场管理办法》（2015年）、《审计署办公厅关于进一步加强扶贫审计促进精准扶贫精准脱贫政策落实的意见》（2016年）、《审计署关于审计工作更好地服务于创新型国家和世界科技强国建设的意见》（2016年）、《审计署办公厅关于进一步重申严格依法履职尽责的通知》（2016年）、《审计署关于进一步完善和规范投资审计工作的意见》（2017年）等。

（二）职业道德准则

审计人员职业道德是指审计机关审计人员的职业品德、职业纪律、职业胜任能力和职业责任。我国审计机关的审计人员适用的职业道德准则是由审计署于2001年8月1日修订的《审计机关审计人员职业道德准则》，1996年制定的原准则失效。该准则旨在提高审计人员素质，加强职业道德修养，规范执业行为。在该准则体系下，审计人员应遵守的职业道德基本原则包括客观公正、实事求是、合理谨慎、职业胜任、保守秘密、廉洁奉公、恪尽职守。此外，准则还规定了审计人员在执业、继续教育与培训、保密等方面的具体要求。审计人员违反职业道德，由所在审计机关根据有关规定给予批评教育、行政处分或者纪律处分。审计人员职业道德的具体要求见表2-2。

（三）国家审计准则

我国现行的《国家审计准则》是审计署于2010年修订的，包括总则、审计机关和审计人员、审计计划、审计实施、审计报告、审计质量控制和责任等内容。如图2-3所示。

表 2-2 《审计机关审计人员职业道德准则》

条款	具体内容
第三条	审计人员应当依照法律规定的职责、权限和程序，进行审计工作，并遵循国家审计准则
第四条	审计人员办理审计事项，应当客观公正、实事求是、合理谨慎、职业胜任、保守秘密、廉洁奉公、恪尽职守
第五条	审计人员在执行职务时，应当保持应有的独立性，不受其他行政机关、社会团体和个人的干涉
第六条	审计人员办理审计事项，与被审计单位或者审计事项有直接利害关系的，应当按照有关规定回避
第七条	审计人员在执行职务时，应当忠诚老实，不得隐瞒或者曲解事实
第八条	审计人员在执行职务特别是作出审计评价、提出处理处罚意见时，应当做到依法办事，实事求是，客观公正，不得偏袒任何一方
第九条	审计人员应当合理运用审计知识、技能和经验，保持职业谨慎，不得对没有证据支持的、未经核清事实的、法律依据不当的和超越审计职责范围的事项发表审计意见
第十条	审计人员应当具有符合规定的学历，通过岗位任职资格考试，具备与从事的审计工作相适应的专业知识、职业技能和工作经验，并保持和提高职业胜任能力。不得从事不能胜任的业务
第十一条	审计人员应当遵守审计机关的继续教育和培训制度，参加审计机关举办或者认可的继续教育、岗位培训活动，学习会计、审计、法律、经济等方面的新知识，掌握与从事工作相适应的计算机、外语等技能
第十二条	审计人员参加继续教育、岗位培训，应当达到审计机关规定的时间和质量要求
第十三条	审计人员对其执行职务时知悉的国家秘密和被审计单位的商业秘密，负有保密的义务。在执行职务中取得的资料和审计工作记录，未经批准不得对外提供和披露，不得用于与审计工作无关的目的
第十四条	审计人员应当遵守国家的法律、法规和规章以及审计工作纪律和廉政纪律
第十五条	审计人员应当认真履行职责，维护国家审计的权威，不得有损害审计机关形象的行为。审计人员应当维护国家利益和被审计单位的合法权益

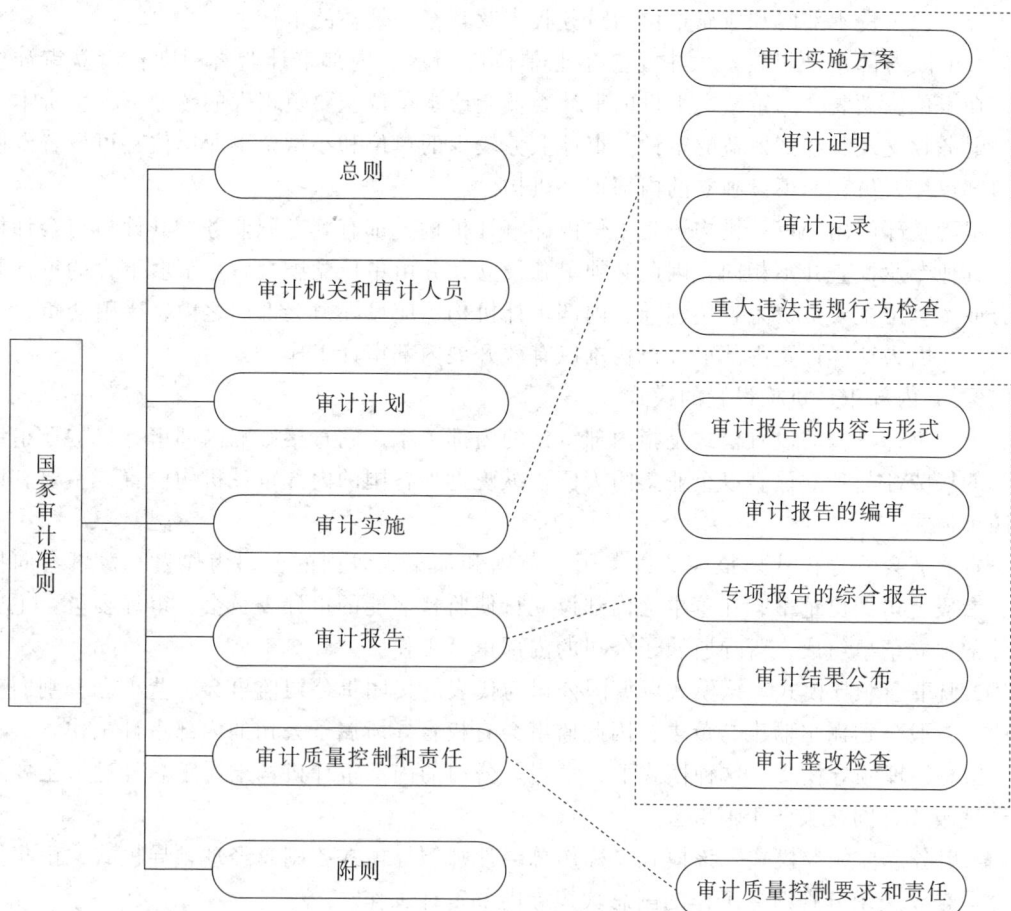

图2-3 我国国家审计准则结构

◎ 第二节 内部审计

现代企业管理控制系统中，内部审计发挥着非常重要的作用。内部审计，是一种独立、客观的确认（assurance）和咨询（consulting）活动，它通过运用系统、规范的方法，评价及改善组织的风险管理、控制和治理，以实现组织目标。在履职的过程中，内部审计按照相应的规范，遵循设定的流程，执行不同的审计业务，为组织的价值创造服务。内部审计具有服务的内向性、审查范围的广泛性、制约性和促进性作用、微观监督与宏观监督的统一性。本节将依次介绍内部审计机构、内部审计人员、内部审计业务和内部审计规范的相关知识。

一、内部审计机构

（一）内部审计机构设置

我国的内部审计机构是根据审计法规和其他财经法规的规定设置的，主要包括部门内部审计机构和单位内部审计机构。

1.部门内部审计机构。国务院和县级以上地方各级人民政府各部门应当建立内部审计监督制度，根据审计业务需要，分别设立审计机构并配备审计人员，在本部门主要负责人的领导下，负责本部门和所属单位的财务收支及其经济效益的审计。

2.单位内部审计机构。大中型企事业单位应当建立内部审计监督制度，设立审计机构，在本单位党委会、董事会下设的审计委员会或本单位主要负责人的领导下，负责本单位的财务收支及其经济效益的审计。审计业务较少的单位和小型企事业单位，可设置专职的内部审计人员，而不设独立的内部审计机构。

不管是部门内部审计机构还是单位内部审计机构，都有其专职业务，其性质与会计检查和其他专业检查并不相同，因此必须单独设立，并由单位党委会、董事会下设的审计委员会或本单位主要负责人直接领导。内部审计机构不应设在财会部门之内，受财会负责人的领导，因为这样设置内部审计机构难以有效开展内部审计工作。

（二）内部审计机构设置的模式

内部审计机构的设置模式是指内部审计的内部关系，它直接影响内部审计机构在组织内部的权威性与独立性。以企业集团为例，纵观世界各国的内部审计机构设置，主要有以下四种模式：

1.董事会领导模式。该模式以美国、英国和加拿大等国的公司为代表。董事会向控股、参股公司派出董事，在董事会内部设立行使监督职能的审计委员会，审计委员会主要由外部独立董事组成，督导所属子公司的内部审计工作。

2.监事会领导模式。该模式以德国公司为代表。集团母公司监事会、董事会分别向其控股、参股公司派出监事与董事，因此监事会有权督导所属子公司的内部审计工作。

3.总经理领导模式。这种模式下，集团母公司的内部审计机构隶属于总经理，主要为总经理服务，间接服务于董事会。

4.财务总监领导模式。该模式又称作总会计师领导模式或副总经理领导模式，由集团母公司领导层中分管财务工作的副总裁领导内部审计工作。

四种模式各有优缺点。对于国家机关、事业单位、社会团体等单位的内部审计机构或者履行内部审计职责的内设机构，审计署在2018年发布的《审计署关于内部审计工作的规定》中明确规定：应当在本单位党组织、主要负责人的直接领导下开展内部审计工作，向其负责并报告工作。国有企业内部审计机构或者履行内部审计职责的内设机构应当在企业党组织、董事会（或者主要负责人）直接领导下开展内部审计工作，向其负责并报告工作。国有企业应当按照有关规定建立总审计师制度，总审计师协助党组织、董事会（或者主要负责人）管理内部审计工作。

（三）中国内部审计协会

中国内部审计协会（China Institute of Internal Audit，CIIA），是由具有一定内部审计力量的企事业单位、社会团体和从事内部审计相关工作的人员自愿结成的全国性、专业性、非营利性社会组织。中国内部审计协会前身是于1987年4月成立的中国内部审计学会，2002年5月经民政部批准，更名为中国内部审计协会。本会经外交部和审计署批准，加入国际内部审计师协会。

中国内部审计协会的宗旨是服务、管理、宣传、交流，即以内部审计职业化建设为主线，通过向会员提供优质服务，实行职业自律管理、加强内部审计宣传、开展国内外交流，不断提升本会的职业代表性和社会影响力，充分发挥现代内部审计理念引领者、职业代言人、实践推动者、智力支撑者的作用，以推动我国内部审计事业的科学发展。

中国内部审计协会的权力机构是中国内部审计协会会员代表大会。中国内部审计协会下设理事会、常务理事会、秘书处（办事机构）和监事会。中国内部审计协会出版《中国内部审计》刊物。

中国内部审计协会的会员分为单位会员和个人会员。凡承认协会章程的企业、事业单位和社会团体可申请加入协会。内部审计工作者，承认协会章程并具有初级以上技术职称（包括审计、会计、经济、工程、计算机等技术职称）者，都可申请加入本会。与内部审计有关的社会知名人士，经理事推荐，理事会讨论通过为协会特邀个人会员。

（四）国际内部审计协会

国际内部审计协会（the Institute of Internal Auditors，IIA）1941年成立于美国纽约，在联合国经济和社会开发署享有顾问地位，是最高审计机关国际组织的常任观察员，是国际政府财政管理委员会、国际会计师联合会的团体会员。截至2021年，共有170多个国家和地区加入该组织，会员人数超过20万人。国际内部审计师协会的组织机构主要有理事会、执行委员会、国际委员会和总部。IIA自1974年起在全球指定地点举行注册内部审计师资格考试，考试合格者颁发注册内部审计师证书，授予"注册内部审计师（CIA）"称号。

二、内部审计人员

根据规定，国有企事业单位内部设置内部审计机构，配备专职内部审计人员。《第1101号——内部审计基本准则》对内部审计人员的素质与能力作出了明确要求，包括：内部审计人员应当遵守职业道德，在实施内部审计业务时保持应有的职业谨慎；应当具备相应的专业胜任能力，并通过后续教育加以保持和提高。其中，内部审计人员的专业胜任能力集中体现在内部审计人员应掌握的执业技能体系和职业知识体系之中。

1.执业技能体系

如表2-3所示，IIA在1999年发布的《内部审计专业胜任能力框架》（CFIA）中认为，执业技能体系由认知技能和行为技能构成。

表2-3　　　　　　　　　　　　IIA的《内部审计专业胜任能力框架》

构成		内容
认知技能	技术技能	根据既定规则熟练地工作
	分析技能	识别问题或界定任务并构建典型的解决或执行方案
	鉴别技能	在不确定的条件下作出复杂的、有创意的判断
行为技能	个人技能	能很好地应对挑战、压力、冲突、时间紧迫和变化的环境
	人际技能	通过人际互动取得收获
	组织技能	利用组织网络来取得收获

资料来源：企业内部审计编审委员会. 企业内部审计实务详解［M］. 北京：人民邮电出版社，2019.

2.职业知识体系

国际各职业组织发布的职业胜任能力公告包含职业知识体系的内容。我国对内部审计人员职业知识体系也一直很重视，《中国内部审计准则》和《内部审计人员后续教育实施办法》等的相关条款规定内部审计人员在开展具体审计活动时，要具备相关领域的专业知识。中国内部审计人员职业知识体系可设定为三个部分，即职业基础知识、执业技能知识和职业环境知识（见表2-4）。

表2-4 内部审计职业知识体系

构成	要素
职业基础知识	经济政策分析基础、管理经济分析基础、会计基础、审计基础、计算机信息系统基础
执业技能知识	公司治理、计算机信息系统审计、组织行为、组织战略、管理会计、风险管理、项目管理、财务管理、内部审计组织管理、内部控制、资产评估、职业道德标准、人际关系沟通技巧
职业环境知识	法律法规、制度政策、专业准则应用与分析

资料来源：企业内部审计编审委员会. 企业内部审计实务详解［M］. 北京：人民邮电出版社，2019.

3.内部审计人员的资格考试

国际注册内部审计师（Certified Internal Auditors，CIA）不仅是国际内部审计领域专家的标志，也是目前国际内部审计界唯一公认的职业资格。IIA自1974年起在全球指定地点举行注册内部审计师资格考试。

1998年起中国内部审计协会在内部审计师考试方面与国际内部审计师协会通力合作，引进了国际内部审计师考试制度。我国国内至今没有单独的内部审计师的职称系列和资格考试。内部审计人员可以参加会计师或审计师系列的资格考试，这些资格考试由人力资源和社会保障部会同财政部和审计署共同实施。

三、内部审计业务

不同发展阶段的内部审计业务范围和审计重点是不同的，相应的业务类型也不尽一致。

（一）内部审计的发展阶段与业务范围

20世纪50年代中期以前属于财务审计阶段，该阶段内部审计的业务范围和审计重点是检查会计和财务报告。为单一客户的管理层提供一种服务是该阶段内部审计的特征，因此，被认为是"管理层的耳目"，审计方式以事后审计为主。

1.财务审计阶段

财务审计是早期内部审计的出发点和归宿点，至今财务审计仍是内部审计的重要组成部分。其目的在于确认被审计单位的财务报表是否真实、公允，内部审计师可以通过对被审计单位凭证、账册的审查和财务报告的审计，对被审计单位内部的财务状况、经营成果和现金流量进行评价，判断其是否真实、可靠，重点是确定是否真实、公允，是对资产、负债、所有者权益、收入、费用等的全面审查。

2.经营审计阶段

20世纪50年代中期至20世纪70年代末期属于经营审计阶段，该阶段内部审计的业务范围和审计重点是检查会计、财务和其他运营活动。此阶段内部审计为单一客户的管理层提供多种服务，依然被认为是"管理层的耳目"，审计方式为事后审计与事中审计并重。

经营审计主要通过对企业的采购、生产、销售等经营活动进行评审，对被审计单位的经营业绩有较为全面的认识，并揭示出与同行业平均水平的差距。因此，经营审计的范围是企业产、供、销等全部活动，重点是审查经营活动资料的真实性，以及企业经济效益的评价标准。

3.管理审计阶段

自20世纪70年代末起至今属于管理审计阶段，该阶段又可分为传统管理审计阶段和现代管理审计阶段。传统管理审计阶段自20世纪70年代末至20世纪末，该阶段内部审计的业务范围和审计重点是检查组织内部的所有关键职能。此阶段内部审计提供的是综合服务，整个组织成为审计客户，审计方式为事后审计与事中审计并重。21世纪初至现在属于现代管理审计阶段，该阶段内部审计的业务范围和审计重点是治理程序、风险管理和内部控制。内部审计提供的仍属综合服务，组织的所有利益相关者成为客户。审计方式为事后审计、事中审计与事前咨询并重。

综上所述，在不同发展阶段内部审计的业务范围和审计重点是不同的，相应的业务类型也不尽一致。目前，我国内部审计实践正逐步从传统财务审计转向现代管理审计，因此，除传统的财务审计、经营审计、管理审计之外，内部控制审计、风险管理审计以及公司治理审计等也正逐渐成为内部审计的业务类型。

(二)中国内部审计准则明确的业务范围和类型

2013年《内部审计基本准则》将内部审计的业务范围扩展为组织的业务活动、内部控制和风险管理。内部审计具体准则主要对内部控制审计(第2201号)、绩效审计(第2202号)、信息系统审计(第2203号)、对舞弊行为进行检查和报告(第2204号)和经济责任审计(第2205号)等业务进行规范或修订。此外，内部审计实务指南又对建设项目审计(第3201号)和物资采购审计(第3202号)的指导意见进行了修订。

1.内部控制审计

内部控制审计是指内部审计机构对组织内部控制设计和运行的有效性进行的审查和评价活动。

2.绩效审计

绩效审计是指内部审计机构和内部审计人员对本组织经营管理活动的经济性、效率性和效果性进行的审查和评价。

3.信息系统审计

信息系统审计是指内部审计机构和内部审计人员对组织的信息系统及其相关的信息技术内部控制和流程所进行的审查与评价活动，以确定组织是否实现信息技术管理目标，并基于评价意见提出管理建议，协助组织信息技术管理人员有效地履行职责。

4.舞弊审计

对舞弊行为进行检查和报告也称舞弊审计。舞弊是指组织内、外人员采用欺骗等违法违规手段，损害或者谋取组织利益，同时可能为个人带来不正当利益的行为。

5.经济责任审计

经济责任审计是指内部审计机构、内部审计人员对本单位所管理的领导干部在任职期间的经济责任履行情况的监督、评价和建议活动。

四、内部审计规范

我国内部审计规范也由执业准则体系、职业道德规范以及法律规范体系三部分组成。

（一）执业准则体系

《中国内部审计准则》（见表2-5）包括三个层次：第一层次是内部审计基本准则和内部审计人员职业道德规范；第二层次是具体准则，目前分为作业类、业务类和管理类三大类，共有23项；第三层次是实务指南，目前共6项，依据基本准则和具体准则制定。

表 2-5 中国内部审计准则

准则层次		准则编号	准则名称	准则编号	准则名称
第一层次		1101	内部审计基本准则	1201	内部审计人员职业道德规范
第二层次	作业类具体准则	2101	审计计划	2106	审计报告
		2102	审计通知书	2107	后续审计
		2103	审计证据	2108	审计抽样
		2104	审计工作底稿	2109	分析程序
		2105	结果沟通		
	业务类具体准则	2201	内部控制审计	2204	对舞弊行为进行检查和报告
		2202	绩效审计	2205	经济责任审计
		2203	信息系统审计		
	管理类具体准则	2301	内部审计机构的管理	2305	人际关系
		2302	与董事会或者最高管理层的关系	2306	内部审计质量控制
		2303	内部审计与外部审计的协调	2307	评价外部审计工作质量
		2304	利用外部专家服务	2308	审计档案工作
		2309	内部审计业务外包管理		
第三层次	实务指南	3101	审计报告	3203	高校内部审计
		3201	建设项目审计	3204	经济责任审计
		3202	物资采购审计	3205	信息系统审计

除此之外，各行业、部门也分别制定了指导各自内部审计制度建设与内部审计工作开展的规定、规范与指引，形成了对《中国内部审计准则》的有益补充。

（二）职业道德规范

相比社会审计的职业道德规范，内部审计的职业道德规范较为简单，主要分布在以下规定和规范中。

1.《第1101号——内部审计基本准则》

该准则规定了内部审计机构和人员应遵循的职业道德要求：（1）内部审计机构和内部

审计人员应当保持独立性和客观性，不得负责被审计单位的业务活动、内部控制和风险管理的决策与执行。（2）内部审计人员应当遵守职业道德，在实施内部审计业务时保持应有的职业谨慎。（3）内部审计人员应当具备相应的专业胜任能力，并通过后续教育加以保持和提高。（4）内部审计人员应当履行保密义务，对于实施内部审计业务中所获取的信息保密。

2.《第1201号——内部审计人员职业道德规范》

该准则要求：内部审计人员从事内部审计活动时，应当遵守此规范，认真履行职责，不得损害国家利益、组织利益和内部审计职业声誉；内部审计人员违反规范要求的，应组织批评教育，也可视情节轻重给予处分。该规范主要由4项内部审计人员职业道德一般原则构成：

（1）诚信正直。该项原则要求内部审计人员在实施内部审计业务时，应当诚实、守信，不应歪曲事实，隐瞒审计发现的问题，进行缺少证据支持的判断，或做误导性的或者含糊的陈述。内部审计人员在实施内部审计业务时，应当廉洁、正直，不应利用职权谋取私利；不应屈从于外部压力，违反原则。

（2）客观性。该原则要求内部审计人员实施内部审计业务时，应当实事求是，不得由于偏见、利益冲突而影响职业判断。内部审计人员实施内部审计业务前，应当识别可能影响客观性的因素、评估可能影响客观性因素的严重程度、向审计项目负责人或者内部审计机构负责人报告客观性受损可能造成的影响，并采取措施保障内部审计的客观性。

（3）专业胜任能力。内部审计人员应当具备履行职责所需的专业知识、执业技能和实践经验，并通过后续教育和职业实践等途径，了解、学习和掌握相关法律法规、专业知识、技术方法和审计实务的发展变化，保持和提升专业胜任能力。此外，专业胜任能力要求内部审计人员在实施内部审计业务时，应当保持职业谨慎，合理运用职业判断。

（4）保密。内部审计人员应当对实施内部审计业务所获取的信息保密，非因有效授权、法律规定或其他合法事由不得披露。内部审计人员在社会交往中，应当履行保密义务，警惕非故意泄密的可能性；不得利用其在实施内部审计业务时获取的信息牟取不正当利益，或者以有悖于法律法规、组织规定及职业道德的方式使用信息。

3.《审计署关于内部审计工作的规定》

该规定对内部审计职业道德的要求如下：内部审计机构和内部审计人员从事内部审计工作，应当严格遵守有关法律法规、本规定和内部审计职业规范，忠于职守，做到独立、客观、公正、保密。内部审计机构和内部审计人员不得参与可能影响独立、客观履行审计职责的工作。内部审计人员应当具备从事审计工作所需要的专业能力。单位应当严格内部审计人员录用标准，支持和保障内部审计机构通过多种途径开展继续教育，提高内部审计人员的职业胜任能力。内部审计机构负责人应当具备审计、会计、经济、法律或者管理等工作背景。

（三）内部审计法律规范体系

第一层次是法律，主要是《审计法》。其第三十二条规定："被审计单位应当加强对内部审计工作的领导，按照国家有关规定建立健全内部审计制度。审计机关应当对被审计单位的内部审计工作进行业务指导和监督。"

第二层次是行政法规，主要是国务院发布的《中华人民共和国审计法实施条例》。其

第二十六条规定："依法属于审计机关审计监督对象的单位的内部审计工作，应当接受审计机关的业务指导和监督。依法属于审计机关审计监督对象的单位，可以根据内部审计工作的需要，参加依法成立的内部审计自律组织。审计机关可以通过内部审计自律组织，加强对内部审计工作的业务指导和监督。"

第三层次是部门规章，主要是审计署发布的《审计署关于内部审计工作的规定》和《审计署关于加强内部审计工作业务指导和监督的意见》。2018年1月，审计署发布修订的《审计署关于内部审计工作的规定》，要求结合本单位（即依法属于审计机关审计监督对象的单位和参照该规定执行的单位）实际情况，建立健全内部审计制度，加强对内部审计机构和人员的管理，明确内部审计工作的领导体制、职责权限、人员配备、经费保障，建立健全审计发现问题整改机制、提高审计结果运用效率与效果，加大对被审计单位和内部审计机构与人员违法违规行为的责任追究等。同月，审计署发布《审计署关于加强内部审计工作业务指导和监督的意见》，对国家审计机关如何加强对内部审计的指导监督提出具体要求，包括建立健全内部审计指导监督的工作机制（如建立健全指导和监督工作长效机制、建立健全内部审计资料备案及成果运用机制、建立健全与主管部门的协作机制），加强对内部审计工作的业务指导（如加强对建立健全内部审计工作机制的指导、加强对内部审计计划安排和审计重点的指导、加强对内部审计人员的业务指导），加强对内部审计工作的监督检查（如加强日常监督、结合实施审计项目开展监督、开展专项检查）。

◎ 第三节　社会审计

社会审计，又称民间审计、独立审计、注册会计师审计。它是一种由民间审计组织（会计师事务所）接受委托而实施的审计，根据公认会计原则和公认审计准则，对被审计单位的财务报告和会计信息进行客观的评价和鉴证。注册会计师审计是随着市场经济的发展而成长起来的。有别于国家审计和内部审计，注册会计师审计是一种服务于市场治理的社会中介服务机构，其运行受到市场机制的直接调节。

一、注册会计师审计组织

（一）会计师事务所

会计师事务所是指经国家批准、注册登记，依法独立承办审计业务、会计咨询业务的单位。会计师事务所是注册会计师承办法定业务的工作机构。

会计师事务所不是国家机关的职能部门，经济上也不依赖于国家或其他任何单位，会计师事务所实行自收自支，独立核算，依法纳税，具有法人资格。注册会计师必须加入会计师事务所，才能承办业务。按规定，成立会计师事务所应报经财政部或省级财政厅（局）审查批准，并向当地市场监督管理机关办理登记，领取执照，方可开业。

1.事务所的组织形式

综观注册会计师行业在各国的发展，会计师事务所主要有独资、普通合伙、有限责任、有限责任合伙等组织形式。目前，我国会计师事务所有普通合伙、有限责任和特殊普通合伙等组织形式。

（1）独资会计师事务所

独资会计师事务所由具有注册会计师执业资格的个人独立设立，承担无限责任。它的优点是：对执业人员的需求不多，容易设立，执业灵活，能够在代理记账、代理纳税等方面较好地满足小微企业对注册会计师服务的需求，虽承担无限责任，但实际发生风险的程度相对较低。它的缺点是：无力承担大中型公司的鉴证业务和咨询业务，缺乏发展后劲。

（2）普通合伙会计师事务所

普通合伙会计师事务所是由两位或两位以上注册会计师组成的合伙组织，合伙人以各自的财产对会计师事务所的债务承担无限连带责任。它的优点是：在风险牵制和共同利益的驱动下，会计师事务所强化专业发展，扩大规模，提高规避风险的能力。它的缺点是：建立一个跨地区、跨国界的大型会计师事务所要经历一个漫长的过程；同时，任何一个合伙人在执业中的错误与舞弊行为，都可能给整个会计师事务所带来灭顶之灾，使之一旦之间土崩瓦解。

（3）有限责任会计师事务所

有限责任会计师事务所是由注册会计师认购会计师事务所股份，并以其所认购股份对会计师事务所承担有限责任。会计师事务所以其全部资产对其债务承担有限责任。它的优点是：可以通过公司制形式迅速聚集一批注册会计师，建立规模较大的会计师事务所，承办大中型公司鉴证和咨询业务。它的缺点是：降低了风险责任对执业行为的高度制约，减轻了注册会计师的个人责任。

（4）有限责任合伙会计师事务所

有限责任合伙会计师事务所是会计师事务所以全部资产对其债务承担有限责任，各合伙人对个人执业行为承担无限责任。它的最大特点在于，既融入了合伙和有限公司会计师事务所的优点，又摒弃了它们的不足。有限责任合伙会计师事务所已成为当前会计师事务所的发展趋势。

（5）特殊普通合伙会计师事务所

我国现行的特殊普通合伙会计师事务所，在性质上相当于西方国家的有限责任合伙会计师事务所。采用特殊普通合伙组织形式的会计师事务所，一个合伙人或者数个合伙人在职业活动中因故意或者重大过失造成合伙企业债务的，应当承担无限责任或者无限连带责任，其他合伙人以其在合伙企业中的财产份额为限承担责任。合伙人在职业活动中非因故意或者非重大过失造成的合伙企业债务以及合伙企业的其他债务，由全体合伙人承担无限连带责任。

截至2020年8月底，全国共有会计师事务所8 411家（不含分所，下同），其中有限责任所3 946家，占全国事务所总量的46.92%；普通合伙所4 402家，占全国事务所总量的52.33%；特殊普通合伙所63家，占全国事务所总量的0.75%。

2.国际"四大"会计师事务所

国际会计师事务所是世界先进会计师事务所的典型代表。这些国际会计师事务所也是由若干中小型会计师事务所逐步扩充发展而成的。

目前，国际"四大"会计师事务所包括：

（1）德勤（Deloitte & Touche Tohmatsu）。

（2）普华永道（Price Waterhouse Coopers）。

（3）安永（Ernst & Young）。

（4）毕马威（KPMG）。

各大会计师事务所在服务对象上各有侧重，形成了各自的专门化优势领域。例如，德勤在政府业务和大型项目服务上有特色；安永在医疗保健及财务服务方面占有很大优势；毕马威在银行方面具有很强的竞争力；普华永道在通信电子工业和处理国际性事业机构业务方面占优。

3.会计师事务所人员构成

每一个会计师事务所都是由不同层次的专业人员组成的。其审计人员按级别高低排列依次为：合伙人、经理、主管会计师、辅助会计人员。层次越高人员越少，层次越低人员越多，不同层次的人员，其工作内容和职责范围是不同的。

（1）合伙人。合伙人既是事务所的出资人，又是管理者。每一项审计业务都由一位业务合伙人带领一个审计小组实施。合伙人要参与审计策略和计划的制定以及审计结果的评价，审计完成之后要由合伙人签署审计报告，并对该项审计及其最终结果负最终责任。

（2）经理。经理在合伙人的领导下，负责管理承办业务的各个方面，包括制订计划，与客户等有关人员进行协调，为小组成员分授职权并指导、监督和检查他们的工作，控制业务时间和经费，审阅管理人员意见书，审查客户财务报表的草稿和最终报告书，审核作业文件，审核审计工作方案的变更，以及向业务合伙人报告工作等。

（3）主管会计师。在经理的领导下，主管会计师全面负责审计现场的工作质量、时间和效率。主管会计师在审计计划阶段、现场工作阶段以及报告阶段辅助经理管理审计事务。

（4）辅助会计人员。辅助会计人员接受主管会计师的监督，负责执行指定的任务。辅助会计人员的工作内容主要有：编制反映客户及其会计制度和内部控制情况的记录；实施各种类型的审计测试；记录测试结果；向主管会计师报告情况。

（二）中国注册会计师协会

中国注册会计师协会成立于1988年11月，是在财政部党组领导下开展行业管理和服务的法定组织，具有自律监管和政府监管的双重属性。中国注册会计师协会是注册会计师的全国性组织，省、自治区、直辖市注册会计师协会是注册会计师的地方组织。注册会计师应当加入注册会计师协会。

中国注册会计师协会的宗旨是：服务、监督、管理、协调，即以诚信建设为主线，服务协会会员，监督会员执业质量、职业道德，依法实施注册会计师行业管理，协调行业内、外部关系，维护社会公众利益和会员合法权益，促进行业健康发展。

中国注册会计师协会的最高权力机构为全国会员代表大会，全国会员代表大会选举产生理事会。理事会选举产生会长、副会长、常务理事，理事会设若干专门委员会和专业委员会。

二、注册会计师行业监管

我国注册会计师行业的监管包括政府监管（国务院财政部门和省、自治区、直辖市人民政府财政部门）与自律监管（注册会计师协会）在内的多层次、全方位行业监管体制。从事证券服务业务的会计师事务所还会受到国务院证券监督管理机构（即证监会）及其派出机构、证券交易所共同构成的"三位一体"的综合监管。

（一）政府监管

国务院财政部门（以下简称财政部）和省、自治区、直辖市人民政府财政部门，依法对注册会计师、会计师事务所和注册会计师协会进行指导和监督。根据《中华人民共和国会计法》（以下简称《会计法》）第三十一条的规定，财政部门有权对会计师事务所出具审计报告的程序和内容进行监督。2021年修订的《中华人民共和国注册会计师法修订草案（征求意见稿）》新增了第六章"监督管理"，更加明确了财政部门的监督管理职责。

（二）行业自律监管

各级注册会计师协会是注册会计师行业的行业自律监管部门。

（三）从事证券服务业务的特别监管

对于从事证券服务业务的会计师事务所和注册会计师，除了受财政部门和各级注册会计师协会的监管外，还要受到来自证监会及其派出机构、证券交易所的监管。

1.证监会及其派出机构

证监会为国务院直属正部级事业单位，依照法律法规和国务院授权，统一监督管理全国证券期货市场，维护证券期货市场秩序，保障其合法运行。证监会设在北京，在省、自治区、直辖市和计划单列市设立36个证券监管局，以及上海、深圳证券监管专员办事处。证监会依照法律法规和国务院授权，对会计师事务所的证券业务活动实行统一监督管理。派出机构受证监会垂直领导，按照法律法规和证监会的规定，负责辖区一线监管工作，对辖区会计师事务所的证券业务活动进行监督管理。

2.证券交易所

证券交易所对注册会计师行业的监管主要体现为对会计师事务所为证券上市、交易等提供服务的行为进行监督管理。我国证券交易所包括：深圳证券交易所、上海证券交易所、北京证券交易所。

三、注册会计师及其素质要求

注册会计师是依法取得注册会计师证书并接受委托从事审计和会计咨询、会计服务业务的执业人员。注册会计师执行业务应当加入会计师事务所。作为资本市场中提供中介服务的注册会计师，需要极高的专业素质，因此，中国注册会计师协会对注册会计师的素质要求有严格的规定。

（一）注册会计师的一般素质要求

1.专门知识

注册会计师必须具备会计、审计及其他相关专业的知识。这里的专门知识主要指相关的理论知识。这种知识可以通过普通教育、继续教育和正式考试获取，也可以通过实践和研究等其他方式掌握。随着企业经济活动和管理行为日趋复杂，注册会计师还需要了解和熟悉管理科学、行为科学乃至工程技术等诸多领域的有关知识。

2.专门经验

注册会计师除了应具备丰富的专门知识，还要有足够的审计实务经验。在具体的审计实务中，由于被审计单位的具体情况和审计环境千差万别，仅仅依靠法规和准则不能解决所有的问题。这时就需要注册会计师利用其执业中的丰富经验，形成自己的职业判断。

3.专业训练

审计行业是一个理论不断更新、审计环境和审计方法不断变革的行业。因此，为了和审计行业的前进脚步保持一致，注册会计师必须接受后续教育，不断更新专业知识并全方面地了解相关知识和信息，以保证其专业水平和能力始终能够应对不断变化的审计实务。

4.业务能力

注册会计师应当具备的业务能力主要指分析和判断能力。在审计实务中，无论是对内部控制的测试和评价、审计程序的安排，还是审计证据的获取、审计意见的形成，都要求注册会计师必须具备一定的分析和判断能力。注册会计师利用其专业能力执行审计业务达到所需标准，就可以认定其具备综合业务能力。

（二）注册会计师的一般资格要求

1.教育要求

根据我国相关法规的规定，具备下列条件之一的中国公民，可报名参加考试：高等专科以上学校毕业的学历；会计或者相关专业（相关专业是指审计、统计、经济）中级以上专业技术职称。以上条件主要是针对取得注册会计师资格的学历及职称条件。

从业人员获得注册会计师资格之后，应当不断更新知识结构、提高专业素质和执业水平。因此，我国于1997年开始规范注册会计师后续教育，并于2021年修订印发了《中国注册会计师继续教育制度》和《中国注册会计师协会非执业会员继续教育制度》，对后续教育的内容、组织与实施、检查与考核做了有关规定。

2.考试要求

财政部成立全国注册会计师考试委员会（以下简称全国考试委员会），其办公室设在中国注册会计师协会。全国考试委员会组织领导全国统一考试工作。现行注册会计师的考试分两个阶段：

第一阶段是专业阶段考试，主要测试考生是否具备注册会计师执业所需的专业知识，以及是否掌握基本技能和职业道德要求。专业阶段考试共设有会计、审计、财务成本管理、公司战略与风险管理、经济法和税法六个科目。每科考试成绩均为百分制，60分为及格线。单科合格成绩保留5年时间，对于在连续滚动5年内通过专业阶段所有科目的考生，颁发注册会计师考试专业阶段合格证书。

第二阶段是综合阶段考试，综合阶段考试并不是专业阶段考试科目知识的重复测试，而是要求考生在掌握专业阶段各学科知识和基本技能的基础上，通过必要的经验积累，能够综合运用各学科知识和相关技能对职业环境中的实务案例进行信息的筛选、甄别和判断，识别业务问题的性质、影响和要求等，运用所掌握的信息、知识进行深入的业务和财务分析及处理，以提出有效的意见、建议或解决方案。此外，综合阶段考试还要求能够运用英语进行阅读理解、文字表达和业务处理。考生在通过第一阶段的全部考试科目后，才能参加第二阶段的考试。两个阶段的考试每年各举行一次。

3.经验要求

《注册会计师法》规定，注册会计师考试全科成绩合格者，即可取得注册会计师资格。对于取得注册会计师资格但尚未在中国境内从事审计业务工作两年以上者，可以自行向取得全科合格证书的省级注册会计师协会提交相关材料，申请注册为非执业会员。而申请成为执业会员，还要按照有关规定，在会计师事务所获得两年的审计工作经验并符合其他条件，在经批准注册后，取得财政部统一印制的注册会计师证书，才能成为执业注册会计师。

四、注册会计师业务范围

根据《注册会计师法》和相关业务准则的规定，注册会计师的业务范围从总体上可以划分为鉴证业务和相关服务业务。鉴证业务包括审计业务、审阅业务和其他鉴证业务，非鉴证性的相关服务包括执行商定程序、预测性财务信息的审核、代编财务信息等（如图2-4所示）。

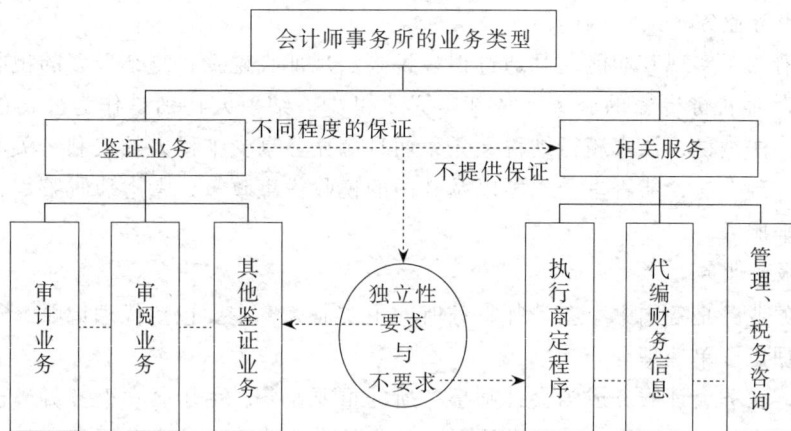

图2-4 注册会计师业务范围

（一）鉴证业务

鉴证业务是指注册会计师对鉴证对象信息提出结论，以增强除责任方之外的预期使用者对鉴证对象信息信任程度的业务。下列审计、审阅、鉴证业务应当由注册会计师承办：

1.审计业务。审计业务是通过取得和评价某一会计主体历史财务报表的证据，以便对该主体管理层在这些财务报表中所作的认定是否按照会计准则公允表达发表审计意见。注册会计师从事的主要审计业务是财务报表审计。注册会计师根据审计准则的要求，完成了必要的审计程序，取得了相应的审计证据后，应编制和出具审计报告。审计报告主要表述注册会计师的审计意见，具有法定证明效力。注册会计师及其所在的会计师事务所对其出具的审计报告承担相应的法律责任。

2.审阅业务。审阅业务是指注册会计师对某一会计主体所作的认定是否符合既定标准或惯例进行查证并发表意见。这类业务有：（1）审查未来财务信息（如财务预测或计划）所依据的假设是否合理，未来财务信息是否根据这种假设编制，未来财务信息与历史财务信息的基础是否一致；（2）审查确定某一会计主体的财务报表是否合法，是否符合政府或管理层所建立的标准等。一般来说，审阅的范围通常比审计要小，审阅实施的程序比审计要少。

（二）其他相关服务业务

其他相关服务业务主要包括：代理记账、编制财务报表、工资单处理。由于在提供相关服务时，注册会计师不提供任何程度的保证，因此不做独立性的特别要求。

1.管理咨询业务

管理咨询业务是指注册会计师为客户提供管理建议与技术协助，以帮助客户改善其能力及合理利用资源，并实现其预定的目标。在执行管理咨询业务时，注册会计师扮演的是一个公司外部专家或顾问的角色。因此，注册会计师不能代替董事会和经理层作任何管理决策。在规模较大的会计师事务所内，都设立单独的管理咨询部门从事管理咨询业务。当下，管理咨询业务所获得的收入，已成为很多会计师事务所总收入提升的增长点。为指导注册会计师执行管理咨询业务，部分国家的注册会计师职业团体制定了从事管理咨询业务的准则或说明书。

2.税务服务业务

各国政府为了实现其职能，都通过很多税收法规征收税款，复杂繁多的税收法规使注册会计师和其他税务专家的服务业务变得必不可少。纳税人特别是作为公司的法人纳税人，不仅要依法纳税，认真履行纳税义务，而且应充分享受纳税人的权利，关心自己的纳税负担是否合理合法，能否享受本国以及外国的税收优惠政策，考虑税收筹划，为提高公司的利润水平服务。

3.会计服务业务

会计服务业务是各国中小会计师事务所的主要业务，主要包括代理记账、代理编制财务报表、代理工资单处理等。

近年来，法务会计服务成为会计师事务所的重要业务。由于公司财务舞弊已成为世界各国经济界的一种公害，因此，借助注册会计师的专业能力来减少公司财务舞弊现象的发生，也成为市场经济中的热点问题。与此同时，市场经济本质上就是法治经济，由于会计天生具有的经济后果性，会计解释上的法律争端也成为法律界一个令人头疼的问题。迎合这种市场需要，注册会计师为此创立了法务会计，提供法务会计服务业务。

4.其他服务业务

注册会计师提供的服务业务很多，除上述业务外，还包括：

（1）商定程序服务。对财务信息执行商定程序的目标是注册会计师对特定财务数据、单一财务报表或整套财务报表等财务信息执行与特定主体商定的具有审计性质的程序，并就执行的商定程序及其结果出具报告。注册会计师执行商定程序业务，仅报告执行的商定程序及其结果，并不提出鉴证结论。

（2）其他服务业务。主要包括个人理财服务、诉讼支持服务（专家证人）等。为了更好地提供个人理财和诉讼支持服务，有些国家新设了相关的资格证书。

本章小结 ----------------◎

国家审计，是指国家审计机关依法独立检查被审计单位的会计凭证、会计账簿、财务会计报告以及其他与财政收支、财务收支有关的资料和资产，监督财政收支或财务收支真实、合法和效益的行为。我国的国家审计组织体系由中央审计委员会、审计署以及各审计机构构成。国家审计人员执行审计业务，应当遵守法律法规和《国家审计准则》，恪守审计职业道德，保持应有的审计独立性，具备必需的职业胜任能力及其他职业要求。国家审计的业务很多，主要包括对公共资金、国有资产、国有资源、领导干部履行经济责任情况的审计。国家审计规范由执业准则体系、职业道德规范以及法律规范体系三部分构成。

内部审计是一种独立、客观的确认和咨询活动，它通过运用系统、规范的方法，审查和评价组织的业务活动、内部控制和风险管理的适当性和有效性，以促进组织完善治理、增加价值和实现目标。内部审计机构设置有多种模式。内部审计人员应当遵守职业道德，保持应有的职业谨慎、具备相应的专业胜任能力，并通过后续教育加以保持和提高。内部审计业务类型主要有财政财务收支审计、内部控制审计、舞弊审计、绩效审计、经济责任审计、物资采购审计、建设项目审计、信息系统审计等。内部审计规范由执业准则体系、职业道德规范以及法律规范体系三部分组成。

目前，会计师事务所可采取合伙制（包括普通合伙制、特殊普通合伙制）、有限责任公司制形式将注册会计师组织在一起，不同组织形式各有优缺点。我国已形成包括政府监管（国务院财政部门和省、自治区、直辖市人民政府财政部门）与自律监管（注册会计师协会）在内的多层次、全方位行业监管体制；从事证券服务业务的会计师事务所还会受到国务院证券监督管理机构（即证监会）及其派出机构、证券交易所共同构成的"三位一体"的综合监管。注册会计师，应具备专门知识、专门经验、专业训练及业务能力等基本素质；想要成为注册会计师，需满足学历要求并通过注册会计师考试，在成为注册会计师后还要接受继续教育。

课后思考题

1.什么是国家审计？国家审计的职能有哪些？
2.我国国家审计机构的组织体系是怎样的？该体系有何特点与优越性？
3.什么是内部审计？内部审计的职能有哪些？
4.企业、政府部门分别应如何设置内部审计部门？
5.从事证券服务业务的会计师事务所会受到哪些政府部门、机构或单位的监管？
6.要成为注册会计师，应具备哪些素质和资格？
7.我国会计师事务所采取的组织形式有哪些？各类组织形式的优缺点是什么？
8.国家审计、内部审计与社会审计之间的联系与区别。

本章测评

第三章
注册会计师职业规范与法律责任

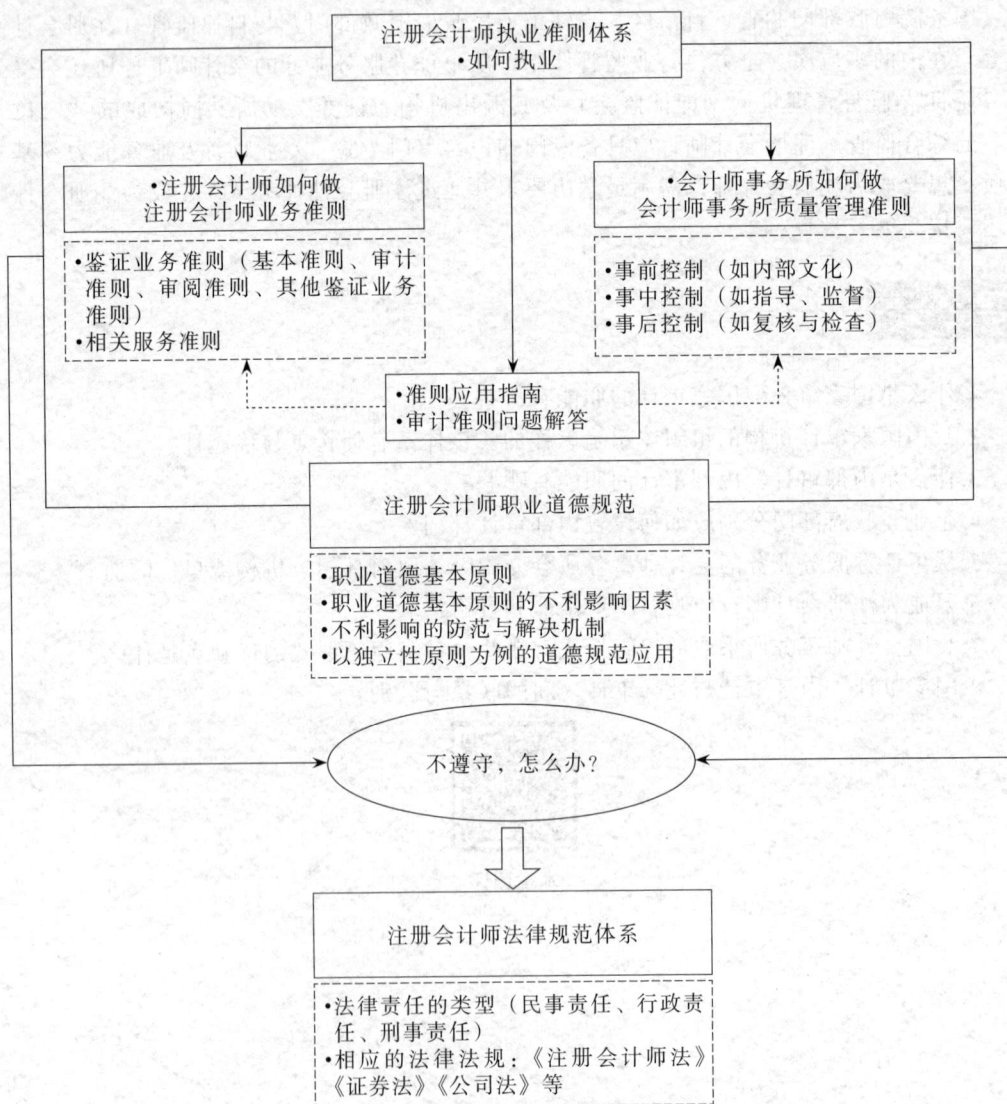

思政领航

- 响应习近平总书记"增强全民法治观念，使尊法守法成为全体人民共同追求和自觉行动"的号召，切实做好资本市场的"守门人"。
- "人无德不立，品德是为人之本"。将习近平总书记关于道德的系列论述和讲话精神、社会主义核心价值观有机融入对注册会计师职业道德规范的理解之中，并致力于成为德才兼备、坚守底线的审计人才。
- 立足注册会计师行业发展与改革的现状，激发家国情怀和爱国热情，自觉树立以推进注册会计师行业持续健康发展为己任的崇高理想，并为此刻苦学习。

知识传授

- 掌握注册会计师执业准则体系的构成，熟悉鉴证业务基本准则、审阅准则、其他鉴证业务准则、相关服务准则的整体框架，重点掌握审计准则的具体内容及其应用指南，并了解审计准则问题解答的内容。
- 熟悉注册会计师职业道德规范体系，并重点掌握职业道德的基本原则和概念框架（包括可能对遵守职业道德基本原则产生不利影响的因素，以及对此的评估与应对）。
- 掌握在以利益为基础和以关系为基础的事项中如何考虑遵守独立性的要求。
- 了解注册会计师法律规范体系，熟悉不同类型法律责任的相关条款规定。

案例引入

普华永道对恒大地产财务造假"睁一只眼闭一只眼"遭重罚

恒大地产披露的 2019 年、2020 年年度报告存在虚假记载，两年来虚增收入共 5 641.46 亿元，虚增利润 920.11 亿元，加上其他违法事实，被证监会查处并开出大额罚单，累计罚款 42.512 亿元。从 2009 年恒大上市至 2023 年，普华永道始终担任其审计机构，并连续多年给出无保留意见的审计报告，包括涉嫌财务造假的 2019 和 2020 年。因普华永道存在审计工作底稿失真、现场走访程序失效、样本选取范围失控、文件检查程序失灵、复核程序失守等问题，被财政部和证监会处以顶格处罚，合计罚没 4.41 亿元，并处以暂停业务、撤销广州分所等处罚，涉案的个人，被处以吊销证书等行政处罚，还将面临刑事追责；深交所也对普华永道以及涉及恒大报表签字的注册会计师继续进行相关证券业务资格处罚和谴责。

普华永道被重罚，彰显了我国严厉打击财务舞弊和审计造假行为，为维护社会公平正义、规范市场经济秩序的决心。这是对会计师事务所前所未有的重创，也为行业敲响了前所未有的响亮警钟。证监会希望广大中介机构引以为戒，慎终如初，不折不扣地履行法律规定的义务要求，时刻紧绷勤勉尽责这根弦，真正立足专业、审慎执业、珍惜声誉，客观、独立、专业地发表意见，确保制作出具的文件不存在虚假记载、误导性陈述或者重大遗漏，不负众托，真正担负起证券市场"看门人"的职责。

资料来源：梁银妍. 证监会：普华永道对恒大地产财务造假"睁一只眼闭一只眼"[N]. 上海证券报，2024-09-14.

　　引例中，会计师事务所在审计中未勤勉尽责、严重违反审计准则和职业道德守则的规定而被判处巨额赔偿，对资本市场中的中介机构具有重大的警示作用。普华永道及其注册会计师违反了审计规范的哪些要求？未履行哪些审计责任？我国现行有哪些制度、规范来约束会计师事务所和审计人员，使其勤勉履职、压实其责任？众所周知，审计规范是审计质量的重要决定因素。一旦违反职业规范并造成严重后果，会计师事务所和审计人员该承担什么样的法律责任呢？

◎ 第一节　注册会计师执业准则体系

　　审计规范是审计主体在审计工作中应遵循的业务标准和行为准则。审计规范是衡量和判断审计机构和审计人员的各项活动是否合法、合规、高效的标准，主要由审计准则、职业道德准则和质量管理准则构成。审计准则是注册会计师在实施审计过程中必须遵守的专业标准；职业道德准则是注册会计师必须遵守的职业行为规范；质量管理准则是会计师事务所为了确保审计质量而建立和实施的管理政策和程序。图3-1是中国注册会计师审计规范的构成。

　　本部分重点介绍注册会计师执业准则规范。2005年，中国注册会计师协会正式颁布第一批共10项准则；1996年12月，中国注册会计师协会颁布第二批共11项准则，标志着我国注册会计师执业规范基本框架初步形成。2006年2月，国际审计准则趋同的《中国注册会计师执业准则》（共计48项）及其应用指南颁布，自2007年1月1日起实施，此后中国注册会计师协会陆续对该准则进行了6次修订或拟定。现行执业准则体系由两大类准则构成，即会计师事务所质量管理准则和注册会计师业务准则（包括基本准则和具体业务准则）。其中，前者指导会计师事务所如何管控审计质量，后者指引注册会计师如何执行业务。此外，中国注册会计师协会还发布了针对执业准则的应用指南和16项审计准则问题解答。

一、注册会计师具体业务准则

（一）注册会计师鉴证业务准则

　　鉴证业务准则由鉴证业务基本准则统领，按照鉴证业务的具体类别，分为审计准则、审阅准则和其他鉴证业务准则。审计准则用以规范注册会计师执行历史财务信息（主要是财务报表）的审计业务，要求注册会计师综合使用审计方法，对财务报表是否不存在重大错报漏报提供合理保证，审计准则是执业准则体系的核心内容。审阅准则用以规范注册会计师执行历史财务信息（主要是财务报表）的审阅业务，要求注册会计师主要使用询问和分析程序，对审阅后的财务报表提供有限保证。其他鉴证业务准则用以规范注册会计师执行除历史财务信息审计和审阅以外的非历史财务信息的鉴证业务。鉴证业务的具体准则构成及其名称见表3-1。

中国注册会计师审计规范

中国注册会计师协会执业准则规范的业务

中国注册会计师协会执业准则未规范的业务

会计师事务所质量管理准则第5101号——业务质量管理

中国注册会计师鉴证业务基本准则

相关服务业务

审计业务

审阅业务

其他鉴证业务

中国注册会计师审计准则（GAS1011-1633）

中国注册会计师审阅准则第2101号——财务报表审阅

中国注册会计师其他鉴证业务准则第3101号——历史财务信息审计或审阅以外的鉴证业务

中国注册会计师其他鉴证业务准则第3111号——预测性财务信息的审核

中国注册会计师相关服务准则第4101号——对财务信息执行商定程序

中国注册会计师相关服务准则第4111号——代编财务信息

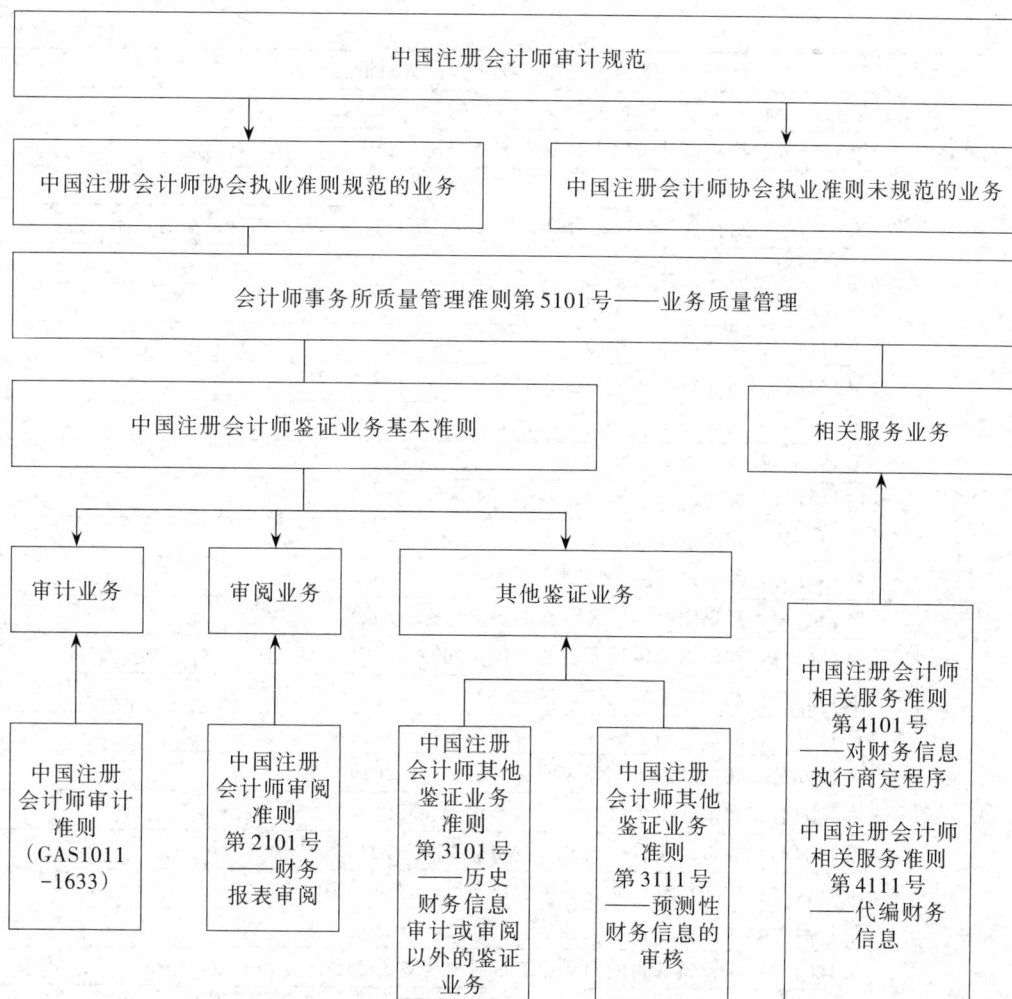

图3-1 中国注册会计师审计规范构成与关系图

表3-1 　　　　中国注册会计师鉴证业务准则（不含应用指南）构成

中国注册会计师鉴证业务基本准则—2022	
中国注册会计师审计准则	第1101号：注册会计师的总体目标和审计工作的基本要求—2022
	第1111号：就审计业务约定条款达成一致意见—2022
	第1121号：对财务报表审计实施的质量管理—2020
	第1131号：审计工作底稿—2022
	第1141号：财务报表审计中与舞弊相关的责任—2022
	第1142号：财务报表审计中对法律法规的考虑—2022
	第1151号：与治理层的沟通—2022
	第1152号：向治理层和管理层通报内部控制缺陷—2022
	第1153号：前任注册会计师和后任注册会计师的沟通—2010
	第1201号：计划审计工作—2022
	第1211号：重大错报风险的识别和评估—2022
	第1221号：计划和执行审计工作时的重要性—2019

续表

	第1231号：针对评估的重大错报风险采取的应对措施—2023
	第1241号：对被审计单位使用服务机构的考虑—2022
	第1251号：评价审计过程中识别出的错报—2022
	第1301号：审计证据—2022
	第1311号：对存货、诉讼和索赔、分部信息等特定项目获取审计证据的具体考虑—2019
	第1312号：函证—2022
	第1313号：分析程序—2010
	第1314号：审计抽样—2010
	第1321号：会计估计和相关披露的审计—2022
	第1323号：关联方—2022
	第1324号：持续经营—2022
	第1331号：首次审计业务涉及的期初余额—2022
	第1332号：期后事项—2016
	第1341号：书面声明—2022
中国注册会计师	第1401号：对集团财务报表审计的特殊考虑—2022
审计准则	第1411号：利用内部审计人员的工作—2022
	第1421号：利用专家的工作—2022
	第1501号：对财务报表形成审计意见和出具审计报告—2022
	第1502号：在审计报告中发表非无保留意见—2019
	第1503号：在审计报告中增加强调事项段和其他事项段—2022
	第1504号：在审计报告中沟通关键审计事项—2022
	第1511号：比较信息：对应数据和比较财务报表—2019
	第1521号：注册会计师对其他信息的责任—2016
	第1601号：审计特殊目的财务报表的特殊考虑—2022
	第1602号：验资—2006
	第1603号：审计单一财务报表和财务报表特定要素的特殊考虑—2021
	第1604号：对简要财务报表出具报告的业务—2021
	第1611号：商业银行财务报表审计—2006
	第1612号：银行间函证程序—2006
	第1613号：与银行监管机构的关系—2006
	第1631号：财务报表审计中对环境事项的考虑—2022
	第1632号：衍生金融工具的审计—2006
	第1633号：电子商务对财务报表审计的影响—2022
中国注册会计师 审阅准则	第2101号：财务报表审阅—2006
中国注册会计师 其他鉴证业务准则	第3101号：历史财务信息审计或审阅以外的鉴证业务—2006
	第3111号：预测性财务信息的审核—2006

（二）注册会计师相关服务准则

相关服务准则用以规范注册会计师执行非鉴证性质的相关服务，如代编财务信息、执行商定程序、管理咨询、税务咨询和其他服务。这类服务，注册会计师不提供任何程度的保证。

二、会计师事务所质量管理准则

质量管理准则用以规范会计师事务所在执行各类业务时应当遵守的质量管理政策和程序，是对会计师事务所质量管理提出的制度要求。会计师事务所应当根据质量管理准则并结合具体情况，制定合适的质量管理制度，包括质量管理政策和程序，以合理实现质量管理的两大目标：一是保证会计师事务所及其人员遵守法律法规、职业道德规范以及业务准则规定；二是保证会计师事务所和项目负责人根据具体情况出具恰当的报告。

目前，财政部已发布3项质量管理准则，即《会计师事务所质量管理准则第5101号——业务质量管理》（2020年修订）、《会计师事务所质量管理准则第5102号——项目质量复核》（2020年发布）、《中国注册会计师审计准则第1121号——对财务报表审计实施的质量管理》（2020年修订）。前两项准则从会计师事务所层面进行规范，适用于包括鉴证业务在内的各项业务；第三项准则从执行审计项目的负责人层面进行规范，仅适用于审计业务。这三项准则联系紧密，前两者是后者的制定依据。

◎ 第二节　注册会计师职业道德规范

职业道德是指人们在职业生活中应遵循的基本道德，即一般社会道德在职业生活中的具体体现。注册会计师的职业道德，是指对注册会计师的职业品德、执业纪律、业务能力、工作规则及所负的责任等思想方式和行为方式所作的基本规定和要求。为促使注册会计师更好地履行职责，保持应有的职业行为规范，保证执业质量，在公众中树立起良好的职业形象和职业信誉，赢得社会公众的尊重和信任，中国注册会计师协会依据《中华人民共和国注册会计师法》和《中国注册会计师协会章程》发布了《中国注册会计师职业道德守则》和《中国注册会计师协会非执业会员职业道德守则》。图3-2为中国注册会计师协会2020年12月发布的最新修订版《中国注册会计师职业道德守则》和《中国注册会计师协会非执业会员职业道德守则》。

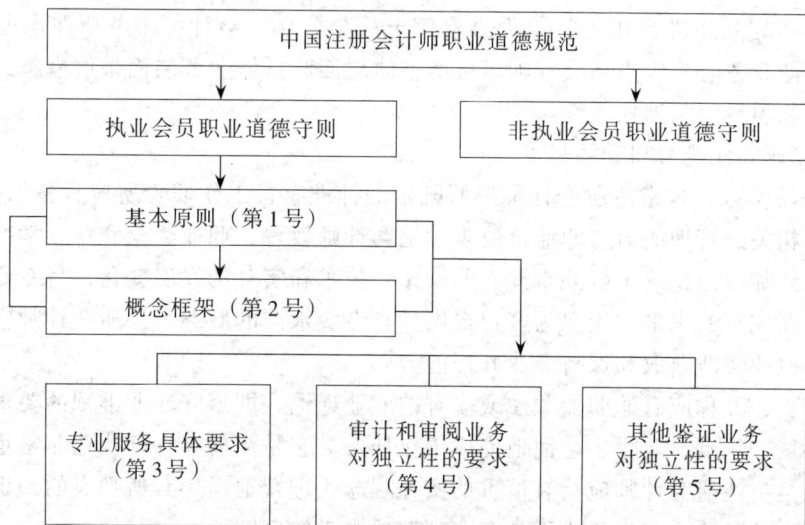

图 3-2　2020 年版注册会计师职业道德规范的框架

一、职业道德基本原则

注册会计师在实现执业目标时必须遵守一些基本的原则。《中国注册会计师职业道德守则》将诚信、客观公正、独立性、专业胜任能力和勤勉尽责、保密以及良好职业行为这六项确定为职业道德的基本原则。

（一）诚信

诚信是指诚实、守信，是指一个人言行与内心思想一致，不虚伪，能够履行与别人的约定而取得对方的信任。注册会计师应当遵循诚信原则，在所有的职业活动中保持正直、诚实守信。对于注册会计师行业来说，诚信是注册会计师行业存在和发展的基石，在职业道德基本原则中居于首要地位。

该项原则要求，注册会计师在为客户保密的前提下，在所有的职业活动中保持正直、诚实守信，并以公众利益为重。如果注册会计师认为业务报告、申报资料或其他信息存在下列问题，则不得与这些有问题的信息发生关联：（1）含有虚假或误导性的陈述；（2）含有缺乏充分根据的陈述或信息；（3）存在遗漏或含糊其词的信息，而这种遗漏或含糊其词可能产生误导。如果注册会计师注意到已与有问题的信息发生关联，应当采取措施消除关联。

（二）客观公正

客观是指按照事物的本来面目去考察，不添加个人的偏见，也不被他人的意见左右。公正是指公平、正直，不偏袒。注册会计师应当遵循客观公正原则，公正处事、实事求是，不得由于偏见、利益冲突或他人的不当影响而损害自己的职业判断。如果存在导致职业判断产生过度不当影响的情形，注册会计师不得从事与之相关的职业活动。

（三）独立性

独立性，是指不受外来力量控制、支配，按照一定之规行事。在执行审计、审阅、其他鉴证业务时，注册会计师应当遵循独立性原则，从实质上和形式上保持独立性，不得因任何利害关系影响其客观性。如果注册会计师不能与客户保持独立，而是存在经济利益、关联关系，或屈从于外界压力，就很难取信于社会公众。会计师事务所在承办审计、审阅、其他鉴证业务时，应当从会计师事务所整体层面和具体业务层面采取措施，以保持会计师事务所和项目团队的独立性。

（四）专业胜任能力和勤勉尽责

专业胜任能力，是指注册会计师按照既定的标准履行工作职责所应具备的基本知识、专业技能及相关的管理能力与职业价值观，是会计师教育、职业经验和持续学习的综合结果。注册会计师应当持续了解并掌握当前法律、技术和实务的发展变化，将专业知识和技能始终保持在应有的水平，确保为客户提供具有专业水准的服务。注册会计师应当通过教育、培训和执业实践获取和保持专业胜任能力。

勤勉尽责，又称应有的职业关注或应有的职业谨慎，即遵守职业准则的要求并保持应有的职业怀疑，认真、及时、全面地完成工作任务。它是注册会计师执业非常重要的一个基本原则，是指注册会计师应持有慎重的实务观念，理智地运用其所拥有的知识，认识并适当注意自己的经验，作出相当于社会合理期望水平的判断。

（五）保密

保密原则要求注册会计师对职业活动中获知的涉密信息保密，必须遵守表3-2所列示的要求。在终止与客户的关系后，注册会计师应当对以前职业活动中获知的涉密信息保密。如果变更工作单位或获得新客户，注册会计师可以利用以前的经验，但不得利用或披露以前职业活动中获知的涉密信息。

表3-2　　　　　　　　　　　　　　　　保密原则的具体要求

序号	具 体 要 求
1	警觉无意中泄密的可能性，包括在社会交往中无意中泄密的可能性，特别要警觉无意中向关系密切的商业伙伴或近亲属泄密的可能性，近亲属是指配偶、父母、子女、兄弟姐妹、祖父母、外祖父母、孙子女、外孙子女
2	对所在会计师事务所、工作单位内部的涉密信息保密
3	对职业活动中获知的涉及国家安全的信息保密
4	对拟承接的客户、拟受雇的工作单位向其披露的涉密信息保密
5	在未经客户、工作单位授权的情况下，不得向会计师事务所、工作单位以外的第三方披露其所获知的涉密信息，除非法律法规或执业准则规定会员在这种情况下有权利或义务进行披露
6	不得利用因职业关系获知的涉密信息为自己或第三方谋取利益
7	不得在职业关系结束后利用或披露因该职业关系获知的涉密信息
8	采取适当措施，确保下级员工以及为会员提供建议和帮助的人员履行保密义务

（六）良好职业行为

良好职业行为原则要求注册会计师应当遵守相关法规，避免发生任何损害职业声誉的行为。注册会计师不得在明知的情况下，从事任何可能损害诚信原则、客观公正原则或良好职业声誉，从而可能违反职业道德基本原则的业务、职务或活动。如果一个理性且掌握充分信息的第三方很可能认为某种行为将对良好的职业声誉产生负面影响，则这种行为属于可能损害职业声誉的行为。

注册会计师在向公众传递信息以及推介自己和工作时，应当客观、真实、得体，不得损害职业形象；注册会计师应当诚实、实事求是，不得夸大宣传提供的服务、拥有的资质或获得的经验，不得贬低或无根据地比较他人的工作。

【例题3-1】XYZ会计师事务所接受委托，承办ABC商业银行2023年度财务报表审计业务。XYZ会计师事务所指派注册会计师A和B为该项目负责人。假定存在以下情况：

（1）ABC商业银行以2023年度经营亏损为由，要求XYZ会计师事务所降低一定数额的审计费用，但允诺对其正在申请的购买办公楼的按揭贷款利率给予相应优惠。XYZ会计师事务所同意了ABC商业银行的要求，并与之签订了补充协议。

（2）A注册会计师持有ABC商业银行的股票100股，市值约600元。由于数额较小，A注册会计师未将该股票出售，也未回避。

（3）在接受客户委托前，注册会计师 A 与 B 对 ABC 商业银行的关键管理人员和治理层是否诚信，以及客户是否涉足非法活动或存在可疑的财务报告问题等进行评估。

要求： 请根据中国注册会计师职业道德相关规范，逐项指出上述事项是否对注册会计师职业道德的遵循产生不利影响，并简要说明理由。

解析：

（1）违反独立性。因为 XYZ 会计师事务所正在审计 ABC 商业银行 2023 年度的财务报表，XYZ 会计师事务所以答应降低审计收费为条件来换取其正要申请的购买办公楼的按揭贷款利率的优惠，不是按正常的贷款程序、条件和要求进行的。XYZ 会计师事务所与 ABC 商业银行之间存在审计收费以外的其他经济利益，威胁独立性。

（2）违反独立性。因为 A 注册会计师持有 ABC 商业银行的股票，虽然金额小，但 A 注册会计师与 ABC 商业银行存在直接经济利益，威胁独立性。

（3）不违反独立性。客户存在的问题可能对注册会计师遵循诚信原则或良好职业行为原则产生不利影响。因此，在接受客户关系前，注册会计师应当考虑客户的主要股东、关键管理人员和治理层是否诚信，以及客户是否涉足非法活动（如洗钱）或存在可疑的财务报告问题等。

二、职业道德概念框架

职业道德概念框架，是指解决职业道德问题的思路和方法，用以指导注册会计师识别对职业道德基本原则产生不利影响的情形，评价不利影响的严重程度，并在必要时采取防范措施消除不利影响或将其降低至可接受的水平。

注册会计师遇到的许多情形（如职业活动、利益和关系）都可能对职业道德基本原则产生不利影响，职业道德概念框架旨在帮助注册会计师应对这些不利影响。职业道德概念框架适用于各种可能对职业道德基本原则产生不利影响的情形。由于实务中的情形多种多样且层出不穷，本守则不可能对所有情形都作出明确规定，注册会计师如果遇到本守则未作出明确规定的情形，应当运用职业道德概念框架识别、评价和应对各种可能产生的不利影响，而不能想当然地认为本守则未明确禁止的情形就是允许的。

（一）识别具体情形对职业道德基本原则的不利影响

可能对职业道德基本原则产生不利影响的因素包括自身利益、自我评价、过度推介、密切关系和外在压力：（1）因自身利益产生的不利影响，是指由于某项经济利益或其他利益可能不当影响注册会计师的判断或行为，而对职业道德基本原则产生的不利影响；（2）因自我评价产生的不利影响，是指注册会计师在执行当前业务的过程中，其判断需要依赖其本人或所在会计师事务所以往执行业务时作出的判断或得出的结论，而该注册会计师可能不恰当地评价这些以往的判断或结论，从而对职业道德基本原则产生的不利影响；（3）因过度推介产生的不利影响，是指注册会计师倾向客户的立场，导致客观公正原则受到损害而产生的不利影响；（4）因密切关系产生的不利影响，是指注册会计师由于与客户存在长期或密切的关系，过于偏向客户的利益或过于认可客户的工作，从而对职业道德基本原则产生的不利影响；（5）因外在压力产生的不利影响，是指注册会计师迫于实际存在的或可感知到的压力，无法客观行事而对职业道德基本原则产生的不利影响。各因素的具体情形见表 3-3。

表3-3　　　　　　　　　　　　　对职业道德基本原则产生不利影响的具体情形

不利影响因素	具体情形（举例）
自身利益	·注册会计师在客户中拥有直接经济利益 ·会计师事务所的收入过分依赖某一客户 ·会计师事务所以较低的报价获得新业务，而该报价过低，可能导致注册会计师难以按照适用的执业准则要求执行业务 ·注册会计师与客户之间存在密切的商业关系 ·注册会计师能够接触到涉密信息，而该涉密信息可能被用于谋取个人私利 ·注册会计师在评价所在会计师事务所以往提供的专业服务时，发现了重大错误
自我评价	·注册会计师在对客户提供财务系统的设计或实施服务后，又对系统的运行有效性出具鉴证报告 ·注册会计师为客户编制用于生成有关记录的原始数据，而这些记录是鉴证业务的对象
过度推介	·注册会计师推介客户的产品、股份或其他利益 ·当客户与第三方发生诉讼或纠纷时，注册会计师为该客户辩护 ·注册会计师站在客户的立场上影响某项法律法规的制定
密切关系	·审计项目组成员的主要近亲属或其他近亲属担任审计客户的董事或高级管理人员 ·鉴证客户的董事、高级管理人员，或所处职位能够对业务对象施加重大影响的员工，最近曾担任注册会计师所在会计师事务所的项目合伙人 ·审计项目组成员与审计客户之间存在长期业务关系
外在压力	·注册会计师因对专业事项持有不同意见而受到客户解除业务关系或被会计师事务所解雇的威胁 ·由于客户对所讨论的事项更具有专长，注册会计师面临服从该客户判断的压力 ·注册会计师被告知，除非同意审计客户某项不恰当的会计处理，否则其晋升机会将受到影响 ·注册会计师接受了客户赠予的重要礼品，并被威胁将公开其收受礼品的事情

（二）评价不利影响的严重程度

如果识别出对职业道德基本原则的不利影响，注册会计师应当评价该不利影响的严重程度是否处于可接受的水平。在评价不利影响的严重程度时，注册会计师应当从性质和数量两个方面予以考虑，如果存在多项不利影响，应当将多项不利影响组合起来一并考虑。

（三）应对不利影响

如果注册会计师确定识别出的不利影响超出可接受的水平，应当通过消除该不利影响或将其降低至可接受的水平来予以应对。注册会计师应当采取下列措施应对不利影响：（1）消除产生不利影响的情形，包括利益或关系；（2）采取可行并有能力采取的防范措施将不利影响降低至可接受的水平；（3）拒绝或终止特定的职业活动。

（四）与治理层的沟通

注册会计师在识别、评价和应对不利影响时，应当根据职业判断，就有关事项与治理层进行沟通。如果与治理层的下设组织（如审计委员会）或个人沟通，应当确定是否还需要与治理层整体进行沟通，以使治理层所有成员充分知情。

三、独立性要求

保持独立性是执行审计业务的前提。注册会计师应主动识别可能影响独立性的事项，并根据不利影响程度采取有针对性的应对措施。

（一）独立性概念

独立性包括实质上的独立性和形式上的独立性：实质上的独立性是一种内心状态，使得注册会计师在提出结论时不受损害职业判断的因素影响，诚信行事，遵循客观和公正原则，保持职业怀疑态度；形式上的独立性是一种外在表现，使得一个理性且掌握充分信息的第三方，在权衡所有相关事实和情况后，认为会计师事务所或审计项目组成员没有损害诚信、客观和公正原则或职业怀疑态度。在执行审计业务时，注册会计师应当遵循职业道德基本原则，并运用职业道德概念框架识别、评价和应对可能对职业道德基本原则产生的不利影响。

（二）影响独立性的事项

1.经济利益

经济利益是指因持有某一实体发行的股权、债券、基金、与其股价或债券价格挂钩的衍生金融产品和其他证券以及其他债务性的工具而拥有的利益，包括为取得这种利益享有的权利和承担的义务。经济利益包括直接经济利益和间接经济利益，具体举例见表3-4。

表3-4 　　　　　　　　　　　　　直接经济利益和间接经济利益

经济利益	具体举例
直接经济利益	股票、债券、认沽权、认购权、期权、权证和卖空权等
间接经济利益	投资经理投资了共同基金，而这些共同基金投资了一揽子基础金融产品，在这种情况下，该共同基金属于直接经济利益，而这些基础金融产品将被视为间接经济利益

会计师事务所、审计项目组成员或其主要近亲属不得在审计客户中拥有直接经济利益或重大间接经济利益。其他合伙人或其主要近亲属不得在审计客户中拥有直接经济利益或重大间接经济利益。为审计客户提供非审计服务的其他合伙人、管理人员或其主要近亲属不得在审计客户中拥有直接经济利益或重大间接经济利益。

会计师事务所、审计项目组成员或其主要近亲属在某一实体拥有经济利益，并且审计客户也在该实体拥有经济利益，可能因自身利益产生不利影响。会计师事务所、审计项目组成员或其主要近亲属在某一实体拥有经济利益，并且知悉审计客户的董事、高级管理人员或具有控制权的所有者也在该实体拥有经济利益，可能因自身利益、密切关系或外在压力产生不利影响。注册会计师应当评价不利影响的严重程度，并在必要时采取将拥有该经济利益的审计项目组成员调离审计项目组或由审计项目组以外的注册会计师复核该成员已执行的工作的措施以消除不利影响或将其降低至可接受的水平。

如果审计项目组某一成员的其他近亲属在审计客户中拥有直接经济利益或重大间接经济利益，将因自身利益产生非常严重的不利影响。会计师事务所应当评价不利影响的严重程度，并在必要时采取防范措施消除不利影响或将其降低至可接受的水平。防范措施主要包括：其他近亲属尽快处置全部经济利益，或处置全部直接经济利益并处置足够数量的间接经济利益，以使剩余经济利益不再重大；由审计项目组以外的注册会计师复核该成员已执行的工作；将该成员调离审计项目组。

2.贷款和担保以及商业关系、家庭和私人关系

（1）贷款和担保

会计师事务所、审计项目组成员或其主要近亲属从银行或类似金融机构等审计客户取得贷款，或获得贷款担保，可能对独立性产生不利影响。如果审计客户不按照正常的商业程序、条款和条件提供贷款或担保，将因自身利益产生非常严重的不利影响，导致没有防范措施能够将其降低至可接受的水平。会计师事务所、审计项目组成员或其主要近亲属不得接受此类贷款或担保。如果按照正常的商业程序、条款和条件取得贷款或担保，则不会对独立性产生不利影响。

（2）商业关系

会计师事务所、审计项目组成员或其主要近亲属与审计客户或其高级管理人员之间由于商务关系或共同的经济利益而存在密切的商业关系，可能因自身利益或外在压力产生严重的不利影响。会计师事务所不得介入此类商业关系。如果存在此类商业关系，应当予以终止。会计师事务所、审计项目组成员或其主要近亲属从审计客户购买商品或服务，如果按照正常的商业程序公平交易，通常不会对独立性产生不利影响。如果交易性质特殊或金额较大，可能因自身利益产生不利影响。会计师事务所应当评价不利影响的严重程度，并在必要时采取取消交易或降低交易规模或将相关审计项目组成员调离审计项目组等防范措施消除不利影响或将其降低至可接受的水平。

（3）家庭和私人关系

如果审计项目组成员与审计客户的董事、高级管理人员或所处职位能够对客户会计记录或被审计单位财务报表的编制施加重大影响的员工存在家庭和私人关系，可能因自身利益、密切关系或外在压力产生不利影响。不利影响存在与否及其严重程度取决于多种因素，包括该成员在审计项目组的角色、其家庭成员或相关人员在客户中的职位以及关系的密切程度等。如果审计项目组成员的主要近亲属是审计客户的董事、高级管理人员或特定员工，或者在业务期间或财务报表涵盖的期间曾担任上述职务，只有把该成员调离审计项目组，才能将对独立性的不利影响降低至可接受的水平。如果审计项目组成员的主要近亲属在审计客户中所处职位能够对客户的财务状况、经营成果和现金流量施加重大影响，将对独立性产生不利影响。会计师事务所应当评价不利影响的严重程度，并在必要时采取防范措施消除不利影响或将其降低至可接受的水平。防范措施主要包括：将该成员调离审计项目组；合理安排审计项目组成员的职责，使该成员的工作不涉及其主要近亲属的职责范围。

3.任期与轮换问题

会计师事务所与某一审计客户长期存在业务关系，并委派同一名合伙人或员工执行该审计客户的审计业务，将因密切关系和自身利益对独立性产生不利影响。为防止轮换流于形式（如轮换一年甚至更短时间后，审计客户重新聘用原关键审计合伙人），《中国注册会计师职业道德守则》中还设置了冷却期。在冷却期内，关键审计合伙人不得成为审计项目组成员或为审计项目提供质量管理，不得就有关技术或行业特定问题、交易或事项向审计

项目组或审计客户提供咨询，不得负责领导或协调会计师事务所向审计客户提供的专业服务，或者监督会计师事务所与审计客户的关系，不得与审计客户高级管理层或治理层进行重大或频繁的互动，不得对审计业务的结果施加直接影响。关键审计合伙人是指项目合伙人、项目质量复核人员以及审计项目组中负责对财务报表审计所涉及的重大事项作出关键决策或判断的其他审计合伙人。

值得注意的是，在极其特殊的情况下，会计师事务所可能因无法预见和控制的情形而不能按时轮换关键审计合伙人，在获得审计客户治理层同意的前提下，并且通过采取防范措施能够消除对独立性的不利影响或将其降低至可接受的水平，则在法律法规允许的情况下，该关键审计合伙人在审计项目组的期限可以延长1年。

此外，与审计客户发生人员交流、为审计客户提供非鉴证服务、收费、薪酬、业绩评价政策、礼品和招待、诉讼或诉讼威胁等也会影响审计的独立性。鉴于篇幅，本书不详细介绍。

【例题3-2】 ABC公司系XYZ会计师事务所的常年审计客户。2023年7月，XYZ会计师事务所与ABC公司续签了审计业务约定书，审计ABC公司2023年度财务报表。假定存在以下情形：

（1）ABC公司由于财务困难，应付XYZ会计师事务所的2021年度审计费用100万元一直没有支付。经双方协商，XYZ会计师事务所同意ABC公司延期至2023年年底支付。在此期间，ABC公司按银行同期贷款利率支付资金占用费。

（2）ABC公司由于财务人员短缺，2023年向XYZ会计师事务所借用一名注册会计师，由该注册会计师将经会计主管审核的记账凭证录入计算机信息系统。XYZ会计师事务所未将该注册会计师包括在ABC公司2023年度财务报表审计项目组。

（3）XYZ会计师事务所针对审计过程中发现的问题，向ABC公司提出了会计政策选用和会计处理调整的建议。

要求：分析上述情形是否对XYZ会计师事务所的独立性产生不利影响，简要说明理由。

解析：

（1）损害独立性。XYZ会计师事务所将2021年审计费用收入100万元延期至2023年底可以达到继续承接ABC公司2024年年报审计委托的目的。同时，对ABC公司以前年度尚未支付的审计费用收取资金占用费，与ABC公司存在除审计收费以外的直接经济利益关系。

（2）不损害独立性。该注册会计师从事的记账凭证输入工作不属于编制鉴证业务对象的数据和其他记录，不会产生自我评价对独立性的威胁。

（3）不损害独立性。为ABC公司提出会计政策选用和会计处理调整的建议，并协助其解决相关账户调整问题，属于审计过程中的正常工作。

⊙ 第三节　注册会计师的法律责任

注册会计师的审计业务活动是一种有目的、独立、公正、具有权威性的鉴证活动。审计报告是审计工作的最重要的成果之一，它传递着经济社会运行情况的重要信息，直接影响着信息使用者的决策。如果审计报告存在质量问题甚至舞弊，就会误导相关决策，从而产生严重的负面后果。随着社会主义市场经济制度的不断完善及社会法治化程度的不断提高，明确我国注册会计师的法律责任，对于促使注册会计师遵循审计准则和职业道德守则，保证审计结论的客观性和公正性，具有重要的意义。

一、法律责任概述

（一）法律责任的概念

注册会计师审计法律责任是指审计人员在承办审计业务中因违约、过失或欺诈对审计委托人、被审计单位或者其他利益第三方造成损害，由此依相关法律规定而应承担法律后果。

（二）注册会计师法律责任成因

从大量的审计诉讼案件来看，导致注册会计师面临法律责任的原因主要来自以下几个方面：

1.注册会计师自身的原因

（1）违约。违约是指合同的一方或多方未能履行合同条款规定的义务。对于注册会计师而言，则是指未能按照业务约定书的要求在商定的期间内完成业务委托等违约行为。

（2）过失。过失是指没有保持最起码的职业谨慎态度而使他人蒙受损失。对于注册会计师而言，过失是指在执行审计业务时没有保持应有的职业谨慎。过失可按程度不同分为普通过失和重大过失。普通过失，也称一般过失，通常是指没有保持职业上应有的职业谨慎，即指在执业时没有完全遵循专业准则的要求。例如，函证证据不充足时，未实施替代审计程序便草率地进行判断。重大过失是指没有保持最低限度的执业谨慎，即指执业过程中根本没有遵循专业准则的基本要求。

（3）欺诈。欺诈，又称舞弊，是指使用欺骗手段获取不当或非法利益的故意行为。欺诈的重要特征是作案具有不良动机，这也是欺诈与过失的主要区别之一。在审计中，如明知委托单位的财务报表有重大错报，但仍旧出具不恰当的无保留意见的审计报告，此时注册会计师就涉嫌欺诈。

2.被审计单位的原因

（1）被审计单位的错误、舞弊和违反法律法规行为。倘若注册会计师未能发现和揭露被审计单位财务报表存在某些严重错误和舞弊，可能会给报表使用人造成损失，注册会计师因此可能受到指控。

（2）被审计单位的经营失败。被审计单位在经营失败时，报表使用者往往指责审计失败，特别是在最终发表的审计意见说明会计报表公允表达时，情况更是如此。其中原因主要有二：一是报表使用者不了解注册会计师的责任，不能区分经营失败和审计失败；二是遭受损失的报表使用者更倾向于获得更多的赔偿，而不管应由谁承担责任。

3.社会原因

（1）经济因素。经济的迅猛发展及改革开放的持续深入，使得经济环境日益复杂，一方面使得企业经营风险不断增加，另一方面使得审计人员的业务范围不断扩大，审计业务的复杂程度不断提高，审计风险也随之不断提高。

（2）法律因素。随着社会的发展及法治化教育的普及，社会公众自我保护意识不断增强，日益注重运用法律手段解决冲突和纠纷。同时，从平衡社会机制出发，倾向于"同情弱者"的法律明显保护使用审计结果的投资者的利益，这进一步促使受损害方对审计人员提起诉讼而不论错在何方。

（3）技术因素。现代审计是基于对被审计单位内部控制进行测试基础上的抽样审计。管理层的故意舞弊、内部的串通舞弊都很难通过在内部控制测试基础上的抽样审计查出，这也导致注册会计师法律责任的产生。

（4）社会公众的期望值因素。由于审计时间、审计成本、审计技术等多方面的限制，社会公众对审计结果存在的期望与审计人员实际审计能力之间存在着很大的差距，这种差距的存在常令审计人员卷入法律责任诉讼纠纷，加重其法律责任。

（三）注册会计师法律责任的类型

注册会计师因违约、过失或欺诈给被审计单位或其他利害关系人造成损失的，按照有关法律和规定，可能会承担行政责任、民事责任或刑事责任。行政责任包括警告、暂停执业、罚款、吊销注册会计师证书等；民事责任主要是指赔偿受害人损失；刑事责任是指触犯《中华人民共和国刑法》所必须承担的法律后果，包括罚金、有期徒刑以及其他限制人身自由的刑罚等。其中，刑事责任适用的对象仅是人。注册会计师法律具体责任内容和适用对象见表3-5。

表3-5 注册会计师法律责任种类

类型	行政责任	民事责任	刑事责任
注册会计师	警告、暂停执业、吊销执业证书	按照法律判决赔偿	按照法律判决
会计师事务所	警告、没收违法所得、罚款、暂停营业、吊销营业执照等	赔偿受害人损失、支付违约金等	—

二、相关法律法规的具体规定

注册会计师如果没有恰当履行审计责任，就可能承担相应的法律责任。目前，我国注册会计师行业已形成以《注册会计师法》为主体，《会计法》《证券法》《公司法》等法律、相关司法解释以及财政部、证监会、国资委等相关部门制定的法规相结合的法律规范体系。

（一）《注册会计师法》

《注册会计师法》就会计师事务所和注册会计师执业过程中的相关职责作了规定，具体见表3-6。

（二）《公司法》

《公司法》的相关规定集中在第二百五十七条。其第一款规定："承担资产评估、验资或者验证的机构提供虚假材料或者提供有重大遗漏的报告的，由有关部门依照《中华人民共和国资产评估法》、《中华人民共和国注册会计师法》等法律、行政法规的规定处罚。"第二款规定："承担资产评估、验资或者验证的机构因其出具的评估结果、验资或者验证证明不实，给公司债权人造成损失的，除能够证明自己没有过错的外，在其评估或者证明不实的金额范围内承担赔偿责任。"

表3-6　　　　　　　　　　　　《注册会计师法》相关规定

条款序号	法律条款内容	所引法律	责任种类
第三十九条	·会计师事务所违反本法第二十条、第二十一条规定的，由省级以上人民政府财政部门给予警告，没收违法所得，可以并处违法所得一倍以上五倍以下的罚款；情节严重的，并可以由省级以上人民政府财政部门暂停其经营业务或者予以撤销 ·注册会计师违反本法第二十条、第二十一条规定的，由省级以上人民政府财政部门给予警告；情节严重的，可以由省级以上人民政府财政部门暂停其执行业务或者吊销注册会计师证书 ·会计师事务所、注册会计师违反本法第二十条、第二十一条的规定，故意出具虚假的审计报告、验资报告，构成犯罪的，依法追究刑事责任	第二十条：注册会计师执行审计业务，遇有下列情形之一的，应当拒绝出具有关报告：（一）委托人示意其作不实或者不当证明的；（二）委托人故意不提供有关会计资料和文件的；（三）因委托人有其他不合理要求，致使注册会计师出具的报告不能对财务会计的重要事项作出正确表述的 第二十一条：注册会计师执行审计业务，必须按照执业准则、规则确定的工作程序出具报告。注册会计师执行审计业务出具报告时，不得有下列行为：（一）明知委托人对重要事项的财务会计处理与国家有关规定相抵触，而不予指明；（二）明知委托人的财务会计处理会直接损害报告使用人或者其他利害关系人的利益，而予以隐瞒或者作不实的报告；（三）明知委托人的财务会计处理会导致报告使用人或者其他利害关系人产生重大误解，而不予指明；（四）明知委托人的会计报表的重要事项有其他不实的内容，而不予指明。对委托人有前款所列行为，注册会计师按照执业准则、规则应当知道的，适用前款规定	行政责任 刑事责任
第四十二条	·会计师事务所违反本法规定，给委托人、其他利害关系人造成损失的，应当依法承担赔偿责任		民事责任

（三）《证券法》

2020年3月1日起施行的《证券法》对会计师事务所和注册会计师应承担的民事责任和行政责任作出了规定，见表3-7。

表3-7　　《证券法》关于会计师事务所和注册会计师应承担的法律责任规定

条款序号	条款内容
第一百六十三条	证券服务机构为证券的发行、上市、交易等证券业务活动制作、出具审计报告及其他鉴证报告、资产评估报告、财务顾问报告、资信评级报告或者法律意见书等文件，应当勤勉尽责，对所依据的文件资料内容的真实性、准确性、完整性进行核查和验证。其制作、出具的文件有虚假记载、误导性陈述或者重大遗漏，给他人造成损失的，应当与委托人承担连带赔偿责任，但是能够证明自己没有过错的除外

条款序号	条款内容
第九十五条	投资者提起虚假陈述等证券民事赔偿诉讼时，诉讼标的是同一种类，且当事人一方人数众多的，可以依法推选代表人进行诉讼。 对按照前款规定提起的诉讼，可能存在有相同诉讼请求的其他众多投资者的，人民法院可以发出公告，说明该诉讼请求的案件情况，通知投资者在一定期间向人民法院登记。人民法院作出的判决、裁定，对参加登记的投资者发生效力。 投资者保护机构受五十名以上投资者委托，可以作为代表人参加诉讼，并为经证券登记结算机构确认的权利人依照前款规定向人民法院登记，但投资者明确表示不愿意参加该诉讼的除外。即代表人诉讼制度
第二百一十三条	第三款对行政责任作了规定："证误导性陈述或者重大遗漏的，责令改正，没收业务收入，并处以业务收入一倍以上十倍以下的罚款，没有业务收入或者业务收入不足五十万元的，处以五十万元以上五百万元以下的罚款；情节严重的，并处暂停或者禁止从事证券服务业务。对直接负责的主管人员和其他直接责任人员给予警告，并处以二十万元以上二百万元以下的罚款"

除此之外，《证券法》还规定，违反本法规定构成犯罪的，依法追究刑事责任。

（四）《刑法》

新修订的《刑法》（2023年12月29日修正）第二百二十九条第一款规定："承担资产评估、验资、验证、会计、审计、法律服务、保荐、安全评价、环境影响评价、环境监测等职责的中介组织的人员故意提供虚假证明文件，情节严重的，处五年以下有期徒刑或者拘役，并处罚金；有下列情形之一的，处五年以上十年以下有期徒刑，并处罚金：（一）提供与证券发行相关的虚假的资产评估、会计、审计、法律服务、保荐等证明文件，情节特别严重的；（二）提供与重大资产交易相关的虚假的资产评估、会计、审计等证明文件，情节特别严重的；（三）在涉及公共安全的重大工程、项目中提供虚假的安全评价、环境影响评价等证明文件，致使公共财产、国家和人民利益遭受特别重大损失的。"

第二百二十九条第二款规定："有前款行为，同时索取他人财物或者非法收受他人财物构成犯罪的，依照处罚较重的规定定罪处罚。"

针对非故意但是造成严重后果的行为，第二百二十九条第三款规定："第一款规定的人员，严重不负责任，出具的证明文件有重大失实，造成严重后果的，处三年以下有期徒刑或者拘役，并处或者单处罚金。"

（五）相关司法解释

司法解释主要规定了事务所侵权责任产生的事由、利害关系人的范围、诉讼当事人的列置、执业准则的法律地位、归责原则及举证分配、事务所的连带责任和补充责任、认定事务所过失责任的情形和过失认定标准、事务所免除和减轻赔偿责任的事由以及事务所侵权赔偿顺位和赔偿责任范围等内容。

2003年2月实施的《最高人民法院关于审理证券市场因虚假陈述引发的民事赔偿案件的若干规定》明确了信息披露义务人虚假陈述需要承担的法律责任。2022年1月21日，最高人民法院发布《最高人民法院关于审理证券市场虚假陈述侵权民事赔偿案件的若干规定》（以下简称《若干规定》），全面总结了 2003 年版《若干规定》实施以来的市场发展、立法演变和审判工作中面临的疑难问题，根据《中华人民共和国民法典》和《证券法》等相关规定，进一步细化和明确了证券市场虚假陈述侵权民事赔偿责任的构成要件及追究机制等各项主要内容。其中，最重大的修订是废除了人民法院受理的前置程序，即人民法院不得仅以虚假陈述未经监管部门行政处罚或人民法院生效刑事判决的认定为由裁定不予受理。

关于注册会计师民事责任最为重要的法规是 2007 年 6 月最高人民法院颁布的《关于审理涉及会计师事务所在审计业务活动中民事侵权赔偿案件的若干规定》（以下简称《民事赔偿规定》）。这是在梳理最高人民法院以往发布的五个司法解释的基础上，经过充分讨论和反复论证，对审判实践中出现的新情况、新问题作出的符合法律精神并切合实际的规定。随着《若干规定》的修订，《民事赔偿规定》的修订有可能也将提上议程。

本章小结

注册会计师职业准则包括注册会计师执业准则（包括鉴证业务基本准则、审计准则、审阅准则、其他鉴证业务准则以及相关服务准则）和会计师事务所质量管理准则。注册会计师职业道德规范包括职业道德基本原则、概念框架和具体应用三个方面。其中，基本原则包括诚信、客观公正、独立性、专业胜任能力和勤勉尽责、保密以及良好职业行为；概念框架的内容包括可能对遵守职业道德基本原则产生不利影响的因素，以及对具体不利影响情形的识别、评估、应对与沟通；具体应用的重要内容之一是独立性要求，主要围绕以利益为基础、以关系为基础的事项可能对独立性产生的不利影响及其应对而展开。为了约束会计师事务所和注册会计师在执业过程中遵守审计职业规范，需要明确他们应当承担的法律责任。注册会计师因违约、过失或欺诈给被审计单位或其他利害关系人造成损失的，按照有关法律和规定，可能会承担行政责任、民事责任或刑事责任。目前，我国注册会计师行业已形成以《注册会计师法》为主体，《会计法》《证券法》《公司法》等法律、相关司法解释以及相关部门制定的法规相结合的法律规范体系。

课后思考题

1.注册会计师执业准则体系包括哪些方面？各个方面规范的内容是什么？

2.注册会计师职业道德守则包括哪些方面的内容？注册会计师职业道德的基本原则有哪些？可能对遵守职业道德基本原则产生不利影响的因素有哪些？

3.什么是独立性？影响独立性的事项有哪些？

4.我国注册会计师的法律责任有哪些？体现在哪些法律法规和部门规章中？

本章测评

第四章
审计目标与审计疑点诊断模式

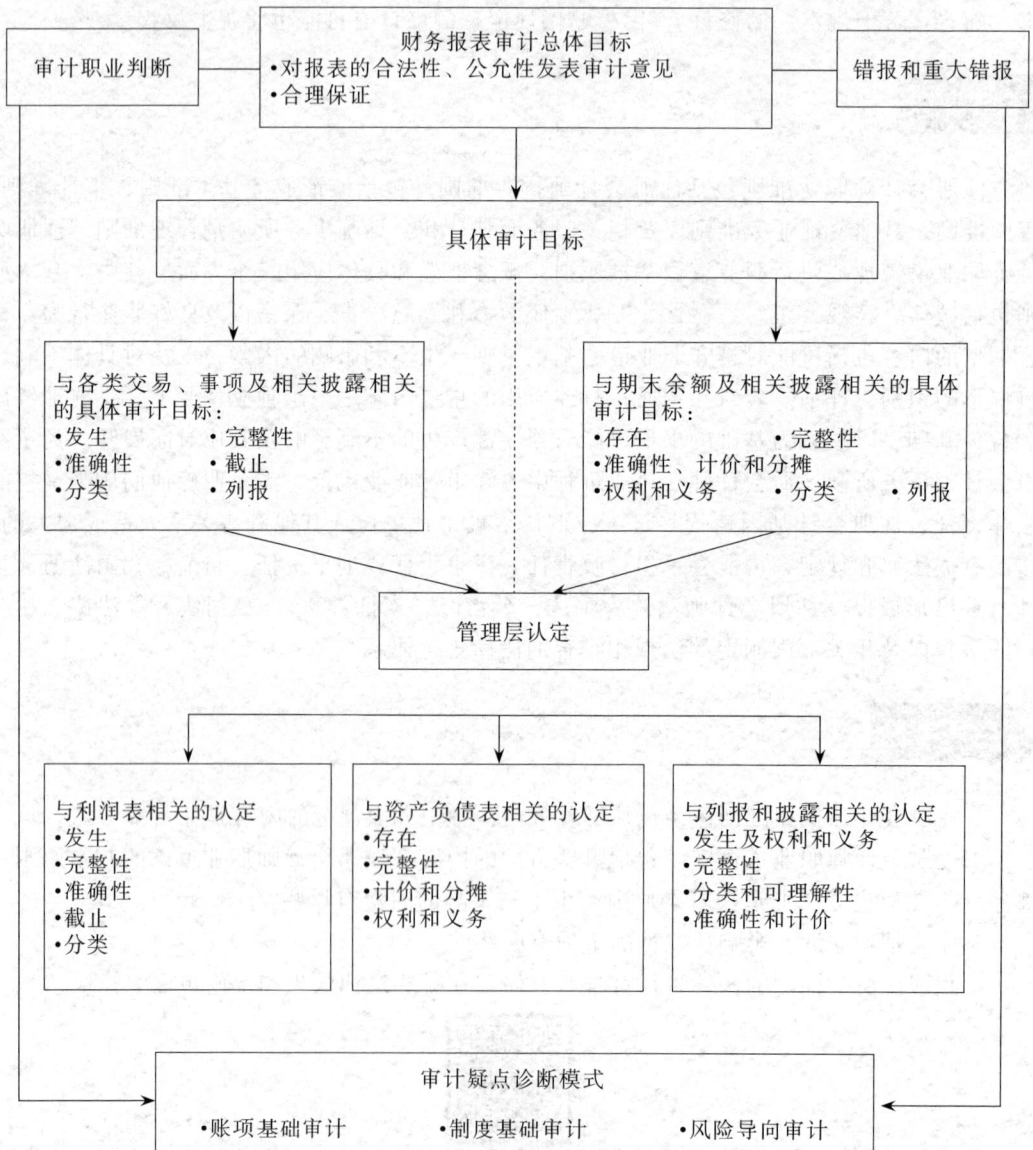

思政领航

- 将习近平总书记关于"不忘初心，牢记使命"的教诲有机嵌入到对审计目标的理解之中，牢牢记住审计从业者肩负的历史使命与责任，以审计目标指导审计项目的各项具体工作。
- 从审计疑点论断模式的演进中领悟探索创新，激发学生在未来审计发展中不断创新审计理念、审计手段，完善审计制度，提升审计工作的效率效果。

知识传授

- 了解审计的总体目标及具体目标，充分认识审计目标对开展审计工作的指导作用。
- 了解财务报告目标与财务报表审计目标之间的关系，掌握关于所审计期间各类交易、事项及相关披露的认定与具体审计目标。
- 掌握财务报告编制基础、错报、合理保证、审计职业判断等相关概念，深入理解财务报告的合法性、公允性。
- 掌握三种审计疑点诊断模式，不断提升审计发现错报的效率效果。

案例引入

英国的南海公司事件

英国南海股份有限公司成立于 1710 年，主要从事海外贸易业务。公司成立 10 年间，经营业绩平平。1719—1720 年，公司趁股票投资在英国方兴未艾之机，发行海量股票，同时公司董事会对外散布公司利好消息，致使公众对股价上扬充满了信心，带动了公司股价上升。1719 年，南海公司股价为每股 114 英镑，到 1720 年 3 月股价升至每股 300 英镑，1720 年 7 月公司股票价格高达每股 1 050 英镑，公司股东波伦特决定以高于面值数十倍的价格发行新股。一时间，南海公司股价扶摇直上，一场股票投机浪潮席卷全英。

英国议会为了制止国内"泡沫公司"的膨胀，于 1720 年 6 月通过了《泡沫公司取缔法》，随之一些公司被解散。许多投资者开始清醒，抛售手中所持股票。股票投资热的降温，致使南海公司股价一路下滑，到 1720 年 12 月，南海公司股价跌至每股 124 英镑。年底，英国政府对南海公司资产进行清理，发现其实际资本所剩无几。南海公司宣布破产，这一消息犹如晴天霹雳，震惊了公司投资人和债权人，数以万计的股东及债权人蒙受损失。当证实了百万英镑的损失落在自己头上时，他们纷纷向英国议会提出严惩欺诈者并赔偿损失的要求。

英国议会面对舆论压力，为平息南海公司破产引发的风波，于 1721 年 9 月成立了由 13 人组成的特别委员会，秘密查证南海公司破产事件。在查证中发现该公司的会计记录严重失实，并有明显的篡改舞弊行为。为此，特别委员会特聘请伦敦市霍斯特·莱思学校的会计教师查尔斯·斯内尔（Charles Snell）对南海公司账目进行审查。斯内尔应议会特别委员会的要求，通过对南海公司会计账目的审核，于 1721 年 12 月编制了一份题为《伦敦市霍斯特·莱思学校的会计教师兼会计师查尔斯·斯内尔对南海股份有限公司会计账簿检查的意见》的查账报告，指出了公司存在的舞弊行为，但没有对公司编制虚假账目的目的表示自己的意见。英国议会根据斯内尔的查账报告，没收了全部公司董事的个人财产，将公司一名直接责任经理押进了英国伦敦塔监狱。

英国政府颁布《泡沫公司取缔法》的主要目的是防止不正常的股票投机，对股份公司的成立严加限制，以保持资本市场稳定，保护投资者及债权人的利益不受侵害。1828年，英国政府根据国内经济发展对资金的高度需求，重新认识到股份公司的经济意义，撤销了1720年的《泡沫公司取缔法》，1834年以后又通过了由国王授予特许证来设立股份公司的法案。英国议会于1844年颁布了《公司法》，促进并规范了股份有限公司的发展。

思考： 在引例中，查尔斯·斯内尔对南海公司账目进行审查的目标是什么？斯内尔的查账报告对于英国资本市场发展起到了什么作用？

◎ 第一节　审计目标

财务报表审计是指注册会计师对财务报表是否不存在重大错报提供合理保证，以增强除管理层之外的预期使用者对财务报表信赖的程度。财务报表审计的总体目标指注册会计师为完成整体审计工作而达到的预期目的，即提高财务报表预期使用者对财务报表的信赖程度，总体目标是最终目标；财务报表审计的具体目标是将总体目标分解后的各项行动目标。总体目标是具体目标的依据，具体目标是达成总体目标的基础。

一、财务报告目标与财务报表审计总目标

注册会计师实施财务报表审计的总体目标、具体目标分别与被审计单位的财务报告目标、管理层认定密切相关。审计目标由注册会计师负责，财务报告目标和管理层认定由被审计单位负责，注册会计师的责任不能替代、减轻或免除被审计单位的责任。被审计单位和注册会计师在财务报表审计中的责任如图4-1所示。

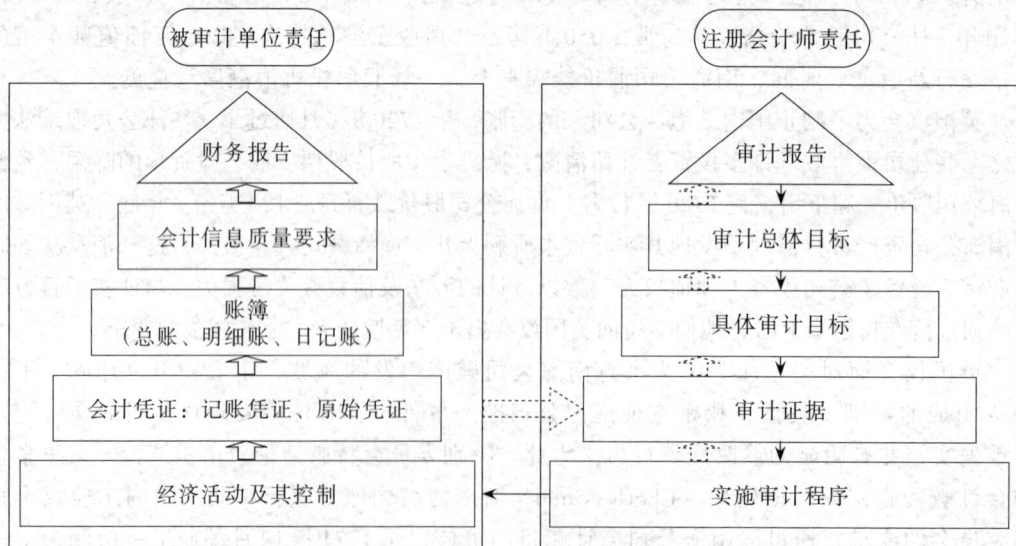

图4-1　被审计单位和注册会计师在财务报表审计中的责任

（一）财务报告目标

1.财务报告目标

财务报告目标是指提供财务信息或编制财务报告（财务报表）的目标或目的。单位编制财务报告的目标是向财务会计报告使用者提供与单位财务状况、经营成果和现金流量等有关的会计信息，反映单位管理层受托责任履行情况，并有助于财务会计报告使用者作出经济决策。

2.会计信息质量的要求

会计信息质量应满足可靠性、相关性、可理解性、可比性、实质重于形式、重要性、谨慎性和及时性要求。

可靠性要求单位应当以实际发生的交易或事项为依据进行确认、计量和报告，保证会计信息真实可靠、内容完整，这是会计信息质量的基础。

相关性要求会计信息应当与财务会计报告使用者的经济需要相关，有助于使用者对单位过去、现在和未来的情况作出评价或预测，能够帮助使用者作出决策。

可理解性要求会计信息清晰明了，便于使用者理解和使用。

可比性要求会计信息应当具有可比性，包括同一单位在不同时期的纵向可比和不同单位在同一时期的横向可比，因此，单位采用会计政策不得随意变更。

实质重于形式要求单位应当按照交易或事项的经济实质进行会计确认、计量和报告，而不应仅以法律形式为依据。

重要性要求单位在全面反映财务状况和经营成果的同时，应当区别经济业务的重要程度，采用不同的会计处理程序和方法，重要的经济业务应单独核算、分项反映。

谨慎性要求单位在有不确定因素的情况下保持必要的谨慎，不高估资产或收益，不低估负债或费用，采取稳健的会计估计和方法。

及时性要求单位应当及时编制和提供财务会计报告，确保信息及时反映单位的财务状况和经营成果，从而有助于报告使用者及时作出决策。

3.管理层与治理层

管理层，是指对被审计单位经营活动的执行负有经营管理责任的人员。在某些被审计单位，管理层包括部分或全部的治理层成员，如治理层中负有经营管理责任的人员，或参与日常经营管理的业主（以下简称业主兼经理）。

治理层，是指对被审计单位战略方向以及管理层履行经营管理责任负有监督责任的人员或组织。治理层的责任包括监督财务报告过程。在某些被审计单位，治理层可能包括管理层，如治理层中负有经营管理责任的人员，或业主兼经理。

财务报表是由被审计单位管理层在治理层的监督下编制的。管理层和治理层（如适用）应当承担下列责任：（1）按照适用的财务报告编制基础编制财务报表，并使其实现公允反映（如适用）；（2）设计、执行和维护必要的内部控制，以使财务报表不存在由于舞弊或错误导致的重大错报；（3）向注册会计师提供必要的工作条件，包括允许注册会计师接触与编制财务报表相关的所有信息（如记录、文件和其他事项），向注册会计师提供审计所需的其他信息，允许注册会计师在获取审计证据时不受限制地接触其认为必要的内部人员和其他相关人员。管理层和治理层（如适用）认可并理解与财务报表相关的责任，是注册会计师执行审计工作的前提，构成注册会计师按照审计准则的规定执行审计工作的基础。财务报表审计并不减轻管理层或治理层的责任。

（二）财务报表审计总目标

财务报表审计总目标即财务报表审计的总体目标，包括：（1）对财务报表整体是否不存在由于舞弊或错误导致的重大错报获取合理保证，使注册会计师能够对财务报表的合法性、公允性发表审计意见；（2）按照审计准则的规定，根据审计结果对财务报表出具审计报告，并与管理层和治理层沟通。

1.财务报表的合法性

财务报表是指依据某一财务报告编制基础对被审计单位历史财务信息作出的结构性表述，财务报表的合法性包括财务报告编制基础的合法性和经济活动的合法性两个方面。

财务报告编制基础分为通用目的编制基础和特殊目的编制基础：通用目的编制基础是指旨在满足广大财务报表使用者共同的财务信息需求的财务报告编制基础，通常是指会计准则和会计制度；特殊目的编制基础是指旨在满足财务报表特定使用者对财务信息需求的财务报告编制基础，包括计税核算基础、监管机构的报告要求和合同的约定等。单位应该结合实际情况选择法律法规要求采用的财务报告编制基础，并适用于整套财务报表。

注册会计师依据相关法律、法规、规章、制度评价经济活动的合法性。法律是由全国人民代表大会及其常务委员会制定的规范性文件，法律的效力适用于整个国家范围，具有最高的权威性，是制定其他规范性文件的基础，财务报表审计依据的法律主要有会计法、公司法、证券法、税法、民法典、外商投资企业法、企业破产法、民事诉讼法等。法规包括行政法规和地方性法规：行政法规由国务院制定，用于规范行政管理活动；地方性法规由省、自治区、直辖市等地方人大及其常委会制定，用于规范本行政区域内的事务，法规的效力通常限于特定的行政区或领域，其效力位阶一般低于法律，财务报表审计依据的法规主要有《企业财务会计报告条例》等。规章是指国务院组成部门及直属机构，省、自治区、直辖市人民政府及省、自治区政府所在地的市和设区市的人民政府，在其职权范围内，为执行法律、法规，需要制定的事项或属于本行政区域的具体行政管理事项而制定的规范性文件。规章是行政性法律规范文件，具有法律效力，财务报表审计依据的规章主要有财政部发布的《企业会计准则》、《企业内部控制基本规范》等。制度是指被审计单位根据国家法律、法规、规章并结合本企业生产经营管理的特点自行制定的制度，不具有法律效力，财务报表审计需要检查被审计单位遵循制度的情况。

2.财务报表的公允性

注册会计师在评价财务报表是否实现公允反映时，应当考虑下列方面：（1）财务报表的总体列报（包括披露）、结构和内容是否合理；（2）财务报表是否公允地反映了相关交易和事项。

3.合理保证

合理保证，是指注册会计师在财务报表审计中提供的一种高水平保证但非绝对保证。财务报表审计作为典型的鉴证业务，无法提供绝对保证的原因在于其本身的固有局限，具体包括：（1）财务报表信息的生成过程涉及大量的判断，其中包括一些主观性决策，如会计估计、会计政策选择；（2）注册会计师获取证据的能力受到实务和法律上的限制，如注册会计师没有被授予特定的法律权力，如搜查权，又如被审计单位通过精心策划和蓄意实施舞弊进行隐瞒；（3）基于在合理的时间内以合理的成本完成审计的需要，要求处理所有可能存在的信息是不切实际的。由于这些固有局限，注册会计师据以得出结论和形成审计意见的大多数审计证据是说服性而非结论性的。当注册会计师获取充分、适当的审计证据将审计风险降至可接受的低水平时，就获取了合理保证。

4.错报和重大错报

错报，是指某一财务报表项目的金额、分类或列报，与按照适用的财务报告编制基础应当列示的金额、分类或列报之间存在的差异。如果合理预期某一错报（包括漏报）单独或连同其他错报可能影响财务报表使用者依据财务报表作出的经济决策，则该项错报通常被认为是重大的，即重大错报。

错报可能是由于错误或舞弊导致，通常下列事项可能导致错报：（1）收集或处理用以编制财务报表的数据时出现错误；（2）遗漏某项金额或披露，包括不充分或不完整的披露，以及为满足特定财务报告编制基础的披露目标而被要求作出的披露（如适用）；（3）由于疏忽或明显误解有关事实导致作出不正确的会计估计；（4）注册会计师认为管理层对会计估计作出不合理的判断或对会计政策作出不恰当的选择和运用；（5）信息的分类、汇总或分解不恰当。

为了帮助注册会计师评价审计过程中累积的错报的影响以及与管理层和治理层沟通错报事项，可将错报区分为以下三类：（1）事实错报，即毋庸置疑的错报，这类错报产生于被审计单位收集和处理数据的错误和对事实的忽略或误解，或故意舞弊行为。例如，注册会计师在审计测试中发现购入存货的实际价值为15 000元，但账面记录的金额却为10 000元。因此，存货和应付账款分别被低估了5 000元，这里被低估的5 000元就是已识别的对事实的具体错报。（2）判断错报，是指由于注册会计师认为管理层对财务报表中的确认、计量和列报（包括对会计政策的选择或运用）作出不合理或不恰当的判断导致的差异。这类错报产生于两种情况：一是管理层和注册会计师对会计估计值的判断差异，例如，由于包含在财务报表中的管理层作出的估计值超出了注册会计师确定的一个合理范围，导致出现判断差异；二是管理层和注册会计师对选择和运用会计政策的判断差异，由于注册会计师认为管理层选用会计政策造成错报，管理层却认为选用会计政策适当，导致出现判断差异。（3）推断错报，是指注册会计师对总体存在的错报作出的最佳估计数，涉及根据在审计样本中识别出的错报来推断总体的错报。推断错报通常是指通过测试样本估计出的总体的错报减去在测试中发现的已经识别的具体错报。例如，应收账款年末余额为2 000万元，注册会计师测试样本发现样本金额有100万元的高估，高估部分为样本账面金额的20%，据此注册会计师推断总体的错报金额为400万元（2 000×20%），那么上述100万元就是已识别的具体错报，其余300万元即推断错报。实务中，一个错报可能会涉及多种类型的错报，如会计估计错报中可能包含被审计单位与注册会计师进行会计估计时使用不同参数导致的判断错报，也可能包含采用抽样审计时产生的推断错报，还可能包含错误应用相关会计政策或计算错误等导致的事实错报。

注册会计师针对财务报表整体发表审计意见，因此没有责任发现对财务报表整体影响并不重大的错报。注册会计师在计划和执行审计工作，以及评价识别出的错报对审计的影响和未更正的错报（如有）对财务报表的影响时，应当运用重要性概念，考虑错报的性质、金额及其对财务报表的影响。注册会计师应高度重视舞弊导致的错报。

注册会计师在评价错报的过程中，应特别注意以下内容：（1）错报可能不会孤立发生，一项错报的发生还可能表明存在其他错报。例如，在大量财务造假案例中，虚增营业收入和虚增营业成本是同时存在的，因为这样可避免因造假导致毛利率异常变化；又如，注册会计师识别出由于内部控制失效而导致的错报，或被审计单位广泛运用不恰当的假设或评估方法而导致的错报，均可能表明还存在其他错报。（2）应当累积在审计过程中识别出的错报，除非错报明显微小。明显微小的错报，是指无论单独或者汇总起来，从规模、性质或其发生的环境来看都是明显微不足道的。注册会计师可能将明显微小错报的临界值确定为财务报表整体重要性的3%~5%，也可能低一些或高一些，但通常不超过财务报表整体重要性的10%，除非注册会计师认为有必要单独为重分类错报确定一个更高的临界值。如果注册会计师不确定一个或多个错报是否明显微小，就不能认为这些错报是明显微小的。"明显微小"不等同于"不重大"。如果从性质或其发生的环境来看，某项与金额相关的错报可能不是明显微小的，则需要对其进行累积。（3）抽样风险和非抽样风险可能导致某些错报未被发现，审计过程中累积错报的汇总数接近确定的重要性，则表明存在比可接受的低风险水平更大的风险，即未被发现的错报连同审计过程中累积错报的汇总数，可能超过重要性，形成重大错报。（4）注册会计师可能要求管理层检查某类交易、账户余额或披露，以使管理层了解注册会计师识别出的错报的产生原因，并要求管理层采取措施以确定这些交易、账户余额或披露实际发生错报的金额，以及对财务报表作出适当的调整。例如，在从审计样本中识别出的错报推断总体错报时，注册会计师可能提出这些要求。

5.审计职业判断

审计职业判断，是指在审计准则、财务报告编制基础和职业道德要求的框架下，注册会计师综合运用相关知识、技能和经验，作出适合审计业务具体情况、有根据的行动决策。

职业判断是注册会计师执业的精髓。从本质上讲，无论是财务报表的编制，还是注册会计师审计，都是由一系列判断行为构成的。如果没有运用职业判断将相关知识和经验灵活运用于具体事实和情况，仅靠机械地执行审计程序，注册会计师就无法理解审计准则、财务报告编制基础和相关职业道德要求，难以在整个审计过程中作出有依据的决策。职业判断涉及注册会计师执业的各个环节，贯穿于注册会计师执业的始终，从决定是否接受业务委托，到出具业务报告，注册会计师都需要作出职业判断。

职业判断涉及注册会计师执业中的各类决策，包括与具体会计处理相关的决策、与审计程序相关的决策，以及与遵守职业道德要求相关的决策。职业判断对于作出下列决策尤为必要：（1）确定重要性和评估审计风险（具体内容详见本书第六章至第七章）；（2）为满足审计准则的要求和收集审计证据的需要，确定所需实施的审计程序的性质、时间安排和范围（具体内容详见本书第五章）；（3）为实现审计准则规定的目标和注册会计师的总体目标，评价是否已获取充分、适当的审计证据以及是否还需执行更多的工作；（4）评价管理层在应用适用的财务报告编制基础时作出的判断；（5）根据已获取的审计证据得出结论，如评估管理层在编制财务报表时作出的估计的合理性；（6）运用职业道德概念框架识别、评估和应对影响职业道德基本原则的不利因素。

注册会计师职业判断需要在相关法律法规、职业标准的框架下作出，并以具体事实和情况为依据。如果有关决策不被该业务的具体事实和情况所支持或者缺乏充分、适当的审计证据，职业判断并不能作为不恰当决策的理由。注册会计师职业判断的决策过程通常可划分为下列五个步骤：（1）确定职业判断的问题和目标；（2）收集和评价相关信息；（3）识别可能采取的解决方案；（4）评价可供选择的方案；（5）得出职业判断结论并作出书面记录。

注册会计师是职业判断的主体，职业判断能力是注册会计师胜任能力的核心。通常来说，注册会计师具有下列特征可能有助于提高职业判断质量：（1）丰富的知识、经验和良好的专业技能；（2）独立、客观和公正；（3）保持职业怀疑。

衡量职业判断质量可以基于下列三个方面：（1）准确性或意见一致性，即职业判断结论与特定标准或客观事实的相符程度，或者不同职业判断主体针对同一职业判断问题所作判断彼此认同的程度；（2）决策一贯性和稳定性，即同一注册会计师针对同一项目的不同判断问题，所作出的判断之间是否符合应有的内在逻辑，以及同一注册会计师针对相同的职业判断问题，在不同时点所作出的判断是否结论相同或相似；（3）可辩护性，即注册会计师是否能够证明自己的工作，通常，理由的充分性、思维的逻辑性和程序的合规性是可辩护性的基础。

注册会计师需要对职业判断作出适当的书面记录。对下列事项进行书面记录，有利于提高职业判断的可辩护性：（1）对职业判断问题和目标的描述；（2）解决职业判断相关问题的思路；（3）收集到的相关信息；（4）得出的结论以及得出结论的理由；（5）就决策结论与被审计单位进行沟通的方式和时间。为此，审计准则要求注册会计师编制的审计工作底稿，应当使未曾接触该项审计工作的有经验的专业人士了解在对重大事项得出结论时作出的重大职业判断。

二、管理层认定

管理层认定，是指被审计单位管理层对财务报表各组成要素的确认、计量、列报作出的明确或隐含的表达。被审计单位披露的财务报表意味着管理层对财务报表作出了认定。这些认定反映了被审计单位管理层在处理各项经济交易与事项时，遵循会计准则及相关会计法规的范围、程度及其结果。

（一）管理层认定的产生与发展

1980年，美国注册会计师协会（AICPA）发布了SAS 31，第一次提出了管理层认定要求，并将其分为五大类：存在或发生、完整性、估价或分摊、权利和义务、表达和披露，指出为了更好地设计和实施实质性程序，审计人员可将管理层认定进一步演变为具体审计目标。对于某一报表项目或交易事项而言，具体审计目标可以分为以下九项：总体合理性、存在性、完整性、所有权、估价、截止、机械准确性、披露、分类。在AICPA发布SAS 31正式提出管理层认定概念后，1982年国际审计实务委员会公布的《ISA 8——审计证据》指出，管理层财务报表认定包括存在、权利和义务、发生、完整性、估价、计量、表达和披露七个方面。审计人员应明确了解管理层认定，结合认定拟订具体审计目标用于指导审计取证和测试工作。可以看出，其基本内容与SAS 31大体一致。我国注册会计师执业准则在1996—2006年沿用了AICPA关于管理层认定及具体审计目标的观点。

（二）管理层认定的含义和意义

管理层认定，是指管理层在财务报表中作出的明确或隐含的表达。当在声明财务报表按照适用的财务报告编制基础编制并在所有重大方面实现公允反映时，就意味着管理层对各类交易和事项、账户余额以及披露的确认、计量和列报作出明确或隐含的认定。

管理层认定的重要意义在于：（1）认定反映了财务报表中数据完整的经济含义；（2）认定反映了管理层所承担的全面的财务报告责任；（3）认定是确定具体审计程序的基础；（4）认定决定了错报的性质和类型，财务报表错报都是因为违反了管理层的一项或多项认定而造成的。

（三）管理层认定的具体内容

管理层对财务报表的认定分为与利润表相关的认定、与资产负债表相关的认定以及与列报和披露相关的认定。

1.与利润表相关的认定

利润表与单位发生的交易和事项相关。与利润表相关的认定包括发生、完整性、准确性、截止和分类。各认定的含义具体见表4-1。

表4-1　　　　　　　　　　　　与利润表相关的认定

具体认定	含义
发生	记录的交易和事项已发生且与被审计单位有关
完整性	所有应当记录的交易和事项均已记录
准确性	与交易和事项有关的金额及其他数据已恰当记录
截止	交易和事项已记录于正确的会计期间
分类	交易和事项已记录于恰当的账户

管理层在财务报表上的认定有些是明确表达的，有些则是隐含表达的。例如，管理层在利润表中列报营业收入及其金额，意味着作出了下列明确的认定：（1）记录的营业收入是真实发生的交易形成的收入，且已进行恰当分类；（2）营业收入以准确的金额反映。同时，管理层也作出下列隐含的认定：（1）所有应当记录的营业收入均已记录，不存在账外收入；（2）记录营业收入的这些交易与被审计单位有关，且归属于该会计期间。

2.与资产负债表相关的认定

资产负债表反映了单位在资产负债表日的资产项目、负债项目及所有者权益项目的账户余额。与资产负债表相关的认定包括存在、权利和义务、完整性、计价和分摊。各认定的含义具体见表4-2。

表4-2　　　　　　　　　　　　与资产负债表相关的认定

具体认定	含义
存在	记录的资产、负债和所有者权益是实际存在的
权利和义务	记录的资产由被审计单位拥有或控制，记录的负债是被审计单位应当履行的偿还义务
完整性	所有应当记录的交易和事项均已记录
计价和分摊	资产、负债和所有者权益以恰当的金额包括在财务报表中，与之相关的计价或分摊调整已恰当记录

管理层在财务报表上的认定有些是明确表达的，有些则是隐含表达的。例如，管理层

在资产负债表中列报存货及其金额，意味着作出了下列明确的认定：（1）记录的存货是存在的；（2）存货以恰当的金额包括在财务报表中，与之相关的计价或分摊调整已恰当记录。同时，管理层也作出下列隐含的认定：（1）所有应当记录的存货均已记录；（2）记录的存货都由被审计单位拥有。

3. 与列报和披露相关的认定

被审计单位披露的财务报表应完整地反映交易（或事项）、账户余额以及其他有助于报告使用者作出恰当决策的信息。因此，与列报和披露相关的认定包括发生及权利和义务、完整性、分类和可理解性，以及准确性和计价。与列报或披露相关的认定见表4-3。

表4-3　　　　　　　　　　　　　与列报或披露相关的认定

具体认定	含义
发生及权利和义务	披露的交易、事项和其他情况已发生，且与被审计单位有关
完整性	所有应当包括在财务报表中的披露均已包括
分类和可理解性	财务信息已被恰当地列报和披露，且披露内容表述清楚
准确性和计价	财务信息和其他信息已公允披露，且金额恰当

三、财务报表审计的具体目标

财务报表审计的具体目标，是指注册会计师通过实施审计程序，以确定管理层在财务报表中确认的各类交易、账户余额、披露层次认定是否恰当。注册会计师通过具体审计目标来评估重大错报风险，并设计和实施进一步审计程序。具体审计目标与管理层认定紧密相连，具体审计目标可以概括为对具体认定执行审计以判断其是否恰当。因此，具体审计目标分为以下两类：

（一）关于所审计期间各类交易、事项及相关披露的具体审计目标

关于所审计期间各类交易、事项及相关披露的具体审计目标，反映的是企业在一定期间内所开展经营活动及其成果的信息，通常对应利润表账户，包括发生、完整性、准确性、截止、分类和列报六个方面，其含义具体如下（见表4-4）：

表4-4　　　　　关于所审计期间各类交易、事项及相关披露的具体审计目标

具体审计目标	具体审计目标的含义	举例
发生	确认已记录的交易和事项是否真实发生，且与被审计单位有关	如果没有发生销售交易，却在销售明细账中记录了一笔销售，就违反了该目标，导致"虚增、高估或多计"问题
完整性	确认所有应当记录的交易和事项是否均已记录	如果发生了一笔销售交易，却没有在销售明细账和总账中记录与反映这笔交易，就违反了该目标，导致"虚减、漏计或少计"问题
准确性	确认与交易和事项有关的金额及其他数据是否已恰当记录	如果销售交易开账单时使用了错误的销售价格、账单中的乘积或加总有误、在销售明细账中记录了错误的金额，都违反了该目标，将导致"金额"的准确性问题

具体审计目标	具体审计目标的含义	举例
截止	确认交易和事项是否记录于正确的会计期间	如果将在本期销售但将于下期收到款项的一笔业务收入确认为下期的销售收入，就违反了这一目标，导致"收入提前确认"问题；反之，则导致"收入延迟确认"问题
分类	确认交易和事项是否记录于恰当的账户	如果将出售经营性固定资产所得的收入记录为营业收入，就违反了这一目标，导致"账户分类不当"问题
列报	确认交易和事项是否被适当地汇总或分解且表述清楚，相关披露与适用的财务报告编制基础是不是相关的、可理解的	如果利润表在所有重大方面按照适用的财务报告编制基础编制且公允反映了年度的经营成果，则符合该审计目标的要求。反之，则违反这一目标

以上六个具体审计目标间的逻辑关系如图4-2所示：

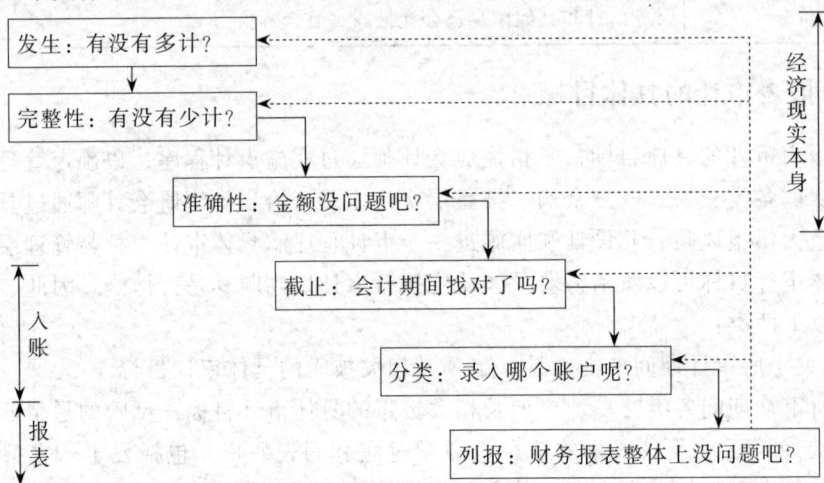

图4-2　关于所审计期间各类交易、事项及相关披露的具体审计目标间的逻辑关系

（二）关于期末账户余额及相关披露的具体审计目标

关于期末账户余额及相关披露的具体审计目标，反映的是企业截至特定时点的账户余额信息，通常对应资产负债表账户，包括存在、权利和义务、完整性、分类、准确性以及计价和分摊、列报六个方面，其含义具体如下（见表4-5）：

表4-5　　　　　　　　关于期末账户余额及相关披露的具体审计目标

具体审计目标	具体审计目标的含义	举例
存在	确认资产负债表上表述的各项资产、负债和权益账户的余额在资产负债表日是否真实存在	如果在应收账款的期末余额中存在某客户的应收账款，但实际上该款项早已结清，就违反了这一目标，导致"虚增、高估或多计"问题

续表

具体审计目标	具体审计目标的含义	举例
权利和义务	确认资产是否属于被审计单位的权利，负债是否属于被审计单位的义务	如果将不属于被审计单位的资产记入账内，就违反了权利目标；如果将不属于被审计单位的负债记入账内，就违反了义务目标。又如，将客户寄存在公司的商品记入本公司的存货账户，就违反了这一目标
完整性	确认所有应当列入的金额是否均已列入	如果存在对某客户的应付账款，但在应付账款明细账中没有记录对该客户的应付账款，就违反了这一目标，导致"虚减、漏计或少计"问题
分类	确认资产、负债和所有者权益是否记录于恰当的账户	如果房地产开发企业将开发的商品房记录为固定资产，就违反了这一目标，导致"账户分类不当"问题
准确性、计价和分摊	确认资产、负债和所有者权益是否以恰当的金额包括在财务报表中，与之相关的计价或分摊调整是否恰当记录	在采用分期付款方式购入固定资产时，固定资产的初始入账价值需考虑融资费用影响，否则会导致初始计量存在问题；又如，公司的固定资产已有明显迹象表明发生了减值，但仍以固定资产的初始账面价值反映，则会导致后续计量（如资产减值、折旧与摊销）存在问题
列报	确认资产、负债和所有者权益是否已被恰当地汇总或分解且表述清楚，相关披露与适用的财务报告编制基础是否是相关的、可理解的	如果资产负债表在所有重大方面按照适用的财务报告编制基础编制且公允反映了截至特定时点的财务状况，则符合该审计目标的要求

以上六个具体审计目标的逻辑关系如图4-3所示：

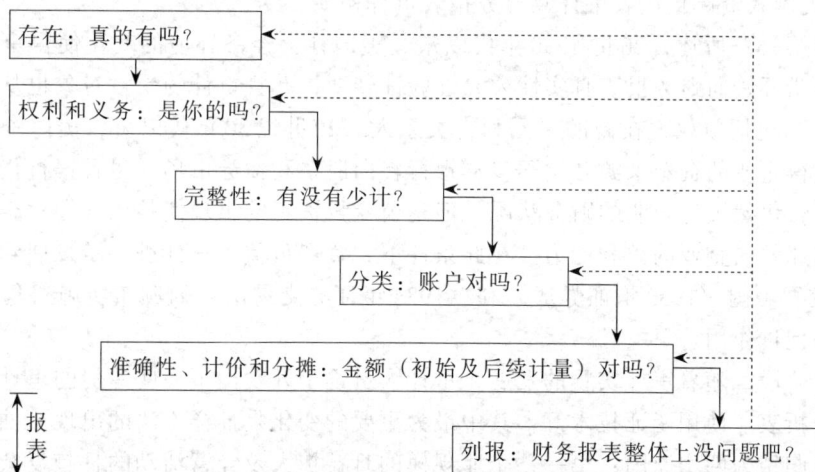

图4-3　关于账户余额及相关披露的具体审计目标间的逻辑关系

⊙ 第二节　审计疑点诊断模式

财务报表审计是注册会计师对财务报表整体是否不存在由于舞弊或错误导致的重大错

报获取合理保证，在此基础上形成审计意见，出具审计报告。为快速、精准地查找错报，注册会计师需要不断探索和创新审计技术方法，发现错报可能的领域或线索，即审计疑点。在审计发展的历程中，审计师先后运用账项基础审计、制度基础审计、风险导向审计等技术方法对审计疑点进行诊断。

一、账项基础审计

账项基础审计（transaction-based auditing）是审计方法发展的初始阶段，以凭单审核为重心，以审查账目有无错弊为目标，以数据的可信性为着眼点，从会计科目入手。账项基础审计主要经历了两个时期：古代审计及英国式详细审计时期、美国式资产负债表审计及财务报表审计初期。

（一）古代审计及英国式详细审计时期

如本书第一章所述，民间审计的起源可追溯至13、14世纪合伙制企业组织形式的出现。在审计产生初期，由于经济业务较简单，控制手段较原始，财产所有者最为关心的是经商管理者的诚实性，因此该时期审计的目标主要是对财产经营管理者的诚实性进行检查，也就是说早期审计是检查受托人个人的正直性而不是检查会计账簿的质量，只有在认为可能存在舞弊行为的情况下才对簿记的正确性加以验证。

在账项基础审计发展的初期，审计范围还仅仅局限于凭证、账簿和报表，没有形成专门的审计方法。业务活动的开展主要以交易为基础，进行账证、账账以及账表之间的稽查和核对，在详细审查的基础上判断是否存在舞弊行为或技术差错。该阶段的审计活动主要是重复会计人员已经完成的工作，进行独立复核。由于当时企业的规模较小，业务活动较为简单，审计人员常常是对企业一定期间内的所有会计事项进行审计，因而19世纪英国式审计又被称为详细审计或完全审计。

（二）美国式资产负债表审计及财务报表审计初期

如本书第一章所述，20世纪30年代以来，美国社会经济环境的变化使得审计目标逐渐由揭弊查错开始向财务报表真实性公允性验证转变，并且审计的受益对象也从单一的股东逐渐扩大到包括债权人在内的多元利害关系人。20世纪30年代以后，美国资本市场的迅速发展使得企业的资金来源开始逐步从银行转向股票和债券市场。尽管银行仍是企业重要的债权人，仍然关注企业的财务状况，但是公众投资者的出现使整个社会对企业会计信息的关注迅速转向企业的盈利能力。在此条件下，资产负债表审计进一步发展到了财务报表审计阶段。美国《1933年证券法》和《1934年证券交易法》的颁布实施对这一改变起到了推动和促进作用。

在这一阶段，随着审计实践的发展，审计人员逐步开发出了一些专门的审计方法，如编制账龄分析表、使用函证技术等，其中最为重要的变化是抽样方法的出现。抽样审计技术的出现可归结为两个原因：第一，企业规模的日益扩大及经营活动的日趋复杂，致使会计记录呈几何级数增长，无论是从审计成本还是从审计所办理的程序来看，都已无法再继续运用详细审计。第二，审计目标变化的推动。由于公允性只是一个相对概念，它并不意味着财务报表是完全正确、无差错的，因此审计人员认为详细审计既无必要也费时费力。在实践的发展过程中，审计人员形成了这样一种观念，即随机选择部分经济业务进行详细审查也可以获得关于其余同类经济业务是否正确的推论。

这一时期的审计范围仍局限于会计凭证、账簿和报表，审计的目标基本都是查找和揭露账面上的差错和舞弊，业务活动的开展则主要是以账面上的会计事项及交易为主线，围绕会计账簿、会计报表的编制过程进行，因此被称为账项基础审计，这是基本审计方法发展的第一阶段，发展的时间也最长。

账项基础审计阶段已形成了一些具体的审计方法，如核对、检查、监盘、观察、查询、函证和计算等，这些具体审计方法目前仍然是审计人员获取审计证据所必需的审计取证技术。以账项为基础的审计方法具有细致全面、误差小、可靠性高的基本特征，尤其适用于舞弊性审计，在揭露舞弊和不法行为方面具有不可替代的重要作用。但账项基础审计存在以下局限性：（1）审计效率较低，需要耗费大量的时间和人力；（2）有限制的抽样技术更多地依赖审计人员的主观经验判断，带有很大的盲目性和偶然性，所以抽样风险很大；（3）以交易为基础的审计是围绕交易进行的，不容易发现程序性错误和会计系统中的缺陷。不过，理论界的一些学者已经开始意识到内部控制对审计工作的重要性。

二、制度基础审计

制度基础审计（system-based auditing approach）是继账项基础审计之后一种新的审计技术方法，以对被审计单位内部控制的评价为基础，以验证财务报表的公允性为审计目标。

（一）内部控制与审计的结合

自 20 世纪 30 年代以来，审计人员开始认识到，研究一个客户的内部控制系统，特别是会计控制系统，考虑其工作流程和自我检查的效果可以有效地确定客户会计信息的可靠程度，然后可以根据内部控制的效果来决定抽样范围，从而制定既有效率又有效果的审计程序。1947 年，国际会计师公会下属的审计程序委员会发布了《审计准则说明草案》（Tentative Statement of Auditing Standards），第一次以审计准则的形式提出了两点要求：（1）研究内部控制，确定其可靠程度，以此作为制定审计程序和确定抽查范围的依据；（2）研究内部控制，以此来指导审计测试，其中包括测试内部控制的作用和审计评估时的必要判断。至此，以内部控制评价为基础的审计方式在审计实务中得以确立。

（二）审计方法的变化

在制度基础审计时期，审计范围已不再局限于会计凭证、账簿和报表，而是扩展到了内部控制领域。由于抽查方法不再根据审计人员的主观经验而定，而是建在内部控制的测试基础上，审计人员必须对企业的内部控制进行研究评价，以此来决定抽样规模的大小及样本的选择。

由于内部控制评价的需要，审计测试分为符合性测试（compliance test）和实质性测试（substantive test），这是制度基础审计区别于账项基础审计的重要标志。符合性测试的目的在于确定被审计单位的内部控制是否健全并能有效地运行，其测试的焦点在于内部控制，而不是财务报告上的金额或已完成的交易。实质性测试关注的是内部控制产生的结果，而不是内部控制本身，其目标在于验证财务报告中各项内容和金额的可靠性和公允性，所采用的账项余额测试方法与传统的账项基础审计中使用的方法并无本质区别，只不过在制度基础审计下对账项余额的实质性测试是以符合性测试为基础的。符合性测试得出的被审计单位内部控制的情况决定了实质性测试的性质、时间和范围。

制度基础审计程序的基本特点是先对内部控制进行评价，即首先需要借助流程图、调查表、说明书等方法对被审计单位的内部控制进行初步调查并加以评价，获得对内部控制的强点和弱点的初步认识，初步得出内部控制可以信赖的结论（如认为不可信赖则直接进入实质性测试程序）。为了最终确定内部控制的可信赖程度则必须进行符合性测试，目的在于确定被审计单位在实际运行中内部控制是否有效地运行，最后根据符合性测试的结果对内部控制作出评价，分析存在的薄弱环节及其对财务报表的影响。同时期出现的统计抽样法，可以促进审计工作更有效率、更准确、速度更快、成本更低。进入20世纪60年代后，AICPA相继出版的关于统计抽样的公告也促进了审计抽样在符合性测试和实质性测试中的广泛应用。

制度基础审计的出现是审计方法历史上的一大进步，但这并不意味着职业界完全抛弃了账项基础审计的基本审计程序和方法。相反，制度基础审计保留了账项基础审计的合理内核，在实质性测试阶段，制度基础审计所采用的方法和账项基础审计所采用的方法是基本一致的，两者之间是一种继承和发展的关系，而不是互相替代的关系。制度基础审计作为一种更为先进的审计方法，仍然存在以下缺陷：（1）内部控制的固有局限性限制了制度基础审计的实施效果；（2）在实践中，审计人员往往缺乏对客户控制环境的深入理解，而这恰恰容易导致审计失败；（3）内部控制评价未能与审计风险直接联系起来，没有将降低和控制审计风险的要求贯穿于审计全过程。

三、风险导向审计

风险导向审计（risk-oriented auditing approach）也称为风险基础审计，是以被审计单位的战略和经营环节风险为导向的一种新审计模式。这种审计模式要求审计人员使用审计风险模型，从对企业环境和企业经营进行全面的风险分析出发，积极采用分析程序，制订与被审计单位状况相适应的多样化审计计划，以达到审计工作的效率性和效果性。在该审计模式下，先评估被审计单位的重大错报风险，然后根据重大错报风险的评估结果确定拟执行的审计工作，从而将审计风险控制在审计人员可接受的水平；重大错报风险是一个综合的概念，在评估重大错报风险时并不局限于财务报表及其生成过程的控制，还包括可能会最终导致重大错报风险的其他因素，如被审计单位的战略、经营、治理等自身情况和被审计单位所处行业、地区的环境状况等（如宏观经济、行业竞争、法律法规、环境政策、伦理道德、社会文化等）。风险导向审计是高度风险社会的产物，是现代审计技术和方法的最新发展。风险导向审计阶段分为传统风险导向审计阶段和现代风险导向审计阶段。

（一）传统风险导向审计阶段

自1895年英国大法官林德利（Lindley）在London and General Bank的判决中开始追究审计人员的过失责任后，审计责任及由此产生的审计风险问题开始引起审计职业界的关注。1957年《蒙哥马利审计学》（第8版）首次将"风险"这一概念与审计程序的设计紧密联系起来，开始探索审计风险控制的措施和审计方法的改进，审计人员对审计风险的认识由被动控制转变为主动控制。20世纪70年代，基于风险观念上的审计方法开始在审计实务中被陆续采用（Bell和Wright，1995），这是风险导向审计概念产生的萌芽状态。

ASB在1981年发布的第39号审计准则公告（SAS 39）《审计抽样》和1983年发布的第47号审计准则公告（SAS 47）《审计业务中的审计风险与重要性》阐述了有关审计风

险，建立并推行了一个较为广泛接受的审计风险模型，即：

$$AR = IR \times CR \times DR$$

其中，AR 为审计风险，IR 为固有风险，CR 为控制风险，DR 为检查风险。

该模型在一定程度上反映了影响审计风险的各个要素及其在审计过程中的作用，以及风险评价的先后顺序，即通过评估固有风险（inherent risk）和控制风险（control risk）确定检查风险（detection risk），再进一步确定实质性测试的性质、时间和范围。从 1984 年开始，美国审计准则委员会要求审计师遵循 SAS 47 的要求，在审计中运用审计风险模型。

传统风险导向审计是对制度基础审计的一种继承、发展与革新。制度基础审计将审计师视野局限于会计控制和管理控制，传统风险导向审计模型则通过固有风险将审计师的视野从企业内部扩展至更为广泛的领域，包括行业环境、管理层品行和能力等。然而，传统风险导向审计仍然存在以下缺陷：（1）简化主义（Bell 和 Wright，1995）的倾向，认为通过对报表账户层面各个不同认定的审计，就可以自下而上地对财务报表发表意见提供充分、适当的证据；（2）将审计师的注意力和分析与测试重点主要放在账户本身的风险及其会计系统的可靠性之上，对风险的分析和评估是一种狭隘的"会计观"（accounting lens）；（3）假定固有风险、控制风险和检查风险之间相互独立，但固有风险和控制风险都受企业内外部环境的影响，而且两者之间还会相互影响，这一假设的可靠性越来越受到质疑；（4）自下而上的审计思路使得审计资源的分配经常难以突出重点，造成有限的审计资源的浪费。在传统风险导向审计模式下，审计师所采用的依然是制度基础审计的基本方法，只是在原有方法的基础上增加了风险定量评估的内容，未能有效地将企业外部、战略和经营环节风险与财务报告重大错报风险关联起来。

（二）现代风险导向审计阶段

20 世纪 80 年代以后，随着全球经济一体化以及科学技术的迅速发展，企业面临的环境日益复杂，竞争愈加激烈，企业所处的内外部环境对企业经营的影响程度逐渐增强，企业的经营状况与经营风险最终将体现在企业的财务报表中，进而对审计风险产生直接的影响。经济环境的快速变化使审计人员逐渐认识到，被审计单位并不是一个孤立的主体，它是整个社会经济系统的一个有机组成部分。如果将被审计单位隔离于其所处的广泛的经济网络，审计人员就难以充分地理解被审计单位的交易、风险及其整体绩效和财务状况。在高科技泡沫的 90 年代，盈余预测开始驱动资本市场，从而导致公司管理层更为看重报告盈余。2000 年 8 月，公共监管委员会（Public Oversight Board，POB）形容当时的社会经济环境时亦指出："过去十年间，企业管理者追求盈余、收入或其他目标的压力巨大。资本市场估值加剧了这些压力，因为只要公司没有达到市场预期，股票价值将剧烈下降。同时，公司管理层的薪酬很大程度上基于取得的收益、其他目标或者股票价格的上涨。这些压力反过来转化为审计师的压力——如何审计以及如何与客户保持关系。"

20 世纪 80 年代以来，为了缩小审计期望差距和提高审计效率，审计实务界（尤其是国际大型会计师事务所）开始基于系统观和战略管理理论，积极探索新的审计方法。例如，毕马威会计师事务所、安永会计师事务所、普华永道会计师事务所、德勤会计师事务所、安达信会计师事务所分别开发了 BMP 审计方法（business measurement process）、全球审计方法（global audit methodology）、普华永道审计方法（PWC methodology）、AS/2 审计方法和经营审计（business auditing，BA）。这些审计方法的原理大致相同，均体现了现代风险导向审计的核心内容。以毕马威的BMP方法为例，该方法以战略系统为视角，从战略分析入手，按照"战略风险分析–经营环节风险分析–剩余风险分析"的基本思路，来决定进一步审计程序的性质、时间和范围。

自20世纪90年代后期开始，现代风险导向审计由大型会计师事务所倡导，并在其内部逐渐推行。然而，监管者表达了对大型会计师事务所重塑审计方法的担忧。1998年10月，SEC首席会计师特纳（Turner）给AICPA审计和鉴证准则主管写信，批评大型会计师事务所重塑审计方法更多地依赖以分析程序为主的风险评估，而不是实质性的详细测试。应SEC的要求，POB于1998年组建了审计效果研究项目组，该研究组于2000年秋发布了《审计效果研究组：报告与建议》，通过与审计师的讨论、对审计工作底稿的复核，研究组认为新的审计方法虽然还没有被普遍采用，但其可以极大地提高审计效率。1999年，英国、美国、加拿大的准则制定者和学术界专家联合组成了联合工作组（Joint Work Group），该组于2000年5月发布了名为《大型会计师事务所审计方法的发展》（Developments in the Audit Methodologies of Large Accounting Firms）的研究报告。联合工作组采用实地访谈和问卷调查的方式对在实务中开始逐步推广的现代风险导向审计的运用及其影响进行探讨。联合工作组认为，有足够理由支持现代风险导向审计方法是一种区别于传统风险导向审计的新方法，大型会计师事务所在新的审计方法上的基本认识是一致的，但在运用中存在着一定的差别。最后，联合工作组建议准则制定者修改相关准则，以适应新的、先进的审计方法的需要。2000年7月至8月，IAASB在联合工作组以及ASB的建议下，成立了风险分析联合项目组（Joint Risk Assessment Task Force），对新的审计方法进行研究，研究结论认为，新的审计方法可以提高审计的效率。

2002年底，为了适应新的审计方法的需要，IAASB与ASB都修改了相关审计准则并发布征求意见稿。2003年10月，IAASB发布审计风险准则并自2004年12月15日起正式施行，具体包括以下修订和新起草的准则：（1）《财务报表审计的目标和基本原则》（ISA 200）；（2）《了解被审计单位及其环境并评估重大错报风险》（ISA 315）；（3）《针对评估的重大错报风险实施的程序》（ISA 330）；（4）《审计证据》（ISA 500）。这四项审计准则专门用来指导注册会计师识别、评估和应对财务报表中的重大错报风险，统称为审计风险准则（Audit Risk Standards）。新风险准则的制定及其他准则的相应修订，标志着现代风险导向审计的正式确立。

在《财务报表审计的目标和基本原则》（ISA 200）中，引入了"重大错报风险"概念，提出新的审计风险模型，即：

审计风险=重大错报风险×检查风险

重大错报风险为财务报告在审计前存在重大错报风险的可能性。重大错报风险并非简单将固有风险和控制风险合并，而是审计思想的实质性突破，明确审计以评估重大错报风险为新起点和新导向。根据该模型，审计师首先评估重大错报风险（ISA 315），再根据评估的风险来设计和执行审计程序，控制检查风险（ISA 330），最终将审计风险降低至可接受的水平。前者称为风险评估程序，后者称为风险应对程序，分别由国际审计准则ISA 315和ISA 330来规范。新审计风险模型有助于审计师紧紧抓住风险点，合理分配审计资源，有效实现审计目标。该准则同时指出，公司战略目标的实现受经营性质和行业、监管环境、公司规模及复杂性等一系列因素的影响，审计师应该关注影响财务报告的内外部因素。

　　IAASB发布的新的审计风险准则迅速为英国、加拿大等国家所接受。英国审计准则制定机构在2004年5月宣布计划采纳所有的国际审计准则，自2004年12月15日开始全面采纳国际审计准则。加拿大的审计准则制定机构则是通过审计与鉴证准则的国际协调来消除加拿大准则与国际准则之间以及加拿大准则与美国准则之间不应存在的差异。2005年12月，我国财政部和审计准则委员会明确提出了完善中国审计准则体系、加快实现国际趋同的主张，并制订了国际趋同的工作计划；2006年2月，与国际审计准则趋同的《中国注册会计师执业准则》（共计48项）及其应用指南颁布，自2007年1月1日起实施，现代风险导向审计自此在我国全面推广应用。

本章小结 ············◎

　　本章主要讲解审计目标与审计疑点诊断模式。审计目标包括总体目标和具体目标，总体目标是具体目标的依据，具体目标是达成总体审计目标的基础。财务报表审计的总体目标是对财务报表整体是否不存在由于舞弊或错误导致的重大错报获取合理保证，然后对财务报表的合法性、公允性发表审计意见并与管理层和治理层沟通，财务报表的合法性、公允性与会计信息质量的可靠性、相关性、可理解性、可比性、实质重于形式、重要性、谨慎性和及时性要求紧密相连。财务报表审计的具体目标与管理层认定一一对应，关于所审计期间各类交易、事项及相关披露的认定和具体审计目标通常对应利润表账户，包括发生、完整性、准确性、截止、分类和列报六个方面；关于期末账户余额及相关披露的认定和具体审计目标通常对应资产负债表账户，包括存在、权利和义务、完整性、分类、准确性以及计价和分摊、列报六个方面。为快速、精准地查找错报，注册会计师不断探索和创新审计技术方法，先后运用账项基础审计、制度基础审计、风险导向审计等技术方法对审计疑点进行诊断，以提升审计工作的效率效果。

课后思考题 ············◎

　　1.审计的总体目标是什么？审计的具体目标是什么？审计的总体目标和具体目标之间是什么关系？

　　2.财务报告目标是什么？财务报表审计的总体目标是什么？两者之间有什么联系和区别？

　　3.管理层认定是什么？具体审计目标是什么？关于所审计期间各类交易、事项及相关披露的认定和具体审计目标有哪些？关于期末账户余额及相关披露的认定和具体审计目标有哪些？

　　4.审计疑点的诊断模式有哪些？各种诊断模式之间有哪些区别和联系？

本章测评

第五章
审计证据、审计程序和审计工作底稿

思维导图

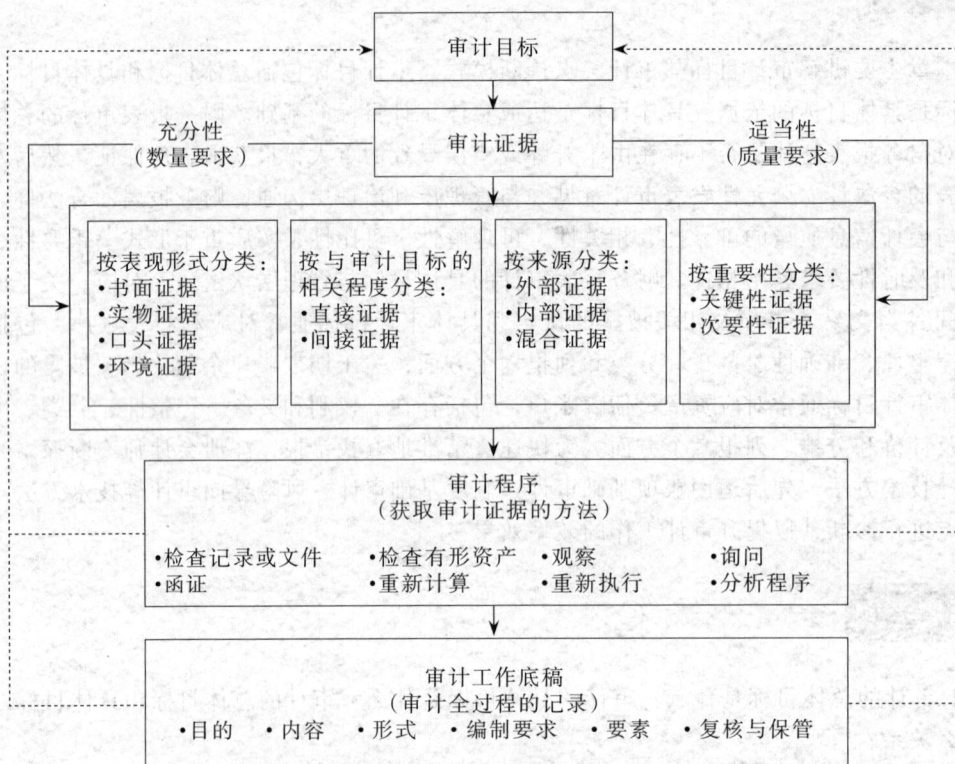

思政领航

- 弘扬社会主义核心价值观，发扬吃苦耐劳、踏实肯干的作风，练就扎实的审计基本功和系统的审计思维，更好地投身到党和国家伟大的监督事业中去。
- 掌握审计取证的基本逻辑和核心规律，将之灵活应用于纪检、监察、巡视等各类审查与监督工作之中，助力推动国家治理体系和治理能力现代化。

知识传授

- 熟悉审计证据的类型，理解审计证据的特征并能对证据的证明力作出判断。

- 掌握获取审计证据的八种审计程序，并能够灵活运用八种审计程序分析审计失败案例。
- 理解审计工作底稿的功能，了解审计工作底稿的编制、归档和保存要求。
- 掌握审计目标、审计证据、审计程序与审计工作底稿之间的关系。

案例引入

广东正中珠江会计师事务所审计取证存在缺陷

根据中国证监会行政处罚决定书（广东正中珠江会计师事务所、杨文蔚、张静璃、刘清、苏创升）〔2021〕11号：

康美药业2016年度货币资金余额账实差异主要集中在3家银行4个银行账户。正中珠江对该3家银行均执行现场函证程序，跟函人员均为苏创升，康美药业陪同人员均为黄某生。经查，康美药业提前以内审名义、使用正中珠江的询证函模板向银行进行函证，苏创升和黄某生进行现场函证时，黄某生再将询证函需要银行盖章回复的确认页替换为原先以内审名义函证的确认页，伪造正中珠江收到银行确认无误的询证函回函；建设银行的询证函回函不是在会计师的询证函上盖章，而是采用银行固定格式的资信证明，康美药业提前安排人员伪造银行资信证明，再由黄某生交给苏创升。正中珠江未对银行账户函证过程保持有效控制，不符合《中国注册会计师审计准则第1312号——函证》第14条、第17条的规定。

正中珠江针对货币资金科目获取的银行询证函、银行对账单等资料中，存在明显异常或相互矛盾的情况。一是康美药业交通银行基本户的询证函上所盖银行印章为"业务受理章"，与商业银行常规做法不一致；二是康美药业在工商银行询证函上仅加盖公司公章，未加盖财务章及法人私章，却能得到银行回函；三是康美药业与子公司广东康美之恋大药房有限公司（以下简称"康美之恋"）均在工商银行开立银行账户，康美之恋的询证函回函是银行固定格式的资信证明，而康美药业的询证函回函是直接在正中珠江的询证函上盖章；四是建设银行的询证函回函自身内容前后矛盾：函件要求定期存款应当列明存款日期、到期日期、存款利率等信息，但回函中关于定期存款的信息中"存款日期""到期日期""存款利率"栏均为空白；五是正中珠江获取的交通银行基本户的对账单部分有银行印章，部分没有银行印章。正中珠江未关注上述明显异常或相互矛盾的审计证据，未保持应有的职业怀疑，未执行进一步审计程序消除疑虑，不符合《中国注册会计师审计准则第1101号——注册会计师的总体目标和审计工作的基本要求》第28条和《中国注册会计师审计准则第1301号——审计证据》第15条的规定。

资料来源：中国证监会. 中国证监会行政处罚决定书（广东正中珠江会计师事务所、杨文蔚、张静璃、刘清、苏创升）〔EB/OL〕.（2021-02-20）. http://www.csrc.gov.cn/.

引例中，证监会在审计工作底稿中发现会计师事务所和注册会计师执行审计程序不到位、核心审计证据被忽略，进而导致审计失败。那么，什么是审计证据、审计程序、审计工作底稿？它们对于实现审计目标的作用是什么？本章将讲述这些内容。

◎ 第一节　审计证据

注册会计师形成审计意见时，应当根据已获取的审计证据评价是否已对财务报表整体不存在重大错报获取合理保证。审计凭证据"说话"，因此，注册会计师需要通过恰当的方式设计和实施审计程序，获取充分、适当的审计证据，以得出合理的结论，作为形成审计意见的基础。

一、审计证据的定义

审计证据，是指注册会计师为了得出审计结论和形成审计意见而使用的信息。审计证据包括构成财务报表基础的会计记录所含有的信息和其他信息（如图5-1所示）。会计记录所含有的信息既有原始凭证、记账凭证、账簿、财务报告等会计资料记录的信息，还有顾客对账单、员工考勤卡（或其他工时记录）、人事档案、支票存根、合同、银行存款余额调节表，支持成本分配、计算、调节和披露的手工计算表和电子数据表，以及对财务报表予以调整但未在账簿中反映的其他分录等信息；其他信息是指会计记录以外的信息，既有从被审计单位的会议记录、内部控制手册获取的信息，也有通过被审计单位外部的询证函回函、分析师的报告、与竞争者的比较等程序获取的信息，还有通过注册会计师自身编制或获取的可以通过合理推断得出结论的信息，如各种计算表、分析表等。总之，与被审计单位财务报表相关的所有信息都有可能成为审计证据。

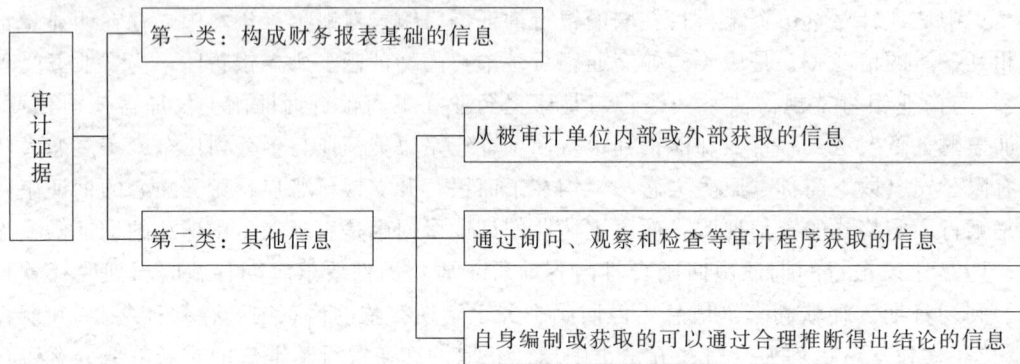

图5-1　审计证据的构成

二、审计证据的分类

（一）按审计证据的表现形式分类

根据审计证据的表现形式，审计证据可以分为书面证据、实物证据、口头证据、环境证据。

书面证据，是指以文字记载的内容来证明被审计事项的各种书面资料，既有来源于被审计单位内部的会计资料、会议记录、合同等，又有来源于被审计单位外部的银行询证函回函、纳税证明等，还有注册会计师自己编制的计算表等。书面证据是审计证据中最大量、最基本的证据，在大多数审计项目中占有十分重要的地位。

实物证据，是指用以确定某些实物资产是否确实存在的证据。例如，可以利用实物证据核实库存现金、有价证券、存货和固定资产的存在性和数量。值得注意的是，实物证据只能证明实物资产的存在性，但不能保证资产的所有权归被审计单位所有；只能证明实物资产的数量，但难以确保实物资产的质量。

口头证据，是指以视听资料、证人证词和有关人员的陈述、意见、说明和答复等形式存在的审计证据。它是以知情人陈述的事实来证明审计事项的真相。一般情况下，口头证据本身并不足以证明事物的真相，但审计人员往往通过口头证据发掘出一些重要线索，从而有利于对某些情况和事实作进一步的调查，以收集到其他更为可靠的审计证据。此外，口头证据也能为审计人员已取得的证据提供佐证。

环境证据，是指对审计事项产生影响的各种环境事实。如当审计人员获知被审计单位内部控制系统有效，并且日常经营管理又一贯严格遵守各项规定时，就可认为被审计单位现行的内部控制系统为财务报表项目的合法性、公允性提供了强有力的环境证据。环境证据不属于主要的审计证据，但它有助于审计人员了解被审计单位、被审计事项所处的环境，是进行审计职业判断所必须掌握的资料。

（二）按审计证据与审计目标的相关程度分类

根据审计证据与审计目标的相关程度，审计证据可以分为直接证据和间接证据。

直接证据能够直接支持审计目标，证明被审计事项的真实性。例如，银行对账单能够直接证明企业银行存款余额的存在目标，客户确认函能够直接验证应收账款的存在目标。

间接证据不能直接证明被审计事项，需要通过逻辑推理或结合其他证据进行判断。例如，费用报销单据虽然不能直接证明费用的真实性，但可以通过与发票、合同等配套证据相互核对综合判断费用的真实性。

直接证据和间接证据在提供证明力方面存在差异，审计工作中，审计人员需要将直接证据和间接证据形成完整的证据链条，才能对审计事项作出完整的审计结论，形成恰当的审计意见。

（三）按获取审计证据的来源分类

根据获取审计证据的来源，审计证据可以分为内部证据、外部证据和混合证据。

内部证据，是指由被审计单位内部提供的信息，如财务报表、内部控制记录、会计账簿、业务单据等。由于这些证据由被审计单位自行编制和保存，其可信度相对较低，审计人员需特别关注其真实性和完整性。

外部证据，是指由被审计单位外部的第三方提供的信息，如银行提供的对账单、供应商的确认函、客户的回函、政府部门的批文等。由于外部证据由独立于被审计单位的第三方提供，其可靠性通常较高，但其可靠性也受外部机构的性质及其权威性的影响。

混合证据，是指同时来源于被审计单位内部和外部的双重信息，如客户订单及其对应的发货记录、客户回款记录。例如，通过核对客户订单、发货单和客户回款记录，审计人员可以全面验证销售交易的真实性和完整性。

（四）按审计证据的重要性分类

根据审计证据的重要性，审计证据可以分为关键性证据和次要性证据。

关键性证据，是指对审计结论有决定性影响的信息，如重大交易的合同、审计调整事项的支持性文件、管理层声明等。这些证据对于形成审计意见至关重要，例如，通过审查重大合同，审计人员可以确定企业在财务报表中披露的重大交易是否真实和准确。

次要性证据，是指对审计结论影响较小，但仍然具有一定证明作用的信息，如办公用品的采购记录等，审计人员通过审查可以验证日常小额支出的合规性和合理性。这些证据在某些特定情况下可以为审计结论提供辅助支持。

三、审计证据的特征

高质量的审计证据应同时满足充分性和适当性两个基本特征。

（一）充分性

审计证据的充分性，是对审计证据数量的衡量。随着抽样技术在审计中的广泛应用，样本数量的多少成为审计证据是否充分的重要体现。例如，对某个审计项目实施某一选定的审计程序，从200个样本项目中获得的证据要比从100个样本项目中获得的证据更充分。

审计证据的数量受重大错报风险评估的结果和审计证据质量的影响。通常来说，重大错报风险越高，审计证据的数量就越多，反之亦然；审计证据的质量越高，审计证据的数量就越少，反之亦然。

（二）适当性

审计证据的适当性，是对审计证据质量的衡量，即审计证据在支持审计意见所依据的结论方面具有的相关性和可靠性.

1.相关性

审计证据的相关性是指用作审计证据的信息必须与审计目标和应证事项之间有一定的逻辑关系。因此，能够成为审计证据的首要条件是信息的真实性，但并不是所有真实的信息都能成为审计证据。例如，在对应付账款"完整性"目标进行审计时，测试记录的应付账款获取的审计证据就与应付账款"完整性"目标无关。

2.可靠性

可靠性，是指审计证据本身以及用作审计证据的信息是否值得信赖。审计证据的可靠性受其来源和性质的影响，并取决于获取审计证据的具体环境。审计证据可靠性的判断原则及举例详见表5-1。

（三）审计证据充分性与适当性的关系

审计证据的充分性与适当性分别是对审计证据的数量要求与质量要求，两者缺一不可，只有充分且适当的审计证据才具有证明力、说服力；适当性是前提，缺乏质量基础的审计证据，即使数量再多也无法弥补其质量上的缺陷；审计证据的适当性越强，审计证据的数量就越少。注册会计师只有通过不同的渠道和方法取得其认为充分且适当的审计证据时，才能据以发表审计意见。

（四）评价充分性和适当性时的特殊考虑

1.对文件记录可靠性的考虑

审计工作通常不涉及鉴定文件记录的真伪，注册会计师也不是鉴定文件记录真伪的专家，但应当考虑用作审计证据的信息的可靠性，并考虑与这些信息生成和维护相关控制的有效性。

表 5-1   审计证据的可靠性

影响证据可靠性的因素	审计证据可靠性的判断原则	举例
证据来源	从被审计单位外部独立来源获取的审计证据比从其他来源获取的审计证据更可靠	银行询证函比银行存款日记账可靠
	直接获取的审计证据比间接获取或推论得出的审计证据更可靠	银行询证函比银行对账单可靠
证据性质	文件记录形式（含纸质、电子或其他介质）的审计证据比口头形式的审计证据更可靠	书面证据优于口头证据
	从原件获取的审计证据比从复印、传真或通过拍摄、数字化或其他方式转化成电子形式的文件获取的审计证据更可靠	证据原件优于证据复印件
	对于资产负债表账户，越是临近资产负债表日收集的证据的可靠性越高；对于利润表账户，从整个会计期间内选取样本中得到的证据比从部分时间段内选取样本中得到的证据更为可靠	函证应收账款在资产负债表日的余额获取的证据比函证临近资产负债表日的余额获取的证据可靠
证据的具体环境	相关控制有效时内部生成的审计证据比控制薄弱时内部生成的审计证据更可靠	内部控制有效单位的证据优于内部控制薄弱单位的证据

　　如果在审计过程中识别出的情况使其认为文件记录可能是伪造的，或文件记录中的某些条款已发生变动，注册会计师应当作出进一步调查，包括直接向第三方询证，或考虑利用专家的工作以评价文件记录的真伪。例如，发现某银行询证函回函有伪造或修改的迹象，注册会计师应当作进一步的调查，并考虑是否存在舞弊的可能性。必要时应当通过适当方式聘请专家予以鉴定。

　　2.使用被审计单位生成信息时的考虑

　　注册会计师为获取可靠的审计证据，实施审计程序时使用的被审计单位生成的信息需要足够完整和准确。例如，通过用标准价格乘以销售量来对收入进行审计时，其有效性受到价格信息的准确性以及销售量数据的完整性、准确性的影响。如果针对这类信息的完整性和准确性获取审计证据是所实施审计程序本身不可分割的组成部分，则可以与对这些信息实施的审计程序同时进行。在其他情况下，通过测试针对生成和维护这些信息的控制，注册会计师也可以获得关于这些信息准确性和完整性的审计证据。

　　3.证据相互矛盾时的考虑

　　如果针对某项具体审计目标从不同来源获取的审计证据或获取的不同性质的审计证据能够相互印证，与该项具体审计目标相关的审计证据则具有更强的说服力。例如，注册会计师通过检查委托加工协议发现被审计单位有委托加工材料，且委托加工材料占存货的比重较大，经发函询证后证实委托加工材料确实存在。委托加工协议和询证函回函这两个不同来源的审计证据互相印证，证明委托加工材料真实存在。

　　如果从不同来源获取的审计证据或获取的不同性质的审计证据不一致，表明某项审计证据可能不可靠，或者注册会计师对用作审计证据的信息的可靠性存有疑虑，则注册会计师应当确定需要修改或追加哪些审计程序予以解决，并考虑存在的情形对审计其他方面的影响。上例中，如果注册会计师发函询证后证实委托加工材料已加工完成并返回被审计单位，委托加工协议和询证函回函这两个不同来源的证据不一致，委托加工材料是否真实存在受到质疑。这时，注册会计师应追加审计程序，确认委托加工材料收回后是否未入库或被审计单位收回后予以销售而未入账。

4.获取审计证据时对成本的考虑

注册会计师可以考虑获取审计证据的成本与所获取信息的有用性之间的关系，但不应以获取审计证据的困难和成本为理由减少不可替代的审计程序。

在保证获取充分、适当的审计证据的前提下，控制审计成本也是会计师事务所增强竞争能力和获利能力所必需的。但为了保证得出的审计结论、形成的审计意见是恰当的，注册会计师不应将获取审计证据的成本高低和难易程度作为减少不可替代的审计程序的理由。例如，在某些情况下，存货监盘是证实存货"存在"认定的不可替代的审计程序，注册会计师在审计中不得以检查成本高和难以实施为由而不执行该程序。

总之，由于受时间、空间或成本的限制，审计人员如果不能获取最为理想的审计证据，可以考虑通过其他审计证据来替代。注册会计师只有获取了其认为充分且适当的审计证据后，才能据以得出审计结论，形成审计意见。

四、利用专家工作获取审计证据

（一）利用管理层的专家的工作

管理层的专家，是指在会计、审计以外的某一领域具有专长的个人或组织，其工作被管理层利用以协助编制财务报表。如果用作审计证据的信息在编制时利用了管理层的专家的工作，注册会计师应当考虑管理层的专家的工作对实现注册会计师目的的重要性，并在必要的范围内实施下列程序：（1）评价管理层的专家的胜任能力、专业素质和客观性；（2）了解管理层的专家的工作，包括了解管理层的专家专长的相关领域；（3）评价将管理层的专家的工作用作相关认定的审计证据的适当性。

（二）利用注册会计师的专家的工作

注册会计师的专家，是指在会计或审计以外的某一领域具有专长的个人或组织，并且其工作被注册会计师利用，以协助注册会计师获取充分、适当的审计证据。专家既可能是会计师事务所内部专家（如会计师事务所或其网络事务所的合伙人或员工，包括临时员工），也可能是会计师事务所外部专家。

如果专家的专长对获取充分、适当的审计证据是必要的，注册会计师应当确定是否利用专家的工作。为此，注册会计师应当开展以下工作：（1）评价专家是否具有实现审计目的所必需的胜任能力、专业素质和客观性，在评价外部专家的客观性时应当询问可能对外部专家客观性产生不利影响的利益和关系；（2）充分了解专家的专长领域，以能够确定专家工作的性质、范围和目标，以及评价专家的工作是否足以实现审计目的；（3）与专家就专家工作的性质、范围和目标，注册会计师和专家各自的角色和责任，注册会计师和专家之间沟通的性质、时间安排和范围（包括专家提供的报告的形式），专家遵守保密规定的要求达成一致意见，并根据需要形成书面协议；（4）注册会计师还需要评价专家的工作是否足以实现审计目的，并考虑在审计报告中是否提及专家工作。但注册会计师应当在审计报告中指明，这种提及并不减轻注册会计师对审计意见承担的责任。

五、职业怀疑态度

职业怀疑态度，又称职业谨慎，是指注册会计师在执行审计业务时采取的一种态度，包括采取质疑的思维方式，对可能表明由于错误或舞弊导致错报的情况保持警觉，对审计证据进行审慎评价，对管理层和治理层客观评价。美国舞弊审计准则（SAS NO.99）认为，"职业怀疑主义"精神应贯穿于审计过程的始终，审计人员应克服自身对于客户的信任和以往与该客户合作的经验的依赖，以怀疑的态度完成整个审计过程。国际审计与鉴证准则委员会（IAASB）发布的国际舞弊审计准则（ISA 240）认为，职业怀疑态度是指要有质疑的态度及对审计证据的批判性评价。

职业怀疑态度并不要求注册会计师假设管理层是不诚信的，但也不能假设管理层的诚信毫无疑问，要求注册会计师凭据"说话"。职业怀疑态度意味着，注册会计师不应仅使用管理层声明替代应当获取的充分、适当的审计证据。

◎ 第二节 审计程序

一、审计程序的概念

审计程序是指注册会计师在审计过程中的某个时间，对将要获取的某类审计证据如何进行收集的详细指令。注册会计师面临的主要任务，就是在成本约束的前提下，如何设计和实施有效的审计程序，获取充分、适当的审计证据，以支持对财务报表发表的审计意见。

注册会计师利用审计程序获取审计证据涉及以下四个方面的决策：（1）选用何种审计程序；（2）对选定的审计程序，应当选取多大的样本规模；（3）应当从总体中选取哪些项目；（4）何时执行这些程序。例如，注册会计师为了验证 Y 公司应收账款在 20×1 年 12 月 31 日的存在目标，第一步是选用审计程序：即取得 Y 公司编制的应收账款明细账，对应收账款函证；第二步是确定样本规模：假定应收账款明细账合计有 500 家客户，注册会计师对应收账款明细账中 300 家客户进行函证；第三步是确定测试总体中的哪个或哪些项，注册会计师对应收账款明细账中余额较大的前 200 家客户进行函证，其余客户按一定规律抽取函证，抽取方法是从第 10 家客户开始，每隔 20 家抽取一家，与选取的大额客户重复的顺序递延；第四步是确定执行时间，注册会计师执行函证程序的时间可选择在资产负债表日后的任意时间，但通常受审计完成时间、审计证据的有效性和审计项目组人力充足性的影响。

二、审计程序的种类

（一）检查记录或文件

检查记录或文件是指注册会计师对被审计单位内部或外部生成的，以纸质、电子或其他介质形式存在的记录和文件进行审查，包括会计记录和其他记录或文件。注册会计师应以被审计单位会计资料为审查重点，收集并审查其他相关记录或文件，以增强审计证据的相关性。检查记录或文件可以提供不同可靠程度的审计证据，证据的可靠性取决于记录或文件的性质和来源。例如，在检查内部记录或文件时，其可靠性取决于生成该记录或文件的内部控制的有效性。

1.检查会计记录的方法

检查会计记录的方法有审阅法和核对法。这两者是审计工作中最常用、最有效的两种方法，结合起来运用效果更好。

（1）审阅法

为实现审计目标，注册会计师需要对财务报表、会计账簿、记账凭证及原始凭证等会计记录进行认真审阅，以判断是否存在错报。

财务报表重点审查报表的合法合规性、完整性和准确性，具体要求详见表5-2。

表5-2 　　　　　　　　　　　　　**财务报表的审查重点及具体要求**

审查重点	具体要求
合法合规性	报表在应用格式、表内项目分类、项目排列等方面是否符合会计准则和会计制度的规定
完整性	报表编制人和审核人的签字是否齐全；报表有关项目的附注说明是否充分和全面
准确性	根据账簿记录与报表各项目的关系，分门别类地逐一加以核对以验证其所列数据的正确性；检查财务报表内各张报表间的钩稽关系，以及财务报表与其他报表间的钩稽关系

会计账簿包括总账、明细账、日记账和各种辅助账簿，注册会计师应将审阅的重点放在明细账和日记账上。注册会计师应重点审查会计账簿的合法合规性、完整性和准确性，具体要求详见表5-3。

表5-3 　　　　　　　　　　　　　**会计账簿的审查重点及具体要求**

审查重点	具体要求
合法合规性	有无虚构收入或隐瞒收入，有无虚列支出；更换账页或启用新账簿时，承上启下的数字是否一致；账簿记录有无涂改和刮擦等情况；账簿若登记错误，是否按规定方法进行错账更正；账簿登记的内容是否齐全
完整性	报表编制人和审核人的签字是否齐全；报表有关项目的附注说明是否充分和全面
准确性	核对各明细账与总账有关账户的记录是否相符，有无重登、漏登或记反账户方向、数字错位等情况；如采用财务软件，则需检查财务软件系统的可靠性

注册会计师应重点审查记账凭证的完整性、准确性和分类，具体要求详见表5-4。

表5-4 　　　　　　　　　　　　　**记账凭证的审查重点及具体要求**

审查重点	具体要求
完整性	记账凭证各项目填写是否完整；记账凭证上注明的附件张数是否与所附原始凭证张数一致；制单人、记账人、复核人和主管人员的签章是否齐全
分类	记账凭证反映的会计分录中，会计科目选用与原始凭证反映的经济业务是否相符；各会计科目间的对应关系是否正确
准确性	记账凭证反映的各会计科目核算的金额是否与相关原始凭证的金额一致

注册会计师应重点审查原始凭证的完整性、准确性、合法合规性以及所反映业务活动的真实性，具体要求详见表5-5。

表5-5　　　　　　　　　　　　原始凭证的审查重点及具体要求

审查重点	具体要求
真实性	（1）审阅原始凭证核发部门的名称、地址和图章是否清晰；（2）注意其有无篡改、刮擦、伪造等迹象
完整性	（1）审阅原始凭证各项目填列是否齐全；（2）经办人员、管理人员是否签字盖章
准确性	（1）审阅记录的数量、单价、金额是否正确；（2）大小写金额是否一致
合法合规性	审阅原始凭证所反映的经济事项是否合法合规

（2）核对法

核对法是指注册会计师对账表、账账、账证和账实之间进行相互核对，以检查相关记录是否存在错报。账表核对是根据财务报表的有关数据与账簿记录数据间的内在联系，以有关总账和明细账的数字为依据，核对报表有关项目的数据是否准确；账账核对是指在有关账簿之间进行核对，如总账各账户的借方余额合计与贷方余额合计的核对，总账记录和所属明细账合计数的核对，总账记录与日记账的核对等；账证核对是指明细账和日记账的记录与有关凭证相互核对，审查有无错记、漏记和重复记账的情况；账实核对是指将明细账的记录与财产物资、货币资金等实物资产的实存情况进行核对，以检查账面记录的实物资产是否真实存在。

审阅法与核对法是审计工作中最常用、最有效的两种方法，二者结合起来运用效果更好。首先，注册会计师进行账表核对，若发现不平衡现象，再根据具体情况进一步扩大审查的范围。其次，账账核对，先审阅总账记录，若没有问题，可将其作为标准账户与明细账（或日记账）核对，核对结果若相符，暂时认为是正确的；核对结果若不相符，则相关的明细账或日记账应作为重点追查的对象。最后，进一步对抽出的明细账（或日记账）中的每笔业务进行账证核对。

2.检查会计记录的思路

按照检查财务报表、账簿、记账凭证和原始凭证的顺序，将检查会计记录的思路分为顺查和逆查两种思路。

顺查也称追查，是指按照一笔交易或事项在会计记录上的顺序，依次从原始凭证、到记账凭证、再到账簿，最终确定这笔交易或事项是否正确反映在财务报表上。顺查的目的是证明"完整性"目标，即检验发生的交易或事项是否均已入账。例如，在追查销售收入时，审计人员从最初的销售合同开始，检查相关的发票、发运单、签收单，最后到会计账簿中的收入记录，以确保该笔销售业务已经登记入账。

逆查也称核查，其顺序与顺查相反，即从报表开始，依次检查账簿、记账凭证并核实所附的原始凭证，最终确定某一账户所反映的交易或事项是否真实。逆查的目的是证明"发生"目标，即检验已入账的交易或事项是否真实发生。例如，审计人员在核查应收账款时，会从报表开始，依次检查账簿记录、相关的记账凭证，再核对销售发票和发运单等原始凭证，以确认应收账款发生的真实性。

检查会计记录的思路如图5-2所示。

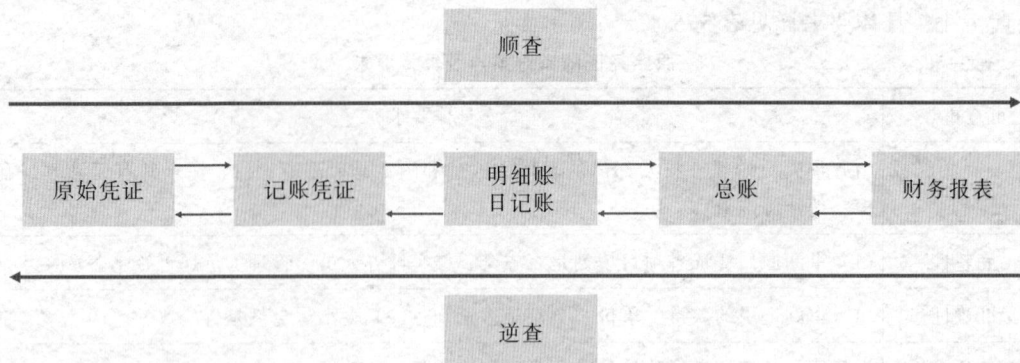

资料来源：陈汉文，杨道广，董望. 审计［M］. 5版. 北京：中国人民大学出版社，2022.

图5-2　检查会计记录的思路

3.检查其他记录或文件的方法

其他记录或文件虽然不是会计资料的重要部分，但有时可从中发现一些问题作为审计线索，例如，会议记录、产品出厂证、质量检查记录、合同、协议等。检查时需要将其他记录或文件与会计记录形成证据链条，判断经济业务发生的真实性、合法合规性和完整性。

【案例5-1】　　　　　检查流于形式　　半数利润造假

2019年5月24日，中国证监会对众华会计师事务所（特殊普通合伙）（以下简称"众华所"）作出行政处罚。原因在于：众华所作为雅百特的年报审计机构，未勤勉尽责、出具的审计报告具有虚假记载。其中，在执行对相关记录与文件的检查程序中存在严重问题。

未检查中标文件、分包合同。雅百特称，木尔坦项目系巴基斯坦Habib Rafiq Limited公司分包给首都工程建设有限公司（以下简称"首都工程公司"），再由首都工程公司通过招投标发包给雅百特的。但众华所只检查了一份雅百特与首都工程公司的合同，并未获取雅百特的中标文件，也未取得总包方HRL公司将工程分包给首都工程公司的分包合同。

未审慎核查合同、出入库单据等证据。雅百特与上海桂良工贸有限公司等公司签订的材料购销合同金额总计约3亿元人民币，但采购合同形式较为简单，仅有合同双方的盖章，签订合同代表人、签订时间均为空白。雅百特国内材料销售业务以销售客户加盖公章的发货确认单作为收入确认依据，但众华所获取的发货确认单存在同一收货人签字笔迹前后不一致、加盖的销售客户公章前后不同的情形。

未审慎检查回款信息。雅百特向会计师提供的一份加盖首都工程公司公章的付款方名单，包含安美国际、香港西本国际贸易有限公司（以下简称"香港西本"）等公司，但安美国际同时为雅百特安哥拉材料出口项目的客户及付款方；回款方香港商宁国际贸易有限公司（以下简称"香港商宁"）未出现在雅百特提供的付款方名单中，香港商宁和香港西本同时是木尔坦项目与安哥拉项目的付款方；雅百特提供的银行汇款单上，香港西本的地址为上海市泗砖公路103弄，香港商宁的地址为上海市闵行区春申路。

未审慎检查货物提单等出口证据。2015年，雅百特向海关报关出口了价值2 255.57

万元的建筑材料，用于木尔坦项目建设，共计118个标准集装箱。上述报关出口的集装箱中，仅有6个运抵巴基斯坦且收货人为中国建筑。其余集装箱由雅百特通过货运代理公司运送到中国香港、新加坡等地，然后再由关联公司上海罗雄国际贸易有限公司进口回中国。众华所的审计底稿显示，其仅收集了木尔坦项目施工合同、报关单等材料，未获取能显示货物实际运输目的地的货物提单等证据，以进一步核实建筑材料出口的真实性。

资料来源：陈汉文，杨道广，董望. 审计［M］. 5版. 北京：中国人民大学出版社，2022.

（二）检查有形资产

检查有形资产，是指审计人员对被审计单位的实物等有形资产进行审查，主要适用于存货和现金，也适用于有价证券、应收票据和固定资产等。该程序是为确定被审计单位实物形成的资产在特定时点是否真实存在并且与账面数量相符，查明有无短缺、毁损及贪污、盗窃等问题存在。检查有形资产能为"存在"目标提供可靠的审计证据，执行过程中也可发现"完整性""准确性、计价与分摊"目标存在的问题，但不能够为"权利或义务"目标提供可靠的审计证据。对于存货项目而言，审计人员在检查前，可先对客户实施的存货盘点进行观察。

【案例5-2】　　　　　　　　　　　蓝田神话破灭

蓝田股份公司，1996年6月上市，鼎盛时期曾被誉为"中国农业第一股"，曾创造了中国农业企业罕见的"蓝田神话"——总资产规模从上市前的2.66亿元发展到2000年末的28.38亿元，增长了近10倍；即使遭遇1998年特大洪灾，每股收益也达到不可思议的0.81元。

后被证实纯属造假，昔日神话今成笑话。以存货为例，精养鱼塘每亩水面产值达3万元，考虑到水产品的价格，意味着蓝田一亩水面至少要产3 000千克鱼，每平方米水面下要有50～60千克鱼在游动，这么大的密度氧气供应是大问题，恐怕只有在实验室才能做得到。

资料来源：陈汉文，杨道广，董望. 审计［M］. 5版. 北京：中国人民大学出版社，2022.

（三）观察

观察，是指注册会计师查看相关人员正在从事的活动或实施的程序。例如，注册会计师对被审计单位人员执行的存货盘点或控制活动进行观察。观察可以提供执行有关过程或程序的审计证据，但观察所提供的审计证据仅限于观察发生的时点，而且被观察人员的行为可能因被观察而受到影响。

【案例5-3】　　　　　　　　口说无凭　眼见为实

2016年12月，知名做空机构浑水公司（Muddy Waters Capital, LLC）发布对于港股上市公司辉山乳业的做空报告。其中的原因之一是，浑水公司质疑辉山乳业的营业收入造假。空口无凭，有何证据呢？原来，浑水公司派调查员在辉山乳业的奶牛场现场取证，并使用无人机进行高空拍摄。发现：奶牛场环境之差，奶牛的产奶量根本无法支撑辉山乳业所宣称的高额营业收入。

资料来源：陈汉文，杨道广，董望. 审计［M］. 5版. 北京：中国人民大学出版社，2022.

（四）询问

询问，是指注册会计师以书面或口头方式，向被审计单位内部或外部的知情人员询问获取财务信息和非财务信息，并对答复进行评价的过程。知情人员对询问的答复一方面可能为注册会计师提供尚未获悉的信息或佐证证据，另一方面可能提供与注册会计师已获取的其他信息存在重大差异的信息。在某些情况下，对询问的答复为注册会计师修改审计程序或实施追加的审计程序提供了基础。

值得注意的是，询问本身不足以发现认定层次存在的重大错报，也不足以测试内部控制运行的有效性，注册会计师还应当实施其他审计程序，以获取充分、适当的审计证据。

【案例5-4】 　　　　　　　　　　　　　**询问的重要性**

大华会计师事务所审计ABC股份有限公司2019年度财务报告，注册会计师老张发现，该公司本年度"主营业务收入"比上年度增长50%。近几年经济萧条，同行业其他企业"主营业务收入"都持续下降，为什么ABC公司不降反升呢？对于此情况，必须找到能印证主营业务收入增长的、与企业经营活动相关的其他证据。

老张到工人的住处询问工人，因为这些企业基层员工一般比较坦白。

老张：涨工资了没有？工人：没有！拖欠几个月的工资都没给。

老张：去年经常加班？工人：没有！工厂为了节约成本，轮流上班。

老张：去年是不是招聘了很多新员工？工人：没有！新人谁来呀？

老张：厂里引进的新生产线好上手吗？工人：没有引进新生产线呀！

老张接着到生产线观察，生产线并没有更新改造。

老张对存货进行盘点，企业库存相比上年度没有大的变化。

结论：人工成本、生产线、存货等信息与"主营业务收入"增长50%无法印证，会计数据存在错报。

（五）函证

函证，是指注册会计师直接从第三方（被询证者）获取书面答复以作为审计证据的过程。书面答复可以采用纸质、电子或其他介质等形式。函证程序通常用于确认或填列有关账户余额及其要素的信息，还可以用于确认被审计单位与其他机构或人员签订的协议、合同或从事的交易的条款，或用于确认不存在某些交易，如"背后协议"。函证程序是实务中使用最广泛、出错最频繁的审计程序之一。

1.函证决策

注册会计师在作出是否有必要实施函证以获取认定层次的充分、适当的审计证据的决策时，应当考虑以下三个因素：

（1）评估的认定层次重大错报风险

注册会计师评估的认定层次重大错报风险水平越高，对通过实质性程序获取的审计证据的相关性和可靠性的要求越高，运用函证程序能获取充分、适当的审计证据；反之，注册会计师就不必实施函证程序。例如，被审计单位可能有一笔正在按照商定还款计划时间表偿还的银行借款，假设注册会计师在以前年度已对其条款进行了函证；如果注册会计师实施的其他工作（包括必要时进行的控制测试）表明借款的条款没有改变并且这些工作使得未偿还借款余额发生重大错报风险被评估为低水平时，注册会计师实施的实质性程序可能只限于测试还款的详细情况，而不必再次向债权人直接函证这笔借款的余额和条款。

如果认为某项风险属于特别风险，注册会计师需要考虑是否通过函证特定事项以降低检查风险。例如，与简单的交易相比，异常或复杂的交易可能导致更高的错报风险。如果被审计单位从事了异常的或复杂的、容易导致较高重大错报风险的交易，除检查被审计单位持有的文件凭证外，注册会计师可能还需考虑是否向交易对方函证交易的真实性和详细条款。

（2）函证程序针对的认定

函证可以为某些具体审计目标提供审计证据，但是对不同的具体审计目标，函证的证明力是不同的。在函证应收账款时，函证可为"存在""权利和义务"等目标提供相关、可靠的审计证据，但是不一定能为"准确性、计价和分摊"（如应收账款涉及的坏账准备计提）目标提供证据。

对特定认定，函证的相关性受注册会计师选择函证信息的影响。例如，在审计应付账款"完整性"认定时，注册会计师需要获取没有重大未记录负债的证据。相应地，向被审计单位主要供应商函证，即使记录显示应付金额为零，相对于选择大金额的应付账款进行函证，在检查未记录负债方面通常更有效。

（3）实施除函证以外的其他审计程序

注册会计师针对同一项认定可以从不同来源获取审计证据或获取不同性质的审计证据。这里的其他审计程序是指除函证程序以外的其他审计程序。注册会计师应当考虑被审计单位的经营环境、内部控制的有效性、账户或交易的性质、被询证者处理询证函的习惯做法及回函的可能性等，以确定函证的内容、范围、时间和方式。例如，被审计单位与应收账款"存在"认定有关的内部控制设计良好并有效运行，注册会计师可适当减少函证的样本量。

此外，注册会计师还可以考虑下列因素以确定是否选择函证程序作为实质性程序：①被询证者对函证事项的了解：如果被询证者对所函证的信息具有必要的了解，其提供的回复可靠性更高。②预期被询证者回复询证函的能力或意愿，如被询证者可能不愿承担回复询证函的责任，被询证者可能认为回复询证函成本太高或消耗太多时间，被询证者可能对因回复询证函而可能承担的法律责任有所担心，回复询证函不是被询证者日常经营的重要部分等；③预期被询证者的客观性：如果被询证者是被审计单位的关联方，则其回复的可靠性会降低。

注册会计师确定实施函证程序后，将明确函证对象、确定函证范围、选择函证方式、实施发函和收函、评价函证结果等。

2.函证的对象

函证的对象包括以下方面：

（1）银行存款、借款及与金融机构往来的其他重要信息。注册会计师应当对银行存款（包括零余额账户和在本期内注销的账户）、借款及与金融机构往来的其他重要信息实施函证程序，此时，函证具有强制性。除非有充分证据表明这些项目的信息对财务报表不重要且与之相关的重大错报风险很低，如税收专用账户、社保专用账户等。如果不对这些项目实施函证程序，注册会计师应当在审计工作底稿中说明理由。

（2）应收账款。注册会计师应当对应收账款实施函证程序，除非根据重要性原则，有充分证据表明应收账款对财务报表不重要，或函证很可能无效。如果认为函证很可能无效，注册会计师应当实施替代审计程序，获取相关、可靠的审计证据。如果不对应收账款函证，注册会计师应当在审计工作底稿中说明理由。

（3）其他对象。注册会计师根据具体情况和实际需要，可以对前述两类对象以外的其他对象实施函证，包括但不限于交易性金融资产、应收票据、其他应收款、预付账款、长期股权投资、由其他单位代为保管（或加工、销售）的存货、应付账款、预收账款、保证、抵押、质押、或有事项、重大或异常的交易等。

3.函证的范围

如果采用审计抽样的方式确定函证程序的范围，选取的样本应当足以代表总体。如果能够代表总体，注册会计师可以确定从总体中选取特定项目进行测试。选取的特定项目可能包括：金额较大的项目；账龄较长的项目；交易频繁但期末余额较小的项目；重大关联方交易；重大或异常的交易；可能存在争议、舞弊或错误的交易。

4.函证的类型

按函证回函的要求，函证的类型可以分为积极式函证和消极式函证。

（1）积极式函证

积极式函证，是指要求被询证者直接向注册会计师回复，表明是否同意询证函所列示的信息，或填列所要求的信息的一种询证方式。积极式函证的特点是无论函证的金额是否相符，都要求回函。因此，注册会计师只有收到回函，才能为财务报表认定提供审计证据，否则无法证明所函证信息是否正确。积极式函证又分为以下两种：

第一种是列明式函证，即在询证函中列明拟函证的账户余额或其他信息，要求被询证者确认所函证的款项是否正确。如果被询证者对这种询证函给予回复，则能够提供可靠的审计证据。但这种询证方式的缺点是，被询证者可能对所列示信息根本不加以验证就予以回函确认。

【参考格式】

企业询证函

编号：

ABC（公司）：

本公司聘请的××会计师事务所正在对本公司2023年度财务报表进行审计，按照中国注册会计师审计准则的要求，应当询证本公司与贵公司的往来账项等事项。下列数据出自本公司账簿记录，如与贵公司记录相符，请在本函下端"信息证明无误"处签章证明；如有不符，请在"信息不符"处列明不符金额。回函请直接寄至××会计师事务所。

回函地址：

邮编：　　　　电话：　　　　传真：　　　　联系人：

本函仅为复核账目之用，并非催款结算。若款项在上述日期之后已经付清，仍请及时函复为盼。

a.本公司与贵公司的往来账项列示如下：

金额：元

截止日期 （资产负债表日）	贵公司欠 （借方余额）	欠贵公司 （贷方余额）	备注

b. 其他事项

（公司盖章）

年　　月　　日

结论：

（1）信息证明无误。

（公司盖章）

经办人：

年　　月　　日

（2）信息不符，请列明不符的详细情况：

（公司盖章）

经办人：

年　　月　　日

第二种是不列明式函证，即在询证函中不列明拟函证的账户余额或其他信息，而要求被询证者填写有关信息或提供进一步信息。尽管这种询证函能够带来更高的可靠性，但由于其要求被询证者作出更多的努力，可能会导致回函率降低。

【参考格式】

企业询证函

编号：

ABC（公司）：

本公司聘请的××会计师事务所正在对本公司 2023 年度财务报表进行审计，按照中国注册会计师审计准则的要求，应当询证本公司与贵公司的往来账项等事项。下列数据出自本公司账簿记录，如与贵公司记录相符，请在本函下端"信息证明无误"处签章证明；如有不符，请在"信息不符"处列明不符金额。回函请直接寄至××会计师事务所。

回函地址：

邮编：　　　　　电话：　　　　　传真：　　　　　联系人：

本函仅为复核账目之用，并非催款结算。若款项在上述日期之后已经付清，仍请及时函复为盼。

a. 本公司与贵公司的往来账项列示如下：

金额：元

截止日期	贵公司欠	欠贵公司	备注

b. 其他事项

（公司盖章）

年　　月　　日

结论：

（1）信息证明无误。

（公司盖章）

经办人：

年　　月　　日

（2）信息不符，请列明不符的详细情况：

（公司盖章）

经办人：

年　　月　　日

（2）消极式函证

消极式函证，是指要求被询证者只有在不同意询证函所列示的信息时，才直接向注册会计师回复的一种询证方式。消极式函证有助于提高审计效率，但未收到回函并不能明确表明预期的被询证者已经收到询证函或已经核实询证函中包含的信息的准确性。因此，消极式函证比积极式函证提供的审计证据的说服力低。

除非同时满足下列条件，注册会计师不得将消极式函证作为唯一的实质性程序，以应对评估的认定层次重大错报风险：①注册会计师将重大错报风险评估为低水平，并已就与认定相关的控制运行的有效性获取充分、适当的审计证据；②需要实施消极式函证程序的总体由大量小额、同质的账户余额、交易或事项构成；③预期不符事项的发生率很低；④没有迹象表明接收询证函的人员或机构不认真对待函证。

【参考格式】

企业询证函

编号：

ABC（公司）：

本公司聘请的××会计师事务所正在对本公司2023年度财务报表进行审计，按照中国注册会计师审计准则的要求，应当询证本公司与贵公司的往来账项等事项。下列数据出自本公司账簿记录，如与贵公司记录相符，则无须回复；如有不符，请直接通知会计师事务所，并请在空白处列明贵公司认为是正确的信息。回函请直接寄至××会计师事务所。

回函地址：

邮编：　　　　　　电话：　　　　　　传真：　　　　　　联系人：

本函仅为复核账目之用，并非催款结算。若款项在上述日期之后已经付清，仍请及时函复为盼。

a.本公司与贵公司的往来账项列示如下：

金额：元

截止日期 （资产负债表日）	贵公司欠 （借方余额）	欠贵公司 （贷方余额）	备注

b. 其他事项

（公司盖章）

年　月　日

结论：

（公司盖章）

经办人：

年　月　日

5.对函证的控制

注册会计师实施函证程序时，应当对询证函保持控制，包括：确定需要确认或填列的信息；选择适当的被询证者；设计询证函，包括正确填列被询证者的姓名和地址，以及被询证者直接向注册会计师回函的地址等信息；发出询证函并予以跟进，必要时再次向被询证者寄发询证函。总之，对函证的控制应贯穿函证的全过程。

（1）获取被审计单位的授权

函证是会计师事务所以被审计单位的名义向被询证者发出的。所以，要实施函证，首先需要取得被审计单位对被询证者回函的授权。如被审计单位管理层授权被询证者向注册会计师提供有关信息，被询证者可能更愿意回函；反之，如没有获得授权，被询证者甚至可能由于法律上的保密义务而不能回函（当被询证者是银行时尤其如此）。

如果管理层不允许寄发询证函，注册会计师应当：①询问管理层不允许寄发询证函的原因，并就其原因的正当性及合理性收集审计证据；②评价管理层不允许寄发询证函对评估的相关重大错报风险（包括舞弊风险），以及其他审计程序的性质、时间安排和范围的影响；③实施替代程序，以获取相关、可靠的审计证据。如果认为管理层不允许寄发询证函的原因不合理，或实施替代程序无法获取相关、可靠的审计证据，注册会计师应当与治理层进行沟通，并考虑其对审计工作和审计意见的影响。

（2）询证函发出前的控制

注册会计师发出询证函前，需要恰当地设计询证函，并认真核对询证函上的各项信息（详见表5-6）；信息核对无误且询证函经被审计单位盖章后，由注册会计师直接发出。

表5-6　　　　　　　　　　询证函发出前需核对的各项信息

序号	核 对 信 息	核对结果
1	询证函中填列的需要被询证者确认的信息是否与被审计单位账簿及其他文件中的有关记录保持一致。对于银行存款的函证，需要银行确认的信息是否与银行对账单或其他相关文件中的信息保持一致	
2	考虑选择的被询证者是否适当，包括被询证者对所函证信息是否知情、是否具有客观性、是否拥有回函的授权等	
3	是否已在询证函中正确填列被询证者直接向注册会计师回函的地址	
4	是否已将被询证者的单位名称、地址与有关信息进行核对，以确保询证函中的名称、地址等内容的准确性。可以执行的程序包括但不限于： ➢通过公开查询系统或工具查询或者拨打公共查询电话核对被询证者的名称和地址 ➢通过被询证者的网站或其他公开网站核对被询证者的名称和地址 ➢将被询证者的名称和地址信息与被审计单位持有的相关信息（如客户或供应商清单、相关销售或采购合同等）中的对方单位名称、地址等信息核对	

（3）询证函发出和收回时的控制

注册会计师可以采用邮寄方式、电子方式和跟函方式发出或收回询证函：邮寄方式采用纸质信函方式发出和收回；电子方式采用电子邮件方式发出和收回；跟函，即注册会计师独自或在被审计单位员工的陪同下亲自将询证函送至被询证者，在被询证者核对并确认回函后，亲自将回函带回的方式。各种方式下发出和收回的风险点不同，相应的控制措施也不同，具体详见表5-7、表5-8。

表5-7　　　　　　　　　　　　　询证函发出时的控制措施

方式	控　制　措　施	是否实施
邮寄方式	➤为避免询证函被拦截、篡改等舞弊风险，在邮寄询证函时，注册会计师在核实由被审计单位提供的被询证者的联系方式后，自行独立寄发询证函，而不应使用被审计单位本身的邮寄设施或交由被审计单位代发 ➤如果采用快递方式发送询证函，注册会计师需要警惕被审计单位通过快递员拦截询证函的风险。注册会计师可以考虑在所发出的询证函上添加不易复制的特定标识，以便在收到回函时与注册会计师事先留存的复印件或扫描件比对以辨别真伪	
电子方式	在发函前可以基于对特定询证方式所存在风险的评估，考虑相应的控制措施。要特别注意电子邮件被拦截的可能	
跟函方式	➤如果被询证者同意注册会计师独自前往被询证者执行函证程序，注册会计师可以独自前往 ➤如果注册会计师跟函时需要有被审计单位员工陪同，注册会计师需要确保在整个过程中保持对询证函的控制，观察函证的实地场所及被询证者实施核对的全过程，对被审计单位和被询证者之间串通舞弊的风险保持警觉 ➤如果注册会计师以跟函方式向银行送去并收回询证函，可以考虑采用非预约方式，按照相应银行的通用受理流程在相应柜台现场办理	

表5-8　　　　　　　　　　　　　询证函收回时的控制措施

方式	控　制　措　施	是否实施
邮寄方式	➤收回的经被询证者确认的询证函是不是原件 ➤回函是否由被询证者直接寄给注册会计师 ➤寄给注册会计师的回邮信封或快递信封中记录的发件方名称、地址是否与询证函中记载的被询证者名称、地址一致 ➤回邮信封上的邮戳显示发出城市或地区是否与被询证者的地址一致，是否存在多封回函同时或自同一地址发出的情况；如果回函使用快递方式，可查看收件网点的城市或地区是否与被询证者所在的城市或地区一致，是否存在多封回函同时或自同一收件网点发出的情况 ➤被询证者加盖在询证函上的印章以及签名中显示的被询证者名称是否与询证函中记载的被询证者名称一致，加盖的印章以及签名是否清晰可辨认 ➤在必要的情况下，注册会计师还可以进一步与被审计单位持有的其他文件中的被询证者印章及签名进行核对或亲自前往被询证者进行核实等 ➤如果被询证者将回函寄至被审计单位，被审计单位将其转交注册会计师，该回函不能视为可靠的审计证据。在这种情况下，注册会计师可以要求被询证者直接书面回复	

续表

方式	控 制 措 施	是否实施
电子方式	➤对以电子邮件或传真形式收到的回函，由于回函者的身份及其授权情况很难确定，对回函的更改也难以发觉，因此可靠性存在风险。注册会计师可与被询证者联系以核实回函的来源及内容。例如，当被询证者通过电子邮件回函时，注册会计师可以通过电话联系被询证者，确定被询证者是否发送了回函。必要时，注册会计师可以要求被询证者提供回函原件	
跟函方式	➤了解被询证者处理函证的通常流程和人员 ➤确认处理询证函人员的身份和处理询证函的权限，如索要名片观察员工卡或姓名牌等 ➤观察处理询证函的人员是否按照正常流程认真处理询证函，例如，该人员是否在其计算机系统或相关记录中核对相关信息	

口头回复的询证函不符合函证的要求，因此，不能作为可靠的审计证据。在收到对询证函口头回复的情况下，注册会计师可以根据情况要求被询证者提供直接书面回复。如果仍未收到书面回函，注册会计师需要通过实施替代程序，寻找其他审计证据支持口头回复中的信息。

6.对函证结果的评价

注册会计师应当评价实施函证程序的结果是否提供了相关、可靠的审计证据，或是否有必要进一步获取审计证据。除了"询证函被适当的被询证者回复，且回函同意询证函中包含的信息或提供了不存在不符事项的信息"这一情形外，以下三类情形需特别留意并采取相应的应对措施：

（1）回函被认为不可靠时的应对措施

在验证回函的可靠性时，注册会计师需要保持职业怀疑，并加强对审计项目组成员所做工作的指导、监督和复核。如果存在对询证函回函的可靠性产生疑虑的因素，注册会计师应当进一步获取审计证据以消除这些疑虑；如果认为询证函回函不可靠，注册会计师应当评价其对评估的相关重大错报风险（包括舞弊风险），以及其他审计程序的性质、时间安排和范围的影响。

（2）积极式函证未回函的应对措施

若在合理的时间内未收到询证函（积极式函证）回函，注册会计师应当考虑必要时再次向被询证者寄发询证函。对于无法投递而退回的信函要进行分析，查明是否由于被询证者地址迁移、差错致使信函无法投递，还是所询函信息本来就是假的，并继续追查以找到原因。若未能得到被询证者的回应，注册会计师应当实施替代审计程序，如检查书面文件。比如，对于应收账款，检查期后收款、货运单据及临近期末的销售。但是，若注册会计师认为取得积极式函证回函是获取充分、适当的审计证据的必要程序，则替代程序不能提供注册会计师所需要的审计证据。在这种情况下，如果未获取回函，注册会计师应当确定其对审计工作和审计意见的影响。

（3）回函存在不符事项的应对措施

询证函回函中指出的不符事项可能表明财务报表存在错报或潜在错报，注册会计师应进一步查明原因：①询证函回函的差异是由于函证程序的时间安排、计量或书写错误造成的。具体情况包括：询证函发出时，债务人已经付款，而被审计单位尚未收到货款；询证函发出时，被审计单位的货物已经发出并做销售记录，但货物仍在途中，债务人尚未收到货物；债务人由于某种原因将货物退回，而被审计单位尚未收到；债务人对收到的货物的数量、质量及价格等方面有异议而全部或部分拒付货款等。②询证函回函的不符事项表明被审计单位与财务报告相关的内部控制存在缺陷，甚至存在舞弊，注册会计师需要评价该错报是否表明存在舞弊。不符事项可以为注册会计师判断来自类似的被询证者回函的质量及类似账户回函质量提供依据。

注册会计师应当将函证情况形成函证结果汇总表。函证结果汇总表的格式见表5-9。

表5-9　　　　　　　　　　　　　　　应收账款函证结果汇总表

被审计单位名称：ABC（公司）　　　制表：＿＿＿＿＿＿＿＿＿　　日期：＿＿＿＿＿

结账日：＿＿＿＿＿＿＿＿＿　　复核：＿＿＿＿＿＿＿＿＿　　日期：＿＿＿＿＿

询证函编号	债务人名称	债务人地址及联系方式	账面金额	函证方式	函证日期		回函日期	替代程序	确认余额	差异金额及说明	备注
					第一次	第二次					
	合计										

7.函证全程中应关注舞弊风险迹象

在函证过程中，注册会计师需要始终保持职业怀疑，对舞弊风险迹象保持警觉。注册会计师针对异常情况，可以根据具体情况实施以下审计程序：

（1）验证被询证者是否存在，是否与被审计单位之间缺乏独立性，其业务性质和规模是否与被询证者和被审计单位之间的交易记录相匹配；

（2）与从其他来源得到的被询证者的地址（如与被审计单位签订的合同上签署的地址、网络上查询到的地址）相比较，验证寄出方地址的有效性；

（3）将被审计单位档案中有关被询证者的签名样本、公司公章与回函核对；

（4）要求与被询证者相关人员直接沟通讨论询证事项，考虑是否有必要前往被询证者工作地点以验证其是否存在；

（5）分别在期中和期末寄发询证函，并使用被审计单位账面记录和其他相关信息核对相关账户的期间变动；

（6）考虑从金融机构获得被审计单位的信用记录，加盖该金融机构公章，并与被审计单位会计记录相核对，以证实是否存在被审计单位没有记录的贷款、担保、开立银行承兑汇票、信用证、保函等事项。

【案例5-5】　　　　　　　　　　**流于形式　函证不力**

　　2016年4月21日，利安达会计师事务所（特殊普通合伙）（以下简称"利安达"）因在对九好集团2013—2015年度财务报表审计过程中未勤勉尽责，收到了中国证监会下发的行政处罚决定书。其中，在执行函证程序时的失职体现在以下方面：

　　未按拟定的选样标准进行发函。利安达将应收账款函证发函的选取标准定为10万元以上全部发函、10万元以下随机抽取，按此确定的总部和子公司应发函数量分别为228和200家。但是，在执行过程中对部分10万元以上的供应商未函证，实际发函数仅151家。

　　未保持对函证的有效控制。实施函证程序时，九好集团总部工作人员与审计项目组成员一起填写询证函快递单并寄出，九好集团各子公司的询证函则由审计人员制好询证函后由九好集团下属子公司在各地自行寄出。审计人员要求九好集团将发函的快递底联全部寄回杭州并由九好集团转交利安达，或由九好集团子公司直接寄回利安达北京总部。从回函情况看，大量回函的快递单存在连号或号码接近、发函与回函快递单号接近的情形。

　　未充分关注函证回函的疑点。比如，询证函回函供应商确认盖章不符、部分询证函回函供应商确认盖章用印为另一家供应商、数家供应商回函均留有同样的邮寄信息、不同供应商回函由同一快递员收件、询证函发函与回函地址不是同一个城市。

　　（六）重新计算

　　重新计算，是指注册会计师以手工方式或使用计算机辅助审计技术，对记录或文件中的数据计算的准确性进行核对。注册会计师在进行审计时，往往需要对被审计单位的凭证、账簿和报表中的数字进行计算，以验证其是否正确。例如，对会计资料中有关项目的加总或其他运算，注册会计师的计算并不一定按照被审计单位原先的计算形式和顺序进行；在计算过程中，注册会计师不仅要注意计算结果是否正确，而且还要对其他可能的差错予以关注。

　　（七）重新执行

　　重新执行，是指注册会计师独立执行原本作为被审计单位内部控制组成部分的程序或控制。该审计程序仅用于控制测试中。例如，检查从签订销售合同到最终确认销售收入的全过程是否有相关的控制措施，以及这些措施是否得到有效执行。

　　（八）分析程序

　　分析程序，是指注册会计师通过分析不同财务数据之间以及财务数据与非财务数据之间的内在关系，对财务信息作出评价。分析程序还包括在必要时对识别出的与其他相关信息不一致或与预期值差异重大的波动或关系进行调查，如毛利率分析，生产线和产成品的关系，工资费用和员工人数之间的关系等。通过分析程序获取的证据通常不能作为直接证据，但它是识别风险、发现线索的关键程序。因此，分析程序应用非常广泛，贯穿审计工作的全过程。

　　1.分析程序的目的

　　（1）用作风险评估程序

　　分析程序用作风险评估程序，以了解被审计单位及其环境，目的在于评估财务报表层次和认定层次的重大错报风险。在风险评估过程中，分析程序可以帮助注册会计师发现财务报表中的异常变化，或者预期发生而未发生的变化，识别存在潜在重大错报风险的领域。分析程序还可以帮助注册会计师发现财务状况或盈利能力发生变化的信息和征兆，识别那些表明被审计单位持续经营能力问题的事项。

（2）用作实质性程序

注册会计师应当针对评估的认定层次重大错报风险设计和实施实质性程序，实质性程序包括对各类交易、账户余额和披露的细节测试以及实质性分析程序。当使用分析程序比细节测试能更有效地将认定层次的检查风险降至可接受的水平时，分析程序可以用作实质性程序。在针对评估的重大错报风险实施进一步审计程序时，注册会计师可以将分析程序作为实质性程序的一种，单独或结合其他细节测试，收集充分、适当的审计证据。此时运用分析程序可以减少细节测试的工作量，节约审计成本降低审计风险，使审计工作更有效率和效果。

值得注意的是，并非所有认定都适合使用实质性分析程序。不同财务数据之间以及财务数据与非财务数据之间如果不存在稳定的可预期关系，注册会计师将无法运用实质性分析程序，而只能考虑利用检查、函证等其他审计程序收集充分、适当的审计证据，作为发表审计意见的合理基础。另外，注册会计师在信赖实质性分析程序的结果时，还应关注实质性分析程序可能存在的风险。

（3）用于总体复核

在审计结束或临近结束时，注册会计师必须运用分析程序进行总体合理性复核，目的是确定财务报表整体是否与其对被审计单位的了解一致，与注册会计师取得的审计证据一致，对财务报表整体的合理性作最终把关，以便为发表审计意见提供合理基础。在运用分析程序进行总体复核时，如果识别出以前未识别的重大错报风险，注册会计师应当重新考虑对全部或部分交易、账户余额、列报评估的风险是否恰当，并在此基础上重新评价之前计划的审计程序是否充分，是否有必要追加审计程序。

最后提醒的是，审计方法的性质和时间可能受会计数据和其他相关信息的生成和储存方式的影响，注册会计师应当提请被审计单位保存某些信息以供查阅，或在可获得该信息的期间执行审计程序。当某些会计数据和其他信息只能以电子形式存在，或只能在某一时点或某一期间得到时，注册会计师应当考虑这些特点对审计程序的性质和时间的影响。

2.分析程序的常用方法

分析程序的常用方法主要有比较分析法、比率分析法和趋势分析法三种。

（1）比较分析法

比较分析法是指通过某一财务报表项目与既定标准的比较，以取得审计证据的一种技术方法。既定标准通常包括：①以前期间的可比信息，即纵向的比较信息。②可比的行业信息，即横向的比较信息。例如，将被审计单位的应收账款周转率与行业平均水平或与同行业中规模相近的其他单位的可比信息进行比较。③被审计单位的预期结果，如预算或预测等，或注册会计师的预期数据，如折旧的估计值等。

（2）比率分析法

比率分析法是指通过对财务报表中的某一项目与相关的另一项目相比所得的值进行分析，以获得审计证据的一种方法。分析程序中常用的财务比率详见表5-10。

表 5-10　　　　　　　　　　　分析程序中常用的财务比率（主要部分）

序号	指标	计算方法	含义	判断方法
1	速动比率	速动资产÷流动负债	衡量被审计单位用现金和非现金资产对短期债权人所提供的保障程度	比率越高，说明短期偿债能力越强
2	流动比率	流动资产÷流动负债	衡量被审计单位流动负债被流动资产偿还的程度	比率越高，说明流动负债被及时偿还的保证越大
3	产权比率	总负债÷股东权益	衡量被审计单位负债经营情况，通常此比率不超过1	比率越高，说明债权人比所有者承担越大的风险
4	利息保障倍数	扣除所得税及利息前的净利÷利息费用	衡量被审计单位以盈余支付固定利息的倍数，至少应该大于1才表明有偿付利息的能力	倍数越高，说明偿债能力越强
5	应收账款周转率	赊销收入净额÷应收账款	衡量被审计单位一定期间内应收账款收回的天数	比率越高，说明货款回收速度越快
6	存货周转率	销售成本÷存货	衡量被审计单位存货周转的速度	比率越高，说明存货周转越快
7	资产周转率	销售收入净额÷总资产	衡量被审计单位每1元钱的资产所能创造的销售收入	比率越高，说明资产创造的销售收入越多
8	销售利润率	净利润÷销售收入净额	衡量被审计单位每1元钱的销售收入所能赚取的利润	0.1~0.2是大部分企业的销售利润率。一般理论上认为在0.06是最好的
9	总资产报酬率	净利润÷总资产	衡量被审计单位总资产的获利能力	比率越高，表示资产的获利能力越强
10	权益净利率	净利润÷股东权益额	衡量被审计单位以所有者投资的资本赚取报酬的能力	比率越高，说明对所有者的回报越大

（3）趋势分析法

趋势分析法是指通过对连续若干期财务报表某一项目的变动金额及其百分比的计算，分析该项目的增减变动方向和幅度，以获取有关审计证据的一种技术方法，如计算营业收入近三年复合增长率等，以分析该项目的增减变动方向和幅度。

3.分析程序采用的数据及其可靠性

注册会计师对已记录的金额或比率作出预期时，需要采用内部或外部的数据。来自被审计单位内部的数据包括：（1）前期数据，并根据当期的变化进行调整；（2）当期的财务数据；（3）预算或预测；（4）非财务数据等。来自被审计单位外部的数据包括：（1）政府有关部门发布的信息，如通货膨胀率、利率、税率，有关部门确定的进出口配额等；（2）行业监管者、贸易协会以及行业调查单位发布的信息，如行业平均增长率；（3）经济预测组织，包括某些银行发布的预测信息，如某些行业的业绩指标等；（4）公开出版的财务信息；（5）证券交易所发布的信息等。

数据的可靠性直接影响根据数据形成的预期值。数据的可靠性越高，预期的准确性也将越高，分析程序将越有效。数据的可靠性受下列因素影响：（1）可获得信息的来源。例如，从被审计单位以外的独立来源获取的信息可能更加可靠。（2）可获得信息的可比性。例如，对于生产和销售特殊产品的被审计单位，可能需要对宽泛的行业数据进行补充，使其更具可比性。（3）可获得信息的性质和相关性。例如，预算是否作为预期的结果，而不是作为将要达到的目标。（4）与信息编制相关的控制，用以确保信息完整、准确和有效。例如，与预算的编制、复核和维护相关的控制，当这些控制有效时，注册会计师通常对该信息的可靠性更有信心，进而对分析程序的结果更有信心。

三、存货监盘

在审计过程中，注册会计师可根据需要单独或综合运用各种类型的审计程序，以获取充分适当的审计证据。存货监盘是观察和检查有形资产两种审计程序的结合，是实务中使用最广泛、出错最频繁的审计程序之一。

（一）存货监盘的概念及内涵

存货监盘，是指注册会计师现场观察被审计单位存货的盘点，并对已盘点的存货进行适当检查。定期盘点，合理确定存货的数量和状况是被审计单位管理层的责任；实施存货监盘，获取有关期末存货数量和状况的充分、适当的审计证据是注册会计师的责任，注册会计师的责任并不能取代被审计单位管理层的责任。注册会计师需要恰当区分被审计单位对存货盘点的责任和注册会计师对存货监盘的责任，在执行存货监盘过程中不应协助被审计单位的存货盘点工作。

存货监盘的相关程序可以用作控制测试或者实质性程序。注册会计师可以根据风险评估结果、审计方案和实施的特定程序作出判断。例如，只有少数项目构成了存货的主要部分，注册会计师可能选择将存货监盘用作实质性程序。注册会计师通过存货监盘，能直接获取关于存货数量的审计证据，从而为测试"存在"认定提供审计证据，并结合检查存货账面记录的结果为测试"完整性"认定提供部分审计证据；监盘中通常还会获取有关存货状况（例如毁损、陈旧等）的审计证据，从而为测试"准确性、计价和分摊"认定提供部分审计证据。此外，注册会计师还可能在存货监盘中获取有关存货所有权的部分审计证据，例如，注册会计师在监盘中注意到某些存货已经被法院查封，需要考虑被审计单位对这些存货的所有权是否受到了限制。但存货监盘本身并不足以供注册会计师确定存货的所有权，注册会计师可能需要执行其他实质性审计程序以应对"权利和义务"认定的相关风险。

如果存货对财务报表是重要的，注册会计师应当实施下列审计程序，对存货的存在和状况获取充分、适当的审计证据：（1）在存货盘点现场实施监盘（除非不可行）；（2）对期末存货记录实施审计程序，以确定其是否准确反映实际的存货盘点结果。

（二）存货监盘计划

1.制订存货监盘计划的基本要求

有效的存货监盘需要制订周密、细致的计划。注册会计师应当根据被审计单位存货的特点、盘存制度和存货内部控制的有效性等情况，在评价被审计单位管理层制定的存货盘点程序的基础上，编制存货监盘计划，对存货监盘作出合理安排，并与被审计单位就存货监盘等问题达成一致意见。

2.编制存货监盘计划时应考虑的相关事项

在编制存货监盘计划时，注册会计师需要考虑的相关事项包括：（1）与存货相关的重大错报风险；（2）与存货相关的内部控制的性质；（3）存货盘点程序；（4）存货盘点的时间安排；（5）被审计单位是否一贯采用永续盘存制；（6）存货的存放地点；（7）是否需要专家协助。

（1）与存货相关的重大错报风险

存货通常具有较高的重大错报风险，影响存货重大错报风险的因素既有存货本身的因素，也有外部因素。存货本身的因素主要有：①存货的数量和种类；②成本归集的难易程度；③陈旧过时的速度或易损坏程度、遭受失窃的难易程度等。由于制造过程和成本归集制度的差异，制造业企业的存货与其他企业（如商品流通企业）的存货相比往往具有更高的重大错报风险，可能增加审计的复杂性与风险。外部因素也会对存货重大错报风险产生影响，例如，技术进步可能导致某些产品过时，从而导致存货价值更容易发生高估。

重大错报风险高的存货类别及其关注点详见表5-11。

表5-11　　　　　　　　　　重大错报风险高的存货类别及其关注点

序号	类别	重大错报风险关注点
1	具有漫长制造过程的存货	如飞机制造和酒类产品酿造，关注递延成本、预期发生成本以及未来市场波动可能对当期损益的影响等事项
2	具有固定价格合约的存货	关注预期发生成本的不确定性
3	与时装相关的服装行业	关注存货是否过时
4	鲜活、易腐商品存货	关注存货是否变质
5	具有高科技含量的存货	关注技术进步导致存货过时的风险
6	单位价值高昂、容易被盗窃的存货	珠宝存货的错报风险通常高于铁制纽扣之类存货的错报风险

（2）与存货相关的内部控制的性质

在制订存货监盘计划时，注册会计师应当了解被审计单位与存货相关的内部控制，并根据内部控制的完善程度确定进一步审计程序的性质、时间安排和范围。与存货相关的内部控制涵盖被审计单位采购、验收、仓储、领用、加工、装运出库、实地盘点等环节，各环节内部控制的总目标、控制措施及控制要点详见表5-12。

表5-12 与存货相关的内部控制的性质

各环节内部控制	总体目标	控制措施	控制要点
采购	所有交易都已获得适当的授权与批准	使用购货订购单	购货订购单连续编号；采购价格经过批准；定期清点购货订购单
验收	所有收到的商品都已得到记录	使用验收报告单	设置独立的部门负责验收存货实物、确定存货数量、编制验收报告，并将验收报告传送至会计核算部门、仓库部门
仓储	所有与存货实物的接触都必须得到管理层的指示和批准	实物控制措施	使用适当的存储设施，以使存货免受意外损毁、盗窃或破坏
领用	所有存货的领用均应得到批准和记录	使用存货领用	存货领用单连续编号；存货领用经过批准；定期清点存货领用单
加工	对所有的生产过程都作出适当的记录	使用生产报告	记录真实、完整，并对产品质量缺陷和零部件使用及报废情况及时作出说明
装运出库	所有的装运都得到了记录	使用发运凭证	发运凭证连续编号，定期进行清点，并作为日后开具收款账单的依据
实地盘点	合理保证盘点后的存货账实相符	存货盘点计划、盘点表、盘点标签	制订合理的存货盘点计划，确定合理的存货盘点程序，配备相应的监督人员，对存货进行独立的内部验证，将盘点结果与永续盘存记录进行独立的调节，对盘点表和盘点标签进行充分控制

（3）存货盘点程序

注册会计师一般需要复核或与管理层讨论其存货盘点程序及下达指令情况，以评价其能否合理地确定存货的存在和状况。在复核或与管理层讨论其存货盘点程序时，注册会计师应当考虑下列主要因素：

➤盘点的时间安排；

➤存货盘点范围和场所的确定；

➤盘点人员的分工及胜任能力；

➤盘点前的会议及任务布置；

➤存货的整理和排列，对毁损、陈旧、过时、残次及所有权不属于被审计单位的存货的区分；

➤存货的计量工具和计量方法；

➤在产品完工程度的确定方法；

➤存放在外单位的存货的盘点安排；

➤存货收发截止的控制；

➤盘点期间存货移动的控制；

➤盘点表单的设计、使用与控制；

➤盘点结果的汇总以及盘盈或盘亏的分析、调查与处理。

如果认为被审计单位的存货盘点程序存在缺陷，注册会计师应当提请被审计单位调整。

（4）存货盘点的时间安排

一般而言，存货盘点的时间应尽量接近财年截止日。由于实际原因，存货的实地盘点均有可能在财务报表日以外的某一天或某几天进行。如果存货盘点在财务报表日以外的其他日期进行，注册会计师应当实施其他审计程序，以获取审计证据确定存货盘点日与财务报表日之间的存货变动是否已得到恰当的记录。

若被审计单位在资产负债表日之前进行盘点，审计人员应将盘点日存货数量调整至财务报表日存货数量，并对盘点日至资产负债表日的永续盘存记录（即每一笔存货的进出记录）进行测试，以获取存货在财务报表日是否真实存在的审计证据。

资产负债表日的存货=盘点日的存货+盘点日后入库的存货−盘点日后出库的存货

若被审计单位在资产负债表日之后进行盘点，审计人员应将盘点日存货数量调整至财务报表日存货数量，并对资产负债表日至盘点日的永续盘存记录（即每一笔存货的进出记录）进行测试，以获取存货在财务报表日是否真实存在的审计证据。

资产负债表日的存货=盘点日的存货−盘点日前入库的存货+盘点日前出库的存货

（5）被审计单位是否一贯采用永续盘存制

存货数量的盘存制度分为实地盘存制和永续盘存制。存货盘存制度不同，注册会计师需要作出的存货监盘安排也不同。如果被审计单位通过实地盘存制确定存货数量，则注册会计师要参加此种盘点。如果被审计单位采用永续盘存制，注册会计师应在年度中一次或多次参加盘点。

（6）存货的存放地点

注册会计师需要了解被审计单位存货的存放地点（包括不同存放地点的存货及其重要性和重大错报风险），以确定适当的监盘地点。如果被审计单位的存货存放在多个地点，注册会计师可以要求被审计单位提供一份完整的存货存放地点清单，包括期末库存量为零的仓库、租赁的仓库，以及第三方代被审计单位保管存货的仓库等。

根据具体情况下的风险评估结果，注册会计师可以考虑执行以下一项或多项审计程序：①询问被审计单位除管理层和财务部门以外的其他人员，如营销人员、仓库人员等，以了解有关存货存放地点的情况。②比较被审计单位不同时期的存货存放地点清单，关注仓库变动情况，以确定是否存在因仓库变动而未将存货纳入盘点范围的情况发生。③检查被审计单位存货的出、入库单，关注是否存在被审计单位尚未告知注册会计师的仓库，如期末库存量为零的仓库。④检查费用支出明细账和租赁合同，关注被审计单位是否租赁仓库并支付租金；如果有，该仓库是否已包括在被审计单位提供的仓库清单中。⑤检查被审计单位"固定资产——房屋建筑物"明细清单，了解被审计单位可用于存放存货的房屋建筑物。⑥在获取完整的存货存放地点清单的基础上，注册会计师可以根据不同地点所存放存货的重要性以及对各个地点与存货相关的重大错报风险的评估结果，选择适当的地点进行监盘，并记录选择这些地点的原因。例如，注册会计师在以往审计中可能注意到某些地点存在与存货相关的错报，故在本期审计时对其予以特别关注。⑦如果识别出舞弊导致的影响存货数量的重大错报风险，注册会计师在检查被审计单位存货记录的基础上，可能决定在不预先通知的情况下对特定存放地点的存货实施监盘或在同一天对所有存放地点的存货实施监盘。⑧在连续审计中,注册会计师可以考虑在不同期间的审计中变更所选择实施监盘的地点。

(7) 是否需要专家协助

注册会计师可能不具备其他专业领域专长与技能。在确定资产数量或资产实物状况或收集特殊类别存货的审计证据时,如矿石堆的数量,或者艺术品、稀有玉石、房地产、电子器件、工程设计等特殊类别存货,注册会计师可以考虑利用专家的工作。

当在产品存货金额较大时,可能面临如何评估在产品完工程度的问题。注册会计师可以了解被审计单位的盘点程序,如果有关在产品的完工程度未被明确列出,注册会计师应当考虑采用其他有助于确定完工程度的措施,如获取零部件明细清单、标准成本表以及作业成本表,与工厂的有关人员进行讨论等,并运用职业判断。注册会计师也可以根据存货生产过程的复杂程度考虑利用专家的工作。

3.存货监盘计划的主要内容

存货监盘计划应当包括下列主要内容:(1)存货监盘的目标、范围及时间安排;(2)存货监盘的要点及关注事项;(3)参加存货监盘人员的分工;(4)抽盘存货的范围。

(1) 存货监盘的目标、范围及时间安排

存货监盘的主要目标包括获取被审计单位资产负债表日有关存货的存在和状况以及有关管理层存货盘点程序可靠性的审计证据,以检查存货的数量是否真实完整,是否归属于被审计单位,存货有无毁损、陈旧、过时、残次和短缺等状况。

存货监盘范围的大小取决于存货的内容、性质以及与存货相关的内部控制的完善程度和重大错报风险的评估结果。

存货监盘的时间,包括实地察看盘点现场的时间、观察存货盘点的时间和对已盘点存货实施检查的时间等,应当与被审计单位实施存货盘点的时间相协调。

(2) 存货监盘的要点及关注事项

存货监盘的要点主要包括注册会计师实施存货监盘程序的方法、步骤,各个环节应注意的问题以及所要解决的问题。注册会计师需要重点关注的事项包括盘点期间的存货移动、存货的状况、存货的截止确认、存货的各个存放地点及金额等。

(3) 参加存货监盘人员的分工

注册会计师应当根据被审计单位参加存货盘点人员分工、分组情况,存货监盘工作量的大小和人员素质情况,确定参加存货监盘的人员组成以及各组成人员的职责和具体的分工情况,并加强督导。

(4) 抽盘存货的范围

注册会计师应当根据对被审计单位存货盘点和对被审计单位内部控制的评价结果确定抽盘存货的范围。在实施观察程序后,如果认为被审计单位内部控制设计良好且得到有效实施,存货盘点组织良好,可以相应缩小实施抽盘的范围。

(三) 存货监盘程序

1.评价管理层用以记录和控制存货盘点结果的指令和程序

注册会计师应考虑这些指令和程序是否包括下列方面:(1)适当控制活动的运用,例如,收集已使用的存货盘点记录、清点未使用的存货盘点表单、实施盘点和复盘程序;

（2）准确认定在产品的完工程度，流动缓慢、过时或毁损的存货项目，以及第三方拥有的存货，如寄存货物；（3）在适用的情况下用于估计存货数量的方法，如可能需要估计煤堆的重量；（4）对存货在不同存放地点之间的移动以及截止日前后出入库的控制。一般而言，被审计单位在盘点过程中停止生产并关闭存货存放地点以确保停止存货的移动，有利于保证盘点的准确性。但特定情况下，被审计单位可能由于实际原因无法停止生产或收发货物。这种情况下，注册会计师可以根据被审计单位的具体情况考虑其无法停止存货移动的原因及其合理性。

同时，注册会计师可以通过询问管理层以及阅读被审计单位的盘点计划等方式，了解被审计单位对存货移动所采取的控制程序和对存货收发截止影响的考虑。例如，被审计单位在盘点过程中无法停止生产，可以考虑在仓库内划分出独立的过渡区域，将预计在盘点期间领用的存货移至过渡区域、对盘点期间办理入库手续的存货暂时存放在过渡区域，以此确保相关存货只被盘点一次。

在实施存货监盘程序时，注册会计师需要观察被审计单位有关存货移动的控制程序是否得到执行。同时，注册会计师可以向管理层索取盘点期间存货移动相关的书面记录以及出、入库资料作为执行截止测试的资料，以为监盘结束的后续工作提供证据。

2.观察管理层制定的盘点程序的执行情况

观察管理层制定的盘点程序的执行情况，有助于注册会计师获取有关管理层指令和程序是否得到适当设计和执行的审计证据。例如，对于盘点时及其前后的存货移动的控制程序的实施情况，尽管盘点存货时最好能保持存货不发生移动，但在某些情况下存货的移动是难以避免的。如果在盘点过程中被审计单位的生产经营仍将持续进行，注册会计师应通过实施必要的检查程序，确定被审计单位是否已经对此设置了相应的控制程序，确保在适当的期间内对存货作出了准确记录。注册会计师还应获取存货移动的具体情况的复印件，有助于日后对存货移动的会计处理实施审计程序。

注册会计师应获取有关截止信息，以执行截止测试。例如，获取盘点日前后存货收发及移动的凭证，以检查库存记录与会计记录期末截止是否正确；观察存货的验收入库地点和装运出库地点；在存货入库和装运过程中采用连续编号的凭证时，注册会计师应当关注盘点日前的最后编号，如果被审计单位没有使用连续编号的凭证，注册会计师应当列出盘点日以前的最后几笔装运和入库记录。如果被审计单位使用运货车厢或拖车进行存储、运输或验收入库，注册会计师应当详细列出存货场地上满载和空载的车厢或拖车，并记录各自的存货状况。

注册会计师还需要关注：所有在盘点日以前入库的存货项目是否均已包括在盘点范围内；所有已确认为销售但尚未装运出库的商品是否均未包括在盘点范围内；在途存货和被审计单位直接向顾客发运的存货是否均已得到了适当的会计处理。

3.检查存货

在存货监盘过程中检查存货，有助于确定存货的存在，以及识别过时、毁损或陈旧的存货。注册会计师应当把所有过时、毁损或陈旧存货的详细情况记录下来，这既便于进一步追查这些存货的处置情况，也能为测试被审计单位存货跌价准备计提的准确性提供证据。

4.执行抽盘

注册会计师在实施抽盘程序时，可以从存货盘点记录中选取项目追查至存货实物，以及从存货实物中选取项目追查至盘点记录，以获取有关盘点记录准确性和完整性的审计证据。需要说明的是，注册会计师应尽可能避免让被审计单位事先了解将抽盘的存货项目。

除记录注册会计师对存货盘点结果进行的测试情况外，获取管理层完成的存货盘点记录的复印件也有助于注册会计师日后实施审计程序，以确定被审计单位的期末存货记录是否准确地反映了存货的实际盘点结果。

注册会计师在实施抽盘程序时发现差异，很可能表明被审计单位的存货盘点在准确性或完整性方面存在错误。由于检查的内容通常仅仅是已盘点存货中的一部分，所以在检查中发现错误很可能意味着被审计单位的存货盘点还存在着其他错误。因此，注册会计师一方面应当查明原因，并及时提请被审计单位更正；另一方面应考虑错误的潜在范围和重大程度，在可能的情况下，应扩大检查范围以减少错误的发生。注册会计师还可要求被审计单位重新盘点。重新盘点的范围可限于某一特殊领域的存货或特定盘点小组。

表5-13列示了存货抽盘报告，表5-14列示了存货明细账与盘点报告（记录）核对表。

表5-13 　　　　　　　　　　　　　　　　　存货抽盘报告

被审计单位：_____　　索引号：_____
项目：_____　　财务报表截止日/期间：_____
编制：_____　　复核：_____
日期：_____　　日期：_____

存货类别	名称及规格	计量单位	推算的资产负债表日实存数量	资产负债表日账面数量	差异数量	差异原因	索引号	审计确认资产负债表日数量	备注
合计									
审计说明：						抽盘人员签名：			

注：本表适用于抽盘日与财务报表截止日不一致的情况。

5.存货监盘需要特别关注的情况

（1）存货盘点范围

在被审计单位盘点存货前，注册会计师应当观察盘点现场，确定应纳入盘点范围的存货是否已经适当整理和排列，并附有盘点标识，防止遗漏或重复盘点。对未纳入盘点范围的存货，注册会计师应当查明未纳入的原因。

表5-14　　　　　　　　　存货明细账与盘点报告（记录）核对表

被审计单位：＿＿＿＿＿＿＿＿＿＿＿＿＿　　索引号：＿＿＿＿＿＿＿＿＿＿＿＿＿

项目：＿＿＿＿＿＿＿＿＿＿＿＿＿＿＿＿　　财务报表截止日/期间：＿＿＿＿＿＿＿

编制：＿＿＿＿＿＿＿＿＿＿＿＿＿＿＿＿　　复核：＿＿＿＿＿＿＿＿＿＿＿＿＿＿＿

日期：＿＿＿＿＿＿＿＿＿＿＿＿＿＿＿＿　　日期：＿＿＿＿＿＿＿＿＿＿＿＿＿＿＿

一、从明细账中选取具有代表性的样本，将明细账上的存货数量与经确认盘点报告的数量核对。										
序号	地点	样本描述			期末存货明细账记录			获取的存货清单数量②	索引号	经确认的期末盘点表数量③	数量差异（③-①或③-②）	差异分析及处理	备注
		存货类别	存货品名	规格型号	单价	数量①	金额					
二、从经确认的盘点报告中抽取有代表性的样本，将盘点报告的数量与存货明细账核对。										
序号	地点	样本描述			索引号	经确认的期末盘点表数量①	期末存货明细账记录			获取的存货清单数量③	数量差异（①-②或①-③）	差异分析及处理	备注
		存货类别	存货品名	规格型号			单价	数量②	金额				
审计说明：										

注：本表适用于监盘日（盘点日）为财务报表截止日的情况。

对所有权不属于被审计单位的存货，注册会计师应当取得其规格、数量等有关资料，确定是否已单独存放、标明，且未被纳入盘点范围。在存货监盘过程中，注册会计师应当根据取得的所有权不属于被审计单位的存货的有关资料，观察这些存货的实际存放情况，确保其未被纳入盘点范围。即使在被审计单位声明不存在受托代存存货的情形下，注册会计师在存货监盘时也应当关注是否存在某些存货不属于被审计单位的迹象，以避免盘点范围不当。

（2）对特殊类型存货的监盘

对某些特殊类型的存货，被审计单位通常使用的盘点方法和控制程序并不完全适用。这些存货通常或者没有标签，或者其数量难以估计，或者其质量难以确定，或者盘点人员无法对其移动实施控制。在这些情况下，注册会计师可以首先了解被审计单位计划采用的盘点方法，并评估其盘点方法是否满足会计核算的需要，即保证存货在财务报表中得以恰当计量和披露。在此基础上，运用职业判断，根据被审计单位所处行业的特点、存货的类型和特点以及内部控制等具体情况，设计针对特殊类型存货的具体监盘程序。表5-15列举了被审计单位特殊存货的类型、通常采用的盘点方法与存在的潜在问题，以及可供注册会计师实施的监盘程序。

表 5-15 特殊类型存货的监盘程序

存货类型	盘点方法与潜在问题	可供实施的审计程序
木材、钢筋盘条、管子	通常无标签，但在盘点时会做上标记或用粉笔标识；难以确定存货的数量或等级	➤ 检查标记或标识 ➤ 利用专家或被审计单位内部有经验人员的工作
堆积型存货（如糖、煤、钢废料）	通常既无标签，又不做标记；在估计存货数量时存在困难	➤ 运用工程估测、几何计算、高空勘测等方法，并依赖详细的存货记录 ➤ 如果堆场中的存货堆不高，可进行实地监盘，或通过旋转存货堆的方法加以估计
使用磅秤测量的存货	在估计存货数量时存在困难	➤ 在监盘前和监盘过程中均应检验磅秤的精准度，并留意磅秤的位置移动与重新调校程序；将检查和重新称量程序相结合 ➤ 检查称量尺度的换算问题
散装物品（如液体、气体、谷类粮食、流体存货等贮窖存货）	在盘点时通常难以识别和确定；在估计存货数量时存在困难；在确定存货质量时存在困难	➤ 使用容器进行监盘或通过预先编号的清单列表加以确定 ➤ 使用浸醮、测量棒、工程报告以及依赖永续盘存记录 ➤ 选择样品进行化验与分析，或利用专家的工作
贵金属、石器、艺术品与收藏品	在存货辨认与质量确定方面存在困难	➤ 选择样品进行化验与分析，或利用专家的工作
生产纸浆用木材、牲畜	在存货辨认与数量确定方面存在困难；可能无法对此类存货的移动实施控制	➤ 通过高空摄影以确定其存在与否，对不同时点的数量进行比较，并依赖永续盘存记录
水产品	流动性强且易死亡	➤ 了解池塘的周边面积、鱼虾等的养殖密度 ➤ 检查购买鱼虾苗、饲料的交易记录 ➤ 了解每天鱼虾捕捞及销售情况 ➤ 利用专家的工作

【案例 5-6】 **獐子岛集团的"扇贝逃亡事件"**

首遭打击，尽力止损：2014 年獐子岛公司扇贝首次大规模消失，同年 10 月 31 日，獐子岛集团发布详细公告称：对 105.64 万亩海域面积内约 73 461.93 万元的底播虾夷扇贝放弃本轮采捕，直接进行核销；对 43.02 万亩海域面积内 30 060.15 万元的底播虾夷扇贝计提 28 305 万元的存货跌价准备，造成净利润减少 76 325.20 万元。记者们蜂拥而至想要掌握一手消息，争先恐后地将话筒递向獐子岛集团的吴董事长。记者 A 连忙问道："吴董，大家都想知道，贵公司的扇贝这次为什么会大面积消失？"

吴董回答道："公司对扇贝实施抽查，发现抽样的几个海域内的扇贝数量与账面数量有很大的差距。经过集团的深入调查发现该片海域遭遇了一股几十年一遇的冷水团，之后我们又聘请海洋方面的专家进行评估，专家指出海域周围的水温波动幅度异常，冷水团的范围变大，导致该片海域的水温日变化幅度大，海水温度的异常变化对扇贝生长、捕捞产生了不利影响，导致我们过去投苗的 100 多万亩海域的扇贝死亡。我们十分痛心！"

记者 B 又高声提问到："这次事件对贵公司有什么影响？你们又是如何应对的呢？"

吴董道："这次痛心的事件对我们集团打击巨大，我们立即召开了董事会对其进行讨论。最终决定对该片海域的扇贝不进行捕捞，直接核销处理，并计提存货跌价准备。具体核销情况大家可以关注我们公司的对外公告。"

记者 C 挤身上前："吴董，针对此次绝收事件造成的损失，贵公司采取了什么补救措施？"

吴董说："为防止扇贝绝收对集团的危害继续扩大，并且考虑到公司未来持续发展，我自主负担 1 亿元来挽回产生的损失，请大家相信我们，我会与獐子岛集团共存亡。同时，长海县政府出台的补贴政策也给了我们很大的帮助，政府给予每年 10 元一亩的深水开发补助，并且对这次该公司受灾养殖品的海域免除其海域使用金 3 500 万元。我相信集团可以顺利度过此次危机！"

二遇灾祸，舆论哗然：2018 年 1 月 31 日，獐子岛集团对外公布业绩预修正公告，主要将 2017 年原归属于股东的净利润由盈利 9 000 万至 11 000 万元，改成亏损 53 000 万至 72 000 万元，此次修订的原因与 2014 年相同。

三缄其口，再次绝收：2019 年 11 月，獐子岛集团发出公告并披露了底播养殖品的检查结果，獐子岛集团在养的虾夷扇贝面积为 58.35 万亩，平均亩产仅有 4.64 千克/亩，如果对其进行捕捞，其捕捞成本过高，最终獐子岛集团决定不再捕捞底播的虾夷扇贝，也没有对外披露此次绝收的原因，在期末计提了跌价准备金额共 8 205.89 万元。

资料来源：刘文军，王杰，曹于钦，等从"扇贝逃亡事件"探究獐子岛背后的存货审计问题[EB/OL]．[2025-03-15]．http://www.cmcc-dlut.cn/Cases/Detail/5356.

6. 存货监盘结束时的工作

在被审计单位存货盘点结束前，注册会计师应当：（1）再次观察盘点现场，以确定所有应纳入盘点范围的存货是否均已盘点。（2）取得并检查已填用、作废及未使用盘点表单的号码记录，确定其是否连续编号。（3）查明已发放的表单是否均已收回，并与存货盘点的汇总记录进行核对。注册会计师应当根据自己在存货监盘过程中获取的信息，对被审计单位最终的存货盘点结果汇总记录进行复核，并评估其是否正确地反映了实际盘点结果。

如果存货盘点日不是资产负债表日，注册会计师应当实施适当的审计程序（盘点日至资产负债表日，实地察看异常项目、分析存货周转率、测试存货截止是否正确、追查实物和盘存记录等），确定盘点日与资产负债表日之间存货的变动是否已得到恰当的记录。在实务中，注册会计师可以结合盘点日至财务报表日之间间隔期的长短、相关内部控制的有效性等因素进行风险评估，设计和执行适当的审计程序。在实质性程序方面注册会计师可以实施的程序包括但不限于：（1）比较盘点日至财务报表日之间的存货信息以识别异常项目，并对其执行适当的审计程序，例如实地察看等；（2）对存货周转率或存货周转天数等实施实质性分析程序；（3）对盘点日至财务报表日之间的存货采购和存货销售分别实施双向检查，例如，对存货采购从入库单查至其相应的永续盘存记录及从永续盘存记录查至其相应的入库单等支持性文件，对存货销售从货运单据查至其相应的永续盘存记录及从永续盘存记录查至其相应的货运单据等支持性文件；（4）测试存货销售和采购在盘点日和财务报表日的截止是否正确。

存货监盘报告示例见表5-16。

表 5-16　　　　　　　　　　存货监盘报告

被审计单位：_____	索引号：_____
项目：_____	财务报表截止日/期间：_____
编制：_____	复核：_____
日期：_____	日期：_____

一、盘点日期：　　年　　月　　日

二、盘点仓库名称：

仓库负责人：

仓库记账员：　　　　　　　　　仓库保管员：

仓库概况：（描述仓库共　　间，各仓库的特点：　　　　　　）

三、监盘参加人员：

监盘人员（　　　　事务所）注册会计师：

监盘人员（　　　　事务所）注册会计师：

监盘人员（被审计单位财务处）：

监盘人员（被审计单位供销处）：

被审计单位盘点负责人：

被审计单位盘点人员：

上述人员在监盘过程中，除_____外，自始至终未离开现场。

四、监盘开始前的工作：

项　　目	是（√）否（×）	工作底稿编号
1.索取"期末存货盘点计划"		
2.索取该仓库"存货收发存月报表"		
3.索取存货的"盘点清单"		
4.索取盘点前该仓库收料、发料的最后一张单证		
5.存货是否已停止流动		
6.废品、毁损物品是否已分开堆放		
7.货到单未到的存货是否已暂估入账		
8.发票未开，客户已提取的存货是否已单独记录		
9.发票已开，客户未提取的存货是否已单独记录		
10.存货是否已按存货的型号、规格排放整齐		
11.外单位寄存的货物是否已分开堆放		
12.代外单位保管的货物是否已分开堆放		
13.外单位代销的货物是否已分开堆放		
14.其他非本公司的货物是否已分开堆放		
15.委托外单位加工的存货、存放外单位的存货，是否收到外单位的书面确认书		
16.最近一次盘点存货的日期		
17.最近一次对计量用具的校对日期		
18.是否有存货的记录位置或存放图		

五、监盘进行中的工作：

1.监盘从_____时开始，共分_____个监盘小组，每个小组_____人，

a.一人点数并报出型号、规格；

b.一人记录"盘点清单"；

c.一人_____。

2.核对仓库报表结存数量与仓库存货账结存数量是否相符；仓库存货账结存数量与仓库存货卡数量是否相符；填制"存货表、账、卡核对记录表"；

3.盘点结束，索取"盘点清单"及"存货盘盈、盘亏汇总表"

六、复盘：

1.盘点结束后，选择数额较大、收发频繁的存货项目进行复盘。

2.复盘人员为：_____。

3.复盘记录详见"存货监盘结果汇总表"（附后）。

4.复盘统计：

品种、型号共_____种，共复盘_____种，占全部的_____%；

金额共_____元，复盘达_____元，占全部的_____%。

5.计算复盘正确率：

复盘品种共_____种，正确的_____种，占全部的_____%；

复盘金额共_____元，正确的_____元，占全部的_____%。

6.确定存货中属于残次、毁损、滞销积压的存货及其对当期损益的影响：

存货中属于残次、毁损、滞销积压的存货的金额：

其中：原材料：　　　　　　　元

　　　在产品：　　　　　　　元

　　　产成品：　　　　　　　元

　　　库存商品：　　　　　　元

　　　合计　　　　　　　　　元

七、盘点结束后的工作：

1.再次观察现场并检查盘点表单；

2.复核盘点结果汇总记录；

3.关注盘点日与资产负债表日之间存货的变动情况；

4.关注存货盘点结果与永续盘存记录之间出现重大差异的处理；

5.关注被审计单位盘点方式及其结果无效时的处理，如果认为被审计单位的盘点方式及其结果无效，注册会计师应当提请被审计单位重新盘点；

6.请参加复盘人员在"存货监盘结果汇总表"上签字；

7.索取由仓库人员填写的"复盘差异说明"（请用文字说明，并加盖单位公章）。

八、对盘点及复盘的评价：

1.仓库管理人员对存货很（一般、不）熟悉；

2.盘点工作及复盘工作很（一般、不）认真；

3.对会计师需要的资料很（一般、不）配合。

4.监盘结果总体评价：

监盘人员签名：_____

（四）特殊情况的处理

1.无法在存货盘点现场实施监盘

在某些情况下，实施存货监盘可能是不可行的。这可能是由存货性质和存放地点等因素造成的，例如，存货存放在对注册会计师的安全有威胁的地点。需注意的是，对注册会计师带来不便的一般因素不足以支持注册会计师作出实施存货监盘不可行的决定，审计中的困难、时间或成本等事项本身，不能作为注册会计师省略不可替代的审计程序或满足于说服力不足的审计证据的正当理由。如果在存货盘点现场实施存货监盘不可行，注册会计师应当实施替代审计程序，如检查盘点日后出售盘点日之前取得或购买的特定存货的文件记录，以获取有关存货的存在和状况的充分、适当的审计证据。

但在其他一些情况下，如果不能实施替代审计程序，或者实施替代审计程序可能无法获取有关存货的存在和状况的充分、适当的审计证据，注册会计师需要按照准则规定发表非无保留意见。

2.因不可预见的情况导致无法在存货盘点现场实施监盘

如果由于不可预见情况而可能导致无法在预定日期实施存货监盘，例如，可能由于不可抗力，注册会计师无法到达存货存放地实施存货监盘；也有可能由于恶劣的天气，导致注册会计师无法实施存货监盘程序，或由于恶劣的天气无法观察存货，如木材被积雪覆盖。如果由于不可预见的情况无法在存货盘点现场实施监盘，注册会计师应当另择日期实施监盘，并对间隔期内发生的交易实施审计程序。

3.由第三方保管或控制的存货

如果由第三方保管或控制的存货对财务报表是重要的，注册会计师应当实施下列一项或两项审计程序，以获取有关该存货存在和状况的充分、适当的审计证据：

（1）向持有被审计单位存货的第三方函证存货的存在和状况。实务中，注册会计师可以事先考虑实施函证的可行性。如果预期不能通过函证获取相关审计证据，可以事先计划和安排存货监盘等工作。

（2）实施检查或其他适合具体情况的审计程序。如获取的信息使注册会计师对第三方的诚信和客观性产生疑虑，注册会计师根据具体情况，可能认为实施其他审计程序是适当的。其他审计程序可以作为函证的替代程序，也可以作为追加的审计程序。其他审计程序包括但不限于：①在可行的前提下，由其他注册会计师实施对第三方的存货监盘；②获取其他注册会计师或服务机构关于相关存货得到恰当盘点和保管的内部控制的适当性而出具的报告；③检查与第三方持有的存货相关的文件记录，如仓储单；④当存货被作为抵押品时，要求其他机构或人员进行确认。

◎ 第三节　审计工作底稿

审计工作底稿，是指注册会计师对制订的审计计划、实施的审计程序、获取的相关审计证据，以及得出的审计结论作出的记录。审计工作底稿是审计证据的载体，是注册会计师在审计过程中形成的审计工作记录和获取的资料。它形成于审计过程，也反映整个审计过程，类似于飞机中的"黑匣子"。

一、审计工作底稿的编制目的

注册会计师应当及时编制审计工作底稿，以便为注册会计师得出审计结论、形成审计意见提供证据基础，并证明会计师事务所是否按照审计准则的规定执行了审计工作。此外，审计工作底稿还可以实现以下目的：（1）有助于项目组计划和执行审计工作；（2）有助于负责督导的项目组成员按照准则的规定，履行指导、监督与复核审计工作的责任；（3）便于项目组说明其执行审计工作的情况；（4）保留对未来审计工作持续产生重大影响的事项的记录；（5）便于会计师事务所实施项目质量复核、其他类型的项目复核以及质量管理体系中的监控活动；（6）便于监管机构和注册会计师协会根据相关法律法规或其他相关要求，对会计师事务所实施执业质量检查。

二、审计工作底稿的内容、形式及编制要求

（一）审计工作底稿的内容

注册会计师将审计过程中形成的审计工作记录和获取的资料形成审计工作底稿。审计工作底稿通常不包括已被取代的审计工作底稿的草稿或财务报表的草稿、对不全面或初步思考的记录、存在印刷错误或其他错误而作废的文本，以及重复的文件记录等。

审计工作底稿通常包括总体审计策略、具体审计计划、分析表、问题备忘录、重大事项概要、询证函回函、管理层声明书、核对表、有关重大事项的往来信件（包括电子邮件），以及对被审计单位文件记录的摘要或复印件等。此外，审计工作底稿通常还包括业务约定书、管理建议书、项目组内部或项目组与被审计单位举行的会议的记录、与其他人士（如其他注册会计师、律师、专家等）的沟通文件及错报汇总表等。

一般情况下，分析表主要是指对被审计单位财务信息执行分析程序的记录。例如，记录对被审计单位本年各月收入与上一年度的同期数据进行比较的情况，记录对差异的分析等。

问题备忘录一般是指对某一事项或问题的概要的汇总记录。在问题备忘录中，注册会计师通常记录该事项或问题的基本情况、执行的审计程序或具体审计步骤，以及得出的审计结论。例如，有关存货监盘审计程序或审计过程中发现问题的备忘录。

核对表一般是指会计师事务所内部使用的、为便于核对某些特定审计工作或程序的完成情况的表格。例如，特定项目（如财务报表列报）审计程序核对表、审计工作完成情况核对表等。它通常以列举的方式列出审计过程中注册会计师应当进行的审计工作或程序以及特别需要提醒注意的问题，并在适当情况下索引至其他审计工作底稿，便于注册会计师核对是否已按照审计准则的规定进行审计。

审计工作底稿并不能代替被审计单位的会计记录。

（二）审计工作底稿的形式

审计工作底稿可以以纸质、电子或其他介质形式存在。随着信息技术的广泛运用，审计工作底稿的形式从传统的纸质形式扩展到电子或其他介质形式。为便于会计师事务所内部进行质量管理和外部执业质量检查或调查，以电子或其他介质形式存在的审计工作底稿，应与其他纸质形式的审计工作底稿一并归档，并应能通过打印等方式，转换成纸质形式的审计工作底稿。

无论审计工作底稿以哪种形式存在，会计师事务所都应当针对审计工作底稿设计和实

施适当的控制，既要使审计工作底稿清晰地显示其生成、修改及复核的时间和人员，又要使审计业务的所有阶段尤其是在项目组成员共享信息或通过互联网将信息传递给其他人员时，保护信息的完整性和安全性，防止未经授权改动审计工作底稿。会计师事务所允许项目组和其他经授权的人员为适当履行职责而接触审计工作底稿。

实务中，传统手工审计向数字化辅助审计转变，使审计手段和技术有了突飞猛进的改进。不少会计师事务所建设了适应现代审计需求、符合本所性质和业务情况的数字化审计平台，实行审计数字化管理，这不仅有利于实现全所的一体化管理，而且有利于保证和提高业务质量。审计的数字化转型升级必然带来审计工作底稿的数字化，注册会计师应当合理评估与审计工作底稿数字化相关的风险，并采取适当的控制措施。

（三）审计工作底稿的编制要求

注册会计师编制的审计工作底稿，应当使未曾接触该项审计工作的有经验的专业人士清楚地了解：（1）按照审计准则和相关法律法规的规定实施的审计程序的性质、时间安排和范围；（2）实施审计程序的结果和获取的审计证据；（3）审计中遇到的重大事项和得出的结论，以及在得出结论时作出的重大职业判断。

有经验的专业人士，是指会计师事务所内部或外部的具有审计实务经验，并且对下列方面有合理了解的人士：（1）审计过程；（2）审计准则和相关法律法规的规定；（3）被审计单位所处的经营环境；（4）与被审计单位所处行业相关的会计和审计问题。

三、审计工作底稿的要素

审计工作底稿的格式、要素和范围受到诸多因素影响，如被审计单位的规模和复杂程度，拟实施审计程序的性质，审计方法和使用的工具，识别出的重大错报风险，识别出的例外事项的性质和范围，已获取的审计证据的重要程度，以及从已执行审计工作或获取审计证据的记录中不易确定结论或结论的基础时，记录该结论或结论的基础的必要性。注册会计师根据不同情况确定审计工作底稿的格式、要素和范围均是为达到审计准则中所述的编制审计工作底稿的目的，特别是提供证据的目的。

通常，审计工作底稿包括审计工作底稿的标题、审计过程记录、审计结论、审计标识及其说明、索引号及编号、编制者姓名及编制日期、复核者姓名及复核日期、其他应说明事项等要素。

（一）审计工作底稿的标题

每张审计工作底稿都应当包括被审计单位的名称、审计项目的名称以及资产负债表日或审计工作底稿覆盖的会计期间（如果与交易相关）。

（二）审计过程记录

注册会计师应记录审计过程中实施的审计程序及获取的审计证据，特别应当注意记录识别特征、重大事项，以及针对重大事项处理不一致的情况。

1.测试的具体项目或事项的识别特征

识别特征是指被测试的项目或事项表现出的征象或标志，具有唯一性，这种唯一性可以使其他人员根据识别特征在总体中识别该项目或事项并重新执行该测试。

识别特征因审计程序的性质和测试的项目或事项不同而不同。例如，在对被审计单位生成的订购单进行细节测试时，注册会计师可以以订购单的日期和其唯一编号作为测试订购单的识别特征；对于需要选取或复核既定总体内一定金额以上的所有项目的审计程序，注册会计师可以记录实施程序的范围并指明该总体。例如，银行存款日记账中一定金额以上的所有会计分录；对于需要系统化抽样的审计程序，注册会计师可能会通过记录样本的来源、抽样的起点及抽样间隔来识别已选取的样本。例如，被审计单位对发运单顺序编号，测试的发运单的识别特征可以是对4月1日至9月30日的发运记录，从第12345号发运单开始每隔125号系统抽取发运单；对于需要询问被审计单位中特定人员的审计程序，注册会计师可能会以询问的时间、被询问人的姓名及职位作为识别特征；对于观察程序，注册会计师可以以观察的对象或观察过程、相关被观察人员及其各自的责任、观察的地点和时间作为识别特征。

2.重大事项

注册会计师应当根据具体情况判断某一事项是否属于重大事项。重大事项通常包括：（1）引起特别风险的事项；（2）实施审计程序的结果，该结果表明财务信息可能存在重大错报，或需要修正以前对重大错报风险的评估和针对这些风险拟采取的应对措施；（3）导致注册会计师难以实施必要审计程序的情形；（4）可能导致在审计报告中发表非无保留意见或者增加强调事项段的事项。注册会计师应当记录与管理层、治理层和其他人员对重大事项的讨论，包括所讨论的重大事项的性质以及讨论的时间、地点和参加人员。

重大事项记录可能分散在审计工作底稿的不同部分，为集中考虑重大事项对审计工作的影响，并便于审计工作的复核人员全面、快速地了解重大事项从而提高复核工作的效率，注册会计师需要编制重大事项概要。重大事项概要包括审计过程中识别的重大事项及其如何得到解决，或对其他支持性审计工作底稿的交叉索引。

重大职业判断能够解释注册会计师得出的结论并提高职业判断的质量，注册会计师应在审计工作底稿中予以记录，不仅对审计工作底稿的复核人员非常有帮助，而且也有助于执行以后期间审计的人员查阅具有持续重要性的事项，如根据实际结果对以前作出的会计估计进行复核。

当涉及重大事项和重大职业判断时，注册会计师需要编制与运用职业判断相关的审计工作底稿。例如：（1）如果审计准则要求注册会计师"应当考虑"某些信息或因素，并且这种考虑在特定业务情况下是重要的，记录注册会计师得出结论的理由；（2）注册会计师在审计工作底稿中应记录注册会计师对某些方面主观判断的合理性得出结论的基础，如某些重大会计估计的合理性；（3）如果注册会计师针对审计过程中识别出的导致其对某些文件记录的真实性产生怀疑的情况实施了进一步调查，如适当利用专家的工作或实施函证程序，记录注册会计师对这些文件记录真实性得出结论的基础。

3.针对重大事项如何处理不一致的情况

如果识别出的信息与针对某重大事项得出的最终结论不一致，注册会计师应当记录如何处理不一致的情况。这些情况包括但不限于：（1）注册会计师针对该信息执行的审计程序、项目组成员对某事项的职业判断不同而向专业技术部门的咨询情况；（2）项目组成员和专业技术部门等被咨询人员不同意见的解决情况。

但是，对如何解决这些不一致的记录要求，并不意味着注册会计师需要保留不正确的或被取代的审计工作底稿。例如，某些信息初步显示与针对某重大事项得出的最终结论不一致，注册会计师发现这些信息是错误的或不完整的，并且初步显示的不一致可以通过获取正确或完整的信息得到满意的解决，则注册会计师无须保留这些错误的或不完整的信息。此外，对于职业判断的差异，若初步的判断意见是基于不完整的资料或数据，则注册会计师也无须保留这些初步的判断意见。

（三）审计结论

注册会计师需要根据所实施的审计程序及获取的审计证据得出结论，并以此作为对财务报表发表审计意见的基础。因此，审计工作的每一部分都应包含与已实施审计程序的结果、其是否实现既定审计目标相关的结论，以及审计程序识别出的例外情况和重大事项如何得到解决的结论。需注意的是，在审计工作底稿中记录的审计程序和审计证据是否足以支持所得出的审计结论。

（四）审计标识及其说明

审计标识是已实施的审计程序的简写。由于每张审计工作底稿都应记录已实施程序的性质和范围，因此，注册会计师常常在编制审计工作底稿时使用审计标识。审计工作底稿中可使用各种审计标识，但应说明其含义，并保持前后一致。

以下是注册会计师在审计工作底稿中列明标识并说明其含义的例子（见表5-17）。

表5-17　　　　　　　　　部分常用审计标识及其含义示例

审计标识	含义	审计标识	含义
Λ	纵加核对	S	与明细账核对一致
<	横加核对	T/B	与试算平衡表核对一致
B	与上年结转数核对一致	C	已发询证函
T	与原始凭证核对一致	C\	已收回询证函
G	与总分类账核对一致	√	

（五）索引号及编号

索引号是指注册会计师为了便于审计工作底稿分类、归类和引用，对某一审计事项的审计工作底稿以固定的标记和编码加以表示，由此产生的一种特定符号。编号是同一索引号下不同的审计工作底稿的顺序编号。注册会计师使用索引号及编号，能方便快捷地将分散的、活页式的审计工作底稿构成有机联系的审计档案。表5-18是部分审计工作底稿索引号示例。

表5-18　　　　　　　　　审计工作底稿索引号示例（部分）

审计工作底稿	索引号	审计工作底稿	索引号
一、业务完成阶段工作底稿	A	四、进一步审计程序工作底稿	D-H
报告书流程控制表	Aa	（一）控制测试工作底稿	D
审计报告	A1	销售与收款循环	D1
…	…	…	…
二、初步业务活动工作底稿	B	（二）实质性程序工作底稿	E-H
项目承接审批表	B1	资产类	E
…	…	货币资金	E01
三、风险评估工作底稿	C	…	…
了解被审计单位环境并评估重大错报风险	C1	负债类	F
…	…	所有者权益类	G
		损益类	H

例如，A1、C1等，分别说明其在审计工作底稿中的放置位置。又如，注册会计师可以按照所记录的审计工作的内容层次对审计工作底稿进行编号，货币资金汇总表的编号为E01，按类别列示的库存现金工作底稿的编号为E01-1，银行存款工作底稿的编号为E01-2，每个银行账号的相关工作底稿的编号依次为E01-2-1、E01-2-2……还有，审计工作底稿中包含的信息通常需要与其他相关审计工作底稿中的相关信息进行交叉索引，现金盘点表与列示所有现金余额的索引表进行交叉索引。此外，利用计算机编制审计工作底稿时，可以采用电子索引和链接。例如，审计调整表可以链接到试算平衡表，当新的调整分录编制完后，计算机会自动更新试算平衡表，为相关调整分录插入索引号；同样，评估的固有风险或控制风险可以与针对特定风险领域设计的相关审计程序进行交叉索引；固定资产的原值、累计折旧及净值的总额应分别与固定资产明细表的数字互相钩稽。

（六）编制者和复核者的签名及执行日期

为了明确责任，在各自完成与特定工作底稿相关的任务之后，编制者和复核者都应在工作底稿上签名并注明编制日期和复核日期。通常，需要在每一张审计工作底稿上注明执行审计工作的人员和复核人员、完成该项审计工作的日期以及完成复核的日期。实务中，如果若干页的审计工作底稿记录同一性质的具体审计程序或事项，并且编制在同一个索引号中，此时可以仅在审计工作底稿的第一页上记录审计工作的执行人员和复核人员并注明日期。例如，银行存款函证汇总表的索引号为E01-2-5，相对应的询证函回函共有20份，每一份询证函回函索引号以E01-2-5/1、E01-2-5/2……E01-2-5/20表示，对于这种情况，就可以仅在银行存款函证核对表上记录审计工作的执行人员和复核人员并注明日期。

在需要项目质量复核的情况下，审计工作底稿还应注明项目质量复核人员及复核的日期。

四、审计工作底稿的复核与保管

（一）审计工作底稿的复核

会计师事务所对审计工作底稿的复核，可以分为会计师事务所的主任会计师或主管合伙人、项目负责人和注册会计师三个层次的复核。

注册会计师对审计工作底稿的复核属于技术性复核，通常在每一份审计工作底稿完成后进行，复核的内容包括核实每一重要程序、步骤、数字，了解助理人员是否按规定的程序、步骤进行审计，审计的方法是否正确，作出的判断是否正确，结论表述是否清楚等。

项目负责人的复核一般在审计业务接近尾声时实施。复核的内容不仅包括对各个注册会计师编制的审计工作底稿进行综合分析，还要对注册会计师在审计中是否遵守了国家有关规定进行检查。

会计师事务所的主任会计师或主管合伙人应对审计工作底稿进行最终复核。复核的内容主要是检查注册会计师是否遵循了会计师事务所的内部管理制度，审计过程中是否存在重大遗漏，审计证据与审计结论是否存在不一致等情况。

（二）审计工作底稿的归档

审计档案是指一个或多个文件夹或其他存储介质，以实物或电子形式存储构成某项具体业务的审计工作底稿的记录。典型的审计档案结构详见表5-19。

表 5-19 典型的审计档案结构

审计工作底稿类别及名称	页码
1.与沟通和报告相关的工作底稿	
（1）审计报告和经审计的财务报表	
（2）与集团项目组注册会计师的沟通和报告	
（3）与治理层的沟通和报告	
（4）与管理层的沟通和报告	
（5）管理建议书	
2.审计完成阶段工作底稿	
（1）审计工作完成情况核对表	
（2）管理层声明书原件	
（3）重大事项概要	
（4）错报汇总表	
（5）被审计单位财务报表和试算平衡表	
（6）有关列报的工作底稿，如现金流量表、关联方和关联方交易的披露等	
（7）财务报表所属期间的董事会会议纪要	
（8）总结会会议纪要	
3.审计计划阶段工作底稿	
（1）总体审计策略和具体审计计划	
（2）对内部审计职能的评价	
（3）对外部专家的评价	
（4）对服务机构的评价	
（5）被审计单位提交的资料清单	
（6）集团项目组的审计指令和沟通	
（7）对服务机构的评价	
（8）被审计单位提交的资料清单	
（9）集团项目组的审计指令和沟通	
（10）前期审计报告和经审计的财务报表	
（11）预备会会议纪要	
4.特定项目审计程序表	
（1）舞弊	
（2）持续经营	
（3）对法律法规的考虑	
（4）关联方	
5.进一步审计程序工作底稿	
（1）有关控制测试的工作底稿	
（2）有关实质性程序的工作底稿，包括实质性分析程序和细节测试	
（3）对外部专家的评价	

注册会计师应当在审计报告日后及时将审计工作底稿归整为审计档案，并完成归整最终审计档案过程中的事务性工作。完成归整最终审计档案过程中的事务性工作不涉及实施新的审计程序或得出新的结论，如果在归档期间对审计工作底稿作出的变动属于事务性的，则注册会计师可以作出变动。允许变动的情形主要包括：（1）删除或废弃被取代的审计工作底稿；（2）对审计工作底稿进行分类、整理和交叉索引；（3）对审计档案归整工作的完成核对表签字认可；（4）记录在审计报告日前获取的与项目组相关成员进行讨论并达成一致意见的审计证据。

审计工作底稿的归档期限为审计报告日后60天内。如果注册会计师未能完成审计业务，审计工作底稿的归档期限为审计业务中止后的60天内。

（三）审计工作底稿归档后的变动

1.需要变动审计工作底稿的情形

注册会计师发现有必要修改现有审计工作底稿或增加新的审计工作底稿的情形主要有以下两种：（1）注册会计师已实施必要的审计程序，取得了充分、适当的审计证据并得出了恰当的审计结论，但审计工作底稿的记录不够充分。（2）审计报告日后，发现例外情况要求注册会计师实施新的或追加审计程序，或导致注册会计师得出新的结论。例如，注册会计师在审计报告日后才获知法院在审计报告日前已对被审计单位的诉讼、索赔事项作出最终判决结果。例外情况可能在审计报告日后发现，也可能在财务报表报出日后发现，注册会计师应当按照准则的相关规定，对例外事项实施新的或追加的审计程序。

2.变动审计工作底稿时的记录要求

在完成最终审计档案的归整工作后，如果发现有必要修改现有审计工作底稿或增加新的审计工作底稿，无论修改或增加的性质如何，注册会计师均应当记录下列事项：（1）修改或增加审计工作底稿的理由；（2）修改或增加审计工作底稿的时间和人员，以及复核的时间和人员。

（四）审计工作底稿的保存期限

会计师事务所应当自审计报告日起，对审计工作底稿至少保存10年。如果注册会计师未能完成审计业务，会计师事务所应当自审计业务中止日起，对审计工作底稿至少保存10年。在完成最终审计档案的归整工作后，注册会计师不应在规定的保存期限届满前删除或废弃任何性质的审计工作底稿。

本章小结 ·············◎

本章主要探讨了审计证据、获取审计证据的审计程序以及审计工作底稿等关键内容，这些概念对于理解和执行高质量的审计工作至关重要。审计证据是审计人员在审计过程中收集的所有信息和数据，要求具有充分性、适当性的特征，用以支持其审计意见的形成。审计证据可以按其形式分为书面证据、口头证据、实物证据和环境证据，并按其他依据进行分类。获取审计证据的审计程序包括检查记录或文件、检查有形资产、观察、询问、函证、重新计算、重新执行和分析程序。审计工作底稿是审计人员对制订的审计计划、实施的审计程序、获取的审计证据以及得出的审计结论作出的记录，是审计证据的载体，是审计人员形成审计结论、发表审计意见的直接依据。审计工作底稿可以以纸质、电子或其他介质形式存在。注册会计师编制的审计工作底稿，应当使未曾接触该项审计工作的有经验的专业人士清楚地了解实施的审计程序、获取的审计证据及据此形成的审计结论。审计工作底稿包括审计工作底稿的标题、审计过程记录、审计结论、审计标识及其说明、索引号及编号、编制者姓名及编制日期、复核者姓名及复核日期、其他应说明事项等要素。审计工作底稿包括会计师事务所的主任会计师或主管合伙人、项目负责人和注册会计师三个层次的复核，编制人、复核人应在审计工作底稿上签名并注明执行日期。审计工作底稿归档后一般不会变动，确有需要变动的应记录修改或增加审计工作底稿的理由、相关责任人及执行日期。注册会计师应当在审计报告日后60天内及时将审计工作底稿归整为审计档案；会计师事务所应当自审计报告日起对审计工作底稿至少保存10年。

课后思考题

1. 什么是审计证据？审计证据有哪些分类？审计证据要求具备哪些特征？

2. 什么是审计程序？审计程序有哪些种类？各种审计程序获取审计证据的成本及所获取审计证据的效力如何？

3. 函证的对象、范围分别是什么？

4. 函证应如何有效实施？

5. 存货监盘应如何有效实施？

6. 审计工作底稿是什么？审计工作底稿应包含哪些要素？

7. 会计师事务所对工作底稿的复核有哪些要求？

8. 审计工作底稿的归档要求是什么？

本章测评

第六章
审计风险和审计重要性

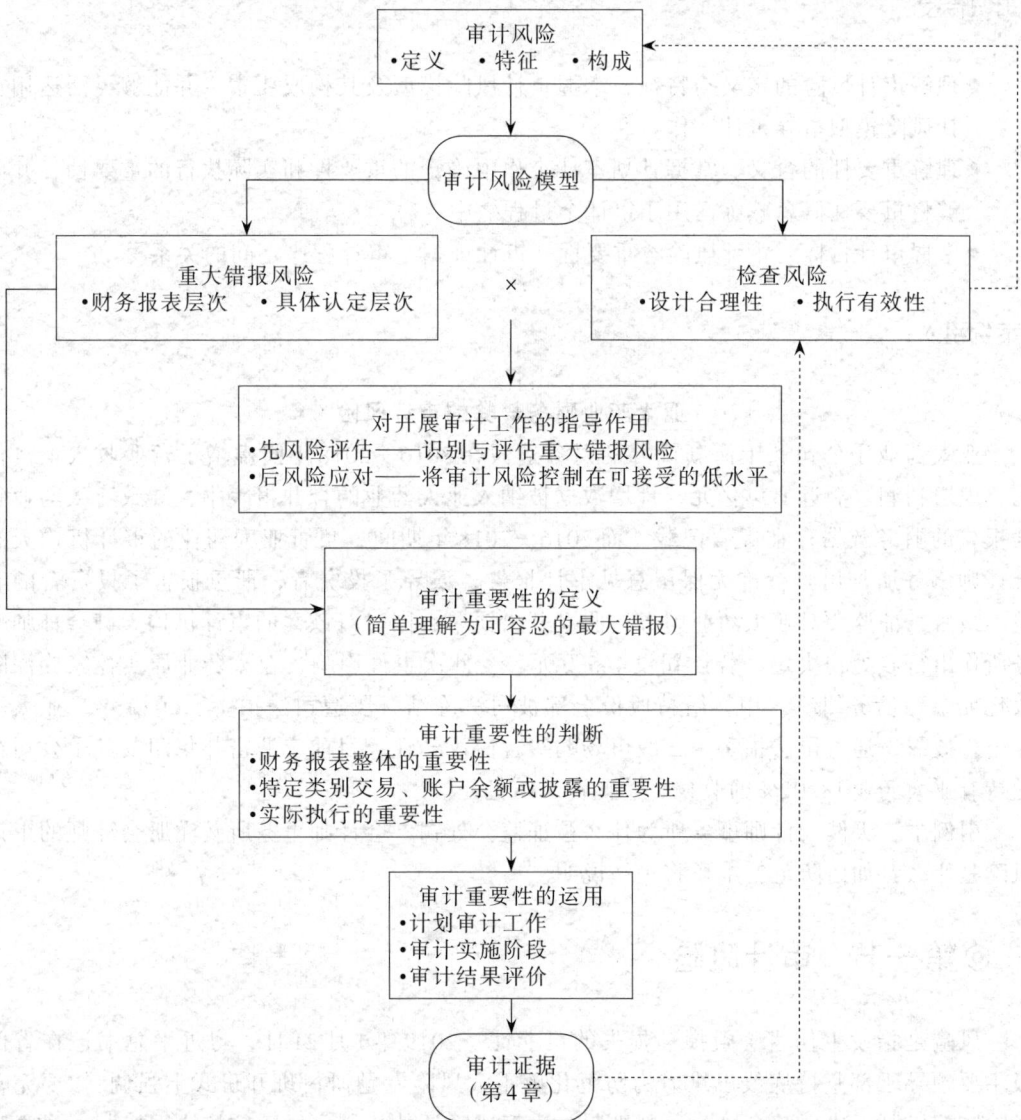

思政领航

- 将习近平总书记关于防范化解重大风险的重要论述融入审计风险的专业知识学习中，认真领会党中央坚持稳中求进工作总基调中蕴含的马克思主义哲学思想，认清事物发展的辩证统一关系，引导学生在学习、生活和未来工作中自觉树立忧患意识、风险意识、责任意识，坚定底线思维，提高防控能力。
- 将治国理政的"关键少数"一词融入对重要性的相关知识学习中，培养学生的"关键少数"思维方式，学会在日常学习和工作中抓住重点，解决主要问题。

知识传授

- 理解审计风险的定义与特征，掌握审计风险模型及其构成要素，并能够灵活运用审计风险模型指导审计工作。
- 理解重要性的含义，掌握计划审计工作中确定的重要性和实际执行的重要性，并能够将重要性概念熟练运用于审计全过程之中。
- 掌握审计目标、审计风险、重要性、审计证据、审计程序之间的关系。

案例引入

亚太药业财务舞弊的审计风险

亚太药业子公司，上海新高峰的财务造假在2016—2018年间虚增了营业收入4.54亿元，虚增利润总额近1.74亿元，虚增数据被纳入亚太药业的合并报表中，导致亚太药业年度报告的财务数据存在虚假记载，而2016—2018年期间，负责亚太药业的审计机构天健会计师事务所均出具标准无保留意见审计报告，误导了投资者，严重损害了投资者的利益。最后，证监会对亚太药业财务造假案开出罚单，同时对该案的审计机构天健会计师事务所作出行政处罚决定，合计罚没465万元。受此次事件影响，亚太药业原实控家族深陷数亿元金融债务纠纷之中，所持股份全部被司法冻结，屡遭司法拍卖。2022年，亚太药业公告披露，通过司法拍卖、二级市场购买、协议转让，目前宁波富邦集团及其子公司合计持有亚太药业18.02%的股权，总耗资4.18亿元。

引例中，天健会计师事务所为什么被证监会处罚？会计师事务所及注册会计师的审计风险是什么？如何防范？本章将一一说明。

◎ 第一节　审计风险

风险是指发生伤害、毁损、损失的可能性。2019年1月21日，习近平总书记在省部级主要领导干部坚持底线思维着力防范化解重大风险专题研讨班开班式上强调："要完善风险防控机制，建立健全风险研判机制、决策风险评估机制、风险防控协同机制、风险防控责任机制，主动加强协调配合，坚持一级抓一级、层层抓落实。"彩虹和风雨共生，机遇和挑战并存，这是亘古不变的辩证法则。风险无所不在，我们要时刻提高警惕，审计职业亦是如此。审计风险贯穿于审计全过程，忽视审计风险可能会导致审计失败。本节将介绍审计风险的定义与特征、审计风险的构成以及审计风险模型对开展审计工作的指导作用。

一、审计风险的定义与特征

（一）审计风险的定义

审计风险，是指当财务报表存在重大错报时，注册会计师发表不恰当审计意见的可能性。由于注册会计师的审计意见建立在职业审查和专业判断上，因而总存在偏离客观事实，甚至与客观事实完全相反的可能性，也就是说审计结论在一定程度上具有不确定性。这种不确定性有时给审计报告使用者带来损失，导致注册会计师需要对后果承担责任，这种可能性就构成了审计风险。财务报表存在重大错报是审计风险的前提条件，因此，审计风险不包括财务报表不存在重大错报，而注册会计师发表的审计意见认为财务报表存在重大错报的风险。

值得注意的是，审计风险是一个与审计过程相关的技术术语，并不是指注册会计师的业务风险，如因诉讼、负面宣传或其他与财务报表审计相关的事项导致损失的可能性。

（二）审计风险的特征

1.审计风险是客观存在的

由于审计的固有限制，即使注册会计师按照审计准则的规定恰当计划和实施了审计工作，也不可避免地存在财务报表中的某些重大错报未被发现的风险。此外，个人能力等因素所导致的非故意性审计工作失误或不当，也会导致审计风险。因此，审计风险是客观存在的。

2.审计风险贯穿于审计全过程

审计风险往往通过最终审计结论与预期的偏差体现出来，但并不意味着审计风险只存在于审计的最终环节。实际上，审计过程中每一个环节微小的因素，都可能导致产生审计风险。因此，审计人员需要在审计的整个过程中时刻关注审计风险。

3.审计风险是可控的

由于审计风险贯穿于审计全过程，因此，注册会计师需要在审计的各个阶段采取措施来降低最终承受的审计风险：在执行具体审计工作之前，制订科学合理的审计计划，并根据在审计执行过程中所获取的情况进行适时、适当的动态调整；在审计执行过程中，通过风险评估程序有效地识别和评估被审计单位的重大错报风险，并据此采取针对性的风险应对措施（比如，考虑审计程序执行的范围大小、详略程度等）；在审计完成阶段，需要再次对审计风险进行评估，判断整个项目的最终审计风险是否已降低至可接受的低水平。

二、审计风险的构成要素及其相互关系

在现代风险导向模式下，审计风险取决于重大错报风险和检查风险。

审计风险=重大错报风险×检查风险

（一）重大错报风险

重大错报风险，是指财务报表在审计前存在重大错报的可能性。重大错报风险与被审

计单位有关，与注册会计师无关，即一旦注册会计师接受被审计单位的业务委托，被审计单位的重大错报风险便成为既定的事实，无法被降低，更无法被消除。审计人员应当评估重大错报风险，并根据评估结果确定总体应对措施和进一步审计程序。

重大错报风险分为财务报表层次的重大错报风险与各类交易、账户余额和披露认定层次的重大错报风险。

1.财务报表层次的重大错报风险

财务报表层次的重大错报风险，是指与财务报表整体存在广泛联系并潜在影响多项认定的重大错报风险。财务报表层次的重大错报风险通常与控制环境有关，并与财务报表整体存在广泛联系，可能影响多项认定，但难以界定对某类交易、账户余额、列报的具体认定产生的影响。比如，当被审计单位存在明显的财务舞弊动机或已发现财务舞弊的迹象时，该重大错报风险难以界定影响某类具体认定，故属于财务报表层次的重大错报风险；另外，被审计单位管理层的诚信、被审计单位薄弱的控制环境（如关键控制缺失或未有效执行、管理层凌驾于内部控制之上），通常也可能与财务报表层次的重大错报风险相关。

2.各类交易、账户余额和披露认定层次的重大错报风险

认定层次的重大错报风险直接与交易、账户余额和披露的各项具体认定相关，评估认定层次的重大错报风险有助于注册会计师确定在认定层次实施的进一步审计程序（包括控制测试、实质性程序）的性质、时间安排和范围。

认定层次的重大错报风险由固有风险和控制风险两部分组成。

固有风险，是指在考虑相关的内部控制之前，某类交易、账户余额或披露的某一认定易于发生错报（这一错报单独或连同其他错报可能是重大的）的可能性。固有风险因素可能是定性或定量的，包括复杂性、主观性、变化、不确定性以及管理层偏向和其他舞弊风险因素。某些认定及相关类别的交易、账户余额和披露，固有风险较高，例如，复杂的计算或者金额来源于具有高度不确定性的会计估计的账户（如商誉、生物性资产、农林牧副渔行业的存货等）；外部环境引起的经营风险也可能影响固有风险，例如，技术进步可能导致某项产品陈旧（如更新换代较快的电子产品），进而导致存货易于被高估；被审计单位及其环境的某些因素（如缺乏持续经营的营运资本、由于大规模的经营失败而表现出的产业衰退），可能与多个或所有类别的交易、账户余额或披露相关，也可能影响与某一具体认定相关的固有风险。

控制风险，是指某类交易、账户余额或披露的某一认定发生错报，该错报单独或连同其他错报可能是重大的，但没有被内部控制及时防止、发现或纠正的可能性。控制风险取决于与财务报表编制有关的内部控制设计、执行和维护的有效性。管理层采用内部控制，旨在应对识别出的影响被审计单位实现与财务报表编制相关的目标的风险。然而，由于内部控制的固有限制，无论内部控制设计和运行如何有效，也只能降低而不能消除财务报表的重大错报风险。内部控制的固有限制包括诸如人为差错的可能性、因串通舞弊或管理层不适当地凌驾于控制之上而使内部控制被规避的可能性、实施内部控制的成本等。

（二）检查风险

检查风险，是指如果存在某一错报，该错报单独或连同其他错报是重大的，注册会计师为将审计风险降至可接受的低水平而实施程序后没有发现这种错报的可能性。检查风险取决于审计程序设计的合理性及其执行的有效性。通常，下列措施有助于提高审计程序设

计的合理性及其执行的有效性：制订恰当的计划、为项目组分派合适的人员、保持职业怀疑、监督和复核已执行的审计工作。然而，由于审计的固有限制，检查风险的存在是必然的，只能降低而无法消除。

三、审计的固有局限

注册会计师不可能将审计风险降至零，因此，不能对财务报表是否不存在舞弊或错误导致的重大错报获取绝对保证。这是由于审计存在固有限制，导致注册会计师据以得出结论和形成审计意见的大多数审计证据是说服性而非结论性的。审计的固有限制源于：（1）财务报告的性质；（2）审计程序的性质；（3）在合理的时间内以合理的成本完成审计的需要。

（一）财务报告的性质

企业财务报告的主体和核心是财务报表。管理层编制财务报表，需要根据被审计单位的事实和情况运用适用的财务报告编制基础的规定，在这一过程中需要作出判断。此外，许多财务报表项目涉及主观决策、评估或一定程度的不确定性，并且可能存在一系列可接受的解释或判断。因此，某些财务报表项目的金额本身就存在一定的变动幅度，这种变动幅度不能通过实施追加的审计程序来消除。例如，某些会计估计通常如此。即便如此，审计准则也要求注册会计师特别考虑在适用的财务报告编制基础下会计估计是否合理，相关披露是否充分，会计实务的质量是否良好（包括管理层判断是否可能存在偏向）。

（二）审计程序的性质

注册会计师获取审计证据的能力受到实务和法律上的限制。例如：（1）管理层或其他人员可能有意或无意地不提供与财务报表编制相关的或注册会计师要求的全部信息。因此，即使实施了旨在保证获取所有相关信息的审计程序，注册会计师也不能保证信息的完整性。（2）舞弊可能涉及精心策划和蓄意实施以进行隐瞒。（3）审计不是对涉嫌违法行为的官方调查，注册会计师没有被授予特定的法律权力（如搜查权），而这种权力对调查是必要的。

（三）财务报告的及时性和成本效益的权衡

审计中的困难、时间或成本等事项本身，不能作为注册会计师省略不可替代的审计程序或满足于说服力不足的审计证据的正当理由。制订适当的审计计划有助于保证执行审计工作需要的充分的时间和资源。尽管如此，信息的相关性及其价值也会随着时间的推移而降低，所以需在信息的可靠性和成本之间进行权衡。这在某些财务报告编制基础中得到认可。要求注册会计师处理所有可能存在的信息是不切实际的，基于信息存在错误或舞弊除非能够提供反证的假设而竭尽可能地追查每一个事项也是不切实际的。正是因为认识到这一点，财务报表使用者的期望是，注册会计师在合理的时间内以合理的成本对财务报表形成审计意见。为了在合理的时间内以合理的成本对财务报表形成审计意见，注册会计师有必要：（1）计划审计工作，以使审计工作以有效的方式得到执行；（2）将审计资源投向最可能存在重大错报风险的领域，并相应地在其他领域减少审计资源；（3）运用测试和其他方法检查总体中存在的错报。

由于审计的固有限制，即使按照审计准则的规定适当地计划和执行审计工作，也不可避免地存在财务报表的某些重大错报可能未被发现的风险。相应地，完成审计工作后发现舞弊或错误导致的财务报表重大错报，其本身并不表明注册会计师没有按照审计准则的规定执行审计工作。尽管如此，审计的固有限制也并不能作为注册会计师满足于说服力不足的审计证据的理由。注册会计师是否按照审计准则的规定执行了审计工作，取决于注册会计师在具体情况下实施的审计程序，由此获取的审计证据的充分性和适当性，以及根据总体目标和对审计证据的评价结果而出具审计报告的恰当性。

四、审计风险模型在审计工作中的应用

审计风险模型为注册会计师在审计全过程中控制审计风险提供了理论依据，具体体现在以下方面：

（一）计划阶段对重大错报风险进行识别、评估并提出应对措施

重大错报风险虽然无法被降低，但注册会计师可以根据识别与评估的重大错报风险的情况确定可接受的检查风险，并据此确定拟执行审计程序的性质、时间安排和范围。因此，识别与评估重大错报风险是审计工作的起点。

从审计风险模型可以推导出，注册会计师可接受的检查风险等于注册会计师预期可接受的审计风险除以重大错报风险。其中，预期可接受的审计风险是注册会计师经过职业判断后认为自己可以承受的风险水平，也可理解为既定的审计风险，该风险取决于会计师事务所和（或）注册会计师的风险偏好和质量管理状况，通常在决定承接该业务时就已确定。

检查风险=审计风险÷重大错报风险

换言之，注册会计师既定的审计风险水平与注册会计师评估的重大错报风险水平共同决定了其可接受的检查风险水平。在既定的审计风险水平下，检查风险是注册会计师可控制的变量，可接受的检查风险水平与重大错报风险的评估结果呈反向关系——评估的重大错报风险越高，可接受的检查风险越低；反之，可接受的检查风险越高。

【例题6-1】注册会计师对ABC公司2023年财务报表进行审计，确定可接受的审计风险水平为3%。

情况一：假定评估存货存在认定的重大错报风险水平为30%，则计算可接受的检查风险水平为：3%÷30%×100%=10%，即：注册会计师需要设计与执行恰当的审计程序，获取充分、适当的审计证据，将检查风险水平控制在10%以下，以使对存货存在认定得出不恰当结论的可能性（审计风险）不超过3%。

情况二：假定评估存货存在认定的重大错报风险水平为60%，则计算可接受的检查风险水平为：3%÷60%×100%=5%，即：注册会计师需要设计与执行足够的审计程序，获取充分、适当的审计证据，将检查风险水平控制在5%以下，以使对存货存在认定得出不恰当结论的可能性（审计风险）不超过3%。

显然，可接受的检查风险5%与可接受的检查风险10%相比，前者对执行审计工作的要求更严格，需要的审计证据更多。实务中，注册会计师不一定用绝对数量表达这些风险水平，而是选用"高""中""低"等文字进行定性描述。

（二）实施阶段根据更新后的重大错报风险评估结果调整审计程序

重大错报风险的识别和评估随着实施阶段审计工作的深入而不断获取更多、更广泛的信息，注册会计师需要根据不断获取的信息更新重大错报风险的评估结果，可接受的检查风险也随着重大错报风险评估结果的变化而变化。当可接受的检查风险变化后的水平低于

变化前确定的水平时，注册会计师应考虑增加样本或追加审计程序，执行更严格的审计工作；如果可接受的检查风险变化后的水平高于变化前确定的水平，则可以视情况对先前确定的审计程序进行调整。

（三）完成阶段评价审计风险是否降低至可接受的低水平

在完成阶段，注册会计师需要最终评估重大错报水平和检查风险水平，并运用"审计风险＝重大错报水平×检查风险"这一模型计算实际的审计风险水平，然后将实际的审计风险水平与计划阶段既定的审计风险水平进行比较，如果低于既定的审计风险水平，表明审计风险已降低至可接受的低水平，注册会计师可以结束审计工作，准备形成审计意见、出具审计报告；如果高于既定的审计风险水平，表明审计风险未降低至可接受的低水平，注册会计师仍需调整审计程序、追加审计工作，通过降低检查风险最终将审计风险降低至可接受的低水平。

审计风险模型指导下的审计工作思路如图6-1所示。

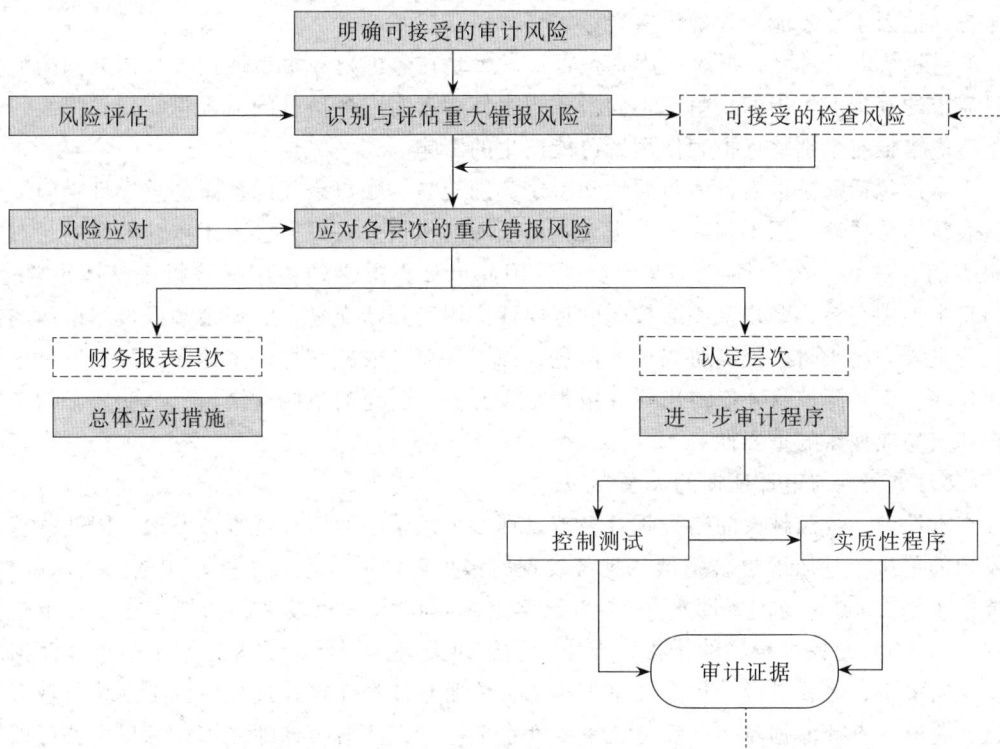

图6-1　审计风险模型指导下的审计工作思路

◎ 第二节　审计重要性

无论是在审计目标还是在审计风险的表述中，都强调"重大错报"。如何判断错报是否重大呢？需要一个"标尺"，这个"标尺"就是审计中的重要性概念。在确定审计程序的性质、时间安排和范围时，重要性被看作审计所允许的可能或潜在的未发现错报的限度，即审计人员在运用审计程序以检查财务报表的错报时所允许的误差范围；在评价审计结果时，重要性被看作某一错报或汇总的错报是否影响财务报表使用者判断和决策的标准。对重要性的评估是审计人员的一种专业判断。

一、重要性的概念及其与审计证据的关系

（一）重要性的概念

重要性作为一个非常关键的概念贯穿于审计的整个过程，正确理解其含义并加以有效运用，对于提高审计效率、保证审计质量和实现审计目标非常重要。通常而言，重要性概念可从以下方面进行理解：

1.如果合理预期错报（包括漏报）单独或汇总起来可能影响财务报表使用者依据财务报表作出的经济决策，则通常认为错报是重大的。

2.对重要性的判断是根据具体环境作出的，并受错报的金额或性质的影响，或受两者共同作用的影响。影响重要性的因素很多，不同公司的重要性不同，同一公司在不同时期的重要性可能也不同。审计人员在对某一公司进行审计时，必须根据该公司面临的环境，并考虑其他因素，才能合理确定重要性水平。

3.判断某事项对财务报表使用者是否重大，是在考虑财务报表使用者整体共同的财务信息需求的基础上作出的。由于不同财务报表使用者对财务信息的需求可能差异很大，因此不考虑错报对个别财务报表使用者可能产生的影响。

重要性包括财务报表整体重要性和特定类别交易、账户余额或披露的重要性：（1）财务报表整体重要性：用于判断财务报表整体层面的错报是否重大。由于审计的目的是对财务报表的合法性、公允性发表审计意见，因此审计人员必须考虑财务报表整体重要性。（2）特定类别交易、账户余额或披露的重要性：用于判断交易、账户余额或披露层面的错报是否重大。由于财务报表所提供的信息来源于各账户或各交易，审计人员只有通过审计各账户和各交易或披露才能得出财务报表是否合法、公允的整体性结论，因此还必须考虑账户和交易或披露的重要性。

（二）重要性与审计证据的关系

在审计中，金额越大的错报越容易被发现，金额越小的错报越难被发现，因此，越容易发现的错报审计风险也就越低，越难发现的错报审计风险也就越高。用数字表示就是，重要性水平 5 000 元与重要性水平 3 000 元相比，5 000 元表示较大的错报，在审计中较易发现，而 3 000 元代表较小的错报，在审计中较难发现。因此，重要性水平与审计证据之间呈反向关系，也就是说，重要性水平越低，注册会计师在审计过程中就必须执行越多的测试，获取的审计证据越多；反之，重要性水平越高，注册会计师在审计过程中就可以执行越少的测试，获取的审计证据也就越少。审计证据决定了审计程序的性质、时间安排和范围，审计程序进一步决定了审计成本的高低。

二、重要性的确定

在计划审计工作时，注册会计师应当确定一个合理的重要性水平，以发现在金额上重大的错报。注册会计师在确定计划的重要性水平时，需要考虑被审计单位及其环境等方面的情况（如被审计单位的行业状况、法律环境、监管环境、规模大小、业务性质、对会计政策的选择和应用等）、财务报表各项目的性质及其相互关系、财务报表项目的金额及其波动幅度。因此，确定重要性需要运用职业判断。

（一）财务报表整体的重要性

由于财务报表审计的目标是注册会计师通过执行审计工作对财务报表发表审计意见，因此，注册会计师计划阶段制定总体审计策略时，应当考虑财务报表整体的重要性。只有这样，注册会计师才能得出财务报表是否合法、公允反映的结论。确定多大错报会影响到财务报表使用者的决策，注册会计师应站在财务报表使用者整体共同对财务信息需求的角度，根据所在会计师事务所的惯例及自己的经验，结合被审计单位的实际情况作出专业判断。注册会计师通常先选定一个基准，再乘以某一百分比作为财务报表整体的重要性。

1.选定基准

在选择基准时，注册会计师需要考虑以下因素：（1）财务报表要素，如资产、负债、所有者权益、收入和费用；（2）是否存在特定会计主体的财务报表使用者特别关注的项目，如为了评价财务业绩，使用者可能更关注利润、收入或净资产；（3）被审计单位的性质、所处的生命周期阶段以及所处行业和经济环境；（4）被审计单位的所有权结构和融资方式，例如，被审计单位仅通过债务而非权益进行融资，财务报表使用者可能更关注资产及资产的索偿权，而非被审计单位的收益；（5）基准的相对波动性。

适当的基准取决于被审计单位的具体情况，包括各类收益，如税前利润、营业收入、毛利和费用总额，以及所有者权益或净资产。对于以营利为目的的实体：通常以经常性业务的税前利润作为基准；如果经常性业务的税前利润不稳定，选用其他基准可能更加合适，如毛利或营业收入。就选定的基准而言，相关的财务数据通常包括前期财务成果和财务状况、本期最新的财务成果和财务状况、本期的预算和预测结果。其中：本期最新的财务成果和财务状况、本期的预算和预测结果需要根据被审计单位情况的重大变化（如重大的企业并购）和被审计单位所处行业及经济环境情况的相关变化等作出调整。例如，当按照经常性业务的税前利润的一定百分比确定被审计单位财务报表整体的重要性时，如果被审计单位本年度税前利润因情况变化出现意外增加或减少，注册会计师可能认为按照近几年经常性业务的平均税前利润确定财务报表整体的重要性更加合适。

一些实务中较为常用的基准见表6-1。

表6-1　　　　　　　　　　　　　　　　　　常用的基准

被审计单位的情况	可能选择的基准
企业的盈利水平保持稳定	经常性业务的税前利润
企业近年来经营状况大幅波动，盈利和亏损交替发生，或者由正常盈利变为微利或微亏，或者本年度税前利润因情况变化而出现意外增加或减少	过去3~5年经常性业务的平均税前利润或亏损（取绝对值），或其他基准，如营业收入
企业为新设企业，处于开办期，尚未开始经营，目前正在建造厂房及购买机器设备	总资产
企业处于新兴行业，目前侧重于抢占市场份额、扩大企业知名度和影响力	营业收入
某开放式基金，致力于优化投资组合、提高基金净值、为基金持有人创造投资价值	净利润
某国际企业集团设立的研发中心，主要为集团下属各企业提供研发服务	成本费用总额
公益性质的基金会	捐赠收入或捐赠支出总额

在通常情况下，对于以营利为目的的企业，利润可能是大多数财务报表使用者最为关注的财务指标，因此，注册会计师可能考虑选取经常性业务的税前利润作为基准。但是在某些情况下，如企业处于微利或微亏状态时，采用经常性业务的税前利润为基准确定重要性可能影响审计的效率和效果。注册会计师可以考虑采用以下方法确定基准：（1）如果微利或微亏状态是由宏观经济环境的波动或企业自身经营的周期性所导致，可以考虑采用过去3~5年经常性业务的平均税前利润作为基准；（2）采用财务报表使用者关注的其他财务指标作为基准，如营业收入、总资产等。需要注册会计师关注的是，如果被审计单位的经营规模较上年度没有重大变化，通常使用替代性基准确定的重要性不宜超过上年度的重要性。

注册会计师为被审计单位选择的基准在各年度中通常会保持稳定，但是并非必须保持一贯不变。注册会计师可以根据经济形势、行业状况和被审计单位具体情况的变化对采用的基准作出调整。例如，被审计单位处在新设阶段时，注册会计师可能采用总资产作为基准，被审计单位处在成长期时注册会计师可能采用营业收入作为基准，被审计单位进入经营成熟期后注册会计师可能采用经常性业务的税前利润作为基准。

2.判断百分比

为选定的基准确定百分比需要运用职业判断：一是百分比和选定的基准之间存在一定的联系，如经常性业务的税前利润对应的百分比通常比营业收入对应的百分比要高。例如，对于以营利为目的的制造业企业，注册会计师可能认为经常性业务的税前利润的5%是适当的；而对于非营利组织，注册会计师可能认为总收入或费用总额的1%是适当的。百分比无论是高一些还是低一些，只要符合具体情况，都是适当的。二是在确定百分比时，除了考虑被审计单位是否为上市公司或公众利益实体外，其他因素也会影响注册会计师对百分比的选择，这些因素包括但不限于：（1）财务报表使用者的范围；（2）被审计单位是否由集团内部关联方提供融资或是否有大额对外融资，如债券或银行贷款；（3）财务报表使用者是否对基准数据特别敏感，如特殊目的财务报表的使用者。三是注册会计师在确定重要性水平时，不需考虑与具体项目计量相关的固有不确定性。例如，财务报表含有高度不确定性的大额估计，注册会计师并不会因此而确定一个比不含有该估计的财务报表更高或更低的财务报表整体重要性。

百分比有固定比率、变动比率两种。固定比率法，即在选定判断基础后，乘以一个固定百分比，计算出财务报表层次的重要性水平。但这个百分比是多少，世界各国的审计准则都没有作出规定，也无法作出规定。变动比率法的基本原理是，规模越大的公司，允许错报金额的比率就越小。一般根据资产总额或营业收入两者中较大的一项确定变动百分比。实务中判断重要性水平的一些参考标准详见表6-2。

表6-2　　　　　　　　　　　实务中判断重要性水平的一些参考标准

基准	百分比	应用
税前净利润	5% ~ 10%	税前净利润较小时用10%，较大时用5%
资产总额	0.5% ~ 1%	资产总额较小时用1%，较大时用0.5%
净资产	1%	
营业收入	0.5% ~ 1%	营业收入较小时用1%，较大时用0.5%

如果同一期间各财务报表重要性水平不同，注册会计师应当取其最低者作为财务报表层次的重要性水平。审计人员应当首先对每张财务报表都确定一个重要性水平。例如，根据利润表项目确定的重要性水平为100万元，根据资产负债表项目确定的重要性水平为200万元，由于财务报表之间相互关联，而且许多审计程序经常涉及两张以上财务报表，比如，用来确定年底赊销是否正确记录在适当期间的审计程序，不仅为资产负债表上的应收账款提供审计证据，而且为利润表上的销售收入提供审计证据，因此，注册会计师在编制审计计划时，应从职业谨慎出发，选用被认为对任何一张财务报表都重要的最小错报总体水平，也就是说，注册会计师应当选择最低的重要性水平作为财务报表层次的重要性水平。

【例题6-2】某会计师事务所的A和B注册会计师对甲公司2023年度财务报表进行审计，甲公司未经审计的有关报表项目见表6-3。

表6-3　　　　　　　　　　　甲公司未经审计的有关报表项目

财务报表项目名称	金额（万元人民币）
资产总计	360 000
股东权益合计	176 000
主营业务收入	480 000
净利润	48 240

要求：（1）如果以资产总计、股东权益合计、主营业务收入、净利润为判断基础，选用的判断比率分别为0.5%、1%、0.5%、5%，请代A和B注册会计师确定甲公司2023年度财务报表层次的重要性水平。（2）说明重要性水平与审计证据、审计成本之间的关系。

提示：（1）根据资产总计计算：360 000×0.5%=1 800（万元）

根据股东权益合计计算：176 000×1%=1 760（万元）

根据主营业务收入金额计算：480 000×0.5%=2 400（万元）

根据净利润金额计算：48 240×5%=2 412（万元）

如果同一期间各财务报表重要性水平不同，审计人员应当取其最低者作为财务报表层次的重要性水平，故应从四者中选择最低者作为报表层次的重要性水平，即1760万元。

（2）重要性水平与审计证据呈反向关系。也就是说，重要性水平越低，审计证据越多，审计成本就越高；反之，重要性水平越高，审计证据越少，审计成本就越低。

（二）特定类别交易、账户余额或披露的重要性

特定类别交易、账户余额或披露的重要性，注册会计师需要判断是否有必要确定。根据被审计单位的特定情况，如果存在一个或多个特定类别的交易、账户余额或披露，其发生的错报金额虽然低于财务报表整体的重要性，但合理预期可能影响财务报表使用者依据财务报表作出的经济决策，则注册会计师应当确定适用于这些交易、账户余额或披露的一个或多个重要性水平。

下列因素可能表明存在一个或多个特定类别的交易、账户余额或披露，其发生的错报金额虽然低于财务报表整体的重要性，但合理预期将影响财务报表使用者依据财务报表作出的经济决策：（1）法律法规或适用的财务报告编制基础是否影响财务报表使用者对特定项目计量或披露的预期，这些特定项目包括关联方交易、管理层和治理层的薪酬以及对具有较高估计不确定性的公允价值会计估计的敏感性分析；（2）与被审计单位所处行业相关的关键性披露，如制药企业的研究与开发成本；（3）财务报表使用者是否特别关注财务报表中单独披露的业务的特定方面，如关于分部或重大企业合并的披露。在根据被审计单位的特定情况考虑是否存在上述交易、账户余额或披露时，注册会计师通常需要了解治理层和管理层的看法和预期。

三、实际执行的重要性

（一）实际执行的重要性的概念

实际执行的重要性，是指注册会计师确定的低于财务报表整体重要性的一个或多个金额。实际执行的重要性与非重大错报有关。仅为发现单项重大的错报而计划审计工作将忽视这样一个事实，即单项非重大错报的汇总数可能导致财务报表出现重大错报，而且还有可能存在未发现的错报。因此，实际执行的重要性旨在将未更正和未发现错报的汇总数超过财务报表整体的重要性的可能性降至适当的低水平。如果适用，实际执行的重要性还指注册会计师确定的低于特定类别的交易、账户余额或披露的重要性水平的一个或多个金额，以确保将这些交易、账户余额或披露中未更正与未发现错报的汇总数超过这些交易、账户余额或披露的重要性水平的可能性降至适当的低水平。

实际执行的重要性与计划的重要性两者之间的关系如图6-2所示。

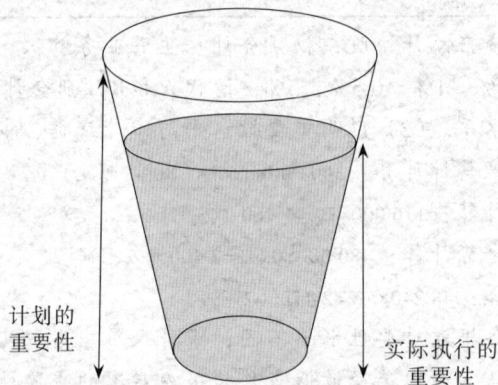

计划的
重要性

实际执行的
重要性

图6-2　实际执行的重要性和计划的重要性之间的关系

（二）实际执行的重要性的确定

确定实际执行的重要性并非简单的计算，需要注册会计师运用职业判断，并将对被审计单位的了解、前期审计工作中识别出的错报的性质和范围、根据前期识别出的错报对本期错报作出的预期等因素纳入考虑范围。通常而言，实际执行的重要性通常为财务报表整体重要性的50%~75%。对于审计风险较高的审计项目，需要确定较低的实际执行的重要性。

如果存在下列情况，注册会计师可能考虑选择较低的百分比来确定实际执行的重要性：（1）首次接受委托的审计项目；（2）连续审计项目，以前年度调整较多；（3）项目总体风险较高，如处于高风险行业、管理层能力欠缺、面临较大的市场竞争压力或业绩压力等；（4）存在或预期存在值得关注的内部控制缺陷。

如果存在下列情况，注册会计师可能考虑选择较高的百分比来确定实际执行的重要性：(1) 连续审计项目，以前年度审计调整较少；(2) 项目总体风险为低到中等，如处于非高风险行业、管理层有足够能力、面临较低的业绩压力等；(3) 以前期间的审计经验表明被审计单位内部控制运行有效。

注册会计师无须通过将财务报表整体的重要性平均分配或按比例分配至各个报表项目的方法来确定实际执行的重要性，而是需要根据对报表项目的风险评估结果，确定一个或多个实际执行的重要性。例如，根据以前期间的审计经验和本期审计计划阶段的风险评估结果，注册会计师认为可以以财务报表整体重要性的75%作为大多数报表项目的实际执行的重要性；与营业收入项目相关的内部控制存在控制缺陷，而且以前年度审计中存在审计调整，因此考虑以财务报表整体重要性的50%作为营业收入项目的实际执行的重要性，从而有针对性地对高风险领域执行更多的审计工作。

四、重要性在审计工作中的运用

注册会计师在计划和执行审计工作，以及评价审计结果时，为了提高审计效率、保证审计质量，均应运用重要性概念。一方面，由于社会经济环境的发展变化、公司规模的扩大，公司组织结构日趋复杂，详细审计已经不可能，在抽样审计下，审计人员为作出恰当的抽样决策，不得不涉及重要性水平；另一方面，在抽样审计方式下，审计人员对未审计部分是否存在错报要承担一定的风险，而风险大小与重要性的判断有关，故审计人员为保证审计质量，必须对重要性作出恰当的判断。当然，注册会计师应当合理运用重要性原则，如果重要性水平确定过低，则往往导致审计成本过大，从而浪费人力和时间；如果重要性水平确定过高，则审计风险过大，甚至得出错误的审计结论、发表不恰当的审计意见。应该说，后一种情况更为可怕，不恰当的审计意见往往使审计人员陷入法律诉讼的困境。

(一) 计划阶段对重要性的运用

在计划审计工作时，注册会计师需要对重要性作出判断，为确定风险评估程序的性质、时间安排和范围，识别和评估重大错报风险以及确定进一步审计程序的性质、时间安排和范围提供基础。

1.确定风险评估程序的性质、时间安排和范围

如果确定的重要性水平较低，风险评估时不宜采用分析程序，因为风险评估中的分析程序通常在财务报表数据与预期值存在重大差异时更有效。重要性水平较低也表明审计发现较低金额错报的风险较高，所以也不宜过分依赖期中风险评估获取的审计证据，审计范围也要扩大。

2.识别和评估重大错报风险

如果风险评估中采用分析程序，发现财务报表数据与预期值的差异达到财务报表层次的重要性水平，则表明存在重大错报风险；对于一些特定项目，在财务报表中反映的数据与预期值的差异达到该项目特定认定层次的重要性水平，也表明存在重大错报风险。

当评估出被审计单位的重大错报风险较高时，为了将最终的审计风险控制在可接受的低水平，注册会计师应拟定较低的可接受的检查风险，这就要求拟定较低的实际执行的重要性水平，实施更多的审计程序，以获取更多的审计证据；反过来，在其他条件相同的情

况下，更多的审计证据会直接降低检查风险，进而降低最终实际承受的审计风险，但是，更多的审计证据往往会带来审计成本的增加。因此，重要性水平不是定得越低越好，也不是定得越高越好，注册会计师应基于职业谨慎，站在整体财务报表使用者的角度按照成本效益原则予以恰当确定。

3.确定进一步审计程序的性质、时间安排和范围

财务报表层次的重要性水平和特定认定层次的重要性水平影响着认定层次的审计风险，因而会影响进一步审计程序的性质、时间安排和范围。

注册会计师可能根据实际执行的重要性，确定需要对哪些类型的交易、账户余额和披露实施进一步审计程序，即通常选取金额超过实际执行的重要性的财务报表项目，因为这些财务报表项目有可能导致财务报表出现重大错报。

金额低于实际执行的重要性的财务报表项目，并不表明注册会计师可以对其不实施进一步审计程序。这主要出于以下考虑：（1）单个金额低于实际执行的重要性的财务报表项目汇总起来可能金额重大（可能远远超过财务报表整体的重要性），注册会计师需要考虑汇总后的潜在错报风险；（2）对于存在低估风险的财务报表项目，不能仅仅因为其金额低于实际执行的重要性而不实施进一步审计程序；（3）对于识别出存在舞弊风险的财务报表项目，不能因为其金额低于实际执行的重要性而不实施进一步审计程序。

（二）实施阶段对重要性的运用

实施阶段，注册会计师需要运用重要性来判断所发现的错报或漏报是否重大，从而决定是否向被审计单位提出审计调整或重分类建议。

如果在审计过程中获知了某项信息，而该信息可能导致注册会计师确定与原来不同的财务报表整体重要性或者特定类别的交易、账户余额或披露的一个或多个重要性水平（如适用），则注册会计师必须根据所发现的错报或漏报决定是否需要修正初始重要性水平，并重新考虑实际执行的重要性及进一步审计程序的性质、时间安排和范围的适当性，以获取充分、适当的审计证据，作为发表审计意见的基础。

（三）完成阶段对重要性的运用

注册会计师在完成财务报表全部账目审查之后，在评价财务报表是否公允表达时，应运用重要性概念，评价"尚未更正错报的累积额"对财务报表的影响是否重要。该累积额由注册会计师已通过审计发现的错报（包括前期审计中已确认的尚未更正错报的净影响结果）和注册会计师对未能专门确定的其他错报的最佳估计额（即推断错误）之和组成，同时应考虑期后事项、或有事项是否已作适当处理。

注册会计师评价"尚未更正错报的累积额"对财务报表的影响主要包括两方面：（1）错报在性质上是否重要，即是否为舞弊或违法行为；（2）在金额上是否重要，即是否已经超过审计重要性水平。注册会计师评价审计结果所运用的重要性水平，应以实施阶段修正后的重要性水平为依据。

如果注册会计师认为"尚未更正错报的累积额"远远低于修正后的重要性水平，则需评价审计证据是否充分适当，如果审计证据充分适当，注册会计师可以发表无保留意见。如果注册会计师认为"尚未更正错报的累积额"超过修正后的重要性水平，就需要考虑通过扩大审计程序或请求管理层调整财务报表来降低"尚未更正错报的累积额"对财务报表的影响。如果管理层拒绝调整财务报表，且执行扩大审计程序的结果并不能使注册会计师

认为"尚未更正错报的累积额"不重要，注册会计师应按准则规定发表非无保留意见。如果注册会计师确定的"尚未更正错报的累积额"接近重要性水平，注册会计师应考虑尚未检查出的错报连同"尚未更正错报的累积额"是否可能超过重要性水平，并考虑通过执行额外审计程序或要求管理层就已确定的错报调整财务报表，以降低"尚未更正错报的累积额"对财务报表的影响。如果管理层拒绝调整财务报表，且追加审计程序的结果并不满意，注册会计师应按准则规定发表非无保留意见。完成阶段对重要性的运用见表6-4。

表6-4　　　　　　　　　　完成阶段对重要性的运用

评价结果	对财务报表的影响	审计对策	审计意见
"尚未更正错报的累积额"远远低于修正后的重要性水平	不重大	评价证据是否充分适当	证据充分适当：无保留意见
"尚未更正错报的累积额"超过修正后的重要性水平	重大	扩大审计程序范围，或要求管理层调整已识别的错报	拒绝调整且扩大审计程序结果不满意：非无保留意见
"尚未更正错报的累积额"接近修正后的重要性水平	重大	考虑总体错报是否超过重要性水平，并实施追加的审计程序，或要求管理层调整已识别的错报	拒绝调整且追加审计程序结果不满意：非无保留意见

【例题6-3】假设注册会计师确定乙公司财务报表总体的重要性水平为10万元、实际执行的重要性水平为5万元、明显微小的错报临界值为2.5万元。注册会计师在审计中发现4项错报，涉及的金额分别为6万元、2万元、1 500元、3.5万元，分别应如何处理？（假设被审计单位接受注册会计师的错报调整建议）

提示：6万元的错报超过执行的重要性水平，注册会计师应要求被审计单位对财务报表作出相应调整；2万元和3.5万元的错报介于实际执行的重要性水平和明显微小错报的临界值之间，注册会计师在审计过程中一般暂时不要求被审计单位必须调整，但需要记录下来，待审计工作最后阶段汇总错报金额为5.5万元，小于总体的重要性水平，表明错报不重大，可以不作调整；1 500元的错报金额小于明显微小错报的临界值，可以不调整、不累积。

注册会计师针对财务报表整体发表审计意见，因此没有责任发现对财务报表整体影响并不重大的错报。值得注意的是，即使某些错报低于财务报表整体的重要性，但因与这些错报相关的某些情况，在将其单独或连同在审计过程中累积的其他错报一并考虑时，注册会计师也可能将这些错报评价为重大错报。这些情况包括：（1）错报与会计政策的不正确选择或运用相关，这些会计政策的不正确选择或运用对当期财务报表不产生重大影响，但可能对未来期间财务报表产生重大影响；（2）错报掩盖收益的变化或其他趋势的程度。

【思考】审计报告中应该披露重要性吗？

英国财务汇报局（Financial Reporting Council，FRC）认为审计报告应当包括以下内容，以向报告使用者提供更多关于审计的信息，从而减少预期差距：（1）由注册会计师识别的对总体审计策略、审计资源分配和指导审计项目组工作方向有重要影响的重大错报风险；（2）注册会计师在审计计划和审计执行的过程中如何考虑重要性水平；（3）审计范围的总结，包括该审计范围是如何应对上述重大错报风险，以及如何受重要性水平应用的影响。

但值得注意的是，在2017年9月由FRC组织的关于重要性水平披露的圆桌会议上，投资者表示其普遍对重要性水平的概念缺乏理解，甚至存在误读。有的投资者明确表示："如果你问投资者的看法，那么他们不会对一串数字的披露表示赞赏。"不过，他们对于重要性水平选择的基准表示在意，因为这可能是上市公司的关键业绩指标，同时，他们关注的是商业驱动因素和行业环境，他们认为这些也最好考虑进审计方法当中。

在我国，2021年3月9日证监会在其发布的《监管规则适用指引——审计类第1号》中明确要求：注册会计师应在非标准审计意见专项说明中，披露使用的合并财务报表整体的重要性水平，包括选取基准及百分比、计算结果、选取依据。若本期重要性水平内容较上期发生变化，应披露变化原因。该指引自2021年3月23日起施行。

资料来源：陈汉文. 审计［M］. 5版. 北京：中国人民大学出版社，2022.

本章小结 ◎

审计风险是指当财务报表存在重大错报时，注册会计师发表不恰当审计意见的可能性。审计风险由重大错报风险和检查风险构成，其中：重大错报风险是指财务报表在审计前存在重大错报的可能性，分为财务报表层次的重大错报风险和各类交易、账户余额和披露认定层次的重大错报风险。重大错报风险客观存在且与被审计单位有关，注册会计师只能识别和评估，无法降低更无法消除。检查风险与注册会计师有关，是注册会计师可以控制和降低的风险，取决于注册会计师对审计程序的设计是否合理以及执行是否有效。审计风险模型为注册会计师在审计全过程中控制审计风险提供了理论依据，计划阶段需要对重大错报风险进行识别、评估并提出应对措施，实施阶段需要根据更新后的重大错报风险评估结果调整审计程序，完成阶段需要评价审计风险是否确已降低至可接受的低水平。"重大错报"与审计目标、审计风险密切相关，衡量错报是否重大的"标尺"就是审计中的重要性概念。重要性与审计证据呈反向关系，与审计成本呈反向关系。重要性的判断贯穿于审计全过程，计划阶段需要确定财务报表整体的重要性和特定类别交易、账户余额或披露的重要性，以及实际执行的重要性，用于确定审计程序的性质、时间安排和范围；实施阶段需要运用重要性来判断所发现的错报或漏报是否重大，从而决定是否向被审计单位提出审计调整或重分类建议，同时需要根据所发现的错报或漏报决定是否需要修正初始重要性水平，并考虑对审计程序的影响；完成阶段需要运用重要性评价"尚未更正错报的累积额"对财务报表的影响，并采取相应对策。由审计风险和审计重要性的相关知识，基本可以推导出执行审计工作的总体思路和流程：为了将审计风险降至可接受的低水平，注册会计师应当先识别和评估重大错报风险，然后据此确定可接受的检查风险，若可接受的检查风险较低（高）则应当拟定较低（高）的重要性水平，以获取更多（少）的审计证据，实现审计效率与效果的统一。

课后思考题 ------------------◎

1.什么是审计风险？审计风险的构成要素有哪些？

2.审计风险模型在审计工作全过程中是如何控制风险的？

3.什么是审计中的重要性概念？如何确定重要性？

4.重要性在审计各阶段中如何运用？

5.审计目标、审计风险、重要性、审计证据之间的关系是什么？

本章测评

第七章
风险评估

思维导图

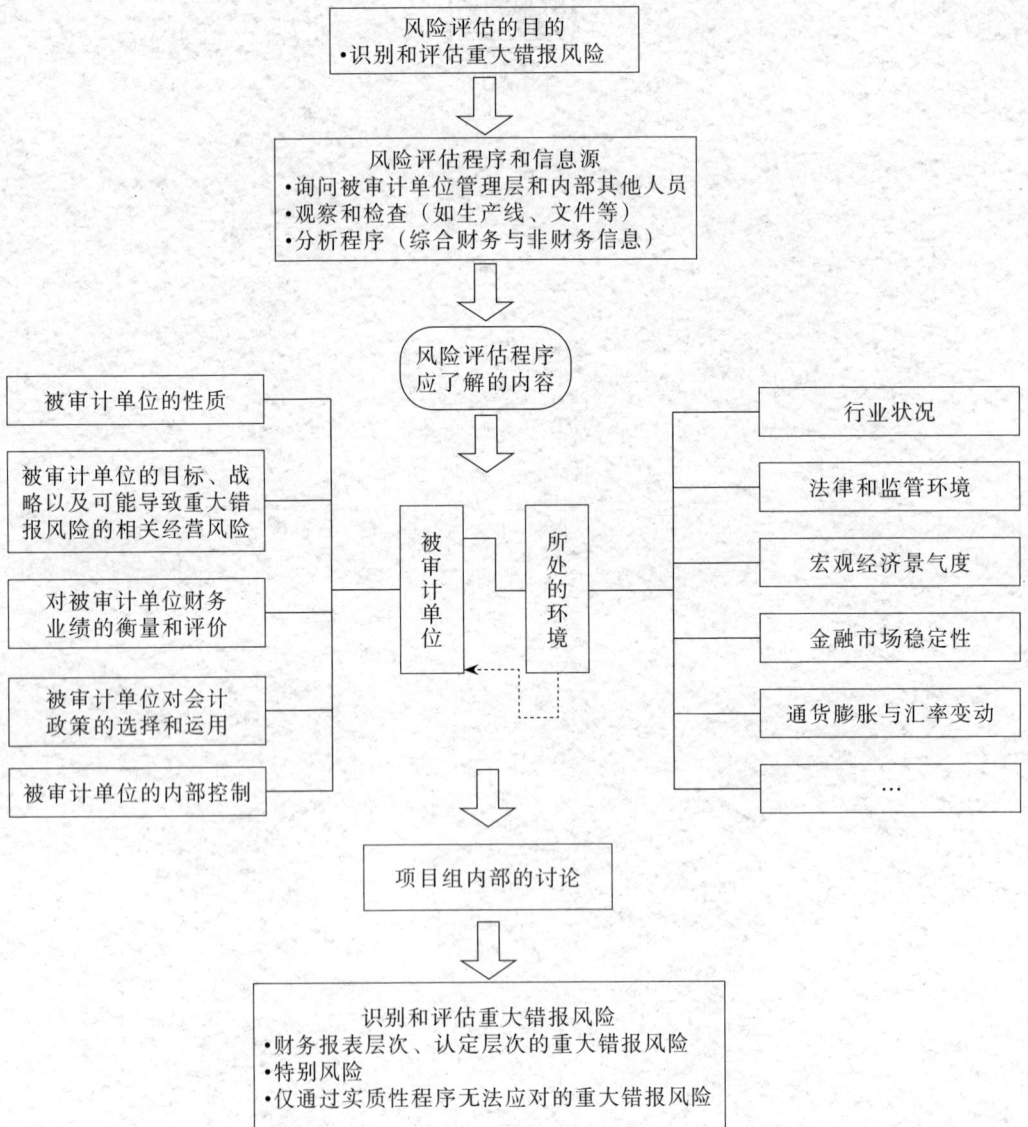

- 将习近平总书记关于防范化解重大风险的重要论述融入审计风险的专业知识讲授中，深刻领会扎实把握建立健全风险研判机制、决策风险评估机制、风险防控协同机制等的重要意义，在学习和工作中保持风险判断和评估能力，科学防范"灰犀牛""黑天鹅"等风险事件发生。
- 贯彻学习习近平总书记关于审计工作的具体指示，明确风险评估工作在审计工作中的重要价值以及在风险防范过程中的现实意义，培养能够从日趋复杂的社会环境中迅速识别风险、评估风险并积极应对风险的能力。

知识传授

- 理解风险评估在风险导向审计中的目的与意义，掌握风险评估程序及其具体要求，理解项目组内部讨论的意义。
- 掌握了解被审计单位及其环境的意义、内容和方法。
- 理解重大错报风险和特别风险，掌握识别和评估财务报表层次和认定层次的重大错报风险的方法。

案例引入

正中珠江会计师事务所对康美药业的风险识别与评估存在缺陷

根据中国证监会行政处罚决定书（广东正中珠江会计师事务所、杨文蔚、张静璃、刘清、苏创升）〔2021〕11号，正中珠江会计师事务所对康美药业的风险评估存在缺陷：

一、2016年风险识别与评估阶段的部分审计工作底稿存在缺陷

正中珠江认定康美药业2016年财务报表整体层面的风险等级为中等。货币资金由于期末余额大、"存贷双高"明显、外部媒体质疑较多等原因，存在舞弊风险。营业收入由于规模大、业务复杂、涉及关联公司多等原因，也存在舞弊风险。正中珠江部分审计工作底稿中，对货币资金、营业收入的风险评估结果错误，审计工作存在缺陷：一是汇总的重大错报风险领域不包括货币资金和营业收入；二是在对重要账户和交易制订进一步审计程序计划时，认定货币资金和营业收入不存在重大错报风险，不属于特别风险领域；三是汇总的特别风险领域仅包括货币资金，未包括营业收入。

二、2017年风险识别与评估阶段的部分审计工作底稿存在缺陷

正中珠江认定康美药业2017年财务报表整体层面的风险等级为中等。货币资金由于期末余额大、"存贷双高"明显、外部媒体质疑较多等原因，存在舞弊风险。营业收入由于规模大、业务复杂、涉及关联主体多等原因，也存在舞弊风险。正中珠江部分审计工作底稿中，对货币资金、营业收入的风险评估结果错误，审计工作存在缺陷：一是汇总的重大错报风险领域不包括货币资金和营业收入；二是识别的财务报表层次的重大错报风险中，仅认定货币资金存在舞弊风险，未认定营业收入存在舞弊风险；三是评估的认定层次

的重大错报风险中，未认定货币资金、营业收入存在舞弊风险。

正中珠江会计师事务所的上述行为不符合《中国注册会计师审计准则第1141号——财务报表审计中与舞弊相关的责任》第25条和《中国注册会计师审计准则第1211号——通过了解被审计单位及其环境识别和评估重大错报风险》第31条的规定。

三、2018年风险识别与评估阶段的部分审计工作底稿存在缺陷

部分审计底稿未认定营业收入项目存在舞弊风险或特别风险，未就由于舞弊导致的财务报表重大错报的可能性执行相关的审计程序，存在缺陷。

正中珠江认定康美药业2018年财务报表整体层面的风险等级为"存在重大风险"。由于康美药业以前年度存在财务造假行为，当期营业收入存在舞弊风险。由于康美药业一直强调中药材行业的龙头地位，中药材贸易未记录在捷科系统中，也未开具发票，管理不规范，存在较高的舞弊风险。

在正中珠江部分审计工作底稿中，对康美药业营业收入或中药材贸易的风险评估结果错误，审计工作存在缺陷：一是汇总的重大风险领域中，认定中药材贸易收入不存在特别风险；二是在针对特别风险采取的应对措施汇总表中，未认定营业收入存在特别风险。正中珠江的行为不符合《中国注册会计师审计准则第1141号——财务报表审计中与舞弊相关的责任》第25条、《中国注册会计师审计准则第1211号——通过了解被审计单位及其环境识别和评估重大错报风险》第31条的规定。审计工作底稿未记录正中珠江项目组内部就舞弊事项进行讨论，或者分析舞弊存在的压力、机会和借口等事项，不符合《中国注册会计师审计准则第1141号——财务报表审计中与舞弊相关的责任》第48条的规定。

资料来源：中国证券监督管理委员会官网http://www.csrc.gov.cn/.

上述案例充分说明了注册会计师对被审计单位的重大错报风险进行充分审慎评估的重要性。注册会计师实施审计的目的是对财务报表整体是否不存在舞弊或错误导致的重大错报获取合理保证。风险导向审计模式是当今主流的审计方式，要求注册会计师实施风险评估程序，了解被审计单位及其环境、适用的财务报告编制基础和内部控制体系各要素，并识别和评估财务报表层次及认定层次的重大错报风险，为设计和实施总体应对措施和进一步审计程序，应对评估的重大错报风险提供依据。风险评估程序是审计工作的起点，本章和第八章分别介绍如何对重大错报风险进行识别和评估及应对，并最终将审计风险降至可接受的低水平。

◎ 第一节　风险评估概述

一、风险识别和评估的概念和作用

（一）风险识别和评估的概念

风险识别和评估，是指注册会计师通过了解被审计单位及其环境获得信息，识别并评估财务报表层次和认定层次的重大错报风险。风险识别是评估风险的前提条件。风险识别是指找出导致财务报表层次和认定层次发生重大错报的风险；风险评估是指对财务报表重大错报发生的可能性和后果严重程度进行评估。

（二）风险识别和评估的作用

了解被审计单位及其环境是注册会计师应当实施的必要程序，贯穿于整个审计过程的始终，对实现审计目标具有重要的意义，主要为注册会计师在以下环节作出职业判断时提供帮助。

注册会计师应当设计和实施风险评估程序，以获取审计证据，为识别和评估财务报表层次及认定层次重大错报风险，设计进一步审计程序提供依据。

注册会计师应当实施风险评估程序，以了解被审计单位及其环境、适用的财务报告编制基础和内部控制体系各要素，为注册会计师在下列关键环节作出职业判断提供重要基础：（1）确定重要性水平，并帮助注册会计师随着审计工作的进程评估其对重要性的判断是否需要调整；（2）考虑会计政策的选择和运用、财务报表的列报是否恰当；（3）识别需要特别考虑的领域，包括关联方交易、管理层运用持续经营假设的合理性、交易是否具有合理的商业目的等；（4）确定在实施分析程序时所使用的预期值；（5）设计和实施进一步审计程序，将审计风险降至可接受的低水平；（6）评价所获取审计证据的充分性和适当性。

了解被审计单位及其环境、适用的财务报告编制基础和内部控制体系各要素是一个连续和动态地收集、更新与分析信息的过程，贯穿于整个审计过程的始终，注册会计师的预期可能随着获得的新信息而发生变化。

注册会计师应当运用职业判断确定需要了解的程度。注册会计师评价了解的程度是否恰当，关键是看获得的了解是否足以为识别、评估财务报表层次及认定层次重大错报风险和设计进一步审计程序提供依据。如果足以为之提供依据，那么，了解的程度就是恰当的。当然，要求注册会计师对被审计单位及其环境等方面情况了解的程度，要低于管理层为经营管理企业而对被审计单位及其环境等方面情况需要了解的程度。

二、风险评估程序和信息来源

风险评估程序，是指注册会计师为了解被审计单位及其环境（包括内部控制），以识别和评估财务报表层次和认定层次的重大错报风险而实施的审计程序。注册会计师应当依据实施这些程序所获取的信息，识别和评估重大错报风险。

风险评估程序包括询问、分析程序、观察和检查、其他审计程序。

（一）询问

询问被审计单位管理层、负责财务报告的人员和被审计单位内部其他相关人员是注册会计师了解被审计单位及其环境的一个重要信息来源。

1.询问管理层和负责财务报告的人员

注册会计师可以考虑向管理层和负责财务报告的人员询问下列事项：

（1）管理层所关注的主要问题，如新的竞争对手、主要客户和供应商的流失、新的税收法规的实施以及经营目标或战略的变化等。

（2）被审计单位最近的财务状况、经营成果和现金流量。

（3）可能影响财务报告的交易和事项，或者目前发生的重大会计处理问题，如重大的购并事宜等。

（4）被审计单位发生的其他重要变化，如所有权结构、组织结构的变化，以及内部控制的变化等。

2.询问被审计单位内部其他相关人员

除了询问管理层和负责财务报告的人员外，注册会计师还可以通过询问被审计单位内部其他不同层级和职责的适当人员获取信息，这可能为识别和评估重大错报风险提供不同的视角。询问对象及事项具体详见表7-1。

表7-1　　　　　　　　　询问被审计单位内部其他相关人员及事项

询问对象	询问事项
（1）治理层	了解治理层对管理层编制财务报表的监督程度
（2）负责生成、处理或记录复杂或异常交易的员工	了解被审计单位选择和运用某项会计政策的恰当性
（3）内部法律顾问	了解诉讼、遵守法律法规的情况、影响被审计单位的舞弊或舞弊嫌疑、产品保证、售后责任、与业务合作伙伴的安排（如合营企业）以及合同条款的含义等事项的有关信息
（4）营销人员	了解被审计单位营销策略的变化、销售趋势，以及与客户的合同安排等
（5）风险管理职能部门或人员	了解可能影响财务报告的经营和监管风险
（6）信息技术人员	了解系统变更、系统或控制失效的情况，或与信息技术相关的其他风险
（7）适当的内部审计人员	了解被审计单位及其环境以及内部控制体系各要素

（二）分析程序

分析程序是指注册会计师通过研究不同财务数据之间以及财务数据与非财务数据之间的内在关系，对财务信息作出评价。实施分析程序有助于注册会计师识别不一致的情形、异常的交易或事项，以及可能对审计产生影响的金额、比率和趋势。识别出的异常或未预期到的关系可以帮助注册会计师识别重大错报风险，特别是由于舞弊导致的重大错报风险。

注册会计师将分析程序用作风险评估程序时，可以同时使用财务信息和非财务信息，了解固有风险因素的相关变化如何影响"相关认定"易于发生错报的可能性，如分析销售额这一财务信息与销售卖场面积、已出售商品数量等非财务信息之间的关系，判断是否存在重大错报风险。

注册会计师实施分析程序的结果可以大体上初步显示发生重大错报的可能性。例如，在对许多被审计单位（包括业务模式、流程和信息系统较不复杂的被审计单位）进行审计时，注册会计师可以对相关信息进行简单的比较，如中期账户余额或月度账户余额与以前期间的余额相比发生的变化，以发现潜在的较高风险领域。

注册会计师实施分析程序也可以使用高度汇总的数据。如果使用了高度汇总的数据，分析程序的结果可能仅仅初步显示财务报表中存在重大错报风险，此时注册会计师应当将分析程序的结果与其他程序识别重大错报风险时获取的信息一并考虑，针对高度汇总数据的每一来源实施更为详细、深入的分析程序。例如，客户有很多产品系列，每个产品系列的毛利率都存在一定差异。此时，如果要分析其毛利率是否有异常，就需要针对不同产品系列分别进行毛利率计算与分析，实施更为详细的分析程序，以找出异常所在。

（三）观察和检查

观察和检查程序可以支持对管理层和其他相关人员的询问结果，并提供有关被审计单位及其环境的信息。

1.观察被审计单位的生产经营活动

观察被审计单位的生产经营活动，能使注册会计师了解被审计单位的重要业务、成本，并有机会接触重要岗位的职员，为风险评估提供环境证据。例如，观察被审计单位人员正在从事的生产活动和内部控制活动，增加注册会计师对被审计单位人员如何进行生产经营活动及实施内部控制的了解。关于企业采购的内部控制规定产品入库前要经过验收程序，而注册会计师在实际观察过程中发现验收的程序并未有效履行，而是由仓库管理员随意在验收单上签名确认验收，则说明企业在该环节可能存在重大错报风险。

2.检查文件（如经营计划和策略）、记录和内部控制手册

企业在生产经营过程中会有大量的文件，以记录日常的经营活动及重大活动和内部控制的目的、细节、注意事项等。通过检查文件、记录和内部控制手册，注册会计师可以了解被审计单位的重要经营信息和生产流程等。通常需要检查的文件包括公司章程及细节、商业计划和战略、合同、协议等。例如，注册会计师检查被审计单位的经营计划、策略、章程，与其他单位签订的合同、协议，各业务流程操作指引和内部控制手册等，组织结构图等，了解被审计单位组织结构和内部控制制度的建立健全情况，再同询问员工得到的结果比较，就可以判断企业内部控制设计是否切实得到正确理解和严格执行，判断该环节是否存在重大错报风险。

3.阅读管理层和治理层编制的报告

阅读被审计单位年度和中期财务报告，股东大会、董事会会议、高级管理层会议的会议记录或纪要，管理层的讨论和分析资料，对重要经营环节和外部因素的评价，被审计单位内部管理报告以及其他特殊目的的报告，如新投资项目的可行性分析报告等，注册会计师可以了解自上一期审计结束至本期审计期间被审计单位发生的重大事项。

4.实地察看被审计单位的生产经营场所和厂房设备等

实地察看被审计单位的生产经营场所和厂房设备、核心业务流程、电子数据处理系统的设施以及内部控制存在薄弱环节的地方，如仓库等重要储存地点是否有人看管、是否存在过多的残存废料等，同时在实地察看过程中与被审计单位管理层和担任不同职责的员工进行交流，可以增强注册会计师对被审计单位的经营活动及其重大影响因素的了解。

5.追踪交易在财务报告信息系统中的处理过程（穿行测试）

通过追踪某笔或某几笔交易在业务流程中如何生成、记录、处理和报告，以及相关控制如何执行，注册会计师可以确定被审计单位的交易流程和相关控制是否与之前通过其他程序所获得的了解一致，并初步确定相关控制是否得到执行。穿行测试是调查、了解内部控制的设计及是否得到执行的有效程序，但穿行测试并不能确定内部控制是否有效执行。

值得注意的是，注册会计师在了解被审计单位的每个方面时，并不要求实施上述所有

的风险评估程序。注册会计师应不带倾向地设计和实施风险评估程序，以获取支持重大错报风险识别和评估的审计证据。对于识别的潜在的相矛盾的信息，注册会计师在识别和评估重大错报风险时应保持职业怀疑，这种职业怀疑可能包括：（1）质疑相矛盾的信息以及文件的可靠性；（2）考虑管理层和治理层对询问的答复以及从管理层和治理层获取的其他方面的信息；（3）对可能表明存在舞弊或错误导致的错报的情况保持警觉；（4）根据被审计单位的性质和具体情况，考虑获取的审计证据是否支持注册会计师对重大错报风险的识别和评估。注册会计师在实施风险评估程序时，可以使用自动化工具和技术，如对总账、明细账或其他经营数据等大批量数据进行自动化分析，使用无人机等远程观察工具观察或检查资产等。

【案例 7-1】　　　　　　如此检查观察　舞弊无处遁形

2020 年 2 月 1 日，浑水公司发布对瑞幸咖啡的做空报告，随后在 4 月 2 日瑞幸咖啡承认 2019 年第二至第四季度捏造交易相关的销售总额 22 亿元人民币，这使得在当日的交易中瑞幸咖啡股票触发了 6 次熔断，跌幅高达 75.57%。浑水公司充分运用审计中的检查和观察程序获得瑞幸咖啡欺诈的多个证据。

证据 1：单个门店的每日销售商品数量在 2019 年第三和第四季度分别至少被夸大了 69% 和 88%，支撑证据为 11 260 小时的门店流量视频。浑水公司调动了 92 名全职和 1 418 名兼职人员进行实地监控，记录了 981 个工作日的门店流量，覆盖了 100% 的营业时间。门店选择基于城市和位置类型分布，与瑞幸咖啡所有直营店的组合相一致。

证据 2：瑞幸咖啡的"单笔订单商品数"已从 2019 年第二季度的 1.38 降至 2019 年第四季度的 1.14。

证据 3：收集了 25 843 张顾客收据，发现瑞幸咖啡夸大了其每件商品的净售价至少 1.23 元人民币或 12.3%，以人为地维持商业模式。真实情况下，门店层面的亏损高达 24.7%~28%。剔除免费产品，实际的销售价格是上市价格的 46%，而不是管理层声称的 55%。

浑水公司通过实地观察和调查从单店日均销售量、单笔订单商品数、实际商品单价等指标证实了瑞幸咖啡在销售收入上的欺诈行为。此外，浑水公司在进行实地调研时，还会观察工厂环境、机器设备、进出厂区的车辆运载情况，甚至和工厂工人及附近居民进行交谈以了解公司的真实经营情况。浑水公司这种全面、深入的观察方式，对注册会计师在审计过程中开展检查和观察程序具有较强的启示作用。

资料来源：浑水公司. 瑞幸咖啡：欺诈+存在根本性缺陷的业务［EB/OL］. （2020-04-05）. https://www.163.com/dy/article/F9F92JQV05198AO7.html.

（四）其他审计程序

除了采用上述程序从被审计单位内部获取信息以外，如果根据职业判断认为从被审计单位外部获取的信息有助于识别重大错报风险，注册会计师也可以执行其他审计程序。例如，直接或间接从监管机构等特定外部机构获取；获取被审计单位的公开信息，如被审计单位发布的新闻稿、分析师或投资者会议的材料、分析师报告或与交易活动有关的信息；询问被审计单位聘请的外部法律顾问、专业评估师、投资顾问和财务顾问等。不论内部和外部信息的来源如何，注册会计师都需要考虑用作审计证据的信息的相关性和可靠性。

三、信息来源

注册会计师应当考虑在评价客户关系和审计业务的接受或保持过程中获取的信息是否与识别重大错报风险相关。通常，对新的审计业务，注册会计师应在业务承接阶段对被审计单位及其环境等方面情况有一个初步的了解，以确定是否承接该业务。而对连续审计业务，也应在每年的续约过程中对上年审计作总体评价，并更新对被审计单位的了解和风险评估结果，以确定是否续约。如果项目合伙人为被审计单位执行其他业务如执行中期财务报表审阅业务等，项目合伙人应当考虑所获取的信息是否有助于识别重大错报风险。

对于连续审计业务，如果拟利用以往与被审计单位交往的经验和以前审计中实施审计程序获取的信息，注册会计师应当确定该经验和信息自以前审计后是否已发生变化，并评价这些经验和信息是否依然相关和可靠。例如，通过前期审计获取的有关被审计单位组织结构、生产经营活动和内部控制的审计证据，以及有关以往的错报是否得到及时更正的信息，可以帮助注册会计师评估本期财务报表的重大错报风险。但值得注意的是，被审计单位及其环境等方面情况的变化可能导致此类信息在本期审计中已不具有相关性。例如，注册会计师前期已经了解了被审计单位内部控制的设计和执行情况，但被审计单位及其环境等方面的情况可能在本期发生变化，导致内部控制也发生相应变化。在这种情况下，注册会计师需要实施询问和其他适当的审计程序，如穿行测试，以确定该变化是否可能影响此类信息在本期审计中的相关性。

四、项目组内部的讨论

项目组内部的讨论在所有业务阶段都非常必要，可以保证所有事项得到恰当的考虑，有助于注册会计师在审计工作的早期识别可能存在的与披露相关的重大错报风险领域。

（一）项目组讨论的目的

项目组内部进行的讨论可以达到下列目的：（1）使经验较丰富的项目组成员（包括项目合伙人）有机会分享其根据对被审计单位的了解形成的见解，共享信息有助于增进所有项目组成员对项目的了解。（2）使项目组成员能够讨论被审计单位面临的经营风险，固有风险因素如何影响各类交易、账户余额和披露易于发生错报的可能性，以及财务报表易于发生舞弊或错误导致的重大错报的方式和领域。（3）帮助项目组成员更好地了解在各自负责的领域中潜在的财务报表重大错报，并了解各自实施的审计程序的结果可能如何影响审计的其他方面，包括对确定进一步审计程序的性质、时间安排和范围的影响；特别是讨论可以帮助项目组成员基于各自对被审计单位性质和情况的了解，进一步考虑相矛盾的信息。（4）为项目组成员交流和分享在审计过程中获取的、可能影响重大错报风险评估结果或应对这些风险的审计程序的新信息提供基础。

（二）项目组讨论的内容

项目组成员可以交流和分享在整个审计过程中获得的信息，包括可能对重大错报风险评估产生影响的信息或针对这些风险实施审计程序的信息，还可以根据实际情况讨论其他重要事项。这些事项可能包括：（1）财务报告要求的变化，该变化可能导致作出重大的新披露或对现有披露作出重大修改；（2）被审计单位所处的环境、财务状况或经营活动的变化，该变化可能导致作出重大的新披露或对现有披露作出重大修改，例如，审计期间发生的重大企业合并；（3）以前审计中难以获取充分、适当的审计证据的披露；（4）关于复杂事项的披露，包括管理层对披露信息内容的重大判断。

项目组讨论的内容和范围受项目组成员的职位、经验和所需要的信息的影响。表7-2列示了讨论的三个主要领域和可能涉及的信息。

表7-2   项目组讨论内容列示

讨论的目的	讨论的内容
分享了解的信息	1.被审计单位的性质、管理层对内部控制的态度、从以往审计业务中获得的经验、重大经营风险因素 2.已了解的影响被审计单位的外部和内部舞弊因素，可能为管理层或其他人员实施下列行为提供动机或压力： ➤实施舞弊 ➤为实施构成犯罪的舞弊提供机会 ➤利用企业文化或环境，寻找使舞弊行为合理化的理由 ➤侵占资产（考虑管理层对接触现金或其他易被侵占资产的员工实施监督的情况） 3.确定财务报表哪些项目易于发生重大错报，表明管理层倾向于高估或低估收入的迹象 4.可能存在的与披露相关的重大错报风险领域
分享审计思路和方法	1.管理层可能如何编报和隐藏虚假财务报告，例如管理层凌驾于内部控制之上。根据对识别的舞弊风险因素的评估，设想可能的舞弊场景对审计很有帮助。例如，销售经理可能通过高估收入实现达到奖励水平的目的，这可能通过修改收入确认政策或进行不恰当的收入截止来实现 2.出于个人目的侵占或挪用被审计单位的资产行为如何发生 3.考虑： ➤管理层高估/低估账目的方法，包括对准备和估计进行操纵以及变更会计政策等 ➤用于应对评估风险可能的审计程序/方法
为项目组指明审计方向	1.强调在审计过程中保持职业怀疑态度的重要性：不应将管理层当成完全诚实的，也不应将其作为罪犯对待 2.列示表明存在舞弊可能性的迹象，例如： ➤识别警示信号（红旗），并予以追踪 ➤一个不重要的金额（如增长的费用）可能表明存在很大的问题，如管理层诚信 3.决定如何增加拟实施审计程序的性质、时间安排和范围的不可预见性 4.总体考虑：每个项目组成员拟执行的审计工作部分、需要的审计方法、特殊考虑、时间记录要求，如果出现问题应联系的人员，审计工作底稿复核，以及其他预期事项 5.强调对表明管理层不诚实的迹象保持警觉的重要性

（三）项目组讨论的参与人员

注册会计师应当运用职业判断确定项目组内部参与讨论的成员。项目组的关键成员应当参与讨论，如果项目组需要拥有信息技术或其他特殊技能的专家，这些专家也可根据需要参与讨论。参与讨论人员的范围受项目组成员的职责经验和信息需要的影响，例如，在跨地区审计中，每个重要地区项目组的关键成员都应该参加讨论，但不要求所有成员每次都参与项目组的讨论。

（四）项目组讨论的时间和方式

项目组应当根据审计的具体情况，在整个审计过程中持续交换有关财务报表发生重大错报可能性的信息。同时，项目组在讨论时应当强调在整个审计过程中保持职业怀疑态度，警惕可能发生重大错报的迹象，并对这些迹象进行严格追踪。

◎ 第二节　了解被审计单位及其环境

一、了解被审计单位及其环境概述

为了识别和评估财务报表重大错报风险，注册会计师了解被审计单位及其环境是必须实施的程序。注册会计师了解被审计单位及其环境，能够为下列关键环节的职业判断提供重要基础：评估重大错报风险；确定重要性；考虑选择和运用会计政策的恰当性和财务报表披露的充分性；识别与财务报表中金额或披露相关的需要特别考虑的领域，如关联方交易、管理层对被审计单位持续经营能力的评估或交易是否具有合理的商业目的；确定在实施分析程序时使用的预期值；应对评估的重大错报风险，包括设计和实施进一步审计程序以获取充分、适当的审计证据；评价已获取审计证据的充分性和适当性，如假设的适当性以及管理层口头声明和书面声明的适当性。

了解被审计单位及其环境是一个连续和动态地收集、更新与分析信息的过程，贯穿于整个审计过程的始终。

二、了解被审计单位及其环境的内容

了解被审计单位及其环境的内容一般包括以下六方面：（1）相关行业状况、法律环境和监管环境及其他外部因素，包括适用的财务报告编制基础；（2）被审计单位的性质；（3）被审计单位对会计政策的选择和运用，包括变更会计政策的原因；（4）被审计单位的目标、战略以及可能导致重大错报风险的相关经营风险；（5）对被审计单位财务业绩的衡量和评价；（6）被审计单位的内部控制。需要注意的是，被审计单位及其环境的各个方面可能会相互影响，注册会计师在对被审计单位及其环境的各方面进行了解和评估时，应当考虑各因素间的相互关系。例如，被审计单位的行业状况、法律环境和监管环境以及其他外部因素可能影响到被审计单位的目标、战略以及相关经营风险，而被审计单位的性质、目标、战略以及相关经营风险可能影响到被审计单位对会计政策的选择和运用，以及内部控制的设计和执行。

（一）行业状况、法律环境和监管环境及其他外部因素

1.行业状况

被审计单位经营所处的行业可能由于其经营性质或监管程度导致可能产生特定的重大错报风险，了解行业状况有助于注册会计师识别与被审计单位所处行业有关的重大错报风险。

注册会计师应当了解的被审计单位的行业状况主要包括：（1）所处行业的市场与竞争，包括市场需求、生产能力和价格竞争；（2）生产经营的季节性和周期性；（3）与被

审计单位产品相关的生产技术；（4）能源供应与成本。

风险评估程序的逻辑图如图7-1所示。

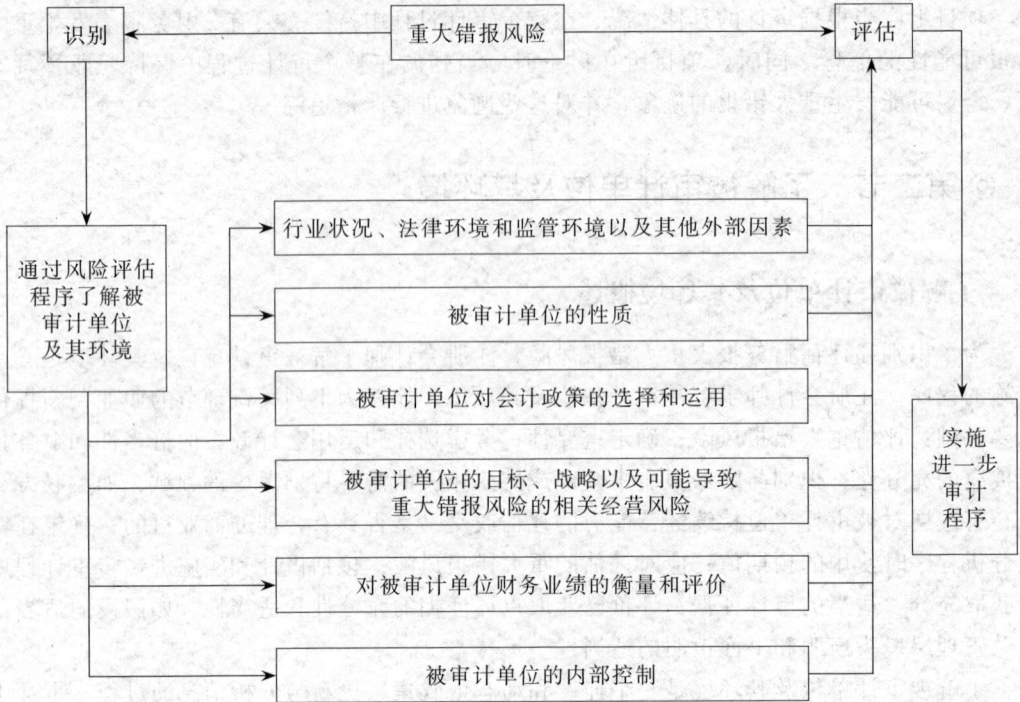

图7-1　风险评估程序的逻辑图

具体而言，注册会计师可能需要了解以下情况：

（1）被审计单位所处行业的总体发展趋势是什么？

（2）处于哪一发展阶段，如起步、快速成长、成熟或衰退阶段？

（3）所处市场的需求、市场容量和价格竞争如何？

（4）该行业是否受经济周期波动的影响，以及采取了什么行动使波动产生的影响最小化？

（5）该行业受技术发展影响的程度如何？

（6）是否开发了新的技术？

（7）能源消耗在成本中所占比重是多少？能源价格的变化对成本的影响如何？

（8）谁是被审计单位最重要的竞争者？它们各自所占的市场份额是多少？

（9）被审计单位与其竞争者相比主要的竞争优势是什么？

（10）被审计单位业务的增长率和财务业绩与行业的平均水平及主要竞争者相比如何？存在重大差异的原因是什么？

（11）竞争者是否采取了某些行动，如购并活动、降低销售价格、开发新技术等，从而对被审计单位的经营活动产生影响？

（12）供应商和客户关系如何？

（13）行业关键指标和统计数据是什么？

2.法律和监管因素

被审计单位在日常经营管理活动中应当遵守相关法律法规和监管要求。相关法律和监管因素包括法律环境和监管环境，法律环境和监管环境包括适用的财务报告编制基础、法律和政治环境等。

注册会计师应当了解被审计单位所处的法律环境与监管环境，主要包括：（1）会计原则和行业特定惯例；（2）受管制行业的法规框架，包括披露要求；（3）对被审计单位经营活动产生重大影响的法律法规，包括直接的监管活动；（4）税收政策，如关于企业所得税和其他税种的政策；（5）目前对被审计单位开展经营活动产生影响的政府政策，如货币政策（包括外汇管制）、财政政策、财政刺激措施（如政府援助项目）、关税或贸易限制政策等；（6）影响行业和被审计单位经营活动的环保要求；（7）适用于被审计单位及其所在行业或领域的法律法规框架的特定要求。

3.其他外部因素

注册会计师应当了解影响被审计单位的其他外部因素，主要包括总体经济情况、利率融资的可获得性、通货膨胀水平或币值变动等。

具体而言，注册会计师可能需要了解以下情况：

（1）当前的宏观经济状况以及未来的发展趋势如何？

（2）目前国内或本地区的经济状况（如增长率、通货膨胀率、失业率、利率等）怎样影响被审计单位的经营活动？

（3）被审计单位的经营活动是否受汇率波动或全球市场力量的影响？

4.了解的重点和程度

注册会计师对上述外部因素了解的范围和程度，因被审计单位所处行业、规模以及其他因素（如市场地位）的不同而不同。例如，对于从事计算机硬件制造的被审计单位，注册会计师可能更关心市场和竞争以及技术进步的情况；对于金融企业，注册会计师可能更关心宏观经济走势以及货币、财政等方面的宏观经济政策；对于化工等产生污染的行业，注册会计师可能更关心相关环保法规。注册会计师可以考虑将了解的重点，放在对被审计单位的经营活动可能产生重要影响的关键外部因素，以及与前期相比发生的重大变化上。

注册会计师应当考虑被审计单位所在行业的性质或监管程度是否可能导致特定的重大错报风险，并考虑项目组是否配备了具有相关知识和经验的成员。例如，建筑行业长期合同涉及收入和成本的重大估计，可能导致重大错报风险；银行监管机构对商业银行的资本充足率有专门规定，不能满足这一监管要求的商业银行可能有操纵财务报表的动机和压力。

（二）被审计单位的性质

了解被审计单位的性质，可以使注册会计师了解预期在财务报表中反映的各类交易、账户余额和披露。一般来说，了解被审计单位的性质包括所有权结构、组织结构、经营活动、投资活动、筹资活动、财务报告实务等方面。

1.所有权结构

了解被审计单位的所有权结构有助于注册会计师识别关联方关系并了解被审计单位的决策过程。

注册会计师应当了解所有权结构以及所有者与其他人员或主体之间的关系，考虑关联方关系是否已经得到识别，以及关联方交易是否得到恰当核算。良好的治理结构能够有效监督被审计单位的经营和财务运作，从而降低财务报表发生重大错报的风险。因此，注册会计师应当了解被审计单位的治理结构，考虑治理层是否能够在独立于管理层的情况下对被审计单位财务报告、内部控制等事项作出客观判断。

2.组织结构

注册会计师需要了解被审计单位的组织结构是否复杂。复杂的组织结构通常可能导致重大错报风险。例如，被审计单位可能是一个在不同地点有多个子公司或其他组成部分的复杂结构，在这种组织结构下，除了编制合并报表困难外，还容易具有重大错报风险，这些错报风险领域包括：将商誉分配到业务分部及商誉的减值；投资对象是不是合营企业、子公司或应当采用权益法处理的投资；特殊目的实体的会计处理是否恰当；以及财务报表是否已对这些问题作出充分披露等。

3.经营活动

了解被审计单位的经营活动有助于注册会计师识别预期在财务报表中反映的主要交易类别、重要账户余额和披露。注册会计师应当对被审计单位的经营活动进行了解，主要包括：收入来源、产品或服务以及市场的性质（包括电子商务，如网上销售和营销活动）；业务的开展情况（如生产阶段与生产方法，易受环境风险影响的活动）；联盟、合营与外包情况；地区分布与行业细分；生产设施、仓库和办公室的地理位置，存货存放地点和数量；关键客户及货物和服务的重要供应商，劳动用工安排（包括是否存在工会合同、退休金和其他退休福利、股票期权或激励性奖金安排以及与劳动用工事项相关的政府法规）；研究与开发活动及其支出；关联方交易。

4.投资活动

了解被审计单位的投资活动有助于注册会计师关注被审计单位在经营策略和方向上的重大变化。注册会计师应当了解被审计单位的投资活动，主要包括：计划实施或近期已实施的并购或资产处置；证券与贷款的投资和处置；资本性投资活动，包括固定资产和无形资产投资，以及近期或计划发生的变动；对未纳入合并范围的实体的投资，包括合伙企业、合营企业和特殊目的实体。

5.筹资活动

了解被审计单位筹资活动有助于注册会计师评估被审计单位在融资方面的压力，并进一步考虑被审计单位在可预见的未来的持续经营能力。注册会计师应当了解被审计单位的筹资活动，主要包括：主要子公司和联营企业（无论是否处于合并范围内）；债务结构和相关条款，包括资产负债表表外融资和租赁安排；实际受益方（实际受益方是国内的还是国外的，其商业声誉和经验可能对被审计单位产生的影响）及关联方；衍生金融工具的使用。

6.财务报告实务

注册会计师应当了解影响被审计单位财务报告的重要政策、交易或事项，主要包括：会计政策和行业特定惯例，包括特定行业各类重要的交易、账户余额及财务报表相关披露（如银行业的贷款和投资、医药行业的研究与开发活动）；收入确认；公允价值会计核算；外币资产、负债与交易；异常或复杂交易（包括在有争议或新兴领域的交易）的会计处理（如对以股票为基准的薪酬的会计处理）。

（三）被审计单位对会计政策的选择和运用

注册会计师应当根据被审计单位的经营活动，评价会计政策是否适当，并与适用的财务报告编制基础（如会计准则）、相关行业使用的会计政策保持一致。注册会计师在了解被审计单位对会计政策的选择和运用时需要关注如下事项：被审计单位对重大和异常交易的会计处理方法；在缺乏权威性标准或共识、有争议的或新兴领域采用重要会计政策产生的影响；会计政策的变更；新颁布的财务报告准则、法律法规，以及被审计单位何时、如何采用这些规定。

如果被审计单位变更了重要的会计政策，注册会计师应当考虑变更的原因及其适当性，并考虑是否符合适用的会计准则和相关会计制度。除此之外，注册会计师还应当考虑被审计单位是否按照适用的会计准则和相关会计制度的要求恰当地进行了列报，并披露了重要事项。

（四）被审计单位的目标、战略以及可能导致重大错报风险的相关经营风险

经营风险是指可能对被审计单位实现目标和战略的能力产生不利影响的重大情况、事项、环境和作为（或不作为）所致的风险，或由于不恰当的目标和战略导致的风险。经营风险比财务报表重大错报风险范围更广，并最终传导至财务报表形成重大错报风险。

被审计单位在行业状况、法律环境和监管环境及其他内部和外部因素的背景下开展活动，管理层或治理层需要确定目标，作为被审计单位发展的总体规划。战略是管理层为实现目标而采用的方法，被审计单位的目标和战略可能会随着时间而变化。经营风险源于企业所处环境的变化或经营活动的复杂性，管理层未能认识到根据环境变化而变化可能导致经营风险，或者管理层在应对环境变化时作出的调整不当也可能导致经营风险。例如，开发新产品或服务可能失败；即使成功开拓了市场，也不足以支持产品或服务；产品或服务存在瑕疵，可能导致负债及声誉风险。

由于多数经营风险最终都会产生财务后果，影响财务报表，因此注册会计师应当根据被审计单位的具体情况考虑经营风险是否可能导致财务报表发生重大错报。经营风险可能对某类交易、账户余额和披露的认定层次重大错报风险产生直接影响，也可能对财务报表层次重大错报风险产生直接影响。例如，因客户群减少产生的经营风险可能增加与营业收入发生相关的重大错报风险。但是，同样的风险，尤其是在经济紧缩时，可能具有更为长期的后果，注册会计师需要在评价运用持续经营假设的适当性时予以考虑。

（五）对被审计单位财务业绩的衡量和评价

被审计单位内部或外部对财务业绩的衡量和评价可能对管理层产生压力，促使其采取行动改善经营业绩或歪曲财务报表。因此，注册会计师应当了解被审计单位财务业绩的衡量和评价情况，考虑这种压力是否可能导致管理层采取行动，以致增加财务报表发生重大错报的风险。

1.应关注的信息

在了解被审计单位财务业绩的衡量和评价情况时，注册会计师应当关注的内部信息包括：（1）关键业绩指标（财务或非财务的）、关键比率、趋势和经营统计数据；（2）同期财务业绩比较分析；（3）预算、预测、差异分析，分部信息与分部、部门或其他不同层次的业绩报告；（4）员工业绩考核与激励性报酬政策；（5）被审计单位与竞争对手的业绩比较。

在评价管理层是否存在歪曲财务报表的动机和压力时，注册会计师还可以考虑可能存在的其他情形。例如，企业或企业的一个主要组成部分是否有可能被出售；管理层是否希

望维持或提升企业的股价或盈利走势，而热衷于采用过度激进的会计方法；基于纳税的考虑，股东或管理层是否有意采取不适当的方法使盈利最小化；企业是否持续增长和接近财务资源的最大限度；企业的业绩是否急剧下降，可能存在终止上市的风险；企业是否具备足够的可分配利润或现金流量，以维持目前的利润分配水平；如果公布欠佳的财务业绩、重大未决交易，如企业合并或新业务合同的签订等是否可能产生不利影响；企业是否过度依赖银行借款，而财务业绩又可能达不到借款合同对财务指标的要求。这些情况都显示，管理层在面临重大压力时，可能粉饰财务业绩，发生舞弊风险。

此外，外部机构或人员也可能衡量和评价被审计单位的财务业绩，例如，财务分析师、信用评级机构也可能衡量和评价被审计单位的财务业绩。

2.关注被审计单位内部财务业绩衡量的结果

在评价过程中，注册会计师应当关注被审计单位内部财务业绩衡量所显示的未预期到的结果或趋势、管理层的调查结果和纠正措施，以及相关信息是否显示财务报表可能存在重大错报。例如，业绩衡量可能表明，被审计单位与同行业其他实体相比具有异常快速的增长率或盈利水平，这些信息如果与基于业绩的奖金或激励性报酬等其他因素结合考虑，可能表明管理层在编制财务报表时存在偏向的潜在风险。因此，注册会计师可以关注被审计单位内部财务业绩衡量所显示的未预期到的结果或趋势、管理层的调查结果和纠正措施，以及相关信息是否显示财务报表可能存在重大错报。

3.考虑财务业绩衡量指标的可靠性

如果拟利用被审计单位内部信息系统生成的财务业绩衡量指标，注册会计师应当考虑相关信息是否可靠，以及利用这些信息是否足以实现审计目标。许多财务业绩衡量中使用的信息可能由被审计单位的信息系统生成。如果被审计单位管理层在没有合理基础的情况下，认为内部生成的衡量财务业绩的信息是准确的，而实际上信息有误，那么根据有误的信息得出的结论也可能是错误的。如果注册会计师计划在审计中（如在实施分析程序时）利用财务业绩指标，应当考虑相关信息是否可靠，以及在实施审计程序时利用这些信息是否足以发现重大错报。

（六）被审计单位的内部控制

根据我国《企业内部控制基本规范》，内部控制是由企业董事会、监事会和全体员工实施的，旨在合理保证控制目标实现的过程。控制目标是内部控制的起点，我国内部控制的目标是合理保证企业经营管理合法合规、资产安全、财务报告及相关信息真实完整，提高经营效率和效果，促进企业实现发展战略。注册会计师审计的目标是对财务报表是否不存在重大错报发表审计意见，因此，注册会计师在财务报表审计中仅需考虑与审计相关的内部控制，并非被审计单位所有的内部控制。

1.了解内部控制的目的

注册会计师在了解与审计相关的控制时，应当评价内部控制的设计，并确定其是否得到执行，但不包括对控制是否得到一贯执行进行测试。除非存在某些可以使控制得到一贯运行的自动化控制，否则注册会计师对控制的了解并不足以测试控制运行的有效性。例如，某一人工控制在某一时点得到执行的审计证据，并不能提供该控制在所审计期间内的其他时点也有效运行的证据。但是，由于信息技术处理流程的内在一贯性，实施审计程序确定某项自动化控制是否得到执行，也可以实现对控制运行有效性测试的目标。

2.从五要素了解内部控制

企业内部控制包括内部环境、风险评估、控制活动、信息与沟通、内部监督五个要素。

（1）内部环境

内部环境是企业实施内部控制的基础，一般包括治理结构、机构设置及权责分配、内部审计、人力资源政策、企业文化等。注册会计师了解控制环境可能包括下列方面：对诚信和道德价值观的沟通与落实；对胜任能力的重视；治理层的参与；管理层的理念和经营风格；组织结构；职权与责任的分配；人力资源政策与实务。

注册会计师了解内部环境通常应当实施以下风险评估程序（详见表7-3）。

表7-3　　　　　　　　　　　　了解被审计单位内部环境的程序

风险评估程序	具体内容
询问、观察、检查	➢管理层如何履行其管理职责，例如，被审计单位的组织文化，管理层是否重视诚信、道德和价值观 ➢在治理层与管理层分离的体制下，治理层的独立性以及治理层监督内部控制体系的情况 ➢被审计单位内部权限和职责的分配情况 ➢被审计单位如何吸引、培养和留住具有胜任能力的人员 ➢被审计单位如何使其人员致力于实现内部控制体系的目标
评价内部控制环境	➢在治理层的监督下，管理层是否营造并保持了诚实守信和合乎道德的文化 ➢根据被审计单位的性质和复杂程度，内部环境是否为内部控制体系的其他要素奠定了适当的基础 ➢识别出的内部环境方面的控制缺陷，是否会削弱被审计单位内部控制体系的其他要素 ➢评价与信息技术相关的内部环境，包括信息技术的治理是否与被审计单位及其由信息技术支撑的业务经营的性质和复杂程度相称，与信息技术和资源分配相关的管理层组织结构，信息技术环境方面的投入等

（2）风险评估

风险评估是指企业及时识别、系统分析经营活动中与实现内部控制目标相关的风险，合理确定风险应对策略。被审计单位的风险评估过程为管理层确定需要管理的风险提供了基础。注册会计师应当了解被审计单位是否已建立风险评估过程，包括：识别与财务报告目标相关的经营风险；估计风险的重要性；评估风险发生的可能性；应对这些风险的措施。

如果被审计单位已建立风险评估过程，注册会计师应当了解风险评估过程及其结果。如果识别出管理层未能识别出的重大错报风险，注册会计师应当评价是否存在这类风险，即注册会计师预期被审计单位风险评估过程应当识别出而未识别出的风险。如果存在这类风险，注册会计师应当了解风险评估过程未能识别出的原因，并评价风险评估过程是否适合具体情况，或者确定与风险评估过程相关的内部控制是否存在值得关注的内部控制缺陷。

如果被审计单位未建立风险评估过程，或具有非正式的风险评估过程，注册会计师应当与管理层讨论是否识别出与财务报告目标相关的经营风险以及如何应对这些风险。注册会计师应当评价缺少记录的风险评估过程是否适合具体情况，或确定是否表明存在值得关注的内部控制缺陷。

（3）与财务报告相关的信息系统（包括相关业务流程）和沟通

与财务报告相关的信息系统（包括会计系统）由一系列的程序和记录组成。被审计单位的业务流程是指旨在实现下列目的的活动：开发、采购、生产、销售、配送产品和提供服务；确保遵守法律法规；记录信息，包括会计和财务报告信息。业务流程产生的交易由信息系统记录、处理和报告。因此，了解被审计单位的业务流程（包括交易产生的方式），有助于注册会计师以适合被审计单位具体情况的方式了解与财务报告相关的信息系统。

注册会计师应当从下列方面了解与财务报告相关的信息系统（包括相关业务流程）：在被审计单位经营过程中，对财务报表具有重大影响的各类交易；在信息技术和人工系统中，被审计单位的交易生成、记录、处理、必要的更正、结转至总账以及在财务报表中报告的程序；用以生成、记录、处理和报告（包括纠正不正确的信息以及信息如何结转至总账）交易的会计记录、支持性信息和财务报表中的特定账户；被审计单位的信息系统如何获取除交易以外的对财务报表重大的事项和情况；用于编制被审计单位财务报表（包括作出的重大会计估计和披露）的财务报告过程；与会计分录相关的控制，这些分录包括用以记录非经常性的、异常的交易或调整的非标准会计分录。应当注意，了解与财务报告相关的信息系统应当包括了解信息系统中与财务报表所披露信息相关的方面，无论该信息是从总账和明细账中获取，还是从总账和明细账之外的其他途径获取。

另外，注册会计师应当了解被审计单位如何沟通与财务报告相关的人员的角色和职责以及与财务报告相关的重大事项。这种沟通包括：管理层与治理层之间的沟通；外部沟通，如与监管机构的沟通。

（4）控制活动

控制活动是企业根据风险评估结果，采用相应的控制措施，将风险控制在可承受度之内。控制措施一般包括不相容职务分离控制、授权审批控制、会计系统控制、财产保护控制、预算控制、运营分析控制和绩效考评控制等。注册会计师为评估认定层次重大错报风险并设计进一步审计程序，有必要了解与审计相关的控制活动。

判断一项控制活动是否与审计相关，注册会计师需要考虑以下三个因素：一是注册会计师识别出的可能导致重大错报的风险；二是在确定实质性程序的范围时，注册会计师认为测试控制运行的有效性是否适当；三是管理层建立的、用于应对没有按照适用的财务报告编制基础进行披露导致的重大错报风险的控制。

值得注意的是，注册会计师的工作重点是识别和了解重大错报风险更高的领域的控制活动，如果多项控制活动能够实现同一目标，注册会计师不必了解与该目标相关的每项控制活动，例如，与财务报表中每类重大交易、账户余额和披露或与其每项认定相关的所有控制活动。

（5）内部监督

内部监督是指企业应当根据《企业内部控制基本规范》及其配套办法，制定内部控制监督制度，明确内部审计机构（或经授权的其他监督机构）和其他内部机构在内部监督中的职责权限，规范内部监督的程序、方法和要求。内部监督通过对内部控制设计和运行情况进行监督检查，评价内部控制设计的有效性和运行的有效性，以发现和认定内部控制缺陷，并督促及时改进和完善的过程。内部监督分为日常监督和专项监督。内部监督对控制的持续有效运行十分重要。例如，管理层对是否定期编制银行存款余额调节表进行复核，公司法律部门定期监控公司的道德规范和商务行为准则是否得以遵循等。

注册会计师应当了解被审计单位用于监督与财务报告相关的内部控制的主要活动，包括了解针对与审计相关的控制活动的监督，以及被审计单位如何对控制缺陷采取补救措施。如果被审计单位设有内部审计部门，注册会计师应当了解内部审计的职能范围以及内部审计在被审计单位中的地位，以及内部审计已实施或拟实施的活动等事项，以确定是否能够利用内部审计的工作。

值得注意的是，监督活动中使用的很多信息可能由被审计单位的信息系统产生。如果管理层假定用于监督的数据是准确的，而这一假定没有依据，则这些信息可能存在错误，导致管理层从监督活动中得出不正确的结论。因此，注册会计师需要了解与被审计单位监督活动相关的信息来源，以及管理层认为信息对于信息的使用目的足够可靠的依据。

3.从整体层面和业务流程层面了解内部控制

内部控制要素中的控制环境、风险评估和内部监督三项要素更多地对被审计单位整体层面产生影响，即整体层面的控制；控制活动、信息系统与沟通两项要素则更多地与特定业务流程相关，即业务流程层面的控制。

内部环境为内部控制体系其他要素的运行奠定了总体基础。内部环境不能直接防止或发现并纠正错报，但可能影响内部控制体系其他要素中控制的有效性。同样，风险评估和内部监督也旨在支持整个内部控制体系。整体层面的控制对业务流程层面的控制能否有效执行具有重要影响，整体层面的控制薄弱很可能使业务流程层面的控制失效。例如，被审计单位管理层凌驾于内部控制之上，很可能导致公司业务流程的内部控制失效；又如，被审计单位有一个非常有效的采购系统内部控制，但是如果人力资源方面有缺陷，如采购人员的能力不能胜任业务工作，则仍然可能发生大量错误导致采购系统的内部控制失效。

业务流程层面的控制与销售业务、采购业务、生产业务、资产管理业务、研发业务、特定业务相关，其存在的内部控制缺陷通常会影响与业务相关的报表项目及某项具体认定。以一般制造业企业为例，注册会计师对业务流程层面内部控制的了解通常采取下列步骤：

（1）确定被审计单位的重要业务流程。注册会计师通常将被审计单位的整个经营活动划分为几个重要业务流程，分别是货币资金流程、销售与收款流程、采购与付款流程、生产与存货流程等。

（2）了解重要的交易流程。注册会计师通过询问被审计单位人员，了解货币资金流程、销售与收款流程、采购与付款流程、生产与存货流程。例如，在销售与收款流程中，注册会计师可以了解被审计单位的销售业务是怎样的流程，从接受订单开始，到发货、开具发票、记账等具体是怎样操作的。

（3）确定可能发生错报的环节。注册会计师需确定被审计单位业务流程的哪些环节容易导致财务报表发生错报，这些环节需要设置控制，以防止或者发现并纠正可能发生的错报。

（4）了解控制的设计。在确定了可能发生错报的环节后，注册会计师应进一步了解这些环节是否设置了控制，控制的设计是否合理，是否有遗漏，以及内部控制具体是怎样设计的。

（5）执行穿行测试，证实对交易流程和相关控制的了解。穿行测试是指追踪交易在财务报告信息系统中的处理过程。例如，注册会计师追踪一笔销售交易从接受订单开始，到签订合同、发货、运输、收货、开具发票、记账，直至收回货款、计提坏账准备等完整的一套销售流程的信息处理过程，旨在获取并检查这一处理流程中各个环节相关的单据、文件等资料，尤其是能够印证内部控制的设计和执行的资料，来证实被审计单位的交易流程和相关控制是否与之前了解的一致，并确定控制是否得到执行。

（6）对内部控制的初步评价。根据执行上述程序及获取的审计证据，注册会计师需要评价内部控制的设计是否合理以及是否得到执行，但不包括对控制是否得到一贯执行作出评价。注册会计师对控制评价的结论可能有三种：一是制度设计合理，并得到执行；二是控制本身的设计是合理的，但没有得到执行；三是控制本身的设计无效，或者缺乏必要的控制。

4.识别与审计相关的控制

注册会计师需要应用职业判断，确定一项控制单独或连同其他控制是否与审计相关。注册会计师在判断时可能考虑下列事项：①重要性；②相关风险的严重程度；③被审计单位的规模；④被审计单位业务的性质，包括组织结构和所有权特征；⑤被审计单位经营的多样性和复杂性；⑥适用的法律法规；⑦内部控制的情况和适用的要素；⑧作为内部控制组成部分的系统（包括使用服务机构）的性质和复杂性；⑨一项特定控制单独或连同其他控制是否以及如何防止或发现并纠正重大错报。

如果注册会计师在设计和实施进一步审计程序时，拟利用被审计单位内部生成的信息，则针对该信息完整性和准确性的控制可能与审计有关；企业与经营和合规目标相关的控制，如果与注册会计师实施审计程序时评价或使用的数据相关，则这些控制也可能与审计相关；企业用于防止未经授权购买、使用或处置资产的内部控制，可能包括与财务报告和经营目标相关的控制，注册会计师仅需要考虑与财务报告可靠性相关的控制。

被审计单位通常有一些与目标相关但与审计无关的控制，注册会计师无须对其加以考虑。例如，被审计单位可能依靠某一复杂的自动化控制提高经营活动的效率和效果，如航空公司用于维护航班时间表的自动化控制系统，但这些控制通常与审计无关。进一步讲，虽然内部控制应用于整个被审计单位或所有经营部门或业务流程，但是并非每个经营部门和业务流程的内部控制都与审计相关。

5.了解直接控制和间接控制

与审计相关的控制，按照其对防止、发现或纠正认定层次错报发挥作用的方式，分为直接控制和间接控制。直接控制是指足以精准防止、发现或纠正认定层次错报的内部控制，对防止、发现或纠正认定层次错报分别产生直接影响。间接控制是指不足以精准防止、发现或纠正认定层次错报的内部控制，对防止、发现或纠正认定层次错报分别产生间接影响。区分直接控制和间接控制，有助于注册会计师识别和评估财务报表层次以及认定层次的重大错报风险。

信息系统与沟通以及控制活动要素中的控制主要为直接控制。因此，注册会计师对这些要素的了解和评价更有可能影响其对认定层次重大错报风险的识别和评估。实务中，注册会计师需要投入充足的资源对这类要素中的控制进行了解和评价。

内部环境、风险评估和内部监督是被审计单位内部控制体系的基础，该类控制虽不足以精准地防止、发现或纠正认定层次的错报，但可以支持其他控制，因此，该类控制可能间接影响及时防止、发现或纠正错报发生的可能性。值得说明的是，这些要素中的某些控制也可能是直接控制。因此，注册会计师需要对这些要素进行了解，评价其对财务报表层次重大错报风险的识别和评估的影响，以及其对认定层次重大错报风险的影响，进而采取风险应对措施。

6.考虑内部控制的人工和自动化成分

现代信息技术的发展为企业数智化转型提供了技术基础，大多数被审计单位广泛运用信息技术加强内部控制，建立与经营管理相适应的信息系统，促进内部控制流程与信息系统的有机结合，实现对业务和事项的自动化控制，减少或消除人为操纵因素。内部控制采用人工系统还是自动化系统，将影响交易生成、记录、处理和报告的方式。在以人工为主的系统中，内部控制一般包括批准和复核业务活动，编制调节表并对调节项目进行跟踪。当采用信息技术系统生成、记录、处理和报告交易时，交易的记录形式，如订购单、发票、装运单及相关的会计记录，可能是电子文档而不是纸质文件。信息技术系统中的控制可能既有自动化控制，如嵌入计算机程序的控制，又有人工控制；人工控制可能独立于信息技术系统，利用信息技术系统生成的信息，也可能用于监督信息技术系统和自动化控制的有效运行或者处理例外事项。如果采用信息技术系统处理交易和其他数据，系统和程序可能包括与财务报表重大账户认定相关的控制，或可能对依赖于信息技术的人工控制的有效运行非常关键。

相对于自动化控制，人工控制的可靠性较低。为此，注册会计师应当考虑，当存在大量或重复发生的交易、事先可预计或预测的错误能够通过自动化处理得以防止或发现并纠正、用特定方法实施的控制可得到适当设计和自动化处理等情况时，人工控制可能是不适当的。

注册会计师在风险评估以及设计和实施进一步审计程序时，应当考虑自动化控制与人工控制的优势及相关风险（详见表7-4）。

表7-4 自动化控制与人工控制的优势及相关风险比较

比较	信息技术下的自动化控制	人工控制
优势	通常在下列方面提高被审计单位内部控制的效率效果： ➤在处理大量的交易或数据时，一贯运用事先确定的业务规则，并进行复杂运算 ➤提高信息的及时性、可获得性及准确性 ➤促进对信息的深入分析 ➤提高对被审计单位的经营业绩及其政策和程序执行情况进行监督的能力 ➤降低控制被规避的风险 ➤通过对信息技术应用程序、数据库系统和操作系统执行安全控制，提高职责分离的有效性	在处理下列需要主观判断或酌情处理的情形时可能更为适当： ➤存在大额、异常或偶发的交易 ➤存在难以界定、预计或预测的错误的情况 ➤针对变化的情况，需要对现有的自动化控制进行人工干预 ➤监督自动化控制的有效性

续表

比较	信息技术下的自动化控制	人工控制
相关风险	➢所依赖的系统或程序不能正确处理数据，或处理了不正确的数据，或两种情况并存 ➢未经授权访问数据，可能导致数据的毁损或对数据不恰当的修改，包括记录未经授权或不存在的交易，或不正确地记录了交易，多个用户同时访问同一数据库可能会造成特定风险 ➢信息技术人员可能获得超越其职责范围的数据访问权限，因此破坏了系统应有的功能 ➢未经授权改变主文档的数据 ➢未经授权改变信息技术应用程序和信息技术环境的其他方面 ➢未能对信息技术应用程序和信息技术环境的其他方面作出必要的修改 ➢不恰当的人为干预 ➢可能丢失数据或不能访问所需要的数据	➢人工控制可能更容易被规避、忽视或凌驾 ➢人工控制可能不具有一贯性 ➢人工控制可能更容易产生简单错误或失误

◎ 第三节　识别和评估重大错报风险

识别和评估重大错报风险是风险评估阶段的最后步骤，能为风险应对提供方向性指引，有助于注册会计师确定总体应对措施和用于获取充分、适当的审计证据的进一步审计程序的性质、时间安排和范围。

一、识别和评估重大错报风险的步骤

步骤1：识别风险。在了解被审计单位及其环境（包括与风险相关的控制）的整个过程中，利用风险评估程序收集的信息，结合对财务报表中各类交易、账户余额和披露（包括定量披露和定性披露）的考虑，识别被审计单位可能存在的风险。例如，被审计单位的竞争者开发的新产品上市，可能导致被审计单位的主要产品在短期内过时，预示将出现存货和长期资产（如固定资产）的减值。

步骤2：评估识别出的风险，并评价其是否更广泛地与财务报表整体相关（即财务报表层次的重大错报风险），进而潜在地影响多项认定。

步骤3：结合对拟测试的相关控制的考虑，将识别出的风险与认定层次可能发生错报的领域相联系。例如，销售困难使产品的市场价格下降，可能导致年末存货成本高于其可变现净值而需要计提存货跌价准备，这显示存货的计价认定可能发生错报。

步骤4：考虑发生错报的可能性（包括发生多项错报的可能性），以及潜在错报是否足以导致重大错报。

步骤5：修正识别或评估的结果。随着审计过程的推进，如果注册会计师获取新信息，与之前识别或评估重大错报风险时所依据的审计证据不一致，注册会计师应当修正之前对重大错报风险的识别或评估结果，并考虑对风险应对的影响。

二、识别和评估两个层次的重大错报风险

（一）识别财务报表层次和认定层次的重大错报风险

注册会计师应当识别和评估财务报表层次和认定层次的重大错报风险，以确定是否需要按照《中国注册会计师审计准则第1231号——针对评估的重大错报风险采取的应对措施》的规定采取总体应对措施，并设计进一步审计程序。

由于财务报表层次重大错报风险还可能影响个别认定，因此，识别和评估这些风险，还可以帮助注册会计师评估认定层次重大错报风险。

1.识别财务报表层次重大错报风险

如果判断某风险与财务报表整体存在广泛联系，并可能影响多项认定，注册会计师应当将其识别为财务报表层次重大错报风险。例如，在经济不稳定的国家和地区开展业务、资产的流动性出现问题、重要客户流失、融资能力受限等，可能导致注册会计师对被审计单位的持续经营能力产生重大疑虑。又如，管理层缺乏诚信，或承受异常的压力，或管理层凌驾于内部控制之上可能引发舞弊风险，这些风险与财务报表整体相关。

2.识别认定层次重大错报风险

如果注册会计师识别出交易类别、账户余额和披露的某项认定存在重大错报风险，那么，该项认定就是"相关认定"，该认定的交易类别、账户余额和披露则被称为"相关交易类别、账户余额和披露"。确定相关认定和相关交易类别、账户余额和披露，为注册会计师确定按照审计准则的要求了解被审计单位信息系统的范围提供了基础。注册会计师识别确定某项认定是否属于相关认定，应当依据其固有风险，而不考虑相关控制的影响。

如果判断某固有风险因素可能导致某项认定发生重大错报，但与财务报表整体不存在广泛联系，则注册会计师应当将其识别为认定层次的重大错报风险。例如，被审计单位存在复杂的联营或合资，这一事项表明长期股权投资账户的认定可能存在重大错报风险；又如，被审计单位存在重大的关联方交易，该事项表明关联方及关联方交易的披露认定可能存在重大错报风险。只有识别出相关认定后，才能在评估认定层次重大错报风险时考虑相关控制的影响。识别重大错报风险时需考虑的主要因素见表7-5。

表7-5　　　　　　　　　识别重大错报风险时需考虑的主要因素

1.已识别的风险是什么？	
财务报表层次	（1）源于薄弱的被审计单位整体层面的内部控制或信息技术一般控制
	（2）与财务报表整体广泛相关的特别风险
	（3）与管理层凌驾和舞弊相关的风险因素
	（4）管理层愿意接受的风险，例如，小企业因缺乏职责分离导致的风险
认定层次	（1）与完整性、准确性、存在或计价相关的特定风险：
	➤收入、费用和其他交易
	➤账户余额
	➤财务报表披露
	（2）可能产生多重错报的风险
相关内部控制程序	（1）特别风险
	（2）用于预防、发现或减轻已识别风险的恰当设计并执行的内部控制程序
	（3）仅通过执行控制测试应对的风险

（二）评估两个层次的重大错报风险

1.评估财务报表层次重大错报风险

注册会计师对财务报表层次重大错报风险的识别和评估，受到其对被审计单位内部控制体系各要素尤其是内部环境、风险评估和内部监督三项要素的了解的影响，以及实施相关评价的结果和识别的控制缺陷的影响。此外，财务报表层次的重大错报风险还可能源于某些外部事项或情况，如经济下滑等。对于识别出的财务报表层次重大错报风险，注册会计师应当评价这些风险对财务报表整体产生的影响，并确定这些风险是否影响对认定层次风险的评估结果。

2.评估认定层次重大错报风险

对于识别出的认定层次重大错报风险，注册会计师应当分别评估固有风险和控制风险。

（1）评估固有风险

注册会计师应当根据错报发生的可能性和严重程度综合起来的影响程度，确定所评估风险的固有风险等级。综合起来的影响程度越高，评估的固有风险等级越高，反之亦然。固有风险等级是指注册会计师对固有风险水平在一定范围内作出的从低到高的判断，注册会计师可以以不同的方式描述这些等级类别，如区分最高、较高、中、低等进行定性描述。注册会计师评估的固有风险等级较高，并不意味着评估的错报发生的可能性和严重程度都较高。错报发生的可能性和严重程度在固有风险等级上的交集确定了评估的固有风险在固有风险等级中是较高还是较低。评估的固有风险等级较高也可能是错报发生的可能性和严重程度的不同组合导致的，例如，较低的错报发生的可能性和极高的严重程度可能导致评估的固有风险等级较高。

在考虑错报发生的可能性时，注册会计师应当基于对固有风险因素的考虑，评估错报发生的概率。在考虑错报的严重程度时，注册会计师应当考虑错报的定性和定量两个方面，即注册会计师可能根据错报的金额大小、性质或情况，判断各类交易、账户余额和披露在认定层次的错报是重大的。

对于以下事项，注册会计师可能评估的固有风险等级较高，并进而将其确定为特别风险：①交易具有多种可接受的会计处理方式，因此涉及主观性；②会计估计具有高度不确定性或模型复杂；③支持账户余额的数据收集和处理较为复杂；④账户余额或定量披露涉及复杂的计算；⑤对会计政策存在不同的理解；⑥被审计单位业务的变化涉及会计处理的变化，如合并和收购等。

为制定适当的应对策略，注册会计师可以基于其对固有风险的评估，将重大错报风险按固有风险等级的类别进行划分。不管使用的分类方法如何，如果旨在应对识别的认定层次重大错报风险的进一步审计程序的设计和实施能够适当应对固有风险的评估结果和形成该评估结果的依据，则注册会计师对固有风险等级的评估就是适当的。

（2）评估控制风险

注册会计师在拟测试控制运行有效性的情况下，应当评估控制风险。如果拟不测试控制运行的有效性，则应当将固有风险的评估结果作为重大错报风险的评估结果。

认定层次重大错报风险评估结果汇总表见表7-6。

表7-6   **认定层次重大错报风险评估结果汇总表**

相关账户	相关认定	识别的重大错报风险	风险评估结果
列示相关账户。例如，应收账款	列示相关认定。例如，存在，完整性，准确性、计价和分摊等	汇总识别出的与该账户的某项认定相关的重大错报风险	评估该项认定的重大错报风险水平（应考虑控制设计和执行是否有效）
…	…	…	…

注：注册会计师也可以在该表中记录针对评估的认定层次重大错报风险而相应制订的审计方案。

三、识别和评估过程中需要特别考虑的重大错报风险

特别风险，是指注册会计师识别和评估的、根据判断认为需要特别考虑的重大错报风险。注册会计师应当确定评估的重大错报风险是否为特别风险，并实施特定应对措施。

1.特别风险的判断

注册会计师在判断哪些风险是特别风险时，不应考虑识别出的控制对相关风险的抵销效果。因此，注册会计师需要对评估的固有风险等级较高的事项进行判断，以确定是否存在特别风险。

特别风险通常与重大的非常规交易和判断事项有关：（1）非常规交易，是指由于金额或性质异常而不经常发生的交易。因管理层过多地介入会计处理、数据收集和处理涉及过多的人工成分、复杂的计算或会计核算方法、非常规交易的性质可能使被审计单位难以对由此产生的特别风险实施有效控制等事项导致的重大非常规交易，重大错报风险可能更高。（2）判断事项可能包括作出的会计估计（具有计量的重大不确定性）。对于因涉及会计估计、收入确认等会计政策存在不同的理解，或者所要求的判断可能是主观和复杂的，或者需要对未来事项作出假设（如对公允价值的判断）等导致的需要作出会计估计的重大判断事项，重大错报风险可能更高。

注册会计师应当根据职业判断，确定识别出的风险是否为特别风险。在进行判断时，注册会计师不应考虑识别出的控制对相关风险的抵销效果，并且应当至少考虑下列方面：（1）风险是否属于舞弊风险；（2）风险是否与近期经济环境、会计处理方法或其他方面的重大变化相关，因而需要特别关注；（3）交易的复杂程度；（4）风险是否涉及重大的关联方交易；（5）财务信息计量的主观程度，特别是计量结果是否具有高度不确定性；（6）风险是否涉及异常或超出正常经营过程的重大交易。

2.考虑与特别风险相关的控制

如果认为存在特别风险，注册会计师应当了解被审计单位与该风险相关的控制（包括控制活动），评价相关控制的设计情况，并确定其是否已经得到执行。

由于与重大非常规交易或判断事项相关的风险通常很少受到日常控制的约束，因此管理层可能需采取其他措施应对此类风险。例如，作出会计估计所依据的假设是否由管理层或专家进行复核，是否建立作出会计估计的正规程序，重大会计估计结果是否由治理层批

准等。再如，管理层在收到重大诉讼事项的通知时采取的措施，包括这类事项是否提交适当的专家（如内部或外部的法律顾问）处理、是否对该事项的潜在影响作出评估、是否确定该事项在财务报表中的披露问题以及如何披露等。注册会计师在了解被审计单位是否设计和执行了针对非常规交易或判断事项导致的特别风险的控制时，通常了解管理层是否以及如何应对这些风险。管理层采取的应对措施可能包括控制活动（如高级管理人员或专家对假设进行检查）、对估计流程作出记录、治理层作出批准。如果发生诸如收到重大诉讼事项的通知等一次性事件，注册会计师在考虑被审计单位的应对措施时，关注的事项包括：被审计单位是否已将这类事项提交适当的专家（如内部或外部的法律顾问）处理，是否已对该事项的潜在影响作出评估，如何建议将该情况在财务报表中进行披露。

在某些情况下，管理层可能未能通过实施针对特别风险的控制恰当应对特别风险。管理层未能实施这些控制表明存在值得关注的内部控制缺陷，在这种情况下，注册会计师应当就此类事项与治理层沟通。

四、仅通过实质性程序无法应对的重大错报风险

在被审计单位对日常交易采用高度自动化处理的情况下，审计证据可能仅以电子形式存在，其充分性和适当性通常取决于自动化信息系统相关控制的有效性，注册会计师应当考虑仅实施实质性程序获取的审计证据无法应对认定层次重大错报风险的情况，此时注册会计师应当评价被审计单位针对这些风险设计的控制，并确定其执行情况。例如，某企业通过高度自动化的系统确定采购品种和数量，生成采购订购单，并通过系统中设定的收货确认和付款条件进行付款。除了系统中的相关信息以外，该企业没有其他与订购单和收货有关的记录。在这种情况下，如果认为仅实施实质性程序不能获取充分、适当的审计证据，注册会计师应当考虑依赖的相关控制的有效性，并对其进行了解、评估和测试。

在实务中，注册会计师可以用表7-7汇总识别的重大错报风险。

表7-7 识别的重大错报风险汇总

索引号	识别的重大错报风险	重大错报风险水平评估结果	对财务报表的影响			是否属于特别风险	是否属于仅实施实质性程序无法应对的重大错报风险
			是否属于财务报表层次	是否属于认定层次	受影响的交易类别、账户余额和列报及其认定		
	…	…	…	…	…	…	…

五、风险识别和评估结果的修正、沟通和记录

（一）风险识别和评估结果的修正

注册会计师对认定层次重大错报风险的评估，可能随着审计进程和不断获取的审计证据而作出相应的变化。因此，识别或评估重大错报风险与了解被审计单位及其环境等方面的情况一样，也是一个连续和动态地收集、更新与分析信息的过程，贯穿于整个审计过程

的始终。

注册会计师应当根据修正后的风险评估结果，相应修改原计划实施的进一步审计程序。例如，注册会计师对重大错报风险的识别或评估可能基于预期控制运行有效这一判断，即相关控制可以防止或发现并纠正认定层次的重大错报。但在测试控制运行的有效性时，注册会计师获取的证据可能表明相关控制在被审计期间并未得到有效运行；同样在实施实质性程序后，注册会计师可能发现错报的金额和频率比在风险识别或评估时预计的金额和频率要高。因此，如果通过实施进一步审计程序获取的审计证据与初始识别或评估获取的审计证据相矛盾，注册会计师应当修正风险识别或评估结果，并相应修改原计划实施的进一步审计程序。

（二）风险识别和评估结果的沟通

注册会计师在了解被审计单位及其环境并评估其财务报表重大错报风险的过程中，会识别出被审计单位的内部控制是否存在缺陷，应当及时将注意到的内部控制缺陷与被审计单位适当层次的管理层或治理层沟通。如果注意到重大缺陷，则应当采取书面形式与管理层或治理层沟通。

注册会计师如果发现舞弊行为或疑似舞弊行为，应当尽早与适当层次的管理层和治理层沟通。通常，拟沟通的管理层应当比涉嫌舞弊人员至少高出一个级别。如果发现舞弊涉及管理层、承担重要职责的关键员工等，注册会计师就应当尽快与治理层沟通。如果对管理层、治理层的诚信产生怀疑，或在审计过程中发现管理层和治理层存在重大舞弊行为，注册会计师就应当考虑征询法律意见后采取适当措施，包括是否根据法律法规的规定向监管机构报告。

（三）风险评估的记录

注册会计师应当对风险评估过程中的下列事项进行记录，形成审计工作底稿。

1.项目组内部对财务报表重大错报风险进行的讨论，以及得出的重要结论。

2.注册会计师对被审计单位及其环境、适用的财务报告编制基础和内部控制体系各要素等所了解到的要点和信息来源，以及实施的风险评估程序。

3.注册会计师对所识别的控制的设计进行的评价，以及如何确定这些控制是否得到执行。

4.识别、评估的财务报表层次和认定层次重大错报风险，包括特别风险，仅实施实质性程序不能提供充分、适当的审计证据的风险，以及作出有关重大判断的理由。

本章小结

本章主要讲解风险评估程序的概念、作用、程序、信息来源以及注册会计师的判断。风险评估程序是指注册会计师为了解被审计单位及其环境，以识别和评估财务报表层次和认定层次的重大错报风险而实施的审计程序。执行风险评估程序是审计工作的起点，将为设计和实施针对评估的重大错报风险采取的应对措施提供决策基础。风险评估程序包括询问、分析、观察和检查，以及其他审计程序。了解被审计单位及其环境包括：了解行业状况、法律环境和监管环境及其他外部因素；被审计单位的性质，涵盖组织结构、所有权结构、经营活动、投资活动、筹资活动、财务报告实务等方面；被审计单位对会计政策的选择和运用；被审计单位的目标、战略以及可能导致重大错报风险的相关经营风险；对被审计单位财务业绩的衡量和评价；被审计单位的内部控制。在了解被审计单位内部控制的过程中，注册会计师应识别与审计相关的控制，区分直接控制和间接控制，并考虑内部控制的人工控制和自动化控制成分。对于审计过程中了解到的内部控制重大缺陷，注册会计师应当采取书面形式与管理层或治理层沟通；对于发现的舞弊行为或疑似舞弊行为，应当尽早与适当层次的管理层和治理层沟通；如果对管理层、治理层的诚信产生怀疑，或在审计过程中发现管理层和治理层存在重大舞弊行为，注册会计师应当考虑征询法律意见后采取适当措施，包括是否根据法律法规的规定向监管机构报告。在了解被审计单位及其环境后，注册会计师应当识别和评估财务报表层次和认定层次的重大错报风险，注意特别风险以及仅通过实质性程序无法应对的重大错报风险，形成重大错报风险评估汇总表。识别或评估重大错报风险与了解被审计单位及其环境等方面的情况一样，也是一个连续和动态地收集、更新与分析信息的过程，贯穿于整个审计过程的始终，注册会计师应当根据修正后的风险评估结果，相应修改原计划实施的进一步审计程序。注册会计师应对风险评估过程中的相关事项进行记录，形成审计工作底稿。

课后思考题

1. 什么是风险评估程序？风险评估程序的目标是什么？
2. 风险评估程序具体有哪些程序？
3. 了解被审计单位及其环境应包括哪些内容？
4. 识别和评估重大错报风险有哪些步骤？
5. 特别风险是什么？如何判断和应对特别风险？
6. 仅通过实质性程序无法应对的重大错报风险是什么？注册会计师如何应对？
7. 注册会计师对于发现的舞弊行为或疑似舞弊行为应如何处理？

本章测评

第八章
风险应对

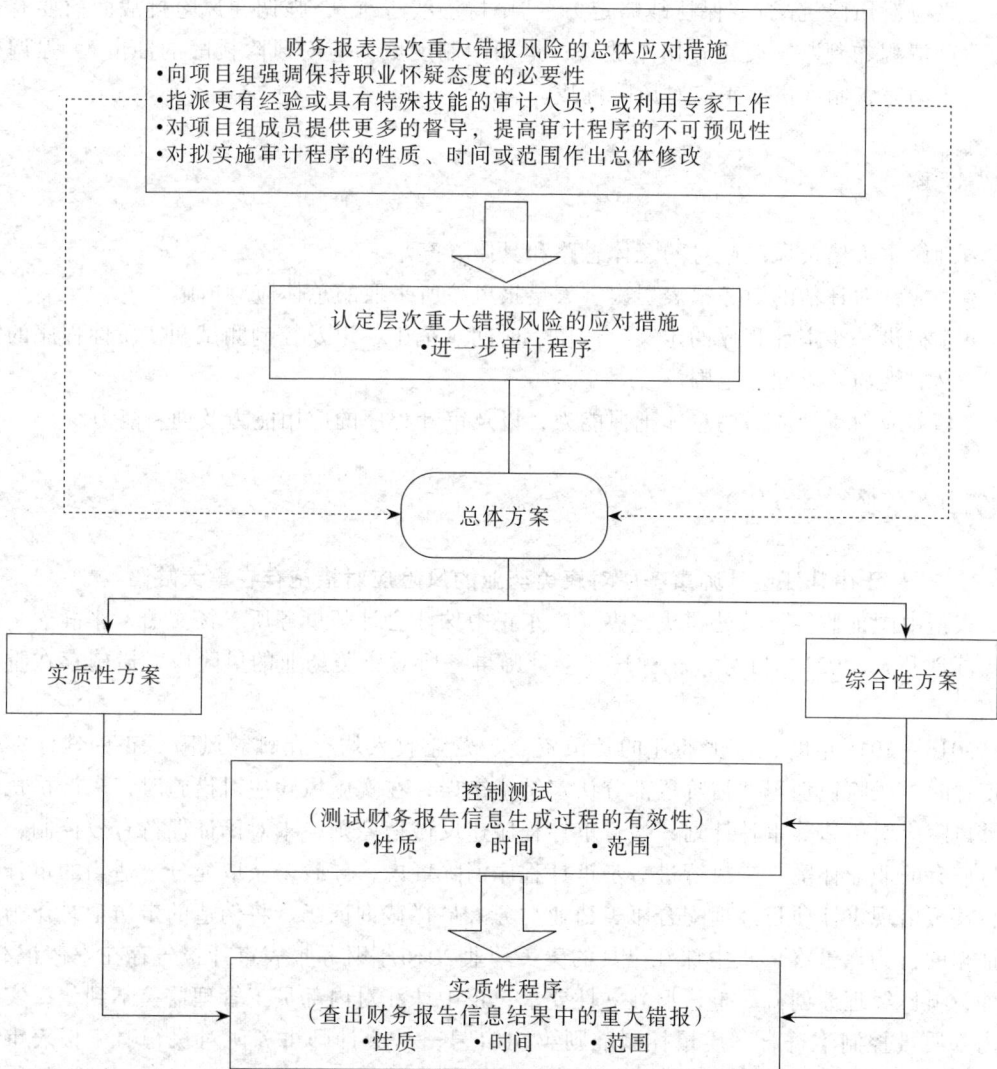

思政领航

- 深刻体会习近平总书记的论述："想一帆风顺推进我们的事业，想顺顺当当实现我们的奋斗目标，那是不可能的。可以预见，在今后的前进道路上，来自各方面的困难、风险、挑战肯定还会不断出现，关键看我们有没有克服它们、战胜它们、驾驭它们的本领。"培养学生面对风险的勇气、练就应对风险的智慧、形成驾驭风险的能力。
- 将习近平总书记有关应对风险挑战的战略思考融入风险应对的专业知识学习："下好先手棋，打好主动仗"，强调在风险挑战面前要有面对风险挑战的勇气，主动积极应对风险挑战；"保持战略定力""坚持底线思维"，强调在风险挑战面前要有自己清醒的判断，咬定青山不放松；运用"制度威力应对风险挑战的冲击"，强调要主动完善制度机制来应对风险挑战。

知识传授

- 理解重大错报风险应对的总体思路和具体方案。
- 掌握针对评估的财务报表层次重大错报风险所采取的总体应对措施。
- 掌握进一步审计程序的定义、性质、时间、范围，以及控制测试和实质性程序的定义、性质、时间、范围。
- 培养应对审计风险的总体把握能力，以及审计程序的应用能力及创新能力。

案例引入

正中珠江会计师事务所对康美药业的风险应对措施存在重大缺陷

根据中国证监会行政处罚决定书（广东正中珠江会计师事务所、杨文蔚、张静璃、刘清、苏创升）〔2021〕11号，正中珠江会计师事务所对康美药业的风险应对措施存在重大缺陷：

2016—2018年度，康美药业的货币资金、营业收入均存在舞弊风险，正中珠江在进行审计时，风险识别与评估阶段部分认定结论错误；在实施风险应对措施时，未严格执行舞弊风险应对措施等审计计划，执行审计程序违反诚信原则，未对函证保持有效控制，未保持应有的职业怀疑，未执行进一步审计程序消除疑虑，导致未获取充分、适当的审计证据，甚至出现审计项目经理配合康美药业财务人员拦截询证函、将伪造的走访记录作为审计证据的行为。最终，正中珠江出具的康美药业2016年财务报表审计报告存在虚假记载。此外，项目经理苏创升严重违反独立性要求，正中珠江对内部员工管理监控不到位，实施的内部质量控制不符合《质量控制准则第5101号——会计师事务所对执行财务报表审计和审阅、其他鉴证和相关服务业务实施的质量控制》第35条、第38条、第47条的规定。

2018年度，康美药业的营业收入存在舞弊风险，中药材贸易属于当期营业收入异常且重要的组成部分，正中珠江对其单独执行实质性审计程序以应对存在的舞弊风险。实际执行过程中，正中珠江在风险识别与评估阶段部分认定结论错误；在实施风险应对措施时，未严格执行审计计划，未保持应有的职业怀疑，未执行进一步审计程序消除疑虑，导致未获取充分、适当的审计证据。虽然正中珠江出具的康美药业2018年财务报表审计报告带有保留意见的事项，但其并未对营业收入事项发表保留意见，不符合《中国注册会计师审计准则第1231号——针对评估的重大错报风险采取的应对措施》第27条的规定。

资料来源：中国证监会. 中国证监会行政处罚决定书（广东正中珠江会计师事务所、杨文蔚、张静璃、刘清、苏创升）[EB/OL].（2021-02-18）. http://www.csrc.gov.cn/.

通过上述案例我们可知，设计和实施有效的风险应对措施是审计工作的核心内容，也是决定审计工作成败的重要因素。本章节将对风险应对措施展开介绍。

◎ 第一节 针对重大错报风险的应对措施

通过执行风险评估程序识别与评估重大错报风险后，注册会计师应当根据识别与评估的结果，针对性地设计和实施应对重大错报风险的措施，以将重大错报风险降低至可接受的低水平。应对重大错报风险的措施包括总体思路和应对措施。

一、重大错报风险应对的总体思路

如图8-1所示，重大错报风险应对的总体思路为：针对评估的财务报表层次重大错报风险，设计和实施总体应对措施；针对评估的认定层次重大错报风险，设计和实施的进一步审计程序包括总体方案和具体程序。其中：总体审计方案包括实质性方案和综合性方案。实质性方案是指注册会计师实施的进一步审计程序以实质性程序为主；综合性方案是指注册会计师在实施进一步审计程序时，将控制测试与实质性程序结合使用。

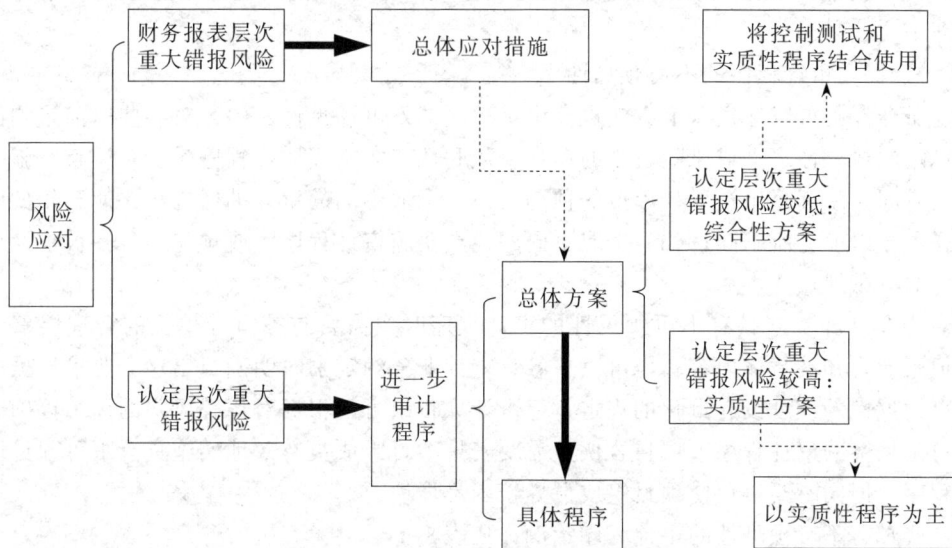

图8-1 重大错报风险应对的总体思路图

　　财务报表层次重大错报风险可能对财务报表的多项认定产生广泛影响，并相应增加注册会计师对认定层次重大错报风险的评估难度。因此，注册会计师评估的财务报表层次重大错报风险以及采取的总体应对措施，对拟实施进一步审计程序的总体审计方案具有重大影响。当评估的财务报表层次重大错报风险属于高风险水平（并相应采取更强调审计程序不可预见性以及重视调整审计程序的性质、时间安排和范围等总体应对措施）时，拟实施进一步审计程序的总体方案往往更倾向于实质性方案。

二、针对财务报表层次重大错报风险的总体应对措施

（一）总体应对措施

　　注册会计师针对评估的财务报表层次重大错报风险的总体应对措施可能包括：（1）向项目组强调在收集和评价审计证据过程中保持职业怀疑态度的必要性；（2）分派更有经验或具有特殊技能的注册会计师，或利用专家的工作；（3）提供更多的督导；（4）在选择进一步审计程序时，应当注意使某些程序不被管理层预见或事先了解；（5）对拟实施审计程序的性质、时间和范围作出总体修改，如在期末而非期中实施实质性程序，或修改审计程序的性质以获取更具说服力的审计证据。

　　注册会计师对控制环境的了解影响其对财务报表层次重大错报风险的评估，从而影响所采取的总体应对措施。有效的控制环境可以增强注册会计师对内部控制的信心和对被审计单位内部生成的审计证据的信赖程度。例如，控制环境有效，注册会计师可以在期中而非期末实施某些审计程序；如果控制环境存在缺陷，则产生相反的影响。为应对无效的控制环境，注册会计师可以采取的措施举例如下：（1）在期末而非期中实施更多的审计程序。控制环境的缺陷通常会降低期中获得的审计证据的可信赖程度。（2）通过实施实质性程序获取更广泛的审计证据。良好的控制环境是其他控制要素发挥作用的基础。控制环境存在缺陷通常会削弱其他控制要素的作用，导致注册会计师无法信赖内部控制，而主要依赖实施实质性程序获取审计证据。（3）增加拟纳入审计范围的经营地点的数量。

（二）提高审计程序的不可预见性

　　注册会计师可以通过以下方法提高审计程序的不可预见性：（1）对某些以前未测试的低于设定的重要性水平或风险较小的账户余额和认定实施实质性程序；（2）调整实施审计程序的时间，使其超出被审计单位的预期；（3）采取不同的审计抽样方法，使当年抽取的测试样本与以前有所不同；（4）选取不同的地点实施审计程序，或预先不告知被审计单位所选定的测试地点。

　　注册会计师实施具有不可预见性的审计程序时，需要与被审计单位的管理层事先沟通，但不能告知其具体内容；也可以在签订审计业务约定书时明确提出这一要求。虽然对于不可预见性的程度没有量化的规定，但审计项目组可以根据对舞弊风险的评估等确定具有不可预见性的审计程序。项目合伙人需要安排项目组成员有效地实施具有不可预见性的审计程序，但同时要避免使项目组成员处于困难境地。

　　一些具有不可预见性的审计程序示例详见表8-1。

表 8-1   **具有不可预见性的审计程序示例**

审计领域	一些可能适用的具有不可预见性的审计程序
存货	➤向以前审计过程中接触不多的被审计单位员工询问，如采购、销售、生产人员等 ➤在不事先通知被审计单位的情况下，选择一些以前未曾到过的盘点地点进行存货监盘
销售和 应收账款	➤向以前审计过程中接触不多或未曾接触过的被审计单位员工询问，如负责处理大客户账户的销售部人员 ➤改变实施实质性分析程序的对象，例如对收入按细类进行分析 ➤针对销售和销售退回延长截止测试期间 ➤实施以前未曾考虑过的审计程序
采购和 应付账款	➤如果以前未曾对应付账款余额普遍进行函证，可考虑直接向供应商函证确认余额；如果经常采用函证方式，可考虑改变函证的范围或者时间 ➤对以前由于低于设定的重要性水平而未曾测试过的采购项目，进行细节测试 ➤使用计算机辅助审计技术审阅采购和付款账户，以发现一些特殊项目，例如，是否有不同的供应商使用相同的银行账户
现金和 银行存款	➤多选几个月的银行存款余额调节表进行测试 ➤对有大量银行账户的，考虑改变抽样方法
固定资产	➤对以前由于低于设定的重要性水平而未曾测试过的固定资产进行测试，例如，考虑实地盘查一些价值较低的固定资产，如汽车和其他设备等

三、针对认定层次重大错报风险的进一步审计程序

（一）进一步审计程序的概念

进一步审计程序是相对于风险评估程序而言的，是指注册会计师针对评估的各类交易、账户余额和披露认定层次重大错报风险实施的审计程序，包括控制测试和实质性程序。在综合性方案中，进一步审计程序包括控制测试和实质性程序；在实质性方案中，进一步审计程序以实质性程序为主。需要特别说明的是，注册会计师对重大错报风险的评估毕竟是一种主观判断，可能无法充分识别所有的重大错报风险，同时内部控制存在固有局限性（特别是存在管理层凌驾于内部控制之上的可能性），因此，无论选择何种方案，注册会计师都应当对所有重大交易类别、账户余额和披露设计和实施实质性程序。

注册会计师应当针对评估的认定层次重大错报风险设计和实施进一步审计程序，包括审计程序的性质、时间安排和范围。注册会计师设计和实施的进一步审计程序的性质、时间安排和范围，应当与评估的认定层次重大错报风险具备明确的对应关系。注册会计师实施的审计程序应具有目的性和针对性，有的放矢地配置审计资源，有利于提高审计效率和效果。

需要说明的是，尽管在应对评估的认定层次重大错报风险时，拟实施的进一步审计程序的性质、时间安排和范围都应当具有针对性，但进一步审计程序的性质是最重要的。例如，注册会计师评估的重大错报风险越高，实施进一步审计程序的范围通常越大；但是只有首先确保进一步审计程序的性质与特定风险相关时，扩大审计程序的范围才是有效的。

（二）设计进一步审计程序时的考虑因素

注册会计师在设计拟实施的进一步审计程序时，应当考虑下列因素：（1）风险的重要性：风险的后果越严重，就越需要注册会计师关注和重视，越需要精心设计有针对性的进一步审计程序；（2）重大错报发生的可能性：重大错报发生的可能性越大，同样越需要注册会计师精心设计进一步审计程序；（3）涉及的各类交易、账户余额和披露的特征：不同的交易、账户余额和披露，产生的认定层次的重大错报风险会存在差异，适用的审计程序也会有差别，需要注册会计师区别对待，并设计有针对性的进一步审计程序予以应对；（4）被审计单位采用的特定控制的性质：不同性质的控制（尤其是人工控制和自动化控制）对注册会计师设计进一步审计程序具有重要影响；（5）注册会计师是否拟获取审计证据，以确定内部控制在防止或发现并纠正重大错报方面的有效性。如果注册会计师在风险评估时预期内部控制运行有效，随后拟实施的进一步审计程序必须包括控制测试，且实质性程序自然会受到之前控制测试结果的影响。

注册会计师应当根据财务报表层次重大错报风险的总体应对措施以及对认定层次重大错报风险的评估结果，恰当选用实质性方案或综合性方案。通常情况下，注册会计师出于成本效益的考虑可以采用综合性方案设计进一步审计程序，即将测试控制运行的有效性与实质性程序结合使用。但在某些情况下（如仅通过实质性程序无法应对重大错报风险），注册会计师必须通过实施控制测试，才可能有效应对评估出的某一认定的重大错报风险；而在另一些情况下，如注册会计师的风险评估程序未能识别出与认定相关的任何控制，或注册会计师认为控制测试很可能不符合成本效益原则，注册会计师可能认为仅实施实质性程序就是适当的。

（三）进一步审计程序的性质

进一步审计程序的性质，是指进一步审计程序中所使用的一种或多种具体的审计程序，包括检查记录或文件、检查有形资产、观察、询问、函证、重新计算、重新执行、分析程序。不同的审计程序应对特定认定错报风险的效力不同，例如，对于与收入"完整性"认定相关的重大错报风险，实施控制测试更有效；对于与收入"发生"认定相关的重大错报风险，实质性程序通常更能有效应对。又如，实施应收账款的函证程序可以为应收账款在某一时点的"存在"认定提供审计证据，但通常不能为应收账款的"计价"认定提供审计证据；对于应收账款的计价认定，注册会计师通常需要实施其他更为有效的审计程序，如检查应收账款账龄和期后收款情况，了解欠款客户的信用情况等。因此，在应对认定层次重大错报风险时，合理确定审计程序的性质是最重要的。

在确定进一步审计程序的性质时，注册会计师应当考虑以下因素：（1）认定层次重大错报风险的评估结果：评估的认定层次重大错报风险越高，对通过实质性程序获取的审计证据的相关性和可靠性的要求越高，进而可能影响进一步审计程序的类型及其综合运用，例如，当评估的风险较高时，注册会计师除检查文件外，还可能决定向交易对方函证合同条款的完整性。（2）认定层次重大错报风险产生的原因，包括考虑各类交易、账户余额、披露的具体特征以及内部控制，例如，注册会计师可能判断某特定类别的交易即使在不存在相关控制的情况下发生重大错报的风险仍较低，此时注册会计师可能认为仅实施实质性程序就可以获取充分、适当的审计证据；又如，对于经由被审计单位信息系统日常处理和控制的某类交易，如果注册会计师预期此类交易在内部控制运行有效的情况下发生重大错报的风险较低，且拟在控制运行有效的基础上设计实质性程序，注册会计师就会决定先实施控制测试。

值得注意的是，如果在实施进一步审计程序时拟利用被审计单位信息系统生成的信息，则注册会计师应当就信息的准确性和完整性获取审计证据。

（四）进一步审计程序的时间

进一步审计程序的时间，是指注册会计师何时实施进一步审计程序，或审计证据适用的期间或时点。

1. 选择何时实施进一步审计程序

何时实施进一步审计程序，即如何权衡期中与期末实施审计程序的关系。注册会计师可以在期中或期末实施控制测试或实质性程序，期中实施进一步审计程序可能有助于注册会计师在审计工作初期识别重大事项，并在管理层的协助下及时解决这些事项，或针对这些事项制订有效的实质性方案或综合性方案。

通常，当重大错报风险较高时，注册会计师应当考虑在期末或接近期末实施实质性程序，或采用不通知的方式，或在管理层不能预见的时间实施审计程序。但是，某些审计程序只能在期末或期后实施，包括：将财务报表中的信息与其所依据会计记录相核对或调节，检查财务报表编制过程中所作的会计调整等；如果被审计单位在期末或接近期末发生了重大交易，或重大交易在期末尚未完成，注册会计师应当考虑交易的发生或截止等认定可能存在的重大错报风险，并在期末或期末以后检查此类交易。

影响注册会计师考虑在何时实施审计程序的其他相关因素包括：①控制环境：良好的控制环境可以抵销在期中实施进一步审计程序的一些局限性。②何时能得到相关信息：例如，某些电子文档如未能及时取得，可能被覆盖；再如，某些拟观察的程序可能只在特定时点发生。③错报风险的性质：例如，被审计单位可能为了保证盈利目标的实现，而在会计期末以后伪造销售合同以虚增收入，此时注册会计师需要考虑在期末（即资产负债表日）这个特定时点获取被审计单位截至期末所能提供的所有销售合同及相关资料，以防范被审计单位在资产负债表日后伪造销售合同虚增收入的做法。④审计证据适用的期间或时点。注册会计师应当根据需要获取的特定审计证据确定何时实施进一步审计程序。例如，为了获取资产负债表日的存货余额证据，显然不宜在与资产负债表日间隔过长的期中时点或期末以后时点实施存货监盘等相关审计程序。⑤编制财务报表的时间，尤其是编制某些披露的时间，这些披露为资产负债表、利润表、所有者权益变动表或现金流量表中记录的金额提供了进一步解释。

2. 选择获取什么期间或时点的审计证据

选择获取什么期间或时点的审计证据，即如何权衡期中审计证据与期末审计证据的关系，以及如何权衡以前审计获取的审计证据和本期审计获取的审计证据的关系。首先，注册会计师往往难以仅凭在期中实施的进一步审计程序获取有关期中以前的充分、适当的审计证据；其次，即使注册会计师在期中实施的进一步审计程序能够获取有关期中以前的充分、适当的审计证据，但从期中到期末这段剩余期间还往往会发生重大的交易或事项，从而对所审计期间的财务报表认定产生重大影响；最后，被审计单位管理层也完全有可能在注册会计师于期中实施了进一步审计程序之后对期中以前的相关会计记录作出调整甚至篡改，使注册会计师在期中实施的进一步审计程序所获取的审计证据发生变化。为此，如果在期中实施了进一步审计程序，注册会计师还应当针对剩余期间获取审计证据。

（五）进一步审计程序的范围

进一步审计程序的范围，是指实施进一步审计程序（控制测试和实质性程序）的数量，包括抽取的样本量、对某项控制活动的观察次数等。

在确定进一步审计程序的范围时，注册会计师应当考虑下列因素：（1）确定的重要性水平：确定的重要性水平越低，注册会计师实施进一步审计程序的范围越广。（2）评估的重大错报风险：评估的重大错报风险越高，对拟获取审计证据的相关性、可靠性的要求越高，因此注册会计师实施的进一步审计程序的范围也越广。但需要注意的是，只有当审计程序本身与特定风险相关时，扩大审计程序的范围才是有效的。（3）计划获取的保证程度：计划获取的保证程度越高，对测试结果的可靠性要求越高，注册会计师实施的进一步审计程序的范围越广。

注册会计师可以使用计算机辅助审计技术对电子化的交易和账户文档进行更广泛的测试，包括测试从主要电子文档中选取交易样本，或按照某一特征对交易进行分类，或对总体而非样本进行测试。

◎ 第二节　控制测试

一、控制测试的含义和要求

（一）控制测试的含义

控制测试，是指用于评价内部控制在防止或发现并纠正认定层次重大错报方面的运行有效性的审计程序。

注册会计师在测试控制运行的有效性时，应当获取控制在所审计期间的相关时点是如何运行的、控制由谁或以何种方式执行、控制是否得到一贯执行三个方面的审计证据。通俗理解，控制测试是对财务报表生产过程的测试；而注册会计师"了解内部控制"仅需了解内部控制的设计并确定控制是否得到执行。例如，某被审计单位针对销售收入和销售费用的业绩评价控制如下：财务经理每月审核实际销售收入（按产品细分）和销售费用（按费用项目细分），并与预算数和上年同期数比较，对于差异金额超过5%的项目进行分析并编制分析报告；销售经理审阅该报告并采取适当跟进措施。注册会计师抽查了最近3个月的分析报告，并看到上述管理人员在报告上签字确认，证明该控制已经得到执行。然而，注册会计师在与销售经理的讨论中发现他对分析报告中明显异常的数据并不了解其原因，也无法作出合理解释，从而显示该控制并未得到有效的运行。因此，在了解控制是否得到执行时，注册会计师只需抽取少量的交易进行检查或观察某几个时点；但在测试控制运行的有效性时，注册会计师需要抽取足够数量的交易进行检查或对多个不同时点进行观察。

如果被审计单位在所审计期间内的不同时期使用了不同的控制，注册会计师应当考虑不同时期控制运行的有效性。例如，被审计单位在所审计期间内可能由于技术更新或组织管理变更而更换了信息系统从而导致在不同时期使用了不同的控制，则注册会计师应针对不同时期控制运行的有效性进行测试。

（二）实施控制测试的前提条件

控制测试并非进一步审计程序的必要程序。当存在下列情形之一时，注册会计师应当设计和实施控制测试：（1）在评估认定层次重大错报风险时，预期控制的运行是有效的；（2）仅实施实质性程序并不能够为认定层次提供充分、适当的审计证据。

注册会计师在评估认定层次重大错报风险时，预期控制的运行是有效的，则可能预期与该项控制有关的财务报表认定发生重大错报的可能性就不会很大，也就不需要实施很多的实质性程序。为此，注册会计师可能会认为值得对相关控制在不同时点是否得到了一贯运行进行测试，即出于成本效益的考虑进行控制测试。

在仅实施实质性程序并不能够为认定层次提供充分、适当的审计证据时，注册会计师必须实施控制测试，这时已经不再是单纯出于成本效益的考虑，而是必须获取的一类审计证据。例如，在被审计单位对日常交易或与财务报表相关的其他数据（包括信息的生成、记录、处理报告）采用高度自动化处理的情况下，审计证据可能仅以电子形式存在，此时审计证据是否充分和适当通常取决于自动化信息系统相关控制的有效性。如果信息的生成、记录、处理和报告均通过电子格式进行而没有适当有效的控制，则生成不正确信息或信息被不恰当修改的可能性就会大大增加。这时注册会计师必须实施控制测试。

（三）选择控制测试的性质

注册会计师选择控制测试程序时，应考虑以下因素：

1.考虑特定控制的性质

注册会计师应当根据特定控制的性质选择所需实施审计程序的类型。例如，某些控制可能存在反映控制运行有效性的文件记录，在这种情况下注册会计师可以检查这些文件记录以获取控制运行有效性的审计证据；某些控制可能不存在文件记录（如一项自动化的控制活动），或文件记录与能否证实控制运行有效性不相关，注册会计师应当考虑实施检查以外的其他审计程序（如询问和观察）或借助计算机辅助审计技术，以获取有关控制运行有效性的审计证据。

2.考虑测试与认定直接相关和间接相关的控制

在设计控制测试时，注册会计师不仅应当考虑与认定直接相关的控制，还应当考虑这些控制所依赖的与认定间接相关的控制，以获取支持控制运行有效性的审计证据。例如，被审计单位可能针对超出信用额度的例外赊销交易设置报告和审核制度（与认定直接相关的控制）；在测试该项制度的运行有效性时，注册会计师不仅应当考虑审核的有效性，还应当考虑与例外赊销报告中信息准确性有关的控制（与认定间接相关的控制）是否有效运行。

3.如何对一项自动化的信息处理控制实施控制测试

对于一项自动化的信息处理控制，由于信息技术处理过程的内在一贯性，注册会计师可以利用该项控制得以执行的审计证据和信息技术一般控制（特别是对系统变动的控制）运行有效性的审计证据，作为支持该项控制在相关期间运行有效性的重要审计证据。

（四）内部控制运行有效性的评价

注册会计师通过实施控制测试，如果发现拟信赖的控制出现偏差，应当进行专门查询以了解这些偏差及其潜在后果，并确定：（1）已实施的控制测试是否为信赖这些控制提供了适当的基础；（2）是否有必要实施追加的控制测试；（3）是否需要针对潜在的错报风险实施实质性程序。

在评价相关控制运行的有效性时，注册会计师除了考虑控制测试结果外，还需结合实施实质性程序发现的错报。如果通过实施实质性程序发现某项认定存在错报，注册会计师应当评价该错报对相关控制运行的有效性的影响，考虑降低对相关控制的信赖程度、调整实质性程序的性质并扩大实质性程序的范围；如果实施实质性程序发现被审计单位没有识别出的重大错报，通常表明内部控制存在重大缺陷；如果通过实施实质性程序未发现某项认定存在错报，并不能证明与该认定有关的控制是有效运行的。

二、控制测试的性质

控制测试的性质，是指控制测试所使用的一种或多种审计程序，包括检查记录或文件、检查有形资产、观察、询问、重新执行。

在设计和实施控制测试时，注册会计师应当：（1）将询问与其他审计程序结合使用，以获取有关控制运行有效性的审计证据。（2）确定拟测试的控制是否依赖其他控制（间接控制）。如果依赖其他控制，确定是否有必要获取支持这些间接控制有效运行的审计证据。

三、控制测试的时间

（一）概念

控制测试的时间有两层含义：一是何时实施控制测试；二是测试所针对的控制适用的时点或期间。注册会计师应当根据控制测试的目的确定控制测试的时间，并确定拟信赖的相关控制的时点或期间。

如果仅需要测试控制在特定时点运行的有效性，注册会计师只需要获取该时点的审计证据，例如，对被审计单位期末存货盘点进行控制测试。如果拟信赖控制在某一期间运行的有效性，注册会计师需要实施其他测试，以获取相关控制在该期间内的相关时点运行有效的证据，这种测试可能包括测试被审计单位对控制的监督。值得注意的是，关于控制在多个不同时点的运行有效性的审计证据的简单累加并不能构成控制在某期间的运行有效性的充分、适当的审计证据；而所谓的"其他测试"应当具备的功能是，能提供相关控制在所有相关时点都有效运行的审计证据。

如果确定评估的认定层次重大错报风险是特别风险，并拟信赖针对该风险实施的控制，注册会计师应当在本期审计中测试这些控制运行的有效性。

（二）如何考虑期中审计证据

如果已获取有关控制在期中运行有效性的审计证据，注册会计师应考察与这些证据相关的控制在剩余期间是否发生重大变化，了解并测试相关控制的变化对期中证据的影响；同时，注册会计师还应针对剩余期间确定需获取的补充审计证据。

在确定需要获取哪些补充审计证据以证明控制在期中之后的剩余期间仍然有效运行时，注册会计师需要考虑的相关因素包括：（1）评估的认定层次重大错报风险的重要程度：评估的重大错报风险对财务报表的影响越大，注册会计师需要获取的剩余期间的补充证据越多。（2）在期中测试的特定控制，以及自期中测试后发生的重大变动，包括在信息系统、流程和人员方面发生的变动。例如，对自动化运行的控制，注册会计师更可能测试信息技术一般控制的运行有效性，以获取控制在剩余期间运行有效性的审计证据。（3）在期中对有关控制运行的有效性获取的审计证据的程度：如果注册会计师在期中对有关控制运行有效性获取的审计证据比较充分，可以考虑适当减少需要获取的剩余期间的补充证据。（4）剩余期间的长度：剩余期间越长，注册会计师需要获取的剩余期间的补充证据越多。（5）在信赖控制的基础上拟缩小实质性程序的范围：注册会计师对相关控制的信赖程度越高，通常在信赖控制的基础上拟减少实质性程序的范围就越大，在这种情况下，注册会计师需要获取的剩余期间的补充证据越多。（6）控制环境：控制环境越薄弱（或把握程度越低），注册会计师需要获取的剩余期间的补充证据越多。

除了上述测试剩余期间控制的运行有效性，测试被审计单位对控制的监督也能够作为一项有益的补充证据，以便更有把握地将控制在期中运行有效性的审计证据延伸至期末。例如，被审计单位对控制的监督起到的是一种检验相关控制在所有相关时点是否都有效运行的作用，因此，通过测试剩余期间控制的运行有效性或测试被审计单位对控制的监督，注册会计师可以获取补充审计证据。

（三）如何考虑以前审计获取的审计证据

1. 适当考虑利用以前审计获取的有关控制运行有效性的审计证据

由于被审计单位内部控制中的诸多要素往往是相对稳定的，因此，注册会计师在本期审计时可以适当考虑利用以前审计获取的有关控制运行有效性的审计证据。

如果拟利用以前审计获取的有关控制运行有效性的审计证据，注册会计师应当通过实施询问并结合观察或检查程序，获取这些控制是否已经发生变化的审计证据。例如，在以前审计中，注册会计师可能确定被审计单位某项自动化控制能够发挥预期作用。那么在本期审计中，注册会计师需要获取审计证据以确定是否发生了影响该自动化控制持续有效发挥作用的变化；又如，注册会计师可以通过询问管理层或检查日志，确定哪些控制已经发生变化。

如果拟信赖的控制自上次测试后未发生变化，且不属于旨在减轻特别风险的控制，注册会计师应当每3年至少对控制测试一次，并且在每年审计中测试部分控制，以避免将所有拟信赖控制的测试集中于某一年，而在之后的2年中不进行任何测试。如果拟信赖的控制自上次测试后已发生变化，且这些变化对以前审计获取的审计证据的持续相关性产生影响，注册会计师应当在本期审计中测试这些控制运行的有效性。

在确定利用以前审计获取的有关控制运行有效性的审计证据是否适当，以及再次测试控制的时间间隔时，注册会计师应当考虑下列因素：（1）内部控制其他要素的有效性，包括控制环境、被审计单位对控制的监督以及被审计单位的风险评估过程。例如，当被审计单位控制环境薄弱或对控制的监督薄弱时，注册会计师应当缩短再次测试控制的时间间隔或完全不信赖以前审计获取的审计证据。（2）控制特征（人工控制还是自动化控制）产生的风险：当相关控制中人工控制的成分较大时，考虑到人工控制一般稳定性较差，注册会计师可能决定在本期审计中继续测试该控制的运行有效性。（3）信息技术一般控制的有效性：当信息技术一般控制薄弱时，注册会计师可能更少地依赖以前审计获取的审计证据。（4）影响内部控制的重大人事变动。例如，当所审计期间发生了对控制运行产生重大影响的人事变动时，注册会计师可能决定在本期审计中不依赖以前审计获取的审计证据。（5）由于环境发生变化而特定控制缺乏相应变化导致的风险：当环境的变化表明需要对控制作出相应的变动，但控制却没有作出相应变动时，注册会计师应当充分意识到控制不再有效，从而导致本期财务报表发生重大错报的可能，此时不应再依赖以前审计获取的有关控制运行有效性的审计证据。（6）重大错报的风险和对控制的信赖程度：如果重大错报风险较大或对控制的信赖程度较高，注册会计师应当缩短再次测试控制的时间间隔或完全不信赖以前审计获取的审计证据。

2.不得依赖以前审计获取的证据的情形

鉴于特别风险的特殊性，不论该控制在本期是否发生变化，注册会计师都不应依赖以前审计获取的证据，而应在本期审计中测试这些控制的运行有效性。也就是说，如果注册会计师拟信赖针对特别风险的控制，那么，所有关于该控制运行有效性的审计证据必须来自当年的控制测试。相应地，注册会计师应当在每次审计中都测试这类控制。

注册会计师在本审计期间是否测试某项控制的决策过程，详见图8-2。

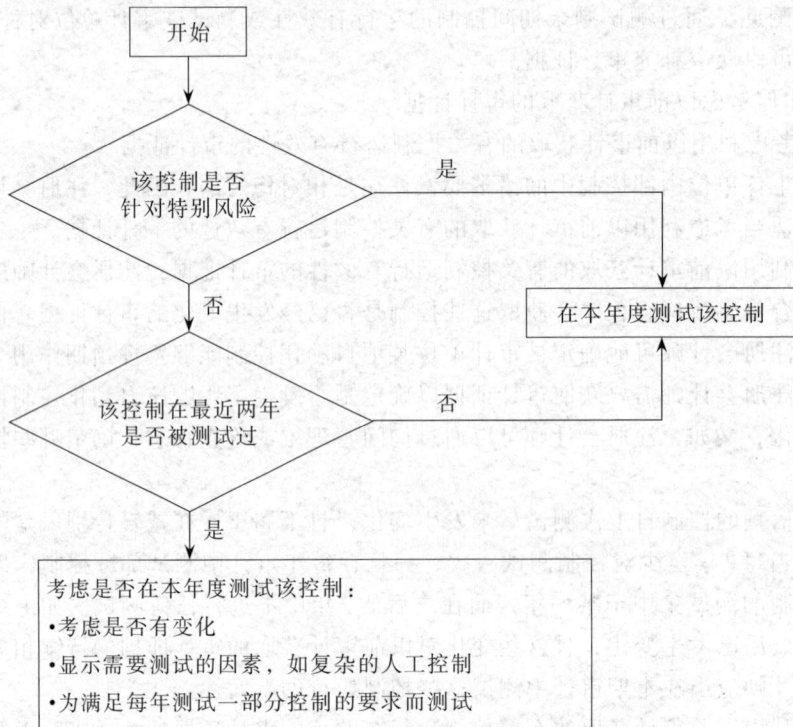

图8-2　本审计期间测试某项控制的决策过程

四、控制测试的范围

控制测试的范围是指控制活动的测试次数。在确定控制测试的范围时，注册会计师应当设计控制测试，以获取控制在整个拟信赖的期间有效运行的充分、适当的审计证据。当针对控制运行的有效性需要获取更具说服力的审计证据时，可能需要扩大控制测试的范围。

（一）确定控制测试范围的考虑因素

在确定控制测试的范围时，注册会计师应考虑以下因素：（1）对控制的拟信赖程度。拟信赖程度越高，需要实施控制测试的范围越大。（2）在拟信赖期间，被审计单位执行控制的频率。频率越高，需要实施控制测试的范围越大。（3）在所审期间，注册会计师拟信赖控制运行有效性的时间长度。时间长度越长，需要实施控制测试的范围越大。（4）控制的预期偏差率。预期偏差率越高，需要实施控制测试的范围越大。（5）拟获取的有关认定层次控制运行有效性的审计证据的相关性和可靠性。针对同一认定，可能存在不同的控制，当针对其他控制获取审计证据的充分性和适当性较高时，测试该控制的范围可适当缩小。（6）通过测试与认定相关的其他控制获取的审计证据的范围。如拟获取的有关证据的相关性和可靠性较高，则该控制的测试范围可适当缩小。

（二）对自动化控制的测试范围的特别考虑

信息技术处理具有内在一贯性，除非系统（包括系统使用的表格、文档或其他永久性数据）发生变动，注册会计师通常不需要增加自动化控制的测试范围，但需要考虑执行下列测试以确定该控制持续有效运行：（1）测试与该应用控制有关的一般控制的运行有效性；（2）确定系统是否发生变动，如果发生变动，是否存在适当的系统变动控制；（3）确定对交易的处理是否使用了授权批准的软件版本。例如，注册会计师可以检查信息系统安全控制记录，以确定是否存在未经授权的接触系统硬件和软件，以及系统是否发生变动。

（三）测试两个层面控制时应注意的问题

控制测试可用于被审计单位整体层面的内部控制和业务流程层面的控制。由于整体层面的控制测试通常更加主观，且这些控制测试的结果会影响其他计划审计程序的性质和范围，注册会计师最好在审计的早期测试整体层面控制。

◎ 第三节　实质性程序

一、实质性程序的含义和要求

实质性程序，是指用于发现认定层次重大错报的审计程序。注册会计师实施的实质性程序应当包括下列与财务报表编制完成阶段相关的审计程序：（1）将财务报表中的信息与其所依据的会计记录进行核对或调节，包括核对或调节披露中的信息，无论该信息是从总账和明细账中获取，还是从总账和明细账之外的其他途径获取；（2）检查财务报表编制过程中作出的重大会计分录和其他调整。

由于注册会计师对重大错报风险的评估是一种判断，可能无法充分识别所有的重大错报风险，并且由于内部控制存在固有局限性，因此无论评估的重大错报风险结果如何，注册会计师都应当针对所有重大交易类别、账户余额和披露实施实质性程序。

如果认为评估的认定层次重大错报风险是特别风险，需要获取具有高度相关性和可靠性的审计证据，那么仅实施实质性程序不足以获取有关特别风险的充分、适当的审计证据。

注册会计师应当专门针对该风险实施实质性程序。如果认为管理层面临实现盈利指标的压力而可能提前确认收入，那么注册会计师在设计询证函时不仅应当考虑函证应收账款的账户余额，还应当考虑询证销售协议的细节条款（如交货、结算及退货条款）；注册会计师还可考虑在实施函证的基础上针对销售协议及其变动情况询问被审计单位的非财务人员。如果针对特别风险实施的程序仅为实质性程序，这些程序应当包括细节测试，或将细节测试和实质性分析程序结合使用，以获取充分、适当的审计证据。

二、实质性程序的性质

实质性程序的性质，是指实质性程序所使用的一种或多种具体审计程序，包括细节测试和实质性分析程序两类。

（一）细节测试

细节测试可使用的具体审计程序包括：检查记录或文件、检查有形资产、观察、询问、函证、重新计算。细节测试用于获取与各类交易、账户余额和披露认定相关的审计证据，如"存在""准确性、计价和分摊"等认定。注册会计师尤其应当考虑是否将函证程序和监盘程序用于细节测试。

注册会计师应当针对评估的风险设计有针对性的细节测试，获取充分、适当的审计证据，以达到认定层次所计划的保证水平。例如，针对"存在"或"发生"认定的细节测试，选择财务报表项目并追踪至原始业务凭证；针对"完整性"认定设计细节测试时，注册会计师应当获取项目的原始业务凭证，并调查这些项目是否确实包含在财务报表中；为应对被审计单位漏记本期应付账款的风险，注册会计师可以检查期后付款记录。

（二）实质性分析程序

实质性分析程序从技术特征上讲仍然是分析程序，主要是通过研究数据间关系来评价信息，只是将该技术方法用作实质性程序，即用以识别各类交易、账户余额和披露的认定是否存在错报。实质性分析程序通常更适用于在一段时间内存在可预期关系的大量交易。

在设计实质性分析程序时，注册会计师应当考虑下列因素：（1）对特定认定使用实质性分析程序的适当性；（2）对已记录的金额或比率作出预期时，所依据的内部或外部数据的可靠性；（3）作出预期的准确程度是否足以在计划的保证水平上识别重大错报；（4）已记录金额与预期值之间可接受的差异额。当实施实质性分析程序时，如果使用被审计单位编制的信息，注册会计师应当考虑测试与信息编制相关的控制，以及这些信息是否在本期或前期经过审计。

三、实质性程序的时间

实质性程序的时间选择与控制测试的时间选择的共同点在于，两类程序都面临对期中审计证据和以前审计获取的审计证据的考虑。由于实质性程序的目的在于更直接地发现重大错报，在期中实施实质性程序时更需要考虑成本效益的权衡。

（一）考虑期中获取的审计证据

注册会计师在期中实施实质性程序而未在其后实施追加程序，将增加期末可能存在错报而未被发现的风险，并且该风险随着剩余期间的延长而增加。影响是否在期中实施实质性程序、是否就期中至期末实施实质性分析程序的可能因素见表8-2。因此，如果在期中实施了实质性程序，注册会计师应当针对剩余期间实施下列程序之一，以将期中测试得出的结论合理延伸至期末：（1）结合对剩余期间实施的控制测试，实施实质性程序；（2）如果认为对剩余期间拟实施的实质性程序是充分的，仅实施实质性程序。

表 8-2 影响实质性程序实施的可能因素

影响是否在期中实施实质性程序的因素	影响是否在期中至期末 实施实质性分析程序的因素
➤控制环境和其他相关控制	➤特定类别交易的期末累计发生额或期末账户余额在金额、相对重要性及构成方面能否被合理预期
➤实施审计程序所需要的信息在期中之后的可获得性	
➤实质性程序的目的	➤被审计单位在期中对此类交易或账户余额进行分析和调整的程序及确保截止正确的程序是否恰当
➤评估的重大错报风险	
➤影响是否在期中实施实质性程序的因素	➤影响是否就期中至期末实施实质性分析程序的因素
➤特定类别的交易或账户余额以及相关认定的性质	➤与财务报告相关的信息系统能否提供关于期末账户余额和剩余期间交易的充分信息,以足以调查:(1)重大的异常交易或会计分录(尤其在期末或接近期末发生的交易或会计记录);(2)导致重大波动的其他原因或预期发生但未发生的波动;(3)特定类别的交易或账户余额在构成上的变动
➤针对剩余期间注册会计师能否通过实施适当的实质性程序或将实质性程序与控制测试相结合,降低期末可能存在错报而未被发现的风险	

如果期中检查出注册会计师在评估重大错报风险时未预期到的错报,注册会计师应当评价是否需要修改相关的风险评估结果以及针对剩余期间拟实施的实质性程序的性质、时间安排和范围。若评价后认为需要修改,则此类修改可能包括在期末扩大期中已实施实质性程序的范围或重新实施这些实质性程序。

(二)考虑以前审计获取的审计证据

在多数情况下,在以前审计中实施实质性程序获取的审计证据,通常对本期只有很弱的证据效力或没有证据效力。因此,准则中并未提及该情形。但是,也有例外。例如,由于证券化的结构未发生变化,以前审计中获得的与证券化结构有关的法律意见可能在本期仍适用;以前审计通过实质性程序测试过的某项诉讼在本期没有任何实质性进展。在这些情况下,使用在以前审计的实质性程序中获取的审计证据可能是适当的,前提是该证据及其相关事项未发生重大变动,并且本期已实施用以确认是否具有持续相关性的审计程序。

四、实质性程序的范围

实质性程序的范围有两层含义:(1)对什么层次的数据进行分析,注册会计师可以选择在高度汇总的财务数据层次进行分析,也可以根据重大错报风险的性质和水平调整分析层次。例如,按照不同产品线、不同季节或月份、不同经营地点或存货存放地点等实施实质性分析程序。(2)需要对什么幅度或性质的差异展开进一步调查。实施分析程序可能发现差异,但并非所有的差异都值得展开进一步调查。可容忍或可接受的差异额(即预期差异额)越大,作为实质性分析程序一部分的进一步调查的范围就越小。注册会计师应当确定适当的预期差异额,在确定该差异额时,注册会计师应当主要考虑各类交易、账户余额和披露认定的重要性和计划的保证水平。

在确定实质性程序的范围时，注册会计师应当考虑评估的认定层次重大错报风险和实施控制测试的结果。注册会计师评估的认定层次重大错报风险越高，需要实施实质性程序的范围越大。如果对控制测试结果不满意，注册会计师应当考虑扩大实质性程序的范围。在设计细节测试时，注册会计师除了从样本量的角度考虑测试范围外，还要考虑选样方法的有效性等因素。例如，从总体中选取大额或异常项目，而不是进行代表性抽样或分层抽样。

如果不考虑成本效益的问题，那么注册会计师只有在获取最充分、适当的审计证据后才能发表审计意见。但是，如果为了实现某个具体审计目标有多种可选审计方案，注册会计师将选择成本较低的方案。因此，成本效益原则的考虑会影响到实质性程序的范围。一般而言，注册会计师根据可接受的检查风险水平确定所需要获取的审计证据和实质性程序的范围。可接受的风险水平高，注册会计师可以获取相对较少的审计证据，实质性程序的范围也相对较小；反之，则要获取较多的审计证据，并实施较大范围的实质性程序。但是，无论如何，成本效益原则不能成为注册会计师无法获取充分、适当审计证据的理由。

五、针对特别风险实施的实质性程序

如果认为相关风险为特别风险，注册会计师应当专门针对该风险实施实质性程序。从恰当的被询证者以函证形式直接取得的审计证据，可以帮助注册会计师获取应对舞弊或错误导致的重大错报风险所需的具有高度可靠性的审计证据。例如，如果注册会计师认为管理层面临实现盈利预期的压力，则可能存在管理层虚增销售收入的风险，即通过对不满足收入确认条款的销售协议进行不当确认，或通过在出货前出具销售发票虚增收入。在这些情况下，注册会计师可能设计函证程序，不仅用于确认应收账款的账户余额，也用于确认销售协议的细节条款，包括日期、退货权和交货条款。此外，注册会计师还可能认为有必要就销售协议和交货条款的任何变更询问被审计单位的非财务人员，以此作为函证程序的补充。

认定层次舞弊风险属于特别风险，是蓄意的、经过精心策划的，且可能采用了反审计措施以掩盖其舞弊行为，因此，为应对认定层次舞弊风险的进一步审计程序应更加严谨、缜密和有效。为应对认定层次舞弊风险，注册会计师应当综合考虑运用下列方式：（1）充分考虑舞弊风险因素。舞弊风险因素是指注册会计师在了解被审计单位及其环境时识别的、可能表明存在舞弊动机或压力、机会的事项或情况，以及被审计单位对可能存在的舞弊行为的合理化解释。存在舞弊风险因素并不一定表明发生了舞弊，但在舞弊发生时通常存在舞弊风险因素，注册会计师应当考虑舞弊风险因素对其评估重大错报风险可能产生的影响。（2）改变拟实施审计程序的性质，以获取更为可靠、相关的审计证据，或获取其他佐证性信息，包括更加重视实地观察或检查，在实施函证程序时改变常规函证内容，询问被审计单位的非财务人员等。（3）改变实质性程序的时间安排，包括在期末或接近期末实施实质性程序，或针对本期较早期间发生的交易事项或贯穿于整个本期的交易事项实施测试。（4）改变审计程序的范围，包括扩大样本规模，采用更详细的数据实施分析程序等。

注册会计师应对管理层舞弊风险拟采取的进一步审计程序详见表8-3。

表8-3 注册会计师应对管理层舞弊风险拟采取的进一步审计程序

管理层舞弊可能导致财务报表存在重大错报的主要手段	注册会计师拟采取的进一步审计程序
（1）编制虚假的会计分录，特别是在临近会计期末时	（1）测试日常会计核算过程中作出的会计分录以及为编制财务报表作出的调整分录是否适当，其主要包括： ➤了解被审计单位的财务报告过程，了解并评价被审计单位对日常会计分录及财务报表编制过程中的调整分录的控制，并确定其是否得到执行 ➤询问被审计单位内部参与财务报告过程的人员是否注意到在编制会计分录或调整分录时存在不恰当或异常活动 ➤确定测试的时间
（2）滥用或随意变更会计政策	
（3）不恰当地调整会计估计所依据的假设及改变原先作出的判断	➤选择拟测试的会计分录或调整分录 （2）复核会计估计是否有失公允，措施包括： ➤从财务报表整体上考虑管理层作出的某项会计估计是否反映出管理层的某种偏向，是否与最佳估计存在重大差异 ➤复核管理层在以前年度财务报表中作出的重大会计估计及其依据的假设。特别关注管理层在作出会计估计时是否同时高估或低估所有准备，从而平滑两个或多个会计期间的收益，或达到某个特定收益水平
（4）故意漏计、提前确认或推迟确认报告期内发生的交易或事项	
（5）隐瞒可能影响财务报表金额的事实	（3）对于注意到的超出正常经营过程或基于对被审计单位及其环境的了解显得异常的重大交易，了解其商业理由的合理性 ➤交易的形式是否过于复杂 ➤管理层是否已与治理层就此类交易的性质和会计处理进行讨论并作出适当记录
（6）构造复杂的交易以歪曲财务状况或经营成果	➤管理层是否更强调需要采用某种特定的会计处理方式，而不强调交易的经济实质 ➤对于涉及不纳入合并范围的关联方（包括特殊目的实体）的交易，是否已得到治理层的适当审核与批准
（7）篡改与重大或异常交易相关的会计记录和交易条款	➤交易是否涉及以往未识别的关联方，或不具备实质性交易基础或独立财务能力的第三方

本章小结 ------------------ ◎

本章介绍了重大错报风险的应对措施。注册会计师应当根据重大错报风险识别与评估的结果，针对性地设计和实施应对措施，以将重大错报风险降低至可接受的低水平。重大错报风险应对的总体思路为：针对评估的财务报表层次重大错报风险，设计和实施总体应对措施；针对评估的认定层次重大错报风险，设计和实施进一步审计程序，包括总体方案和具体程序。总体方案包括实质性方案和综合性方案：实质性方案是指注册会计师实施的进一步审计程序以实质性程序为主；综合性方案是指注册会计师在实施进一步审计程序时，将控制测试与实质性程序结合使用。具体程序包括检查记录或文件、检查有形资产、观察、询问、函证、重新计算、重新执行、分析程序。注册会计师针对评估的财务报表层次重大错报风险的总体应对措施可能包括：向项目组强调在收集和评价审计证据过程中保持职业怀疑态度的必要性；分派更有经验或具有特殊技能的注册会计师，或利用专家的工作；提供更多的督导；在选择进一步审计程序时，应当注意使某些程序不被管理层预见或事先了解；对拟实施审计程序的性质、时间和范围作出总体修改。评估的财务报表层次重大错报风险以及采取的总体应对措施，对拟实施的进一步审计程序的总体方案具有重大影响。无论是实质性方案还是综合性方案，注册会计师在设计和实施进一步审计程序时，均需考虑性质、时间和范围三个方面。进一步审计程序的性质，是指进一步审计程序中所使用的一种或多种具体的审计程序；进一步审计程序的时间，是指注册会计师何时实施进一步审计程序，或审计证据适用的期间或时点；进一步审计程序的范围，是指实施进一步审计程序的数量，包括抽取的样本量、对某项控制活动的观察次数等。注册会计师在设计拟实施的进一步审计程序时，应当考虑风险的重要性、重大错报发生的可能性、被审计单位采用的特定控制的性质、注册会计师是否拟获取内部控制有效性的审计证据，以及涉及的各类交易、账户余额和披露的特征等因素。

课后思考题

1. 针对评估的财务报表层次重大错报风险应确定哪些总体应对措施？
2. 针对评估的认定层次重大错报风险应如何应对？
3. 什么是进一步审计程序的综合性方案和实质性方案？哪些情形下应倾向于选择实质性方案？
4. 什么是进一步审计程序的性质、时间和范围？
5. 什么是控制测试？控制测试与了解内部控制有什么联系和区别？
6. 控制测试如何运用？
7. 什么是实质性程序？实质性程序如何运用？

本章测评

第九章
审计抽样

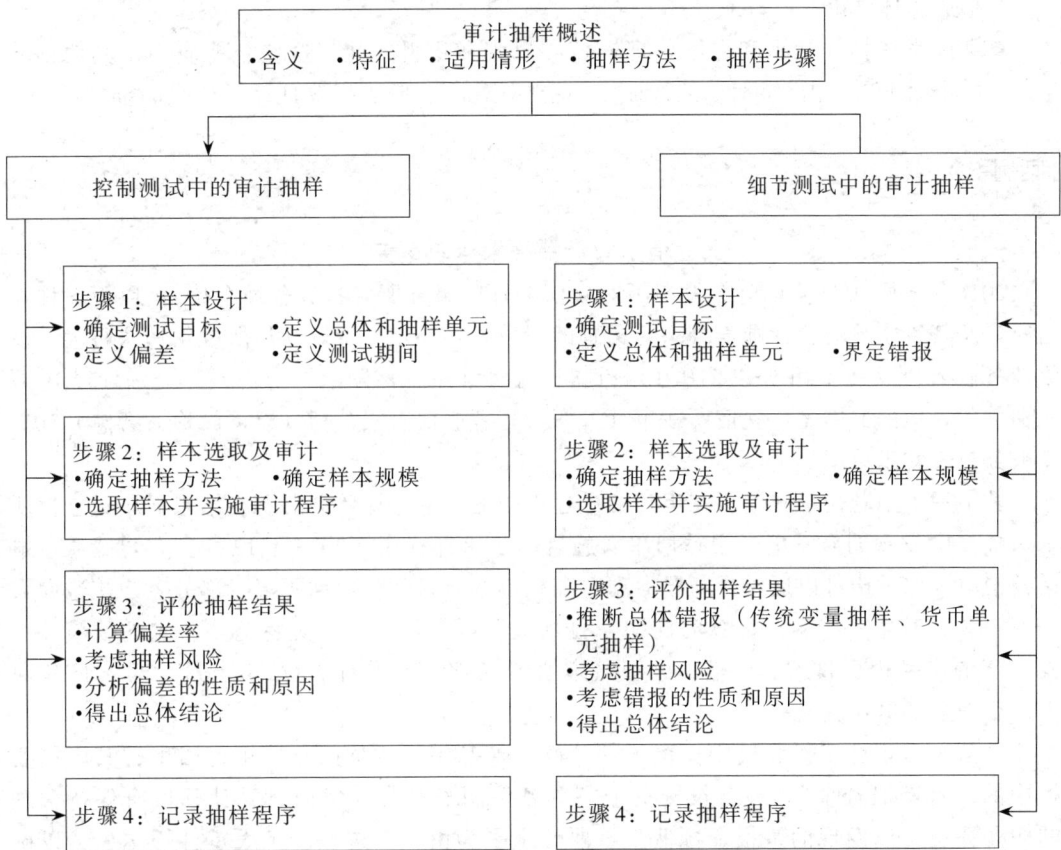

● 抽样是调查研究的重要方法之一。深入学习与理解贯彻习近平总书记关于调查研究的重要论述，例如："调查研究是谋事之基、成事之道，没有调查就没有发言权，没有调查就没有决策权。调查研究是我们做好工作的基本功。""调查研究是我们党的传家宝，是做好各项工作的基本功。要在全党大兴调查研究之风，推动全党崇尚实干、力戒空谈、精准发力，让改革发展稳定各项任务落下去，让惠及百姓的各项工作实起来，推动党中央大政方针和决策部署在基层落地生根。"

● 将习近平总书记关于调查研究的重要论述与审计抽样的专业知识相融合，启发学生应用调查研究的理念将审计工作做深、做实、做透。

知识传授

● 掌握审计抽样的核心概念，包括定义、适用性、方法、风险以及相关概念，并熟悉其整体流程及各步骤的关键工作。
● 了解控制测试中的审计抽样步骤，掌握影响样本规模的主要因素和确定方法，学会评估样本结果并据此得出总体结论。
● 了解细节测试中的审计抽样步骤，熟悉传统变量抽样和概率比例规模抽样，并学会形成总体结论。
● 掌握系统抽样知识和方法，把握核心思维和逻辑，并将这些技能应用于其他领域（如国家审计、内部审计、纪检监察、巡视巡察等），形成高效且针对性强的抽样能力。

案例引入

立信所审计抽样未尽职尽责

2016年7月20日，证监会发布了对立信会计师事务所（特殊普通合伙）（以下简称立信所）及其签字注册会计师姜维杰、葛勤的行政处罚决定：责令立信所改正违法行为，没收业务收入70万元，并处以210万元罚款；对姜维杰、葛勤给予警告，并分别处以10万元罚款。处罚的原因是，立信所在审计上海大智慧股份有限公司（以下简称大智慧）2013年财务报表时未尽职尽责。

其中一个问题便是立信所在审计抽样过程中的疏忽。证监会的调查结果显示，立信所未对抽样中发现的异常电子银行回单实施进一步审计程序。2013年12月，大智慧通过电话营销向客户承诺可以通过打新股、理财和投资等方式弥补前期亏损。部分客户应邀向大智慧汇款，其中一些客户汇款时注明"打新股"等字样。大智慧将这些收到的款项计入2013年的产品销售收入。经查，大智慧虚增了12名客户共计2 872 486.68元的2013年收入，后来全部退款。

立信所在审计工作底稿中保留了部分软件产品销售收款的电子银行回单，其中摘要栏中的"打新股资金""理财投资资金"等备注明显异常。然而，会计师没有保持合理的职业怀疑，以发现的错报金额低于重要性水平为由，未进一步扩大审计样本量，以确认抽样总体不存在重大错报，也没有在审计工作底稿中记录任何对这些异常事项的风险识别和应对的程序。经查，2013年12月异常摘要的银行进账单笔数将为48笔，合计金额为873万元，明显高于底稿中样本的数量及对应金额。

立信所和两名签字注册会计师辩称，他们对大智慧的销售业务流程进行了了解，并执行了一系列有针对性的审计程序，包括抽取销售发票、对应的银行进账单以及服务开通的系统记录，对记载的客户姓名、金额、销售内容和时间逐一核对，结果未发现重大异常。这一申辩最终被证监会驳回。

资料来源：中国证监会. 中国证监会行政处罚决定书（立信会计师事务所、姜维杰、葛勤）〔EB/OL〕.（2016-07-20）. http://www.csrc.gov.cn/csrc/c101928/c1042796/content.shtml.

这一案例表明，审计抽样并不是可以随心所欲、没有规则的过程。那么，抽样应当遵循哪些流程与标准？如何对所抽取的样本执行审计程序？如何根据样本结果形成对总体的结论？如何在工作底稿中记录审计抽样过程？本章将围绕这些问题逐一讲解。

◎ 第一节　审计抽样概述

一、注册会计师选取测试项目的方法

注册会计师为获取充分、适当的审计证据，需要选取项目进行测试。选取测试项目的方法有三种：（1）选取全部项目；（2）选取特定项目；（3）审计抽样。

选取全部项目是对全部项目进行检查，通常更适用于细节测试，而不是控制测试。实施细节测试时，在某些情况下，基于重要性水平或风险的考虑，注册会计师可能认为需要测试总体中的全部项目。当存在下列情形之一时，注册会计师应当考虑选取全部项目进行测试：（1）总体由少量的大额项目构成：某类交易或账户余额中涉及的项目单个金额较大时，注册会计师可能需要测试所有项目；（2）存在特别风险且其他方法未提供充分、适当的审计证据：某类交易或账户余额中所有项目虽然单个金额不大但存在特别风险，则注册会计师也可能需要测试所有项目；（3）由于信息系统自动执行的计算或其他程序具有重复性，注册会计师可运用计算机辅助审计技术选取全部项目进行测试。

选取特定项目是指注册会计师根据对被审计单位的了解、评估的重大错报风险及所测试总体的特征等，确定从总体中选取特定项目进行测试。选取的特定项目可能包括：（1）大额或关键项目；（2）超过某一金额的全部项目；（3）被用于获取某些信息的项目；（4）被用于测试控制活动的项目。

随着企业规模的扩大和经营复杂程度的不断上升，注册会计师对每一笔交易进行检查变得既不可行，也没有必要。为了在合理的时间内以合理的成本完成审计工作，审计抽样应运而生。审计抽样旨在帮助注册会计师确定实施审计程序的范围，以获取充分、适当的审计证据得出合理的结论，作为形成审计意见的基础。

注册会计师在某类交易或账户余额中选取特定项目后，应当根据总体剩余部分的重大性，考虑是否需要针对剩余项目实施审计抽样。

选取测试项目的三种方法之间的逻辑关系可以用图9-1来表示。

二、审计抽样的含义、特征及相关概念

（一）审计抽样的含义

审计抽样，是指注册会计师对具有审计相关性的总体中低于百分之百的项目实施审计程序，使所有抽样单元都有被选取的机会，为注册会计师针对整个总体得出结论提供合理基础。其中，总体是指注册会计师从中选取样本并期望据此得出结论的整个数据集合；抽样单元是指构成总体的个体项目。抽样单元可能是实物项目，如支票簿上列示的支票信息、银行对账单上的贷方记录、销售发票或应收账款余额，也可能是货币单元。审计抽样有助于注册会计师获取与评价关于所选取项目某一特征的审计证据，以形成或有助于形成有关总体的结论。

```
        ┌─────────────────────┐
        │  某类交易或账户余额    │
        └─────────────────────┘
                  │
                  ▼
           ◇─────────────◇        ┌──────────────┐
          ◇ 是否所有项目都重要 ◇──是──▶│  选取全部项目  │
           ◇─────────────◇        └──────────────┘
                  │
                  否
                  ▼
           ◇─────────────◇        ┌──────────────┐
          ◇ 是否有个别重大项目 ◇──是──▶│  选取特定项目  │
           ◇─────────────◇        └──────────────┘
                  │                      │
                  否                     ▼
                  └──────────▶◇─────────────◇──否──▶┌──────────────────┐
                            ◇ 剩余总体是否重要 ◇      │ 不实施任何审计程序 │
                             ◇─────────────◇        └──────────────────┘
                                    │
                                    是
                                    ▼
                             ◇─────────────◇──否──▶┌──────────────────────────┐
                            ◇  是否需要抽样  ◇       │ 实施分析程序等无须抽样的程序 │
                             ◇─────────────◇        └──────────────────────────┘
                                    │
                                    是
                                    ▼
                              ┌──────────┐
                              │  审计抽样  │
                              └──────────┘
```

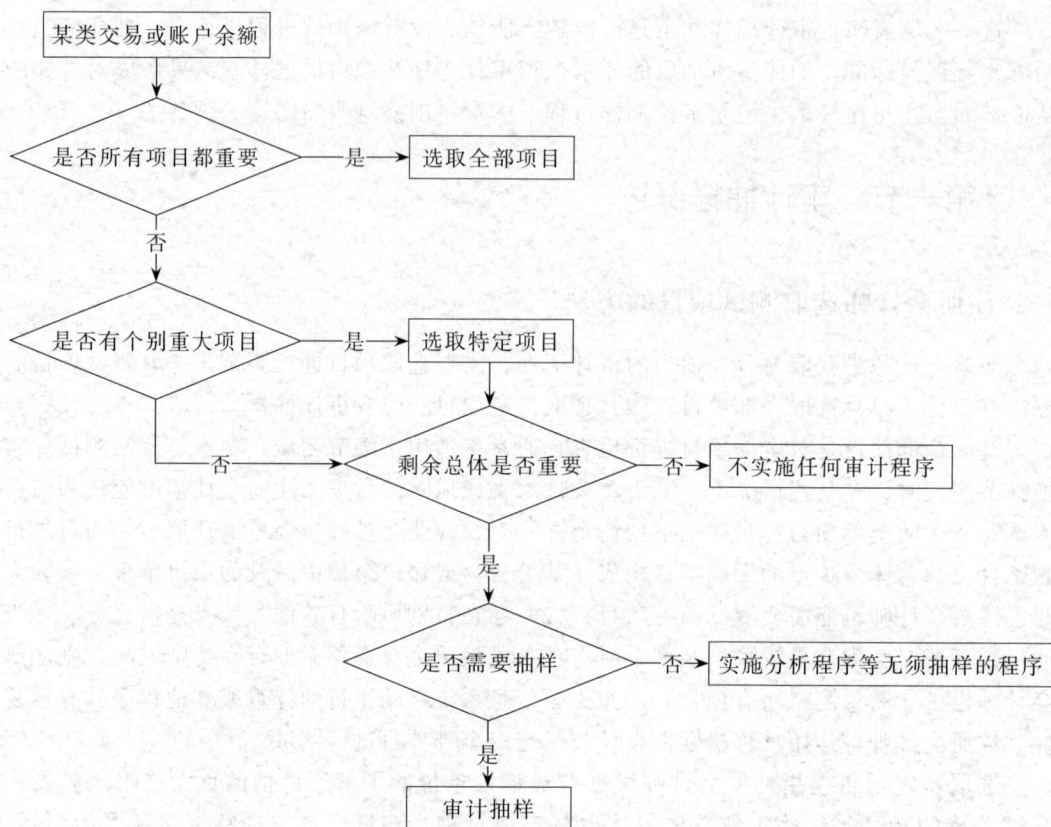

图9-1 选取测试项目的三种方法之间的逻辑关系

（二）审计抽样的特征

审计抽样应当同时具备三个基本特征：（1）对某类交易或账户余额中低于百分之百的项目实施审计程序；（2）所有抽样单元都有被选取的机会；（3）审计测试的目的是评价该账户余额或交易类型的某一特征。

值得关注的是，只有当从总体中选取的样本具有代表性时，注册会计师才能根据样本项目的测试结果推断出有关总体的结论。代表性，是指在既定的风险水平下，注册会计师根据样本得出的结论，与对整个总体实施与样本相同的审计程序得出的结论类似。样本具有代表性并不意味着根据样本测试结果推断的错报一定与总体中的错报完全相同。如果样本的选取是无偏向的，该样本通常就具有了代表性。代表性与整个样本相关，与样本中的单个项目无关；与如何选取样本相关，与样本规模无关；与错报的发生率相关，与错报的特定性质无关，比如，异常误差就不具有代表性。

（三）相关概念

1.代表性与异常误差

代表性，是指在既定的风险水平下，注册会计师根据样本得出的结论，与对整个总体实施与样本相同的审计程序得出的结论类似。代表性与样本整体而非样本中的单个项目相关，与样本规模无关，而与如何选取样本相关。

异常误差，是指对总体误差明显不具有代表性的偏差或错报。

2.可容忍误差

可容忍误差是可容忍错报和可容忍偏差率的统称。

可容忍错报，是指注册会计师设定的货币金额，以试图对总体中的实际错报不超过该货币金额获取适当水平的保证。可容忍错报是将实际执行的重要性运用到特定抽样程序，可容忍错报可能等于或低于实际执行的重要性。

可容忍偏差率，是指注册会计师设定的偏离规定的内部控制程序的比率，注册会计师试图对总体中的实际偏差率不超过该比率获取适当水平的保证。

3.可信赖程度

可信赖程度通常用预计抽样结果能够代表审计对象总体特征的百分比来表示。例如，抽样结果有95%的可信赖程度，表明抽样结果有95%的可能性代表了总体特征。可信赖程度与抽样风险是互补关系，即1减去可信赖程度就是可接受的抽样风险水平（如在95%的可信赖程度下，抽样风险水平为5%）。

三、抽样风险和非抽样风险

（一）抽样风险

抽样风险，是指注册会计师根据样本得出的结论，可能不同于如果对整个总体实施与样本相同的审计程序得出的结论的风险。

1.审计抽样用于控制测试的风险

注册会计师在进行控制测试时，应关注以下抽样风险：

（1）信赖不足风险。信赖不足风险是指推断的内部控制的有效性低于其实际有效性的风险，即抽样结果使注册会计师未能信赖或未能充分信赖可以信赖的内部控制。信赖不足风险与审计的效率有关。当注册会计师评估的内部控制有效性低于其实际有效性时，评估的重大错报风险水平偏高，注册会计师可能增加不必要的实质性程序。在这种情况下，审计效率可能降低。

（2）信赖过度风险。信赖过度风险是指推断的内部控制的有效性高于其实际有效性的风险，即抽样结果使注册会计师过度信赖了所测试的内部控制。信赖过度风险与审计的效果有关。当注册会计师评估的内部控制有效性高于其实际有效性时，评估的重大错报风险水平偏低，注册会计师可能不适当地减少从实质性程序中获取的证据，因此审计的有效性下降。对于注册会计师而言，信赖过度风险更容易导致其发表不恰当的审计意见，因而更应予以关注。

2.审计抽样用于实质性程序的风险

注册会计师在实施实质性程序时，应关注以下抽样风险：

（1）误拒风险。误拒风险是指注册会计师推断所测试的项目存在重大错报而实际上不存在的可能性。与信赖不足风险类似，误拒风险影响审计效率。如果账户余额不存在重大错报而注册会计师认为其存在重大错报，注册会计师会扩大实质性程序的范围并考虑获取其他审计证据，最终得出恰当的审计结论。在这种情况下，审计效率可能降低。

（2）误受风险。误受风险是指注册会计师推断所测试的项目不存在重大错报而实际上存在的可能性。如果账户余额存在重大错报而注册会计师认为其不存在重大错报，注册会计师通常会停止对该账户余额继续进行测试，并根据样本结果得出账户余额无重大错报风险的结论。与信赖过度风险类似，误受风险影响审计效果，容易导致注册会计师发表不恰当的审计意见，因此注册会计师更应关注。

需要注意的是，抽样风险对审计工作的影响主要体现在可能导致两种类型的错误结论：（1）在实施控制测试时，注册会计师推断的控制有效性高于其实际有效性（即信赖过度风险）；或在实施细节测试时，注册会计师推断某一重大错报不存在而实际上存在（即误受风险）。注册会计师主要关注这类错误结论，原因是其影响审计效果，非常有可能导致发表不恰当的审计意见。（2）在实施控制测试时，注册会计师推断的控制有效性低于其实际有效性（即信赖不足风险）；或在实施细节测试时，注册会计师推断某一重大错报存在而实际上不存在（即误拒风险）。这类错误结论影响审计效率，原因是其通常导致注册会计师实施额外的工作。具体详见图9-2。

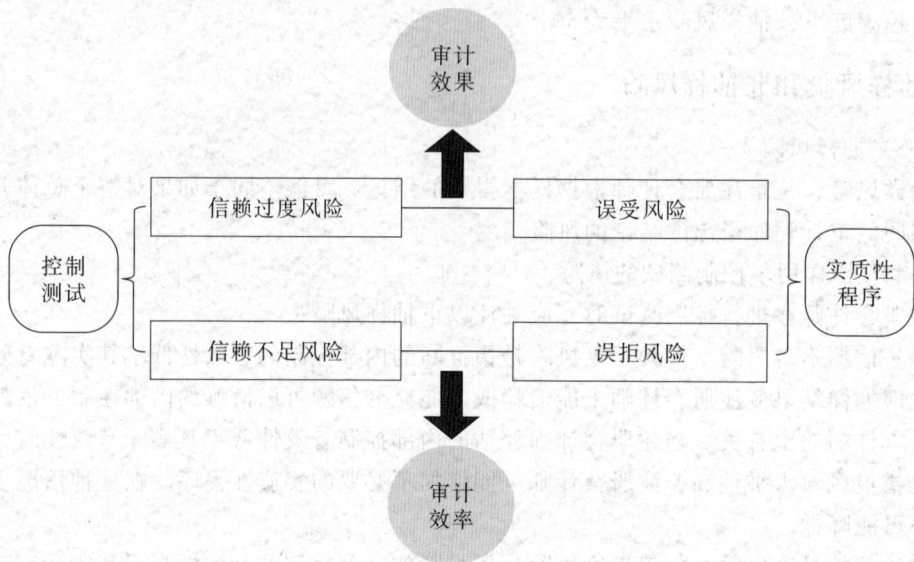

图9-2　抽样风险

只要使用了审计抽样，抽样风险总会存在。抽样风险与样本规模呈反向变动关系：样本规模越小，抽样风险越大；样本规模越大，抽样风险越小。无论是控制测试还是细节测试，注册会计师都可以通过扩大样本规模降低抽样风险。

如果对总体中的所有项目都实施检查，就不存在抽样风险，此时审计风险完全由非抽样风险产生。

（二）非抽样风险

非抽样风险是指注册会计师因与抽样风险无关的原因而得出错误结论的风险，对审计效率和效果都有一定的影响。为了更好地理解非抽样风险的来源，可以参考表9-1，其中详细列举了可能导致这种风险的各种原因。

值得注意的是，非抽样风险主要由人为因素造成。非抽样风险无法量化，但通过采取适当的质量管理政策和程序，对审计工作进行适当的指导、监督和复核，仔细设计审计程序，以及对审计实务的适当改进，注册会计师可以将非抽样风险降至可接受的水平。

表 9-1   导致非抽样风险的可能原因

原 因	举 例
选择的总体不适合于测试目标	注册会计师在测试销售收入"完整性"认定时，将主营业务收入日记账界定为总体
未能适当地定义误差（包括控制偏差或错报），导致注册会计师未能发现样本中存在的偏差或错报	注册会计师在测试现金支付授权控制的有效性时，未将签字人未得到适当授权的情况界定为控制偏差
选择了不适于实现特定目标的审计程序	注册会计师依赖应收账款函证来检查未入账的应收账款
未能适当地评价审计发现的情况	注册会计师错误解读审计证据，可能导致没有发现误差

四、审计抽样的适用情形

审计抽样并非在所有审计程序中都可使用，注册会计师拟实施的审计程序将对运用审计抽样产生重要影响。在风险评估程序、控制测试和实质性程序中，有些审计程序可以使用审计抽样，有些审计程序则不宜使用审计抽样。

适用与不适用的具体情形见表 9-2。

表 9-2   审计抽样的适用情形

审计程序	适用情形	不适用情形
风险评估程序	如果注册会计师在了解控制的设计和确定控制是否得到执行的同时计划和实施控制测试，则可能涉及审计抽样，但此时审计抽样仅适用于控制测试	通常不适用
控制测试	当控制的运行留下轨迹时	对于未留下运行轨迹的控制，通常实施询问、观察等审计程序，获取有关控制运行有效性的证据
实质性程序	细节测试	实质性分析程序的目的不是根据项目的测试结果推断有关总体的结论，因而不宜使用审计抽样

五、审计抽样的方法

（一）统计抽样与非统计抽样

统计抽样按决策的依据可以分为统计抽样和非统计抽样。注册会计师既可使用统计抽样方法，也可使用非统计抽样方法。

1.统计抽样

统计抽样是指注册会计师运用数理统计方法确定样本及样本量，进而随机选择样本，并根据样本的审查结果来推断总体特征的一种审计抽样方法。统计抽样同时具备下列特征：（1）随机选取样本项目；（2）运用概率论评价样本结果，包括计量抽样风险。

统计抽样能够科学地确定抽样规模，并且审计对象总体中各个项目被抽取的机会也可以防止人为的偏见，保证审计结论在规定的可靠程度上和一定的精确度之内作出。统抽样还能使注册会计师量化控制抽样风险。但统计抽样的技术性较强，可能需要花费较高成本来训练注册会计师掌握这种技术。

属性抽样和变量抽样都是统计抽样方法：属性抽样是一种用来对总体中某一事件发生率得出结论的统计抽样方法，用于测试某一设定控制的偏差率，以支持注册会计师评估的控制风险水平；变量抽样是一种对总体金额得出结论的统计抽样方法，主要用于细节测试，以确定记录金额是否合理。

2.非统计抽样

非统计抽样是指注册会计师运用专业经验和主观判断来确定样本规模和选取样本的一种审计抽样方法。

非统计抽样的优点是简单易行，而且能充分利用注册会计师的实践经验和判断能力；缺点是注册会计师全凭主观标准和个人经验来确定样本规模，往往导致要么样本量过大，浪费了人力和时间；要么样本量过小，易得出错误的审计结论。但是，非统计抽样只要设计得当，也可达到与统计抽样一样的效果。

值得注意的是，非统计抽样和统计抽样的选用，主要涉及的是审计程序实施的范围，并不影响运用于样本的审计程序的选择，也不影响获取单个样本项目证据的适当性，以及注册会计师对发现的样本错误所作的适当反应。

在审计抽样过程中，无论是统计抽样还是非统计抽样，也不论决策者是否具备设计和使用有效抽样方案的能力，都离不开注册会计师的专业判断。认为统计抽样能够减少审计过程中的专业判断或可以取代专业判断的观点是错误的，因为在统计抽样运用过程中仍存在许多不确定因素，这些不确定因素要由注册会计师凭正确的判断加以解决。例如，确定审计对象主体并明确其特征，决定所采用的选样方法，对抽样结果进行质量上和数量上的评价等。究竟应选用哪种抽样技术，主要取决于注册会计师对成本效果方面的考虑。非统计抽样可能比统计抽样花费的成本要小，但是统计抽样的效果则可能比非统计抽样要好得多。如果设计适当，非统计抽样也能提供与统计抽样方法同样有效的结果。

（二）选取样本的方法

选取样本的主要方法包括以下几种：（1）随机选样，注册会计师可以使用随机数生成工具（如随机数表）获得所需要的随机数，选取匹配的随机样本。（2）系统选样，即用总体中抽样单元的总数量除以样本规模，得到样本间隔，然后在第一个间隔中确定一个随机起点，按照间隔从总体中顺序抽取样本。（3）随意选样，注册会计师选取样本时尽管不采用结构化的方法，但也要避免任何有意识的偏向或可预见性（如回避难以找到的项目，或总是选择或回避每页的第一个或最后一个项目），从而试图保证总体中的所有项目都有被选中的机会。

在非统计抽样中可以使用随机选样、系统选样等根据随机原则选取样本的方法，但在统计抽样中不可以使用随意选样等不按随机原则选取样本的方法。

六、审计抽样的步骤

如前所述，在控制测试和细节测试中都会用到审计抽样。无论何种情形下，审计抽样大致都需经过样本设计、样本选取、评价样本结果和记录抽样程序四个步骤（如图9-3所示）。

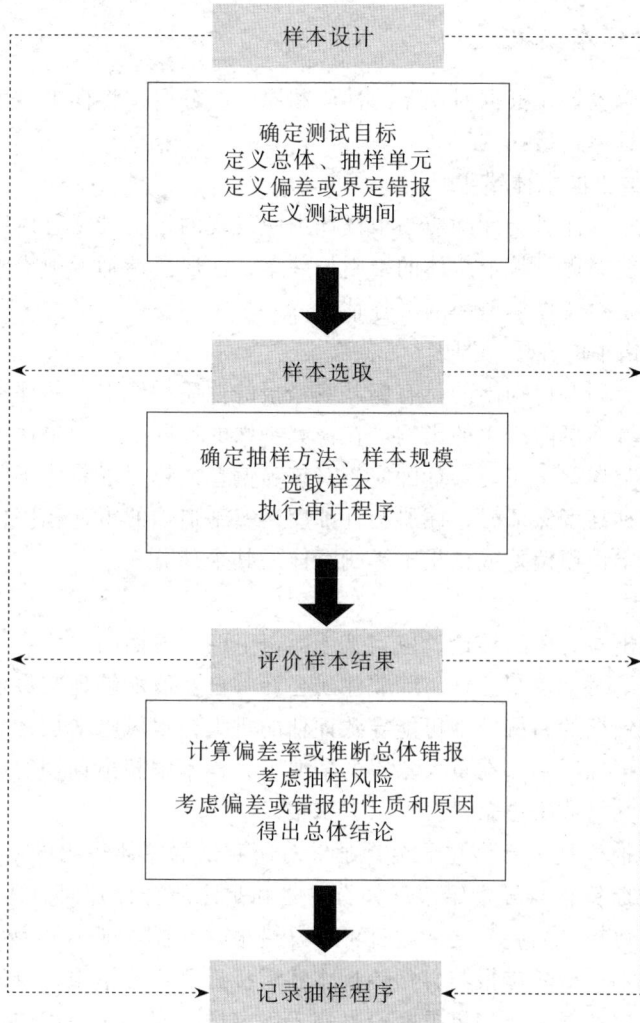

图9-3　审计抽样流程示意图

步骤1：样本设计

样本设计旨在根据测试的目标和抽样总体，制订选取样本的计划。注册会计师应当确定测试目标、定义总体、定义抽样单元、定义偏差（对应控制测试）或界定错报（对应细节测试）、定义测试期间（仅适用于控制测试中的审计抽样）。

步骤2：样本选取

选取样本旨在按照适当的方法从抽样总体中选取所需的样本，并对其实施检查，以确定是否存在误差。注册会计师应当确定抽样方法、确定样本规模、选取样本，进而针对选取的每个项目实施适合具体目的的审计程序。如果审计程序不适用于选取的项目，注册会计师应当针对替代项目实施该审计程序。如果未能对某个选取的项目实施设计的审计程序或适当的替代程序，注册会计师应当将该项目视为控制测试中对规定的控制的一项偏差，或细节测试中的一项错报。

步骤3：评价样本结果

评价样本结果阶段旨在根据对误差的性质和原因的分析，将样本结果推断至总体，形成对总体的结论。具体包括：

1.计算偏差率或推断总体错报

实施细节测试时，注册会计师应当根据样本中发现的错报推断总体错报。而对于控制测试，由于样本偏差率也是整个总体的推断偏差率，注册会计师无须推断偏差率，计算得出的样本偏差率就是对总体偏差率的最佳估计。

2.考虑偏差或错报的性质和原因

注册会计师应当调查识别出的所有偏差或错报的性质和原因，并评价其对审计程序的目的和审计的其他方面可能产生的影响。在极其特殊的情况下，如果认为样本中发现的某项偏差或错报是异常误差，注册会计师应当对该项偏差或错报对总体不具有代表性获取高度保证。在获取这种高度保证时，注册会计师应当实施追加的审计程序，获取充分、适当的审计证据，以确定该项偏差或错报不影响总体的其余部分。

3.得出总体结论

注册会计师得出对总体的结论，应当基于对以下两个方面的评价：

（1）样本结果。对于控制测试，除非注册会计师已获取能够证实最初评估结果的进一步审计程序，超出预期的高偏差率可能导致评估的重大错报风险增加；对于细节测试，在缺乏进一步审计证据证明不存在重大错报的情况下，样本中超出预期的高错报可能导致注册会计师认为某类交易或账户余额存在重大错报。

（2）使用审计抽样是否已为注册会计师针对所测试的总体得出的结论提供合理基础。对于细节测试，推断错报与异常错报（如有）之和是注册会计师对总体错报的最佳估计：当推断错报与异常错报（如有）之和超过可容忍错报时，样本就不能为得出有关测试总体的结论提供合理基础；推断错报与异常错报之和越接近可容忍错报，总体中实际错报超过可容忍错报的可能性就越大。如果推断错报高于确定样本规模时使用的预期错报，注册会计师可能认为，总体中实际错报超出可容忍错报的抽样风险是不可接受的。如果认为审计抽样未能为得出有关测试总体的结论提供合理基础，注册会计师可以要求管理层对识别出的错报和是否可能存在更多错报进行调查，并在必要时进行调整；或者调整进一步审计程序的性质、时间安排和范围，以更好地获取所需的保证。例如，对于控制测试，注册会计师可能会扩大样本规模，测试替代控制或修改相关实质性程序。

步骤4：记录抽样程序

注册会计师应记录所实施的审计程序，形成审计工作底稿。在控制测试和细节测试的审计抽样中，审计工作底稿应记录的具体内容可能存在差异，但在总体要求和内容类别上基本一致。

············◎ 第二节 控制测试中的审计抽样

在控制测试中运用审计抽样有发现抽样和估计抽样两种方法。发现抽样在注册会计师预计控制高度有效时可以使用，因此，注册会计师在发现抽样中使用的预计总体偏差率是0，检查样本时一旦发现一个偏差，就立即停止抽样；如果在样本中没有发现偏差，则可以得出总体偏差率可以接受的结论。估计抽样用以估计被测试控制的偏差发生率，或控制未有效运行的频率。本节以第二种方法为主，按图9-3所示的流程，控制测试中的审计抽样将按如下步骤依次展开。

步骤1：样本设计

（一）确定测试目标

控制测试的目标是获取关于控制运行有效性的审计证据，以支持其计划评估的重大错报风险水平。如果对控制运行有效性的评价可以分为最高、高、中和低四个层次，注册会计师只有在初步评估控制运行有效性在中等以上水平时，才会实施控制测试。只有认为控制设计合理、能够防止或发现并纠正认定层次的重大错报时，注册会计师才有必要对控制运行的有效性实施测试。为此，注册会计师应关注控制在所审计期间的相关时点是如何运行的，控制是否得到一贯执行，以及控制由谁或以何种方式执行。注册会计师应当首先针对某项认定详细了解控制目标和内部控制政策与程序之后，才能确定从哪些方面获取关于控制是否有效运行的审计证据。

例如，在销售环节的控制测试中，与"发生"认定对应的其中一项控制制度是销售合同签订前需经过申请与审批环节——《销售合同申请表》由销售人员填写，然后依次经本组区域销售总监、本地区域销售总经理、首席营销官、首席财务官、总经理签字审批，那么测试的目标是这项控制制度是否存在且得到有效执行（以下简称例1）。

（二）定义总体和抽样单元

1.定义总体

在定义总体时，应确保适当性和完整性。其中，适当性是指总体与特定的审计目标是对应的，完整性是指总体是完整、无遗漏的。例如，在例1中测试的总体是所有已签订合同。通过检查已签订合同是否后附经过审批的《销售合同申请表》，可得到该项控制是否有效运行的结论。

在控制测试中，注册会计师必须考虑总体的同质性。同质性是指总体中的所有项目应该具有同样的特征。例如，被审计单位的出口和内销业务的处理方式不同，注册会计师应分别评价两种不同的控制情况，因而出现两个独立的总体。又如，虽然被审计单位的所有分支机构的经营可能都相同，但每个分支机构都是由不同的人运行的。如果注册会计师对每个分支机构的内部控制和员工感兴趣，可以将每个分支机构作为一个独立的总体对待。另外，如果注册会计师关心的不是单个分支机构，而是被审计单位整体的经营，且各分支机构的控制具有足够的相同之处，就可以将被审计单位视为一个单独的总体。

2.定义抽样单元

抽样单元通常是能够提供控制运行证据的一份文件资料、一个记录或其中一行，每个抽样单元构成了总体中的一个项目。在例1中，每一份已签订的销售合同就是抽样单元；又如，测试目标是确定付款是否得到授权，且设定的控制要求付款之前授权人在付款单据上签字，抽样单元可能被定义为每一张付款单据；如果一张付款单据包含了对几张发票的付款，且设定的控制要求每张发票分别得到授权，那么付款单据上与发票对应的一行就可能被定义为抽样单元。但是，对抽样单元的定义过于宽泛可能导致缺乏效率。例如，注册会计师将发票作为抽样单元，就必须对发票上的所有项目进行测试。如果注册会计师将发票上的每一行作为抽样单元，则只需对被选取的行所代表的项目进行测试。如果定义抽样单元的两种方法都适合测试目标，那么将每一行的项目作为抽样单元，可能效率更高。

（三）定义偏差

偏差（也称为"控制偏差"），是指偏离对既定控制的预期执行。注册会计师应根据对内部控制的了解，确定哪些特征能够显示被测试控制的运行情况，然后据此定义控制偏差。在例1中，控制偏差可定义为销售合同在签订前未经过规定部门与人员的申请与审批；又如，既定控制要求每笔支付都应附有发票、收据、验收报告和订购单等证明文件，且均盖上"已付"戳记。注册会计师认为盖上"已付"戳记的发票和验收报告足以显示控制的适当运行，控制偏差可能被定义为缺乏盖有"已付"戳记的发票和验收报告等证明文件的款项支付。

（四）定义测试期间

注册会计师通常在期中实施控制测试。由于期中测试获取的证据只与控制截至期中测试时点的运行有关，因此注册会计师需要确定如何获取关于剩余期间的证据。注册会计师可以有两种做法：（1）将测试扩展至在剩余期间发生的交易，以获取额外的证据。在这种情况下，在期中执行初始测试，然后估计总体中剩余期间将发生交易的数量，并在期末审计时对所有发生在期中测试之后的被选取交易进行检查。例如，被审计单位在当年的前10个月开具了编号从1到10 000的发票，注册会计师可能根据企业的经营周期估计，剩下2个月中将开具2 500张发票，因此注册会计师在选取所需的样本时用1到12 500作为编号。在所选取的发票中，对编号小于或者等于10 000的样本项目在期中审计时进行检查，剩余的样本项目将在期末审计时进行检查。（2）不将测试扩展至在剩余期间发生的交易。在进行期中测试时注册会计师发现的偏差可能足以使其得出结论，即使在发生于期中测试以后的交易中未发现任何偏差，控制也不能支持计划评估的重大错报风险水平。在这种情况下，注册会计师可能决定不将样本扩展至期中测试以后发生的交易，而是相应地修正计划的重大错报风险评估水平和实质性程序。

步骤2：样本选取及其审计

（一）确定抽样方法

在选取样本项目时，不管使用统计抽样还是非统计抽样，注册会计师应当使总体中的每个抽样单元都有被选取的机会。

（二）确定样本规模

1.确定样本规模需考虑的因素

注册会计师应确定合适的样本规模，以兼顾审计效率与效果。在控制测试中，影响抽样规模的因素见表9-3。

表9-3 控制测试中影响样本规模的主要因素

因素类别	具体因素	与样本规模的关系
统计因素	总体规模	除非总体非常小，一般而言，总体规模对样本规模的影响几乎为零。注册会计师通常将抽样单元超过2 000个的总体视为大规模总体。对于小规模总体，总体规模与样本规模同向变动
	可接受的信赖过度风险	注册会计师一般将信赖过度风险确定为10%，对特别重要的测试，可将信赖过度风险确定为5%。在实务中，注册会计师通常对所有控制测试确定一个统一的可接受信赖过度风险水平，然后对每一个测试根据计划的重大错报风险评估水平和控制有效性分别确定其可容忍偏差率
审计因素	有效运行的控制可降低重大错报风险的程度	有效运行的控制可降低重大错报风险的程度越大，说明该项控制对于审计目标越重要。因此有效运行的控制可降低重大错报风险的程度与样本规模同向变动
	可容忍偏差率	可容忍偏差率与样本规模反向变动。在确定可容忍偏差率时，注册会计师应考虑计划评估的控制有效性。在实务中，注册会计师通常认为，当偏差率为3%~7%时，控制有效性的估计水平较高。可容忍偏差率最高为20%，当偏差率超过20%时，由于估计控制运行无效，注册会计师无须进行控制测试。当估计控制运行有效时，如果注册会计师确定的可容忍偏差率较高，就被认为不恰当
	预计总体偏差率	预计总体偏差率与样本规模同向变动。在实务中，如果以前年度的审计结果无法取得或被认为不可靠，注册会计师可以在抽样总体中选取一个较小的初始样本，以初始样本的偏差率作为预计总体偏差率的估计值。如果预期总体偏差率高得无法接受，意味着控制有效性很低，注册会计师通常决定不实施控制测试，而是实施更多的实质性程序
	其他因素	控制运行的相关时间越长（年或季度），需要测试的样本越多；控制程序越复杂，测试的样本越多；对人工控制实施的测试要多于自动化控制

2.确定样本规模的方法

在选取样本项目时，不管使用统计抽样还是非统计抽样，注册会计师应当使总体中的每个抽样单元都有被选取的机会。在统计抽样中，注册会计师可以使用样本量表确定样本规模。

注册会计师根据可接受的信赖过度风险选择相应的抽样规模表，然后在预计总体偏差率栏找到适当的比率，接下来注册会计师确定与可容忍偏差率对应的列，可容忍偏差率所在列与预计总体偏差率所在行的交点就是所需的样本规模。若注册会计师确定的可接受信赖过度风险为10%，可容忍偏差率为7%，预计总体偏差率为0.75%，在表9-4中，7%可容忍偏差率所在列与0.75%预计总体偏差率所在行的交点为55，即所需的样本规模为55。

表9-4　　　　　　　　控制测试中统计抽样的样本规模（信赖过度风险10%）

预计总体偏差率（%）	可容忍偏差率										
	2%	3%	4%	5%	6%	7%	8%	9%	10%	15%	20%
0.00	114 (0)	76 (0)	57 (0)	45 (0)	38 (0)	32 (0)	28 (0)	25 (0)	22 (0)	15 (0)	11 (0)
0.25	194 (1)	129 (1)	96 (0)	77 (1)	64 (1)	55 (1)	48 (0)	42 (1)	38 (1)	25 (1)	18 (1)
0.50	194 (1)	129 (1)	96 (1)	77 (1)	64 (0)	55 (1)	48 (1)	42 (1)	38 (1)	25 (1)	18 (1)
0.75	265 (1)	129 (0)	96 (1)	77 (1)	64 (1)	55 (1)	48 (1)	42 (1)	38 (0)	25 (0)	18 (1)
1.00		176 (2)	96 (1)	77 (1)	64 (1)	55 (1)	48 (1)	42 (1)	38 (0)	25 (1)	18 (1)
1.25		221 (3)	132 (1)	77 (0)	64 (1)	55 (1)	48 (1)	42 (1)	38 (1)	25 (1)	18 (1)
1.50			132 (2)	105 (2)	64 (1)	55 (1)	48 (1)	42 (1)	38 (1)	25 (1)	18 (1)
1.75			166 (3)	105 (2)	88 (2)	55 (0)	48 (1)	42 (1)	38 (1)	25 (1)	18 (1)
2.00			198 (4)	132 (3)	88 (2)	75 (2)	48 (1)	42 (1)	38 (0)	25 (1)	18 (0)
2.25				132 (3)	88 (2)	75 (2)	65 (1)	42 (2)	38 (2)	25 (1)	18 (1)
2.50				1328 (4)	110 (3)	75 (2)	65 (2)	58 (2)	38 (2)	25 (1)	18 (0)
2.75				209 (6)	132 (4)	94 (3)	65 (2)	58 (2)	38 (2)	25 (1)	18 (1)
3.00					132 (4)	94 (3)	65 (2)	58 (2)	52 (2)	25 (1)	18 (1)
3.25					133 (5)	113 (4)	82 (3)	58 (2)	52 (2)	25 (1)	18 (1)
3.50					194 (7)	113 (4)	82 (3)	73 (3)	52 (2)	25 (1)	18 (1)
3.75						131 (5)	98 (4)	73 (3)	52 (2)	25 (0)	18 (1)
4.00						149 (6)	98 (4)	73 (3)	52 (3)	25 (1)	18 (0)

续表

预计总体 偏差率 （%）	可容忍偏差率										
	2%	3%	4%	5%	6%	7%	8%	9%	10%	15%	20%
5.00							160 （8）	182 （6）	78 （4）	34 （2）	18 （0）
6.00								182 （11）	116 （7）	43 （3）	25 （2）
7.00									199 （14）	52 （4）	25 （2）

注：①括号内是可接受的偏差数；

②空格部分表示样本规模太大，不符合成本效益原则。

（三）选取样本和实施审计程序

注册会计师应当针对选取的每个项目，实施适合具体审计目标的审计程序。例如，在例1中，注册会计师可以通过检查记录或文件这一审计程序，查验抽取出的已签订销售合同是否后附（或存在）经过审批的《销售合同申请表》（若有对应的《销售合同申请表》，则进一步检查是否经规定部门和人员签署意见并签章）。值得注意的是，有时被测试的控制只在部分样本单据上留下了运行证据。如果注册会计师无法对选取的项目实施计划的审计程序或适当的替代程序，就要考虑在评价样本时将该样本项目视为控制偏差。另外，注册会计师要考虑造成该限制的原因，以及该限制可能对其了解内部控制和评估重大错报风险产生的影响。

步骤3：评价样本结果

在完成对样本的测试并汇总控制偏差之后，注册会计师应当评价样本结果，并对总体得出结论。

（一）计算偏差率

将样本中发现的偏差数量除以样本规模，就可以计算出样本偏差率。样本偏差率就是注册会计师对总体偏差率的最佳估计，因而在控制测试中无须另外推断总体偏差率。

（二）考虑抽样风险

注册会计师应在估计出的总体偏差率（即样本偏差率）的基础上，考虑抽样风险（主要是信赖过度风险）的影响。也就是说，如果总体偏差率（即样本偏差率）低于可容忍偏差率，注册会计师还要考虑实际的总体偏差率仍有可能高于可容忍偏差率的风险。

1.统计抽样中的抽样风险

注册会计师在统计抽样中通常使用公式、表格或计算机程序直接计算在确定的信赖过度风险水平下可能发生的偏差率上限，即估计的总体偏差率与抽样风险允许限度之和。

（1）使用统计公式评价样本结果

$$总体偏差率上限 = \frac{风险系数（R）}{样本量（n）} \times 100\%$$

控制测试中常用的风险系数详见表9-5。

表9-5   控制测试中常用的风险系数

样本中发现偏差的数量	信赖过度风险	
	5%	10%
0	3.0	2.3
1	4.8	3.9
2	6.3	5.3
3	7.8	6.7
4	9.2	8.0
5	10.5	9.3

接上例，假定注册会计师对55个项目实施了既定的审计程序，且未发现偏差。根据可接受的信赖过度风险10%，且偏差数量为0，在表9-5中可查得风险系数为2.3。则在既定的可接受信赖过度风险水平下，根据样本结果计算总体偏差率上限如下：

$$总体偏差率上限 = \frac{风险系数（R）}{样本量（n）} \times 100\% = \frac{2.3}{55} \times 100\% = 4.18\%$$

这意味着，如果样本量为55且未发现偏差，总体实际偏差率超过4.18%的风险为10%，即有90%的把握保证总体实际偏差率不超过4.18%。由于注册会计师确定的可容忍偏差率为7%，因此可以得出结论：总体的实际偏差率超过可容忍偏差率的风险很小，总体可以接受。也就是说，样本结果证实注册会计师对控制运行有效性的估计和评估的重大错报风险水平是适当的。

（2）使用样本结果评价表

注册会计师也可以使用样本结果评价表评价统计抽样的结果。表9-6列示了可接受的信赖过度风险为10%时的总体偏差率上限。

表9-6   控制测试中统计抽样结果评价（信赖过度风险为10%时的总体偏差率上限）

样本规模	实际发现的控制偏差数										
	0	1	2	3	4	5	6	7	8	9	10
20	10.9	18.1	*	*	*	*	*	*	*	*	*
25	8.8	14.7	19.9	*	*	*	*	*	*	*	*
30	7.4	12.4	16.8	*	*	*	*	*	*	*	*
35	6.4	10.7	14.5	18.1	*	*	*	*	*	*	*
40	5.6	9.4	12.8	16.0	19.0	*	*	*	*	*	*
45	5.0	8.4	11.4	14.3	17.0	19.7	*	*	*	*	*
50	4.6	7.6	10.3	12.9	15.4	17.8	*	*	*	*	*
55	4.1	6.9	9.4	11.8	14.1	16.3	18.4	*	*	*	*

续表

样本规模	实际发现的控制偏差数										
	0	1	2	3	4	5	6	7	8	9	10
60	3.8	6.4	8.7	10.8	12.9	15.0	16.9	18.9	*	*	*
70	3.3	5.5	7.5	9.3	11.1	12.9	14.6	16.3	17.9	19.6	*
80	2.9	4.8	6.6	8.2	9.8	11.3	12.8	14.3	15.8	17.2	18.6
90	2.6	4.3	5.9	7.3	8.7	10.1	11.5	12.8	14.1	15.4	16.6
100	2.3	3.9	5.3	6.6	7.9	9.1	10.3	11.5	12.7	13.9	15.0
120	2.0	3.3	4.4	5.5	6.6	7.6	8.7	9.7	10.7	11.6	12.6
160	1.5	2.5	3.3	4.2	5.0	5.8	6.5	7.3	8.0	8.8	9.5
200	1.2	2.0	2.7	3.4	4.0	4.6	5.3	5.9	6.5	7.1	7.6

注：本表假设总体足够大；以百分比表示偏差率上限；*表示超过20%。

计算出估计的总体偏差率上限后，注册会计师通常可以对总体进行如下判断：（1）如果总体偏差率上限高于或等于可容忍偏差率，则总体不能接受。这时注册会计师对总体得出结论，样本结果不支持计划评估的控制有效性，从而不支持计划的重大错报风险评估水平，此时注册会计师应当修正重大错报风险评估水平，并增加实质性程序的数量。注册会计师也可以对影响重大错报风险评估水平的其他控制进行测试，以支持计划的重大错报风险评估水平。（2）如果总体偏差率上限低于且不接近可容忍偏差率，则总体可以接受。这时注册会计师对总体得出结论，样本结果支持计划评估的控制有效性，从而支持计划的重大错报风险评估水平。（3）如果总体偏差率上限低于但接近可容忍偏差率，注册会计师应当结合其他审计程序的结果，考虑是否接受总体，并考虑是否需要扩大测试范围，以进一步证实计划评估的控制有效性和重大错报风险水平。

2.非统计抽样中的抽样风险

由于非统计抽样中的抽样风险无法直接计量，因此注册会计师通常直接将估计出的总体偏差率（即样本偏差率）与可容忍偏差率相比较，运用职业判断确定总体是否可以接受：（1）如果总体偏差率大于可容忍偏差率，则总体不能接受；（2）如果总体偏差率大大低于可容忍偏差率，注册会计师通常认为总体可以接受；（3）如果总体偏差率虽然低于可容忍偏差率，但两者很接近，注册会计师通常认为实际的总体偏差率高于可容忍偏差率的抽样风险很高，因而总体不可接受；（4）如果总体偏差率与可容忍偏差率之间的差额不是很大也不是很小，以至于不能认定总体是否可以接受，注册会计师则要考虑扩大样本规模或实施其他测试，以进一步收集证据。

（三）分析偏差的性质和原因

除了关注偏差率和抽样风险之外，注册会计师还应当调查识别出的所有偏差的性质和原因，并评价其对审计程序的目的和审计的其他方面可能产生的影响。无论是统计抽样还是非统计抽样，对样本结果的定性评估和定量评估都一样重要。即使样本的评价结果在可接受的范围内，注册会计师也应对样本中的所有控制偏差进行定性分析。注册会计师对偏差的性质和原因的分析包括：是有意的还是无意的？是误解了规定还是粗心大意？是经常发生还是偶然发生？是系统的还是随机的？如果注册会计师发现许多偏差具有相同的特征，如交易类型、地点、生产线或时期等，则应考虑该特征是不是引起偏差的原因，是否存在其他尚未发现的具有相同特征的偏差。如果分析表明存在故意违背内部控制政策或程序的情况，注册会计师应考虑可能存在重大舞弊，并进行更广泛的考虑。在这种情况下，注册会计师应当确定实施的控制测试能否提供适当的审计证据，是否需要增加控制测试，或是否需要使用实质性程序应对潜在的错报风险。

值得注意的是，控制偏差并不一定直接导致金额错报，但会增加财务报表的错报风险。某些偏差比其他偏差更容易导致金额错报，因此更为重要。例如，销售发票出错比未定期检查客户信用限额更容易导致财务报表错报，注册会计师应考虑偏差对财务报表的影响。

（四）得出总体结论

在计算偏差率、考虑抽样风险、分析偏差的性质和原因之后，注册会计师需要运用职业判断得出总体结论。如果样本结果及其他相关审计证据支持计划评估的控制有效性，从而支持计划的重大错报风险评估水平，注册会计师可能不需要修改计划的实质性程序。如果样本结果不支持计划的控制运行有效性和重大错报风险评估水平，注册会计师通常有两种选择：（1）进一步测试其他控制（如补偿性控制），以支持计划的控制运行有效性和重大错报风险的评估水平；（2）提高重大错报风险的评估水平，并相应修改计划的实质性程序的性质、时间安排和范围。

步骤 4：记录抽样程序

在控制测试中使用审计抽样时，注册会计师通常应记录下列内容：（1）对所测试的控制的描述；（2）抽样的目标，包括与重大错报风险评估的关系；（3）对总体和抽样单元的定义，包括注册会计师如何考虑总体的完整性；（4）对偏差的构成条件的定义；（5）信赖过度风险、可容忍偏差率以及在抽样中使用的预计总体偏差率；（6）确定样本规模的方法；（7）选样方法；（8）对如何实施抽样程序的描述，以及样本中发现的偏差清单；（9）对样本的评价及总体结论摘要，可能包含样本中发现的偏差数量、对注册会计师如何考虑抽样风险的解释以及关于样本结果是否支持计划的重大错报风险评估水平的结论。工作底稿中还可能记录偏差的性质、注册会计师对偏差的定性分析以及样本评价结果对其他审计程序的影响。

◎ 第三节 细节测试中的审计抽样

与控制测试相同，细节测试中的审计抽样也分为样本设计、样本选取、评价样本结果、记录抽样程序四个步骤。

步骤 1：样本设计

（一）确定测试目标

细节测试的目的是识别财务报表中各类交易、账户余额和披露中存在的重大错报。在细节测试中，审计抽样通常用来测试有关财务报表金额的一项或多项认定（如营业收入的"发生"认定）的合理性。

（二）定义总体

总体定义得是否适当、完整取决于对测试目标的准确把握。如果测试目标是检查营业收入的"发生"认定，那么总体应该是所有已记录为营业收入的销售交易；如果测试目标是检查营业收入的"完整性"认定，那么总体应该是所有实际发生的销售交易。

值得注意的是：（1）不同性质的交易可能导致借方余额、贷方余额和零余额多种情况并存，注册会计师需要根据风险、相关认定和审计目标进行不同的考虑。例如，应收账款账户可能既有借方余额，又有贷方余额。对于借方余额，注册会计师较为关心其存在性；对于贷方余额，则更为关心其完整性。另外，对于借方或贷方或零余额账户，通常需要分别考察借方发生额和贷方发生额。（2）在审计抽样时，销售收入和销售成本通常被视为两个独立的总体。为了减少样本量而仅将毛利率作为一个总体是不恰当的，因为收入错报并非总能被成本错报抵销，反之亦然。例如，当存在舞弊时，被审计单位记录了虚构的销售收入，该笔收入并没有与之相匹配的销售成本。

（三）定义抽样单元

在细节测试中，抽样单元可能是一个账户余额、一笔交易或交易中的一个记录（如销售发票中的单个项目），甚至是每个货币单元。注册会计师在定义抽样单元时也应考虑实施计划的审计程序或替代程序的难易程度。如果将抽样单元界定为客户明细账余额，当某客户没有回函证实该余额时，注册会计师可能需要对构成该余额的每一笔交易进行测试。因此，如果将抽样单元界定为构成应收账款余额的每笔交易，则审计抽样的效率可能更高。

（四）界定错报

注册会计师应根据审计目标界定错报。在界定时，应注意一些特殊情形。例如，在应收账款函证中，客户在函证信息针对的截止日之前已支付而被审计单位在该日之后才收到的款项不构成错报。

步骤2：选取样本

（一）确定抽样方法

在细节测试中进行审计抽样，可能使用统计抽样，也可能使用非统计抽样。

（二）确定样本规模

在细节测试中，影响样本规模的因素见表9-7。

表9-7　　　　　　　　　　　　细节测试中影响样本规模的主要因素

因素类别	具体因素	与样本规模的关系
统计因素	总体规模	总体中的项目数量在细节测试中对样本规模的影响很小
	总体的变异性	总体变异性是指总体的某一特征（如金额）在各项目之间的差异程度。在统计抽样中，衡量这种变异或分散程度的指标是标准差。总体项目的变异性与样本规模同向变动。当总体的变异性过高时，可以考虑先分层再确定每一层的抽样规模
	可接受的误受风险	可接受的误受风险与样本规模反向变动

续表

因素类别	具体因素	与样本规模的关系
审计因素	其他实质性程序在同一认定上的使用情况	其他实质性程序在同一认定上的使用程度与样本规模反向变动
	可容忍错报	可容忍错报与样本规模反向变动
	预计总体错报	预计总体错报与样本规模同向变动。预计总体错报不应超过可容忍错报。在既定的可容忍错报下，预计总体错报的金额和频率越小，所需的样本规模也越小。相反，预计总体错报的金额和频率越大，所需的样本规模也越大
	其他因素	控制运行的相关期间越长（年或季度），需要测试的样本越多；控制程序越复杂，测试的样本越多；对人工控制实施的测试要多于自动化控制

（三）选取样本并对其实施审计程序

在选取样本前，注册会计师通常先识别单个重大项目并对此执行审计程序，然后以剩余项目为抽样总体。由于抽样是以剩余项目为总体的，因此在后续结果评价时也应单独由剩余项目的样本结果（而非单个重大项目的审计结果与剩余项目的样本结果之和）推断剩余项目的总体情况。对于选取的每一个样本，注册会计师都应当实施适合具体审计目标的审计程序。无法对选取的项目实施检查时，注册会计师应当考虑这些未检查项目对样本评价结果的影响：如果未检查项目中可能存在的错报不会改变对样本的评价结果，则无须检查这些项目；反之，则应当实施替代程序，获取形成结论所需的审计证据。此外，注册会计师还要考虑无法实施检查的原因是否影响计划的重大错报风险或舞弊风险的评估水平。

步骤3：评价样本结果

（一）推断总体错报

注册会计师应当根据样本结果推断总体错报。根据由样本推断总体的方法差异，细节测试中的统计抽样可以分为传统变量抽样和货币单元抽样。

1.传统变量抽样方法

根据推断总体的方法不同，传统变量抽样方法可以分为三种具体的方法：均值法、差额法和比率法。

（1）均值法

均值法是指通过抽样审查确定样本的平均值，再根据样本平均值推断总体的平均值和总值的一种变量抽样方法。使用这种方法时，注册会计师先计算样本中所有项目审定金额的平均值；然后用这个样本平均值乘以总体规模，得出总体金额的估计值；总体金额估计值和总体账面金额之间的差额就是推断的总体错报。

样本审定金额的平均值=样本审定金额÷样本规模

估计的总体金额=样本审定金额的平均值×总体规模

推断的总体错报=总体账面金额－估计的总体金额

【例题9-1】注册会计师小张从1 000笔应收账款、总账面价值为10 000万元中抽取了100笔，账面价值总计4 000万元。经审计后发现，样本的实际账面价值为3 200万元。请使用均值法推断总体的错报金额。

样本审定金额的平均值=3 200÷100=32（万元）

估计的总体金额=32×1 000=32 000（万元）

推断的总体错报=10 000-32 000=-22 000（万元）

即少计2.2亿元。

（2）差额法

差额法是以样本实际金额与账面金额的平均差额来估计总体实际金额与账面金额的平均差额，然后以这个平均差额乘以总体规模，从而求出总体的实际金额与账面金额的差额（即总体错报）的一种方法。

样本平均错报=（样本账面金额－样本审定金额）÷样本规模

推断的总体错报=样本平均错报×总体规模

【例题9-2】沿用前述资料，请使用差额法推断总体的错报金额。

样本平均错报=（4 000-3 200）÷100=8（万元）

推断的总体错报=8×1 000=8 000（万元）

即多计0.8亿元。

（3）比率法

比率法是指以样本的实际金额与账面金额之间的比率关系来估计总体实际金额与账面金额之间的比率关系，然后以这个比率乘以总体的账面金额，从而求出估计的总体实际金额的一种抽样方法。

比率=样本审定金额÷样本账面金额

估计的总体金额=总体账面金额×比率

推断的总体错报=总体账面金额－估计的总体金额

【例题9-3】沿用前述资料，请使用比率法推断总体的错报金额。

比率=3 200÷4 000=0.8

估计的总体金额=10 000×0.8=8 000（万元）

推断的总体错报=10 000-8 000=2 000（万元）

即多计0.2亿元。

三种方法的使用条件为：（1）如果未对总体进行分层，注册会计师通常不使用均值法，因为此时所需的样本规模可能太大，以致不符合成本效益原则。比率法和差额法都要求样本项目存在错报，如果样本项目的审定金额和账面金额之间没有差异，这两种方法使用的公式所隐含的机理就会导致错误的结论。（2）如果发现错报金额与项目的金额紧密相关，那么注册会计师通常会选择比率法；如果发现错报金额与项目的数量紧密相关，那么注册会计师通常会选择差额法。如果注册会计师决定使用统计抽样，且预计没有差异或只有少量差异，就不应使用比率法和差额法，而考虑使用其他替代方法，如均值法或货币单元抽样、概率比例规模抽样。

2.货币单元抽样

货币单元抽样是一种运用属性抽样原理对货币金额而不是对发生率得出结论的统计抽样方法，它是概率比例规模抽样方法（probability-proportional-to-size sampling，PPS）的分支，有时也称为金额单元抽样、累计货币金额抽样以及综合属性变量抽样等。在该方法下，总体中的每个货币单元被选中的机会都相同，所以总体中某一项目被选中的概率等于该项目的金额与总体金额的比率，项目金额越大，被选中的概率就越大。例如，总体包含10个应收账款明细账户，共有余额10 000元，每1元编列数字，即从1到10 000；然后，从中抽取出10个数字（可以采取随机选样、系统选样等方法）；将这10个数字所在的明细账户抽取出来。

但实际上，注册会计师并不是对总体中的货币单元实施检查，而是对包含被选取货币单元的余额或交易实施检查，注册会计师检查的余额或交易被称为逻辑单元或者实物单元。货币单元抽样有助于注册会计师将审计重点放在较大的余额或交易上。注册会计师进行货币单元抽样必须满足两个条件：（1）总体的错报率很低（低于10%），且总体规模在2 000个以上，符合泊松分布的要求；（2）总体中任一项目的错报都不能超过该项目的账面金额，也就是说，如果某账户的账面金额是100元，则其错报金额不能超过100元。

使用货币单元抽样法时，采用系统选样法由样本结果推断总体情况的思路：（1）如果逻辑单元的账面金额大于或等于选样间隔，推断的错报就是该逻辑单元的实际错报金额。（2）如果逻辑单元的账面金额小于选样间隔，则注册会计师首先计算存在错报的所有逻辑单元的错报百分比，这个百分比就是整个选样间隔的错报百分比（因为每一个被选取的货币单元都代表了整个选样间隔中的所有货币单元），再用这个错报百分比乘以选样间隔，得出推断错报的金额；将所有这些推断错报汇总后，再加上在金额大于或等于选样间隔的逻辑单元中发现的实际错报，注册会计师就能计算出总体的错报金额。例如，注册会计师确定的选样间隔是3 000元，如果在样本中发现了3个高估错报，项目的账面金额分别为100元、200元和5 000元，审定金额分别为0、150元和4 000元，则注册会计师推断的错报金额为4 750元。计算过程如下：对于账面金额为5 000元的项目，因其账面金额大于抽样间隔3 000元，所以该项目的实际错报为多计了1 000元，也就是推断的错报；对于账面金额为100元和200元的项目，因其账面价值小于抽样间隔3 000元，所以先计算它们的错报率，分别为（100-0）÷100 =100%，（200-150）÷200=25%，然后分别乘以抽样间隔3 000元，得到推断的错报为3 750元；最后，将两部分的推断错报汇总，得到推断的总体错报为4 750元（1 000+3 750）。

传统变量抽样和货币单元抽样的优缺点比较详见表9-8。

表9-8　　　　　　　　传统变量抽样和货币单元抽样的优缺点比较

类别	优　点	缺　点
传统变量抽样	➤若账面金额与审定金额之间存在较多差异，传统变量抽样可能只需较小的样本规模就能满足审计目标 ➤注册会计师关注总体的低估时，使用传统变量抽样比货币单元抽样更合适 ➤需在每一层追加选取额外样本项目时，传统变量抽样更易于扩大样本规模 ➤对零余额或负余额项目的选取，传统变量抽样不需要在设计时予以特别考虑	➤传统变量抽样比货币单元抽样复杂，通常需要借助计算机程序 ➤确定样本规模时需估计总体特征的标准差，这种估计往往难以作出 ➤若存在非常大的项目，或者在总体的账面金额与审定金额之间存在非常大的差异，而且样本规模比较小，正态分布理论可能不适用，注册会计师更可能得出错误的结论 ➤如果几乎不存在错报，传统变量抽样中的差额法和比率法将无法使用

续表

类别	优　点	缺　点
货币单元抽样	➤计算样本规模和评价样本结果很方便，通常比传统变量抽样更易于使用 ➤在确定所需的样本规模时无须直接考虑总体的特征（如变异性） ➤项目被选取的概率与其货币金额大小成比例，无须通过分层减少变异性 ➤在使用系统选样法选取样本时，如果项目金额等于或大于选样间距，货币单元抽样将自动识别所有单个重大项目，即该项目一定会被选中 ➤若注册会计师预计不存在错报，货币单元抽样的样本规模通常比传统变量抽样小 ➤货币单元抽样的样本更容易设计，且可在能够获得完整的最终总体之前开始选取样本	➤不适用于测试总体的低估 ➤对零余额或负余额的选取需要在设计时予以特别考虑 ➤当发现错报时，如果风险水平一定，货币单元抽样在评价样本时可能高估抽样风险的影响，从而导致注册会计师更可能拒绝一个可接受的总体账面金额 ➤通常需要逐个累计总体金额，以确定总体是否完整并与财务报表一致。如果相关会计数据以电子形式存储，不会额外增加大量的审计成本 ➤当预计总体错报的金额增加时，货币单元抽样所需的样本规模也会增加，此时的样本规模可能大于传统变量抽样

（二）考虑抽样风险

在细节测试中，推断错报是注册会计师对总体错报作出的最佳估计。当推断错报接近或超过可容忍错报时，总体中的实际错报金额很可能超过了可容忍错报。因此，注册会计师要将各交易类别或账户余额的错报总额与该类交易或账户余额的可容忍错报相比较，并适当考虑抽样风险以评价样本结果。如果推断的错报总额低于可容忍错报，注册会计师还要考虑总体的实际错报金额仍有可能超过可容忍错报的风险。

在非统计抽样中，注册会计师运用职业判断和经验考虑抽样风险：（1）推断的总体错报远远低于可容忍错报，注册会计师可能合理确信总体实际错报金额超过可容忍错报的抽样风险很低，因而可以接受，例如，某账户的账面金额为 1 000 000 元，可容忍错报为 50 000 元，根据适当的样本推断的总体错报为 10 000 元。（2）如果推断的错报大于注册会计师确定样本规模时预计的总体错报，注册会计师也可能得出结论，认为总体实际错报金额超过可容忍错报的抽样风险是不可接受的。（3）如果推断的错报总额接近或超过可容忍错报，注册会计师通常得出总体实际错报超过可容忍错报的结论。（4）当推断的错报总额与可容忍错报的差距既不很小又不很大时，注册会计师应当仔细考虑，总体实际错报超过可容忍错报的风险是否高得无法接受。在这种情况下，注册会计师可能会扩大样本规模以降低抽样风险的影响。

（三）考虑错报的性质和原因

除了评价错报的金额和频率以及抽样风险之外，注册会计师还应当考虑：（1）错报的性质和原因，是原则还是应用方面的差异？是错误还是舞弊导致？是误解指令还是粗心大意所致？（2）错报与审计工作其他阶段之间可能存在的关系。

（四）得出总体结论

推断总体的错报、考虑抽样风险分析错报的性质和原因之后，注册会计师需要运用职业判断得出总体结论。

如果样本结果不支持总体账面金额，且注册会计师认为账面金额可能存在错报，注册会计师通常会建议被审计单位对错报进行调查，并在必要时调整账面记录。依据被审计单位已更正的错报对推断的总体错报额进行调整后，注册会计师应当将该类交易或账户余额中剩余的推断错报与其他交易或账户余额中的错报总额累计起来，以评价财务报表整体是否存在重大错报。无论样本结果是否表明错报总额超过了可容忍错报，注册会计师都应当要求被审计单位的管理层记录已发现的事实错报（除非明显微小）。

如果样本结果表明注册会计师作出抽样计划时依据的假设有误，注册会计师应当采取适当的行动。例如，细节测试中发现的错报的金额或频率大于依据重大错报风险的评估水平作出的预期，注册会计师需要考虑重大错报风险的评估水平是否仍然适当。注册会计师也可能决定修改对重大错报风险评估水平低于最高水平的其他账户拟实施的审计程序。

步骤4：记录抽样程序

在细节测试中使用审计抽样时，注册会计师通常在审计工作底稿中记录下列内容：（1）测试的目标，受到影响的账户和认定；（2）对总体和抽样单元的定义，包括注册会计师如何考虑总体的完整性；（3）对错报的定义；（4）可接受的误受风险；（5）可接受的误拒风险（如涉及）；（6）估计的错报及可容忍错报；（7）使用的审计抽样方法；（8）确定样本规模的方法；（9）选样方法；（10）选取的样本项目；（11）对如何实施抽样程序的描述，以及在样本中发现的错报的清单；（12）对样本的评价；（13）总体结论概要；（14）进行样本评估和作出职业判断时，认为重要的因素。

本章小结 ------------------◎

注册会计师为获取充分、适当的审计证据，需要选取项目进行测试，选取测试项目的方法有选取全部项目、选取特定项目和审计抽样三种。审计抽样，是指注册会计师对具有审计相关性的总体中低于百分之百的项目实施审计程序，使所有抽样单元都有被选取的机会，为注册会计师针对整个总体得出结论提供合理基础。审计抽样仅适用于留下运行轨迹的控制测试和细节测试。按方法分类，审计抽样包括统计抽样和非统计抽样；按目的分类，审计抽样包括变量抽样和属性抽样（分别对应细节测试和控制测试）。选取样本的方法有随机选样、系统选样、随意选样等。审计抽样的整体流程包括样本设计、样本选取、评价样本结果和记录抽样程序，共四个步骤。在样本设计中，需确定测试目标、定义总体和抽样单元；样本选取包含抽样方法的选取、影响样本规模的因素分析、对样本实施审计程序的具体方法等；评价样本结果包括计算偏差率或推断总体错报、考虑抽样风险的影响、关注偏差或错报的性质和原因等，进而综合上述因素得出总体结论；最终记录抽样程序，形成工作底稿。控制测试和细节测试中的审计抽样遵循该整体流程，并在此基础上各有侧重。

课后思考题 ------------------◎

1.注册会计师选取测试项目的方法有哪些？各种方法间有什么联系和区别？

2.审计抽样的适用范围是什么？

3.审计抽样有哪些常见的方法？它们各自的优缺点及适用情形是什么？

4.审计抽样一般包括哪几个步骤？每一步骤的具体内容是什么？

5.影响控制测试、细节测试中审计抽样规模的因素分别有哪些？

6.在均值法、差额法、比率法下，分别如何由样本审定结果推断总体情况？

本章测评

第十章
初步业务活动与计划审计工作

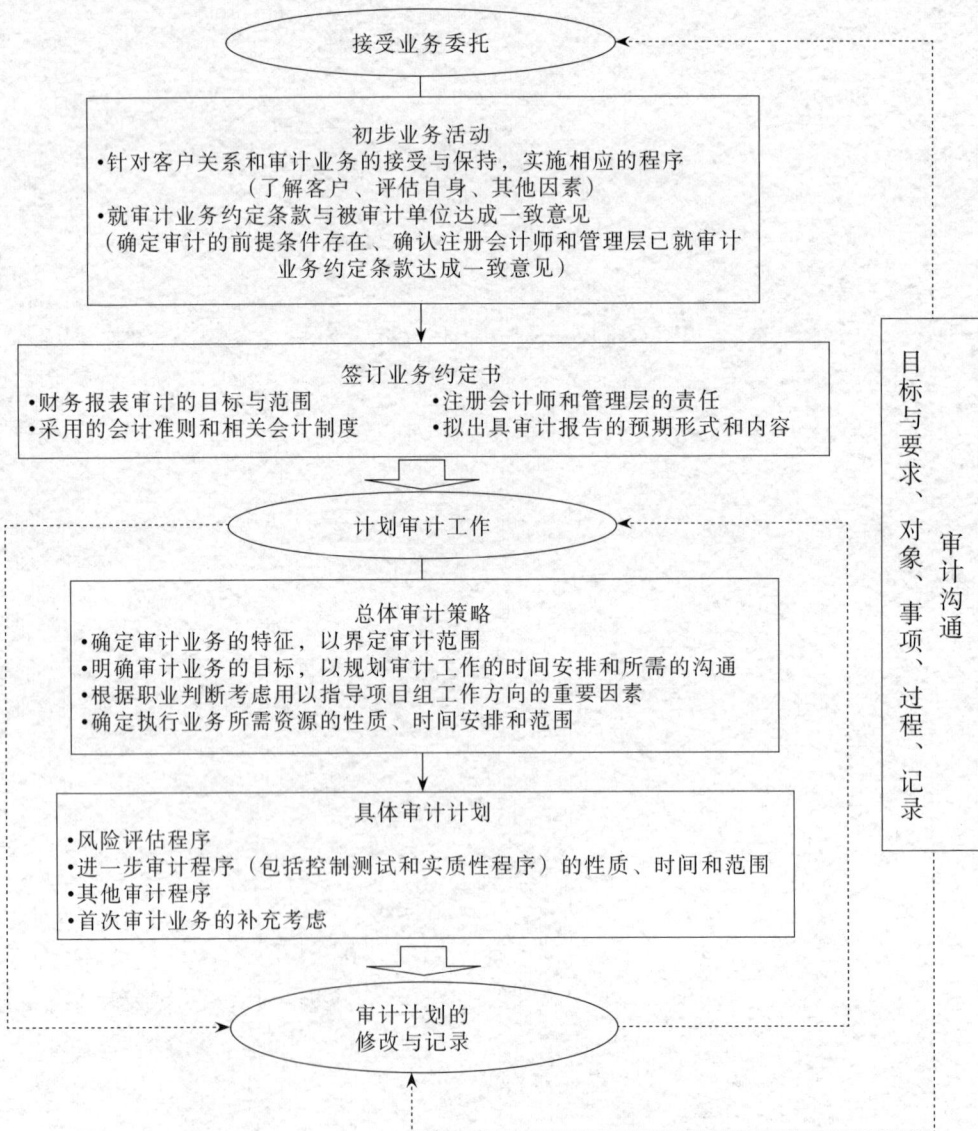

思政领航

2024年7月15日—18日，党的二十届三中全会在北京召开，审议通过了《中共中央关于进一步全面深化改革 推进中国式现代化的决定》（以下简称《决定》）。该《决定》提及资本市场改革十条举措：（1）完善促进资本市场规范发展基础制度；（2）健全投资和融资相协调的资本市场功能，防风险、强监管，促进资本市场健康稳定发展；（3）支持长期资金入市；（4）提高上市公司质量，强化上市公司监管和退市制度；（5）建立增强资本市场内在稳定性长效机制；（6）完善大股东、实际控制人行为规范约束机制；（7）完善上市公司分红激励约束机制；（8）健全投资者保护机制；（9）推动区域性股权市场规则对接、标准统一；（10）稳步扩大制度型开放，明确提到了"有序扩大我国资本市场对外开放"。

在资本市场改革十条措施中，审计作为重要的中介机制发挥着积极的作用。在审计流程中，从初步业务活动到审计报告的每一个环节，都深刻体现了对资本市场平稳健康发展的保障作用。通过科学制订审计计划、严谨实施风险评估、细致开展进一步审计程序及严格的项目质量复核，我们能够有效识别并应对上市公司潜在的风险，增强资本市场的内在稳定性。同时，审计流程的严格执行，进一步增强了资本市场对科技创新的包容性，引导资源向新质生产力集聚。强化监管问责，加强投资者保护，正是审计流程在维护市场秩序、促进公平正义方面的直接体现。最终，审计流程的不断完善与优化，与"刀刃向内、自我革命"的精神相契合，为资本市场的安全稳定发展提供了坚实的制度保障。

知识传授

- 熟悉初步业务活动的目标和内容，并重点掌握接受与保持审计业务委托应考虑的因素和审计前提的构成，了解审计业务约定书的内容。
- 理解总体审计策略与具体审计计划之间的关系，掌握总体审计策略和具体审计计划各自包含的内容。
- 理解风险评估程序的作用，能够基于风险评估结果编制总体审计策略，并设计具体审计计划，实现审计目标。

案例引入

堂堂会计师事务所被处罚

2022年2月25日，证监会公布了对深圳堂堂会计师事务所（以下简称"堂堂所"）及其负责人或注册会计师吴育堂、刘润斌、刘耀辉的行政处罚决定。经查，堂堂所在对*ST新亿审计执业中未勤勉尽责的违法违规行为，导致审计报告存在虚假记载和重大的遗漏。这些违法违规行为是怎么形成的呢？

2020年2月初，*ST新亿不满意前任注册会计师对其2019年年报拟出具的审计意见，解除了其与前任注册会计师的业务约定，遂通过中间人刘耀辉联系堂堂所负责人吴育堂，向其推荐*ST新亿2019年年审业务。2月24日，刘耀辉通过微信将*ST新亿年审业务《年报无法表示意见问题及处理思路》和《600145 ST新亿2019-05-09审计报告》等相关资料发给吴育堂，同时称"2019年年报不能出具无法表示意见及否定意见报告，可以是保留意见"。吴育堂初步了解后，有了承接*ST新亿2019年年审业务的意愿。3月10日，吴育堂决定通过堂堂所承接*ST新亿2019年年审业务；同日，*ST新亿时任董事长黄某和刘耀辉要求吴育堂出具"承诺函"（即《审计业务约定书补充协议》），承诺不对*ST新亿2019年年度财务报表出具否定或无法表示意见的审计报告，吴育堂也反过来提出要求若堂堂所受到处罚，*ST新亿需对堂堂所进行补偿。3月26日，*ST新亿与堂堂所签订审计业务约定书。

2020年8月25日，堂堂所确实对*ST新亿2018年和2019年年度财务报表出具了带保留意见的审计报告，截至2021年4月22日，堂堂所已向*ST新亿开具了发票并收到*ST新亿支付的审计费199万元。

根据证监会的调查，堂堂所承诺对*ST新亿2019年年度财务报表不出具否定或无法表示意见的审计报告并约定或有费用，*ST新亿承诺对因签字导致的行政处罚给予赔偿的行为，严重影响了常规审计流程的执行。在该项审计中，堂堂所未能准确获取与识别*ST新亿关联方关系，导致2019年年报中其他应付款关联方交易信息期初数和期末数包含的关联方不一致；在收入审计过程中，堂堂所在相关收入存在舞弊风险的情况下未进一步实施审计程序以核实其真实性，确认了*ST新亿2018年和2019年有关亿源汇金的虚增贸易收入、物业费收入、保理业务收入逾千万元；在函证程序上，堂堂所通过邮箱函证替代函证，未核实回复函证邮箱的真实归属，未关注到询证函金额存在错误且对方予以确认的情况；投资性房地产审计过分依赖评估机构中洲评估出具的评估报告，未对*ST新亿投资性房地产的核算获取充分、适当的审计证据即对相关会计处理予以认可；此外，堂堂所还存在修改、删除审计工作底稿的行为，注册会计师刘润斌仅复核了审计报告和实质性底稿的电子版，没有完整复核所取得的审计证据，事务所负责人未审阅完底稿即出具审计报告等质量管理缺陷，导致未能发表恰当的审计意见。

堂堂所及其相关人员违反了《中国注册会计师审计准则第1101号——注册会计师的总体目标和审计工作的基本要求》、《中国注册会计师审计准则第1131号——审计工作底稿》、《中国注册会计师审计准则第1141号——财务报表审计中对舞弊的相关责任》、《中国注册会计师审计准则1211号——通过了解被审计单位及其环境识别和评估重大错报风险》、《中国注册会计师审计准则1301号——审计证据》、《中国注册会计师审计准则1323号——关联方》、《中国注册会计师审计准则1501号——对财务报表形成审计意见和出具审计报告》以及《证券法》的相关规定。

证监会对堂堂所没收业务收入1 970 297.01元，处以11 821 782.06元的罚款，并暂停从事证券服务业务1年；对吴育堂给予警告，并处以100万元的罚款；对刘润斌给予警告，并处以50万元的罚款；对刘耀辉给予警告，并处以30万元的罚款。

资料来源：中国证监会.中国证监会行政处罚决定书（堂堂所、吴育堂、刘润斌、刘耀辉）[EB/OL]（2022-02-25）.http://www.csrc.gov.cn/csrc/c101928/c2346843/content.shtml.

"好的计划是成功的开始。"引例中的会计师事务所及注册会计师，从承接审计业务开始至后续的风险评估、进一步审计程序，乃至质量复核程序均存在严重缺陷，其审计报告存在虚假记载和重大遗漏也就不足为奇了。那么，在审计业务开始之前到承接审计业务开始审计工作，直至完成审计工作出具审计报告，会计师事务所和注册会计师应当如何开展工作呢？本章至第十二章将带着这些问题详细介绍审计流程的相关知识。

◎ 第一节 初步业务活动

在整个审计过程中，注册会计师需要作出的最重要的决策之一：是否接受和保持客户。如果潜在客户正面临财务困难，可能导致审计费用支付时间不确定或未被支付；发现潜在客户曾作出虚假陈述，可能增加项目合伙人和员工的额外压力，甚至会导致会计师事务所声誉遭受损失或者涉及潜在的诉讼。为了准确识别和评估承接审计业务会计师事务所面临的风险，会计师事务所应执行初步业务活动程序。当然，在初步业务活动中，会计师事务所除考虑客户的风险外，还需要考虑自身执行业务的能力，如当工作需要时能否获得合适的具有相应资格的员工；能否获得专业化协助；是否存在任何利益冲突；能否对客户保持独立性等。

初步业务活动是审计业务的起点，当对潜在的审计业务进行评估后，若决定接受该业务委托并签署审计业务约定书，注册会计师才开始计划审计工作。

一、初步业务活动的目的

为了准确识别和评估承接审计业务会计师事务所面临的风险，注册会计师需要开展初步业务活动以确定：（1）具备执行业务所需的独立性和能力；（2）不存在因管理层诚信问题而可能影响注册会计师保持该项业务的意愿的事项；（3）与被审计单位之间不存在对业务约定条款的误解。

二、初步业务活动的内容

为了实现上述目的，注册会计师应当开展下列初步业务活动：（1）针对保持客户关系和具体审计业务实施相应的质量管理程序；（2）评价遵守相关职业道德要求的情况；（3）就审计业务约定条款达成一致意见。初步业务活动流程如图10-1所示。

（一）针对保持客户关系和具体审计业务实施相应的质量管理程序

为了识别和评估会计师事务所面临的风险，切实履行执业责任和防范职业风险，注册会计师在接受新客户业务或保持现有业务前，应当根据《中国注册会计师审计准则第1121号——对财务报表审计实施的质量管理》及《会计师事务所质量管理准则第5101号——业务质量管理》中有关客户关系和具体业务的接受与保持相关的要求，会计师事务所应当执行有关客户接受与保持的程序，了解如下信息：

1.了解业务环境是否满足拟承接业务的要求

在接受委托前，注册会计师应当通过面谈等方式初步了解业务环境或其发生的重大变化，并予以记录，包括：

（1）审计的目标与范围；

```
┌─────────────────────────────────┐
│      是否接受或保持审计业务委托        │
└─────────────────────────────────┘
```

┌──────────────────┐   ┌──────────────────┐
│ 了解业务环境   │   │ 评价自身专业胜任能力 │
│ 了解客户诚信   │   │ 检查职业道德是否符合要求 │
└──────────────────┘   └──────────────────┘

┌─────────────────────────────────┐
│   确定审计前提条件是否存在   │
└─────────────────────────────────┘

┌─────────────────────────────────┐
│ 就审计业务约定条款与被审计单位达成一致意见 │
└─────────────────────────────────┘

┌─────────────────────────────────┐
│   签订审计业务约定书   │
└─────────────────────────────────┘

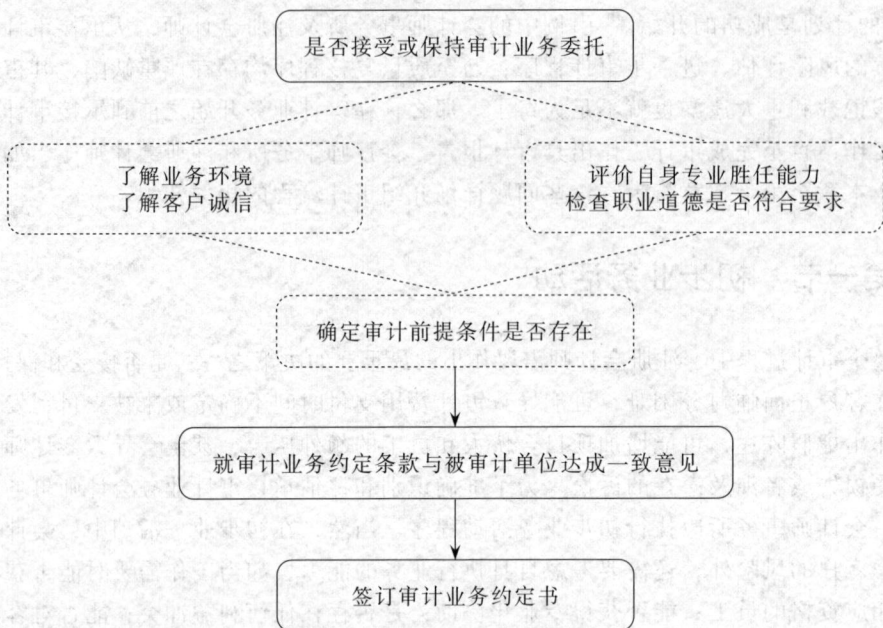

图 10-1　初步业务活动流程图

（2）审计报告的用途；

（3）管理层的责任【审计的前提条件】①；

（4）适用的财务报告编制基础【审计的前提条件】②；

（5）计划和执行审计工作的安排，包括项目组的构成等；

（6）拟出具的审计报告的预期形式和内容，以及对在特定情况下出具的审计报告可能不同于预期形式和内容的说明；

（7）对审计涉及的被审计单位内部审计人员和其他员工工作的安排；

（8）对利用其他注册会计师和专家工作的安排；

（9）与前任注册会计师（如存在）沟通的安排；

（10）收费的计算基础和收费的安排；

（11）对审计结果的其他沟通形式；

（12）其他需要达成一致意见的事项。

2.了解客户诚信是否存在问题可能给拟承接业务带来风险

当客户存在诚信和道德价值观方面的问题时，财务报表舞弊或存在重大错报的可能性将增加，客户的管理层和治理层声明的可靠性降低，其为审计工作提供必要支持的承诺可信度下降。注册会计师应从以下几个方面了解客户的诚信和道德价值观：

（1）客户大股东、高管的身份和商业信誉；

（2）关联方的名称、特征和商业信誉；

（3）客户的经营业务、经营性质；

（4）客户大股东、高管对内部控制环境和会计准则等的看法；

---

① 见本节（三）就审计业务约定条款与被审计单位达成一致意见。
② 见本节（三）就审计业务约定条款与被审计单位达成一致意见。

（5）客户是否过分考虑将会计师事务所的收费维持在尽可能低的水平；

（6）拟承接业务工作范围受限的迹象；

（7）客户可能涉嫌洗钱或其他刑事犯罪活动的迹象；

（8）变更会计师事务所的理由。

虽然评价保持业务关系的情况贯穿于整个审计过程，但在承接业务之前注册会计师应确认不存在因管理层诚信问题而影响注册会计师保持该项业务的意愿等情况。

【案例10-1】

在堂堂所审计*ST新亿的案例中，此次聘用堂堂所，属于临时更换会计师事务所，其更换会计师事务所的原因可能是其他会计师事务所拟出具"无法表示意见"的审计报告。此外，2020年2月初，刘耀辉向吴育堂推荐*ST新亿2019年年审业务，也明确表示"2019年年报不能被出具无法表示意见及否定意见审计报告，可以是保留意见"。因为不满意前任会计师事务所拟出具的审计意见而更换会计师事务所，这不是更换会计师事务所的合理理由。可见，*ST新亿的诚信和道德价值观可能存在缺陷，其财务报表舞弊或存在重大错报的可能性将增加。

3.评价项目组是否具有执行业务必要的素质、专业胜任能力、时间和资源

会计师事务所除考虑客户的风险外，还需要考虑自身执行业务的能力：当工作需要时能否获得合适的具有相应资格的员工；能否获得专业化协助（分派充足的具有胜任能力的员工）；是否需要借助外部专家的协助（获得计算机专业技术人员以及熟悉法律、工程等方面的专家的协助）。如果计划利用专家工作，审计人员应当对专家的专业胜任能力和独立性进行评价。

除此之外，会计师事务所还应当考虑其是否有足够的时间和资源完成该客户所委托的业务。如不具备足够的时间和资源，则不应当接受业务委托。

【案例10-2】

在堂堂所审计*ST新亿的案例中，堂堂所与*ST新亿签订针对2019年财务报告审计的审计业务约定书，日期为2020年3月26日。堂堂所乃临危受命，临时接替前任注册会计师（前任被更换的原因可能是给出客户不满意的审计意见）；可见，*ST新亿业务复杂，可能需要更多的审计经验和资源。而堂堂所在未考虑业务环境和中国证监会出具审计报告最后期限的规定（上市公司应当在次年的4月30日前披露上年财务报告及其审计报告），仍然承接了该客户的审计业务，显然堂堂所未能充分考虑其自身条件。事实也证明，堂堂所的确不具备执行该审计业务的素质、专业胜任能力、时间、资源，导致其出具的审计报告存在虚假陈述和重大错漏，且出具审计报告的时间为2020年8月25日，远远晚于证监会规定的最后期限。

（二）评价遵守相关职业道德要求的情况

会计师事务所除考虑业务环境、客户风险及自身执行业务必要的素质、专业胜任能力、时间和资源外，还应确保能够遵守相关职业道德要求，如对客户保持独立性、无利益冲突等。有关评价遵守职业道德要求的具体内容，参照本书第三章第二节。

虽然评价职业道德的工作贯穿审计业务的全过程，但在承接业务之前注册会计师应已具备执行业务所需要的独立性和专业胜任能力。

【案例 10-3】

在堂堂所审计*ST新亿的案例中，*ST新亿时任董事长黄某和刘耀辉要求吴育堂出具"承诺函"（即《审计业务约定书补充协议》），承诺不对*ST新亿2019年度财务报表出具否定或无法表示意见的审计报告；如若堂堂所出具了否定或无法表示意见的审计报告，*ST新亿有权不支付相关的审计费，并可要求堂堂所赔偿等额的审计费。与此同时，吴育堂也反过来提出要求，若因出具非否定或无法表示意见的审计报告导致堂堂所及签字注册会计师受到监管部门处罚，则*ST新亿应赔偿堂堂所及签字注册会计师因处罚受到的损失，包括罚金及名誉损失费50万元，以及法律诉讼损失。这一行为是典型的购买审计意见的表现，严重违反了注册会计师执业的独立性要求。

（三）就审计业务约定条款与被审计单位达成一致意见

在初步了解业务环境后，只有认为被审计单位满足审计的前提条件、符合独立性和专业胜任能力等相关职业道德规范的要求，并且拟承接的业务具备规定的特征，注册会计师才能将其作为鉴证业务予以承接。

1.确认审计前提条件（承接鉴证业务的条件）存在

审计的前提条件是指被审计单位管理层在编制财务报表时采用可接受的财务报告编制基础，以及管理层对注册会计师执行审计工作的前提的认可。

承接鉴证业务的条件之一是确定财务报告的编制基础的可接受性。《中国注册会计师鉴证业务基本准则》要求编制财务报告使用的标准适当，且预期使用者能够获取该标准。就审计准则而言，适用的财务报告编制基础为注册会计师提供了用以审计财务报表（包括公允反映，如相关）的标准。如果不存在可接受的财务报告编制基础，管理层就不具有编制财务报表的恰当基础，注册会计师也不具有对财务报表进行审计的适当标准。在确定财务报告编制基础的可接受性时需要考虑下列因素：第一，被审计单位的性质（如被审计单位是企业、公共部门实体，还是非营利组织）；第二，财务报表的目的（如编制财务报表是用于满足广大财务报表使用者共同的财务信息需求，还是用于满足财务报表特定使用者的财务信息需求）；第三，财务报表的性质（如财务报表是整套财务报表，还是单一财务报表）；第四，法律法规是否规定了适用的财务报告编制基础。

承接鉴证业务的条件之二是就管理层的责任达成一致意见。按照审计准则的规定执行审计工作的前提是管理层已认可并理解其承担的责任。审计的理念要求注册会计师不对财务报表的编制或被审计单位的相关内部控制承担责任，并要求注册会计师合理预期能够获取审计所需要的信息（在管理层能够提供或获取的信息范围内，包括从总账和明细账之外的其他途径获取的信息）。因此，管理层认可并理解其责任，这一前提对执行审计工作是至关重要的。管理层的责任包括：第一，按照适用的财务报告编制基础编制财务报表，并使其实现公允反映（如适用）；第二，设计、执行和维护必要的内部控制，以使财务报表不存在舞弊或错误导致的重大错报；第三，向注册会计师提供必要的工作条件，包括允许注册会计师接触与编制财务报表相关的所有信息（如记录、文件和其他事项），向注册会计师提供审计所需要的其他信息，允许注册会计师在获取审计证据时不受限制地接触其认为必要的内部人员和其他相关人员。

2.确认双方责任

为了避免注册会计师与管理层或治理层对各自责任产生误解，注册会计师应当按照《中国注册会计师审计准则第1341号——书面声明》的规定，就双方达成的审计业务约定条款达成一致意见获取书面声明，如获取管理层或治理层就其承担的管理层责任的书面声明、其他审计准则要求的书面声明，以及在必要时需要获取用于支持其他审计证据（用以支持财务报表或者一项或多项具体认定）的书面声明。

如果管理层不认可其责任，或不同意提供书面声明，注册会计师将视为不能获取充分、适当的审计证据，则注册会计师不应当承接此类审计业务，除非法律法规另有规定。如果法律法规要求承接此类审计业务，注册会计师可能需要向管理层解释这种情况的重要性及其对审计报告的影响。

三、审计业务约定书

一旦决定接受业务委托，为了避免双方对审计业务的理解产生分歧，注册会计师应当按照《中国注册会计师审计准则第1111号——就审计业务约定条款达成一致意见》的规定，与被审计单位就审计业务约定条款达成一致意见，签订或修改审计业务约定书。

审计业务约定书通常是指会计师事务所与被审计单位签订的，用以记录和确认审计业务的委托与受托关系、审计目标和范围、双方的责任以及报告的格式等事项的书面协议。会计师事务所承接任何审计业务，都应与被审计单位签订审计业务约定书。

（一）审计业务约定书的内容

审计业务约定书的具体内容和格式可能因被审计单位的不同而有所区别，但应当包括以下主要内容：

第一，财务报表审计的目标与范围；

第二，注册会计师的责任；

第三，管理层的责任；

第四，指出用于编制财务报表所适用的财务报告编制基础；

第五，提及注册会计师拟出具的审计报告的预期形式和内容，以及对在特定情况下出具的审计报告可能不同于预期形式和内容的说明；

第六，审计业务约定书的特殊考虑。

审计业务约定书示例：

审计业务约定书

编号：

甲方：

乙方：

兹由甲方委托乙方对20　　年度财务报表进行审计，经双方协商，达成以下约定：

一、业务范围与审计目标

1.乙方接受甲方委托，对甲方按照企业会计制度（或企业会计准则或《××会计制度》）编制的20××年12月31日的资产负债表，20××年度的利润表、股东权益变动表和现金流量表以及财务报表附注（以下统称财务报表）进行审计。

2.乙方通过执行审计工作，对财务报表的下列方面发表审计意见：

（1）财务报表是否按照企业会计制度（或企业会计准则或《××会计制度》）的规定编制；

（2）财务报表是否在所有重大方面公允反映被审计单位的财务状况、经营成果和现金流量。

二、甲方的责任与义务

（一）甲方的责任

1.根据《中华人民共和国会计法》及《企业财务会计报告条例》，甲方及甲方负责人有责任保证会计资料的真实性和完整性。因此，甲方管理层有责任妥善保存和提供会计记录（包括但不限于会计凭证、会计账簿及其他会计资料），这些记录必须真实、完整地反映甲方的财务状况、经营成果和现金流量。

2.按照企业会计制度（或企业会计准则或《××会计制度》）的规定编制财务报表是甲方管理层的责任，这种责任包括：（1）设计、实施和维护与财务报表编制相关的内部控制，以使财务报表不存在由于舞弊或错误而导致的重大错报；（2）选择和运用恰当的会计政策；（3）作出合理的会计估计。

（二）甲方的义务

1.及时为乙方的审计工作提供其所要求的全部会计资料和其他有关资料（在20××年×月×日之前提供审计所需的全部资料），并保证所提供资料的真实性和完整性。

2.确保乙方不受限制地接触任何与审计有关的记录、文件和所需的其他信息。

3.为保证乙方对甲方合并财务报表发表审计意见的需要，甲方须确保：

乙方和为组成部分（组成部分包括甲方的子公司、分部、分公司、合营企业、联营企业等）执行审计的其他会计师事务所的注册会计师（以下简称其他注册会计师）之间的沟通不受任何限制。

如果甲方管理层、负责编制组成部分财务信息的管理层（以下简称组成部分管理层）对其他注册会计师的审计范围施加了限制，或客观环境使其他注册会计师的审计范围受到限制，甲方管理层和组成部分管理层应当及时告知乙方。

乙方及时获悉其他注册会计师与组成部分治理层和管理层之间的重要沟通（包括就内部控制重大缺陷进行的沟通）。

乙方及时获悉组成部分治理层和管理层与监管机构就财务信息事项进行的重要沟通。

在乙方认为必要时，允许乙方接触组成部分的信息、组成部分管理层或其他注册会计师（包括其他注册会计师的审计工作底稿），并允许乙方对组成部分的财务信息实施审计程序。

4.甲方管理层对其作出的与审计有关的声明予以书面确认。

5.为乙方派出的有关工作人员提供必要的工作条件和协助，主要事项将由乙方于外勤工作开始前提供清单。

6.按本约定书的约定及时足额支付审计费用以及乙方人员在审计期间的交通、食宿和其他相关费用。

三、乙方的责任和义务

（一）乙方的责任

1.乙方的责任是在实施审计工作的基础上对甲方财务报表发表审计意见。乙方按照中国注册会计师执业准则（以下简称执业准则）的规定进行审计。执业准则要求注册会计师遵守职业道德规范，计划和实施审计工作，以对财务报表是否不存在重大错报获取合理保证。

2.乙方并不对非由乙方审计的组成部分的财务信息单独出具审计报告；有关的责任由对该组成部分执行审计的其他注册会计师及其所在的会计师事务所负责。

3.审计工作涉及实施审计程序，以获取有关财务报表金额和披露的审计证据。选择的审计程序取决于乙方的判断，包括对由于舞弊或错误导致的财务报表重大错报风险的评估。在进行风险评估时，乙方考虑与财务报表编制相关的内部控制，以设计恰当的审计程序，但目的并非对内部控制的有效性发表意见。审计工作还包括评价管理层选用会计政策的恰当性和作出会计估计的合理性，以及评价财务报表的总体列报。

4.乙方需要合理计划和实施审计工作，以使乙方能够获取充分、适当的审计证据，为甲方财务报表是否不存在重大错报获取合理保证。

5.乙方有责任在审计报告中指明所发现的甲方在重大方面没有遵循企业会计制度（或企业会计准则或《××会计制度》）编制财务报表且未按乙方的建议进行调整的事项。

6.由于测试的性质和审计的其他固有限制，以及内部控制的固有局限性，不可避免地存在着某些重大错报在审计后可能仍然未被乙方发现的风险。

7.在审计过程中，乙方若发现甲方内部控制存在乙方认为的重要缺陷，应向甲方提交管理建议书。但乙方在管理建议书中提出的各种事项，并不代表已全面说明所有可能存在的缺陷或已提出所有可行的改善建议。甲方在实施乙方提出的改善建议前应全面评估其影响。未经乙方书面许可，甲方不得向任何第三方提供乙方出具的管理建议书。

8.乙方的审计不能减轻甲方及甲方管理层的责任。

（二）乙方的义务

1.按照约定时间完成审计工作，出具审计报告。乙方应于20××年×月×日前提交审计报告初稿，并于甲方管理层批准财务报表×日内出具审计报告。

2.除下列情况外，乙方应当对执行业务过程中知悉的甲方信息予以保密：（1）取得甲方的授权；（2）根据法律法规的规定，为法律诉讼准备文件或提供证据，以及向监管机构报告发现的违反法规行为；（3）接受行业协会和监管机构依法进行的质量检查；（4）监管机构对乙方进行行政处罚（包括监管机构处罚前的调查、听证）以及乙方对此提起行政复议。

四、审计收费

1.本次审计服务的收费是以乙方各级别工作人员在本次工作中所耗费的时间等因素进行计算的。乙方预计本次审计服务的费用总额为人民币××万元（大写： 佰 拾 万 仟 佰元）。

2.甲方应于本约定书签署之日起×日内支付×%的审计费用，剩余款项于［审计报告草稿完成日］结清。

3.如果由于无法预见的原因，致使乙方从事本约定书所涉及的审计服务实际时间较本约定书签订时预计的时间有明显的增加或减少时，甲乙双方应通过协商，相应调整本约定书第四条第1项下所述的审计费用。

4.如果由于无法预见的原因，致使乙方人员抵达甲方的工作现场后，本约定书所涉及的审计服务不再进行，甲方不得要求退还预付的审计费用；如上述情况发生于乙方人员完成现场审计工作，并离开甲方的工作现场之后，甲方应另行向乙方支付人民币××元的补偿费，该补偿费应于甲方收到乙方的收款通知之日起×日内支付。

5.与本次审计有关的其他费用（包括交通费、食宿费等）由甲方承担。

五、审计报告和审计报告的使用

1.乙方按照《中国注册会计师审计准则第1501号——对财务报表形成审计意见和出具审计报告》和《中国注册会计师审计准则第1502号——在审计报告中发表非无保留意见》规定的格式和类型出具审计报告。

2.乙方向甲方出具审计报告一式××份。

3.甲方在提交或对外公布审计报告时，不得修改或删节乙方出具的审计报告；不得修改或删除重要的会计数据、重要的报表附注和所作的重要说明。当甲方认为有必要修改会计数据、报表附注和所作的说明时，应当事先告知乙方，乙方将考虑有关的修改对审计报告的影响，必要时，将重新出具审计报告。

六、本约定书的有效期间

本约定书自签署之日起生效，并在双方履行完毕本约定书约定的所有义务后终止。但其中第三（二）2、四、五、八、九、十项并不因本约定书终止而失效。

七、约定事项的变更

如果出现不可预见的情况，影响审计工作如期完成，或需要提前出具审计报告时，甲乙双方均可要求变更约定事项，但应及时通知对方，并由双方协商解决。

八、终止条款

1.如果根据乙方的职业道德及其他有关专业职责、适用的法律、法规或其他任何法定的要求，乙方认为已不适宜继续为甲方提供本约定书约定的审计服务时，乙方可以采取向甲方提出合理通知的方式终止履行本约定书。

2.在终止业务约定的情况下，乙方有权就其于本约定书终止之日前对约定的审计服务项目所做的工作收取合理的审计费用。

九、违约责任

甲乙双方按照《中华人民共和国民法典》的规定承担违约责任。

十、适用法律和争议解决

本约定书的所有方面均应适用中华人民共和国法律进行解释并受其约束。本约定书履行地为乙方出具审计报告所在地，因本约定书所引起的或与本约定书有关的任何纠纷或争议（包括关于本约定书条款的存在、效力或终止，或无效之后果），双方选择第＿＿＿种解决方式：

1.向有管辖权的人民法院提起诉讼；

2.提交××仲裁委员会仲裁。

十一、双方对其他有关事项的约定

本约定书一式两份，甲乙方各执一份，具有同等法律效力。

甲方： 有限公司（盖章） 乙方：×××会计师事务所（盖章）
授权代表： 授权代表：
二〇××年×月×日 二〇××年×月×日

除了上述审计业务约定书的主要内容外，注册会计师还可根据具体情况和实务需要，在审计业务约定书中列明下列内容：详细说明审计工作的范围，包括提及适用的法律法规、审计准则，以及注册会计师协会发布的职业道德守则和其他公告；计划和执行审计工作的安排，包括审计项目组的构成；预期管理层将提供书面声明；收费的计算基础和收费安排；在某些方面对利用其他注册会计师和专家工作的安排；向其他机构或人员提供审计工作底稿的义务等。

（二）审计业务约定条款的变更

在完成审计业务前，如果被审计单位或委托人要求将审计业务变更为保证程度较低的业务，注册会计师应当确定变更理由是否合理并予以变更。当环境变化对审计服务的需求产生影响，或对原来要求的审计业务的性质存在误解，通常可以认为变更理由是合理的，可以变更审计业务约定条款。

但如果有迹象表明该变更要求与错误的、不完整的或者不能令人满意的信息有关，应认为没有合理的变更理由，注册会计师不应同意变更业务。如果注册会计师不同意变更审计业务约定条款，而管理层又不允许继续执行原审计业务，注册会计师应当：①在适用的法律法规允许的情况下，解除审计业务约定；②确定是否有约定义务或其他义务向有关部门进行报告。

初步业务活动阶段应完成的工作内容、审计方法以及工作底稿见表10-1。

表10-1　　　初步业务活动阶段的工作内容、审计方法以及工作底稿

主要工作	具体工作内容	可能运用的审计程序与方法	需编制的工作底稿
初步业务活动	（1）了解被审计单位的基本情况、经济环境及行业情况	询问、观察、复核年度报告、上网查询	被审计单位基本情况表、承接业务的风险初步评价表
	（2）实施针对保持客户关系和具体审计业务的质量管理程序	询问、观察、分析程序、上网查询	
	（3）评价遵守职业道德规范的情况	询问、观察、事务所内部沟通并讨论	
	（4）商定审计业务约定书的相关条款并签订	与委托人、被审计单位充分沟通	审计业务约定书

◎ 第二节　计划阶段的主要工作

在签订审计业务约定书之后，执行具体审计程序之前，注册会计师应当根据具体情况制订科学、合理的计划。计划审计工作十分重要，恰当的审计计划有助于获取充分、适当的审计证据，实现审计目标，充分利用有限的审计资源，保证审计工作的效率。一般来说，审计计划工作主要包括制定总体审计策略和具体审计计划两个层次。值得注意的是，计划审计工作不是审计业务的一个孤立阶段，而是一个持续的、不断修正的过程，贯穿于整个审计过程的始终。

一、审计计划的编制

审计计划分为总体审计策略和具体审计计划两个层次。图10-2列示了计划审计工作的内容。注册会计师应当针对总体审计策略中所识别的不同事项，制订具体审计计划，并考虑通过有效利用审计资源以实现审计目标。值得注意的是，虽然制定总体审计策略的过程通常在具体审计计划之前，但是两项计划具有内在的紧密联系，对其中一项的决定可能会影响甚至改变对另外一项的决定。例如，注册会计师在了解被审计单位及其环境等方面的过程中，注意到被审计单位对主要业务的处理依赖复杂的自动化信息系统，因此自动化信息系统的可靠性及有效性对其经营、管理、决策以及编制可靠的财务报告具有重大影响。对此，注册会计师可能会在具体审计计划中制定相应的审计程序并相应调整总体审计策略的内容，作出利用信息风险管理专家的工作的决定。

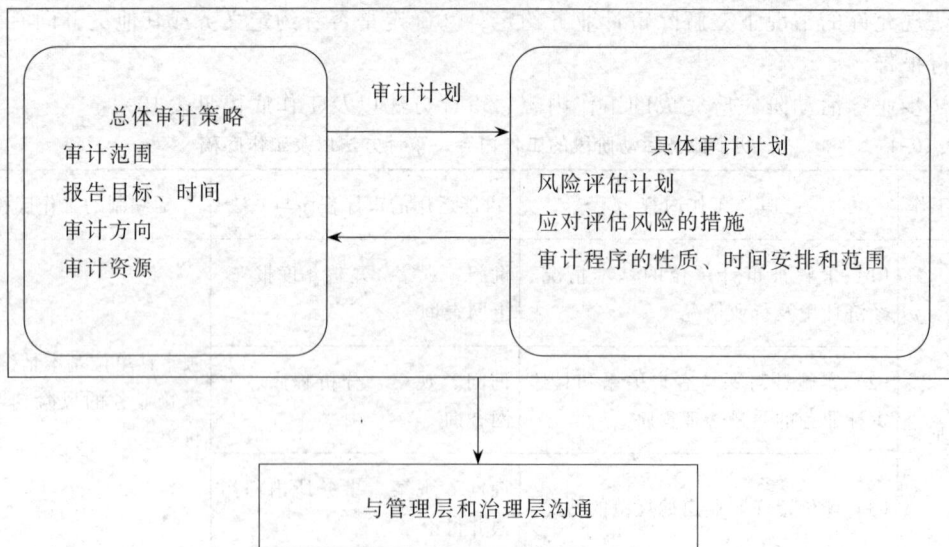

图10-2　计划审计工作流程图

（一）总体审计策略

注册会计师应当为审计工作制定总体审计策略，以确定审计范围、时间安排和方向，并指导具体审计计划的制订。在制定总体审计策略时，应当界定审计范围，明确审计业务报告目标及其时间安排，以及所需沟通的性质，确定审计方向并规划和调配审计资源。制定总体审计策略应考虑的事项见表10-2。

表10-2

制定总体审计策略应考虑的事项

审计范围	报告目标、时间安排及所需沟通的性质	审计方向	审计资源
1. 编制拟审计的财务信息所依据的财务报告编制基础，包括是否将财务信息调整至按照其他财务报告编制基础编制的报告 2. 特定行业的报告要求，如某些行业监管机构要求提交的报告 3. 预期审计工作涵盖范围及所在地点，包括应涵盖的组成部分的数量及所在地点 4. 母公司和集团组成部分之间存在的控制关系，以确定如何编制合并财务报表 5. 由组成部分注册会计师审计工作的范围 6. 拟审计的经营分部的性质，包括是否需要具备专门知识 7. 外币折算，包括外币交易的会计处理、外币财务报表相关信息的披露 8. 除为合并目的进行的审计工作之外，对个别财务报表进行法定审计的需求 9. 注册会计师审计工作的可获得性及技术的程度 10. 被审计单位如何使用服务机构有关服务机构内部控制运行有效性的证据 11. 对利用在以前审计工作中获取的审计证据和控制测试相关的审计证据（如风险评估程序和控制测试相关的审计证据）的预期 12. 信息技术对审计程序的影响，包括数据的可获得性和对使用计算机辅助审计技术的预期 13. 协调审计工作与中期财务信息审阅时间安排，以及中期审阅工作时间对获取审计证据的影响 14. 与被审计单位人员时间协调相关数据的可获得性	1. 被审计单位对外报告的时间表，包括中间阶段和最终阶段 2. 与管理层和治理层举行的会谈，讨论审计工作的性质、时间安排和范围 3. 与管理层和治理层讨论注册会计师拟出具的报告的类型和时间、其他沟通（口头或书面沟通），包括审计报告、管理建议书和向治理层通报的其他事项 4. 项目组成员之间就审计工作的性质、时间安排和沟通以及与组成部分注册会计师拟沟通的时间和时间安排，以及项目组沟通的类型与频率 5. 项目组成员拟沟通的报告类型、时间安排，以及与组成部分注册会计师沟通的其他事项 6. 项目组成员之间预期沟通的时间安排，包括项目组会议以及复核工作底稿已执行工作的时间安排 7. 预期是否需要与第三方进行其他沟通，包括与审计相关的法定或约定的报告责任	1. 重要性方面：(1) 为计划目的确定重要性；(2) 为组成部分确定重要性；(3) 在审计过程中重新考虑重要性；(4) 识别重要的审计领域 2. 重大错报风险较高的审计领域 3. 评估的财务报表层次的重大错报风险对指导、监督及复核的影响 4. 项目组成员的选择（在必要时包括项目质量复核人员）和工作分工，包括向重大错报风险较高的审计领域分派具备适当经验的人员 5. 项目预算，包括考虑为重大错报风险可能较高的审计领域分配适当的工作时间 6. 如何向项目组成员强调在收集和评价审计证据过程中保持职业怀疑的必要性 7. 以往在审计中对内部控制运行有效性应对措施的结果，包括识别控制缺陷的性质及应对措施得以适当运行的相关证据 8. 管理层重视设计和实施内部控制得以适当运行的相关证据 9. 业务交易量规模，以基于审计效率考虑确定是否依赖内部控制 10. 对内部控制重视的重视程度 11. 管理层用于识别和编制适用的财务报告编制基础所要求的披露（包括从总账和明细账之外的其他途径获取的信息）的流程 12. 影响被审计单位经营的重大发展变化，包括信息技术和业务流程的变化，关键管理人员变化，以及收购、兼并和分立 13. 重大的行业发展情况，如行业法规变化 14. 会计准则的变化 15. 其他重大变化，如影响被审计单位的法律环境变化	1. 向具体审计领域调配的资源，包括向高风险领域分派有适当经验的项目组成员就复杂的问题利用专家工作等 2. 向具体审计领域分配资源的多少，包括向重要地点的项目组成员分派到存货监盘的项目组成员人数，在集团审计中复核组成部分的注册会计师工作的范围等 3. 何时调配这些资源，包括是在期中审计阶段还是在关键的截止日期调配资源等 4. 如何管理、指导、监督这些资源，包括预期何时召开项目组预备会和总结会，预期项目合伙人和经理如何进行复核，是否需要实施项目质量复核等

总体审计策略的工作底稿参考格式见表10-3。

表10-3　　　　　　　　　　　　　　　**总体审计策略**

被审计单位：_____　索引号：_____

项目：_____　财务报表截止日/期间：_____

编制：_____　复核：_____

日期：_____　日期：_____

一、审计范围

报告要求	
适用的会计准则和相关会计制度	
适用的审计准则	
与财务报告相关的行业特别规定	
需审计的集团内组成部分的数量及所在地点	
需要阅读的含有已审计财务报表的文件中的其他信息	
制定审计策略需考虑的其他事项	

二、审计业务时间安排

（一）对外报告时间安排：_____

（二）执行审计时间安排

执行审计时间安排	时　间

（三）沟通的时间安排

所　需　沟　通	时　间
与管理层及治理层的会议	
项目组会议（包括预备会和总结会）	
与专家或有关人士的沟通	
与其他注册会计师的沟通	

三、影响审计业务的重要因素

（一）重要性

确定的重要性水平	索引号

（二）可能存在较高重大错报风险的领域

可能存在较高重大错报风险的领域	索引号

（三）重要的组成部分和账户余额

填写说明：

1.记录所审计的集团内重要的组成部分；

2.记录重要的账户余额，包括本身具有重要性的账户余额（如存货），以及评估出存在重大错报风险的账户余额。

重要的组成部分和账户余额	索引号

四、人员安排

（一）项目组主要成员的责任

职 位	姓 名	主要职责
部门经理		
项目负责人		
审计助理		
审计助理		
审计助理		

注：在分配职责时可以根据被审计单位的不同情况按会计科目划分，或按交易类别划分。

（二）与项目质量复核人员的沟通（如适用）

沟通的范围：

沟通内容	负责沟通的项目组成员	计划沟通时间

五、对专家或有关人士工作的利用（如适用）

注：如果项目组计划利用专家或有关人士的工作，需要记录其工作的范围和涉及的主要会计科目等。另外，项目组还应按照相关审计准则的要求对专家或有关人士的能力、客观性及其工作等进行考虑及评估。

（一）对内部审计工作的利用	
（二）对其他注册会计师工作的利用	
（三）对专家工作的利用	
（四）对被审计单位使用服务机构的考虑	

（二）具体审计计划

为获取充分、适当的审计证据以将审计风险降至可接受的低水平，具体审计计划比总体审计策略更加详细，其内容涵盖项目组成员拟实施的审计程序的性质、时间安排和范围。具体审计计划应当包括风险评估程序、计划实施的进一步审计程序和其他审计程序三部分内容。

1.拟实施的风险评估程序

为了充分识别和评估财务报表重大错报风险，注册会计师应当按照《中国注册会计师审计准则第1211号——重大错报风险的识别和评估》的规定，计划实施的风险评估程序的性质、时间安排和范围。

2.拟实施的进一步审计程序

根据计划实施的风险评估程序评估的认定层次的重大错报风险，注册会计师应当按照《中国注册会计师审计准则第1231号——针对评估的重大错报风险采取的应对措施》的规定，计划实施的进一步审计程序的性质、时间安排和范围。

通常，进一步审计程序可以分为进一步审计程序的总体方案和具体审计程序（包括进一步审计程序的具体性质、时间安排和范围）两个层次；具体审计程序则是对进一步审计程序的总体方案的延伸和细化，其通常包括控制测试和实质性程序。一套完整、详细的进一步审计程序的计划包括对各类交易、账户余额和披露实施的具体审计程序的性质、时间安排和范围。

在实务中，注册会计师通常单独制定一套"进一步审计程序表"，统筹安排进一步审计程序实施的先后顺序，记录所实施的审计程序及结果，并最终形成有关进一步审计程序的审计工作底稿。

需要强调的是，随着审计工作的推进，对审计程序的计划会一步步深入，并贯穿于整个审计过程。计划风险评估程序通常在审计开始阶段进行，计划实施的进一步审计程序则需要依据风险评估程序的结果进行；鉴于披露中包含的信息涉及范围较广、细节较多，当计划的风险评估程序和进一步审计程序与披露相关时，某些披露可能包含从总账和明细账之外的其他途径获取的信息，这也可能影响风险评估的结果以及为应对该风险实施的审计程序的性质、时间安排和范围。

3.计划其他审计程序

在审计计划阶段，除了按照《中国注册会计师审计准则第1211号——重大错报风险的识别和评估》进行计划工作，注册会计师还需要兼顾其他准则中规定的、针对特定项目在审计计划阶段应执行的程序及记录要求。因此，计划的其他审计程序指的是上述进一步审计程序的计划中没有涵盖的、根据其他审计准则的要求注册会计师应当执行的既定程序。

通常，注册会计师应当按照《中国注册会计师审计准则第1141号——财务报表审计中与舞弊相关的责任》、《中国注册会计师审计准则第1324号——持续经营》、《中国注册会计师审计准则第1142号——财务报表审计中对法律法规的考虑》及《中国注册会计师审计准则第1323号——关联方》等准则的规定，针对特定项目在审计计划阶段应当执行的程序及其记录作出了规定。当然，由于被审计单位所处行业、环境各不相同，特定项目可能也有所不同（如有些企业可能涉及环境事项、电子商务等），在实务中注册会计师应根据被审计单位的具体情况确定特定项目并执行相应的审计程序。

值得注意的是，在评估重大错报风险的基础上，注册会计师还应对项目组成员工作进行指导、监督与复核。在考虑被审计单位的规模和复杂程度、审计领域、评估的重大错报风险，以及执行审计工作的项目组成员的专业素质和胜任能力等因素的基础上，确定对项目组成员的指导、监督以及对其工作进行复核的性质、时间安排和范围。当评估的重大错报风险增加时，注册会计师通常会扩大指导与监督的范围，增强指导与监督的及时性，执行更详细的复核工作。在计划复核的性质、时间安排和范围时，注册会计师还应考虑单个项目组成员的专业素质和胜任能力。

二、审计计划的修改

计划审计工作并非审计业务的一个孤立阶段，而是一个持续的、不断修正的过程，贯穿于整个审计业务的始终。由于未预期事项、条件的变化或在实施审计程序中获取的审计证据等原因，在审计过程中，注册会计师应当在必要时对总体审计策略和具体审计计划作出更新和修改。

审计前期工作结果会对后期工作计划产生一定的影响，而在后期工作过程中又可能发现需要对已制订的相关计划进行相应的更新和修改。例如，在制订审计计划时，注册会计师基于对材料采购交易的相关控制的设计和执行获取的审计证据，认为相关控制设计合理并得以执行，因此未将其评价为高风险领域并且计划执行控制测试。但是在执行控制测试时获得的审计证据与审计计划阶段获得的审计证据相矛盾，注册会计师认为该类交易的控制没有得到有效执行，此时，注册会计师可能需要修正对该类交易的风险评估，并基于修正的评估风险修改计划的审计方案，如采用实质性方案，即注册会计师实施的审计程序以实质性程序为主。如果注册会计师在审计过程中对总体审计策略或具体审计计划作出重大修改，应当在审计工作底稿中记录作出的重大修改及其理由。

三、审计计划的记录

在计划审计工作阶段，编制审计计划的内容及过程应当记录于审计工作底稿中。注册会计师应当编制的审计工作底稿包括：

第一，总体审计策略。注册会计师可采用备忘录的形式记录总体审计策略，即对审计工作的总体范围、时间安排及执行作出的关键决策。

第二，具体审计计划。该记录用于反映项目组成员拟实施的审计程序的性质、时间安排和范围，在执行前需要得到复核和批准；还可用于证明已经恰当计划审计程序，注册会计师可以使用标准的审计程序表或审计工作完成核对表，并根据需要进行调整以反映业务的特定情况。

值得注意的是，在审计过程中对总体审计策略或具体审计计划作出任何重大修改，或者对项目组成员实施指导、监督和复核的计划作出重大修改时，注册会计师都应当将其理由记录于审计工作底稿之中。

计划审计阶段的工作内容以及工作底稿见表10-3。

表10-3　　　　　　　　计划审计阶段的工作内容以及工作底稿

主要工作	具体工作内容	需编制的工作底稿
制定总体审计策略	确定审计范围、时间安排和方向	总体审计策略表、时间预算与人员安排表
编制具体审计计划	确定风险评估程序、计划实施的进一步审计程序和其他审计程序	各个业务循环控制测试程序表、各个报表项目的审计程序表

◎ 第三节　审计沟通

一、审计沟通的目的与总体要求

注册会计师应当就与财务报表审计相关且根据职业判断认为与治理层责任相关的重大事项，以适当的方式及时与治理层进行明晰的沟通。注册会计师需要与治理层保持有效的双向沟通的原因在于：治理层与注册会计师在工作职责上有共通性、互补性。被审计单位的治理层监督管理层编制财务报告，注册会计师审计财务报表，双方共同关注财务报表，故其工作可互补借鉴。

有效的双向沟通有助于注册会计师和治理层了解与审计相关事项的背景，并建立建设性的工作关系；有助于注册会计师向治理层获取与审计相关的信息（例如，治理层可以帮助注册会计师了解被审计单位及其环境等方面的情况，提供有关具体交易或事项的信息或审计证据的来源）；有助于治理层履行其对财务报告过程的监督责任，从而降低财务报表重大错报风险。

（一）审计沟通的目的

注册会计师与治理层沟通的主要目的是：（1）就注册会计师与财务报告审计相关的责任、计划的审计范围和时间安排的总体情况，与治理层进行清晰的沟通；（2）向治理层获取与审计相关的信息；（3）及时向治理层通报审计中发现的与治理层对财务报告过程的监督责任相关的重大事项；（4）推动注册会计师和治理层之间进行有效的双向沟通。明确与治理层沟通的目的，有助于注册会计师全面理解与治理层进行沟通的必要性，意识到自己承担着向治理层告知审计中发现的与治理层责任相关事项的义务，以与治理层就履行各自职责达成共识并共享信息。

（二）审计沟通的要求

审计准则中提到，注册会计师与治理层沟通的总体要求是"清晰地沟通"，这意味着双方沟通的内容、目标、方式及结果均要清晰明了。

二、审计沟通的对象

注册会计师应与被审计单位治理层进行沟通。在不同组织形式的主体中，治理层可能意味着不同的人员或组织。对于有限责任公司而言，其治理层一般是指董事会（不设董事会时为执行董事）和监事会（不设监事会时为监事），有时可能还涉及股东会；对于一人有限责任公司而言，其治理层一般为自然人股东本人，或法人股东的代表；对于国有独资公司而言，其治理层一般为董事会和监事会；对于股份有限公司而言，其治理层一般为董事会和监事会。上市公司董事会一般设有若干专门委员会。

注册会计师应当确定与被审计单位治理结构中的哪些适当人员沟通，拟沟通的事项不同，则适当人员可能也不同。例如，在上市公司审计中，有关注册会计师独立性问题的沟通，其沟通对象最好是被审计单位治理结构中有权决定聘任、解聘注册会计师的组织或人员；再如，有关管理层的胜任能力和诚信问题方面的事项，就不宜与兼任高级管理职务的治理层成员沟通。

注册会计师有时需与治理层的下设组织或个人沟通，有时则需与治理层整体进行沟通。

当注册会计师认为没有必要（实际上也不可能）就全部沟通事项与治理层整体进行沟通时，则适当的沟通对象则是治理层的下设组织和人员。治理层的下设组织和人员指的是，董事会下设的审计委员会、独立董事、监事会或者被审计单位特别指定的组织和人员等。

当存在一些特殊情形时，注册会计师需要与治理层整体沟通。在某些情况下，治理层全部成员参与管理被审计单位（例如在一家小企业中，仅有的一名业主管理该企业，并且没有其他人负有治理责任），此时，如果就审计准则要求沟通的事项已与负有管理责任的人员沟通，且这些人员同时负有治理责任，注册会计师无须就这些事项再次与负有治理责任的相同人员沟通。

三、审计沟通的事项

（一）注册会计师与财务报表审计相关的责任

注册会计师应当与治理层沟通其与财务报表审计相关的责任。注册会计师与财务报表审计相关的责任包括：（1）注册会计师负责对管理层在治理层监督下编制的财务报表形成和发表意见；（2）财务报表审计并不减轻管理层或治理层的责任。

注册会计师与财务报表审计相关的责任应当包含在审计业务约定书或记录审计业务约定条款的其他适当形式的书面协议中。

针对下列事项，注册会计师可向治理层提供审计业务约定书或其他适当形式的书面协议的副本，将其与财务报表审计相关的责任与治理层做恰当的沟通：（1）注册会计师按照审计准则执行审计工作的责任，主要集中在对财务报表发表意见上，审计准则要求沟通的事项包括财务报表审计中发现的、与治理层对财务报告过程的监督有关的重大事项；（2）审计准则并不要求注册会计师设计程序来识别与治理层沟通的补充事项；（3）当《中国注册会计师审计准则第1504号——在审计报告中沟通关键审计事项》适用时，注册会计师确定并在审计报告中沟通关键审计事项的责任；（4）依据法律法规的规定、与被审计单位的协议或适用于该业务的其他规定，注册会计师沟通特定事项的责任（如适用）。

（二）计划的审计范围和时间安排

注册会计师应当与治理层沟通计划的审计范围和时间安排的总体情况，包括识别出的特别风险。通过沟通，不仅有助于治理层更好地了解注册会计师工作的结果，与注册会计师讨论风险问题和重要性的概念，以及识别可能需要注册会计师追加审计程序的领域，而且有助于注册会计师更好地了解被审计单位及其环境等方面的情况。

与治理层沟通审计计划包括应当沟通的事项和可能适合与治理层讨论的其他事项两部分，详见表10-4。

表10-4　　　　　　　　　　　　　　与治理层沟通审计计划

应当沟通的事项
1.注册会计师拟如何应对舞弊或错误导致的特别风险以及重大错报风险评估水平较高的领域
2.注册会计师对与审计相关的内部控制采取的方案
3.在审计中对重要性概念的运用
4.实施计划的审计程序或评价审计结果需要的专门技术或知识的性质和程度，包括利用其他注册会计师或专家的工作
5.当《中国注册会计师审计准则第1504号——在审计报告中沟通关键审计事项》适用时，注册会计师对哪些事项可能需要重点关注因而可能构成关键审计事项所作的初步判断
6.针对适用的财务报告编制基础或者被审计单位所处的环境、财务状况或活动发生的重大变化对单一报表及披露产生的影响，注册会计师拟采取的应对措施
可能适合与治理层讨论的其他事项
1.如果被审计单位设有内部审计部门，注册会计师和内部审计人员如何以建设性和互补的方式更好地协调和配合工作，包括拟利用内部审计工作，以及拟利用内部审计人员提供直接协助的性质和范围
2.治理层对下列问题的看法： ➤（1）与被审计单位治理结构中的哪些适当人员沟通 ➤（2）治理层和管理层之间的责任分配 ➤（3）被审计单位的目标和战略，以及可能导致重大错报的相关经营风险 ➤（4）治理层认为审计过程中需要特别关注的事项，以及治理层要求注册会计师追加审计程序的领域 ➤（5）被审计单位与监管机构之间的重要沟通 ➤（6）治理层认为可能会影响财务报表审计的其他事项
3.治理层对下列问题的态度、认识和措施： ➤（1）被审计单位的内部控制及其在被审计单位中的重要性，包括治理层如何监督内部控制的有效性 ➤（2）舞弊发生的可能性或如何发现舞弊
4.治理层对会计准则、公司治理实务、交易所上市规则和相关事项变化及这些变化对财务报表的总体列报、结构和内容等方面的影响所采取的措施，包括： ➤（1）财务报表中信息的相关性、可靠性、可比性和可理解性 ➤（2）考虑财务报表是否因包含不相关或有碍正确理解所披露事项的信息而受到不利影响
5.治理层对以前与注册会计师沟通作出的反应

在与治理层就计划的审计范围和时间安排进行沟通时，尤其是在治理层部分或全部成

员参与管理被审计单位的情况下，注册会计师需要保持职业谨慎，避免损害审计的有效性。例如，沟通具体审计程序的性质和时间安排，可能因这些程序易于被预见而降低其有效性。尽管与治理层的沟通可以帮助注册会计师计划审计的范围和时间安排，但并不改变注册会计师独自承担制定总体审计策略和具体审计计划（包括获取充分、适当的审计证据所需程序的性质、时间安排和范围）的责任。

（三）审计中的重大发现

注册会计师应当与治理层沟通审计中的重大发现，见表10-5。

表 10-5　　　　　　　　　与治理层沟通审计中的重大发现

1.注册会计师对被审计单位会计实务（包括会计政策、会计估计和财务报表披露）重大方面的质量的看法
在适当的情况下，注册会计师应当向治理层解释为何某项在适用的财务报告编制基础上可以接受的重大会计实务，并不一定最适合被审计单位的具体情况
2.审计工作中遇到的重大困难。在某些情况下，这些困难可能构成对审计范围的限制，导致注册会计师发表非无保留意见
（1）在提供审计所需信息时管理层严重拖延或不愿提供，或者被审计单位人员不予配合
（2）不合理地要求缩短完成审计工作的时间
（3）为获取充分、适当的审计证据需要付出的努力远远超过预期
（4）无法获取预期的信息
（5）管理层对注册会计师施加的限制
（6）管理层不愿意按照要求对被审计单位持续经营能力进行评估，或不愿延长评估期间
3.已与管理层讨论或需要书面沟通的重大事项，以及注册会计师要求提供的书面声明，除非治理层全部成员参与管理被审计单位
（1）影响被审计单位的业务环境，以及可能影响重大错报风险的经营计划和战略
（2）对管理层就会计或审计问题向其他专业人士进行咨询的关注
（3）管理层在首次委托或连续委托注册会计师时，就会计实务、审计准则应用、审计或其他服务费用与注册会计师进行的讨论或书面沟通
（4）当年发生的重大事项或交易
（5）与管理层存在意见分歧的重大事项，但因事实不完整或初步信息造成并在随后通过进一步获取相关事实或信息得以解决的初始意见分歧除外
4.影响审计报告形式和内容的情形（如有）。在这些情形下，注册会计师可能认为有必要向治理层提供审计报告的草稿，以便讨论如何在审计报告中处理这些事项
（1）根据《中国注册会计师审计准则第1502号——在审计报告中发表非无保留意见》的规定，注册会计师预期在审计报告中发表非无保留意见
（2）根据《中国注册会计师审计准则第1324号——持续经营》的规定，报告与持续经营相关的重大不确定性
（3）根据《中国注册会计师审计准则第1504号——在审计报告中沟通关键审计事项》的规定，沟通关键审计事项
（4）根据《中国注册会计师审计准则第1503号——在审计报告中增加强调事项段和其他事项段》或其他审计准则的规定，注册会计师认为有必要（或应当）增加强调事项段或其他事项段
5.审计中出现的、根据职业判断认为与监督财务报告过程相关的所有其他重大事项
沟通审计中发现的重大问题可能包括要求治理层提供进一步信息以完善获取的审计证据。例如，注册会计师可以证实治理层对与特定的交易或事项有关的事实和情况有着与其相同的理解

（四）注册会计师的独立性

注册会计师需要遵守与财务报表审计相关的职业道德要求，包括对独立性的要求。拟沟通的关系和其他事项以及防范措施因业务具体情况的不同而不同，但是通常包括：（1）对独立性的不利影响，包括因自身利益、自我评价、过度推介、密切关系和外在压力产生的不利影响；（2）法律法规和职业规范规定的防范措施、被审计单位采取的防范措施，以及会计师事务所内部自身的防范措施。

如果被审计单位是上市实体，注册会计师还应当与治理层沟通如下内容：（1）就审计项目组成员、会计师事务所其他相关人员，以及会计师事务所和网络事务所按照相关职业道德要求保持了独立性作出声明。（2）根据职业判断，注册会计师认为会计师事务所、网络事务所与被审计单位之间存在的可能影响独立性的所有关系和其他事项，包括会计师事务所和网络事务所在财务报表涵盖期间为被审计单位和受被审计单位控制的组成部分提供审计、非审计服务的收费总额。这些收费应当分配到适当的业务类型中，以帮助治理层评估这些服务对注册会计师独立性的影响。（3）为消除对独立性的不利影响或将其降至可接受的水平，已经采取的相关防范措施。

适用于上市实体的有关注册会计师独立性的沟通要求，可能对其他被审计单位也是适当的，包括涉及重大公众利益的被审计单位，如金融机构（银行、保险公司和养老基金）以及慈善机构等。

（五）补充事项

注册会计师可能关注到一些补充事项，虽然这些事项不一定与监督财务报告流程有关，但对治理层监督被审计单位的战略方向或与被审计单位受托责任相关的义务很可能是重要的。这些事项可能包括与治理结构或过程有关的重大问题、缺乏适当授权的高级管理层作出的重大决策或行动。例如，《中国注册会计师审计准则第1152号——向治理层和管理层通报内部控制缺陷》要求注册会计师应当以书面形式及时向治理层通报审计过程中识别出的值得关注的内部控制缺陷。

在确定是否与治理层沟通补充事项时，注册会计师可能就其关注到的某类事项与适当层级的管理层进行讨论，除非在具体情形下不适合这么做。

如果需要沟通补充事项，注册会计师提请治理层关注下列事项可能是适当的：（1）识别和沟通这类事项对审计目的（旨在对财务报表形成意见）而言，只是附带的；（2）除对财务报表形成审计意见所需实施的审计程序外，没有专门针对这些事项实施其他程序；（3）没有实施程序来确定是否还存在其他的同类事项。

四、审计沟通的流程

（一）确立沟通过程

注册会计师应当清楚地与治理层沟通注册会计师的责任、计划的审计范围和时间安排以及期望沟通的大致内容。沟通过程随着具体情况的不同而不同，这些具体情况包括被审计单位的规模和治理结构、治理层如何开展工作，以及注册会计师对拟沟通事项的重要性的看法。难以建立有效的双向沟通可能意味着注册会计师与治理层之间的沟通不足以实现审计目的。

通常，讨论沟通的目的、沟通拟采取的形式、由审计项目组和治理层中的哪些人员就特定事项进行沟通、注册会计师对沟通的期望、对注册会计师沟通的事项采取措施和进行反馈的过程、对治理层沟通的事项采取措施和进行反馈的过程，可能有助于实现有效的双向沟通，详见表10-6。

表10-6　　　　　　　　　　　　　　确立沟通过程需考虑的因素

（1）沟通的目的	如果目的明确，注册会计师和治理层就可以更好地就相关问题和在沟通过程中期望采取的行动取得相互了解
（2）沟通拟采取的形式	与治理层就沟通形式进行讨论，有利于合理确定拟采取的沟通形式，或及时对沟通形式进行必要的调整，同时也有利于得到治理层的理解和配合
（3）由审计项目组和治理层中的哪些人员就特定事项进行沟通	这有利于双方合理确定参与沟通的人员，以及找到适当的沟通对象
（4）注册会计师对沟通的期望	沟通的期望包括双向沟通以及治理层就其认为与审计工作相关的事项与注册会计师沟通。与审计工作相关的事项包括：可能对审计程序的性质、时间安排和范围产生重大影响的战略决策，对舞弊的怀疑或检查，对高级管理人员的诚信或胜任能力的疑虑
（5）对注册会计师沟通的事项采取措施和进行反馈的过程	讨论该事项有利于让治理层知悉注册会计师如何对沟通事项作出反应
（6）对治理层沟通的事项采取措施和进行反馈的过程	讨论该事项有利于让注册会计师知悉治理层如何对沟通事项作出反应

（二）沟通的形式

有效的沟通可能包括结构化的陈述、书面报告以及不太正式的沟通（包括讨论）。

书面沟通可能包括向治理层提供审计业务约定书。对于审计中发现的重大问题，如果根据职业判断认为采用口头形式沟通不适当，注册会计师应当以书面形式与治理层沟通。对于审计准则要求的注册会计师的独立性，注册会计师也应当以书面形式与治理层沟通。注册会计师还应当以书面形式向治理层通报值得关注的内部控制缺陷。对于其他事项，注册会计师可以采取口头或书面的方式沟通。

审计实务中，对于审计准则规定的应当以书面形式沟通的事项，注册会计师一般采用致治理层的沟通函件的方式进行书面沟通。沟通函件的格式参考如下：

【参考格式】

致治理层的沟通函件

××公司董事会（审计委员会）：

根据《中国注册会计师审计准则第1151号——与治理层的沟通》的规定，注册会计师应当就与财务报表审计相关且根据职业判断认为与治理层责任相关的重大事项，以适当的方式及时与治理层沟通。保持有效的双向沟通关系，有利于注册会计师与治理层履行各自的职责。

必须特别强调的是，除法律法规和审计准则另有规定的情形之外，这份书面沟通文件仅供贵公司治理层使用，我们对第三方不承担任何责任，未经我们事先书面同意，沟通文件不得被引用、提及或向其他人披露。

以下内容是与我们对贵公司20×1年度财务报表进行的与审计相关的、按规定应予沟通的重大事项：

（一）对贵公司所采用的会计政策、会计估计和财务报表披露的看法

……

（二）审计工作中遇到的重大困难

……

（三）尚未更正的重大错报

……

我们发现，贵公司将20×1年×月×日向××银行支付的银行借款利息××元计入了××在建工程成本。我们认为，根据适用的会计准则和相关会计制度的规定，该笔利息支出不符合借款费用资本化的条件，应当确认为本年度的财务费用。我们已于20×2年×月×日与贵公司管理层沟通并提请更正，但至今尚未得到更正。如不更正，将会导致少计费用从而虚增年度利润的后果，根据该笔业务的性质和重要程度，我们对贵公司20×1年度的财务报表将不能出具无保留意见的审计报告。现再次提请贵公司予以更正。

……

（四）其他事项

……

××会计师事务所（盖章）

中国注册会计师：（签名并盖章）

年 月 日

（三）沟通的时间安排

注册会计师应当及时与治理层沟通。因业务环境的不同，适当的沟通时间安排也不同。相关的环境包括事项的重要程度和性质，以及期望治理层采取的行动。除了沟通事项的重要程度以外，被审计单位的规模、经营结构、控制环境和法律结构；在规定的时限内沟通特定事项的法定义务；治理层的期望，包括与注册会计师定期会谈或沟通的安排；注册会计师识别出特定事项的时间，均可能影响沟通的时间安排。表10-7列示了一些业务环境下的及时沟通的示例。

（四）沟通过程的充分性

有效的双向沟通，对注册会计师和治理层都有帮助。治理层的参与（包括其与内部审计人员和注册会计师的互动）是被审计单位控制环境的一个要素。不充分的双向沟通可能意味着令人不满意的控制环境，影响注册会计师对重大错报风险的评估。同时存在一种风险，即注册会计师可能不能获取充分、适当的审计证据以形成对财务报表的审计意见。

表10-7　　　　　　　　　　　　　不同业务环境下的及时沟通示例

（1）对于计划事项的沟通，通常在审计业务的早期阶段进行，如系首次接受委托，沟通可以随同就审计业务条款达成一致意见一并进行
（2）对于审计中遇到的重大困难，如果治理层能够协助注册会计师克服这些困难，或者这些困难可能导致其发表非无保留意见，可能需要尽快沟通。 如果识别出值得关注的内部控制缺陷，注册会计师可能在进行书面沟通前，尽快向治理层口头沟通。
（3）当《中国注册会计师审计准则第1504号——在审计报告中沟通关键审计事项》适用时，注册会计师可以在讨论审计工作的计划范围及时间安排时沟通对关键审计事项的初步看法，注册会计师在沟通重大审计发现时也可以与治理层进行更加频繁的沟通，以进一步讨论此类事项
（4）无论何时（如承接一项非审计服务和在总结性讨论中）就对独立性的不利影响和相关防范措施作出了重要判断，就独立性进行沟通都可能是适当的。 总结性讨论可能还是沟通审计中发现的问题的适当时间
（5）沟通审计中发现的问题，包括注册会计师对被审计单位会计实务质量的看法，也可能作为总结性讨论的一部分
（6）当同时审计通用目的和特殊目的的财务报表时，注册会计师协调沟通的时间安排可能是适当的

注册会计师应当评价其与治理层之间的双向沟通对实现审计目的是否充分。如果认为双向沟通不充分，并且这种情况得不到解决，注册会计师应当评价其对重大错报风险评估以及获取充分、适当的审计证据的能力的影响，并采取适当的措施（见表10-8）。

表10-8　　　　　　　　　　　　　　沟通不充分的应对措施

（1）根据范围受到的限制发表非无保留意见
（2）就采取不同措施的后果征询法律意见
（3）与第三方（如监管机构）、被审计单位外部的在治理结构中拥有更高权力的组织或人员（如企业的业主、股东大会中的股东）或对公共部门负责的政府部门进行沟通
（4）在法律法规允许的情况下解除业务约定

五、审计沟通的记录

注册会计师应当记录与治理层沟通的重大事项，包括记录那些对于表明形成审计报告的合理基础、证明审计工作的执行遵循了审计准则和其他法律法规要求而言很重要的事项。

如果审计准则要求沟通的事项是以口头形式沟通的，注册会计师应当将其包括在审计工作底稿中，并记录沟通的时间和对象；如果审计准则要求沟通的事项是以书面形式沟通的，注册会计师应当保存一份沟通文件的副本，作为审计工作底稿的一部分。

本章小结 ┄┄┄┄┄┄┄┄ ◎

　　从有意向承接客户的审计委托之时起，注册会计师就要考虑将要开展哪些活动以评估最终是否接受该项业务委托并签订业务约定书，因此，初步业务活动是审计计划阶段的一部分。初步业务活动需要识别和评估承接审计业务面临的风险，包括客户的风险和自身的能力及独立性等，具体工作包括针对保持客户关系和具体审计业务实施质量管理程序，评价遵守职业道德要求的情况，以及就审计业务约定条款与被审计单位达成一致意见，最后确定是否接受或保持客户。签订审计业务约定书后，注册会计师开始制定总体审计策略和具体审计计划，总体审计策略确定审计的范围、时间安排、方向和资源调配等；具体审计计划则更加详细，涵盖风险评估程序、进一步审计程序和其他审计程序。审计计划并非孤立阶段，而是一个持续修正的过程，贯穿整个审计过程的始终。无论是在初步业务活动、计划审计工作中，还是在后续的执行审计工作、出具审计报告乃至审计报告日后阶段，注册会计师均应就相关事宜与治理层、管理层、前任注册会计师、组成部分注册会计师（适用于集团审计的特殊情形）等进行沟通，以明确责任、减少分歧，进而促进审计工作的顺利开展。

课后思考题 ┄┄┄┄┄┄┄┄ ◎

　　1.什么是初步业务活动？开展初步业务活动的目的是什么？
　　2.在考虑是否接受与保持审计业务委托时，应了解哪些信息？
　　3.什么是审计的前提条件？业务约定书应包括哪些内容？
　　4.总体审计策略和具体审计计划的内容分别是什么？
　　5.注册会计师应与治理层沟通的事项有哪些？
　　6.审计沟通的流程包括哪些内容？

本章测评

第十一章
执行业务循环的审计

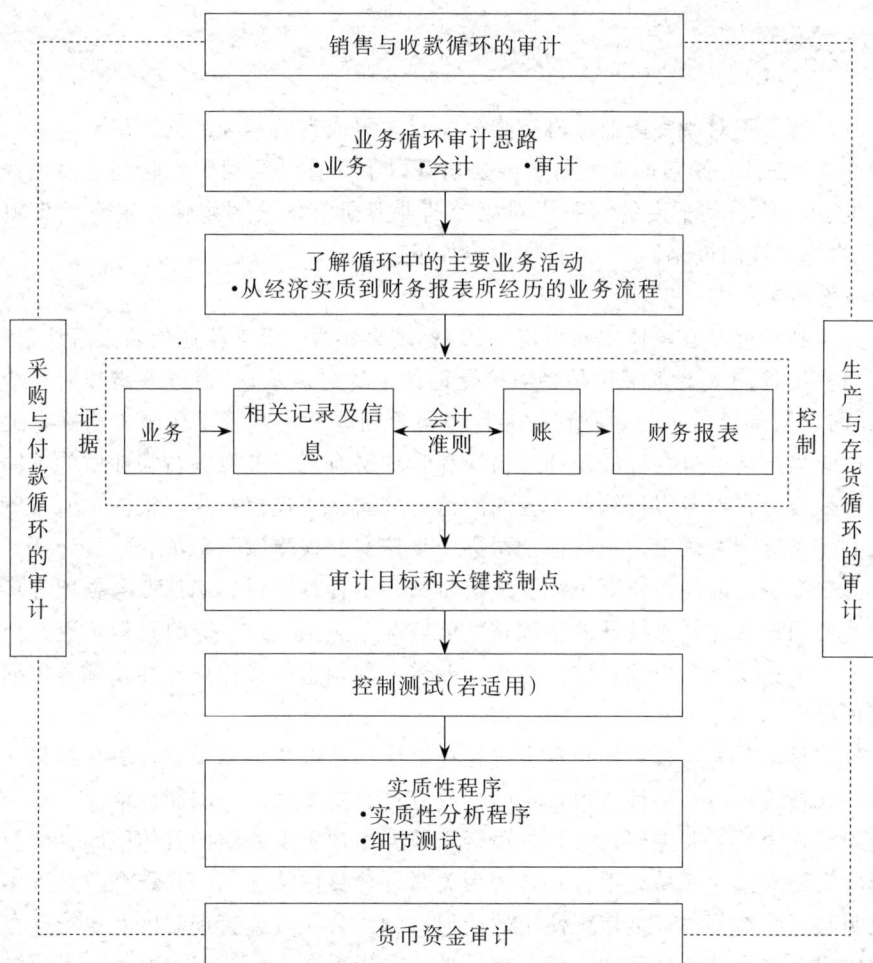

● 认真学习习近平总书记关于审计工作的重要讲话精神，领会审计工作对企业发展和国计民生的重要意义，培养学生的全局意识，通过审计工作高质量发展助力经济社会发展。

● 贯彻落实习近平总书记关于拓展审计监督广度和深度的要求，发扬尽职尽责、严谨认真的作风，练就扎实的审计基本功，更好地投身到党和国家的监督事业中去。

知识传授

● 理解业务活动与内部控制、会计、审计之间的关系，掌握业财审融合的循环审计思路。

● 熟悉销售与收款循环、采购与付款循环、生产与存货循环以及货币资金循环的业务活动、内部控制、关键控制点以及相关单据凭证。

● 理解各业务循环的审计目标和审计程序之间的关系，并通过设计和实施进一步审计程序实现审计目标。

案例引入

《关于对康美药业股份有限公司媒体报道有关事项的问询函》

2019年5月5日，康美药业股份有限公司（以下简称"公司"）收到上海证券交易所上市公司监管一部对其下发的《关于对康美药业股份有限公司媒体报道有关事项的问询函》（以下简称"《问询函》"），具体内容如下：

康美药业股份有限公司：

我部关注到，近日有媒体发布报道《299亿现金蒸发　康美药业创始人否认财务造假》称，你公司实际控制人暨董事长马兴田接受记者采访时表示，"财务差错和财务造假是两件事"。此前，我部已就你公司存在的会计差错等问题发出监管工作函，明确有关工作要求。你公司应当严格区分会计准则理解错误和管理层有意财务舞弊行为性质的不同，如实核查你公司是否存在财务报告编制等方面的信息披露违法违规行为。根据本所《股票上市规则》第17.1条等有关规定，现请你公司进一步核实并披露以下事项。

一、公告显示，前期差错更正涉及采购付款、工程款支付、确认业务款项等环节的会计处理，请公司核实并补充披露差错调整整体情况，包括：（1）分科目列示更正前后的具体会计处理、依据及其合规性；（2）各会计差错追溯调整的具体报告期及调整依据。请会计师发表意见。

二、公告显示，公司核算账户资金时存在错误，造成货币资金多计299.44亿元。请公司核实并补充披露：（1）多计货币资金的存放方式、主要账户、限制性情况、是否存在违规资金使用及资金的主要去向；（2）货币资金核算出现重大差错的具体原因、涉及的主要交易事项、交易安排、交易对手方是否为关联方等具体情况；（3）结合公司近年的融资情况，说明是否存在募集资金违规使用的情形；（4）公司资金管理制度及执行存在重大缺陷的具体情况；（5）结合公司现有债务规模、现有货币资金的受限情况等，说明各项债务的后续资金偿付安排，并充分提示风险。请会计师及相关保荐机构发表意见。

三、公告显示，其他应收款少计57.14亿元。同时，根据年审会计师出具的非经营性资金占用及其他关联资金往来情况的专项说明，其他应收款余额中包括其自查的向关联方提供资金余额88.79亿元。请公司核实并补充披露：（1）其他应收款少计的具体原因及责任人；（2）逐笔披露前述少计款项及提供资金往来涉及的单位名称、是否为关联方、往来款项形成的主要交易事项、付款安排、交易金额等情况，并就是否为非经营性资金占用发表明确意见。请会计师发表意见。

四、公告显示，由于采购付款等会计处理存在错误，造成存货少计195.46亿元。请公司核实并补充披露：（1）分类列示少计存货的具体项目、品种及金额；（2）少计存货涉及的主要事项、交易对手方及是否为关联方等情况；（3）是否存在虚构交易事项及具体情况和责任人；（4）结合市场价格变化、存货保质期、库龄、存货用途等因素，分存货项目和品种评估并说明现有存货的价值、是否存在减值或减值风险。请会计师发表意见。

五、公告显示，由于工程款支付等会计处理存在错误，造成在建工程少计6.32亿元。请公司核实并补充披露：（1）少计在建工程的具体项目、预算数、各期投入额、累计投入额、工程进度、资金来源等具体信息；（2）结合在建工程进度、市场发展状况、实际投入等情况，分项目评估少计在建工程是否存在减值。请会计师发表意见。

六、公告显示，公司在确认营业收入和营业成本时存在错误，造成营业收入多计88.98亿元，营业成本多计76.62亿元。请公司核实并补充披露：（1）结合具体业务类型及相应的收入确认会计政策，说明收入确认及成本结转出现差错的具体原因；（2）虚增收入与成本涉及的主要交易事项、交易对手方及是否为关联方等情况；（3）是否存在虚构交易事项及具体情况和责任人。请会计师发表意见。

七、年报显示，公司对2016年的主要会计数据进行了调整，营业收入、扣非前后的净利润分别调减69.48亿元和14.99亿元，总资产、净资产分别调减15.72亿元和14.01亿元。请公司：（1）补充披露2016年的具体调整事项、相关会计处理、调整原因及依据、对报表科目及其项目构成的影响；（2）全面核实以前年度的会计差错情况，补充披露相关情况并进行更正。

八、针对前期会计差错更正事项，请年审会计师补充披露：（1）差错更正所涉事项履行的审计程序、与前期相比存在的差异以及是否遵循相关职业准则的要求；（2）结合前期审计工作，说明未及时发现前期差错的具体原因及责任人。

九、公司2018年财务报表被出具保留意见的审计报告，主要涉及立案调查事项、关联方资金往来和在建工程项目。请公司核实并补充披露：（1）无法提供关联方资金往来、在建工程相关资料的具体原因；（2）所涉在建工程的具体项目信息、自查过程、相关会计处理及对各期财务报表的影响。

十、针对财务报表审计保留意见，请年审会计师补充披露：（1）已实施审计程序但未能获取充分、适当的审计证据的具体原因，存在哪些需要获取但无法获取的主要审计证据，获取过程中存在的主要障碍，以及以前年度证据获取情况及与本年证据获取存在的差异情况；（2）说明"上述事项对财务报表可能产生的影响重大，但不具有广泛性"的评估依据以及审计意见的恰当性。

十一、公司2018年财务报告内部控制被出具否定意见的审计报告，主要涉及资金管理、关联方交易管理、财务核算等问题。同时，公司非财务报告内部控制也存在重大缺陷。请公司核实并补充披露：（1）上述内控缺陷的具体情况、产生原因、相关责任主体的认定和追责安排等；（2）对上述业务环节的内控制度进行全面自查，披露已实施或拟实施的整改措施、整改责任人及整改进展，并充分提示相关风险。

十二、请公司全体董事、监事、高级管理人员对前述会计差错、内部控制缺陷事项，全面自查涉及的规范运作及信息披露问题，就是否存在信息披露违规行为进行详细说明，同时结合自身具体职责履行情况，就是否勤勉尽责、是否存在主观故意、是否存在管理层舞弊行为明确发表意见。

请你公司于2019年5月6日披露本问询函，并于2019年5月14日之前披露对本问询函的回复。

资料来源：上海证券交易所上市公司监管一部.关于对康美药业股份有限公司媒体报道有关事项的问询函 [EB/OL].［2019-05-06］. https://www.sse.com.cn/disclosure/listedinfo/announcement/c/2019-05-06/600518_20190506_1.pdf.

在引例中，康美药业的财务造假涉及销售、采购、货币资金管理以及投资等多个业务循环。注册会计师应该如何执行各业务循环的具体审计工作呢？本章将对销售与收款循环、采购与付款循环、生产与存货循环以及货币资金审计进行介绍。

◎ 第一节　业务循环审计概述

业务循环，是指企业处理一类经济业务的工作程序，按照业务逻辑，制造业企业的业务循环一般包括销售与收款循环、采购与付款循环、生产与存货循环、人力资源与工资薪酬循环、筹资与投资循环等，划分这些循环并不意味着各个业务循环孤立存在，它们之间存在紧密联系，比如生产与存货循环中对存货的计价会对销售与收款循环中营业成本的核算有影响。各业务循环所涉及的主要财务报表项目（特殊行业的财务报表项目不涉及）之间的对应关系见表11-1。

表11-1 各业务循环所涉及的主要财务报表项目

业务循环	资产负债表项目	利润表项目
销售与收款循环	应收票据、应收账款、应收款项融资、合同资产、长期应收款、预收款项、应交税费、合同负债	营业收入、税金及附加
采购与付款循环	预付款项、持有待售资产、固定资产、在建工程、生产性生物资产、使用权资产、油气资产、无形资产、开发支出、长期待摊费用、应付票据、应付账款、持有待售负债、租赁负债、长期应付款	销售费用、管理费用、研发费用、其他收益
生产与存货循环	存货	营业成本
人力资源与工薪循环	应付职工薪酬	营业成本、销售费用、管理费用
筹资与投资循环	交易性金融资产、衍生金融资产、其他应收款、其他流动资产、债权投资、其他债权投资、长期股权投资、其他权益工具投资、其他非流动金融资产、投资性房地产、商誉、递延所得税资产、短期借款、交易性金融负债、衍生金融负债、其他应付款、长期借款、应付债券、预计负债、递延收益、递延所得税负债、实收资本（或股本）、其他权益工具、资本公积、其他综合收益、专项储备、盈余公积、未分配利润	财务费用、资产减值损失、信用减值损失、投资收益、净敞口套期收益、公允价值变动收益、资产处置收益、营业外收入、营业外支出、所得税费用

业务循环审计是指审计人员将财务报表与业务循环相结合，按照业务循环组织实施审计的方式。如图11-1所示，业务循环审计实际上将业务、财务、审计相融合，既能增强注册会计师对被审计单位的报表项目与业务流程、内部控制设计执行情况的理解，有利于识别、评估和应对风险；又能将特定业务循环所涉及的财务报表项目分配给一个或数个审计人员，增强审计人员分工的合理性；还能将各业务循环联系起来，视野从一个业务循环扩展到公司整体业务，更加有助于审计效率和效果的提升。

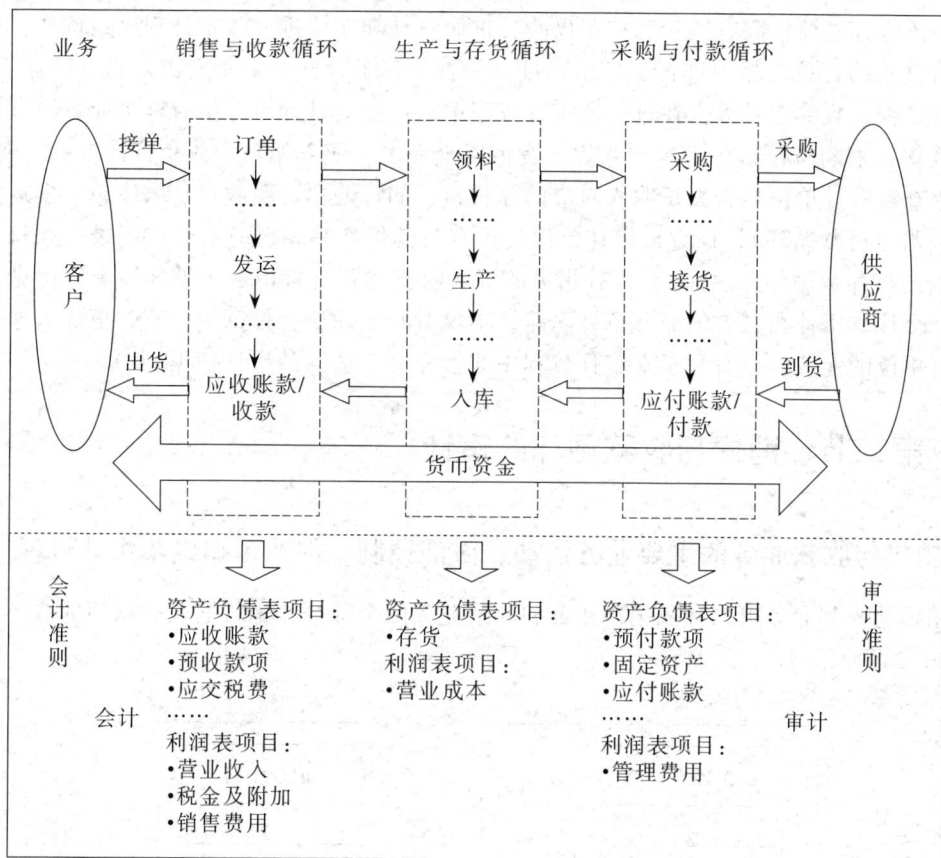

图11-1 主要业务循环审计思路图

图11-1的上半部分为一简化的从采购、生产到销售的完整业务流程。整个业务流程包括销售与收款循环、采购与付款循环、生产与存货循环和货币资金循环。一般地，内部控制教材会基于各个业务循环的业务单独介绍，例如，销售与收款业务循环，经历接收订单、信用/合同审批、发运、开票、收款、入账等多个业务环节。图11-1的下半部分则展示了业务、会计、审计之间的关系。各个业务活动的开展过程或成果体现了公司财务状况、经营成果和现金流量的变化，最终根据报表编制基础（会计准则）反映在财务报表的相关项目中，即所审计的财务报表各项目与被审计单位的业务活动紧密关联。审计则是基于审计准则，围绕审计目标，通过设计和执行审计程序，收集充分、适当的审计证据来判断财务报表与编制基础之间的符合程度。因此，对被审计单位业务的了解程度是影响审计效率和效果的重要因素。例如，某制造业企业可能通过虚增收入的手法来虚增利润，该如何审计呢？从审计视角来看，营业收入存在重大错报风险的可能性较高，该错报风险与营

业收入的发生认定相关，因此需要实现的审计目标是确定该公司的营业收入是否真实发生；从会计角度来看，营业收入是依据会计准则对企业真实发生的业务或事项进行的会计处理，因此营业收入应该与真实发生的销售业务相关活动匹配；从业务角度来看，如果该业务真实发生，则业务活动过程中的各个环节都可能留下痕迹、记录或各种形式的证据（包括可观察到的现象等）。沿着销售与收款循环的业务活动，注册会计师可以了解被审计单位销售业务循环的内部控制，识别认定层次重大错报风险，并根据识别出的认定层次重大错报风险分别评估固有风险和控制风险，进而设计和实施进一步审计程序，例如，检查是否有真实的订单，是否进行了信用审批，是否签订了合同，货物发出是否有发运凭证，销售后是否有收款记录等。在进一步审计程序中，注册会计师可以沿着整个业务流程从销售与收款、采购与付款、生产与存货、货币资金等多个业务循环中收集审计证据。例如，可以检查被审计单位是否真正购入对应的原材料（如订购单、验收单、入库单、发运凭证等，采购与付款循环），检查被审计单位是否有与销售产品相对应的生产记录（如料工费等，生产与存货循环），检查是否有相关的资金收支记录（货币资金循环）等。可见，将业务、会计、审计相融合的循环审计思路，不仅有利于注册会计师更全面、更深入地了解被审计单位的业务，更有利于在审计过程中获得充分、适当的审计证据。

◎ 第二节　销售与收款循环的审计

一、销售与收款业务的主要业务活动、内部控制、涉及单据以及审计目标

销售与收款业务可以分成销售业务和收款业务两个部分。销售与收款循环的业务流程如图11-2所示。

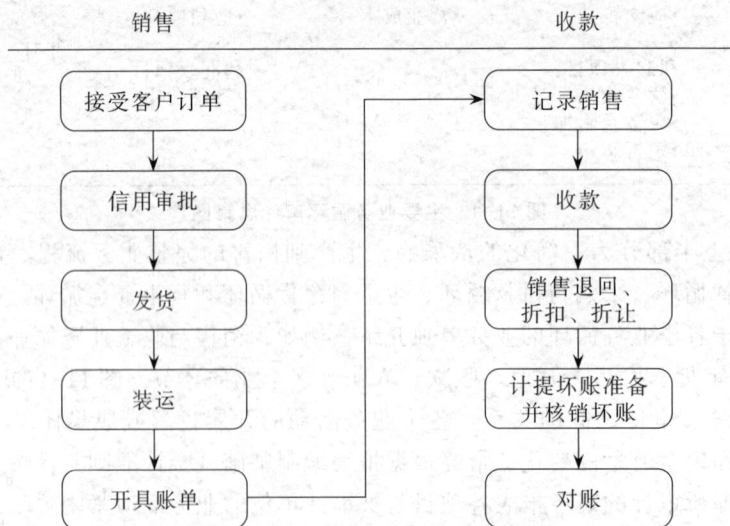

图11-2　销售与收款循环的业务流程图

（一）接受客户订购单

1.业务活动内容

客户提出订货要求是整个销售与收款循环的起点，企业根据客户订购单进行产品出

库、发运、开票、收款等一系列活动。

2.控制目标与控制措施

本环节的控制目标是财务报告及相关信息真实完整、提高经营的效率和效果。主要控制措施有：

（1）客户订购单需经过审批。销售部门在决定是否接受某客户的订购单时，需要检查该客户是否在企业批准销售的客户名单内。对于未列入名单的客户，需要经批准同意。

（2）合同的谈判、订立与审批相分离。企业在销售合同签订前，应当指定专门人员就销售价格、信用政策、发货及收款方式等具体事项与客户进行谈判，谈判人员至少应有两人，并与合同的审批人员相分离。对于超过企业既定销售政策和信用政策规定范围的特殊销售交易，需要经过适当的授权。

（3）销售部门根据经批准的客户订购单或销售合同，编制一式多联、连续编号的销售单，分别用于发货、向客户开具发票和财务记账等。

3.支持的财务报表认定

本环节与交易的"发生""完整性"认定相关。

（二）批准赊销信用

1.业务活动内容

为防止向无力支付货款的客户发货而使企业蒙受损失，企业信用管理部门需要对赊销客户及其额度进行审批。

2.控制目标与控制措施

本环节的控制目标是合理保证资产安全。主要控制措施有：

（1）不相容职务相分离：赊销批准与销售属于不相容职务，不能由一个部门或一个人负责业务的全过程。

（2）企业应当建立健全客户信用管理制度，对每个新客户进行信用调查和评级，明确每一个客户的信用额度，并经过批准。

（3）企业的信用管理部门通常在销售单上签署是否赊销以及赊销金额的审批意见。对于不满足赊销条件又确实需要赊销的情形，则要求管理层特别批准。设计信用批准控制的目的是降低信用损失风险。

3.支持的财务报表认定

本环节与应收账款、应收票据、应收款项融资以及合同资产账面余额的"准确性、计价和分摊"认定相关。

（三）发货

1.业务活动内容

仓库管理人员根据经批准的销售单进行发货。

2.控制目标与控制措施

本环节的控制目标是合理保证资产安全、财务报告及相关信息真实完整。主要控制措施有：

（1）不相容职务相分离：销售与商品保管属于不相容职务，不能由一个部门或一个人负责业务的全过程。

（2）已批准的销售单是仓库发货的依据；仓库不得依未经批准的销售单擅自发货。

（3）仓库办理商品出库，同时编制一式多联、连续编号的出库单，由相关人员签字确认。出库单一式多联，其中，一联由仓库留存、一联给运输部门、一联给销售部门、一联给财务部门。

3.支持的财务报表认定

本环节与交易的"发生""完整性"认定相关。

（四）装运

1.业务活动内容

企业将货物运送至客户指定地点。该环节是证明货物发出，与商品相关的风险和报酬发生转移的重要环节。

2.控制目标与控制措施

本环节的控制目标是合理保证资产安全、财务报告及相关信息真实完整。主要控制措施有：

（1）不相容职务相分离：仓储和装运属于不相容职务，不能由一个部门或一个人负责业务的全过程。

（2）装运人员应根据出库单上的商品名称、规格、数量和其他有关内容核对所装运货物，核对无误后在出库单上签字确认并进行货物运输。值得注意的是，有些企业会使用单独的发运单或发运凭证记录该发货过程。

3.支持的财务报表认定

本环节与交易的"发生""完整性""截止"认定相关，与账户余额的"权利和义务"认定相关。

（五）开具账单

1.业务活动内容

企业就发生的销售业务，向客户开具发票。

2.控制目标与控制措施

本环节的控制目标是合理保证财务报告及相关信息真实完整。为了降低开具发票过程中出现遗漏、重复、错误计价或其他差错的风险，开具销售发票前，开票人员需检查销售业务是否真实发生，即是否存在经批准的销售单、出库单、发运单，各单据记载的信息是否一致；然后根据经授权批准的商品价目表开具一式多联、连续编号的销售发票。销售发票通常包含已销售商品的名称、规格、数量、单价、金额等内容。以增值税发票为例，至少包括发票联、抵扣联和记账联三联，前两联交给客户，记账联交给财务部门记账。

3.支持的财务报表认定

本环节与交易的"准确性""完整性"认定相关。

（六）记录销售

1.业务活动内容

会计人员根据销售业务发生的相关单据，对销售业务进行会计处理。

2.控制目标与控制措施

本环节的控制目标是合理保证财务报告及相关信息真实完整。主要控制措施有：

（1）不相容职务相分离：销售与记录属于不相容职务，不能由一个部门或一个人负责业务的全过程。

（2）会计人员应根据收入确认条件，检查销售合同、销售单、出库单、发运单和销售发票的相关信息，核对无误后进行会计处理。具体包括：编制转账凭证或现金、银行存款收款凭证，据以登记主营业务收入（或其他业务收入）明细账、应收款项（或合同资产）明细账以及库存现金和银行存款日记账。

3.支持的财务报表认定

本环节与交易的"发生""完整性""准确性""截止""分类"认定相关，与账户余额的"权利和义务""分类"认定相关。

（七）收款

1.业务活动内容

企业根据已发生的销售业务和销售合同条款，向客户收取货款。

2.控制目标与控制措施

本环节的控制目标是合理保证资产安全、财务报告及相关信息真实完整。主要控制措施有：

（1）不相容职务相分离：销售、收款和记账属于不相容职务，不能由一个部门或一个人负责业务的全过程。

（2）企业对于销售回款，必须通过银行存款账户进行结算。确实需要收取现金的，应及时送存银行。

（3）财务人员应根据银行回单、现金缴款单等收款单据及时进行会计处理，包括编制记账凭证，登记库存现金日记账和银行存款日记账等。企业不得私设"小金库"，不得账外设账，严禁收款不入账。

3.支持的财务报表认定

本环节与交易的"发生""完整性""准确性""截止""分类"认定相关，与账户余额的"权利和义务""分类"认定相关。

（八）销售退回、折扣与折让

1.业务活动内容

企业对销售退回、折扣与折让业务进行处理，包括货物退回验收、开具红字发票等。

2.控制目标与控制措施

本环节的控制目标是合理保证资产安全、财务报告及相关信息真实完整。主要控制措施有：

（1）不相容职务相分离：销售退回、折扣与折让业务的经办与审批属于不相容职务，不能由一个部门或一个人负责业务的全过程。

（2）企业在处理销售退回、折扣与折让时需编制销售退回、折扣与折让审批表，经授权批准后方可进行。

（3）销售人员根据经批准的销售退回、折扣与折让审批表，向客户开具红字发票。

3.支持的财务报表认定

本环节与交易的"准确性"认定相关，与账户余额的"准确性、计价和分摊"认定相关。

（九）计提坏账准备并核销坏账

1.业务活动内容

企业应定期对应收票据、应收款项融资、应收账款、合同资产的预期信用损失进行估计，根据估计结果确认信用减值损失/资产减值损失并计提坏账准备、合同资产减值准备。如有确凿证据表明某项货款已无法收回，企业应立即注销该笔应收款项。

2.控制目标与控制措施

本环节的控制目标是合理保证资产安全、财务报告及相关信息真实完整。主要控制措施有：

（1）不相容职务相分离：坏账准备的计提与审批、坏账的核销与审批都属于不相容职务，不能由一个部门或一个人负责业务的全过程。

（2）企业应定期对预期信用损失进行估计，编制坏账准备计提审批表，经批准后及时进行会计处理。

（3）如因客户经营不善、宣告破产、死亡等原因无法支付货款，经办人员应取得确凿证据，填制坏账核销审批表，经批准后及时进行会计处理。

3.支持的财务报表认定

本环节与账户余额的"准确性、计价和分摊"认定相关。

（十）对账

1.业务活动内容

企业定期向客户寄发对账单，以核对往来账项是否准确。

2.控制目标与控制措施

本环节的控制目标是合理保证财务报告及相关信息真实完整。主要控制措施有：

（1）不相容职务相分离：对账与收款以及销售业务记录属于不相容职务，企业应指定一位既不负责货币资金也不记录主营业务收入和应收票据/应收款项融资/应收账款/合同资产账目的主管人员负责对账。

（2）企业应定期向客户寄送对账单，对账单上通常注明应收票据/应收款项融资/应收账款的期初余额、本期销售交易的金额、本期已收到的货款、贷项通知单的金额以及期末余额等内容。

（3）独立人员应根据对账情况编制对账情况汇总报告，并提交管理层审阅。对于所有核对不符的账项，独立人员应进一步查明原因，并报批准后进行会计处理。

3.支持的财务报表认定

本环节与账户余额的"存在"认定强相关，与"完整性""权利和义务"认定弱相关。

综上所述，销售与收款循环各环节的业务活动及内部控制要求、涉及单据、相关会计账户及审计目标总结详见表11-2。

表11-2　　　　　　　　销售与收款循环内部控制与财务报表认定的关系

环节	主要单据	与交易相关的认定						与账户余额相关的认定				
		A	B	C	D	E	F	a	b	c	d	e	f
1.接受客户订单	销售合同/客户订购单、销售单	√	√										
2.信用审批	销售单									√			
3.发货	出库单	√	√										

续表

环节	主要单据	与交易相关的认定						与账户余额相关的认定					
		A	B	C	D	E	F	a	b	c	d	e	f
4.装运	发运单	√	√		√						√		
5.开具账单	销售发票、商品价目表		√	√									
6.记录销售	记账凭证、主营业务收入/其他业务收入明细账、应收款项/合同资产明细账	√	√	√	√	√					√	√	
7.收款	银行回单、现金缴款单，记账凭证，库存现金日记账和银行存款日记账	√	√	√	√	√					√	√	
8.销售退回、折扣与折让	销售退回、折扣与折让审批表，红字发票			√						√			
9.计提坏账准备并核销坏账	应收票据/应收款项融资/应收账款/合同资产信用损失计算表、坏账核销审批表									√			
10.对账	对账单							√	√		√		

注：与交易相关的认定：A——发生；B——完整性；C——准确性；D——截止；E——分类；F——列报。

与账户余额相关的认定：a——存在；b——完整性；c——准确性、计价和分摊；d——权利和义务；e——分类；f——列报。

值得注意的是，在现代信息技术大力发展的背景下，一些企业已将内部控制内置于信息系统中，随着业务流程的推进自动形成连续编号的各种单据，在销售与收款循环中，销售部门、信用审计部门、仓库部门、财务部门等各相关部门通过业务端口可以查询相关单据信息，实现了"一式多联"的管控要求。随着单据逐步实现电子化，审计人员实施控制测试需注意同时获取上述单据的纸质版和电子版。

二、了解被审计单位销售与收款循环的内部控制

(一) 销售与收款循环的关键控制点

注册会计师在审计时，首先应关注被审计单位的销售与收款循环在不相容职务相分离、授权审批、会计记录等方面的设计和执行是否有效，具体见表11-3。

表 11-3 销售与收款循环的关键控制点

适当的职责分离控制	为确保办理销售与收款业务的不相容岗位相互分离、制约和监督，一家企业销售与收款业务相关职责适当分离的基本要求通常包括：企业应当分别设立办理销售、发货、收款三项业务的部门（或岗位）。以下职责应当分离： ➢合同谈判与合同订立人员分离 ➢销售与信用审批人员分离 ➢销售与发票开具人员分离 ➢销售与收款人员分离 ➢销售与记账人员分离 ➢收入记录、应收账款记录及收款人员分离 ➢应收票据保管与贴现审批人员分离等
授权审批控制	➢在销售与收款业务中至少需要在以下四个方面执行审批程序：赊销审批，发货审批，销售价格、销售条件、运费审批，折扣审批 ➢审批人应当根据销售与收款授权批准制度的规定，在授权范围内进行审批，不得超越审批权限。对于超过企业既定销售政策和信用政策规定范围的特殊销售交易，需要经过适当的授权
充分的凭证和记录	➢通过连续编号、一式多联的单据在不同部门或环节中传递，保证财务记录的真实发生和完整性。例如，企业在收到客户订购单后，编制一式多联、连续编号的销售单，分别用于批准赊销、审批发货、记录发货数量以及向客户开具发票等，财务人员在记录销售交易之前，对相关的销售单、出库单和销售发票上的信息进行核对，通过定期清点销售单和销售发票，可以避免漏开发票或漏记销售的情况发生；以此确保入账的营业收入是真实发生的、完整的 ➢对凭证预先进行编号，旨在防止销售以后遗漏向客户开具发票或登记入账，也可防止重复开具发票或重复记账 ➢定期检查全部凭证的编号，并调查凭证缺号或重号的原因，是实施这项控制的关键点。在目前信息技术得以广泛运用的环境下，凭证预先编号这一控制在很多情况下由系统执行，同时辅以人工的监控（例如，对系统生成的例外报告进行复核）
定期寄发对账单	➢由不负责现金出纳和销售及应收票据/应收款项融资/应收账款/合同资产记账的人员定期向客户寄发对账单，能促使客户在发现应付账款余额不正确后及时反馈有关信息 ➢对于核对不符的账项，指定一位既不负责货币资金也不记录主营业务收入和应收票据/应收款项融资/应收账款/合同资产账目的主管人员处理，然后由独立人员定期编制对账情况汇总报告并交管理层审阅
内部核查程序	➢由内部审计人员或其他独立人员核查销售与收款交易的处理和记录，是实现内部控制目标不可缺少的一项控制措施

（二）了解被审计单位的销售与收款循环控制

注册会计师通常需要实施询问、观察、检查、穿行测试等程序，了解销售和收款循环的业务活动和相关内部控制。

1. 获取并阅读企业的相关业务流程图或内部控制手册等资料，并进行检查：

（1）检查销售与收款交易相关岗位及人员的设置情况，重点检查是否存在销售与收款交易不相容、职务混岗的现象。

（2）检查销售与收款交易授权批准制度的执行情况，重点检查授权批准手续是否健全，是否存在越权审批行为。

（3）检查销售的管理情况，包括：信用政策、销售政策的执行是否符合规定；销售收入是否及时入账；应收账款的催收是否有效；坏账核销和应收票据的管理是否符合规定；检查销售退回的管理情况，重点检查销售退回手续是否齐全，退回货物是否及时入库。

（4）检查收款的管理情况，包括：①是否按照《现金管理暂行条例》《支付结算办法》等规定，及时办理销售收款业务。②是否将销售收入及时入账，有无账外设账、坐支现金等情形。③是否建立应收票据/应收款项融资/应收账款/合同资产信用风险分析制度和逾期催收制度，销售部门应当进行应收款项催收、财务部门负责督促销售部门催收，对催收无效的逾期款项是否通过法律程序予以解决。④是否按客户设置应收票据/应收款项融资/应收账款/合同资产台账，并及时登记每一客户的增减变动情况和信用额度使用情况，是否对长期往来客户的资料进行及时更新。⑤对于可能成为坏账的应收票据/应收款项融资/应收账款/合同资产是否报告有关决策机构审查并确认为坏账，各项坏账是否查明原因、明确责任并在履行规定的审批程序后作出会计处理。⑥是否对注销的坏账进行备查登记，已注销的坏账收回时是否及时入账。⑦应收票据的取得和贴现是否由保管票据以外的主管人员书面批准，并由专人保管，对于即将到期的应收票据，是否及时向付款人提示付款；已贴现票据是否在备查簿中登记，以便日后追踪管理；是否制定逾期票据的冲销管理程序和逾期票据追踪监控制度。⑧是否定期与客户核对应收票据/应收款项融资/应收账款/合同资产等往来款项，定期核对不符的是否查明原因并及时处理等。

2.询问参与销售与收款流程各业务活动的被审计单位人员，通常包括销售部门、仓储部门和财务部门的员工和管理人员。

3.观察销售与收款流程中特定控制的运行，例如，观察仓储部门人员是否以及如何将装运的商品与销售单上的信息进行核对。

4.实施穿行测试，即追踪销售交易从发生到最终被反映在财务报表中的整个处理过程。例如，选取一笔已收款的销售交易，追踪该笔交易从接受客户订购单直至收回货款的整个过程。

三、销售与收款循环的重大错报风险

（一）识别重大错报风险

收入是企业的利润来源，直接关系到企业的财务状况和经营成果。一些企业出于粉饰财务报表的目的虚增收入（"发生"认定），也有一些企业出于降低税负目的隐瞒收入（"完整性"认定），还有一些企业预期下一年度难以达到销售目标，而本年度超额完成销售目标，则将本期的收入推迟至下一年度确认（"截止"认定）。无论是虚增收入、虚减收入还是跨期确认收入，都属于收入舞弊，收入确认已成为注册会计师审计的高风险领域。表11-4以一般制造业企业的赊销销售为例，分析销售与收款循环可能存在的重大错报风险。

表 11-4　　　　　　　制造业企业销售与收款循环可能存在的重大错报风险

重大错报风险	制造业企业
1.已记录的收入交易未真实发生	营业收入：发生
2.未完整记录所有已发生的收入交易	营业收入：完整性
3.收入交易的复杂性可能导致的错误。例如，被审计单位可能针对一些特定的产品或者服务提供一些特殊的交易安排，如可变对价安排、特殊的退货约定、特殊的服务期限安排等，但管理层可能对这些不同安排下所涉及的交易风险的判断缺乏经验，导致收入确认发生错误	营业收入：准确性
4.期末发生的交易可能未计入正确的期间，包括销售退回交易的截止错误	营业收入：截止
5.收款未及时入账或记入不正确的账户，导致应收账款/合同资产（或应收票据/银行存款）的错报	账户余额类：分类
6.（应收账款）坏账准备/合同资产减值准备的计提不准确	账户余额类：准确性、计价和分摊

　　针对识别出的销售与收款循环相关交易类别、账户余额和披露存在的重大错报风险，注册会计师应当运用职业判断，从错报发生的可能性和严重程度两方面来评估固有风险。注册会计师认为错报发生的可能性较高，并且由于合同金额重大，如果发生错报，其严重程度较高，可将与该交易相关的固有风险等级评估为最高级，即存在特别风险。

　　如果计划测试销售与收款循环中相关控制的运行有效性，注册会计师应当评估控制风险。如果注册会计师拟不测试控制运行的有效性，则应当将固有风险的评估结果作为重大错报风险的评估结果。

【案例 11-1】

　　在正中珠江审计康美药业一案中，注册会计师将公司整体层面的风险等级定为中等。康美药业营业收入规模大、业务复杂、涉及关联公司多，注册会计师未关注其可能存在的舞弊风险。正中珠江部分审计工作底稿中存在以下缺陷：一是汇总的重大风险领域不包括营业收入；二是在对重要账户和交易制订进一步审计程序计划时，认定营业收入不存在重大错报风险，不属于特别风险；三是汇总的特别风险领域未包括营业收入。这显然与康美药业的实际情况不符，对营业收入的风险评估结果存在错误，最终导致后续有关营业收入审计失败。正中珠江上述行为违背了《中国注册会计师审计准则第 1141号——财务报表审计中与舞弊相关的责任》第 25 条和《中国注册会计师审计准则第 1211号——通过了解被审计单位及其环境识别和评估重大错报风险》第 31 条的规定。

　　（二）根据重大错报风险设计进一步审计程序

　　注册会计师根据对销售与收款循环的重大错报风险的评估结果（固有风险、控制风险评估结果），制订实施进一步审计程序的总体方案。注册会计师需要在总体方案中确定是采用综合性方案还是实质性方案，并考虑审计程序的性质、时间安排和范围，继而实施控制测试和实质性程序。表 11-5 为假定营业收入/应收账款/合同资产为重要账户，且相关认定包括存在/发生、完整性、准确性及截止的前提下，注册会计师计划实施的进一步审计程序的总体方案示例。

表 11-5

针对销售与收款循环的重大错报风险拟实施的进一步审计程序的总体方案（示例）

被审计单位：＿＿＿＿＿＿＿ 索引号：＿＿＿＿＿＿＿

项目：＿＿＿＿＿＿＿ 财务报表截止日/期间：＿＿＿＿＿＿＿

编制：＿＿＿＿＿＿＿ 复核：＿＿＿＿＿＿＿

日期：＿＿＿＿＿＿＿ 日期：＿＿＿＿＿＿＿

根据重大错报风险评估的结果，制订下列销售与收款审计方案：

重大错报风险描述	相关财务报表项目及认定	固有风险等级	控制风险等级	进一步审计程序的总体方案	拟从控制测试中获取的保证程度	拟从实质性程序中获取的保证程度
销售收入可能未真实发生	营业收入：发生 应收账款/合同资产：存在	最高	高	实质性方案	无	高
销售收入记录可能不完整	营业收入/应收账款/合同资产：完整性	中	最高	实质性方案	无	高
期末收入交易未计入正确期间	营业收入：截止 应收账款/合同资产：存在完整性	高	最高	实质性方案	无	高
收入交易未得到准确记录	营业收入：准确性、分类 应收账款/合同资产：准确性、计价和分摊、分类	低	中	综合性方案	中	低
应收账款坏账准备计提不准确	应收账款/合同资产：准确性、计价和分摊	中	最高	实质性方案	无	高

四、销售与收款循环的控制测试

【案例11-2】

正中珠江会计师事务所在对营业收入内部控制的测试程序中存在重大缺陷，主要表现在：（1）被审计单位财务系统（金蝶EAS系统）与业务系统（捷科系统）对营业收入的记载存在差异，注册会计师未发现其存在差异，更未分析差异产生的原因并判断其对财务报表的影响，也未在审计工作底稿中说明未追溯至捷科系统的理由及证据，获取的审计证据不具有充分性和适当性。（2）在营业收入控制点之一"销售出库单"处，注册会计师抽取了49个样本，有5个样本记录的内容与实际会计记账凭证内容不符，但并未进一步核查对应的样本凭证。（3）注册会计师在执行"重新执行"程序时，审计计划包括检查随货同行单，抽取的50个样本中，仅4个样本包含随货同行单，2个样本存在出库单、销售合同签署日期晚于随货同行单（客户签收单）日期的情况；控制点之一"订立销售合同"，抽取了58个样本，有35个样本的合同不存在编号且主要合同条款均为空白；正中珠江未对明显异常或相互矛盾的审计证据保持应有的职业怀疑，未执行进一步审计程序消除疑虑。正中珠江对康美药业销售业务内部控制的评价结论是"控制活动运行有效且得到执行"。根据上述审计工作底稿的信息，我们可以认为这一内控测试评价，缺少充分、适当的审计证据支持，评价结论不恰当，显然不符合《中国注册会计师审计准则第1231号——针对评估的重大错报风险采取的应对措施》第8条的规定。

注册会计师通常应以识别的重大错报风险为起点，选择足以应对评估的重大错报风险的控制进行测试。表11-6是注册会计师对销售与收款循环实施的控制测试示例；表11-7是现金与银行存款收款业务的控制测试底稿，注册会计师需要对与收款业务相关的单据进行逐项核对，以检查相关的内部控制是否有效运行。

注册会计师实施测试时，通常应考虑以下因素的影响：（1）审计程序的选择：注册会计师根据所测试的内部控制的特征及需要获得的保证程度选用适当的测试程序，如询问、观察、检查和重新执行等（保证程度渐增）。（2）控制测试的范围：受需要获得的保证程度的影响。（3）控制测试的时间：如果在期中实施了控制测试，在年末审计时实施适当的前推程序，就控制在剩余期间的运行情况获取证据，以确定控制是否在整个被审计期间持续运行有效。（4）内部控制的信息化程度：如果拟信赖的内部控制是由计算机执行的自动化控制，注册会计师除了测试自动化信息处理控制的运行有效性，还需要就相关的信息技术一般控制的运行有效性获取审计证据，如果所测试的人工控制利用了系统生成的信息或报告，注册会计师除了测试人工控制，还需就系统生成的信息或报告的可靠性获取审计证据。（5）从审计效率看，采取依赖控制测试减少实质性程序的方式比仅依赖实质性程序更能够提高审计的总体效率，则选择执行控制测试就是适当的。

表 11-6

被审计单位：＿＿＿＿＿　　　索引号：＿＿＿＿＿
业务循环：销售与收款循环　　财务报表截止日/期间：＿＿＿＿＿
编制：＿＿＿＿＿　　　　　　复核：＿＿＿＿＿
日期：＿＿＿＿＿　　　　　　日期：＿＿＿＿＿

销售与收款循环控制测试表（示例）

主要业务活动	控制活动	相关报表和认定	评价控制的设计		评价控制的运行		
			了解并穿行测试的结果	工作底稿索引号	控制测试的性质和范围	控制测试结果	工作底稿索引号
1.接受顾客订单	（1）确定顾客在已批准顾客清单上 （2）订单应事先连续编号	营业收入：发生 应收账款/合同资产：存在			询问员工销售单的生成过程，检查是否所在生成的销售单均有对应的客户订单为依据。抽取销售合同和销售单，检查其是否在核准的客户清单上		
2.信用审批	（1）信用部门须对所有新顾客作信用调查 （2）在销售前，检查顾客信用额度 （3）要求被授权的信用人员在销售单上签署意见 （4）销售部门与账销部门应分别设立，职责要分离	应收账款/合同资产：存在和计价和分摊			检查系统中自动生成销售单是否符合信用控制的要求。对于系统外授权审批的销售单，核查是否经适当批准		
3.合同签订与执行	（1）合同订立前与客户谈判的人员与订立合同人员应职责分离 （2）销售合同经过管理层的适当批准 （3）销售定价按照被严格执行 （4）销售部门按照经批准的销售合同编制销售计划，向发货部门下达销售通知单，销售通知单应事先连续编号	营业收入：发生 应收账款/合同资产：存在			抽取销售合同，检查是否经过管理层的适当批准，是否连续编号		

续表

主要业务活动	控制活动	相关报表和认定	评价控制的设计		评价控制的运行		
			了解并穿行测试的结果	工作底稿索引号	控制测试的性质和范围	控制测试结果	工作底稿索引号
4. 按销售单发货、装运货	(1) 每张发票须有与相配合的发运凭证和已批准的销售单 (2) 销售发票应事先连续编号 (3) 每张装运须有与之相配合的销售发票 (4) 由独立人员对销售发票发运的编制作内部核查	营业收入：发生、准确性、完整性 应收账款、资产：存在、计价和分摊、准确性、完整性			检查系统内出库单的生成逻辑以及出库单是否连续编号 询问并观察发运时保安人员的放行检查。检查例外报告和暂缓发货的清单。检查出库单上客户的签名。检查出货、发货与合同一致（作为证据）		
5. 记录销售	(1) 销售部门设置销售台账，及时反映各种商品、劳务等销货情况，发货、收款情况，由相关人员对销售合同执行情况进行跟踪审阅。客户台账附有客户订单、销售合同、签收回执等相关购货单据 (2) 财务部门应建立健全销售与收款各环节的账簿制度并及时登记账簿，销售与销售簿记记录的金额一致，确保账簿记录的金额与销售台账的金额一致 (3) 记录销售和处理销售的职能分离	应收账款/合同资产：货币资金：存在、完整、权利和义务、准确性、计价和分摊			检查系统生成发票的逻辑及比例外报告及跟进情况。 检查应收账款汇总金额主文档中明细余额汇总的结果与应收账款总分类账总账是否对相符，负责该项工作员工的签名。		
6. 办理和记录现金、银行存款收入	(1) 销售收入能及时到账并坐支现金，没有设置账外账及时入账； (2) 应收票据以外的主要票据的取得和贴现必须经过批准，且应收现金票据已进行备配有专人保管；已贴现票据专人保管，负责主营业务收入和应收账款记账人员没有经手现金、记账人员没有同时经手销售或负责发货业务	营业收入：发生、完整性、截止、准确性 货币资金：存在 应收账款/合同资产：计价和分摊、存在			实地观察收银台，销售点的收款过程，并检查在这些地方是否有足够的物理监控。检查收款台打印销售小票和修改现金权限设置 检查盘点结算和结算记录上负责计算和与销售汇总表相调节工作的员工的签名。 检查银行存单和销售银行存款余额调节表的编制和复核人的审核记录		

续表

主要业务活动	控制活动	相关报表和认定	评价控制的设计		评价控制的运行		工作底稿索引号
			了解并穿行测试的结果	工作底稿索引号	控制测试的性质和范围	控制测试结果	
7.办理和记录销货退回、销售折扣与折让	（1）折扣与折让经过授权审批 （2）销售退回必须经销售主管审批后方可执行。财务部门必须对检验证明、退货接收报告以及退货方出具的退款凭证等进行审核后办理相应的退款事宜	营业收入：准确性 应收账款/合同资产：准确性			检查销售退回的凭证，查看是否有审批记录，是否有验收报告、退货方出具的退货凭证。抽取销售折扣与折让记录，检查是否经过指定的审批程序审批		
8.应收账款的催收与管理	（1）由销售部门负责应收账款的催收，并妥善保存催收记录，对催收无效的应收账款可通过法律程序解决 （2）设置每个客户应收账款台账，及时登记并评估每一个客户应收账款变动情况和信用额度使用情况 （3）定期与往来客户核对应收账款、应收票据、预收账款等往来款项，定期将账款寄送对账单	应收账款/合同资产：计价和分摊			抽取逾期应收账款催收记录及对催收无效的款项的解决方法。抽查对账记录，关注对差异的处理		
9.坏账准备计提、注销坏账	（1）经审批后及时进行会计调整 （2）核销的坏账进行备查登记，以便收回时及时入账，防止形成账外款	应收账款/合同资产：准确性、计价和分摊			检查系统编制账龄分析表的规则是否正确，询问管理层如何复核坏账损失准备计提表的计算，检查是否有复核人员的签字；检查坏账核销是否经过管理层的批准		
10.内部核查	相关部门对销售与收款进行定期监督管理，企业信贷、销售、会计、仓储等部门进行定期分析及预测				检查相关部门的分析预测报告		

结论：

表 11-7

现金与银行存款收款业务的控制测试底稿

客户 _____
项目收款业务 _____
会计期间 _____

签名 _____ 日期 _____
编制 _____ 索引号 _____
复核 _____ 页次 _____

序号	日期	凭证编号	业务内容	收款方式 现金	收款方式 银行	收入金额	核对 (1)	(2)	(3)	(4)	(5)	(6)	(7)	备注
1														
2														
3														
4														
5														
6														
7														
8														
9														
10														

核对说明：

(1) 现金收款凭证与存入银行账户的借款单日期和金额相符

(2) 收款凭证金额已记入库存现金、银行存款日记账

(3) 银行收款凭证与银行对账单核对相符

(4) 收款凭证与销售发票、收据核对相符

(5) 收款凭证的对应科目与付款单位的户名一致

(6) 收款凭证账务处理正确

(7) 收款凭证与对应科目（应收账款）明细账的记录一致

测试有关说明及结论：

五、销售与收款循环的实质性测试

注册会计师通过计划阶段实施的风险评估程序，设计和实施进一步审计程序（控制测试和实质性测试）。如果注册会计师选择实质性方案，则无须进行控制测试，而直接进行实质性测试。如果注册会计师选择综合性方案，则应根据控制测试的结果，确定从控制测试中获得的审计证据及其保证程度，进而确定需要从实质性程序中获得的审计证据及其保证程度。无论采取哪一种方案，注册会计师获取的审计证据都应当能够从认定层次应对所识别的重大错报风险。

（一）业务收入类账户的测试

1.营业收入的审计目标与认定

营业收入项目，是指企业在销售商品、提供劳务和让渡资产使用权等经营活动等产生的主营业务收入以及其他业务收入。注册会计师围绕营业收入的审计目标，设计和实施实质性程序获取充分、适当的审计证据以实现审计目标。营业收入项目审计目标与认定的对应关系见表11-8。

表11-8　　　　　　　　　　营业收入审计目标与认定对应关系

审计目标	财务报表认定					
	发生	完整性	准确性	截止	分类	列报
A.确定利润表中记录的营业收入是否已发生，且与被审计单位有关	√					
B.确定所有应当记录的营业收入是否均已记录		√				
C.确定与营业收入有关的金额及其他数据是否已恰当记录，包括对销售退回、可变对价的处理是否适当			√			
D.确定营业收入是否已记录于正确的会计期间				√		
E.确定营业收入记录于恰当的账户					√	
F.营业收入已按照企业会计准则（或会计制度）的规定在财务报表中作出恰当的列报						√

2.营业收入的实质性程序

营业收入的实质性程序包括：获取或编制营业收入明细表，复核加计是否正确；实施实质性分析程序；检查营业收入确认方法是否符合企业会计准则的规定；检查交易价格；检查与收入交易相关的原始凭证与会计分录；从出库单（客户签收联）中选取样本，追查至营业收入明细账，以确定是否存在遗漏事项；结合对应收账款/合同资产实施的函证程序，选择客户函证本期销售额；实施销售截止测试；存在销售退回的，检查相关手续是否符合规定，结合原始销售凭证检查其会计处理是否正确，结合存货项目审计关注其真实性；检查可变对价的会计处理；检查有无特殊的销售行为；调查向关联方、集团内部销售的情况；根据评估的舞弊风险等因素增加的其他审计程序；检查营业收入在财务报表中的列报和披露是否符合企业会计准则的规定。表11-9是营业收入审计的实质性程序表。

表11-9　　　　　　　　**营业收入的实质性程序表**

被审计单位：＿＿＿＿＿＿＿＿＿＿＿＿　索引号：＿＿＿＿＿＿＿＿＿＿＿

项目：＿＿＿＿＿＿＿＿＿＿＿＿＿＿　财务报表截止日/期间：＿＿＿＿＿＿＿＿＿

编制：＿＿＿＿＿＿＿＿＿＿＿＿＿＿　复核：＿＿＿＿＿＿＿＿＿＿＿＿＿＿

日期：＿＿＿＿＿＿＿＿＿＿＿＿＿＿　日期：＿＿＿＿＿＿＿＿＿＿＿＿＿＿

审计目标	针对认定实施的审计程序	执行情况	索引号	执行人
C	1.获取或编制营业收入明细表 （1）复核加计是否正确，并与总账数和明细账合计数核对是否相符 （2）检查以非记账本位币结算的营业收入使用的折算汇率及折算是否正确			
ABC	2.根据实际情况（必要时），选择以下方法对营业收入进行分析，判断其总体合理性；如有重大波动，查明原因：			
	（1）将本期的营业收入、毛利率与上期进行比较，分析产品销售的结构和价格变动是否异常，并分析异常变动的原因			
	（2）计算本期重要产品收入、毛利率，与上期比较，检查是否存在异常，各期之间是否存在重大波动			
	（3）比较本期各月各类营业收入的波动情况，分析其变动趋势是否正常，是否符合被审计单位季节性、周期性的经营规律，查明异常现象和重大波动的原因			
	（4）将本期重要产品的毛利率与同行业企业进行对比分析，检查是否存在异常			
	（5）根据增值税发票申报表或普通发票，估算全年收入，与实际收入金额比较；或将营业收入与收入相关的税金，如消费税、增值税等进行对比分析，判断其比例关系是否合理			
ABCD	3.检查营业收入确认方法是否符合企业会计准则的规定，前后期是否一致；关注周期性、偶然性的收入是否符合既定的收入确认原则、方法			
C	4.检查交易价格。获取产品价格目录，抽查售价是否符合价格政策，并注意销售给关联方或关系密切的重要客户的产品价格是否合理，有无以低价或高价结算的方法相互之间转移利润的现象			
ABCD	5.检查与收入交易相关的原始凭证与会计分录。抽取记账凭证，审查入账日期、品名、数量、单价、金额等是否与发票、发货单、销售合同等一致			

续表

审计目标	针对认定实施的审计程序	执行情况	索引号	执行人
ACD	6.从出库单（客户签收联）中选取样本，追查至营业收入明细账，以确定是否存在遗漏事项。抽取发货单，审查出库日期、品名、数量等是否与发票、销售合同、记账凭证等一致			
AC	7.结合对应收账款/合同资产实施的函证程序，选择客户函证本期销售额。关注有无未经对方认可的大额销售			
A	8.对于出口销售，应当将销售记录与出口报关单、货运提单、销售发票等出口销售单据进行核对，必要时向海关函证			
D	9.实施销售截止测试：			
	（1）通过测试资产负债表日前后的发货单据，与应收账款和收入明细账进行核对；同时，从应收账款和收入明细账选取资产负债表日前凭证，与发货单据核对，以确定销售是否存在跨期现象			
	（2）复核资产负债表日前后销售和发货水平，确定业务活动水平是否异常（如与正常水平相比），并考虑是否有必要追加截止测试程序			
	（3）取得资产负债表日后所有的销售退回记录，检查是否存在提前确认收入的情况			
A	10.存在销售退回的，检查相关手续是否符合规定，结合原始销售凭证检查其会计处理是否正确，结合存货项目审计关注其真实性			
C	11. 检查可变对价的会计处理（销售折扣与折让）			
	（1）获取可变对价明细表，选取项目与相关合同条款进行核对，检查合同中是否确定存在可变对价			
	（2）检查被审计单位对可变对价的估计是否恰当，例如，是否在整个合同期间内一致地采用同一种方法进行估计			
	（3）检查计入交易价格的可变对价金额是否满足限制条件			
	（4）检查资产负债表日被审计单位是否重新估计了应计入交易价格的可变对价金额。可变对价金额发生变动的，是否按照《企业会计准则第14号——收入》的规定进行了恰当的会计处理			
ABCDE	12.检查有无特殊的销售行为，如委托代销、分期收款销售、商品需要安装和检验的销售、附有退回条件的销售、售后租回、售后回购、以旧换新、出口销售等，选择恰当的审计程序进行审核			

审计目标	针对认定实施的审计程序	执行情况	索引号	执行人
AC	13.调查向关联方销售的情况，记录其交易品种、价格、数量、金额和比例，并记录占总销售收入的比例。对于合并范围内的销售活动，记录应予合并抵销的金额			
AC	14.调查集团内部销售的情况，记录其交易价格、数量和金额，并追查在编制合并财务报表时是否已予以抵销			
ABCDE	15.根据评估的舞弊风险等因素增加的其他审计程序			
F	16.检查营业收入在财务报表中的列报和披露是否符合企业会计准则的规定			

3.主要审计程序

（1）获取或编制营业收入明细表

注册会计师应从被审计单位处获取或自行编制营业收入明细表后复核各月营业收入加计是否正确，并与总账数和明细账合计数核对是否相符，以确保获取的审计资料是真实的。值得注意的是，如果被审计单位营业收入包括以非记账本位币结算的营业收入，还应进一步检查被审计单位使用的折算汇率及折算是否正确。营业收入明细表示例见表11-10。

表11-10　　　　　　　　　　　营业收入明细表

被审计单位：_____　　　索引号：_____
项目：_____　　　财务报表截止日/期间：_____
编制：_____　　　复核：_____
日期：_____　　　日期：_____

月份	营业收入明细项目				
	合　计				
1月					
2月					
3月					
4月					
5月					
6月					
7月					
8月					
9月					

续表

月份	营业收入明细项目				
	合　计				
10月					
11月					
12月					
合　计					
上期数					
变动额					
变动比例					
审计说明：					

（2）执行营业收入分析程序

如有必要，注册会计师可对营业收入进行分析，判断其总体合理性；如有重大波动，应查明原因。对营业收入执行分析程序的思路：①纵向比较，将本期的营业收入和毛利率、重要产品营业收入和毛利率与上期进行比较，分析产品销售的总额、结构和价格变动是否异常，并分析异常变动的原因。②横向比较，将本企业营业收入、毛利率与同行业企业进行对比分析，检查是否存在异常。③考虑被审计单位季节性、周期性的经营规律，比较本期各月各类营业收入的波动情况是否与经营规律相符。表11-11展示了销售月度毛利率分析的工作底稿。

（3）检查营业收入的发生认定

注册会计师可以采取逆查法检查营业收入的发生认定：①营业收入的确认，检查其是否符合企业会计准则的规定，前后期是否一致；关注周期性、偶然性的收入是否符合既定的收入确认原则、方法。②交易价格，获取产品价格目录，抽查售价是否符合价格政策，并注意销售给关联方或关系密切的重要客户的产品价格是否合理，有无以低价或高价结算的方法相互之间转移利润的现象。③检查与收入交易相关的原始凭证与会计分录，抽取记账凭证，审查入账日期、品名、数量、单价、金额等是否与发票、发货单、销售合同等一致。表11-12是营业收入真实性检查的工作底稿的示例。

如果识别出被审计单位收入的真实性存在重大异常情况，且通过常规审计程序无法获取充分、适当的审计证据，注册会计师需要考虑实施"延伸检查"程序，即对检查范围进行合理延伸，以应对识别出的舞弊风险，如对所销售产品或服务及其所涉及资金的来源和去向进行追踪，对交易参与方（含代为收付款方）的最终控制人或其真实身份进行查询。

表 11-11

月度销售毛利率分析表

被审计单位: 　　　　　　　　　索引号:
项目: 　　　　　　　　　　　　财务报表截止日/期间:
编制: 　　　　　　　　　　　　复核:
日期: 　　　　　　　　　　　　日期:

项目 月份	本期数			上期数			变动幅度			备注
	营业收入	营业成本	毛利额	毛利率	营业收入	营业成本	毛利额	毛利率	营业收入	营业成本	毛利额	毛利率	

(表头实际为:本期数含营业收入、营业成本、毛利额、毛利率;上期数含营业收入、营业成本、毛利额、毛利率;变动幅度含营业收入、营业成本、毛利额、毛利率;备注)

月份										
1月										
2月										
3月										
4月										
…										
9月										
10月										
11月										
12月										
合计										

审计说明:

表 11-12

营业收入发生认定检查工作底稿（示例）

被审计单位：＿＿＿＿＿　　索引号：＿＿＿＿＿
项目：＿＿＿＿＿　　财务报表截止日期间：＿＿＿＿＿
编制：＿＿＿＿＿　　复核：＿＿＿＿＿
日期：＿＿＿＿＿　　日期：＿＿＿＿＿

序号	记账凭证		业务内容	借方科目	贷方科目	金额	附件情况				核对内容						备注
	日期	编号					发票	银行单据	发货单	其他	1	2	3	4	5	6	

审计说明：

检查结论：

核对内容说明：相符 "√"；不相符 "×"；不适用 "N/A"
1. 与合同/订单核对相符
2. 与销售发票核对相符
3. 与出库单/发货单据核对相符
4. 与收款凭证对账单核对相符
5. 账务处理正确
6. 已记录于恰当的会计期间

【案例11-3】

引例中，正中珠江会计师事务所针对营业收入的风险评估结果，在进行销售合同检查及针对应交税费科目执行审计程序获取的审计证据中，存在明显异常或相互矛盾的审计证据。一是检查销售合同时，大量合同金额低于账务确认金额。正中珠江抽取了康美药业2016年的115个客户样本，76个客户的合同金额远低于账务确认金额；二是印花税和增值税申报表列示的全年计税基础存在明显差异。对此，正中珠江未保持应有的职业怀疑，未执行进一步审计程序消除疑虑，不符合《中国注册会计师审计准则第1101号——注册会计师的总体目标和审计工作的基本要求》第28条和《中国注册会计师审计准则第1301号——审计证据》第15条的规定。

（4）检查营业收入的完整性

注册会计师可以采取顺查法检查营业收入的完整性：如从出库单（客户签收联）中选取样本，追查至营业收入明细账，以确定是否存在遗漏事项。或者抽取发货单，审查出库日期、品名、数量等是否与发票、销售合同、记账凭证等一致。表11-13是营业收入完整性检查的工作底稿示例。

（5）营业收入的截止测试

我国企业会计准则规定，企业应当合理确认营业收入的实现，并将已实现的收入按时入账。营业收入截止测试的目的是确认销售已计入恰当的会计期间，不得提前确认，也不得推迟确认。因此，注册会计师需要对被审计单位资产负债表日前后一段时间的销售单、销售发票、装运单以及发运单等单据，根据销售合同中关于双方风险和报酬转移的条款，关注与销售实现紧密相关的发票开具日期（或者收款日期）、记账日期和发货日期，检查营业收入是否存在跨期现象。营业收入截止测试工作底稿见表11-14。

（二）应收账款/合同资产的实质性程序

根据销售合同中结算条款的不同，销售可能形成应收账款或合同资产。应收账款是企业无条件收取合同对价的权利；合同资产是企业已向客户转让商品而有权收取对价的权利，且该权利取决于时间流逝之外的因素。两者的主要区别在于相关的风险不同，应收款项仅承担信用风险，而合同资产除承担信用风险外，还可能承担其他风险。本书重点阐述应收账款的实质性程序。

1.应收账款的审计目标与认定

应收账款，是指企业因销售商品、提供劳务而形成的现时收款权利，即由于企业销售商品、提供劳务等原因，应向客户收取的款项。由于企业的应收账款是在销售商品或提供劳务过程中产生的，因此，应收账款的审计与销售交易的审计关系密切。收入的"发生"认定直接影响应收账款的"存在"认定；应收账款代表了尚未收回货款的收入，通过审计应收账款获取的审计证据也能够为收入提供审计证据。

在资产负债表日，企业应当以预期信用损失为基础，合理预计各项应收款项可能发生的坏账，对应收账款进行减值会计处理并确认损失准备。在资产负债表中，应收账款余额一般包括应收账款账面余额和相应的预期信用损失两部分。应收账款项目审计目标与认定的对应关系见表11-15。

表 11-13

营业收入完整性检查的工作底稿（示例）

被审计单位：_____　　　　索引号：_____
项目：_____　　　　　　　财务报表截止日/期间：_____
编制：_____　　　　　　　复核：_____
日期：_____　　　　　　　日期：_____

序号	抽查销售发票/发货单			追查至记账凭证						明细账是否有记录（用√/×表示）	备注
	日期	销售发票 发票编号	发货单 发货单编号	日期	凭证号	业务内容	借方科目	贷方科目	金额		

审计说明：

检查结论：

表 11-14

营业收入截止检查情况表（示例）

被审计单位：_____
项目：_____
编制：_____
日期：_____

索引号：_____
财务报表截止日期/期间：_____
复核：_____
日期：_____

| 序号 | 抽查发货单 | | | 追查至记账凭证 | | | | | | 明细账是否有记录（用√/×表示） | 是否跨期 |
| | 销售发票 | | 发货单 | 记账日期 | 凭证号 | 业务内容 | 借方科目 | 贷方科目 | 金额 | | |
	发票日期	发票编号	发货日期	发货单编号								

审计说明：

检查结论：

表 11-15 应收账款审计目标与认定的对应关系

审计目标	财务报表认定					
	存在	完整性	准确性、计价和分摊	权利和义务	分类	列报
a.确定资产负债表中记录的应收账款是否存在	√					
b.确定所有应当记录的应收账款是否均已记录		√				
c.确定应收账款是否可收回,预期信用损失的计提方法和金额是否恰当,计提是否充分			√			
d.确定记录的应收账款是否由被审计单位拥有或控制				√		
e.应收账款及其预期信用损失是否已记录于恰当的账户					√	
f.应收账款已被恰当地汇总或分解且表述清楚,按照企业会计准则的规定在财务报表中作出的相关披露是相关的、可理解的						√

2.应收账款的实质性程序

应收账款的实质性程序包括:获取应收账款明细表,复核加计是否正确;分析与应收账款相关的财务指标;对应收账款实施函证程序;对应收账款余额实施函证程序以外的细节测试;检查坏账的冲销和转回;确定应收账款的列报是否恰当。表 11-16 是应收账款审计的工作底稿,罗列了应收账款的实质性程序。

表 11-16 应收账款实质性程序表

被审计单位:_____ 索引号:_____
项目:_____ 财务报表截止日/期间:_____
编制:_____ 复核:_____
日期:_____ 日期:_____

审计目标	针对认定实施的审计程序	执行情况	索引号	执行人
c	1.获取或编制应收账款明细表:			
	(1) 复核加计是否正确,并与总账数和明细账合计数核对是否相符,结合坏账准备科目与报表数核对是否相符			
	(2) 获取或编制应收账款账龄分析表,检查其账龄分析是否正确			
	(3) 分析有贷方余额的项目,查明原因,必要时作重分类调整			
	(4) 结合预收账款等往来项目的明细余额,检查是否存在应收、预收两方挂账的项目,必要时作出调整			
	(5) 检查非记账本位币应收账款的折算汇率及折算是否正确			
	(6) 标识重要的欠款单位,计算其欠款合计数占应收账款余额的比例			

审计目标	针对认定实施的审计程序	执行情况	索引号	执行人
abc	2.根据实际情况，选择以下方法对应收账款进行分析，关注其总体合理性：			
	（1）比较当期及以前期间的应收账款余额及账龄结构，并查明异常情况的原因			
	（2）比较当期及以前期间的应收账款发生额与营业收入净额的比率，分析应收账款发生额与营业收入是否配比			
	（3）比较截止日前后两个月末应收账款的余额、主要客户余额，并查明异常情况的原因			
	（4）计算应收账款周转率、应收账款周转天数等指标，并与以前期间相关指标对比分析，检查是否存在重大异常			
acd	3.对应收账款进行函证，编制"应收账款函证结果汇总表"，对函证结果进行评价			
acd	4.对未函证及未回函的应收账款，实施以下替代审计程序：			
	（1）检查构成该笔债权的相关文件资料，如销售合同、销售订单、销售发票、货运单据等原始凭证，核实交易事项的真实性			
	（2）检查资产负债表日后应收账款明细账、银行存款及库存现金日记账，核对收款凭证、银行对账单等，核实其是否收回			
	（3）对大额或异常及关联方应收账款，即使回函相符，仍应对其采用替代程序，抽查其原始凭证			
bc	5.请客户协助或审查至审计日相应的会计记录，在应收账款明细表上标出至审计时已收回的应收账款，对已收回金额较大的款项进行常规检查，如核对收款凭证、银行对账单、销售发票等，并注意凭证发生日期的合理性			
ae	6.抽查应收账款明细账，并追查至有关原始凭证，查证被审计单位有无不属于结算业务的债权。如有，应建议被审计单位作适当调整			
c	7.评价坏账准备计提的适当性：			
	（1）取得或编制坏账准备计算表，复核加计是否正确，与坏账准备总账数、明细账合计数核对相符			
	（2）评价计提坏账准备所依据的资料、假设及方法，复核应收账款坏账准备是否按经股东（大）会或董事会批准的既定方法和比例提取，其计算和会计处理是否正确，前后期是否一致			
	（3）检查应收账款中是否存在债务人破产或者死亡，以其破产财产或者遗产清偿后仍无法收回，或者债务人长期未履行偿债义务的情况。如果存在，应提请被审计单位处理			
	（4）实际发生坏账损失的，检查转销依据是否符合有关规定，有无授权批准，会计处理是否正确。检查是否已办妥税务部门审批或备案手续，若转作坏账损失的项目未经税务部门批准或备案，须调整应纳税所得额			
	（5）检查已经确认并转销的坏账重新收回的，其会计处理是否正确			
	（6）通过比较前期坏账准备计提数和实际发生数，以及检查期后事项，评价应收账款坏账准备计提的合理性			

续表

审计目标	针对认定实施的审计程序	执行情况	索引号	执行人
abcd	8.标明应收关联方［包括持股5%以上（含5%）的股东］的款项，执行关联方及其交易审计程序，并注明合并报表时应予抵销的金额			
d	9.检查银行存款和银行贷款等询证函的回函、会议纪要、借款协议和其他文件，确定应收账款是否已被质押和出售			
abcde	10.根据评估的舞弊风险等因素增加的其他审计程序			
f	11.检查应收账款是否已按照企业会计准则（或会计制度）的规定在财务报表中作出恰当列报，编制审定表，阐明审计结论			

3.主要的实质性程序：

程序1：获取应收账款明细表

注册会计师应获取应收账款明细表，复核加计是否正确，并与总账数和明细账合计数核对是否相符；结合损失准备科目与报表数核对是否相符。对于用非记账本位币（通常为外币）结算的应收账款，注册会计师还应检查被审计单位外币应收账款的增减变动是否采用交易发生日的即期汇率将外币金额折算为记账本位币金额，或者采用按照系统合理的方法确定的、与交易发生日即期汇率近似的汇率折算，选择采用汇率的方法前后各期是否一致；期末外币应收账款余额是否采用期末即期汇率折合为记账本位币金额；折算差额的会计处理是否正确。

需要注意的是，当应收账款有贷方余额的项目时应查明原因，必要时建议作重分类调整。同时，还应结合其他应收款、预收款项等往来项目的明细余额，调查有无同一客户多处挂账、异常余额或与销售无关的其他款项（如代销账户、关联方账户或员工账户），必要时提出调整建议。

表11-17是应收账款明细表的示例。

表11-17   **应收账款明细表（示例）**

被审计单位：_____   索引号：_____

项目：_____   财务报表截止日/期间：_____

编制：_____   复核：_____

日期：_____   日期：_____

序号	项目名称	业务内容	期初余额	借方发生额	贷方发生额	期末余额	账龄分析				截至审计日收款情况
							1年以内	1~2年	2~3年	3年以上	
一、关联方											
1											
2											
...											

续表

序号	项目名称	业务内容	期初余额	借方发生额	贷方发生额	期末余额	账 龄 分 析 1年以内	1~2年	2~3年	3年以上	截至审计日收款情况
小　计											
二、非关联方											
1											
2											
…											
小　计											
合　计											
占期末总余额的比例（%）						100%					
审计说明：											

程序2：对应收账款实施分析程序

应收账款的账龄分析不仅有利于了解应收账款的余额结构，还能为坏账准备的计提提供依据。表11-18是应收账款账龄结构分析表，展示了应收账款账龄结构分析的内容。

表11-18　　　　　　　　　　　应收账款账龄结构分析表

被审计单位：_____　　　索引号：_____
项目：_____　　　财务报表截止日/期间：_____
编制：_____　　　复核：_____
日期：_____　　　日期：_____

一、账龄结构

序号	账龄	未审数	账项调整（+/-）	审定数	比例（%）	备注
1	1年以内					
2	1~2年					
3	2~3年					
4	3年以上					
	合　计					

续表

二、前5名欠款单位

序号	单位名称	金额	账龄	占总金额比例	欠款原因
1					
2					
…					
	合　计				

三、关联方欠款

序号	单位名称	金额	账龄	与公司关系	欠款原因
1					
2					
…					

注：上述二、三项中"金额"应以审定数填列。

应收账款的产生与销售密切相关，因此，注册会计师还可计算与应收账款相关的财务指标（应收账款周转率、应收账款周转天数等），并与被审计单位相关赊销政策、被审计单位以前年度指标、同行业同期相关指标对比，分析是否存在重大异常并查明原因。

程序3：对应收账款实施函证程序

应收账款的函证程序，是指注册会计师直接发函给被审计单位的债务人，核实被审计单位应收账款的记录是否正确的一种审计程序。函证应收账款可以帮助审计人员证实应收账款的真实性并估计年终余额的正确性。

【案例11-4】

　　广东正中珠江会计师事务所对康美药业应收账款审计时，选取应收账款期末余额超过100万元，或者期末余额未超过100万元但借方发生额超过3 000万元的客户作为应收账款的函证对象，抽取的样本总金额为24.14亿元，占应收账款年末总额的86.88%。但在实际函证中，审计人员未对函证程序进行严格、有效控制。经查，2016年年报审计期间，苏创升或其他项目组成员准备好询证函后，将信封交由康美药业公司前台联系快递公司上门取件。随后，苏创升告知黄某生，让其抢先于快递人员从公司前台取回信封，将信封上的快递单撕下并贴到另外装有康美药业宣传材料的信封再交寄，伪造发函路径。随后，康美药业组织人员联系供应商及客户，若有愿意配合回函，黄某生才将询证函寄出；若不愿意配合回函，正中珠江就无法收到回函，只能执行替代性程序。这导致正中珠江函证的回函比例都较低，2016年应收账款回函比例仅为30.89%。正中珠江违反独立性要求且未对应收账款函证过程保持有效控制，不符合《中国注册会计师审计准则第1101号——注册会计师的总体目标和审计工作的基本要求》第27条和《中国注册会计师审计准则第1312号——函证》第14条的规定。此外，应收账款回函时，正中珠江未发现不同公司同一寄件人的情况，如广东信东医药有限公司、四川积步医药有限公司、广东恒林源药业有限公司（应付）等3家公司询证函回函的寄件人均为刘某林，未对可靠性存疑的回函执行进一步审计程序，不符合《中国注册会计师审计准则第1312号——函证》第17条的规定。针对应收账款函证未回函的情况，正中珠江计划实施替代性程序，但实际上对102个客户未执行替代性程序，不符合《中国注册会计师审计准则第1312号——函证》第19条的规定。

（1）函证对象

注册会计师应从被审计单位处获取应收账款明细账户名称及客户地址等资料确定询证对象。除非有充分的证据表明应收账款对被审计单位财务报表认定而言是不重要的，或者函证可能是无效的，否则，审计人员必须对应收账款进行函证。如果审计人员不对应收账款进行函证，应当在工作底稿中说明理由。

注册会计师应重点关注以下异常项目：①金额较大、账龄较长、与债务人发生纠纷等风险较高的项目；②与重大关联方、主要客户（包括关系密切的客户）、新增客户相关的项目；③交易频繁但期末余额较小甚至余额为零的项目；④可能产生重大错报或舞弊的非正常的项目。

（2）函证范围

如果应收账款占资产总额的比重较大，注册会计师需要相应扩大函证的范围。如果被审计单位相关内部控制有效，注册会计师可以相应减少函证范围；反之，则需要扩大函证范围。如果以前期间函证中发现过重大差异，或欠款纠纷较多，注册会计师需扩大函证的范围。

（3）函证时间

注册会计师通常在资产负债表日后适当时间内实施函证。如果重大错报风险评估为低水平，也可在资产负债表日前适当日期（截止日）实施函证，并对所函证项目自该截止日起至资产负债表日止发生的变动实施其他实质性程序。

（4）函证方式

注册会计师既可以采用积极式函证，也可以采用消极式函证，也可以将二者相结合。由于应收账款通常存在高估风险，且与之相关的收入确认存在舞弊风险假定，因此实务中通常对应收账款采用积极的函证方式。

【参考格式】   积极式函证的样式
                              往来询证函
                                                编号：

致：

本公司聘请的_____会计师事务所有限公司正在对本公司_____年度的财务报表进行审计，按照中国注册会计师审计准则的要求，应当询证本公司与贵公司的往来账项等事项。下列信息出自本公司账簿记录，如与贵公司记录相符，请在本函下端"信息证明无误"处签章证明；如有不符，请在"信息不符"处列明不符项目；如存在与本公司有关的未列入本函的其他项目，也请在"信息不符"处列出这些项目的金额及详细资料。回函请直接寄至_____会计师事务所。

回函地址：   邮编：

电话：   传真：   联系人：

1.本公司与贵公司的往来账项列示如下：

截止日期	贵公司欠	欠贵公司	备 注

2.其他事项

（空白框）

　　本函仅为复核账目之用，并非催款结算。若款项在上述日期末之后已经付清，仍请及时函复为盼。

（被审计单位盖章）

年　月　日

结论：

1.信息证明无误。	2.信息不符，请列明不符项目及具体内容：
（公司盖章） 年　月　日 经办人：	（公司盖章） 年　月　日 经办人：

（5）函证控制

　　虽然询证函是以被审计单位的名义发出的，但询证目标的选择、询证函的设计、填列、发出应由注册会计师亲自完成，且直接回函至注册会计师事务所，不应由被审计单位代发函或跟进或收集回函，以避免被审计单位篡改询证函等风险。

　　注册会计师可通过函证结果汇总表的方式对询证函的收回情况加以汇总。函证结果汇总表见表11-19。

（6）对不符事项的处理

　　对回函中出现的不符事项，注册会计师可通过询问被审计单位相关人员对不符事项的性质和原因的了解，并在此基础上检查相关的原始凭证和文件资料予以证实；确定其是否构成错报。必要时与被询证方联系，获取相关信息和解释。

　　应收账款回函不符的原因通常有：①客户已经付款，被审计单位尚未收到货款；②被审计单位的货物已经发出并已做销售记录，但货物仍在途中，客户尚未收到货物；③客户由于某种原因将货物退回，而被审计单位尚未收到；④客户对收到的货物的数量、质量及价格等方面有异议而全部或部分拒付货款等；⑤存在虚构业务。

（7）对未回函项目实施替代程序

　　如果未收到被询证方的回函，应当检查被询证方地址等信息是否正确并再次发函；确实无法收到回函的，注册会计师应当实施替代审计程序，例如，在考虑实施收入截止测试等审计程序所获取审计证据的基础上：①检查资产负债表日后收回的货款；②检查相关的销售合同、销售单、出库单等文件。注册会计师需要根据被审计单位的收入确认条件和时点，确定能够证明收入发生的凭证；③检查被审计单位与客户之间的往来邮件，如有关发货、对账、催款等事宜邮件。应收账款替代审计程序工作底稿见表11-20。

表 11-19

应收账款函证结果汇总表

被审计单位：＿＿＿＿＿＿　　索引号：＿＿＿＿＿＿
项目：＿＿＿＿＿＿　　财务报表截止日/期间：＿＿＿＿＿＿
编制：＿＿＿＿＿＿　　复核：＿＿＿＿＿＿
日期：＿＿＿＿＿＿　　日期：＿＿＿＿＿＿

序号	选取目的注1	债务人名称	期末账面余额	询证函索引号	是否回函	询证情况							已核实金额	未核实金额	审计意见注2	备注
						回函可确认金额		争议未决金额	未回函金额		通过替代审计程序可确认金额					
						回函直接确认	调节后可确认									
			①			②	③	④	⑤		⑥		⑦=②+③+⑥	⑧=④+⑤-⑥		
				—	—										—	—
合　计																

审计说明及结论：

注1：选取目的：大额～A；异常～B；账龄长～C；关联方～D；随机～E。

注2：审计意见：可以确认～A；再次函证～B；提请调整～C；其他（应在备注栏说明）～D。

函证情况分析
1. 函证户数占总户数比例（%）：
2. 回函户数占函证户数比例（%）：
3. 函证金额占全部余额比例（%）：
4. 回函可确认金额占函证金额比例（%）：
5. 通过替代程序确认金额占函证金额比例（%）：
6. 可确认金额占函证（样本）金额比例（%）：
7. 已识别的误差：
8. 推断出的总体误差（扣除已识别的误差）：

表11-20

应收账款替代程序序表

被审计单位：＿＿＿＿＿＿　　索引号：＿＿＿＿＿＿

项目：＿＿＿＿＿＿＿＿＿　财务报表截止日/期间：＿＿＿＿＿＿

编制：＿＿＿＿＿＿　复核：＿＿＿＿＿＿

日期：＿＿＿＿＿＿　日期：＿＿＿＿＿＿

单位名称

一、期初余额

二、借方发生额

序号	记账凭证		金额	核对内容					
	日期	凭证号		1	2	3	4	5	6
…									

测试金额合计

本期借方发生额合计

测试金额占本期借方发生额的比例

三、贷方发生额

序号	记账凭证		金额	核对内容					
	日期	凭证号		1	2	3	4	5	6
…									

测试金额合计

本期贷方发生额合计

测试金额占本期贷方发生额的比例

四、期末余额

五、期后收款检查

序号	记账凭证		金额	核对内容					
	日期	凭证号		1	2	3	4	5	6
…									

核对内容说明：相符"√"；不相符"×"；不适用"N/A"。

1.与销售合同核对相符；2.与①发货单②收款单据核对相符；3.原始凭证内容完整；4.记账凭证与原始凭证相符；5.账务处理正确；6.已记录于恰当的会计期间。

审计说明及结论：

程序4：对应收账款余额实施函证以外的细节测试

在未实施应收账款函证的情况下，注册会计师需要实施其他审计程序获取有关应收账款的审计证据。这种程序通常与未收到回函情况下实施的替代程序相似。

程序5：检查坏账的冲销和转回

注册会计师应检查被审计单位有无债务人破产或者死亡的以及破产或以遗产清偿后仍无法收回的，或者债务人长期未履行清偿义务的应收账款，同时检查被审计单位坏账的处理是否经授权批准，有关会计处理是否正确。

程序6：确定应收账款的列报是否恰当

除了收集存在、完整性、准确性、计价和分摊方面的证据外，审计人员还必须收集证据，以证实被审计单位对销售交易和应收账款在财务报表中进行了恰当列报。如果被审计单位存在与关联方的交易，审计人员应审查确定被审计单位是否在财务报表附注内详细披露了关联方关系的性质、交易类型及其交易的金额或相应比例、未结算项目的金额或相应比例以及定价政策。由于不属于结算业务的债权不能在应收账款账户进行核算，审计人员应向管理层询问重要的客户贷方余额、非结算性的应收账款以及与关联方之间的应收账款等，并根据调查结果重新进行分类。如果被审计单位出现应收账款明细账户的余额为负的情况，则至少要对大额的贷方余额进行重分类调整，并审查被审计单位是否将其作为流动负债列示。如果被审计单位是上市公司，则其财务报表附注通常应披露期初、期末余额的账龄分析，期末欠款金额较大的单位账款，以及持有5%（含5%）以上股份的股东单位账款情况。此外，本章后面所讲的定期寄送的银行对账单可以透露被审计单位是否存在应收账款的抵押或转让所带来的间接担保负债，如果有则必须在财务报表附注中单独进行披露。

（三）坏账准备的实质性程序

企业应合理预计信用损失并计提坏账准备，不得多提或少提。资产负债表中应收账款项目的金额反映了应收账款账面价值减去相应坏账准备后的净值。因此，注册会计师还应对坏账准备进行审计。表11-21列示了坏账准备审计常规的实质性程序。

表11-21　　　　　　　　　　坏账准备审计的实质性程序

被审计单位：	索引号：
项目：	财务报表截止日/期间：
编制：	复核：
日期：	日期：

1. 取得坏账准备明细表，复核加计是否正确，与坏账准备总账数、明细账合计数核对是否相符
2. 将应收账款坏账准备本期计提数与信用减值损失相应明细项目的发生额核对是否相符
3. 检查应收账款坏账准备计提和核销的批准程序，取得书面报告等证明文件，结合应收账款函证回函结果，评价计提坏账准备所依据的资料、假设及方法
4. 实际发生坏账损失的，检查转销依据是否符合有关规定，会计处理是否正确
5. 已经确认并转销的坏账重新收回的，检查其会计处理是否正确
6. 确定应收账款坏账准备的披露是否恰当，如企业是否在财务报表附注中清晰地说明坏账的确认标准、坏账准备的计提方法等内容

对于被审计单位在被审计期间内发生的坏账损失，注册会计师应检查其原因是否清楚，是否符合有关规定，有无授权批准，有无已做坏账处理后又重新收回的应收账款，相应的会计处理是否正确。对有确凿证据表明确实无法收回的应收账款，如债务单位已撤销、破产、资不抵债、现金流量严重不足等，企业应根据管理权限，经股东（大）会或董事会，或经理（厂长）办公会或类似机构批准作为坏账损失，冲销提取的坏账准备。

◎ 第三节　采购与付款循环的审计

一、采购与付款循环的主要业务活动、内部控制、涉及单据以及财务报表相关认定

采购与付款业务循环可以分成采购业务和付款业务两个部分。采购与付款业务流程图如图11-3所示。

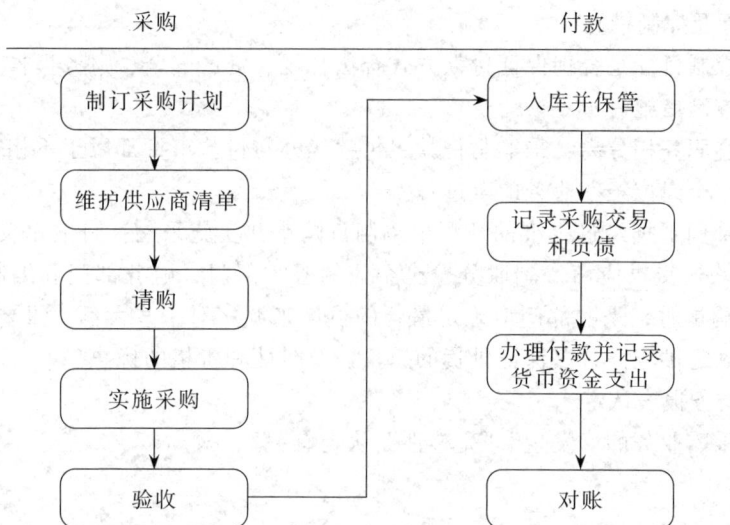

图11-3　采购与付款业务流程

（一）制订采购计划

1.业务活动

企业根据年度经营计划制订采购计划，作为开展采购活动的依据。

2.控制目标及控制措施

本环节的控制目标是合理保证经营效率和效果。主要控制措施有：采购计划的制订，需以销售和生产计划为基础，考虑供需关系及市场变化等因素，并经审批机构批准同意。

（二）维护供应商清单

1.业务活动

企业设立备选供应商信息库。

2.控制目标及控制措施

本环节的控制目标是合理保证资产安全、经营效率和效果。主要控制措施有：企业应当通过文件审核及实地考察等方式获取供应商信息，审核认证后录入系统，形成完整的供应商清单，并及时更新相关信息。供应商清单是采购部门选择供应商的依据。

（三）请购

1.业务活动

生产部门、仓库部门及其他部门请购商品或服务。

2.控制目标及控制措施

本环节的控制目标是合理保证经营效率和效果。主要控制措施有：

（1）不相容职务相分离：请购与采购属于不相容职务，不能由一个部门或一个岗位经办业务的全过程。

（2）请购部门根据计划或预算填写请购单，经审批后送交采购部门。请购单可由人工填写或信息技术应用程序创建。

（四）实施采购

1.业务活动

采购部门向供应商开展采购活动。

2.控制目标及控制措施

本环节的控制目标是合理保证付款方式合法合规、资产安全、财务报告及相关信息真实完整。主要控制措施有：

（1）不相容职务相分离：采购与付款、付款经办与付款审批都属于不相容职务，不能由一个部门或一个岗位经办业务的全过程。

（2）采购部门根据经过批准的请购单编制订购单并实施采购。订购单要求一式多联、连续编号，正联送交供应商，副联分发至企业的验收部门、财务部门和编制请购单的部门。在编制请购单时，采购部门应确定最佳的供应来源；对一些大额、重要的采购项目，采用招标方式确定供应商，以保证供货的质量、及时性和价格的优惠。

3.支持的财务报表认定

本环节与采购业务的"发生""完整性"认定有关。

（五）验收

1.业务活动

企业对购买的货物的数量和质量进行验收，或对购买的服务进行验收。

2.控制目标及控制措施

本环节的控制目标是合理保证资产安全、财务报告及相关信息真实完整。主要控制措施有：

（1）不相容职务相分离：采购与验收属于不相容职务，不能由一个部门或一个岗位经办业务的全过程。

（2）当采购的货物运达企业时，验收部门需核对商品与订购单（或合同）上的要求是否相符，如货物的品名、规格型号、数量和质量等，检查商品有无损坏，质量是否合格。验收合格后，填写一式多联、连续编号的验收单，作为验收货物的依据。

3.支持的财务报表认定

本环节与交易的"发生"、"完整性"和"截止"认定相关。

（六）入库及保管

1.业务活动

仓库将验收合格的货物入库并妥善保管。

2.控制目标及控制措施

本环节的控制目标是合理保证资产安全、财务报告及相关信息真实完整。主要控制措施有：

（1）不相容职务相分离：实物保管与采购属于不相容职务，不能由一个部门或一个岗位经办业务的全过程。

（2）仓库填写一式多联、连续编号的入库单，并由相关人员签字确认。

（3）仓库应加强实物保管，限制无关人员接近。

3.支持的财务报表认定

本环节与交易的"发生"、"完整性"和"截止"认定相关，与账户余额的"存在"认定相关。

（七）记录采购交易与负债

1.业务活动

企业对完成的采购业务进行确认和记录。

2.控制目标及控制措施

本环节的控制目标是合理保证付款方式合法合规、资产安全、财务报告及相关信息真实完整。主要控制措施有：

（1）不相容职务相分离：采购、验收与会计记录属于不相容职务，不能由一个部门或一个岗位经办业务的全过程。

（2）企业财务人员应检查供应商发票的内容是否与订购单、验收单、入库单、采购合同等一致，核对无误后进行会计处理。如果月末仍未收到供应商发票，财务部门应暂估入账。

3.支持的财务报表认定

本环节与交易的"发生""完整性""准确性""截止"认定相关，与账户余额的"权利和义务""分类"认定相关。

（八）办理付款

1.业务活动

企业按合同约定支付供应商货款。

2.控制目标及控制措施

本环节的控制目标是合理保证付款方式合法合规、资产安全、财务报告及相关信息真实完整。主要控制措施有：

（1）不相容职务相分离：付款申请、审批与执行都属于不相容职务，不能由一个部门或一个岗位经办业务的全过程。

（2）企业应按照国家支付结算的相关规定和企业实际情况选择付款结算方式。

（3）付款应经过审批，未经审批不得付款。审批人员在审批前需检查相关支持文件，并对发现的例外事项进行跟进处理。

（4）财务部门根据银行回单及时进行会计处理。

3.支持的财务报表认定

本环节与交易的"发生""完整性""准确性""截止"认定相关，与账户余额的"权利和义务""分类"认定相关。

（九）与供应商定期对账

1.业务活动

实务中，对采购及应付账款的定期对账通常由供应商发起，核对双方挂账是否相符。

2.控制目标与控制措施

本环节的控制目标是合理保证财务报告及相关信息真实完整。被审计单位应积极查询相关信息并回复供应商对账单，当发现双方记录存在差异时，应对差异进行调查，如有必要作出相应调整。

3.支持的财务报表认定

本环节与账户余额的"存在""完整性""准确性、计价和分摊""权利和义务"认定相关。

综上所述，总结采购与付款循环内部控制与财务报表认定的关系见表11-22。

表11-22　　　　　采购与付款循环内部控制与财务报表认定的关系

环节	主要单据	与交易相关的认定						与账户余额相关的认定					
		A	B	C	D	E	F	a	b	c	d	e	f
1. 制订采购计划	采购计划	√											
2. 维护供应商清单	供应商清单									√			
3. 请购商品和服务	请购单	√											
4. 编制请购单（或合同）	一式多联、连续编号的请购单（或合同）	√	√										
5. 验收商品	一式多联、连续编号的验收单	√	√		√								
6. 保管已验收商品	一式多联、连续编号的入库单	√	√										
7. 记录采购交易和负债	一式多联、连续编号的发票；连续编号的记账凭证；存货明细账、应付款项明细账	√	√	√	√						√	√	
8. 办理付款	银行单据；记账凭证；日记账、应付款项明细账、银行存款余额调节表	√	√	√	√						√	√	
9. 对账	供应商对账单							√	√	√	√		

注：与交易相关的认定：A——发生；B——完整性；C——准确性；D——截止；E——分类；F——列报。

与账户余额相关的认定：a——存在；b——完整性；c——准确性、计价和分摊；d——权利和义务；e——分类；f——列报。

值得注意的是，在现代信息技术大力发展的支持下，一些企业已将内部控制内置于信息系统中，随着业务流程的推进自动形成连续编号的各种单据，各相关部门通过业务端口查询相关单据信息实现了"一式多联"的管控要求。随着单据逐步实现电子化，审计人员进行控制测试需注意同时获取纸质单据和电子单据。

二、采购与付款循环的主要控制点

(一) 采购业务的主要控制点

对于采购业务，注册会计师需关注的主要控制点包括：(1) 职能分工控制：采购与付款交易不相容岗位至少包括：请购与审批、询价与确定供应商、采购合同的订立与审批、采购与验收、采购和验收与相关会计记录、付款审批与付款执行。(2) 授权审批控制：采购与付款环节需要适当的审批，如请购审批、付款审批等；(3) 记录控制：如一式多联、连续编号的订购单、验收单、入库单、发票，以及记账凭证、账簿等，保证采购记录的完整性；(4) 例外控制：采购过程中的例外事项管理，如对验收不合格物资的处理等。

(二) 付款业务的主要控制点

对于付款业务，注册会计师必须充分关注付款业务中不相容职务的分离，即负责审批、经办以及记账的职责必须分离；执行有关业务是否经过相关机构或人员的恰当授权。此外，对付款凭证和付款支票的接触应该受到限制，只有具体负责相关业务的人员才能接触相关凭证，以防止通过已付支票和伪造凭证签发虚假支票。

三、采购与付款循环的重大错报风险

(一) 识别重大错报风险

因被审计单位的性质和交易等具体情况不同，注册会计师识别出的采购与付款循环存在的重大错报风险也可能不同。本文以一般制造业企业为例介绍注册会计师识别出的采购与付款循环重大错报风险，见表11-23。

表11-23　　　　制造业企业采购与付款循环可能存在的重大错报风险（示例）

重大错报风险	财务报表认定
1.未完整记录负债的风险：被审计单位管理层可能通过遗漏交易（如记录已收取货物但尚未收到发票的与采购相关的负债，或未记录尚未付款的已经购买的服务支出等），低估应付账款等负债以满足某些业绩或资本投资要求，这将对"完整性"等认定产生影响	账户余额类（负债项目）：完整性
2.多计或少计费用支出的风险：如管理层把私人费用计入企业费用，或人为控制费用以调节当年损益	交易类（费用项目）：发生
3.费用支出记录不准确的风险：例如，被审计单位以复杂的交易安排购买一定期间的多种服务，管理层对于涉及的服务收益与付款安排所涉及的复杂性缺乏足够的了解，可能导致费用支出分配或计提的错误	交易类（费用项目）：准确性
4.未对一年内到期的负债进行重分类反映：资产负债表分类错误以及财务报表附注不正确或披露不充分	账户余额类（负债项目）：列报
5.不正确地记录外币交易：当被审计单位进口用于出售的商品时，可能由于采用不恰当的外币汇率而导致该项采购的记录出现差错。此外，还存在未能将诸如运费、保险费和关税等与存货相关的进口费用进行正确分摊的风险	账户余额类（存货）：准确性、计价和分摊

针对识别出的采购与付款循环的相关交易类别、账户余额和披露存在的重大错报风险，注册会计师应当运用职业判断，从错报发生的可能性和严重程度两方面来评估固有风险。例如，某被审计单位从事农产品加工业务，部分原材料系向农户个人采购；在此采购交易中涉及多个农户，并且交易价格的季节性波动较大，导致核算较为复杂，且与农户的

交易多为现金交易，以往年度存在白条交易的情况，存在较高的舞弊风险，注册会计师据此认为错报发生的可能性较高，并且由于采购金额重大，如果发生错报，其严重程度较高，因此，将与该类交易相关的风险的固有风险等级评估为最高级，即存在特别风险。

如果注册会计师计划测试采购与付款循环中相关控制的运行有效性，则应当评估相关控制的控制风险。例如，被审计单位每月由不负责应付账款核算的财务人员与供应商对账，就对账差异进行调查并编写说明，报经财务经理复核。注册会计师计划测试该项控制的运行有效性，考虑到该项控制属于常规性控制，不涉及重大判断，执行控制的人员具备相应的知识和技能并且保持了适当的职责分离，因此，注册会计师将该项控制的控制风险等级评估为低水平。

需要说明的是，如果注册会计师拟不测试控制运行的有效性，则应当将固有风险的评估结果作为重大错报风险的评估结果。

（二）根据重大错报风险评估结果设计进一步审计程序

注册会计师根据对采购与付款循环存在重大错报风险的评估结果，制订实施进一步审计程序的总体方案，包括确定是采用综合性方案还是实质性方案，并考虑审计程序的性质、时间安排和范围，继而实施控制测试和实质性程序，以应对识别出的认定层次的重大错报风险；如果在审计过程中注册会计师了解的情况或获取的证据导致其更新相关风险的评估，则注册会计师需要执行的进一步审计程序也需要相应更新。表11-24为假定评估应付账款为重要账户，且相关认定包括存在/发生、完整性、准确性及截止的前提下，注册会计师计划实施的进一步审计程序的总体方案示例。

四、采购与付款循环的控制测试

注册会计师对采购和付款业务实施控制测试，通常采取以下程序：（1）将每份购货合同与请购单的下列项目进行核对：货物名称、规格、请购量，授权批准、批准采购量、采购限价，单价、合计金额等，以确保所签订的采购合同都是基于企业的需要，并经过有关部门的批准。（2）审核每份购货合同相关的供应商发票、验收报告、入库单、付款结算凭证、记账凭证，并追查至明细账与总账，以确认采购金额未超过采购限量和采购限价、购货发票的单价与购货合同一致；购货发票的品名、数量与购货合同一致；购货发票的金额与购货合同一致；入库单的品名与发票内容一致；材料入库单有保管员和经手人签名；发票购货额与付款结算凭证一致；付款凭证有经手人和主管签名。（3）通过核对有关凭证、明细账与总账，确保发票购货额已正确记入材料采购（原材料）账和应付账款（银行存款、库存现金）账，增值税进项税额账务处理正确。（4）检查已付支票的特征，包括记录的充分性、复核与批准的合理性、已记录的作废以及付款交易记录的正确性。（5）检查原始凭证付款是否具有核准人签名，原始凭证是否具有合法的发票或依据，原始凭证的内容、金额与付款凭证摘要核对是否一致，付款凭证的授权批准手续是否齐全，是否被恰当授权，付款凭证与记入库存现金、银行存款日记账的金额是否一致。

注册会计师通常应以识别的重大错报风险为起点，选择足以应对评估的重大错报风险的控制进行测试。表11-25是注册会计师对采购与付款循环实施的控制测试程序示例；表11-26是采购业务某具体业务活动的控制测试底稿，注册会计师通过对相关单据进行逐项核对检查，以确定与具体业务活动相关的内部控制是否有效运行。

表11-24

针对采购与付款循环的重大错报风险和拟实施的进一步审计程序的总体方案（示例）

被审计单位：

项目： 索引号：

编制： 财务报表截止日期/期间：

日期： 复核：

日期：

根据重大错报风险的评估结果，制订下列采购与付款审计方案：

重大错报风险描述	相关财务报表项目及认证	固有风险等级	控制风险等级	进一步审计程序的总体方案	拟从控制测试中获取的保证程度	拟从实质性程序中获取的保证程度
确认的负债及费用并未实际发生	应付账款/其他应付款：存在 销售费用/管理费用：发生	中	低	综合性方案	高	低
不确认与采购相关的负债	应付账款/其他应付款：完整性 销售费用/管理费用：完整性	最高	低	综合性方案	高	中
采用不正确的费用支出截止期，例如，将本期的支出延迟到下期确认	应付账款/其他应付款：存在/完整性 销售费用/管理费用：截止	高	最高	实质性方案	无	高
发生的采购未能以正确的金额记录	应付账款/其他应付款：准确性、计价和分摊 销售费用/管理费用：准确性	低	低	综合性方案	中	低

表 11-25

被审计单位：＿＿＿＿＿
业务循环：采购与付款
编制：＿＿＿＿＿
日期：＿＿＿＿＿

索引号：＿＿＿＿＿
财务报表截止日期间：＿＿＿＿＿
复核：＿＿＿＿＿
日期：＿＿＿＿＿

采购与付款循环的控制测试程序表

主要业务活动	控制活动	相关报表和认定	评价控制的设计		评价控制的运行		
			了解并穿行测试的结果	工作底稿索引号	控制测试的性质和范围	控制测试结果	工作底稿索引号
1.制订采购计划	生产、仓储部门以生产需求为基础制订采购计划，经部门负责人审批后交采购部门执行	存货：存在 管理费用：存在 应付账款：存在			询问部门负责人审批采购计划的过程，检查采购计划是否经部门负责人恰当审批		
2.维护供应商名单	相关人员对供应商数据的变更请求进行审核批准，检查评价拟变更的供应商信息是否有适当文件支持	存货：存在 管理费用：存在 应付账款：存在			询问审批供应商数据变更请求的过程，检查变更请求是否经有相应的文件支持以及复核人员的确认		
3.请购商品和服务、编制订购单	(1) 复核每张订购单，如订购单是否有经适当权限人员签署的请购单。 (2) 系统每月末生成列明编号条码或重号的订单的例外报告	存货：存在完整性、计价和分摊 管理费用：发生完整性/准确性 应付账款其他应付款：付款 存货：存在完整性、计价和分摊			询问复核订购单的过程。检查订购单是否有相应的请购单及审批手续。检查系统生成例外事项报告的逻辑，询问复核人员对例外事项报告的检查过程，确认发现的问题是否及时得到限进处理		

续表

主要业务活动	控制活动	相关报表和认定	评价控制的设计		评价控制的运行		
			了解并穿行测试的结果	工作底稿索引号	控制测试的性质和范围	控制测试结果	工作底稿索引号
4.验收商品	(1) 商品入库前经过验收，核对检查收到的商品的数量是否与供应商发货单数量一致，是否与订购单一致 (2) 商品入库后，系统生成连续编号的入库单，并与订购单匹配	应付账款：存在 存货：存在 管理费用：发生			询问仓储人员的收货过程，抽样检查入库单是否有对应一致的采购订单及验收单。 检查系统生成入库单的生成逻辑，入库单是否连续编号		
5.确认、记录采购交易和负债	(1) 复核人员复核系统生成的正在执行中的订购单清单，检查是否有遗漏的入库已经完成 (2) 复核人员是否复核例外事项报告，确定采购是否被正确记录以及是否在正确的期间以及是否确认负债	应付账款：存在、完整性 存货：存在、完整性 管理费用：发生、完整性、截止			检查是否确认了相应负债。 询问复核人员对正在执行中的订购单的检查过程，确认发现的问题是否及时跟进处理。 检查复核人员的签字确认		

结论：

表11-26

客户 _____ 签名 _____ 日期 _____
项目 采购业务（××××活动） 编制 _____ 索引号 _____
会计期间 _____ 复核 _____ 页次 _____

采购业务的控制测试底稿

序号	购货合同或请购单编号	供货单位名称	购货合同、请购单 日期	货物名称	规格	数量	单价	金额	核对 (1)	(2)	购货发票 日期	编号	(3)	(4)	(5) 核对	入库单 日期	编号	核对 (6)	(7)	会计凭证 日期	编号	核对 (8)	(9)	(10)	(11)	备注

核对说明：

（1）采购合同经过授权批准

（2）采购金额未超过采购限量、限价

（3）购货发票的单价与购货合同一致

（4）购货发票的品名、数量与购货合同一致

（5）购货发票的金额与购货合同一致

（6）入库单的品名与发票内容一致

（7）入库单有保管员和经手人签名

（8）发票购货额与付款结算凭证一致

（9）付款凭证有经手人和主管签名

（10）发票购货额已正确记入材料采购（原材料）账和应付账款（银行存款、库存现金）账

（11）进项税额账务处理正确

测试有关说明及结论：

五、采购与付款循环的实质性程序

采购材料、商品入库的实质性测试与生产与存货循环相关，将在第四节中予以介绍，付款业务与货币资金密切相关，本书将在第五节中介绍；本节主要介绍赊购交易形成的应付账款的审计。

（一）应付账款的审计目标与认定

应付账款，是指企业在正常经营过程中，因购买材料、商品和接受劳务供应等经营活动而应付给供应商的款项。应付账款项目的形成与赊购相关，注册会计师应结合赊购业务的特点予以审计。应付账款审计目标与认定的对应关系见表11-27。

表11-27　　　　　　　　　　　　应付账款审计目标与认定的对应关系

审计目标	财务报表认定					
	存在	完整性	准确性、计价和分摊	权利和义务	分类	列报
a.资产负债表中记录的应付账款是存在的	√					
b.所有应当记录的应付账款均已记录		√				
c.应付账款以恰当的金额包括在财务报表中，与之相关的计价调整已恰当记录			√			
d.记录的应付账款是被审计单位应当履行的现时义务				√		
e.确定应付账款已记录于恰当的账户					√	
f.应付账款已按照企业会计准则（或会计制度）的规定在财务报表中作出恰当列报，列报是相关、可理解的						√

（二）应付账款的实质性程序

应付账款的实质性程序包括：获取应付账款明细表，复核加计是否正确；分析与应付账款相关的财务指标；查找有无未入账的应付账款；对应付账款实施函证程序；应付账款的其他审计程序；确定应付账款的列报是否恰当。表11-28是应付账款审计的工作底稿，罗列了应付账款的实质性程序。

1.获取应付账款明细表

注册会计师应从被审计单位处取得或编制应付账款明细表（见表11-29），核对复核加计是否正确，并与报表数、总账数和明细账合计数核对是否相符；分析出现借方余额的项目，查明原因，必要时，建议作重分类调整；结合预付账款、其他应付款等往来项目的明细余额，检查有无针对同一交易在应付账款和预付款项同时记账的情况、异常余额或与购货无关的其他款项（如关联方账户或雇员账户）；如涉及外币业务还应检查非记账本位币应付账款的折算汇率及折算是否正确。

表 11-28   **应付账款的实质性程序表**

被审计单位：_____   索引号：_____

项目：_____   财务报表截止日/期间：_____

编制：_____   复核：_____

日期：_____   日期：_____

审计目标	针对认定实施的审计程序	执行情况	索引号	执行人
c	1.获取或编制应付账款明细表： （1）复核加计是否正确，并与报表数、总账数和明细账合计数核对是否相符 （2）结合预付账款等往来项目的明细余额，调查有无同时挂账的项目、异常余额或与购货无关的其他款项（如关联方账户或雇员账户），如有，应作出记录，必要时作调整 （3）检查非记账本位币应付账款的折算汇率及折算是否正确 （4）分析出现借方余额的项目，查明原因，必要时，作重分类调整			
abc	2.根据实际情况，选择以下方法对应付账款进行分析，关注其总体合理性： （1）对应付账款本期期末余额与上期期末余额进行比较，分析其波动原因 （2）分析当期及以前期间应付账款的账龄、构成及主要供应商的变化，并查明异常情况的原因 （3）计算应付账款对存货及流动负债的比率，与以前期间对比分析，评价应付账款的整体合理性			
bc	3.获取被审计单位与其供应商之间的对账单（应从非财务部门，如采购部门，获取），并将对账单和被审计单位财务记录之间的差异进行调节（如在途款项、在途货物、付款折扣、未记录的负债等），查找有无未入账的应付账款，确定应付账款金额的准确性			
bcd	4.选择应付账款的重要项目（包括零余额账户）函证其余额，编制应付账款函证结果汇总表			
acde	5.根据回函情况分析函证结果，对未回函的可再次向债权人函证或采用替代审计程序核实应付账款的真实性 （1）检查债务形成的相关原始凭证，如验收单、入库单、购货合同、购货发票等，核实交易事项的真实性，检查入账金额及会计处理是否正确 （2）检查资产负债表日后应付账款明细账及库存现金、银行存款日记账、对账单、付款单据等，核实其付款及转销情况			

续表

审计目标	针对认定实施的审计程序	执行情况	索引号	执行人
ab	6.检查资产负债表日后应付账款明细账贷方发生额的相应凭证，关注其购货发票的日期，确认其入账时间是否合理			
ab	7.结合存货监盘程序，检查被审计单位在资产负债表日前后的存货入库资料（验收报告或入库单），检查是否有大额料到单未到的情况，确认相关负债是否计入了正确的会计期间			
ab	8.针对异常或大额交易及重大调整事项（如大额的购货折扣或退回，会计处理异常的交易，未经授权的交易，或缺乏支持性凭证的交易等），检查相关原始凭证和会计记录，以分析交易的真实性、合理性			
abcde	9.被审计单位与债权人进行债务重组的，检查不同债务重组方式下的会计处理是否正确			
f	10.检查应付账款长期挂账的原因并作出记录，注意其是否可能无须支付；对确实无须支付的应付款的会计处理是否正确，依据是否充分；关注账龄超过3年的大额应付账款在资产负债表日后是否偿还，检查偿还记录及单据，并披露			
b	11.复核截止审计现场工作日的全部未处理的供应商发票，并询问是否存在其他未处理的供应商发票，确认所有的负债都记录在正确的会计期间内			
abcdef	12.检查应付关联方款项的真实性、完整性，标明应付关联方的款项，并注明合并报表时应予抵销的金额			
abcdef	13.根据评估的舞弊风险等因素增加的其他审计程序			
f	14.检查应付账款是否已按照企业会计准则（或会计制度）的规定在财务报表中作出恰当列报			

表 11-29 **应付账款明细表**

被审计单位：_____ 索引号：_____

项目：_____ 财务报表截止日/期间：_____

编制：_____ 复核：_____

日期：_____ 日期：_____

序号	项目名称	业务内容	期初余额	借方发生额	贷方发生额	期末余额	账龄分析				截至审计日付款情况	函证情况
							1年以内	1~2年	2~3年	3年以上		
一、关联方												
1												
2												
...												

续表

序号	项目名称	业务内容	期初余额	借方发生额	贷方发生额	期末余额	账龄分析				截至审计日付款情况	函证情况
							1年以内	1~2年	2~3年	3年以上		
小 计												
二、非关联方												
1												
2												
…												
小 计												
合 计												
占期末总余额的比例（%）						100%						
审计说明：												

2.对应付账款实施函证程序

注册会计师在实施函证程序时可能需要从非财务部门（如采购部门）获取适当的供应商清单，如本期采购清单、所有现存供应商名录等，从中选取样本实施函证程序，并汇总函证结果。对未回函的项目实施替代程序，例如，检查付款单据（如支票存根）、相关的采购单据（如订购单、验收单、发票和合同）或其他适当文件。函证程序可应对低估应付账款（"完整性"认定）的重大错报风险。应付账款函证程序与应收账款类似，在此不再赘述。

3.检查应付账款是否计入正确的会计期间

注册会计师为了检查应付账款入账时间是否合理、是否存在未入账的应付账款，应当实施的检查程序包括：（1）检查本期发生的应付账款增减变动，确认会计处理是否正确；（2）检查资产负债表日后应付账款明细账贷方发生额的相应凭证，关注其验收单、供应商发票的日期，确认其入账时间。

4.查找未入账的应付账款

注册会计师为了查找未入账的应付账款，应当实施的检查程序包括：（1）针对资产负债表日后付款项目，检查银行对账单及有关付款凭证（如银行汇款通知、供应商收据等），询问被审计单位内部或外部的知情人员，查找有无未及时入账的应付账款；（2）获取并检查被审计单位与其供应商之间的对账单以及被审计单位编制的差异调节表，确定应付账款金额的准确性；还可结合存货监盘程序，检查被审计单位在资产负债表日前后的存货入库资料（验收报告或入库单）。

5.检查长期挂账的应付账款

注册会计师应检查是否存在长期挂账的应付账款，如存在则问明原因并作出记录，对确实无须支付的应付账款，检查其会计处理是否正确。

6.检查应付账款列报

注册会计师应检查应付账款是否已按照企业会计准则的规定在财务报表中作出恰当列

报和披露。

◎ 第四节 生产与存货循环的审计

在会计核算中，存货贯穿于采购、生产、销售多个业务环节；存货审计也是审计过程中的关键点。注册会计师应当如何完成生产与存货循环的审计，为其他业务的审计打好基础呢？本节将对生产与存货循环审计作出介绍。

一、生产与存货循环的主要业务活动、内部控制、涉及单据以及财务报表相关认定

存货是企业的重要资产，存货的采购、使用和销售与企业的经营活动紧密相关，对企业的财务状况和经营成果具有重大而广泛的影响。原材料与采购与付款循环相关，产成品的出库与销售与收款循环相关，本章侧重于原材料入库之后至产成品发出之间的业务活动。生产与存货循环涉及的主要业务活动包括：计划和安排生产；发出原材料；生产产品；核算产品成本；产成品入库及储存；发出产成品；存货盘点；计提存货跌价准备等，图11-4列示了生产与存货循环业务流程图。上述业务活动通常涉及以下部门：生产计划部门、仓储部门、生产部门、人事部门、销售部门、会计部门等。

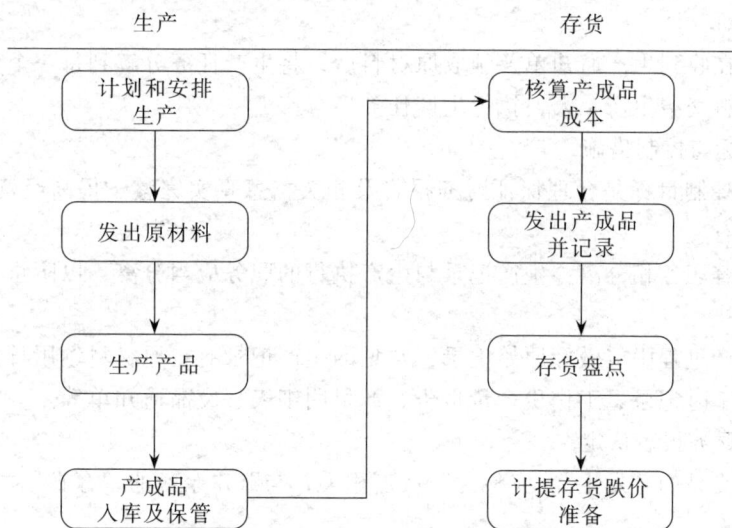

图11-4 生产与存货循环的业务流程图

（一）计划和安排生产

1.业务活动

生产计划部门根据客户订购单或者销售部门的销售预测和产品需求分析来计划和安排生产。

2.控制目标与控制措施

本环节的控制目标是合理保证经营效率和效果。主要控制措施有：生产部门根据经审批的月度生产计划书，签发一式多联、连续编号的生产通知单，用以通知供应部门组织材料发放，生产车间组织产品制造，会计部门组织成本计算。生产通知单，又称生产指令、生产任务通知单等，是企业下达制造产品等生产任务的书面文件。同时，生产部门还需编

制一份材料需求报告，列示生产所需材料及其库存状况。

（二）发出原材料

1.业务活动

仓储部门向生产部门发出生产需要的原材料。

2.控制目标与控制措施

本环节的控制目标是合理保证资产安全、财务报告及相关信息真实完整。主要控制措施有：

（1）仓储部门根据经批准的领料单发出原材料，并在领料单上签字确认。领料单需列示所需的材料数量和种类，以及领料部门的名称。领料单通常需一式三联，其中，一联留存生产部门（存根联），一联交仓库登记材料明细账（仓库联），一联交会计部门进行材料收发核算和成本核算（财务联）。

（2）仓库管理员应根据领料单信息登记原材料进销存台账。

3.支持的财务报表认定

本环节与交易的"发生""完整性"认定相关，与账户余额的"存在""完整性"认定相关。

（三）生产产品

1.业务活动

生产部门在收到生产通知单及领取原材料后，将生产任务分解到每一个生产工人并将所领取的原材料交给生产工人，执行生产任务。

2.控制目标与控制措施

本环节的控制目标是合理保证财务报告及相关信息真实完整、提高经营效率和效果。主要控制措施有：

（1）不相容职务相分离：生产记录与生产执行的职务应当分离，以防止记录不准确或记录被篡改。

（2）在生产过程中应做好原始记录，常见的生产记录有：原材料领用日报表、设备使用日志、人工工时记录、工作班产量报告、产量明细表、废品通知单等。

3.支持的财务报表认定

本环节与交易的"发生""完整性"认定相关，与账户余额的"存在""完整性"认定相关。

（四）产成品入库及保管

1.业务活动

生产部门将完工产品送质量检验部门检验，然后将检验合格的产品移交仓库入库保管；或是将所完成的半成品移交下一个环节作进一步加工。

2.控制目标与控制措施

本环节的控制目标是合理保证资产安全、财务报告及相关信息真实完整。主要控制措施有：

（1）不相容职务相分离：产品的生产、验收和保管属于不相容职务，不能由同一个部门或岗位负责全过程。

（2）质量检验：质量检验员应检查并签发一式多联、连续编号的质量检验报告，一联留存、一联交生产部门、一联交仓库、一联交财务部门。

（3）入库：生产部门将产成品送交仓库，仓库管理员应检查产成品的质量检验报告，并清点产成品数量，填写一式多联、连续编号的产成品入库单，并登记产成品出入库台账。

（4）保管：仓库应根据产成品的品质特征分类存放，并填制标签。存货应存放在安全的环境（如上锁、使用监控设备）中，只有经过授权的工作人员才可以接触及处理存货。

3.支持的财务报表认定

本环节与账户余额的"权利和义务""分类"认定相关。

（五）核算产品成本

1.业务活动

财务部门根据领料单、生产记录、入库单按受益对象编制费用分配表和成本计算单，并据此编制相关记账凭证。

2.控制目标与控制措施

本环节的控制目标是合理保证财务报告及相关信息真实完整、提高经营效率效果。主要控制措施有：

（1）企业应当建立成本会计制度，以正确核算产品成本。完善的成本会计制度应该提供原材料转为在产品，在产品转为产成品，以及按成本中心、分批次生产任务通知单或生产周期所消耗的材料、人工和间接费用的分配与归集的详细资料。

（2）会计部门汇总、检查和核对生产过程中的领料单、各种生产记录以及验收入库单等文件资料，按成本核算对象分配材料费用、人工费用和制造费用，计算成本核算对象的总成本和单位成本，并对生产成本和产成品进行会计处理。

3.支持的财务报表认定

本环节与账户余额的"准确性、计价和分摊""分类"认定相关。

（六）发出产成品并记录

1.业务活动

仓库根据经批准的销售单发出产成品。

2.控制目标与控制措施

本环节的控制目标是合理保证资产安全、财务报告及相关信息真实完整。主要控制措施有：

（1）不相容职务相分离：发货与销售属于不相容职务，不能由一个部门或一个岗位负责业务的全过程。

（2）产成品出库时，仓库管理员填写一式多联、连续编号的出库单，并登记产成品出入库台账。出库单一般为一式四联，一联留存仓库；一联交销售部门作为开具发票的依据；一联随货物交给客户或运输部门；一联交财务部门记账。

（3）每月末，生产成本记账员根据计算机系统内状态为"已处理"的销售单数量，编制销售成本结转凭证，结转相应的销售成本，经会计主管审核批准后进行账务处理。

3.支持的财务报表认定

本环节与交易的"发生"、"完整性"、"准确性"、"截止"和"分类"认定相关,与账户余额的"存在"、"完整性"、"准确性、计价和分摊"、"权利和义务"以及"分类"认定相关。

(七)存货盘点

1.业务活动

企业应定期或不定期对原材料、在产品和产成品等所有存货进行盘点。

2.控制目标与控制措施

本环节的控制目标是合理保证资产安全、财务报告及相关信息真实完整。主要控制措施有:

(1)不相容职务相分离:存货盘点与保管属于不相容职务,每一组盘点人员都应包括仓储部门以外的其他部门人员,即不能由负责保管存货的人员单独负责盘点存货;安排不同的工作人员分别负责初盘和复盘。

(2)在实施存货盘点之前,制订盘点计划,清理和归整所有存货,做好盘点准备。

(3)盘点表和盘点标签事先连续编号,发放给盘点人员时登记领用人员;盘点结束后回收并清点所有已使用和未使用的盘点表和盘点标签。

(4)为防止存货被遗漏或重复盘点,所有盘点过的存货贴盘点标签,注明存货品名、数量和盘点人员,完成盘点前检查现场确认所有存货均已贴上盘点标签。

(5)将不属于本单位的代其他方保管的存货单独堆放并作标识;将盘点期间需要领用的原材料或出库的产成品分开堆放并作标识。

(6)汇总盘点结果,与存货账面数量进行比较,调查分析差异原因,并对认定的盘盈和盘亏提出账务调整建议,经仓储经理、生产经理、财务经理和总经理复核批准后入账。

3.支持的财务报表认定

本环节与账户余额的"存在"、"完整性"、"准确性、计价和分摊"以及"权利和义务"认定相关。

(八)计提存货跌价准备

1.业务活动

企业应于资产负债表日检查存货的可变现净值,对存货进行期末计价。

2.控制目标与控制措施

本环节的控制目标是合理保证财务报告及相关信息真实完整。主要控制措施有:

(1)企业应建立存货跌价准备计提制度,明确职责、审批权限和流程等事项。

(2)财务部门定期编制存货货龄分析表,并根据存货货龄分析表信息或相关部门提供的有关存货状况的其他信息,结合存货盘点过程中对存货状况的检查结果,对出现损毁、滞销、跌价等降低存货价值的情况估算存货可变现净值;生产部门和仓储部门每月上报残次存货明细,结合原材料和产成品最新价格信息,财务部门据此分析存货跌价风险并估算存货可变现净值。

(3)财务人员预计存货跌价准备计提额,形成存货跌价准备计提报告,经审核批准后进行会计处理。

3.支持的财务报表认定

本环节与账户余额的"准确性、计价和分摊"认定相关。

综上所述，总结生产与存货循环内部控制与财务报表认定的关系见表11-30。

表11-30　　　　　　　生产与存货循环内部控制与财务报表认定的关系

环节	主要单据	与交易相关的认定						与账户余额相关的认定					
		A	B	C	D	E	F	a	b	c	d	e	f
1.计划和安排生产	一式多联、连续编号的生产通知单												
2.发出原材料	一式多联、连续编号的领料单；原材料出入库台账	√	√					√	√				
3.生产产品	生产记录	√	√					√	√				
4.产成品入库及保管	一式多联、连续编号的质量检验报告和入库单；产成品出入库台账							√					
5.核算产品成本	费用分配表；成本计算单；记账凭证；生产成本、库存商品明细账									√		√	
6.发出产成品并记录	一式多联、连续编号的出库单；产成品出入库台账；记账凭证；库存商品明细账	√	√	√	√	√		√	√	√		√	
7.存货盘点	盘点计划；盘点表和盘点结果汇总表							√	√	√	√		
8.计提存货跌价准备	存货货龄分析表；存货跌价准备计提报告									√			

注：与交易相关的认定：A——发生；B——完整性；C——准确性；D——截止；E——分类；F——列报。

与账户余额相关的认定：a——存在；b——完整性；c——准确性、计价和分摊；d——权利和义务；e——分类；f——列报。

值得注意的是，在现代信息技术大力发展的背景下，一些企业已将内部控制内置于信息系统中，随着业务流程的推进自动形成连续编号的各种单据，在生产与存货循环中，仓储部门、生产部门、验收部门、财务部门通过业务端口查询相关单据信息实现了"一式多联"的管控要求。随着单据逐步实现电子化，审计人员进行控制测试时，需注意同时获取纸质单据和电子单据。

二、生产与存货循环的重大错报风险

（一）生产与存货循环存在的重大错报风险

"生产与存货循环"的原材料来自"采购与付款循环"，"生产与存货循环"的产成品又输出至"销售与收款循环"；因此，存货的重大错报风险可能与收入确认、采购交易的错报风险相关，存货成本核算的错报风险与营业成本的错报风险共存，注册会计师通过对存货实施进一步审计程序，有可能会发现营业收入和营业成本方面的重大错报。实务中，被审计单位管理层还可能通过虚构存货，以及转移资产形成账外存货等方式实施舞弊。注册会计师应当在风险评估程序中，识别和评估被审计单位是否存在与存货相关的舞弊风险。表11-31以制造业企业为例，列示了生产与存货循环常见的风险。

表11-31 生产与存货循环可能存在的重大错报风险（示例）

重大错报风险	财务报表认定
1.交易数量巨大，业务繁杂，增加了错误和舞弊的可能性	交易类：发生、完整性、准确性、截止、分类、列报
2.成本核算比较复杂。例如，间接费用的分配可能较为复杂，容易出现分配错误等	交易类（成本费用）：准确性
3.存货类型多样化，可能需要外部专家协助清点数量或验证其质量、状况或价值	账户余额类（存货）：准确性、计价和分摊
4.某些存货的可变现净值难以确定。例如，价格受全球经济供求关系影响的存货，其可变现净值难以确定	账户余额类（存货）：准确性、计价和分摊
5.大型企业可能将存货存放在很多地点，并且可以在不同的地点之间转移存货，增加商品途中毁损或遗失的风险，或者导致存货在两个地点被重复记录，也可能产生转移定价的错误或舞弊	账户余额类（存货）：存在
6.存放在企业的存货，但可能已经不为企业所有。反之，企业的存货也可能被寄存在其他企业	账户余额类（存货）：权利和义务

（二）根据重大错报风险评估结果设计进一步审计程序

根据生产与存货循环的重大错报风险评估结果，注册会计师应制订实施进一步审计程序的总体方案（包括综合性方案和实质性方案）（见表11-32），继而设计、实施控制测试和实质性程序，以应对识别出的认定层次的重大错报风险；风险评估贯穿于审计全流程，且控制测试的结果可能导致注册会计师改变对内部控制的信赖程度，因此，具体审计计划可能需要在审计过程中进行调整。

三、生产与存货循环的控制测试

注册会计师通常应以识别的重大错报风险为起点，选择足以应对评估的重大错报风险的控制进行测试。表11-33是注册会计师对生产与存货循环实施的控制测试程序示例。

表 11-32

被审计单位：_____

项目：_____

编制：_____

日期：_____

索引号：_____

财务报表截止日期/期间：_____

复核：_____

日期：_____

针对生产与存货循环的重大错报风险评估结果拟实施的进一步审计程序的总体方案

根据重大错报风险的评估结果，制订下列生产与存货循环审计方案：

重大错报风险描述	相关财务报表项目及认定	固有风险等级	控制风险等级	进一步审计程序的总体方案	拟从控制测试中获取的保证程度	拟从实质性程序中获取的保证程度
存货实物可能不存在	存货：存在	特别	是	综合性	中	高
存货的单位成本计算错误	存货：准确性、计价和分摊 营业成本：准确性	一般	是	综合性	中	低
已销售产品的成本可能没有准确结转至营业成本	存货：准确性、计价和分摊 营业成本：准确性	一般	是	综合性	中	低
存货的账面价值可能无法实现	存货：准确性、计价和分摊	特别	否	实质性	无	高

表 11-33

被审计单位：＿＿＿＿＿＿＿＿＿

业务循环：＿生产与存货循环＿

编制：＿＿＿＿＿＿＿

日期：＿＿＿＿＿＿＿

索引号：＿＿＿＿＿＿＿

财务报表截止日/期间：＿＿＿＿＿

复核：＿＿＿＿＿＿＿

日期：＿＿＿＿＿＿＿

生产与存货循环的控制测试程序（示例）

主要业务活动	控制活动	相关报表和认定	评价控制的设计		评价控制的运行		
			了解并穿行测试的结果	工作底稿索引号	控制测试程序	控制测试结果	工作底稿索引号
1. 发出原材料	生产主管每月末将其生产任务单及相关领料单相联系，并与材料成本明细表进行核对，调查差异并处理	存货：准确性、计价和分摊 营业成本：准确性			检查生产主管核对材料成本明细表的记录，并询问其核对过程及结果		
2. 核算产品成本	(1) 员工的考勤记录完整，人事部门每月编制薪酬费用分配表，按员工所属部门将薪酬、管理费用和销售费用、制造费用，经财务经理复核后入账 (2) 根据成本费用相关凭证归集各项费用，会计每月复核系统生成的制造费用明细表并调查异常波动	存货：准确性、计价和分摊 营业成本：准确性/完整性			检查系统中员工的部门代码设置是否与其实际职责相符，询问并检查财务经理复核工资费用分配表的过程和记录；检查成本费用归集是否符合有关成本费用的性质，是否合理；询问并检查成本会计复核制造费用明细表的过程和记录		
3. 产成品入库	(1) 根据产成品入库单和出库单信息自动生成产成品收发存报表。 (2) 成本会计将产成品入库数量与当月产成品成本计算表中结转的产成品成本对应的数量进行核对	存货：准确性、计价和分摊 营业成本：准确性			询问和检查产成品成本收发存报表与成本会计将产成品成本进行核对的过程和记录		

续表

主要业务活动	控制活动	相关报表和认定	评价控制的设计		评价控制的运行		
			了解并穿行测试的结果	工作底稿索引号	控制测试程序	控制测试结果	工作底稿索引号
4. 发出产成品	(1) 根据确认的营业收入所对应的售出产品自动结转营业成本 (2) 财务经理和总经理每月对毛利率进行比较分析，对异常波动进行调查和处理	存货：准确性、计价和分摊			成本结转方式是否符合公司成本核算政策。询问和检查财务经理和总经理分析的过程和记录，并对毛利率异常波动的调查和处理结果进行核实		
5. 盘点存货	仓库每月末盘点存货与仓库台账核对并调节一致；成本会计监督其盘点与核对，并抽查复盘；每年末盘点所有存货，根据盘点结果分析盘盈盘亏并进行账面调整	存货：存在			检查盘点记录、询问盘点过程		
6. 计提存货跌价准备	根据生产入库日期统计货龄，并结合仓储部上报的存货损毁情况及存货盘点中对存货状况的检查结果，计提存货跌价准备，报总经理审核批准后入账	存货：准确性、计价和分摊；资产减值损失：完整性			询问财务经理识别减值风险并确定减值准备的过程，检查总经理的复核批准记录		

结论：

四、生产与存货循环的实质性测试

在实务中，存货审计主要涉及数量和单价两个方面，对存货年末余额的测试往往是存货审计中最复杂的环节。由于存货往往与销售、采购环节相关，所以存货的审计与其他业务循环有密切联系，下面对实务中较为常见的针对存货和营业成本的实质性程序进行阐述。

（一）存货的审计目标与认定

表11-34列示了生产与存货循环审计目标与其相对应的认定的关系。存货与采购、销售收入及销售成本间的关系密切，对存货认定审计中取得的证据也同时为其对应项目的认定提供了证据，例如，通过存货监盘和对已入库存货的截止测试取得的证据，也能够证明外购商品或原材料存货的"存在"和"完整性"认定；同时采购、销售循环的审计也能为存货审计提供审计证据，例如，销售收入的截止测试为期末存货的"存在"和"完整性"认定提供了证据。

表11-34　　　　　　　　　　生产与存货循环审计目标与认定的对应关系

审计目标	财务报表认定					
	存在	完整性	准确性、计价和分摊	权利和义务	分类	列报
a.账面存货余额对应的实物是否真实存在	√					
b.属于被审计单位的存货是否均已入账		√				
c.存货成本的计量是否准确			√			
d.存货是否属于被审计单位				√		
e.存货是否进行了恰当的分类					√	
f.存货是否按照企业会计准则（或会计制度）的规定在财务报表中作出恰当列报						√

（二）存货审计的一般程序

在存货审计中，主要针对数量和单价开展审计工作。针对存货数量的实质性程序，主要是存货监盘，还可以向保管存货的第三方实施函证程序，以及对在途存货检查相关凭证和期后入库记录等。针对存货单价的实质性程序包括两个部分：一是对购买和生产成本的审计程序，二是对存货可变现净值的审计程序。表11-35列示存货审计中常规的实质性程序，其中存货监盘、存货计价测试较为复杂，在后文中将展开介绍。

（三）存货监盘

观察存货的年度盘点是存货审计的重要内容。虽然存货的监盘和应收账款的函证均是公认的审计程序，但两者有明显的区别：对于应收账款，即使无法进行函证，也存在其他一些令人满意的替代证明方法，如检查会计记录和原始单据；对于存货，只检查会计记录不能被认为是满意的期末存货的替代审计程序。

表11-35　　　　　　　　　　**存货审计中常规的实质性程序法**

被审计单位：_____　索引号：_____

项目：_____　财务报表截止日/期间：_____

编制：_____　复核：_____

日期：_____　日期：_____

审计目标	针对认定实施的审计程序	执行情况	索引号	执行人
c	1.获取或编制存货及跌价准备分类汇总表，复核加计是否正确，并与报表数核对是否相符			
c	2.按存货类别获取或编制各类存货明细表，复核加计是否正确，并与总账数、明细账合计数及分类汇总数核对是否相符			
	3.实质性分析程序（必要时）			
	（1）原材料			
	①比较当期及以前期间原材料成本占生产成本百分比的变动，并对异常情况作出解释			
	②比较原材料的实际用量与预算用量的差异，并分析其合理性			
	③核对仓库记录的原材料领用量与生产部门记录的原材料领用量是否相符，并对异常情况作出解释			
	④根据标准单耗指标，将原材料收发存情况与投入产出结合比较，以分析本期原材料领用、消耗、结存的合理性			
	（2）库存商品（产品）			
abc	①按品种分析商品（产品）各月单位成本的变动趋势，评价是否有调节生产成本或销售成本的因素			
	②比较前后各期的主要商品（产品）的毛利率（按月、按生产线、按地区等）、商品（产品）周转率和商品（产品）账龄等，评价其合理性并对异常波动作出解释，查明异常情况发生的原因			
	③比较产品库存量与生产量及库存能力的差异，并分析其合理性			
	④核对仓库记录的产品入库量与生产部门记录的产品生产量是否一致，对差异作出解释			
	⑤核对发票记录的数量与发货量、订货量、主营业务成本记录的销售量是否一致，并对差异作出解释			
	⑥比较商品（产品）销售量与采购量或生产量的差异，并分析其合理性			
	⑦比较商品（产品）销售量和平均单位成本之积与账面商品（产品）销售成本的差异，并分析其合理性			

审计目标	针对认定实施的审计程序	执行情况	索引号	执行人
a	4.执行存货监盘程序，编制存货监盘报告，评价结果			
ab	5.选取代表性样本，抽查原材料、库存商品（产成品）、周转材料（低值易耗品、包装物）等存货明细账的数量与盘点记录的数量是否一致，以确定明细账的数量的准确性和完整性			
	（1）从明细账中选取具有代表性的样本，与盘点报告（记录）的数量核对			
	（2）从盘点报告（记录）中抽取有代表性的样本，与明细账的数量核对			
ab	6.对原材料、库存商品（产成品）、周转材料（低值易耗品、包装物）等存货进行截止测试			
	（1）入库截止测试			
	①在明细账的借方发生额中选取资产负债表日前后的凭证，并与入库记录（如入库单或购货发票或运输单据）核对，以确定入库被记录在正确的会计期间			
	②在入库记录（如入库单或购货发票或运输单据）中选取资产负债表日前后的凭据，与明细账的借方发生额进行核对，以确定入库被记录在正确的会计期间			
	（2）出库截止测试			
	①在明细账的贷方发生额中选取资产负债表日前后的凭证，并与出库记录（如出库单或销售发票或运输单据）核对，以确定出库被记录在正确的会计期间			
	②在出库记录（如出库单或销售发票或运输单据）中选取资产负债表日前后的凭据，与明细账的贷方发生额进行核对，以确定出库被记录在正确的会计期间			
	（3）查阅资产负债表日前后材料采购、委托加工物资、发出商品增减变动的有关账簿记录和有关合同、协议和凭证、出库单、入库单、验收单等资料，结合上述出入库截止测试，检查有无跨期现象，如有，则应作出记录，必要时作调整			
c	7.存货计价方法测试			
	（1）检查原材料、库存商品（产成品）、周转材料（低值易耗品、包装物）的入账基础和计价方法是否正确，前后期是否一致，自明细表中选取适量品种			
	①以实际成本计价时，将其单位成本与购货发票（外购）或成本计算单（自制）核对，确认成本中不包含增值税			

续表

审计目标	针对认定实施的审计程序	执行情况	索引号	执行人
	②以计划成本计价时，将其单位成本与被审计单位制定的计划成本、相关成本差异明细账及购货发票（外购）或成本计算单（自制）核对，同时关注被审计单位计划成本制定的合理性			
	③检查进口原材料、库存商品、周转材料（低值易耗品、包装物）的外币折算是否正确，检查相关关税、增值税及消费税的会计处理是否正确			
	④抽查库存商品入库单，核对库存商品的品种、数量与入账记录是否一致；并将入库库存商品的实际成本与相关科目（如生产成本）的结转额核对并作交叉索引			
	（2）检查发出计价的方法是否正确			
c	①了解被审计单位原材料、库存商品（产成品）发出的计价方法，前后期是否一致，并抽取主要品种项目复核其计算是否正确；若以计划成本计价，还应检查相关成本差异的发生和结转的金额是否正确			
	②编制本期发出原材料、库存商品（产成品）汇总表，与相关科目钩稽核对，并复核发出汇总表的正确性			
	（3）检查周转材料（低值易耗品、包装物）的摊销方法（如包装物和低值易耗品，应当采用一次转销法或者五五摊销法进行摊销；钢模板、木模板、脚手架和其他周转材料等，可以采用一次转销法、五五摊销法或者分次摊销法进行摊销）是否正确，前后期是否一致，验证发出周转材料（低值易耗品、包装物）汇总表的正确性			
	（4）结合原材料、库存商品、周转材料（低值易耗品、包装物）等存货盘点检查，期末有无货到单未到情况，如有，应查明是否已暂估入账，其暂估价是否合理			
ce	8.执行生产成本（在产品）实质性测试程序，检查产品成本的计算及会计处理是否正确			
c	9.执行制造费用实质性测试程序，检查制造费用的归集、分配及会计处理是否正确			
c	10.执行存货跌价准备实质性测试程序，检查存货跌价准备的计提、转销及会计处理是否正确			
abcdef	11.根据评估的舞弊风险等因素增加的其他审计程序			
f	12.检查存货是否已按照企业会计准则（或会计制度）的规定在财务报表中作出恰当列报			

　　注册会计师监盘存货的目的在于获取有关存货的存在和状况的审计证据。因此，存货监盘针对的主要是存货的"存在"认定，对存货的"完整性"、"权利和义务"及"准确性、计价和分摊"认定也能提供部分审计证据。例如，注册会计师在监盘中注意到某些存货已经被法院查封，需要考虑被审计单位对这些存货的所有权是否受到了限制。但存货监盘本身并不足以供注册会计师确定存货的所有权，注册会计师可能需要执行其他实质性审计程序以应对"权利和义务"认定的相关风险。表11-36列示了制造业企业的存货监盘程序。

表11-36　　　　　　　　　　　　　存货监盘程序（示例）

被审计单位：＿＿＿＿＿＿＿＿＿＿＿　　　索引号：＿＿＿＿＿＿＿＿＿＿＿

项目：＿＿＿＿＿＿＿＿＿＿＿＿＿　　　　财务报表截止日/期间：＿＿＿＿＿＿＿＿＿

编制：＿＿＿＿＿＿＿＿＿＿＿＿＿　　　　复核：＿＿＿＿＿＿＿＿＿＿＿＿＿＿＿

日期：＿＿＿＿＿＿＿＿＿＿＿＿＿　　　　日期：＿＿＿＿＿＿＿＿＿＿＿＿＿＿＿

审计程序	执行情况	索引号	执行人
一、监盘前，获取有关资料，以编制存货监盘计划。			
1.复核或与管理层讨论其存货盘点计划，评价其能否合理地确定存货的数量和状况			
2.根据被审计单位的存货盘存制度和相关内部控制的有效性，评价其盘点时间是否合理			
（1）如盘点日和资产负债表日不一致，应当考虑两者的间隔情况，评价对内部控制的信赖能否将盘点日的结论延伸到资产负债表日			
（2）确定采用实地盘存制时盘点日是否与资产负债表日一致			
（3）确定对存放在不同地点的相同存货项目是否同时盘点			
3.如果认为被审计单位的存货盘点计划存在缺陷，应提请被审计单位调整			
4.完成被审计单位盘点计划调查问卷			
5.了解存货的内容、性质、各存货项目的重要程度及存放场所			
6.了解与存货相关的内部控制			
7.评估与存货相关的重大错报风险和重要性			
8.查阅以前年度的存货监盘工作底稿			
9.与管理层讨论以前年度存货存在的问题以及目前存货的状况			
10.考虑实地观察存货的存放场所，特别是金额较大或性质特殊的存货			
11.如存在特殊存货，考虑是否需要利用专家的工作或其他注册会计师的工作			

审计程序	执行情况	索引号	执行人
12.编制存货监盘计划,并将计划传达给每一位监盘人员			
二、监盘中,实施观察和检查程序			
13.在被审计单位盘点存货前,观察盘点现场			
(1)确定应纳入盘点范围的存货是否已经适当整理和排列			
(2)确定存货是否附有盘点标识			
(3)对未纳入盘点范围的存货,查明未纳入的原因			
14.检查所有权不属于被审计单位的存货			
(1)取得其规格、数量等有关资料			
(2)确定这些存货是否已分别存放、标明			
(3)确定这些存货未被纳入盘点范围			
15.在被审计单位盘点人员盘点时进行观察			
(1)确定被审计单位盘点人员是否遵守盘点计划			
(2)确定被审计单位盘点人员是否准确地记录存货的数量和状况			
(3)关注存货发送和验收场所,确定这里的存货应包括在盘点范围之内还是排除在外			
(4)关注存货所有权的证据,如货运单据以及商标等			
(5)关注所有应盘点的存货是否均已盘点			
16.检查已盘点的存货			
(1)从存货盘点记录中选取项目追查至存货实物,以测试盘点记录的准确性			
(2)从存货实物中选取项目追查至存货盘点记录,以测试存货盘点的完整性			
17.对以包装箱等封存的存货,考虑要求打开箱子或挪开成堆的箱子			
18.当发现重大盘点错误时,考虑扩大监盘范围			
19.对于那些没有盘点的其他项目,复印或列出明细信息,以便它们能与存货清单一致			
20.对检查发现的差异,进行适当处理			
(1)查明差异原因			
(2)及时提请被审计单位更正			

审计程序	执行情况	索引号	执行人
（3）如果差异较大，应当扩大检查范围或提请被审计单位重新盘点			
21.特别关注存货的移动情况，防止遗漏或重复盘点			
22.特别关注存货的状况，观察被审计单位是否已经恰当区分所有毁损、陈旧、过时及残次的存货			
23.对特殊类型的存货，考虑实施追加的审计程序			
24.获取盘点日前后存货收发及移动的凭证，检查库存记录与会计记录期末截止是否正确			
（1）存货采购截止			
①检查盘点日前最后的与盘点日后最前的入库单或验收报告，确定截止是否正确			
②如有必要，选择重要存货项目，核对其在盘点结果汇总记录和会计记录中的数量，确定是否一致，截止是否恰当			
③如果被审计单位期末存货明细记录可以依赖，将从验收报告中选取的样本与永续盘存明细记录核对一致			
（2）存货销售截止			
①检查盘点日前最后的与盘点日后最前的出库单或发运报告，确定截止是否正确			
②如有必要，选择重要存货项目，核对其在盘点结果汇总记录和会计记录中的数量，确定范围是否一致，截止是否恰当			
③如果被审计单位期末存货明细记录可以信赖，将从发运报告中选取的样本与永续盘存明细记录保持一致			
（3）在途货物及部门间流动截止			
①检查盘点日前后一段时间的文件样本，包括截止期前最后的和截止期后最前的文件			
②如有必要，选择重要存货项目，核对其在盘点结果汇总记录和会计记录中的数量，确定范围是否一致，截止是否恰当			
三、监盘后，复核盘点结果，完成存货监盘报告			
25.在被审计单位存货盘点结束前，再次观察盘点现场，以确定所有应纳入盘点范围的存货是否均已盘点			
26.在被审计单位存货盘点结束前，取得并检查已填用、作废及未使用的盘点表单及号码记录			

续表

审计程序	执行情况	索引号	执行人
（1）确定其是否连续编号			
（2）如盘点表未预先编号，记录已使用盘点表的数量或进行复印			
（3）提请被审计单位划去盘点表上所有空白部分			
（4）查明已发放的表单是否均已收回			
（5）与存货盘点结果汇总记录进行核对			
（6）必要时，将盘点表上的事项与检查记录进行核对			
27.取得并复核盘点结果汇总记录，形成存货盘点报告（记录），完成存货监盘报告			
（1）评估其是否正确地反映了实际盘点结果			
（2）确定盘点结果汇总记录中未包括所有权不属于被审计单位的货物			
（3）选择盘点结果汇总记录中的项目，查至原始盘点表，以确定没有混入不应包括在内的存货项目			
（4）选择价值较大的存货项目，和上期相同项目的库存数量比较，获取异常变动的信息			
28.如果盘点日与资产负债表日一致，且被审计单位使用永续盘存记录来确定期末数，应当考虑对永续盘存记录实施适当的审计程序，并作必要的监盘			
29.如果存货盘点日不是资产负债表日，应当实施适当的审计程序，确定盘点日与资产负债表日之间存货的变动是否已作出正确的记录；编制存货抽盘核对表，将盘点日的存货调整为资产负债表日的存货，并分析差异			
30.在永续盘存制下，如果永续盘存记录与存货盘点结果之间出现重大差异，应当实施追加的审计程序，查明原因并检查永续盘存记录是否已作出适当的调整			
31.如果认为被审计单位的盘点方式及其结果无效，注册会计师应当提请被审计单位重新盘点			
四、特殊情况的处理			
32.如果由于被审计单位存货的性质或位置等原因导致无法实施存货监盘，注册会计师应当考虑能否实施下列替代审计程序			
（1）检查进货交易凭证或生产记录以及其他相关资料			
（2）检查资产负债表日后发生的销货交易凭证			
（3）向顾客或供应商函证			

审计程序	执行情况	索引号	执行人
33.如果因不可预见的因素导致无法在预定日期实施存货监盘，或接受委托时被审计单位的期末存货盘点已经完成，注册会计师应当实施下列审计程序			
（1）评估与存货相关的内部控制的有效性			
（2）对存货进行适当检查或提请被审计单位另择日期重新盘点			
（3）测试在该期间发生的存货交易，以获取有关期末存货数量和状况的充分、适当的审计证据			
34.对被审计单位委托其他单位保管的或已作质押的存货，注册会计师应当实施下列审计程序			
（1）向保管人或债权人函证			
（2）如果此类存货的金额占流动资产或总资产的比例较大，还应当考虑实施存货监盘或利用其他注册会计师的工作			
35.当首次接受委托未能对上期期末存货实施监盘，且该存货对本期财务报表存在重大影响时，应当实施下列一项或多项审计程序			
（1）查阅前任注册会计师的工作底稿			
（2）复核上期存货盘点记录及文件			
（3）检查上期存货交易记录			
（4）运用毛利百分比法等进行分析			
36.确定存货监盘的审计结论			

存货监盘程序的具体内容详见第五章第三节"存货监盘"。需要注意的是，如果注册会计师无法实施存货监盘，注册会计师应当实施替代审计程序，例如，检查盘点日后出售盘点日之前取得或购买的特定存货的文件记录，以获取有关存货的存在和状况的充分、适当的审计证据。如果不能实施替代审计程序，或者实施替代审计程序可能无法获取有关存货的存在和状况的充分、适当的审计证据，注册会计师需要按照准则规定发表非无保留意见。此外，如果存货由第三方保管或控制，且其对财务报表是重要的，注册会计师应当向持有被审计单位存货的第三方函证存货的存在和状况；或者实施检查或其他适合具体情况的审计程序。

（四）存货计价测试

存货计价测试是对存货余额进行测试。存货的余额受存货单位成本和存货跌价准备的影响，注册会计师在作存货计价测试时需对上述二者进行测试。在对存货的计价实施细节测试之前，注册会计师通常先要了解被审计单位本年度的存货计价方法与以前年度是否保持一致。如发生变化，变化的理由是否合理，是否经过适当的审批。

1.存货单位成本的测试

存货的类别不同，其单位成本的测试也有所不同。原材料的成本测试相对较为简单，注册会计师根据原材料的历史购买成本（核对原材料采购的相关凭证，如合同、采购订单、发票等）和发出计价方法（如先进先出法、加权平均法等），检查其单位成本计算是否正确。产成品和在产品的成本测试相对复杂，注册会计师需要对构成其成本各部分的核算过程实施测试，包括直接材料成本测试、直接人工成本测试、制造费用测试和生产成本在当期完工产品与在产品之间分配的测试四项内容。表11-37是存货发出计价测试表。

表11-37　　　　　　　　　　　　　**存货发出计价测试表**

被审计单位：_____　　索引号：_____

项目：_____　　财务报表截止日/期间：_____

编制：_____　　复核：_____

日期：_____　　日期：_____

存货类别	品名及规格	账面记录												发出计价测试			备注
		期初结存			入库			发出（计价方法：　）			期末结存						
		数量	单价	金额	数量	单价	金额	数量	单价	金额	数量	单价	金额	单价	金额	金额差异	
审计说明：								审计结论：									

注：本表适用于原材料、库存商品、发出商品等。

2.存货跌价准备的测试

对存货跌价准备进行测试，注册会计师应当识别出需要计提存货跌价准备的存货项目，并对该项目的可变现净值计量进行检查。

（1）识别需要计提存货跌价准备的存货项目

注册会计师至少可以通过以下三种途径获取需要计提存货跌价准备的存货项目信息：①询问管理层和相关部门（生产、仓储、财务、销售等）员工，了解被审计单位如何收集有关滞销、过时、陈旧、毁损、残次存货的信息；②审阅被审计单位编制存货货龄分析表，识别滞销或陈旧的存货；③结合存货监盘过程中检查存货状况而获取的信息，以判断被审计单位的存货跌价准备计算表是否有遗漏。

（2）检查可变现净值的计量是否合理

存货期末计价采用成本与可变现净值孰低的方法进行。成本，指的是历史成本；可变现净值是指企业在日常活动中，存货的估计售价减去至完工时估计将要发生的成本、估计的销售费用以及相关税费后的金额。注册会计师应当检查企业是否有确凿证据作为确定存货可变现净值的基础，并且考虑持有存货的目的以及资产负债表日后事项的影响等因素，以确定正确的可变现净值。注册会计师应抽样检查可变现净值确定的依据，相关计算是否正确，从而确定存货跌价准备计提是否准确。

（五）检查存货在财务报表上的列报

审计人员需要检查存货在资产负债表上的列报与披露是否恰当，披露的交易、事项和其他情况已发生且与被审计单位有关；所有应当包括在财务报表中的披露是否均已包括；存货是否已被恰当地列报和描述，且披露内容表述清楚；存货信息是否已公允披露，且金额恰当。

按照我国现行规定，企业应当披露下列与存货有关的信息：（1）材料、在产品、产成品等存货的当期期初和期末账面价值及总额；（2）当期计提的存货跌价准备和当期转回的存货跌价准备；（3）存货取得的方式以及低值易耗品和包装物的摊销方法；（4）存货跌价准备的计提方法；（5）确定存货可变现净值的依据；（6）确定发出存货的成本所采用的方法；（7）用于债务担保的存货的账面价值；（8）采用先进先出法确定的发出存货的成本与采用加权平均法或移动加权平均法确定的发出存货的成本的差异；（9）当期确认为费用的存货成本，如主营业务成本等。按照企业会计制度的规定，存货的披露应当采用表11-38的格式进行。

表11-38 　　　　　　　　　　　　存货的披露

项目	期初余额	期末余额
原材料		
库存商品		
低值易耗品		
包装物		
…		
合计		

◎ 第五节　货币资金审计

货币资金是企业资产中流动性最强的资产，与其他业务循环密切相关，从股东投入、债权人借款和企业经营累积形成货币资金开始，通过货币资金取得其他资产结付费用，最后通过销售收回货币资金，成本补偿后确定利润、部分资金流出企业，货币资金贯穿企业经营过程，不断循环周转（图11-1展示了各业务循环与货币资金循环的关系）。持有正向的、健康的现金流，企业才能持续经营；长期负向的、不健康的现金流则暗示企业可能陷入财务困境，甚至可能导致无法持续经营。企业发生的舞弊事件大多与货币资金有关，因此，注册会计师应该重视货币资金的审计。

一、货币资金循环的主要业务活动、内部控制、涉及单据以及财务报表相关认定

企业货币资金根据存放地点及用途的不同，可以分为库存现金、银行存款及其他货币资金，与货币资金循环相关的主要业务活动分为库存现金管理、银行存款管理和票据印章管理三个方面。

（一）库存现金管理

1.业务活动

库存现金管理是指企业对库存现金收支及余额开展的管理活动。

2.控制目标与控制措施

现金管理的控制目标是合理保证现金管理合法合规、资产安全、财务报告及相关信息真实完整。主要控制措施有：

（1）不相容职务相分离：库存现金管理由出纳负责，严禁未经授权的人员接近；出纳不得兼任稽核、会计档案保管和收入、支出、费用、债权债务账目的登记工作。

（2）企业必须根据《现金管理暂行条例》的规定，结合本企业的实际情况，确定本企业现金的开支范围。不属于现金开支范围的业务应当通过银行办理转账结算。

（3）企业取得的现金收入必须及时入账，企业不得私设"小金库"，不得账外设账，严禁收款不入账。

（4）现金支付、借出必须执行严格的授权批准程序，并及时进行会计处理。严禁擅自挪用、借出库存现金。

（5）企业不得从现金收入中直接支付（即坐支）。因特殊情况需坐支现金的，应事先报经开户银行审查批准，由开户银行核定坐支范围和限额。

（6）企业应当加强现金库存限额的管理，超过库存限额的现金应及时存入银行。

（7）企业应定期盘点库存现金，形成现金盘点表，做到"日清月结"。

3.支持的财务报表认定

本环节与现金交易的"发生"、"完整性"、"准确性"和"截止"认定相关，与库存现金余额的"存在"、"权利和义务"和"分类"认定相关。

（二）银行存款管理

1.业务活动

银行存款，是指企业存放在银行或其他金融机构的各种款项。独立核算的企业均需在当地银行开设账户，除了在规定的范围内可以用现金直接支付款项外，在经营过程中所发生的一切货币收支业务，都必须通过银行存款账户进行结算；超出限额的库存现金应及时存入银行。

2.控制目标与控制措施

本环节的控制目标是合理保证付款方式合法合规、资产安全、财务报告及相关信息真实完整。主要控制措施有：

（1）企业应当严格按照《支付结算办法》等国家有关规定，按照规定开立银行账户，办理存款、取款和结算业务。

（2）不相容职务相分离：付款审批与付款执行属于不相容职务，不能由一个人负责业务的全过程。企业采用网上银行、电子支付等方式的，应严格实行不相容岗位相

分离控制，相关人员应当根据操作授权和密码进行规范操作，并注意网络环境的安全性。

（3）账户管理：企业开立账户需经过审批；禁止企业内设管理部门自行开立银行账户；定期检查、清理银行账户的开立及使用情况。实行网上银行、电子支付等方式办理资金支付业务的企业，应当与承办银行签订网上银行操作协议，明确双方在资金安全方面的责任与义务、交易范围等。

（4）款项支付需经过审批。经办人应当在职责范围内，按照审批人的批准意见办理货币资金业务。对于审批人超越授权范围审批的货币资金业务，经办人员有权拒绝办理，并及时向审批人的上级授权部门报告。使用网上银行、电子支付方式的企业办理资金支付业务，不应因支付方式的改变而随意简化、变更所必需的授权审批程序。

（5）企业对银行收支业务应及时进行会计处理，严禁账外设账。

（6）企业至少应每月指定专人获取银行对账单，编制银行存款余额调节表。如调节不符，查明原因，及时进行会计处理。

3.支持的财务报表认定

本环节与银行存款的"存在"、"完整性"、"准确性、计价和分摊"和"权利和义务"认定有关。

（三）票据印章管理

1.业务活动

票据是指与货币资金管理相关的支票、汇票和银行结算单据。印章是指企业办理银行结算时需使用的银行印鉴，包括财务专用章、公章及个人印章。企业应加强票据印章管理，确保货币资金安全。

2.控制目标与控制措施

本环节的控制目标是合理保证资产安全。主要控制措施有：

（1）票据使用和登记。各种票据的购买、领用、背书转让、注销、保管等环节的职责权限和程序明确；及时登记票据台账；对作废的票据（如因填写、开具失误等原因导致），不得随意处置或销毁，应当按规定予以保存。

（2）票据保管。票据需存放在保险柜中。每月末，会计主管指定出纳员以外的人员对空白票据、未办理收款和承兑的票据进行盘点，编制银行票据盘点表，并与票据台账进行核对，如有差异，需查明原因及时进行处理。对超过法定保管期限、可以销毁的票据，在履行审核手续后进行销毁，但应当编制票据销毁清册并由授权人员监销。

（3）印章管理。公章、财务专用章指定专人保管，个人名章必须由本人或其授权人员保管。严禁一人保管支付款项所需的全部印章。按规定需要有关负责人签字或盖章的经济业务，必须严格履行签字或盖章手续。

3.支持的财务报表认定

该环节与资产的"存在"认定相关。

综上所述，总结货币资金循环内部控制与财务报表认定的关系见表11-39。

值得注意的是，随着银企直联的普及，银行电子回单等单据逐步实现电子化，审计人员进行控制测试需注意同时获取纸质单据和电子单据。

表 11-39　　　　　　　货币资金循环内部控制与财务报表认定的关系

环节	主要单据	与交易相关的认定						与账户余额相关的认定					
		A	B	C	D	E	F	a	b	c	d	e	f
1.现金管理	现金收支凭单；现金缴款单；记账凭证；库存现金日记账；库存现金盘点表	√	√	√	√			√			√	√	
2.银行存款管理	银行结算单据；记账凭证；银行存款日记账；银行对账单；银行存款余额调节表	√	√	√	√			√			√	√	
3.票据印章管理	票据台账；票据盘点表；票据销毁清册							√					

注：与交易相关的认定：A——发生；B——完整性；C——准确性；D——截止；E——分类；F——列报。

与账户余额相关的认定：a——存在；b——完整性；c——准确性、计价和分摊；d——权利和义务；e——分类；f——列报。

二、评估货币资金循环的重大错报风险

（一）货币资金的重大错报风险

货币资金领域也是财务舞弊的易发高发领域，一些企业由于某种压力、动机和机会，通过虚构货币资金、大股东侵占货币资金和虚构现金交易等方式实施舞弊。表 11-40 列示了与货币资金的交易、账户余额和披露相关的认定层次重大错报风险。

表 11-40　　　　　　　货币资金循环的重大错报风险（示例）

重大错报风险	财务报表认定
1.存在虚假货币资金余额或交易	账户余额类（银行存款）：存在；交易类：发生
2.存在大额的外币。可能存在外币交易或余额未被准确记录	账户余额类（银行存款）：准确性、计价和分摊；交易类：准确性
3.银行存款的期末收支存在大额的截止性错误	交易类：截止
4.被审计单位可能存在未能按照企业会计准则的规定对货币资金作出恰当披露的风险。例如，被审计单位期末持有使用受限制的大额银行存款，但在编制财务报表时未在财务报表附注中对其进行披露	账户余额类（货币资金）：列报

在货币资金审计中，注册会计师应对下列迹象保持警觉，其可能存在重大错报风险，见表 11-41。

表 11-41　　　　　　　　　　　货币资金审计中注册会计师应警觉的迹象

货币资金业务迹象	其他相关业务迹象
1.被审计单位的现金交易比例较高，并且与其所在行业的常用结算模式不同 2.库存现金规模明显超过业务周转所需资金规模 3.银行账户开立数量与企业实际业务规模不匹配，或存在多个零余额账户且长期不注销 4.在没有经营业务的地区开立银行账户，或将高额资金存放于其经营和注册地之外的异地 5.被审计单位资金存放于管理层或员工个人账户，或通过个人账户进行被审计单位交易的资金结算 6.货币资金收支金额与现金流量表中的经营活动、筹资活动、投资活动的现金流量不匹配，或经营活动现金流量净额与净利润不匹配 7.不能提供银行对账单或银行存款余额调节表，或提供的银行对账单没有银行印章、交易对方名称或摘要 8.存在长期或大量银行未达账项 9.银行存款明细账存在非正常转账。例如，短期内相同金额的一收一付或相同金额的分次转入转出等大额异常交易 10.存在期末余额为负数的银行账户 11.受限货币资金占比较高 12.存款收益金额与存款的规模明显不匹配 13.针对同一交易对方，在报告期内存在现金和其他结算方式并存的情形 14.违反货币资金存放和使用规定，如上市公司将募集资金违规用于质押、未经批准开立账户转移募集资金、未经许可将募集资金转作其他用途等 15.不涉足进出口业务却存在大额外币收付记录 16.被审计单位以各种理由不配合注册会计师实施银行函证、不配合注册会计师至中国人民银行或基本户开户行打印"已开立银行结算账户清单" 17.与实际控制人（或控股股东）、银行（或财务公司）签订集团现金管理账户协议或类似协议	1.存在没有真实业务支持或与交易不相匹配的大额资金或汇票往来 2.存在长期挂账的大额预付款项等 3.存在大量货币资金的情况下仍高额或高息举债 4.付款方全称与销售客户名称不一致、收款方全称与供应商名称不一致 5.开具的银行承兑汇票没有银行承兑协议支持 6.银行承兑票据保证金余额与应付票据相应余额比例不合理 7.存在频繁的票据贴现 8.实际控制人（或控股股东）频繁进行股权质押（冻结）且累计被质押（冻结）的股权占其持有被审计单位总股本的比例较高 9.存在大量货币资金的情况下，频繁发生债务违约，或者无法按期支付股利或偿付债务本息 10.首次公开发行股票（IPO），公司申报期内持续现金分红 11.工程付款进度或结算周期异常等 当被审计单位存在以上事项或情形时，可能表明存在舞弊风险

（二）根据重大错报风险拟实施的进一步审计程序的总体方案

根据所识别和评估的重大错报风险评估结果，注册会计师应当对总体方案采取综合性方案还是实质性方案作出决策，确保后续的控制测试或实质性测试能获取充分、适当的审计证据，以应对识别出的认定层次的重大错报风险。

三、货币资金循环的控制测试

【案例11-5】

在正中珠江审计康美药业案例中，注册会计师在货币资金内部控制测试程序上存在重大缺陷。首先，在康美药业货币资金控制点之一"定期存款的审批"（康美药业内部对定期存款的审批流程）；其次，审计底稿记载审计人员抽取了1个样本测试其控制有效性，且实际并未执行（审计底稿中未见对应的审计证据）……在缺少充分、适当的审计证据的情况下，正中珠江对康美药业货币资金活动内部控制评价结论为"控制活动运行有效且得到执行"，这一货币资金内部控制测试评价结论是不恰当的，不符合《中国注册会计师职业道德守则第1号——职业道德基本原则》第7条和《中国注册会计师审计准则第1231号——针对评估的重大错报风险采取的应对措施》第8条的规定。

如果注册会计师根据重大错报风险评估结果设计进一步审计程序的总体方案时拟信赖货币资金内部控制，或仅实施实质性程序不能够提供认定层次充分、适当的审计证据，则应当实施控制测试。如果直接采取实质性审计方案，则无须实施货币资金循环控制测试。

（一）库存现金的控制测试

库存现金控制测试主要包括现金付款控制、现金收款控制、现金盘点控制的测试。

1.现金付款控制的测试

所有的现金付款均需经过审批和复核，审批和复核的内容主要为：部门经理审核付款业务是否真实发生、付款金额是否准确，以及后附票据是否齐备，并在复核无误后签字审批。财务经理再次复核经审批的付款申请及后附相关凭据或证明是否一致，并检查该付款是否超出企业现金付款范围和限额，如超限额则应采取银行转账支付。企业不得从现金收入中直接支付（即坐支），因特殊情况需坐支现金的，应事先报经开户银行审查批准，由开户银行核定坐支范围和限额。

注册会计师对上述控制应当实施以下控制测试程序：（1）询问、观察相关业务部门的部门经理和财务经理在日常现金付款业务中内部控制的执行情况；（2）抽取一定数量的付款凭证，检查其是否属于现金开支范围，是否超限额，是否经过审批和复核。

2.现金收款控制的测试

企业对取得的货币资金收入开具收据或发票，并及时入账；业务人员原则上不得收取现金，特殊情况下应经授权批准；收到现金的业务人员应当及时按照规定将现金以安全和恰当的方式汇回公司指定账户或送交出纳。企业不得私设"小金库"，不得账外设账，严禁收款不入账。

注册会计师对上述控制应当实施以下控制测试程序：（1）抽取现金支付凭证，检查是否开有收据或发票；（2）检查是否存在业务人员收取现金的现象，如有，所收款项是否及时交回企业。

3.现金盘点控制的测试

注册会计师可以对被审计单位的现金盘点实施监盘：（1）观察监督现金盘点；（2）检查库存现金是否存在，并复核现金盘点结果。

现金监盘程序既可以是控制测试也可以是实质性程序。注册会计师可以将现金监盘同时用作控制测试和实质性程序。

（二）银行存款的控制测试

1.银行账户管理控制的测试

银行账户的开立、变更和注销通常需要经过审批。

注册会计师对上述控制应当实施以下控制测试程序：（1）询问银行账户开户、变更、撤销的情况。（2）取得本年度账户开立、变更、撤销的清单，检查是否经过审批。

2.银行付款控制的测试

银行付款，通常由业务部门经理签字审核付款业务是否真实发生、付款金额是否准确，以及后附票据是否齐备，核对无误后递交财务部门；财务经理再次复核，如核对一致，进行签字认可并安排付款。

注册会计师对上述控制应当实施以下控制测试程序：（1）询问业务部门经理和财务经理如何执行付款业务；（2）获取付款申请及相关凭证，重新核对并检查是否经签字确认。

3.银行存款余额管理的控制测试

通常情况下，企业每月末选择日常工作不涉及银行存款日记账的员工（如应收账款会计）来编制银行存款余额调节表，会计主管复核银行存款余额调节表，对需要进行调整的签字确认并处理。

注册会计师对上述控制应当实施以下控制测试程序：（1）询问银行存款余额调节表编制人如何编制银行存款余额调节表，询问会计主管如何核对该表、审批调整项目。（2）检查银行存款余额调节表，查看调节表上记录的银行存款日记账余额和银行存款日记账余额是否一致，调节表中记录的银行对账单余额是否与银行对账单中的余额保持一致。

表11-42列示了货币资金循环的控制测试程序，表11-43列示了付款业务的控制测试程序，表11-44是现金与银行存款付款业务的控制测试底稿。

四、货币资金循环的实质性测试

（一）货币资金的审计目标与认定

货币资金审计中，注册会计师需要围绕审计目标与认定获取审计证据，表11-45列示了货币资金审计目标与认定的对应关系。

表11-42

货币资金循环的控制测试程序（示例）

被审计单位：＿＿＿＿＿＿＿＿＿　　索引号：＿＿＿＿＿＿

业务循环：货币资金循环　　　　　财务报表截止日期/期间：＿＿＿＿＿＿

编制：＿＿＿＿＿＿　　　　　　　复核：＿＿＿＿＿＿

日期：＿＿＿＿＿＿　　　　　　　日期：＿＿＿＿＿＿

控制活动	重要账户或列报	重要认定	评价控制的设计		评价控制的运行		
			了解并穿行测试的结果	工作底稿索引号	控制测试的性质和范围	控制测试的结果	工作底稿索引号
1. 部门经理签字审批本部门的付款申请，审核付款业务是否真实发生，付款金额是否准确，以及后附票据是否齐备。出纳付款前，财务经理再次复核并签字确认该付款是否在在额出《现金管理暂行条例》规定的现金开支范围和支付限额。如无，则安排付款，出纳人员根据授权审批的付款凭证支付现金，不得未经审批将现金借给私人，不得以白条抵库					(1) 询问、观察相关业务部门的经理和财务经理在日常现金控制执行业务的内部控制执行 (2) 抽取现金支付凭证，检查是否经过审批		
2. 收到现金时，出纳人员给缴款人员出具正当的收据和发票					抽取现金支付凭证，检查是否附有收据或发票		
3. 业务人员原则上不得取现金，特殊情况下应经授权批准；收到现金的业务人员应当及时按照规定将现金以安全和恰当的方式汇回公司指定账户或送交出纳					检查是否有业务人员取现金的状况。如有，是否经过批准并用恰当方式交回		
4. 出纳人员每日逐笔登记"库存现金日记账"，每天下班之前结出现金余额，与实存现金核对，确保账款相符					检查库存现金日记账		
5. 所有银行存款账户的开设和终止都经过正式批准					检查所有银行账户的开设和销户记录		
6. 建立印章管理卡，专人领取和归还印章情况予以记录					检查相关记录		
7. 主管人员定期或不定期对库存现金进行核对抽查					检查各期检查记录		
8. 定期编制银行存款余额调节表并经独立稽核人员复核					抽取银行存款余额调节表，检查是否经过稽核		

结论：

表 11-43 　　　　　　　　　　　**付款业务的控制测试程序**

客户＿＿＿＿＿＿＿＿＿　　签名＿＿＿＿＿＿＿＿＿＿＿　　日期＿＿＿＿＿＿＿＿＿

项目 付款业务＿＿＿＿＿＿　　编制＿＿＿＿＿＿＿＿＿＿＿　　索引号＿＿＿＿＿＿＿

会计期间＿＿＿＿＿＿＿＿　　复核＿＿＿＿＿＿＿＿＿＿＿　　页次＿＿＿＿＿＿＿＿

审计目标和审计程序	适用与否	工作底稿索引
检查和评估内部会计控制制度		
（一）按照"内部会计控制程序调查问卷"完成内部会计控制检查		
（二）测试程序		
1.选择（　　　　）张现金、银行存款付款凭证，作如下检查：		
（1）将付款凭证与存入银行账户的日期和金额核对		
（2）追查记入库存现金、银行存款日记账的数字是否正确		
（3）将付款凭证与银行对账单核对		
（4）将付款凭证与应付账款明细账核对		
（5）将实付金额与购货发票核对		
2.选择 2 个月的库存现金、银行存款日记账与总账核对		
3.选择 2 个月的银行存款余额调节表，查验其是否按月正确编制并经复核		
4.检查库存现金、银行存款、其他货币资金的记账汇率是否符合有关规定，有关会计政策是否与上期一致		
5.内部会计控制评估（评估意见写入"内部会计控制程序调查提纲"相关部分）		

表 11-44 　　　　　　　　**现金与银行存款付款业务的控制测试底稿**

客户＿＿＿＿＿＿＿＿＿　　签名＿＿＿＿＿＿＿＿＿＿＿　　日期＿＿＿＿＿＿＿＿＿

项目 付款业务＿＿＿＿＿＿　　编制＿＿＿＿＿＿＿＿＿＿＿　　索引号＿＿＿＿＿＿＿

会计期间＿＿＿＿＿＿＿＿　　复核＿＿＿＿＿＿＿＿＿＿＿　　页次＿＿＿＿＿＿＿＿

序号	日期	凭证编号	业务内容	付款方式		付出金额	核对							
				现金	银行		（1）	（2）	（3）	（4）	（5）	（6）	（7）	（8）
1														
2														
3														
4														
5														
6														

续表

序号	日期	凭证编号	业务内容	付款方式		付出金额	核对							
				现金	银行		(1)	(2)	(3)	(4)	(5)	(6)	(7)	(8)
7														
8														
9														
10														

核对说明:	测试有关说明及结论:
(1) 原始凭证付款具有核准人签名 (2) 原始凭证具有合法的发票或依据 (3) 原始凭证的内容和金额与付款凭证摘要核对一致 (4) 付款凭证的授权批准手续齐全 (5) 付款凭证与记入库存现金、银行存款日记账的金额一致 (6) 付款凭证与银行对账单核对相符 (7) 付款凭证与对应科目（如应付账款）明细账的记录一致 (8) 付款凭证账务处理正确	

表 11-45　　　　　　　　　货币资金审计目标与认定的对应关系

审计目标	财务报表认定					
	存在	完整性	准确性、计价和分摊	权利和义务	分类	列报
a.资产负债表中的货币资金是否存在	√					
b.所有应当记录的与货币资金相关的收支业务是否得到完整记录或存在遗漏，甚至被侵占		√				
c.货币资金是否以恰当的金额包括在财务报表中，与之相关的计价调整是否已恰当记录			√			
d.记录的货币资金是否由被审计单位拥有或控制				√		
e.货币资金是否已记录于恰当的账户					√	
f.货币资金是否已按照企业会计准则的规定在财务报表中作出恰当列报						√

（二）货币资金的实质性程序

为了获取充分、适当的审计证据实现上述审计目标，注册会计师可以实施下列审计程序，见表 11-46。

表11-46   **货币资金的实质性程序表**

被审计单位：＿＿＿＿＿＿＿＿＿＿＿＿＿＿   索引号：＿＿＿＿＿＿＿＿＿＿＿＿＿＿

项目：＿＿＿＿＿＿＿＿＿＿＿＿＿＿＿＿＿   财务报表截止日/期间：＿＿＿＿＿＿＿＿

编制：＿＿＿＿＿＿＿＿＿＿＿＿＿＿＿＿＿   复核：＿＿＿＿＿＿＿＿＿＿＿＿＿＿＿＿

日期：＿＿＿＿＿＿＿＿＿＿＿＿＿＿＿＿＿   日期：＿＿＿＿＿＿＿＿＿＿＿＿＿＿＿＿

审计目标	针对认定实施的审计程序	执行情况	索引号	执行人
c	1.获取或编制库存现金、银行存款及其他货币资金余额明细表，复核加计是否正确，并与日记账、总账、报表核对是否相符；检查非记账本位币现金、银行存款及其他货币资金的折算汇率及折算金额是否正确			
abcd	2.制订监盘计划，确定监盘时间；会同被审计单位主管会计人员监盘库存现金，分币种编制"库存现金监盘表"，将盘点金额与库存现金日记账余额进行核对，如有差异，应要求被审计单位查明原因并作适当调整，如无法查明原因，应要求被审计单位按管理权限批准后作出调整；在非资产负债表日进行盘点时，应调整至资产负债表日的金额；若有充抵库存现金的借条、未提现支票、未作报销的原始凭证，需在监盘表中注明，如有必要应作调整			
ad	3.编制银行定期存单检查表，检查银行存单是否与账面记录金额一致，是否被质押或限制使用，存单是否为被审计单位所拥有。对已质押的定期存款，应检查定期存单并与相应的质押合同核对，同时关注对应的质押借款有无入账；对审计外勤结束日前已提取的定期存款，应核对相应的兑付凭证、银行对账单和定期存款复印件			
abc	4.取得资产负债表日的银行存款、其他货币资金余额调节表及对账单，核对对账单余额与询证函回函是否一致；检查调节表中加计数是否正确，调节后日记账余额与银行对账单余额是否一致；检查调节事项的性质和范围是否合理，如存在重大差异应作适当调整；检查未达账项于资产负债表日后入账情况，关注有无长期不予处理的差额			
ad	5.向所有的银行存款、其他货币资金账户（含零余额账户和已结清账户）函证期末余额，编制函证结果汇总表，检查银行回函，对不符事项作出适当处理			
d	6.检查银行存款、其他货币资金存款账户存款人是否为被审计单位，若存款人非被审计单位，应获取该账户户主和被审计单位的书面声明，确认资产负债表日是否需要调整			

审计目标	针对认定实施的审计程序	执行情况	索引号	执行人
abc	7.抽查大额现金、银行存款、其他货币资金收支记录，检查原始凭证是否齐全、记账凭证与原始凭证是否相符、账务处理是否正确、是否记录于恰当的会计期间等项内容；检查是否存在非营业目的的大额资金转移，并核对相关账户的进账情况；如有与被审计单位生产经营业务无关的收支事项，应查明原因并作出相应的记录			
ab	8.检查现金、银行存款、其他货币资金收支的截止是否正确。选取资产负债表日前后凭证进行截止测试，关注业务内容及对应项目，如有跨期收支事项，应考虑是否进行调整			
df	9.关注是否存在质押、冻结等对变现有限制或存放在境外的银行存款及其他货币资金，是否已作必要的调整和披露			
abcdef	10.根据评估的舞弊风险等因素增加的其他审计程序			
f	11.检查货币资金是否已按照企业会计准则规定在财务报表中作出恰当列报			

（三）库存现金的实质性程序

1.获取或编制库存现金明细表

核对库存现金明细表、库存现金日记账与总账的金额是否相符，如不符，应查明原因。如涉及外币，检查非记账本位币库存现金的折算汇率及折算金额是否正确。表11-47是库存现金明细表。

表11-47 库存现金明细表

被审计单位：_____ 索引号：_____

项目：_____ 财务报表截止日/期间：_____

编制：_____ 复核：_____

日期：_____ 日期：_____

币种	期初余额			期末余额			备注
	原币	汇率	本位币	原币	汇率	本位币	
人民币							
美 元							
…							
合计							

续表

币种	期初余额			期末余额			备注
	原币	汇率	本位币	原币	汇率	本位币	
审计说明：							

2.监盘库存现金

对被审计单位现金盘点实施的监盘程序是用作控制测试还是实质性程序，取决于注册会计师对风险评估结果、审计方案和实施的特定程序的判断。如果注册会计师可能基于风险评估的结果判断无须对现金盘点实施控制测试，则仅需实施实质性程序。

企业盘点库存现金，通常包括对已收到但未存入银行的现金、零用金、找换金等的盘点。盘点库存现金的时间和人员应视被审计单位的具体情况而定，但现金出纳员和被审计单位会计主管人员必须参加，并由注册会计师进行监盘。

监盘库存现金的步骤与方法主要有：（1）查看被审计单位制订的盘点计划，以确定监盘时间和监盘范围。库存现金监盘通常为突击检查，时间最好选择在上班前或下班时，监盘范围一般包括被审计单位各部门经管的所有现金。（2）查阅库存现金日记账并同时与现金收付凭证相核对。（3）检查被审计单位现金实存数，并将该监盘金额与库存现金日记账余额进行核对，如有差异，应要求被审计单位查明原因，必要时应提请被审计单位作出调整；如无法查明原因，应要求被审计单位按管理权限批准后作出调整。若有冲抵库存现金的借条、未提现支票、未作报销的原始凭证，应在"库存现金监盘表"中注明，必要时应提请被审计单位作出调整。（4）在非资产负债表日进行监盘时，应将监盘金额调整至资产负债表日的金额，并对变动情况实施程序。

表11-48是库存现金监盘记录表的参考格式。

3.抽查大额库存现金收支

抽查大额库存现金收支的原始凭证是否齐全、完整、有无授权批准；记账凭证与原始凭证是否相符、账务处理是否正确、是否记录于恰当的会计期间等。

4.检查库存现金在财务报表中的列报

注册会计师应确定"库存现金"账户的期末余额是否恰当，进而确定库存现金是否在资产负债表中恰当披露。

（四）银行存款的实质性程序

1.获取并检查银行存款余额明细表

注册会计师应获取银行存款明细表，复核加计是否正确，并将明细表与总账数和日记账合计数核对是否相符；如不符，应查明原因，必要时应建议作出适当调整。如有非记账本位币银行存款，还应检查折算汇率及折算金额是否正确。表11-49是银行存款余额明细表的示例。

表11-48

库存现金监盘表

被审计单位：_____　　索引号：_____
项目：_____　　财务报表截止日期间：_____
编制：_____　　复核：_____
日期：_____　　日期：_____

检查盘点记录					
项　目	项次	人民币	美元	港元	元
上一日账面库存余额	1				
盘点日未记账传票收入金额	2				
盘点日未记账传票付出金额	3				
盘点日账面应有余额	4=1+2-3				
盘点日实有现金数额	5				
盘点日应有与实际金额差异	6=4-5				
差异原因分析　白条抵库（　张）	7				
追溯　报表日至审计日现金付出总额（+）	8				
报表日至审计日现金收入总额（-）	9				
账面至报表额　报表日库存现金应有余额	10=4+8-9				
报表日库存现金实有余额	11=5+7+8-9				
报表日应存与实存差额	12=10-11				
本位币合计					

实有库存现金盘点记录							
面额	人民币 张（枚）	金额	美元 张（枚）	金额	元 张（枚）	金额	
100.00							
50.00							
20.00							
10.00							
5.00							
1.00							
0.50							
0.10							
合　计							

审计说明：

审计结论：

出纳员：　　　会计主管人员：　　　监盘人：　　　检查日期：

表11-49 **银行存款余额明细表**

被审计单位：_____   索引号：_____
项目：_____   财务报表截止日/期间：_____
编制：_____   复核：_____
日期：_____   日期：_____

序号	开户银行	银行账号	币种	期初余额			期末余额			证据资料			调整后余额是否相符	索引号
				原币	汇率	本位币	原币	汇率	本位币	询证函	对账单	调节表		
合　计														

审计说明：

如怀疑被审计单位提供的银行存款明细表未包含所有的银行账户，存在账外账等，注册会计师可在企业人员陪同下到中国人民银行或基本存款账户开户行查询并打印《已开立银行结算账户清单》，观察银行办事人员的查询、打印过程，并检查被审计单位账面记录的银行人民币结算账户是否完整；或者查看其他交易相关单据中被审计单位的收（付）款银行账户是否均包含在注册会计师已获取的开立银行账户清单内。

2.实施实质性分析程序

注册会计师可从银行利息收入的角度，分析比较基于当前银行存款余额计算应收利息收入与实际利息收入的差异是否恰当，评估利息收入的合理性，利息收入是否已经完整记录。

3.取得并检查银行对账单

注册会计师应当取得被审计单位加盖银行印章的银行对账单，并对银行对账单的真实性保持警觉，必要时，亲自到银行获取对账单，并对获取过程保持控制；将获取的银行对账单余额与银行存款日记账余额进行核对，如存在差异，获取银行存款余额调节表；对于长期未达账项，查看是否存在挪用资金的情况；特别关注银付企未付、企付银未付中支付异常的领款事项，包括没有载明收款人、签字不全等支付事项，确认是否存在舞弊。

4.取得并检查银行存款余额调节表

银行存款余额调节表，通常应由被审计单位根据不同的银行账户及货币种类分别编制，能为银行存款"存在"认定提供审计证据。表11-50是银行存款余额调节表检查表的示例。

表11-50   **银行存款余额调节表检查表**

被审计单位：_____   索引号：_____

项目：_____   财务报表截止日/期间：_____

编制：_____   复核：_____

日期：_____   日期：_____

开户银行：   账号：   币种：

项 目	金额	调节项目说明	截止日后入账时间	是否调整	备注
银行对账单余额					
加：企业已收，银行尚未入账金额					
其中：					
减：企业已付，银行尚未入账金额					
其中：					
调整后银行对账单余额					
企业银行存款日记账余额					
加：银行已收，企业尚未入账金额					
其中：					
减：银行已付，企业尚未入账金额					
其中：					
调整后企业银行存款日记账余额					
经办会计人员（签字）：			会计主管（签字）：		
审计说明：					

注册会计师取得银行存款余额调节表后，应实施以下审计程序：（1）检查调节表中加计数是否正确，调节后银行存款日记账余额与银行对账单余额是否一致；（2）检查企付银未付、企收银未收款项，检查被审计单位付款的原始凭证，并检查该项未达账项是否已在期后银行对账单上得以反映；（3）检查银收企未收、银付企未付款项，核对收、付项的

内容及金额，确定是否为截止错报；如有大额或长期未达账项，注册会计师应追查原因并检查相应的支持文件，判断是否为错报事项，确定是否需要提请被审计单位进行调整。

5.银行函证

通过向往来银行函证，注册会计师不仅可了解企业资产的存在，还可了解企业账面反映所欠银行债务的情况，并有助于发现企业未入账的银行借款和未披露的或有负债。

（1）函证范围

注册会计师应当对被审计单位涉及的所有银行（零余额账户、本期内注销的账户也包括在内）进行函证。函证内容既包括存款，也包括借款、票据及与金融机构往来的其他重要信息。

（2）函证控制

在实施银行函证时，注册会计师需要以被审计单位的名义向银行发函询证，并对函证过程进行控制。当函证信息与银行回函结果不符，发现质押、冻结等对变现有限制或存在境外的款项存在，注册会计师应当调查不符事项，如有需要则提请被审计单位作必要的调整和披露。

【参考格式】

索引号：

银行询证函

编号：

＿＿＿＿＿＿＿＿＿＿（银行）：

本公司聘请的＿＿＿＿＿＿会计师事务所有限公司正在对本公司＿＿＿＿年度的财务报表进行审计，按照中国注册会计师审计准则的要求，应当询证本公司与贵行相关的信息。下列信息出自本公司记录，如与贵行记录相符，请在本函下端"信息证明无误"处签章证明；如有不符，请在"信息不符"处列明不符项目及具体内容；如存在与本公司有关的未列入本函的其他重要信息，也请在"信息不符"处列出其详细资料。回函请直接寄至＿＿＿＿＿＿会计师事务所。

回函地址：　　　　　　　　　　　邮编：

电话：　　　　　　传真：　　　　　联系人：

本公司谨授权贵行可从本公司××账号支取办理本询证函回函服务的费用（如适用）。

截至＿＿＿＿年＿＿月＿＿日止，本公司与贵行相关的信息列示如下：

1.银行存款

账户名称	银行账号	币种	利率	账户类型	账户余额	是否属于资金归集（资金池或其他资金管理）账户	起始日期	终止日期	是否存在冻结、担保或其他使用限制（如是，请注明相关情形）	备注

除上述列示的银行存款（包括余额为零的存款账户）外，本公司并无在贵行的其他存款。

2.银行借款

借款人 名称	借款 账号	币种	余额	借款 日期	到期 日期	利率	抵（质）押品/ 担保人	备注

除上述列示的银行借款外，本公司并无自贵行的其他借款。

3.自[年 月 日]起至[年 月 日]期间内注销的银行存款账户

账户名称	银行账号	币 种	注销账户日

除上述列示的注销账户外，本公司在此期间并未在贵行注销其他账户。

4.本公司作为委托人的委托贷款

账户 名称	银行结算 账号/借据 编号/贷款 账号	资金 借入方	币种	利率	余额	贷款起止 日期	备注

除上述列示的委托贷款外，本公司并无通过贵行办理的其他以本公司作为委托人的委托贷款。

5.本公司作为借款人的委托贷款

账户 名称	银行结算 账号/借据 编号/贷款 账号	资金 借出方	币种	利率	余额	贷款起止 日期	备注

除上述列示的委托贷款外，本公司并无通过贵行办理的其他以本公司作为借款人的委托贷款。

6.担保

（1）本公司为其他单位提供的、以贵行为担保受益人的担保

被担保人	担保 方式	币种	担保 余额	担保 到期日	担保合同编号	备注

除上述列示的担保外，本公司并无其他以贵行为担保受益人的担保。

（2）贵行向本公司提供的担保（如保函业务、备用信用证业务等）

被担保人	担保方式	币种	担保金额	担保到期日	担保合同编号	备注

除上述列示的担保外，本公司并无贵行提供的其他担保。

7.本公司为出票人且由贵行承兑而尚未支付的银行承兑汇票

银行承兑汇票号码	结算账户账号	币种	票面金额	出票日	到期日	抵（质）押品

除上述列示的银行承兑汇票外，本公司并无由贵行承兑而尚未支付的其他银行承兑汇票。

8.本公司向贵行已贴现而尚未到期的商业汇票

商业汇票号码	承兑人名称	币种	票面金额	出票日	到期日	贴现日	贴现率	贴现净额

除上述列示的商业汇票外，本公司并无向贵行已贴现而尚未到期的其他商业汇票。

9.本公司为持票人且由贵行托收（或由本公司提示付款）的商业汇票

商业汇票号码	承兑人名称	币种	票面金额	出票日	到期日

除上述列示的商业汇票外，本公司并无由贵行托收（或由本公司提示付款）的其他商业汇票。

10.本公司为申请人，由贵行开具的、未履行完毕的不可撤销信用证

信用证号码	受益人	币种	信用证金额	到期日	未使用金额

除上述列示的不可撤销信用证外，本公司并无由贵行开具的、未履行完毕的其他不可撤销信用证。

11.本公司与贵行之间未履行完毕的外汇买卖合约

类别	合约号码	贵行卖出币种	贵行买入币种	未履行的合约买卖金额	汇率	交收日期

除上述列示的外汇买卖合约外，本公司并无与贵行之间未履行完毕的其他外汇买卖合约。

12.本公司存放于贵行托管的证券或其他产权文件

证券或其他产权文件名称	证券代码或产权文件编号	数量	币种	金额

除上述列示的证券或其他产权文件外，本公司并无存放于贵行托管的其他证券或其他产权文件。

13.本公司购买的由贵行发行的未到期银行理财产品

产品名称	产品类型（封闭式/开放式）	币种	持有份额	产品净值	购买日	到期日	是否被用于担保或存在其他使用限制

除上述列示的银行理财产品外，本公司并未购买其他由贵行发行的理财产品。

14.其他

6.抽查大额银行存款收支的原始凭证

抽查大额银行存款收支原始凭证时，注册会计师应当检查：（1）原始凭证是否齐全、记账凭证与原始凭证是否相符、账务处理是否正确、是否记录于恰当的会计期间等项内容；（2）是否存在非营业目的的大额货币资金转移，并核对相关账户的进账情况，如有与被审计单位生产经营无关的收支事项，应查明原因并作相应的记录。

7.检查银行存款收支的截止是否正确

选取资产负债表日前后若干张、一定金额以上的凭证实施截止测试，关注业务内容及对应项目，如有跨期收支事项，应考虑是否提请被审计单位进行调整。

8.检查银行存款是否在财务报表中作出恰当列报

注册会计师应当确定银行存款账户的期末余额是否恰当，进而确定银行存款是否在资产负债表中被恰当披露。如果企业的银行存款存在抵押、冻结等使用限制情况或者潜在的回收风险，注册会计师应关注企业是否已经恰当披露有关情况。

（五）其他货币资金的实质性程序

对其他货币资金实施审计程序，注册会计师可以关注保证金、存出投资款流向、存放于第三方平台的资金情况等。表11-51列示了部分其他货币资金审计的实质性程序。

表 11-51 **其他货币资金审计的实质性程序（示例）**

类别	审计程序
1.保证金存款	（1）检查开立银行承兑汇票的协议或银行授信审批文件，根据应付票据的规模推断保证金数额 （2）检查信用证的开立协议与保证金是否相符，检查保证金与相关债务的比例是否与合同约定一致
2.存出投资款	（1）跟踪资金流向，并获取董事会决议等批准文件、开户资料、授权操作资料等。如果投资于证券交易业务，通常结合相应金融资产项目审计，核对证券账户户名是否与被审计单位相符 （2）获取证券公司证券交易结算资金账户的交易流水，抽查大额的资金收支，关注资金收支的账面记录与资金流水是否相符
3.第三方账户资金	（1）获取相关开户信息资料，了解其用途和使用情况，获取与第三方平台签订的协议，了解第三方平台使用流程等内部控制，比照验证银行存款或银行交易的方式对第三方平台支付账户函证交易发生额和余额（如可行） （2）获取第三方平台发生额及余额明细，在验证这些明细信息可靠性的基础上（如观察被审计单位人员登录并操作相关支付平台导出信息的过程，核对界面的真实性，核对平台界面显示或下载的信息与提供给注册会计师的明细信息的一致性等），将其与账面记录进行核对，对大额交易考虑实施进一步的检查程序 （3）检查因互联网支付留存于第三方平台的资金

本章小结

　　循环审计是将财务报表分成几个循环进行审计，即把紧密联系的交易种类和账户余额归入同一循环中，按照业务循环组织实施审计。在执行业务循环审计时，需要了解各业务循环的业务活动内容、控制目标和控制措施、相关凭证和记录、财务报表认定，结合识别和评估的各循环相关的重大错报风险，设计和执行控制测试（若适用）和实质性程序，收集充分、适当的审计证据，形成审计结论。本章内容遵循循环审计的逻辑框架，详细阐述了销售与收款循环审计、采购与付款循环审计、生产与存货循环审计和货币资金审计。其中，销售与收款循环审计深入剖析了该循环的业务流程、控制目标和控制措施、相关凭证和记录、财务报表认定，结合识别和评估的重大错报风险，针对关键控制点实施控制测试，实质性程序特别涵盖了销售截止测试、应收账款的函证以及账龄分析等关键环节；采购与付款循环审计、生产与存货循环审计和货币资金审计的相关内容与销售与收款循环审计思路基本相同，特别介绍了应付账款的实质性程序、存货审计的实质性程序和货币资金的实质性程序。

课后思考题

　　1.什么是循环审计？通常有哪些业务循环？为什么要进行循环审计？

　　2.销售与收款业务流程有哪些环节？各有哪些控制措施、形成哪些单据、支持哪些财务报表认定？

3.采购与付款业务流程有哪些环节？各环节的控制目标是什么？各有哪些控制措施、形成哪些单据、支持哪些财务报表认定？常见的控制测试和实质性程序有哪些？

4.生产与存货业务流程有哪些环节？各环节的控制目标是什么？各有哪些控制措施、形成哪些单据、支持哪些财务报表认定？常见的控制测试和实质性程序有哪些？

5.库存现金和银行存款的控制目标是什么？各有哪些控制措施、形成哪些单据、支持哪些财务报表认定？常见的控制测试和实质性程序有哪些？

本章测评

第十二章
完成阶段的主要审计工作

思维导图

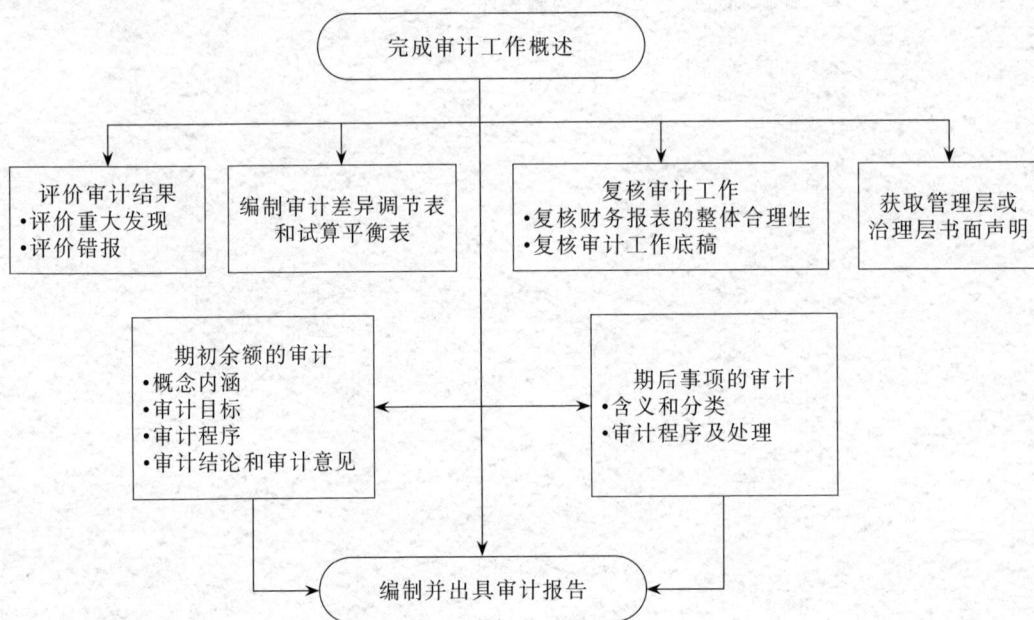

思政领航

- 牢记习近平总书记"打通最后一公里""不能出现断头路"的指示,在学习、工作和生活中发扬持之以恒、有始有终的风格与品质。
- 崇尚法治、诚信、敬业等社会主义核心价值观,在学习、工作和生活中始终怀着敬畏之心,不忘初心、牢记使命,如实、客观处理已发现的问题。

知识传授

- 熟悉完成审计工作阶段的主要工作内容、审计差异调节表及试算平衡表,并掌握如何评价审计中发现的错报和未更正的错报、审计差异的类型。
- 掌握期后事项的定义、类型,并了解注册会计师对于不同时段期后事项应负的责任和应执行的审计程序。

● 掌握书面声明的定义、作用、类型，并熟悉书面声明的内容和对其特殊情形的考虑。

案例引入

变卖企鹅为保壳，审计收尾难服众

2021年7月20日，上交所宣告对大连圣亚控股股份有限公司（以下简称大连圣亚）实施退市风险警示，究其原因还得说回大连圣亚披露的2020年年报。2021年4月30日披露的年报显示，公司2020年度营业收入为1.14亿元，扣非后的净利润为-8 405万元。报告一出，问询立起。大连圣亚此前曾三次披露可能被实施退市风险警示的提示公告，明确预计主营业务收入低于1亿元，这中间的差异是从哪来的？

大连圣亚给出的回答是，新增收入主要来源于企鹅销售。在2020年前三季度，公司均将企鹅销售所得直接确认为资产处置收益。第四季度，公司对2020年前三季度企鹅销售的会计处理进行差错更正。原因是，2020年销售的企鹅中有44只为消耗类企鹅，并确认相关存货销售收入，共计1 876万元。上交所认为，大连圣亚疑似将出售的展示用企鹅（生产性生物资产），作为暂养区企鹅（消耗性生物资产）出售并确认销售收入。为进一步核实情况，上交所联合大连证监局自6月8日起对大连圣亚进行了现场检查，发现前期审计底稿、问询函回复等与本次检查获取文件不一致等问题。

基于现场检查发现的种种问题，年审机构中兴财光华会计师事务所（特殊普通合伙）（以下简称中兴财光华）对前期出具的收入扣除专项核查意见进行了更改，将新增的销售收入从主营业务收入中扣除。经过此次审计调整，大连圣亚2020年营业收入降为8 401万元，且扣非净利润为负，触发了退市风险警示条件。

但大连圣亚对此并不认同。2021年7月14日，大连圣亚声称，审计机构是迫于上交所压力，才更改了收入扣除事项的核查意见，并且新的审计意见"未经公司确认"，公司对此并不认可。上交所则表示，现行规则并未要求会计师出具的相关收入扣除意见须由公司盖章确认。但《股票上市规则》明确规定，在判断上市公司股票是否触及退市风险警示情形时，涉及营业收入指标的，应当扣除与主营业务无关的业务收入或不具备商业实质的收入。最终大连圣亚仍未逃脱被*ST的命运，于7月14日被强制停牌。

由引例中会计师事务所与被审计单位的争议可看出，审计意见并不是由审计机构和人员发现被审计单位的错报后立即出具的。那么，在完成外勤审计工作至出具审计报告这一段时间，注册会计师还需要开展哪些工作？如何根据所获取的审计证据、合理运用职业判断、形成适当的审计意见并编制审计报告呢？本章将讲解相关内容。

◎ 第一节　完成审计工作概述

审计完成阶段是审计工作的最后阶段。该阶段的主要工作包括：评价审计结果，关注期后事项对财务报表的影响，复核审计工作底稿和财务报表等；在此基础上，评价审计结果，编制审计差异调节表和试算平衡表，复核审计工作，获取管理层或治理层书面声明，考虑期初余额和期后事项的影响，获取管理层或治理层书面声明，为出具审计报告做好"最后"的准备工作。

完成审计阶段的主要工作如图 12-1 所示。

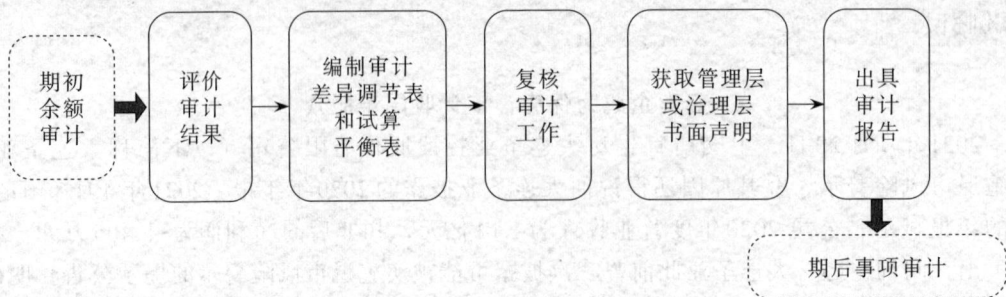

图 12-1　完成审计阶段的主要工作

一、评价审计结果

（一）评价审计中的重大发现

在完成审计工作阶段，项目合伙人和项目组还需要考虑审计过程中的重大发现与事项。具体包括：（1）涉及会计政策的选择、运用和一贯性的重大事项，包括相关披露；（2）就识别出的重大风险，对审计策略和计划的审计程序所作的重大修正；（3）在与管理层和其他人员讨论重大发现和事项时得到的信息；（4）与最终审计结论相矛盾或不一致的信息；（5）期中复核中的重大发现及其对审计方法的影响。

对上述重大发现进行评价，可能全部或部分地揭示出以下事项：（1）为实现审计目标，是否有必要对重要性进行修改；（2）对审计策略、具体审计计划进行重大修正，包括对重大错报风险评估结果的重要变动；（3）财务报表中存在的重大错报；（4）对审计方法有重要影响的值得关注的内部控制缺陷和其他缺陷；（5）在实施审计程序时遇到的重大困难；（6）项目组成员内部，或项目组与项目质量复核人员或提供咨询的其他人员之间，就重大会计和审计事项达成最终结论所存在的意见分歧；（7）向事务所内部有经验的专业人士或外部专业顾问咨询的事项；（8）与管理层或其他人员就重大发现以及与注册会计师的最终审计结论相矛盾或不一致的信息进行的讨论。

（二）评价审计中发现的错报

注册会计师应评价识别出的错报（错报明显微小除外）对审计的影响，以及未更正错报对财务报表的影响。

1. 评价错报并更正

除非法律法规禁止，注册会计师应当及时将审计过程中累积的所有错报（即超过明显微小错报临界值的所有错报）与适当层级的管理层进行沟通，并要求管理层更正这些错报，管理层可对各类交易、账户余额和披露是否存在错报进行评价。适当层级的管理层通常是指有责任和权限对错报进行评价并采取必要行动的人员。

如果管理层应注册会计师的要求，检查了某类交易、账户余额或披露并更正了已发现的错报，注册会计师应当实施追加的审计程序，以确定错报是否仍然存在。

管理层更正所有错报（包括注册会计师通报的错报），能够保持会计账簿和记录的准确性，降低由于与本期相关的、非重大的且尚未更正的错报的累积影响而导致未来期间财务报表出现重大错报的风险。如果管理层拒绝更正沟通的部分或全部错报，注册会计师应当了解管理层不更正错报的理由，并在评价财务报表整体是否不存在重大错报时考虑该理由。

2. 评价未更正的错报并与管理层沟通

未更正错报，是指注册会计师在审计过程中累积的且被审计单位未予更正的错报。注册会计师判断未更正错报单独或汇总起来是否重大，应当考虑以下因素：（1）相对特定类别的交易、账户余额或披露以及财务报表整体而言，错报的金额和性质以及错报发生的特定环境；（2）与以前期间相关的未更正错报对相关类别的交易、账户余额或披露以及财务报表整体的影响。

除非法律法规禁止，注册会计师应当与治理层沟通未更正错报，以及这些错报单独或汇总起来可能对审计意见产生的影响。注册会计师应与负有管理责任且同时负有治理责任的人员沟通，并确信该沟通能够向所有负有治理责任的人员充分传递应予沟通的内容。此外，注册会计师还应当与治理层沟通与以前期间相关的未更正错报对相关类别的交易、账户余额或披露以及财务报表整体的影响。

二、编制审计差异调节表和试算平衡表

审计项目负责人应根据重要性原则，通过编制审计差异调整表和试算平衡表初步确定、汇总审计差异，并与被审计单位召开审计总结会，沟通被审计单位进行调整的事项，以确定最终审计后的财务报表。

（一）审计差异的类型

1. 核算误差和重分类误差

审计差异按是否需要调整被审计单位的账簿记录，可以分为核算误差和重分类误差两类。核算误差，是指企业由于对交易或事项进行了不正确的会计处理而引起的会计科目或金额的错误。重分类误差，是指企业未按有关会计准则和制度的规定列报财务报表而引起的报告项目的错误。因此，核算误差需要对企业的账簿记录和财务报表均进行调整，重分类误差则只需要在编制报表的过程中调整即可。

2. 建议调整的不符事项和不建议调整的不符事项

根据重要性水平衡量，核算误差又可分为建议调整的不符事项和不建议调整的不符事项。注册会计师需要运用职业判断，从误差的金额和性质两个角度来考虑：（1）如果单笔核算误差超过相关财务报表账户余额层次的重要性水平，应视为建议调整的不符事项；（2）有些核算误差虽然低于特定类别的交易、账户余额或披露层次的重要性水平，但涉及舞弊与违法行为，或是不希望出现错误的科目（如实收资本科目的错误），应确定为建议调整的不符事项；（3）虽然单笔核算误差低于特定类别的交易、账户余额或披露层次的重要性水平，并且性质不重要，但数量较多，且若干笔同类型核算误差汇总超过了重要性水平，应从中选取几笔金额较大的转为建议调整的不符事项。

（二）审计差异的调整

注册会计师一般应采用书面形式，征求被审计单位对审计差异是否同意调整的意见。如果被审计单位予以采纳，应取得被审计单位同意的书面确认，根据确认调整后的已审财

务报表考虑审计意见的类型；若被审计单位不予调整，应分析原因，根据未调整不符事项的重要程度，确定未更正错报对已审定财务报表及审计意见的影响，并考虑是否在审计报告中反映以及如何反映。

（三）审计差异调整表和试算平衡表

审计差异调整通过编制调整分录和调整表来实现。审计调整分录一般对报表进行整体分析，确定分录的借贷方项目，多计就通过相反方向作相应的冲抵，少计就增加。审计调整分录汇总起来后就形成了审计差异调整表（见表12-1）。

表12-1　　　　　　　　　　　　　　　审计差异调整表

客户 ＿＿＿＿＿＿＿＿＿＿＿＿　签名 ＿＿＿＿＿＿＿＿＿＿＿　页次 ＿＿＿＿＿＿＿＿＿＿

项目 审计差异调整表 ＿＿＿＿＿　编制 ＿＿＿＿＿＿＿＿＿＿＿　索引号 ＿＿＿＿＿＿＿＿＿

截止日 ＿＿＿＿＿＿＿＿＿＿　复核 ＿＿＿＿＿＿＿＿＿＿＿　日期 ＿＿＿＿＿＿＿＿＿＿

分录序号	调整内容	调整分录的科目名称		金额		工作底稿索引号
		一级科目	明细科目	借方金额	贷方金额	
	合计					

与被审计单位的沟通：

参加人员：

客户名称：＿＿＿＿＿＿＿＿＿＿＿＿＿＿＿＿＿＿＿＿＿＿＿＿＿＿＿＿＿＿＿＿＿＿

审计项目组：＿＿＿＿＿＿＿＿＿＿＿＿＿＿＿＿＿＿＿＿＿＿＿＿＿＿＿＿＿＿＿＿＿

客户单位的意见：＿＿＿＿＿＿＿＿＿＿＿＿＿＿＿＿＿＿＿＿＿＿＿＿＿＿＿＿＿＿

结论：

是否同意上述审计调整：＿＿＿＿＿＿＿＿

客户单位授权代表签字：＿＿＿＿＿＿＿＿日期：＿＿＿＿＿＿＿

注册会计师根据被审计单位同意调整事项的意见对未审财务报表进行调整，编制试算平衡表，试算平衡表中的审定数即为确定的已审财务报表数据。资产负债表与利润表的试算平衡表见表12-2、表12-3。

表12-2

资产负债表试算平衡表

客户＿＿＿＿＿＿　　　　　　　　　　　　　　　　　　签名＿＿＿＿＿＿　　　日期＿＿＿＿＿＿

项目＿＿＿＿＿＿　　　　　　　　　　　　　　　　　　编制＿＿＿＿＿＿　　　索引号＿＿＿＿＿＿

会计期间＿＿＿＿＿＿　　　　　　　　　　　　　　　　复核＿＿＿＿＿＿　　　页次＿＿＿＿＿＿

项目	未审数	调整金额 借方	调整金额 贷方	重分类金额 借方	重分类金额 贷方	审定数
流动资产：						
货币资金						
交易性金融资产						
衍生金融资产						
应收票据						
应收账款						
应收款项融资						
预付款项						
其他应收款						
存货						
合同资产						
持有待售资产						
一年内到期的非流动资产						
其他流动资产						
流动资产合计						
非流动资产：						
债权投资						
其他债权投资						
长期应收款						
长期股权投资						
其他权益工具投资						

项目	未审数	调整金额 借方	调整金额 贷方	重分类金额 借方	重分类金额 贷方	审定数
流动负债：						
短期借款						
交易性金融负债						
衍生金融负债						
应付票据						
应付账款						
预收款项						
合同负债						
应付职工薪酬						
应交税费						
其他应付款						
持有待售负债						
一年内到期的非流动负债						
其他流动负债						
流动负债合计						
非流动负债：						
长期借款						
应付债券						
其中：优先股						
永续债						
租赁负债						

续表

项目	未审数	调整金额 借方	调整金额 贷方	重分类金额 借方	重分类金额 贷方	审定数
其他非流动金融资产						
投资性房地产						
固定资产						
在建工程						
生产性生物资产						
油气资产						
使用权资产						
无形资产						
开发支出						
商誉						
长期待摊费用						
递延所得税资产						
其他非流动资产						
非流动资产合计						
资产总计						

项目	未审数	调整金额 借方	调整金额 贷方	重分类金额 借方	重分类金额 贷方	审定数
长期应付款						
预计负债						
递延收益						
递延所得税负债						
其他非流动负债						
非流动负债合计						
负债合计						
所有者权益（或股东权益）：						
实收资本（或股本）						
其他权益工具						
其中：优先股						
永续债						
资本公积						
减：库存股						
其他综合收益						
专项储备						
盈余公积						
未分配利润						
所有者权益（或股东权益）合计						
负债和所有者权益（或股东权益）总计						

表 12-3　　　　　　　　　　利润表试算平衡表

客户＿＿＿＿＿＿＿＿＿＿＿　签名＿＿＿＿＿＿＿＿＿＿＿　页次＿＿＿＿＿＿＿＿＿＿＿

项目＿＿＿＿＿＿＿＿＿＿＿　编制＿＿＿＿＿＿＿＿＿＿＿　索引号＿＿＿＿＿＿＿＿＿＿

截止日＿＿＿＿＿＿＿＿＿＿　复核＿＿＿＿＿＿＿＿＿＿＿　日期＿＿＿＿＿＿＿＿＿＿＿

项目	未审数	调整金额		重分类金额		审定数
		借方	贷方	借方	贷方	
一、营业收入						
减：营业成本						
税金及附加						
销售费用						
管理费用						
财务费用						
加：公允价值变动收益（损失以"－"号填列）						
投资收益（损失以"－"号填列）						
其中：对联营企业和合营企业的投资收益						
资产减值损失（损失以"－"填列）						
二、营业利润（亏损以"－"号填列）						
加：营业外收入						
减：营业外支出						
三、利润总额（亏损总额以"－"号填列）						
减：所得税费用						
四、净利润（净亏损以"－"号填列）						
五、其他综合收益的税后净额						
六、综合收益总额						
七、每股收益：						
（一）基本每股收益						
（二）稀释每股收益						

三、复核审计工作

会计师事务所和注册会计师复核审计工作包括对财务报表整体合理性进行总体复核和对审计工作底稿进行质量复核两个方面。

（一）对财务报表整体合理性进行总体复核

在审计结束或临近结束时，注册会计师需要运用分析程序确定经审计调整后的财务报表整体是否与对被审计单位的了解一致、是否具有合理性。在运用分析程序进行总体复核时，如果识别出之前未识别的重大错报风险，注册会计师应当重新考虑对全部或部分各类别的交易、账户余额、披露评估的风险是否恰当，并在此基础上重新评价之前计划的审计程序是否充分、是否有必要追加审计程序。

（二）复核审计工作底稿

审计工作底稿复核贯穿审计全过程。例如，在审计计划阶段复核记录总体审计策略和具体审计计划的审计工作底稿，在审计执行阶段复核记录控制测试和实质性程序的审计工作底稿等，在完成审计工作阶段复核记录重大事项、审计调整及未更正错报的审计工作底稿等。审计工作底稿复核分为项目组内部复核以及项目质量复核两个层面。

1.项目组内部复核

项目组内部复核可分为项目负责经理的现场复核和项目合伙人的复核。项目负责经理的现场复核属于第一级复核，是详细复核，通常在审计现场完成，以便及时发现问题并解决问题。项目负责经理复核的内容包括但不限于：（1）审计工作是否已按照职业准则和适用的法律法规的规定执行；（2）重大事项是否已提请进一步考虑；（3）相关事项是否已进行适当咨询，由此形成的结论是否已得到记录和执行；（4）是否需要修改已执行审计工作的性质、时间安排和范围；（5）已执行的审计工作是否支持形成的结论，并已得到适当记录；（6）已获取的审计证据是否充分、适当；（7）审计程序的目标是否已实现。

项目合伙人的复核属于第二级复核，是项目组内最高级别的复核，该复核既是对重要审计事项的把关，也是对项目负责经理的再监督。项目合伙人应当在与管理层、治理层或相关监管机构签署正式书面沟通文件之前等适当时点进行复核。项目合伙人复核的内容包括：（1）重大事项；（2）重大判断，包括与在审计中遇到的困难或有争议事项相关的判断，以及得出的结论；（3）特别风险；（4）根据项目合伙人的职业判断，与项目合伙人的职责有关的其他事项。项目合伙人在签署审计报告前应复核财务报表、审计报告及相关的审计工作底稿，并与项目组讨论，确信已获取充分、适当的审计证据，并支持得出的结论和拟出具的审计报告。

2.项目质量复核

项目质量复核，是指在报告日或报告日之前，项目质量复核人员对项目组作出的重大判断及据此得出的结论作出的客观评价。项目质量复核也称独立复核，属于第三级复核，也是重点复核。

项目质量复核人员既可能来自会计师事务所内部，也可能是会计师事务所委派的外部人员。项目质量复核人员的胜任能力应当至少与项目合伙人相当，且在面对来自项目合伙人或会计师事务所内部其他人员的压力时能够坚持原则。为了实现该目标，会计师事务所应当制定政策和程序，将委派项目质量复核人员的职责分配给会计师事务所内具有履行该职责所需的胜任能力及适当权威性的人员，并要求该人员在全所范围内（包括分所或分部）统一委派项目质量复核人员；而且，项目质量复核人员、为项目质量复核人员提供协助的人员需具备适当的胜任能力（包括充足的时间、适当的权威性）、遵守相关职业道德要求（包括客观性、独立性、公正性）、遵守与任职资质要求相关的法律法规规定（如有），且不得作为项目组成员。

项目质量复核人员在实施项目质量复核时，应当实施下列程序：（1）阅读并了解与项目组就项目和客户的性质和具体情况进行沟通获取的信息、与会计师事务所就监控和整改程序进行沟通获取的信息，特别是针对可能与项目组的重大判断相关或影响该重大判断的领域识别。（2）与项目合伙人及其他项目组成员（如适用）讨论重大事项，以及在项目计划、实施和报告时作出的重大判断。（3）基于从前两点中所获取的信息，选取部分与项目组作出的重大判断相关的业务工作底稿进行复核，并评价作出这些重大判断的依据、业务工作底稿能否支持得出的结论、得出的结论是否恰当。（4）评价项目合伙人确定独立性要求已得到遵守的依据。（5）评价是否已就疑难问题或争议事项、涉及意见分歧的事项进行适当咨询，并评价咨询得出的结论。（6）评价项目合伙人对整个审计过程的参与程度是否充分且适当，项目合伙人能否确定作出的重大判断和得出的结论适合项目的性质和具体情况。（7）复核被审计财务报表和审计报告，以及审计报告中对关键审计事项的描述（如适用）。

只有完成了项目质量复核，注册会计师才能签署审计报告。注册会计师要考虑在审计过程中与项目质量复核人员积极协调配合，使其能够及时实施项目质量复核，而非在出具审计报告前才实施复核。例如，在审计计划阶段，项目质量复核人员可复核项目组对会计师事务所独立性作出的评价、项目组在制定审计策略和审计计划时作出的重大判断及发现的重大事项等。

四、获取管理层或治理层书面声明

注册会计师应当要求管理层和治理层（如适用）提供书面声明，说明其是否认为未更正错报单独或汇总起来对财务报表整体的影响不重大。

由于编制财务报表要求管理层和治理层（如适用）调整财务报表以更正重大错报，注册会计师应当要求其提供有关未更正错报的书面声明。在某些情况下，管理层和治理层（如适用）可能并不认为注册会计师提出的某些未更正的错报是错报。基于这一原因，他们可能在书面声明中增加以下表述："因为［描述理由］，我们不同意……事项和……事项构成错报。"声明书样式如下：

【参考格式】

背景信息：

1.被审计单位采用企业会计准则编制财务报表。

2.《中国注册会计师审计准则第1324号——持续经营》中有关获取书面声明的要求不相关。

3.所要求的书面声明不存在例外情况。如果存在例外情况，则需要对本参考格式列示的书面声明的内容予以调整，以反映这些例外情况。

声 明 书

（ABC公司信笺）（致注册会计师）：

本声明书是针对你们审计ABC公司截至20×1年12月31日的财务报表而提供的。审计的目的是对财务报表发表意见，以确定财务报表是否在所有重大方面已按照企业会计准则的规定编制，并实现公允反映。

尽我们所知，并在作出了必要的查询和了解后，我们确认：

一、财务报表

1.我们已履行［插入日期］签署的审计业务约定书中提及的责任，即根据企业会计准则的规定编制财务报表，并对财务报表进行公允反映。

2.根据企业会计准则有关确认、计量或披露的规定，作出会计估计和相关披露时使用的方法、重大假设和数据是适当的。

3.已按照企业会计准则的规定对关联方关系及其交易作出了恰当的会计处理和披露。

4.根据企业会计准则的规定，所有需要调整或披露的资产负债表日后事项都已得到调整或披露。

5.未更正错报，无论是单独还是汇总起来，对财务报表整体的影响均不重大。未更正错报汇总表附在本声明书后。

6.［插入注册会计师可能认为适当的其他任何事项］。

二、提供的信息

7.我们已向你们提供下列工作条件：

（1）允许接触我们注意到的、与财务报表编制相关的所有信息（如记录、文件和其他事项）。

（2）提供你们基于审计目的要求我们提供的其他信息。

（3）允许在获取审计证据时不受限制地接触你们认为必要的本公司内部人员和其他相关人员。

8.所有交易均已记录并反映在财务报表中。

9.我们已向你们披露了舞弊可能导致的财务报表重大错报风险的评估结果。

10.我们已向你们披露了我们注意到的、可能影响本公司的与舞弊或舞弊嫌疑相关的所有信息，这些信息涉及本公司的：

（1）管理层。

（2）在内部控制中承担重要职责的员工。

（3）其他人员（在舞弊行为导致财务报表重大错报的情况下）。

11.我们已向你们披露了从现任和前任员工、分析师、监管机构等方面获知的、影响财务报表的舞弊指控或舞弊嫌疑的所有信息。

12.我们已向你们披露了所有已知的、在编制财务报表时应当考虑其影响的违反或涉嫌违反法律法规的行为。

13.我们已向你们披露了我们注意到的关联方的名称和特征、所有关联方关系及其交易。

14.［插入注册会计师可能认为必要的其他任何事项］。

附：未更正错报汇总表（在本参考格式中予以省略）

ABC公司

ABC公司管理层（签名并盖章）

20×2年×月×日

（盖章）

中国××市

如果管理层不提供要求的一项或多项书面声明，注册会计师应当：（1）与管理层讨论该事项；（2）重新评价管理层的诚信，并评价该事项对书面或口头声明和审计证据总体的可靠性可能产生的影响；（3）采取适当措施，包括确定该事项对审计意见可能产生的影响。

值得注意的是，该声明的获取可能对审计意见的形成产生影响，存在下列情形之一，注册会计师应当对财务报表发表无法表示意见：（1）注册会计师对管理层的诚信产生重大疑虑，以至于认为其针对管理层责任作出的书面声明不可靠；（2）管理层不提供针对管理层责任的书面声明。

五、编制并出具审计报告

审计报告是指注册会计师根据审计准则的规定，在执行审计工作的基础上，对财务报表发表审计意见的书面文件。注册会计师做好完成阶段的各项审计工作后，可以根据所获取的审计证据，合理运用职业判断形成适当的审计意见，编制并出具审计报告。本书第十三章将对审计报告的相关内容展开详细阐述。

◎ 第二节　期初余额审计

注册会计师对财务报表进行审计，是对被审计单位所审期间财务报表发表审计意见，一般无须专门对期初余额发表审计意见。在连续审计中，只需关注被审计单位经审计的上期期末余额是否已正确结转至本期，或在适当的情况下已作出重新表述，通常不需要对期初余额执行审计程序。但当注册会计师首次接受委托对被审计单位的财务报表进行审计时，因为期初余额是本期财务报表的基础，所以要对期初余额实施适当的审计程序。首次审计业务，是指在上期财务报表未经审计，或上期财务报表由前任注册会计师审计的情况下承接的审计业务。

一、期初余额的概念

期初余额是指期初已存在的账户余额。期初余额以上期期末余额为基础，反映了以前期间的交易和事项以及上期采用的会计政策的结果。正确理解期初余额的含义，需要把握以下三点：

1.期初余额是期初已存在的账户余额

期初已存在的账户余额是由上期结转至本期的金额，或是上期期末余额调整后的金额。通常，期初余额是上期账户结转至本期账户的余额，在数额上与相应账户的上期期末余额相等。但是，由于受上期期后事项、会计政策变更、前期会计差错更正等因素的影响，上期期末余额结转至本期时，有时需经过调整或重新表述。例如，对于会计政策变更，根据《企业会计准则第28号——会计政策、会计估计变更和差错更正》的规定，企业应当采用追溯调整法处理，将会计政策变更累积影响数调整列报前期最早期初留存收益，其他相关项目的期初余额、列报前期披露的其他比较数据也应当一并调整；对于前期会计差错更正事项，企业应当采用追溯重述法更正重要的前期差错。实际上，采用追溯调整法或者追溯重述法，就是在上期期末数的基础上进行适当调整，形成本期期初数。

2.期初余额反映了以前期间的交易和事项以及上期采用的会计政策的结果

期初余额应以客观存在的经济业务为依据，是被审计单位按照上期采用的会计政策对以前会计期间发生的交易和事项进行处理的结果。

3.期初余额与注册会计师首次审计业务相联系

注册会计师应当根据期初余额对财务报表的影响程度，合理运用职业判断，以确定期初余额的审计范围。注册会计师应重点从上期结转至本期的金额、上期所采用的会计政策和上期期末已存在的或有事项及承诺三个方面，判断期初余额对本期财务报表的影响程度。

二、期初余额的审计目标

在执行首次审计业务时，注册会计师应对期初余额获取充分、适当的审计证据，以确定期初余额是否含有对本期财务报表产生重大影响的错报，以及期初余额是否已恰当反映会计政策的运用。

（一）期初余额是否含有对本期财务报表产生重大影响的错报

判断期初余额是否存在对本期财务报表产生重大影响的错报，主要是依据期初余额的错报对本期财务报表使用者进行决策的影响程度，是否足以改变或影响其判断。如果期初余额存在对本期财务报表产生重大影响的错报，则注册会计师在审计中必须对此提出恰当的审计调整或披露建议；反之，注册会计师无须对此予以特别关注和处理。例如，上期财务报表中对某项新增固定资产的初始计量存在重大差错，这一差错不仅会影响本期期末资产负债表中固定资产项目和资产总额项目的正确列报，同时还会因此影响本期损益核算的正确性，进而可能使得本期财务报表使用者在决策时作出错误判断。此时，注册会计师应当对此提出恰当的审计调整或披露建议。

（二）期初余额是否已反映对恰当会计政策的运用

按照《企业会计准则第28号——会计政策、会计估计变更和差错更正》的规定，企业采用的会计政策，在每一会计期间和前后各期应当保持一致，不得随意变更。但是，在满足下列条件之一的情形下，可以变更会计政策：（1）法律、行政法规或者国家统一的会计制度等要求变更会计政策。（2）会计政策变更能够提供更可靠、更相关的会计信息。对于会计政策变更能够提供更可靠、更相关的会计信息的，应当采用追溯调整法处理，即将会计政策变更累积影响数调整列报前期最早期初留存收益，其他相关项目的期初余额和列报前期披露的其他比较数据也应当一并调整，但确定该项会计政策变更累积影响数不切实可行的情况除外。准则同时对本期财务报表附注中披露与会计政策变更有关的信息方面的问题提出了明确要求。

在审计期初余额时，注册会计师应当按照《企业会计准则第28号——会计政策、会计估计变更和差错更正》的有关要求，评价被审计单位是否一贯运用恰当的会计政策，或是否对会计政策的变更作出了正确的会计处理和恰当的列报与披露。

三、期初余额的审计程序

为达到上述期初余额的审计目标，注册会计师应当阅读被审计单位最近期间的财务报表和相关披露，以及前任注册会计师出具的审计报告（如有），获取与期初余额相关的信息，并执行如下审计程序：

（一）确定上期期末余额是否已正确结转至本期，或在适当的情况下已作出重新表述

上期期末余额已正确结转至本期是指上期账户余额计算正确、上期总账余额与各明细账余额合计数或日记账余额合计数相等以及上期各总账余额和相应的明细账余额或日记账余额已经分别恰当地过入本期的总账和相应的明细账或日记账。上期期末余额通常应直接结转至本期。但在出现某些情形时，上期期末余额不应直接结转至本期，而应当作出重新表述。例如，企业会计准则和相关会计制度的要求发生变化；或者上期期末余额存在重大的前期差错，如果前期差错累积影响数能够确定，按规定应当采用追溯重述法进行更正。

注册会计师应当检查：（1）上期期末余额是否已结转至本期；（2）如果企业会计准则和相关会计制度的要求发生变化，或者上期期末余额存在重大的前期差错，前期差错累积影响数能够确定，检查企业是否对上期期末余额作出重新表述并正确结转至本期。

（二）确定期初余额是否反映对恰当会计政策的运用

在审计期初余额是否反映对恰当会计政策的运用时，注册会计师应当实施以下审计程序：（1）应了解、分析被审计单位所选用的会计政策是否恰当，是否符合适用的财务报告编制基础的要求，按照所选用会计政策对被审计单位发生的交易或事项进行处理，是否能够提供可靠、相关的会计信息。（2）如果认定被审计单位所选用的会计政策恰当，注册会计师应确认该会计政策是否在每一会计期间和前后各期均得到一贯执行，有无变更。（3）如果发现会计政策发生变更，注册会计师应确定其变更理由是否充分，是否按规定予以变更，或者由于具体情况发生变化，会计政策变更能够提供更可靠、更相关的会计信息并关注被审计单位是否已经按照适用的财务报告编制基础的要求，对会计政策变更作出适当的会计处理和充分披露。

如果被审计单位上期选用的会计政策不恰当或与本期不一致，注册会计师在实施期初余额审计时应提请被审计单位进行调整或予以披露。

（三）实施一项或多项审计程序

注册会计师对期初余额需要实施的审计程序的性质和范围取决于下列事项：（1）被审计单位运用的会计政策；（2）账户余额、各类交易和披露的性质以及本期财务报表存在的重大错报风险；（3）期初余额相对于本期财务报表的重要程度；（4）上期财务报表是否经过审计，如果经过审计，前任注册会计师的意见是否为非无保留意见。

注册会计师对期初余额实施的一项或多项审计程序包括：

1.如果上期财务报表已经审计，查阅前任注册会计师的审计工作底稿可获取审计证据

（1）查阅前任注册会计师的工作底稿。查阅的重点通常限于对本期审计产生重大影响的事项，如前任注册会计师对上期财务报表发表的审计意见的类型和主要内容，针对上期财务报表的审计计划和审计总结等，具体来讲：①查阅前任注册会计师工作底稿中的所有重要审计领域；②考虑前任注册会计师是否已实施审计程序，收集充分、适当的审计证据，以支持资产负债表重要账户的期初余额；③复核前任注册会计师建议的调整分录和未更正错报汇总表，并评价其对当期审计的影响。

（2）考虑前任注册会计师的独立性和专业胜任能力。注册会计师可能通过复核前任注册会计师的审计工作底稿，获取有关期初余额的充分、适当的审计证据。如果认为前任注册会计师不具有独立性，或者不具有应有的专业胜任能力，则无法通过查阅其审计工作底

稿获取有关期初余额的充分、适当的审计证据。

（3）与前任注册会计师沟通时的考虑。在与前任注册会计师沟通时，注册会计师应当遵守职业道德守则和《中国注册会计师审计准则第1153号——前任注册会计师和后任注册会计师的沟通》的规定。

2.评价本期实施的审计程序是否提供了有关期初余额的审计证据

例如，本期应收账款的收回（或应付账款的支付）为其期初余额的"存在"、"权利和义务"、"完整性"以及"准确性、计价和分摊"认定提供了部分审计证据。

3.实施其他专门的审计程序，以获取有关期初余额的审计证据

注册会计师应当根据期初余额有关账户的不同性质实施相应的审计程序。账户的性质主要按照账户属于资产类还是负债类、属于流动性还是非流动性等标准加以区分。

（1）对流动资产和流动负债的审计程序

当本期实施的审计程序无法提供有关期初余额的审计证据时，注册会计师有必要实施追加的审计程序。例如，因为委托时间滞后，注册会计师可能未能对上期期末存货实施监盘，而且由于本期对存货的期末余额实施的审计程序几乎无法提供有关期初持有存货的审计证据，因此，注册会计师有必要实施追加的审计程序。追加的审计程序通常包括：监盘当前的存货数量并调节至期初存货数量，对期初存货项目的计价实施审计程序，以及对毛利和存货截止实施审计程序等。

（2）对非流动资产和非流动负债的审计程序

注册会计师审计长期股权投资、固定资产和长期借款等非流动资产和非流动负债的期初余额时，可以通过检查形成期初余额的会计记录和其他信息获取审计证据。在某些情况下，注册会计师还可以通过向第三方函证获取有关期初余额（如长期借款和长期股权投资的期初余额）的部分审计证据。而在另外一些情况下，注册会计师还可能需要实施追加的审计程序。

四、审计结论和审计意见

在对期初余额实施审计程序后，注册会计师应当分析已获取的审计证据，区分不同情况形成对被审计单位期初余额的审计结论，在此基础上确定其对本期财务报表出具审计报告的影响。表12-4列示了注册会计师对期初余额审计后可能形成的审计结论和审计意见。

表12-4　　　　　　　　　对期初余额审计后可能形成的审计结论和审计意见

审计结论	审计意见类型
1.审计后不能获取有关期初余额的充分、适当的审计证据	发表下列类型之一的非无保留意见： ➤发表适合具体情况的保留意见或无法表示意见 ➤除非法律法规禁止，对经营成果和现金流量（如相关）发表保留意见或无法表示意见，而对财务状况发表无保留意见
2.期初余额存在对本期财务报表产生重大影响的错报	➤注册会计师应当告知管理层。如果上期财务报表由前任注册会计师审计，注册会计师还应当提请管理层告知前任注册会计师 ➤如果错报的影响未能得到正确的会计处理和恰当的列报与披露，注册会计师应当对财务报表发表保留意见或否定意见

续表

审计结论	审计意见类型
3.会计政策变更对审计报告的影响	如果认为按照适用的财务报告编制基础与期初余额相关的会计政策未能在本期得到一贯运用，或者会计政策的变更未能得到恰当的会计处理或适当的列报与披露，注册会计师应当对财务报表发表保留意见或否定意见
4.前任注册会计师对上期财务报表发表了非无保留意见	注册会计师应当考虑该审计报告对本期财务报表的影响。如果导致发表非无保留意见的事项对本期财务报表仍然相关和重大，注册会计师应当对本期财务报表发表非无保留意见

◎ 第三节 期后事项

企业的经营活动是连续不断、持续进行的，但财务报表的编制是建立在"会计分期假设"基础之上的。注册会计师在审计被审计单位某一会计年度的财务报表时，除了对所审会计年度内发生的交易和事项实施必要的审计程序外，还必须考虑所审会计年度之后发生和发现的事项对财务报表和审计报告的影响，以便对财务报表的合法性、公允性发表恰当的审计意见。

一、期后事项的含义与分类

（一）期后事项的含义

期后事项是指财务报表日至审计报告日之间发生的事项，以及注册会计师在审计报告日后知悉的事实。

财务报表日，是指财务报表涵盖的最近期间的截止日期。根据《会计法》的规定，"会计年度自公历1月1日起至12月31日止"。财务报表批准日，是指构成整套财务报表的所有报表（包括相关附注）已编制完成，并且被审计单位的董事会、管理层或类似机构已经认可其对财务报表负责的日期。

审计报告日，是指注册会计师在对财务报表出具的审计报告上签署的日期。审计报告日不应早于注册会计师获取充分、适当的审计证据（包括证明构成整套财务报表的所有报表已编制完成，并且法律法规规定的被审计单位董事会、管理层或类似机构已经认可其对财务报表负责的证据），并在此基础上对财务报表形成审计意见的日期。因此，审计报告日不应早于财务报表批准日，但二者之间的时间间隔很短，实务中审计报告日与财务报表批准日通常是同一天。

财务报表报出日，是指审计报告和已审财务报表提供给第三方的日期。由于已审财务报表不能在未附审计报告的情况下报出，因此已审财务报表的报出日不应早于审计报告日，且不应早于审计报告提交给被审计单位的日期。

（二）调整事项和非调整事项

根据期后事项是否需要调整，将其划分为"调整事项"和"非调整事项"两类。

1.调整事项

调整事项，是指对资产负债表日已经存在的情况提供证据的事项，即对资产负债表日已经存在的情况提供了新的或进一步证据的事项。这类事项影响财务报表金额，需提请被审计单位管理层调整财务报表及与之相关的披露信息。如果这类期后事项的金额重大，应提请被审计单位对本期财务报表及相关的账户金额进行调整。

常见的资产负债表日后调整事项有：（1）资产负债表日后诉讼案件结案，法院判决证实了企业在资产负债表日已经存在现时义务，需要调整原先确认的与该诉讼案件相关的预计负债，或确认一项新负债。（2）资产负债表日后取得确凿证据，表明某项资产在资产负债表日发生了减值或者需要调整该项资产原先确认的减值金额。（3）资产负债表日后进一步确定了资产负债表日前购入资产的成本或售出资产的收入。（4）资产负债表日后发现了财务报表舞弊或差错。

2.非调整事项

非调整事项，是指对资产负债表日后发生的情况提供证据的事项。这类事项不影响财务报表金额，因此不需要调整被审计单位报告期的财务报表，但可能影响对财务报表的正确理解，需提请被审计单位管理层在财务报表附注中作适当披露。

常见的非调整事项有：（1）资产负债表日后发生重大诉讼、仲裁、承诺；（2）资产负债表日后资产价格、税收政策、外汇汇率发生重大变化；（3）资产负债表日后因自然灾害导致资产发生重大损失；（4）资产负债表日后发行股票和债券以及其他巨额举债；（5）资产负债表日后以资本公积转增资本；（6）资产负债表日后发生巨额亏损；（7）资产负债表日后发生企业合并或处置子公司；（8）资产负债表日后企业利润分配方案中拟分配的以及经审议批准宣告发放的股利或利润。

（三）第一时段期后事项、第二时段期后事项和第三时段期后事项

期后事项根据发生时间不同，可以划分为以下三个时段的期后事项：

第一时段期后事项，是指财务报表日后至审计报告日发生的事项。对于这一时段的期后事项，注册会计师负有主动识别的义务，应当设计和实施专门的审计程序来识别这些期后事项，获取充分、适当的审计证据，并根据这些事项的性质判断其对财务报表的影响，进而确定是进行调整还是披露。但是，注册会计师并不需要对之前已实施审计程序并已得出满意结论的事项执行追加的审计程序。

第二时段期后事项，是指审计报告日后至财务报表报出日发生的事项。在这一时段，注册会计师针对被审计单位的审计业务已经结束，要识别可能存在的期后事项比较困难；但由于被审计单位的财务报表并未报出，管理层有责任将发现的可能影响财务报表的事实告知注册会计师；此外，注册会计师还可能从媒体报道、举报信或者证券监管部门告知等途径获悉影响财务报表的期后事项。所以，在审计报告日后，注册会计师没有义务针对财务报表实施任何审计程序，仅承担被动识别的审计责任。

第三时段期后事项，是指财务报表报出日后发生的事项。在财务报表报出日之后，审计工作已完结，注册会计师没有义务针对财务报表实施任何审计程序。但是，并不排除注册会计师通过媒体等其他途径获悉可能对财务报表产生重大影响的期后事项的可能性。如果注册会计师知悉了某事实，且若在审计报告日知悉可能导致修改审计报告，注册会计师应当：第一，与管理层和治理层（如适用）讨论该事项；第二，确定财务报表是否需要修改；第三，如果需要修改，询问管理层将如何在财务报表中处理该事项。应当指出的是，需要注册会计师在知悉后采取行动的第三时段期后事项是有严格限制的：（1）这类期后事

项应当是在审计报告日后发生的事实。(2)该事实如果被注册会计师在审计报告日前获知,可能影响审计报告。只有同时满足这两个条件,注册会计师才需要采取行动。

期后事项的时段分布情况如图12-2所示。

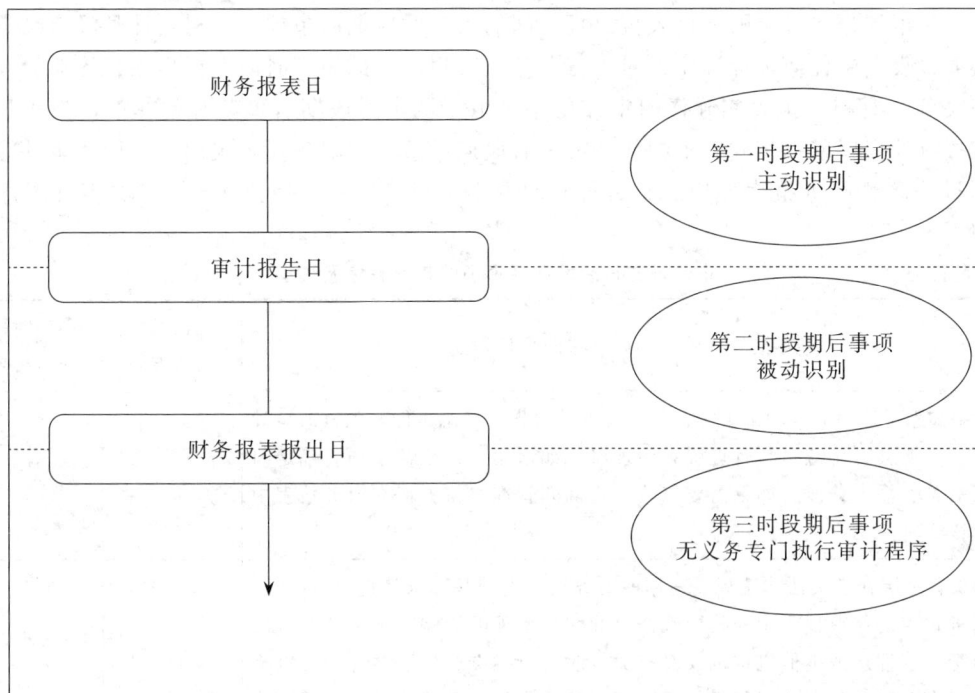

图12-2　期后事项的时段分布图

二、期后事项的审计程序及处理

(一)第一时段(财务报表日——审计报告日)期后事项的审计程序

由于这一时段尚处在审计报告出具之前,注册会计师应当设计和实施审计程序,获取充分、适当的审计证据,以确定所有在财务报表日至审计报告日之间发生的、需要在财务报表中调整或披露的事项均已得到识别。但是,注册会计师并不需要对之前已实施审计程序并已得出满意结论的事项执行追加的审计程序。注册会计师实施的审计程序应能够涵盖财务报表日至审计报告日(或尽可能接近审计报告日)之间的期间。

注册会计师应当根据风险评估的结果,确定审计程序的性质和范围。常见的审计程序有:(1)了解管理层为确保识别期后事项而建立的程序。(2)询问管理层和治理层(如适用),确定是否已发生可能影响财务报表的期后事项。注册会计师可以询问根据初步或尚无定论的数据作出会计处理的项目的现状,以及是否已发生新的承诺、借款或担保,是否计划出售或购置资产等。(3)查阅被审计单位的所有者、管理层和治理层在财务报表日后举行会议的纪要,在不能获取会议纪要的情况下,询问此类会议讨论的事项。(4)查阅被审计单位最近的中期财务报表(如有)。

在实施前述审计程序后,如果注册会计师识别出需要在财务报表中调整或披露的事项,应当要求管理层和治理层(如适用)提供书面声明,确认所有在财务报表日后发生的、按照适用的财务报告编制基础的规定应予调整或披露的事项均已得到调整或披露。如果管理层未按规定进行调整或披露，注册会计师应将其视为未更正错报，考虑其对审计意见的影响。

（二）审计报告日后的期后事项的审计程序

对于审计报告日至财务报表报出日之间的第二时段期后事项，注册会计师没有义务针对财务报表实施任何审计程序；对于在财务报表报出后的第三时段期后事项，注册会计师没有义务针对财务报表实施任何审计程序。由于两个时段期后事项都是在审计报告日以后，故审计程序基本相同，不同的是第三时段期后事项在财务报表报出日之后，审计时需特别设法防止财务报表使用者信赖原审计报告。表 12-5 列示了两个时段的审计程序及处理。

表 12-5   审计报告日后的期后事项的审计程序及处理

审计报告日后的期后事项的审计程序	第二时段期后事项	第三时段期后事项
1.如果知悉了这一时段的某事实，且若在审计报告日知悉可能导致修改审计报告，注册会计师应当与管理层和治理层（如适用）讨论该事项，确定财务报表是否需要修改。如果需要修改，应询问管理层将如何在财务报表中处理该事项	√	√
2.如果管理层在有关法律法规或适用的财务报告编制基础未禁止的情况下，对财务报表的修改仅限于反映导致修改的期后事项的影响，被审计单位的董事会、管理层或类似机构也仅对有关修改进行批准，注册会计师可以将仅针对有关修改的审计程序延伸至新的审计报告日，并选用下列处理方式之一：（1）修改审计报告，针对财务报表修改部分增加补充报告日期，从而表明注册会计师对期后事项实施的审计程序仅限于财务报表相关附注所述的修改；（2）出具新的或经修改的审计报告，在强调事项段或其他事项段中说明注册会计师对期后事项实施的审计程序仅限于财务报表相关附注所述的修改	√	√
3.如果管理层修改了财务报表，注册会计师应当根据具体情况对有关修改实施必要的审计程序，复核管理层采取的措施能否确保所有收到原财务报表和审计报告的人士了解这一情况，并将相关审计程序延伸至新的审计报告日，针对修改后的财务报表出具新的审计报告，新的审计报告日不应早于修改后的财务报表被批准的日期	√	√
4.注册会计师应当在新的或经修改的审计报告中增加强调事项段或其他事项段，提醒财务报表使用者关注财务报表附注中有关修改原财务报表的详细原因和注册会计师提供的原审计报告	×	√
5.如果管理层没有采取必要措施确保所有收到原财务报表的人士了解这一情况，也没有在注册会计师认为需要修改的情况下修改财务报表，注册会计师应当通知管理层和治理层（除非治理层全部成员参与管理被审计单位），其将设法防止财务报表使用者信赖该审计报告。如果注册会计师已经通知管理层或治理层，而管理层或治理层没有采取必要措施，则其应当采取适当措施，以设法防止财务报表使用者信赖该审计报告	×	√

本章小结 ----------◎

　　完成阶段是审计工作的最后阶段，主要工作包括评价审计结果、编制审计差异调节表和试算平衡表、复核财务报表和审计工作底稿、取得管理层或治理层书面声明，期初余额和期后事项的审计，编制并出具审计报告。其中，评价审计结果时，注册会计师应汇总审计中发现的错报（包括对期后事项的考虑）、向适当层级的管理层沟通已发现的错报并要求其更正、评价未更正差错是否重大并与治理层沟通；审计差异可分为核算误差和重分类误差，核算误差可进一步划分为建议调整的不符事项和不建议调整的不符事项；复核工作分为三级，第一级复核是项目负责经理复核，第二级复核是项目合伙人复核，第三级复核是项目质量复核。在首次接受委托时，注册会计师需对期初余额实施适当的审计程序，以确定期初余额是否含有重大错报以及是否恰当反映会计政策的运用。注册会计师应根据实施期初余额审计程序获取的审计证据，形成对被审计单位期初余额的审计结论，并在此基础上确定其对本期财务报表出具审计报告的影响。期后事项是指财务报表日至审计报告日之间发生的事项，以及注册会计师在审计报告日后知悉的事实，根据是否需要调整分为调整事项和非调整事项；根据发生时间分为三个时段期后事项。注册会计师对第一时段期后事项负有主动识别的义务，应当设计和实施专门的审计程序来获取充分、适当的审计证据；对第二时段期后事项没有义务针对财务报表实施任何审计程序，仅承担被动识别的审计责任；对第三时段期后事项没有义务针对财务报表实施任何审计程序。注册会计师应判断期后事项对财务报表及审计报告的影响，必要时需修改审计报告或出具新的审计报告，并设法防止财务报表使用者信赖原审计报告。

课后思考题 ----------◎

　　1.在完成审计工作阶段，应开展哪些工作？如何应对已发现和未更正的错报？

　　2.审计差异包括哪些类型？汇总审计差异后如何进行评价和处理？

　　3.什么是书面声明？有何作用？管理层书面声明可直接作为审计证据使用吗？

　　4.书面声明有哪些类型？当对书面声明的可靠性存有疑虑时，该如何处理？

　　5.注册会计师首次接受委托时对期初余额审计的目标是什么？审计程序有哪些？可能形成的审计结论和审计意见是什么？

　　6.期后事项有哪些类型？针对各时段的期后事项，注册会计师应执行哪些审计程序？

本章测评

第十三章
出具审计报告

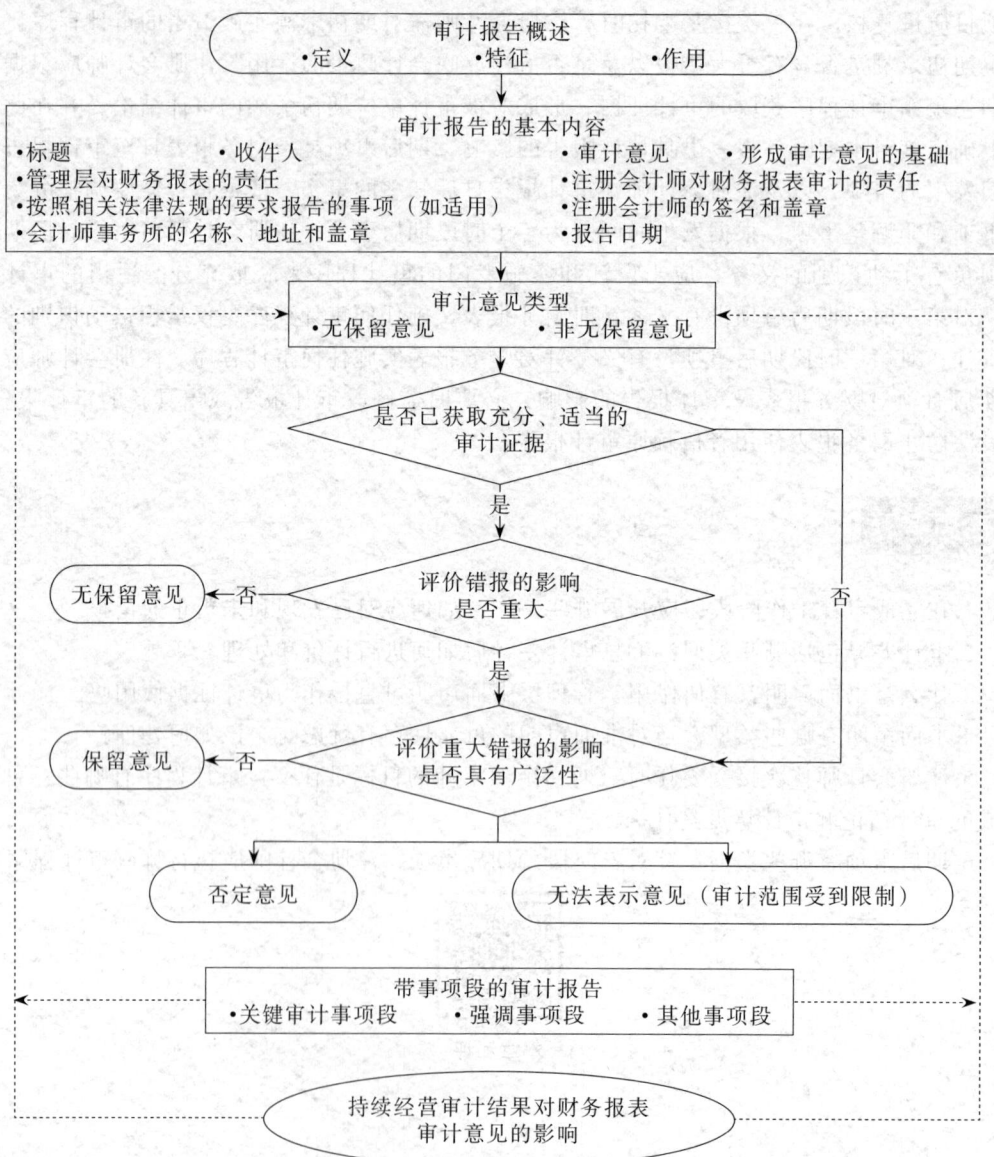

思政领航

- 秉持职业操守、坚持审计职业道德底线，独立、客观、公正地评价审计证据、形成审计结论、发表审计意见并出具审计报告，强化责任意识、风险意识和法治意识。

知识传授

- 掌握审计报告的基本要素及其规范要求。
- 掌握审计意见类型的判断依据与流程，熟悉不同审计意见类型审计报告的格式与内容差异，理解形成差异的原因与作用。
- 了解被审计单位持续经营方面的审计工作要求，掌握如何形成持续经营的审计结论及其对审计报告的影响。

案例引入

又是一年报告时，几家欢喜几家愁

2024年5月9日，中国注册会计师协会发布上市公司2023年年报审计情况快报（第八期），摘录如下：

一、会计师事务所出具上市公司年报审计报告总体情况

截至2024年4月30日，58家事务所共为5 354家上市公司出具了财务报表审计报告，其中，沪市主板1 696家，深市主板1 499家，创业板1 340家，科创板571家，北交所248家。从审计报告意见类型看，5 240家上市公司被出具了无保留意见审计报告（其中50家被出具带强调事项段的无保留意见，45家被出具带持续经营事项段的无保留意见），85家被出具了保留意见审计报告，29家被出具了无法表示意见审计报告。

二、上市公司审计机构变更总体情况

截至2024年4月30日，共有55家事务所向中注协报备了上市公司财务报表审计机构变更信息，涉及上市公司519家。后任事务所未及时报备变更信息的有16家，前任事务所未及时报备变更信息的有14家，前后任事务所均已报备变更信息的有489家。对于变更原因，经梳理分析，主要包括：有218家表示，是因上市公司业务发展或审计需要；有105家表示，是按照《国有企业、上市公司选聘会计师事务所管理办法》等有关规定进行轮换；有94家表示，是前任事务所提供审计服务年限较长或聘期届满；有79家表示，是原审计团队变更会计师事务所。

资料来源：中国注册会计师协会. 中注协发布上市公司2023年年报审计情况快报（第八期）［EB/OL］.（2024-05-11）. https://www.cicpa.org.cn/xxfb/news/202405/t20240511_64821.html.

◎ 第一节 审计报告概述

审计报告是指注册会计师根据审计准则的规定，在执行审计工作的基础上，对财务报表发表审计意见的书面文件。注册会计师的目标是在评价根据审计证据得出的结论的基础上，对财务报表形成审计意见，并通过书面报告的形式清楚地表达审计意见。审计报告是注册会计师审计工作的最终成果，具有法定证明效力。

一、审计报告的特征

审计报告是注册会计师在完成审计工作后向委托人提交的最终产品，具有以下特征：

1.注册会计师应当按照审计准则的规定执行审计工作；

2.注册会计师在实施审计工作的基础上才能出具审计报告；

3.注册会计师通过对财务报表发表意见履行业务约定书约定的责任；

4.注册会计师应当以书面形式出具审计报告。

二、审计报告的基本内容

审计报告应当包括下列要素：标题；收件人；审计意见；形成审计意见的基础；管理层对财务报表的责任；注册会计师对财务报表审计的责任；注册会计师的签名和盖章；会计师事务所的名称、地址和盖章；报告日期。在适用的情况下，注册会计师还应当按照相关准则规定，在审计报告中对与持续经营相关的重大不确定性、关键审计事项、被审计单位年度报告中包含的除财务报表和审计报告之外的其他信息进行报告。

（一）标题

审计报告应当具有标题，统一规范为"审计报告"。

（二）收件人

审计报告应当按照审计业务约定的要求载明收件人。在某些国家或地区，法律法规或业务约定条款可能指定审计报告致送的对象。注册会计师通常将审计报告致送给财务报表使用者，一般是被审计单位的股东或治理层。

（三）审计意见

该部分是审计报告的核心内容，具体包括两个方面：（1）指明审计对象及范围：包括被审计单位的名称、构成整套财务报表的每一财务报表的名称和财务报表附注，以及每一财务报表的日期或涵盖的期间，并说明财务报表已经审计；（2）明确表述注册会计师对财务报表发表的审计意见。

（四）形成审计意见的基础

该部分应当紧接在审计意见段之后，为审计意见提供基础，具体包括：（1）说明注册会计师按照审计准则的规定执行了审计工作；（2）提及审计报告中用于描述审计准则规定的注册会计师责任的部分；（3）声明注册会计师按照与审计相关的职业道德要求对被审计单位保持了独立性并履行了职业道德方面的其他责任，声明中应当指明适用的职业道德要求，如中国注册会计师职业道德守则；（4）说明注册会计师是否相信获取的审计证据是充分、适当的，为发表审计意见提供了基础。

（五）管理层对财务报表的责任

该部分强调管理层对财务报表的责任，这种责任包括：（1）负责按照适用的财务报告编制基础的规定编制财务报表，使其实现公允反映，并设计、执行和维护必要的内部控制，以使财务报表不存在由于舞弊或错误导致的重大错报；（2）负责评估被审计单位的持续经营能力和使用持续经营假设是否适当，并披露与持续经营相关的事项（如适用）。

此部分通常也会描述"治理层的责任是监督财务报告过程"，若有，则本部分的标题为"管理层和治理层对财务报表的责任"。

（六）注册会计师对财务报表审计的责任

该部分明确表述注册会计师对财务报表审计的责任，这种责任包括：（1）说明注册会计师的目标是对财务报表整体是否不存在由于舞弊或错误导致的重大错报获取合理保证，并出具包含审计意见的审计报告；（2）说明合理保证是高水平的保证，但并不能保证按照审计准则执行的审计在某一重大错报存在时总能发现；（3）说明错报可能由于舞弊或错误导致等。

（七）按照相关法律法规的要求报告的事项（如适用）

除审计准则规定的注册会计师对财务报表出具审计报告的责任外，相关法律法规可能对注册会计师设定了其他报告责任。例如，注册会计师在财务报表审计中注意到某些事项，可能被要求对这些事项予以报告。此外，注册会计师可能被要求实施额外的规定的程序并予以报告，或对特定事项（如会计账簿和记录的适当性）发表意见。

如果注册会计师在对财务报表出具的审计报告中履行其他报告责任，应当在审计报告中将其单独作为一部分，并以"按照相关法律法规的要求报告的事项"为标题，或使用适合于该部分内容的其他标题，除非其他报告责任涉及的事项与审计准则规定的报告责任涉及的事项相同。

（八）注册会计师的签名和盖章

审计报告应当由项目合伙人和另一名负责该项目的注册会计师签名和盖章。其中，对上市实体整套通用目的财务报表出具的审计报告应当注明项目合伙人。

（九）会计师事务所的名称、地址和盖章

审计报告应当载明会计师事务所的名称和地址，并加盖会计师事务所公章。

（十）报告日期

审计报告应当注明报告日期。审计报告日不应早于注册会计师获取充分、适当的审计证据，并在此基础上对财务报表形成审计意见的日期。

在确定审计报告日时，注册会计师应当确信已获取下列两方面的审计证据：（1）构成整套财务报表的所有报表（含披露）已编制完成；（2）被审计单位的董事会、管理层或类似机构已经认可其对财务报表负责。如果法律法规没有对财务报表在报出前获得批准作出规定，则注册会计师在正式签署审计报告前，通常把审计报告草稿随同管理层已按审计调整建议修改后的财务报表一起提交给管理层；如果管理层签署已按审计调整建议修改后的财务报表，注册会计师即可签署审计报告。

注册会计师签署审计报告的日期可能与管理层签署已审计财务报表的日期为同一天，

也可能晚于管理层签署已审计财务报表的日期。

【案例 13-1】

审计报告

天职业字〔2024〕23234 号

贵州茅台酒股份有限公司全体股东：

一、审计意见

我们审计了贵州茅台酒股份有限公司（以下简称"贵州茅台"）财务报表，包括 2023 年 12 月 31 日的合并及母公司资产负债表，2023 年度的合并及母公司利润表、合并及母公司现金流量表、合并及母公司股东权益变动表以及相关财务报表附注。

我们认为，后附的财务报表在所有重大方面按照企业会计准则的规定编制，公允反映了贵州茅台 2023 年 12 月 31 日的合并及母公司财务状况以及 2023 年度的合并及母公司经营成果和现金流量。

二、形成审计意见的基础

我们按照中国注册会计师审计准则的规定执行了审计工作。审计报告的"注册会计师对财务报表审计的责任"部分进一步阐述了我们在这些准则下的责任。按照中国注册会计师职业道德守则，我们独立于贵州茅台，并履行了职业道德方面的其他责任。我们相信，我们获取的审计证据是充分、适当的，为发表审计意见提供了基础。

三、关键审计事项

关键审计事项是我们根据职业判断，认为对本期财务报表审计最为重要的事项。这些事项的应对以对财务报表整体进行审计并形成审计意见为背景，我们不对这些事项单独发表意见。

我们在审计中识别出的关键审计事项汇总如下：

（一）营业收入的确认

（二）关联方关系及其交易的披露

关键审计事项	该事项在审计中如何应对
（一）营业收入的确认	
相关信息披露详见财务报表附注"三（十九）收入"、"六（三十九）营业收入、营业成本"。 2023 年度，财务报表所示营业收入发生额为人民币 14 769 360.50 万元。贵州茅台对于茅台酒及系列酒销售产生的收入是在商品控制权已转移至客户时确认的，根据销售合同约定，通常以客户收货确认作为销售收入的确认时点。 由于营业收入是贵州茅台的关键业绩指标之一，我们将贵州茅台营业收入的确认作为关键审计事项	2023 年度财务报表审计中，我们执行的审计程序主要包括： 1. 了解和评价管理层与收入确认相关的关键内部控制的设计，并测试其运行有效性； 2. 选取样本检查销售合同，识别与商品控制权转移相关的合同条款与条件，评价收入确认时点是否符合企业会计准则的要求； 3. 结合产品类型对收入以及毛利情况执行分析程序，判断本期收入金额是否出现异常波动的情况； 4. 对本年记录的收入交易选取样本，核对收入确认时的原始凭证，包括发票、销售合同及出库单，评价相关收入确认政策是否合理； 5. 选取接近年末的销售交易样本，检查相关支持性文件（包括发货单或客户确认已收货的文件），以评估收入是否在适当的会计期间内确认

续表

关键审计事项	该事项在审计中如何应对
（二）关联方关系及其交易的披露	
相关信息披露详见财务报表附注"十三、关联方关系及其交易"。 贵州茅台2023年度与关联方之间涉及不同交易类别且金额重大的关联方交易，包括向关联方销售商品、采购原材料和接受劳务、获得资金（吸收存款）和提供贷款等。 关联方关系的识别以及关联方交易披露的完整性是审计关注的重点。因此，我们将关联方关系及其交易的公允性、披露的完整性确定为关键审计事项	2023年度财务报表审计中，我们执行的审计程序主要包括： 1.了解贵州茅台识别关联方的程序，评估并测试贵州茅台识别和披露关联方关系及其交易的内部控制。 2.向管理层和治理层获取信息以识别所有已知关联方的名称，并就该信息的完整性执行以下审计程序： （1）将其与财务系统中导出的关联关系清单以及从其他公开渠道获取的信息进行核对； （2）复核重大的销售、采购和其他合同，以识别是否存在未披露的关联方关系； （3）复核股东记录、股东名册、股东或治理层会议纪要等法定记录，识别是否存在管理层未告知的关联方。 3.取得管理层提供的关联方交易发生额及余额明细，实施以下程序： （1）将其与财务记录进行核对； （2）抽样检查关联方交易发生额及余额的对账结果； （3）抽样函证关联方交易发生额及余额。 4.检查关联方关系及其交易是否已按照企业会计准则的要求进行了充分披露

四、其他信息

贵州茅台管理层（以下简称管理层）对其他信息负责。其他信息包括贵州茅台2023年年度报告中涵盖的信息，但不包括财务报表和我们的审计报告。

我们对财务报表发表的审计意见不涵盖其他信息，我们也不对其他信息发表任何形式的鉴证结论。

结合我们对财务报表的审计，我们的责任是阅读其他信息，在此过程中，考虑其他信息是否与财务报表或我们在审计过程中了解到的情况存在重大不一致或者似乎存在重大错报。

基于我们已执行的工作，如果我们确定其他信息存在重大错报，我们应当报告该事实。在这方面，我们无任何事项需要报告。

五、管理层和治理层对财务报表的责任

管理层负责按照企业会计准则的规定编制财务报表，使其实现公允反映，并设计、执行和维护必要的内部控制，以使财务报表不存在由于舞弊或错误导致的重大错报。

在编制财务报表时，管理层负责评估贵州茅台的持续经营能力，披露与持续经营相关的事项（如适用），并运用持续经营假设，除非计划进行清算、终止运营或别无其他现实的选择。

治理层负责监督贵州茅台的财务报告过程。

六、注册会计师对财务报表审计的责任

我们的目标是对财务报表整体是否不存在由于舞弊或错误导致的重大错报获取合理保证，并出具包含审计意见的审计报告。合理保证是高水平的保证，但并不能保证按照审计准则执行的审计在某一重大错报存在时总能发现。错报可能由于舞弊或错误导致，如果合理预期错报单独或汇总起来可能影响财务报表使用者依据财务报表作出的经济决策，则通常认为错报是重大的。

在按照审计准则执行审计工作的过程中，我们运用职业判断，并保持职业怀疑。同时，我们也执行以下工作：

（1）识别和评估由于舞弊或错误导致的财务报表重大错报风险，设计和实施审计程序以应对这些风险，并获取充分、适当的审计证据，作为发表审计意见的基础。由于舞弊可能涉及串通、伪造、故意遗漏、虚假陈述或凌驾于内部控制之上，未能发现由于舞弊导致的重大错报的风险高于未能发现由于错误导致的重大错报的风险。

（2）了解与审计相关的内部控制，以设计恰当的审计程序。

（3）评价管理层选用会计政策的恰当性和作出会计估计及相关披露的合理性。

（4）对管理层使用持续经营假设的恰当性得出结论。同时，根据获取的审计证据，就可能导致对贵州茅台持续经营能力产生重大疑虑的事项或情况是否存在重大不确定性得出结论。如果我们得出结论认为存在重大不确定性，审计准则要求我们在审计报告中提请报表使用者注意财务报表中的相关披露；如果披露不充分，我们应当发表非无保留意见。我们的结论基于截至审计报告日可获得的信息。然而，未来的事项或情况可能导致贵州茅台不能持续经营。

（5）评价财务报表的总体列报、结构和内容，并评价财务报表是否公允反映相关交易和事项。

（6）就贵州茅台中实体或业务活动的财务信息获取充分、适当的审计证据，以对财务报表发表审计意见。我们负责指导、监督和执行集团审计，并对审计意见承担全部责任。

我们与治理层就计划的审计范围、时间安排和重大审计发现等事项进行沟通，包括沟通我们在审计中识别出的值得关注的内部控制缺陷。

我们还就已遵守与独立性相关的职业道德要求向治理层提供声明，并与治理层沟通可能被合理认为影响我们独立性的所有关系和其他事项，以及相关的防范措施（如适用）。

从与治理层沟通过的事项中，我们确定哪些事项对本期财务报表审计最为重要，因而构成关键审计事项。我们在审计报告中描述这些事项，除非法律法规禁止公开披露这些事项，或在极少数情形下，如果合理预期在审计报告中沟通某事项造成的负面后果超过在公众利益方面产生的益处，我们确定不应在审计报告中沟通该事项。

中国注册会计师（项目合伙人）：

中国注册会计师 唐洪春 110001570262

中国注册会计师

中国注册会计师 刘 敏 330000015076

中国注册会计师

中国注册会计师 杨 静 110101505284

天职国际会计师事务所（特殊普通合伙）

中国·北京

二〇二四年四月二日

1101080212359

三、审计报告的作用

注册会计师签发的审计报告，具有鉴证、保护和证明的作用。

（一）鉴证作用

注册会计师签发的审计报告，是以超然独立的第三方身份，对被审计单位财务报表的合法性和公允性发表意见，具有鉴证作用，得到了政府及其各部门、投资者和其他利益相关者的普遍认可。

（二）保护作用

注册会计师通过对被审计单位财务报表出具不同类型审计意见的审计报告，以提高财务报表预期使用者对财务报表的信赖程度，能够在一定程度上保护被审计单位的债权人、股东以及其他利害关系人的利益，如投资者先通过查阅审计报告来获取被审计单位财务报表的可信赖程度，然后根据被审计单位财务报表反映的经营成果和财务状况作出投资决策。

（三）证明作用

审计报告是注册会计师以审计工作底稿为依据，对审计任务完成情况及其结果所作的总结。审计报告中的审计意见类型可以明确注册会计师的审计责任，审计工作底稿中载明的审计程序、审计证据、审计结论等可以证明审计工作的质量。

◎ 第二节　审计报告的意见类型

一、审计意见类型的概念及分类

注册会计师应当就财务报表是否在所有重大方面按照适用的财务报告编制基础的规定编制并实现公允反映形成审计意见。审计报告的意见类型分为无保留意见、保留意见、否定意见和无法表示意见四种类型：无保留意见是指当注册会计师认为财务报表在所有重大方面按照适用的财务报告编制基础的规定编制并实现公允反映时发表的审计意见；除无保留意见外的其他三种意见类型统称为非无保留意见。

二、审计意见类型的判断

注册会计师形成审计意见时，应当根据已获取的审计证据评价是否已对财务报表整体不存在重大错报获取合理保证，具体考虑以下方面：（1）是否已获取充分、适当的审计证据；（2）未更正错报单独或汇总起来是否构成重大错报；（3）财务报表是否在所有重大方面按照适用的财务报告编制基础的规定编制并实现公允反映。

（一）评价错报的影响是否重大

注册会计师需要从金额和披露两个方面考虑，已发现未更正和因审计范围受限未发现的错报对财务报表产生的影响是否重大。评价错报影响是否重大时，注册会计师需要考虑重要性的修改、单项错报、分类错报、某些低于财务报表整体重要性的错报以及前期差错舞弊等方面。

1.重要性的修改

在评价未更正错报的影响之前，注册会计师应当重新评估在计划和执行阶段确定的重要性，以根据被审计单位的实际财务结果确认其是否仍然适当。如果注册会计师对重要性或重要性水平（如适用）进行的重新评价导致需要确定较低的金额，则应以修正后的重要性为标准对未更正错报进行评价。

2.单项错报

注册会计师需要考虑每一项与金额相关的错报，以评价其对相关类别的交易、账户余额或披露的影响，包括评价该项错报是否超过特定类别的交易、账户余额或披露的重要性水平（如适用）。此外，注册会计师还需要考虑定性披露中的单项错报，以评价其对相关披露的影响及对财务报表整体的综合影响。例如，对与资产负债表、利润表、所有者权益变动表或现金流量表中的重大项目相关的会计政策作出不正确的描述。

值得注意的是：如果注册会计师认为某一单项错报是重大的，则该项错报不太可能被其他错报抵销。例如，收入存在重大高估，尽管这项错报对收益的影响完全可被相同金额的费用高估抵销，注册会计师仍认为财务报表整体存在重大错报。对于同一账户余额或同一类别的交易内部的错报，这种抵销可能是适当的。然而，在得出抵销错报（即使是非重大错报）是适当的这一结论之前，需要考虑可能存在其他未被发现的错报的风险。

3.分类错报

确定一项分类错报是否重大，需要进行定性评估。即使分类错报超过了在评价其他错报时运用的重要性水平，注册会计师也可能仍然认为该分类错报对财务报表整体不产生重大影响。例如，资产负债表项目之间的分类错报金额相对于所影响的资产负债表项目金额较小，并且对利润表或所有关键比率不产生影响，注册会计师可以认为这种分类错报对财务报表整体不产生重大影响。

4.关注某些低于财务报表整体重要性的错报

即使某些错报低于财务报表整体的重要性，但因与这些错报相关的某些情况，在将其单独或连同在审计过程中累积的其他错报一并考虑时，注册会计师仍可能将这些错报评价为重大错报。可能影响评价的情况包括但不限于表13-1所列的因素。

表13-1　某些错报低于财务报表整体的重要性但仍可能被评价为重大错报时的考虑因素

序号	具体考虑因素
1	错报对遵守监管要求的影响程度
2	错报对遵守债务合同或其他合同条款的影响程度
3	错报与会计政策的不正确选择或运用相关，这些会计政策的不正确选择或运用对当期财务报表不产生重大影响，但可能对未来期间财务报表产生重大影响
4	错报掩盖收益的变化或其他趋势的程度（尤其是在结合宏观经济背景和行业状况进行考虑时）
5	错报对用于评价被审计单位财务状况、经营成果或现金流量的有关比率的影响程度
6	错报对财务报表中列报的分部信息的影响程度。例如，错报事项对某一分部或对被审计单位的经营或盈利能力有重大影响的其他组成部分的重要程度

续表

序号	具体考虑因素
7	错报对增加管理层薪酬的影响程度。例如，管理层通过达到有关奖金或其他激励政策规定的要求增加薪酬
8	相对于注册会计师所了解的以前向财务报表使用者传达的信息（如盈利预测），错报是重大的
9	错报对涉及特定机构或人员的项目的相关程度。例如，与被审计单位发生交易的外部机构或人员是否与管理层成员有关联方关系
10	错报涉及某些信息的遗漏，尽管适用的财务报告编制基础未对这些信息作出明确规定，但注册会计师根据职业判断认为这些信息对财务报表使用者了解被审计单位的财务状况、经营成果或现金流量是重要的
11	错报对将在被审计单位年度报告中包含的其他信息的影响程度，这些其他信息被合理预期可能影响财务报表使用者作出的经济决策
12	错报的原因可能是管理层的判断出现偏向、意图阻碍正确理解财务报表等，这些原因表明可能存在舞弊

5.前期差错和舞弊

以前期间的非重大未更正错报的累积影响，可能对本期财务报表产生重大影响，注册会计师应一并考虑。

（二）评价重大错报的影响是否具有广泛性

广泛性，是描述错报影响的术语，用以说明错报对财务报表的影响，或者由于无法获取充分、适当的审计证据而未发现的错报（如存在）对财务报表可能产生的影响。

判断重大错报对财务报表的影响具有广泛性的情形包括下列方面：（1）不限于对财务报表的特定要素、账户或项目产生影响；（2）虽然仅对财务报表的特定要素、账户或项目产生影响，但这些要素、账户或项目是或可能是财务报表的主要组成部分；（3）当与披露相关时，产生的影响对财务报表使用者理解财务报表至关重要。

（三）评价财务报表在所有重大方面是否按照适用的财务报告编制基础的规定编制并实现公允反映

注册会计师应当评价财务报表是否恰当提及或说明适用的财务报告编制基础。在评价财务报表是否在所有重大方面按照适用的财务报告编制基础的规定编制时，注册会计师应当考虑：（1）财务报表是否恰当披露了所选择和运用的重要会计政策；（2）选择和运用的会计政策是否符合适用的会计准则和相关会计制度，并适合被审计单位的具体情况；（3）管理层作出的会计估计和相关披露是否合理；（4）财务报表反映的信息是否具有相关性、可靠性、可比性和可理解性；（5）财务报表是否作出充分披露，使财务报表预期使用者能够理解重大交易和事项对财务报表所传递的信息的影响；（6）财务报表使用的术语（包括每一财务报表的标题）是否适当。

在评价财务报表是否实现公允反映时，注册会计师应当考虑下列方面：（1）财务报表的总体列报（包括披露）、结构和内容是否合理；（2）财务报表是否公允地反映了相关交易和事项。

审计意见类型的判断如图13-1所示。

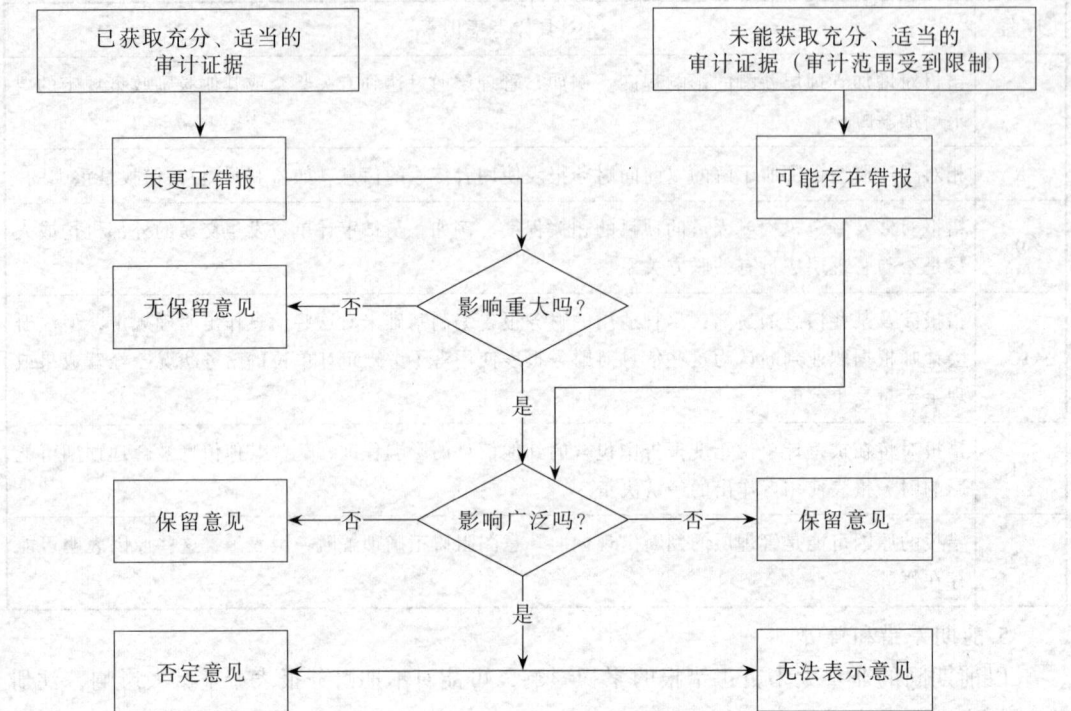

图13-1　审计意见类型的判断

三、审计意见类型的适用情形

如果认为财务报表在所有重大方面按照适用的财务报告编制基础的规定编制并实现合法、公允反映，注册会计师应当发表无保留意见。当存在下列情形之一时，注册会计师应当在审计报告中发表非无保留意见：（1）根据获取的审计证据，得出财务报表整体存在重大错报的结论。（2）无法获取充分、适当的审计证据，不能得出财务报表整体不存在重大错报的结论。

表13-2列示了审计意见类型的适用情形。

表13-2　　　　　　　　　　　　　　审计意见类型的适用情形

审计意见类型	适用情形	
无保留意见	财务报表在所有重大方面按照适用的财务报告编制基础的规定编制并实现公允反映	
非无保留意见	已获取充分、适当的审计证据，考虑错报对财务报表的影响	无法获取充分、适当的审计证据，考虑未发现的错报（如存在）对财务报表可能产生的影响
保留意见	重大但不具有广泛性	重大但不具有广泛性
否定意见	重大且具有广泛性	—
无法表示意见	—	重大且具有广泛性

四、审计报告格式

（一）四种审计意见类型的审计报告格式

1.无保留意见审计报告的格式

无保留意见审计报告的格式同13.1节中"审计报告的基本内容"的要求及范例。

2.保留意见审计报告的特别格式要求

（1）将"审计意见"这一标题修改为"保留意见"。当由于财务报表存在重大错报而发表保留意见时，注册会计师应当在审计意见内容部分说明：注册会计师认为，除形成保留意见的基础部分所述事项产生的影响外，后附的财务报表在所有重大方面按照适用的财务报告编制基础的规定编制，公允反映了……。当由于无法获取充分、适当的审计证据导致发表保留意见时，注册会计师应当在审计意见内容部分使用"除……可能产生的影响外"等措辞。

（2）将"形成审计意见的基础"这一标题修改为"形成保留意见的基础"，并对导致发表保留意见的事项进行描述。此外，将"说明注册会计师是否已获取充分、适当的审计证据以作为形成审计意见的基础"的相关表述修改为"说明注册会计师是否已获取充分、适当的审计证据以作为形成保留意见的基础"。

【案例13-2】

审 计 报 告

中兴华审字〔2024〕第 021403 号

金正大生态工程集团股份有限公司全体股东：

一、保留意见

我们审计了金正大生态工程集团股份有限公司（以下简称"金正大公司"）的财务报表，包括2023年12月31日的合并及母公司资产负债表，2023年度的合并及母公司利润表、合并及母公司现金流量表、合并及母公司股东权益变动表以及相关财务报表附注。

我们认为，除"形成保留意见的基础"部分所述事项产生的影响外，后附的财务报表在所有重大方面按照企业会计准则的规定编制，公允反映了金正大公司2023年12月31日的合并及母公司财务状况以及2023年度的合并及母公司经营成果和合并及母公司现金流量。

二、形成保留意见的基础

如财务报表附注五、7所述，截至2023年12月31日，金正大公司因出具承兑汇票和开展保理及保兑仓业务而承担付款责任形成其他应收款13.46亿元，金正大公司对该等款项累计计提了10.68亿元坏账准备。我们无法获取充分、适当的审计证据，以判断上述应收款项的可收回性、坏账准备计提的充分性及其对财务报表的影响。

我们按照中国注册会计师审计准则的规定执行了审计工作。审计报告的"注册会计师对财务报表审计的责任"部分进一步阐述了我们在这些准则下的责任。按照中国注册会计师职业道德守则，我们独立于金正大公司，并履行了职业道德方面的其他责任。我们相信，我们获取的审计证据是充分、适当的，为发表保留意见提供了基础。

三、其他信息

……（因本书篇幅限制而省略）

四、关键审计事项

……（因本书篇幅限制而省略）

五、管理层和治理层对财务报表的责任

……（因本书篇幅限制而省略）

六、注册会计师对财务报表审计的责任

……（因本书篇幅限制而省略）

中兴华会计师事务所（特殊普通合伙）　　　　　中国注册会计师：靳军

　　　　　　　　　　　　　　　　　　　　　（项目合伙人）

中国·北京　　　　　　　　　　　　　　　　中国注册会计师：刘孟

　　　　　　　　　　　　　　　　　　　　　2024 年 4 月 28 日

3.否定意见审计报告的特别格式要求

（1）将"审计意见"这一标题修改为"否定意见"，并在审计意见内容部分说明：注册会计师认为，由于形成否定意见的基础部分所述事项的重要性，后附的财务报表没有在所有重大方面按照适用的财务报告编制基础的规定编制，未能公允反映……

（2）将"形成审计意见的基础"这一标题修改为"形成否定意见的基础"，并对导致发表非无保留意见的事项进行描述，同时也应说明注意到的、将导致发表否定意见的所有其他事项及其影响。此外，将"说明注册会计师是否已获取充分、适当的审计证据以作为形成审计意见的基础"的相关表述修改为"说明注册会计师是否已获取充分、适当的审计证据以作为形成否定意见的基础"。

【案例13-3】

审 计 报 告

〔2022〕京会兴昌华审字第 010214 号

宁波圣莱达电器股份有限公司全体股东：

一、否定意见

我们审计了宁波圣莱达电器股份有限公司（以下简称"圣莱达公司"）财务报表，包括 2021 年 12 月 31 日的合并及母公司资产负债表，2021 年度的合并及母公司利润表、合并及母公司现金流量表、合并及母公司股东权益变动表，以及相关财务报表附注。

我们认为，由于"形成否定意见的基础"部分所述事项的重要性，后附的财务报表没有在所有重大方面按照企业会计准则的规定编制，未能公允反映圣莱达公司 2021 年 12 月 31 日的合并及母公司财务状况以及 2021 年度的合并及母公司经营成果和现金流量。

二、形成否定意见的基础

（一）持续经营

圣莱达公司 2021 年度归属于母公司的合并净利润为 3 698.45 万元，截至 2021 年 12 月 31 日，圣莱达公司累计亏损 37 098.37 万元，归属于母公司股东的期末净资产为 2 342.15 万元；圣莱达公司子公司宁波圣莱达电气设备有限公司电力配电行业成套设备制造未取得行业相关生产资质；连同财务报表附注十（二）所示的圣莱达公司投资者索赔事项，表明存在可能导致对圣莱达公司持续经营能力产生重大疑虑的重大不确定性。

（二）对外合作事项

如财务报表附注十一（二）所述，2020年1月，圣莱达公司子公司宁波圣汇美商贸有限公司（以下简称"圣汇美"）与内蒙古态和共生农牧业发展有限公司（以下简称"态和共生公司"）签署合作贸易协议，合作进行肉牛养殖产业链贸易业务，圣汇美预付合作款2 000.00万元，期末其他应收款账面余额1 970.00万元。对于上述其他应收款，我们实施了检查合同和付款凭证、函证、检查工商登记信息、查阅态和共生公司银行流水等审计程序，但无法就上述其他应收款是否按协议约定执行获取充分、适当的审计证据，也无法确定上述其他应收款能否收回。

（三）收入确认、成本结转事项

圣莱达公司2021年度财务报表收入111 584 734.43元、成本100 148 038.44元。收入主要来源于电力配电行业成套设备的销售，共有项目88个，截至审计报告日，我们走访了其中28个项目现场，我们不能进一步获取充分、适当的审计证据，以证明收入、成本的真实性、完整性。

我们按照中国注册会计师审计准则的规定执行了审计工作。审计报告的"注册会计师对财务报表审计的责任"部分进一步阐述了我们在这些准则下的责任。按照中国注册会计师职业道德守则，我们独立于圣莱达公司，并履行了职业道德方面的其他责任。我们相信，我们获取的审计证据是充分、适当的，为发表否定意见提供了基础。

三、其他事项

我们提醒财务报表使用者关注，截至2021年12月31日，控股股东关联公司星美国际影院有限公司占用圣莱达公司资金余额总计425.20万元，截至审计报告日均未收回，已全额计提坏账损失。本段内容不影响已发表的审计意见。

四、管理层和治理层对财务报表的责任

管理层负责按照企业会计准则的规定编制财务报表，使其实现公允反映，并设计、执行和维护必要的内部控制，以使财务报表不存在由于舞弊或错误导致的重大错报。

在编制财务报表时，管理层负责评估圣莱达公司的持续经营能力，披露与持续经营相关的事项，并运用持续经营假设，除非管理层计划清算圣莱达公司、终止运营或别无其他现实的选择。

治理层负责监督圣莱达公司的财务报告过程。

五、注册会计师对财务报表审计的责任

我们的责任是按照中国注册会计师审计准则的规定，对圣莱达公司的财务报表执行审计工作，以出具审计报告。但由于"形成否定意见的基础"部分所述的事项，后附的财务报表没有在所有重大方面按照企业会计准则的规定编制，未能公允反映圣莱达公司2021年12月31日的合并及母公司资产负债表，2021年度的合并及母公司利润表、合并及母公司现金流量表、合并及母公司股东权益变动表，以及相关财务报表附注。

按照中国注册会计师职业道德守则，我们独立于圣莱达公司，并履行了职业道德方面的其他责任。

北京兴昌华会计师事务所（普通合伙）	中国注册会计师：陈晓玲
	（项目合伙人）
中国·北京	中国注册会计师：潘国俊、刘盼
	二〇二二年四月二十八日

4.无法表示意见审计报告的特别格式要求

（1）将"审计意见"这一标题修改为"无法表示意见"，并在审计意见内容部分将财务报表"已经审计"的说明改为"注册会计师接受委托审计财务报表"，并说明：注册会计师不对后附的财务报表发表审计意见；由于形成无法表示意见的基础部分所述事项的重要性，注册会计师无法获取充分、适当的审计证据以作为对财务报表发表审计意见的基础。

（2）将"形成审计意见的基础"这一标题修改为"形成无法表示意见的基础"，并对导致发表非无保留意见的事项进行描述，同时也应说明注意到的、将导致发表无法表示意见的所有其他事项及其影响。此外，该部分不应包含（提及）"审计报告中用于描述注册会计师责任的部分"和"说明注册会计师是否已获取充分、适当的审计证据以作为形成审计意见的基础"的相关表述。

（3）对"注册会计师对财务报表审计的责任"的表述进行修改，仅包含下列内容：①注册会计师的责任是按照中国注册会计师审计准则的规定，对被审计单位财务报表执行审计工作，以出具审计报告；②但由于形成无法表示意见的基础部分所述的事项，注册会计师无法获取充分、适当的审计证据以作为发表审计意见的基础；③关于注册会计师在独立性和职业道德方面的其他责任的声明。

（4）除非法律法规另有规定，当对财务报表发表无法表示意见时，注册会计师不得在审计报告中包含"关键审计事项"部分，也不得在审计报告中包含"其他信息"部分。

【案例13-4】

审 计 报 告

信会师报字〔2024〕第 ZB10760 号

中润资源投资股份有限公司全体股东：

一、无法表示意见

我们接受委托、审计中润资源投资股份有限公司（以下简称"中润资源"）财务报表，包括 2023 年 12 月 31 日的合并及母公司资产负债表，2023 年度的合并及母公司利润表、合并及母公司现金流量表、合并及母公司所有者权益变动表以及相关财务报表附注。

我们不对后附的中润资源财务报表发表审计意见。由于"形成无法表示意见的基础"部分所述事项的重要性，我们无法获取充分、适当的审计证据以作为对财务报表发表审计意见的基础。

二、形成无法表示意见的基础

如财务报表附注"十二、其他重要事项（二）资产置换"所述，中润资源以其持有的山东中润集团淄博置业有限公司 100% 股权、济南兴瑞商业运营有限公司 100% 股权，与深圳马维钛业有限公司（以下简称"马维钛业"）持有的新金国际有限公司 51% 股权进行置换，该资产置换于 2023 年 8 月 7 日完成交割。

我们注意到，2023 年 8 月 11 日，马维钛业股东由严高明等自然人及机构变更为山东瑞石物业管理有限公司（以下简称股东变更），马维钛业实际控制人也因此变更为自然人任波。截至审计报告日，我们未能就马维钛业在前述资产置换完成后 4 天即发生股东变更的原因，该变更是否涉及潜在的关联方关系及关联方交易、是否与资产置换交易构成一揽子交易，以及资产置换和股东变更两项交易的商业实质获取充分、适当的审计证据，也无法判断该事项对中润资源财务报表可能产生的影响。

三、与持续经营相关的重大不确定性

我们提醒财务报表使用者关注，如财务报表附注二（二）所述，截至 2023 年 12 月 31 日，中润资源合并资产负债表的流动负债余额为人民币 90 699.22 万元，流动资产余额为人民币 22 940.17 万元，流动负债高于流动资产人民币 67 759.05 万元，未分配利润金额为人民币 −36 590.84 万元。这些事项或情况，连同财务报表附注二（二）所示的其他事项，表明存在可能导致对中润资源持续经营能力产生重大疑虑的重大不确定性。

四、管理层和治理层对财务报表的责任

管理层负责按照企业会计准则的规定编制财务报表，使其实现公允反映，并设计、执行和维护必要的内部控制，以使财务报表不存在由于舞弊或错误导致的重大错报。

在编制财务报表时，管理层负责评估中润资源的持续经营能力，披露与持续经营相关的事项（如适用），并运用持续经营假设，除非计划进行清算、终止运营或别无其他现实的选择。

治理层负责监督中润资源的财务报告过程。

五、注册会计师对财务报表审计的责任

我们的责任是按照中国注册会计师审计准则的规定，对中润资源的财务报表执行审计工作，以出具审计报告。但由于"形成无法表示意见的基础"所述的事项，我们无法获取充分、适当的审计证据，以作为发表审计意见的基础。

按照中国注册会计师职业道德守则，我们独立于中润资源，并履行了职业道德方面的其他责任。

立信会计师事务所（特殊普通合伙）　　　　中国注册会计师：张金华
　　　　　　　　　　　　　　　　　　　　　　　　（项目合伙人）
中国·北京　　　　　　　　　　　　　中国注册会计师：张立元
　　　　　　　　　　　　　　　　　　二○二四年四月二十九日

（二）带事项段的审计报告

1.带关键审计事项段的审计报告

关键审计事项，是指注册会计师根据职业判断认为对本期财务报表审计最为重要的事项。注册会计师应当在审计报告中单设"关键审计事项"段落，并在该段使用恰当的子标题逐项描述关键审计事项。其中，引言中应当同时说明：关键审计事项是注册会计师根据职业判断，认为对本期财务报表审计最为重要的事项；关键审计事项的应对以对财务报表整体进行审计并形成审计意见为背景，注册会计师不对关键审计事项单独发表意见。在逐项描述关键审计事项时，注册会计师应当分别索引至财务报表的相关披露（如有），并同时说明下列内容：该事项被认定为审计中最为重要的事项之一，因而被确定为关键审计事项的原因；该事项在审计中是如何应对的。

注册会计师应当从与治理层沟通过的事项中确定在执行审计工作时重点关注过的事项，确定时应当考虑以下因素：（1）评估的重大错报风险较高的领域或识别出的特别风险；（2）与财务报表中涉及重大管理层判断（包括被认为具有高度估计不确定性的会计估计）的领域相关的重大审计判断；（3）本期重大交易或事项对审计的影响。

注册会计师从在执行审计工作时重点关注过的事项中确定哪些事项对本期财务报表审计最为重要，从而构成关键审计事项。注册会计师应与治理层沟通关键审计事项，或者根据被审计单位和审计业务的具体事实和情况而确定不存在需要在审计报告中沟通的关键审计事项（如适用）。

虽然在审计报告中沟通关键审计事项是以注册会计师已就财务报表整体形成审计意见为背景的，但在审计报告中沟通关键审计事项也不能代替下列事项：（1）管理层按照适用的财务报告编制基础在财务报表中作出的披露，或为使财务报表实现公允反映而作出的披露（如适用）；（2）根据审计业务的具体情况发表非无保留意见；（3）当可能导致对被审计单位持续经营能力产生重大疑虑的事项或情况存在重大不确定性时，注册会计师按照《中国注册会计师审计准则第 1324 号——持续经营》的规定进行报告。

2.带强调事项段的审计报告

强调事项是指已在财务报表中列报或披露、对财务报表使用者理解财务报表至关重要的信息，该事项不会导致注册会计师发表非无保留意见且该事项未被确定为在审计报告中沟通的关键审计事项。注册会计师应当在审计报告中单设"强调事项"段落，明确提及被强调事项以及相关披露的位置，并指出审计意见没有因该强调事项而改变。表13-3列示了需要增加强调事项段的情形。

表13-3 需增加强调事项段的情形

需要增加强调事项段的情形	（1）法律法规规定的财务报告编制基础是不可接受的，但其是基于法律法规作出的规定 （2）提醒财务报表使用者关注财务报表按照特殊目的的编制基础编制 （3）注册会计师在审计报告日后知悉了某些事实（即期后事项），并且出具了新的或经修改的审计报告
可能需要增加强调事项段的情形	（1）异常诉讼或监管行动的未来结果存在不确定性 （2）在财务报表日至审计报告日之间发生的重大期后事项 （3）存在已经或持续对被审计单位财务状况产生重大影响的特大灾难 （4）在允许的情况下，提前应用对财务报表有广泛影响的新会计准则

强调事项段在审计报告中的位置应考虑以下方面：（1）当强调事项段与适用的财务报告编制基础相关时，包括当注册会计师确定法律法规规定的财务报告编制基础不可接受时，注册会计师可能认为有必要将强调事项段紧接在"形成审计意见的基础"部分之后，以为审计意见提供合适的背景信息；（2）当审计报告中包含关键审计事项部分时，基于注册会计师对强调事项段中信息的相对重要程度的判断，强调事项段可以紧接在"关键审计事项"部分之前或之后。注册会计师可以在"强调事项"标题中增加进一步的背景信息，

例如"强调事项——期后事项",以将强调事项段和"关键审计事项"部分描述的每个事项予以区分。

3.带其他事项段的审计报告

其他事项段是指注册会计师在对财务报表形成审计意见后,如果认为有必要沟通虽然未在财务报表中列报或披露,但根据职业判断认为与财务报表使用者理解审计工作、注册会计师的责任或审计报告相关的事项,该事项未被法律禁止且未被确定为将要在审计报告中沟通的关键审计事项。注册会计师应当在审计报告中增加"其他事项"段落,明确反映未被要求在财务报表中列报的其他事项,不包括法律法规或其他职业准则(如中国注册会计师职业道德守则中与信息保密相关的规定)禁止注册会计师提供的信息,也不包括要求管理层提供的信息。可能需要增加其他事项段的情形具体见表13-4。

表13-4　　　　　　　　　　　可能需要增加其他事项段的情形

情形	举例
情形1:与使用者理解审计工作相关	(1)注册会计师与治理层沟通计划的审计范围和时间安排,法律法规可能要求注册会计师在审计报告中沟通与计划及范围相关的事项(不含关键审计事项),或者注册会计师可能认为有必要在其他事项段中沟通这些事项 (2)解释为何在审计范围受到限制的情况下不能解除业务约定
情形2:与使用者理解注册会计师的责任或审计报告相关	例如,在特定规定或惯例下进一步解释注册会计师在财务报表审计中的责任或审计报告
情形3:对两套或两套以上财务报表出具审计报告	例如,同时出具A股和H股的审计报告
情形4:限制审计报告分发和使用	例如,说明审计报告只是提供给财务报表预期使用者,不应被分发给其他机构或人员,或者被其他机构或人员使用

其他事项段在审计报告中的位置:(1)当审计报告中包含关键审计事项部分,且其他事项段也被认为必要时,注册会计师可以在"其他事项"标题中增加进一步的背景信息,例如"其他事项审计范围"以将其他事项段和关键审计事项部分描述的每个事项予以区分;(2)当增加其他事项段旨在提醒使用者关注与审计报告中提及的其他报告责任相关的事项时,该段落可以置于"按照相关法律法规的要求报告的事项"部分内;(3)当其他事项段与注册会计师的责任或使用者理解审计报告相关时,可以单独作为一部分,置于"对财务报表出具的审计报告"和"按照相关法律法规的要求报告的事项"之后。

4.带其他信息段的审计报告

其他信息是指在被审计单位年度报告中包含的除财务报表和审计报告以外的财务信息和非财务信息。其他信息的错报是指对其他信息作出不正确陈述或其他信息具有误导性,包括遗漏或掩饰对恰当理解其他信息披露的事项必要的信息。

在审计业务没有提出专门要求的情况下,审计意见不涵盖其他信息,注册会计师没有专门责任确定其他信息是否得到陈述。但是如果其他信息与财务报表或者与注册会计师在审计中了解到的情况存在重大不一致,可能表明财务报表或其他信息存在重大错报,两者均会损害财务报表和审计报告的可信性。因此,注册会计师需要阅读其他信息,如果注册会计师识别出似乎存在重大不一致，或者知悉其他信息似乎存在重大错报，注册会计师应当与管理层讨论该事项，必要时实施其他程序，以确定其他信息是否存在重大错报，财务报表是否存在重大错报，注册会计师对被审计单位及其环境的了解是否需要更新。

如果在审计报告日存在下列两种情况之一，审计报告应当增加"其他信息"段落：（1）对于上市实体财务报表审计，注册会计师已获取或预期将获取其他信息；（2）对于上市实体以外其他被审计单位的财务报表，注册会计师已获取部分或全部其他信息。

5.其他报告责任

除审计准则规定的注册会计师责任外，如果注册会计师在对财务报表出具的审计报告中履行其他报告责任，应当在审计报告中将其单独作为一部分，并以"按照相关法律法规的要求报告的事项"为标题，或使用适合于该部分内容的其他标题，除非其他报告责任涉及的事项与审计准则规定的报告责任涉及的事项相同。

【案例13-5】

包含关键审计事项部分、强调事项段、其他事项段及其他信息段的审计报告

背景信息：

1.对上市实体整套财务报表进行审计（该审计不属于集团审计）。

2.管理层按照企业会计准则编制财务报表。

3.审计业务约定条款体现了《中国注册会计师审计准则第1111号——就审计业务约定条款达成一致意见》中关于管理层对财务报表责任的描述。

4.基于获取的审计证据，注册会计师认为发表无保留意见是恰当的。

5.适用的相关职业道德要求为中国注册会计师职业道德守则。

6.基于获取的审计证据，根据《中国注册会计师审计准则第1324号——持续经营》，注册会计师认为可能导致对被审计单位持续经营能力产生重大疑虑的事项或情况不存在重大不确定性。

7.在财务报表日至审计报告日之间，被审计单位的生产设备发生了火灾，被审计单位已将其作为期后事项披露。根据注册会计师的判断，该事项对财务报表使用者理解财务报表至关重要，但在本期财务报表审计中不是重点关注过的事项。

8.已按照《中国注册会计师审计准则第1504号——在审计报告中沟通关键审计事项》的规定沟通了关键审计事项。

9.注册会计师在审计报告日前已获取所有其他信息，且未识别出信息存在重大错报。

10.已列报对应数据，且上期财务报表已由前任注册会计师审计。法律法规不禁止注册会计师提及前任注册会计师对对应数据出具的审计报告，并且注册会计师已决定提及。

11.负责监督财务报表的人员与负责编制财务报表的人员不同。

12.除财务报表审计外，注册会计师还承担法律法规要求的其他报告责任，且注册会计师决定在审计报告中履行其他报告责任。

审 计 报 告

ABC股份有限公司全体股东：

一、对财务报表出具的审计报告

（一）审计意见

我们审计了ABC股份有限公司（以下简称"ABC公司"）财务报表，包括20×1

年 12 月 31 日的资产负债表，20×1 年度的利润表、现金流量表、股东权益变动表以及相关财务报表附注。

我们认为，后附的财务报表在所有重大方面按照企业会计准则的规定编制，公允反映了 ABC 公司 20×1 年 12 月 31 日的财务状况以及 20×1 年度的经营成果和现金流量。

（二）形成审计意见的基础

我们按照中国注册会计师审计准则的规定执行了审计工作。审计报告的"注册会计师对财务报表审计的责任"部分进一步阐述了我们在这些准则下的责任。按照中国注册会计师职业道德守则，我们独立于 ABC 公司，并履行了职业道德方面的其他责任。我们相信，我们获取的审计证据是充分、适当的，为发表审计意见提供了基础。

（三）强调事项

我们提醒财务报表使用者关注，财务报表附注×描述了火灾对 ABC 公司的生产设备造成的影响。本段内容不影响已发表的审计意见。

（四）关键审计事项

关键审计事项是我们根据职业判断，认为对本期财务报表审计最为重要的事项。这些事项的应对以对财务报表整体进行审计并形成审计意见为背景，我们不对这些事项单独发表意见。

［按照《中国注册会计师审计准则第 1504 号——在审计报告中沟通关键审计事项》的规定描述每一关键审计事项。］

（五）其他事项

20×0 年 12 月 31 日的资产负债表，20×0 年度的利润表、现金流量表、股东权益变动表以及相关财务报表附注由其他会计师事务所审计，并于 20×1 年 3 月 31 日发表了无保留意见。

（六）其他信息

ABC 公司管理层（以下简称"管理层"）对其他信息负责。其他信息包括［×报告中涵盖的信息，但不包括财务报表和我们的审计报告］。

我们对财务报表发表的审计意见不涵盖其他信息，我们也不对其他信息发表任何形式的鉴证结论。

结合我们对财务报表的审计，我们的责任是阅读其他信息，在此过程中，考虑其他信息是否与财务报表或我们在审计过程中了解到的情况存在重大不一致或者似乎存在重大错报。

基于我们已执行的工作，如果我们确定其他信息存在重大错报，我们应当报告该事实。在这方面，我们无任何事项需要报告。

（七）管理层和治理层对财务报表的责任

管理层负责按照企业会计准则的规定编制财务报表，使其实现公允反映，并设计、执行和维护必要的内部控制，以使财务报表不存在由于舞弊或错误导致的重大错报。

在编制财务报表时，管理层负责评估 ABC 公司的持续经营能力，披露与持续经营相关的事项（如适用），并运用持续经营假设，除非管理层计划清算 ABC 公司、终止运营或别无其他现实的选择。

治理层负责监督 ABC 公司的财务报告过程。

（八）注册会计师对财务报表审计的责任

我们的目标是对财务报表整体是否不存在由于舞弊或错误导致的重大错报获取合理保证，并出具包含审计意见的审计报告。合理保证是高水平的保证，但并不能保证按照审计准则执行的审计在某一重大错报存在时总能发现。错报可能由于舞弊或错误导致，如果合理预期错报单独或汇总起来可能影响财务报表使用者依据财务报表作出的经济决策，则通常认为错报是重大的。

在按照审计准则执行审计工作的过程中，我们运用职业判断，并保持职业怀疑。同时，我们也执行以下工作：

（1）识别和评估由于舞弊或错误导致的财务报表重大错报风险，设计和实施审计程序以应对这些风险，并获取充分、适当的审计证据，作为发表审计意见的基础。由于舞弊可能涉及串通、伪造、故意遗漏、虚假陈述或凌驾于内部控制之上，未能发现由于舞弊导致的重大错报的风险高于未能发现由于错误导致的重大错报的风险。

（2）了解与审计相关的内部控制，以设计恰当的审计程序，但目的并非对内部控制的有效性发表意见。

（3）评价管理层选用会计政策的恰当性和作出会计估计及相关披露的合理性。

（4）对管理层使用持续经营假设的恰当性得出结论。同时，根据获取的审计证据，就可能导致对 ABC 公司持续经营能力产生重大疑虑的事项或情况是否存在重大不确定性得出结论。如果我们得出结论认为存在重大不确定性，审计准则要求我们在审计报告中提请报表使用者注意财务报表中的相关披露；如果披露不充分，我们应当发表非无保留意见。我们的结论基于截至审计报告日可获得的信息。然而，未来的事项或情况可能导致 ABC 公司不能持续经营。

（5）评价财务报表的总体列报、结构和内容（包括披露），并评价财务报表是否公允反映相关交易和事项。

我们与治理层就计划的审计范围、时间安排和重大审计发现等事项进行沟通，包括沟通我们在审计中识别出的值得关注的内部控制缺陷。

我们还就已遵守与独立性相关的职业道德要求向治理层提供声明，并与治理层沟通可能被合理认为影响我们独立性的所有关系和其他事项，以及相关的防范措施（如适用）。

从与治理层沟通过的事项中，我们确定哪些事项对本期财务报表审计最为重要，因而构成关键审计事项。我们在审计报告中描述这些事项，除非法律法规禁止公开披露这些事项，或在极少数情形下，如果合理预期在审计报告中沟通某事项造成的负面后果超过在公众利益方面产生的益处，我们确定不应在审计报告中沟通该事项。

二、按照相关法律法规的要求报告的事项

［本部分的格式和内容，取决于法律法规对其他报告责任性质的规定。本部分应当说明相关法律法规规定的事项（其他报告责任），除非其他报告责任涉及的事项与审计准则规定的报告责任涉及的事项相同。如果涉及相同的事项，其他报告责任可以在审计准则规定的同一报告要素部分列示。当其他报告责任和审计准则规定的报告责任涉及同一事

项，并且审计报告中的措辞能够将其他报告责任与审计准则规定的责任（如存在差异）予以清楚地区分时，可以将两者合并列示（即包含在"对财务报表出具的审计报告"部分中，并使用适当的副标题。]

×× 会计师事务所　　　　　　　　　　中国注册会计师：×××（项目合伙人）

　　（盖章）　　　　　　　　　　　　　　　　（签名并盖章）

　　　　　　　　　　　　　　　　　　中国注册会计师：×××

　　　　　　　　　　　　　　　　　　　　　（签名并盖章）

中国 ×× 市　　　　　　　　　　　　　　20×2 年 × 月 × 日

◎ 第三节　持续经营对审计报告的影响

持续经营假设是会计确认和计量的基本假设之一，管理层在编制财务报表时需要评估持续经营能力，管理层的评估涉及在特定时点对事项或情况的未来结果作出判断；注册会计师应当就管理层编制财务报表时运用持续经营假设的适当性获取充分、适当的审计证据，并就被审计单位持续经营能力是否存在重大不确定性得出结论，并考虑其对审计报告的影响。

一、持续经营假设的基本含义

持续经营假设是指被审计单位在编制财务报表时，假定其经营活动在可预见的将来会继续下去，不拟也不必终止经营或破产清算，可以在正常的经营过程中变现资产、清偿债务。可预见的将来，通常是指资产负债表日后 12 个月。

某些事项或情况单独或连同其他事项或情况可能导致对持续经营假设产生重大疑虑。表 13-5 列示了可能导致对被审计单位持续经营能力产生重大疑虑的事项或情况（包括但不限于以下方面）。

表 13-5　　　　可能导致对被审计单位持续经营能力产生重大疑虑的事项或情况

财务方面的事项或情况	（1）净资产为负或营运资金出现负数
	（2）定期借款即将到期，但预期不能展期或偿还，或过度依赖短期借款为长期资产筹资
	（3）存在债权人撤销财务支持的迹象
	（4）历史财务报表或预测性财务报表表明经营活动产生的现金流量净额为负数
	（5）关键财务比率不佳
	（6）发生重大经营亏损或用以产生现金流量的资产的价值出现大幅下跌
	（7）拖欠或停止发放股利
	（8）在到期日无法偿还债务
	（9）无法履行借款合同的条款
	（10）与供应商由赊购变为货到付款
	（11）无法获得开发必要的新产品或进行其他必要的投资所需的资金

续表

经营方面的事项或情况	(1) 管理层计划清算被审计单位或终止经营 (2) 关键管理人员离职且无人替代 (3) 失去主要市场、关键客户、特许权、执照或主要供应商 (4) 出现用工困难问题 (5) 重要供应短缺 (6) 出现非常成功的竞争者
其他方面的事项或情况	(1) 违反有关资本或其他法定要求 (2) 未决诉讼或监管程序，可能导致其无法支付索赔金额 (3) 法律法规或政府政策的变化预期会产生不利影响 (4) 对发生的灾害未购买保险或保额不足

二、注册会计师针对持续经营开展的审计工作

（一）实施风险评估程序时对持续经营的考虑

注册会计师应当在实施风险评估程序时，考虑是否存在可能导致对被审计单位持续经营能力产生重大疑虑的事项或情况，并应当确定管理层是否已对被审计单位持续经营能力作出初步评估。如果管理层已对持续经营能力作出初步评估，注册会计师应当与管理层进行讨论，并确定管理层识别出单独或汇总起来可能导致对被审计单位持续经营能力产生重大疑虑的事项或情况。如果管理层已识别出这些事项或情况，注册会计师应当与其讨论应对计划。

如果管理层未对持续经营能力作出初步评估，注册会计师应当与管理层讨论其拟运用持续经营假设的基础。针对有关可能导致对被审计单位持续经营能力产生重大疑虑的事项或情况的审计证据，注册会计师应当在整个审计过程中保持警觉。

（二）评价管理层的评估

注册会计师在评价管理层的评估时应当注意和考虑以下情形：（1）注册会计师的评价期间是否与管理层按照适用的财务报告编制基础或法律法规（如果法律法规要求的期间更长）的规定作出评估的涵盖期间相同。如果管理层评估持续经营能力涵盖的期间短于自财务报表日起的 12 个月，注册会计师应当提请管理层将其至少延长至自财务报表日起的 12 个月。（2）管理层作出的评估中是否已包括注册会计师在审计过程中注意到的所有相关信息。

此外，注册会计师应当询问管理层是否知悉超出评估期间的、可能导致对被审计单位持续经营能力产生重大疑虑的事项或情况。

（三）对识别出的事项或情况实施追加审计程序

注册会计师对识别出的可能导致对被审计单位持续经营能力产生重大疑虑的事项或情况，应当实施下列追加审计程序：（1）如果管理层尚未对被审计单位持续经营能力作出评估，提请其进行评估；（2）评价管理层与持续经营能力评估相关的未来应对计划，包括管理层变卖资产、对外借款、重组债务、削减或延缓开支或者获得新的资本等，评价管理层的应对计划对于具体情况是否可行，以及这些计划可能的结果是否可能改善目前的状况；（3）如果被审计单位已编制现金流量预测且该预测分析是评价管理层未来应对计划的重要因素，则需评价用于编制预测的基础数据的可靠性，并确定预测所基于的假设是否具有充分的支持；（4）考虑自管理层作出评估后是否存在其他可获得的事实或信息；（5）要求管

理层和治理层（如适用）提供有关未来应对计划及其可行性的书面声明。

三、与持续经营相关的审计结论及其对审计报告的影响

注册会计师应根据持续经营假设的审计结论判断管理层在财务报表中运用持续经营假设是否适当，并考虑对审计报告中意见类型的影响。注册会计师应当与治理层就识别出的可能导致对被审计单位持续经营能力产生重大疑虑的事项或情况进行沟通，除非治理层全部成员参与管理被审计单位。与治理层的沟通应当包括下列方面：（1）这些事项或情况是否构成重大不确定性；（2）管理层在编制财务报表时运用持续经营假设是否适当；（3）财务报表中的相关披露是否充分；（4）对审计报告的影响（如适用）。如果管理层或治理层在财务报表日后严重拖延对财务报表的批准，注册会计师应当询问拖延的原因，判断该事项或情况是否与持续经营评估相关，并实施前述追加审计程序，考虑是否存在重大不确定性及其对审计报告的影响。

（一）与可能导致对被审计单位持续经营能力产生重大疑虑的事项或情况相关的重大不确定性

注册会计师应当根据获取的审计证据，运用职业判断，就单独或汇总起来可能导致对被审计单位持续经营能力产生重大疑虑的事项或情况是否存在重大不确定性得出结论。如果注册会计师根据职业判断认为，鉴于不确定性潜在影响的重要程度和发生的可能性，为了使财务报表实现公允反映，有必要适当披露该不确定性的性质和影响，则表明存在重大不确定性。

（二）重大不确定性不影响持续经营假设的适当性

1.当已识别出的事项或情况存在重大不确定性时披露的充分性及其对审计报告的影响

如果认为管理层运用持续经营假设适合具体情况，但存在重大不确定性，注册会计师应当确定：（1）财务报表是否已充分披露可能导致对持续经营能力产生重大疑虑的主要事项或情况，以及管理层针对这些事项或情况的应对计划；（2）财务报表是否已清楚披露可能导致对持续经营能力产生重大疑虑的事项或情况存在重大不确定性，并由此导致被审计单位可能无法在正常的经营过程中变现资产和清偿债务。

如果运用持续经营假设是适当的，但存在重大不确定性，且财务报表对重大不确定性已作出充分披露，注册会计师应当发表无保留意见，并在审计报告中增加以"与持续经营相关的重大不确定性"为标题的单独部分，以提醒财务报表使用者关注财务报表附注中对所述事项的披露；说明这些事项或情况表明存在可能导致对被审计单位持续经营能力产生重大疑虑的重大不确定性，并说明该事项并不影响发表的审计意见。如果运用持续经营假设是适当的，但存在重大不确定性，且财务报表对重大不确定性未作出充分披露，注册会计师应当恰当发表保留意见或否定意见。

2.当已识别出的事项或情况不存在重大不确定性时披露的充分性及其对审计报告的影响

如果已识别出可能导致对被审计单位持续经营能力产生重大疑虑的事项或情况，但根据获取的审计证据，注册会计师认为不存在重大不确定性，则注册会计师应当根据适用的财务报告编制基础的规定，评价财务报表是否对这些事项或情况作出充分披露。

（三）重大不确定性影响持续经营假设的适当性

如果财务报表已按照持续经营假设编制，但根据判断认为管理层在财务报表中运用持

续经营假设是不适当的，注册会计师应当发表否定意见。审计报告的格式参考"否定意见审计报告"章节。

本章小结 ·················◎

　　审计报告是注册会计师根据审计准则的规定，在执行审计工作的基础上，对财务报表发表审计意见的书面文件，是注册会计师审计工作的最终成果。审计报告应当包括下列要素：标题；收件人；审计意见；形成审计意见的基础；管理层对财务报表的责任；注册会计师对财务报表审计的责任；注册会计师的签名和盖章；会计师事务所的名称、地址和盖章；报告日期。在适用的情况下，注册会计师还应当按照相关准则规定，在审计报告中对与持续经营相关的重大不确定性、关键审计事项、被审计单位年度报告中包含的除财务报表和审计报告之外的其他信息进行报告。注册会计师签发的审计报告，具有鉴证、保护和证明的作用。注册会计师应当就财务报表是否在所有重大方面按照适用的财务报告编制基础的规定编制并实现公允反映形成审计意见，包括无保留意见、保留意见、否定意见和无法表示意见四种类型。在判断审计意见类型的过程中应依次考虑三个决策点：是否已获取充分、适当的证据，已发现的未更正错报单独或汇总起来是否重大以及未发现的错报（如存在）是否重大，已发现的未更正错报或未发现的错报（如存在）对财务报表影响是否广泛。在判断出基本的审计意见类型后，还要考虑不影响审计意见但需在审计报告中予以补充的事项段，包括关键审计事项段、强调事项段、其他事项段和其他信息段。被审计单位的持续经营情况会直接影响管理层在财务报表中运用持续经营假设是否适当，注册会计师应当获取充分、适当的审计证据，就被审计单位持续经营能力是否存在重大不确定性得出结论，并考虑其对审计报告的影响。

课后思考题 ·················◎

　　1.什么是审计报告？审计报告具有哪些特征？审计报告有什么作用？

　　2.审计报告的要素有哪些？为什么将"审计意见"部分置于"形成审计意见的基础"之前？

　　3.什么是审计意见？审计意见的基本类型有哪些？

　　4.影响审计意见类型判断的三个主要决策点依次是什么？

　　5.审计报告中可能需要带事项段的情形有哪些？这些事项的相同点和不同点各是什么？

　　6.注册会计师就持续经营应该开展哪些审计工作？对持续经营形成的审计结论是什么？这些审计结论如何影响审计意见和审计报告？

本章测评

第十四章
数智时代的智慧审计

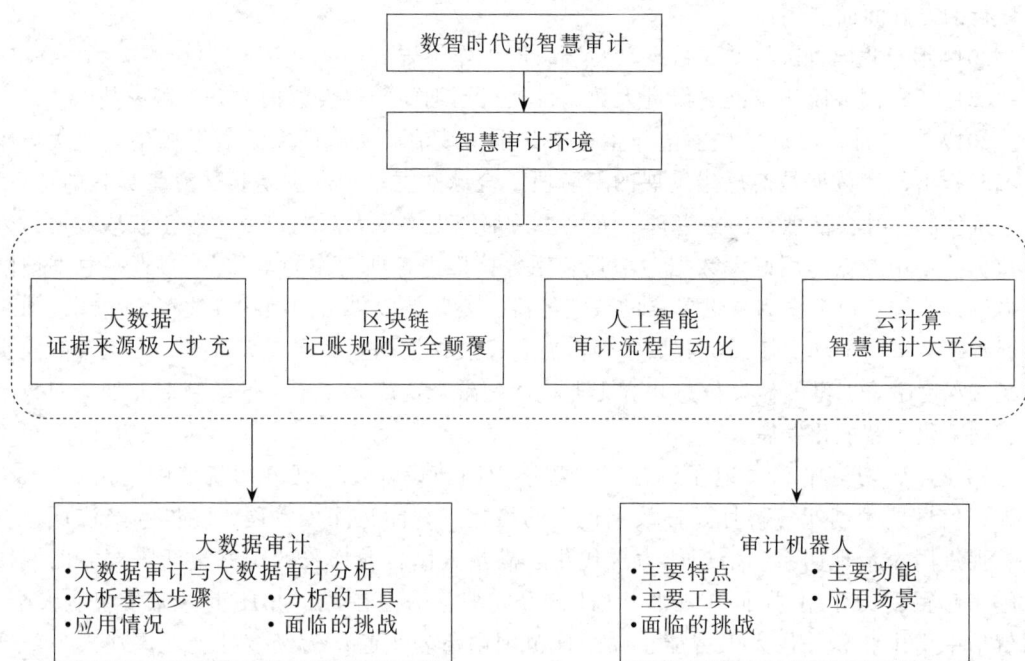

- 深入学习习近平总书记关于大数据、人工智能、区块链等数智变革与发展的系列重要讲话精神和指示要求，了解新技术、新方法、新理念在各领域治理与监督中的重要性，以开放的心态和探索的精神迎接数智时代、创新工作方式。
- 充分、全面认识数智时代新技术、新方法、新理念作用于审计工作的机理与路径，既拥抱变革、了解前沿新技术，又脚踏实地、提高审计能力。

- 了解大数据、区块链、人工智能、云计算等智慧审计环境组成部分的基本内涵，以及其作用于审计工作的机理与路径。

- 了解大数据审计的定义、特点、内容、工具、流程、应用情况，以及面临的挑战。
- 了解小勤人、Omnia等审计机器人，对创新性的审计工具和系统有所认识。
- 培养学生开放、创新的心态，既能够以开放的心态接受新知，又能够以清晰的定位夯实主业。

案例引入

数智时代已经来临，你准备好了吗？

大数据与人工智能的发展已经掀起一场革命，正在迅速地重构社会生产发展、百姓衣食住行的方方面面。

2014年，我国首次将"大数据"写进政府工作报告。

2015年，国务院印发的《促进大数据发展行动纲要》将大数据上升为国家战略。

2017年12月，习近平总书记在主持中共中央政治局实施国家大数据战略第二次集体学习时指出，大数据是信息化发展的新阶段，全球数据呈现爆发增长、海量集聚的特点，对经济发展、社会治理、国家管理、人民生活都产生了重大影响，要"善于获取数据、分析数据、运用数据；用好大数据，增强利用数据推进各项工作的本领"。习近平总书记同时强调，要构建以数据为关键要素的数字经济，要坚持以供给侧结构性改革为主线，加快发展数字经济，推动实体经济和数字经济融合发展，推动互联网、大数据、人工智能同实体经济深度融合，继续做好信息化和工业化深度融合这篇大文章，推动制造业加速向数字化、网络化、智能化发展。

2018年，习近平总书记在致首届"数字中国建设峰会"开幕的贺信中指出："当今世界，信息技术创新日新月异，数字化、网络化、智能化深入发展，在推动经济社会发展、促进国家治理体系和治理能力现代化、满足人民日益增长的美好生活需要方面发挥着越来越重要的作用。"同年9月17日，习近平总书记在致"2018世界人工智能大会"的贺信中指出，新一代人工智能正在全球范围内蓬勃兴起，为经济社会发展注入了新动能，正在深刻改变人们的生产生活方式。2018年10月31日，习近平总书记在中共中央政治局第九次集体学习时的讲话中指出，"人工智能是引领这一轮科技革命和产业变革的战略性技术，是新一轮科技革命和产业变革的重要驱动力量，具有溢出带动性很强的'头雁'效应"。加快发展新一代人工智能不仅"事关我国能否抓住新一轮科技革命和产业变革机遇的战略问题"，而且是"我们赢得全球科技竞争主动权的重要战略抓手"，更是"推动我国科技跨越发展、产业优化升级、生产力整体跃升的重要战略资源"。在推动经济高质量发展的过程中，人工智能产业的高质量发展可以为中国经济发展添薪续力。

2020年，构建更加完善的要素市场化配置体制机制，中共中央、国务院发布《关于构建更加完善的要素市场化配置体系机制的意见》，将大数据列为新型生产要素，提出加快培育数据要素市场，推进政府数据开放共享，提升社会数据资源价值，加强数据资源整合和安全保护。

2021年，《中华人民共和国国民经济和社会发展第十四个五年规划和2035年远景目标纲要》指出，迎接数字时代，激活数据要素潜能，推进网络强国建设，加快建设数字经济、数字社会、数字政府，以数字化转型整体驱动生产方式、生活方式和治理方式变革，建设"数字中国"。同年，国务院印发《"十四五"数字经济发展规划》，提出以数据为关键要素，以数字技术与实体经济深度融合为主线，加强数字基础设施建设，完善数字经济治理体系，协同推进数字产业化和产业数字化，赋能传统产业转型升级，培育新产业新业态新模式，不断做强做优做大我国数字经济，为构建数字中国提供有力支撑。

2022年12月，中共中央、国务院发布《关于构建数据基础制度更好发挥数据要素作用的意见》（以下简称"数据二十条"），明确以维护国家数据安全、保护个人信息和商业秘密为前提，以促进数据合规高效流通使用、赋能实体经济为主线，以数据产权、流通交易、收益分配、安全治理为重点，深入参与国际高标准数字规则制定，构建适应数据特征、符合数字经济发展规律、保障国家数据安全、彰显创新引领的数据基础制度，充分实现数据要素价值、促进全体人民共享数字经济发展红利，为深化创新驱动、推动高质量发展、推进国家治理体系和治理能力现代化提供有力支撑。

2023年12月31日，国家数据局等17部门联合印发《"数据要素×"三年行动计划（2024—2026年）》，要求发挥数据的基础资源作用和创新引擎作用，遵循数字经济发展规律，以推动数据要素高水平应用为主线，以推进数据要素协同优化、复用增效、融合创新作用发挥为重点，强化场景需求牵引，带动数据要素高质量供给、合规高效流通，培育新产业、新模式、新动能，充分实现数据要素价值，为推动高质量发展、推进中国式现代化提供有力支撑。

从引例中可以看出，党中央高度重视和关心数智时代的变革与发展，审时度势、前瞻布局，为我国经济社会如何在数智环境中持续、健康发展提供了战略指导。那么，数智时代的审计将如何变革、走向何方？本章将从智慧审计环境、大数据审计、审计机器人三个方面予以介绍。

◎ 第一节　智慧审计环境

目前，国内外学术界和实务界对于数智时代的审计变革尚未达成共识。一部分学者和实务人士根据数智时代中特定技术对审计的影响，提出了大数据审计、区块链审计、人工智能审计、联网审计、机器人审计等理念或术语，并开发了相关课程或实操软件；另一部分学者和实务人士则根据数智时代的总体特点对审计的影响，提出了智慧审计、智能审计的概念，也形成了相关课程或实操体系。鉴于审计工作的系统性与复杂性以及数智技术应用的广泛性与交互性，本书引用"智慧审计"这一概念。概括而言，智慧审计是指将数智技术和场景应用于审计工作之中，通过减少人工工作以辅助、改进审计，进而提高审计效率与效果的审计思维总称。

如图14-1所示，智慧审计环境是由大数据、区块链、人工智能和云计算等支撑智慧审计的核心技术及其所带来的变革组成的审计环境。

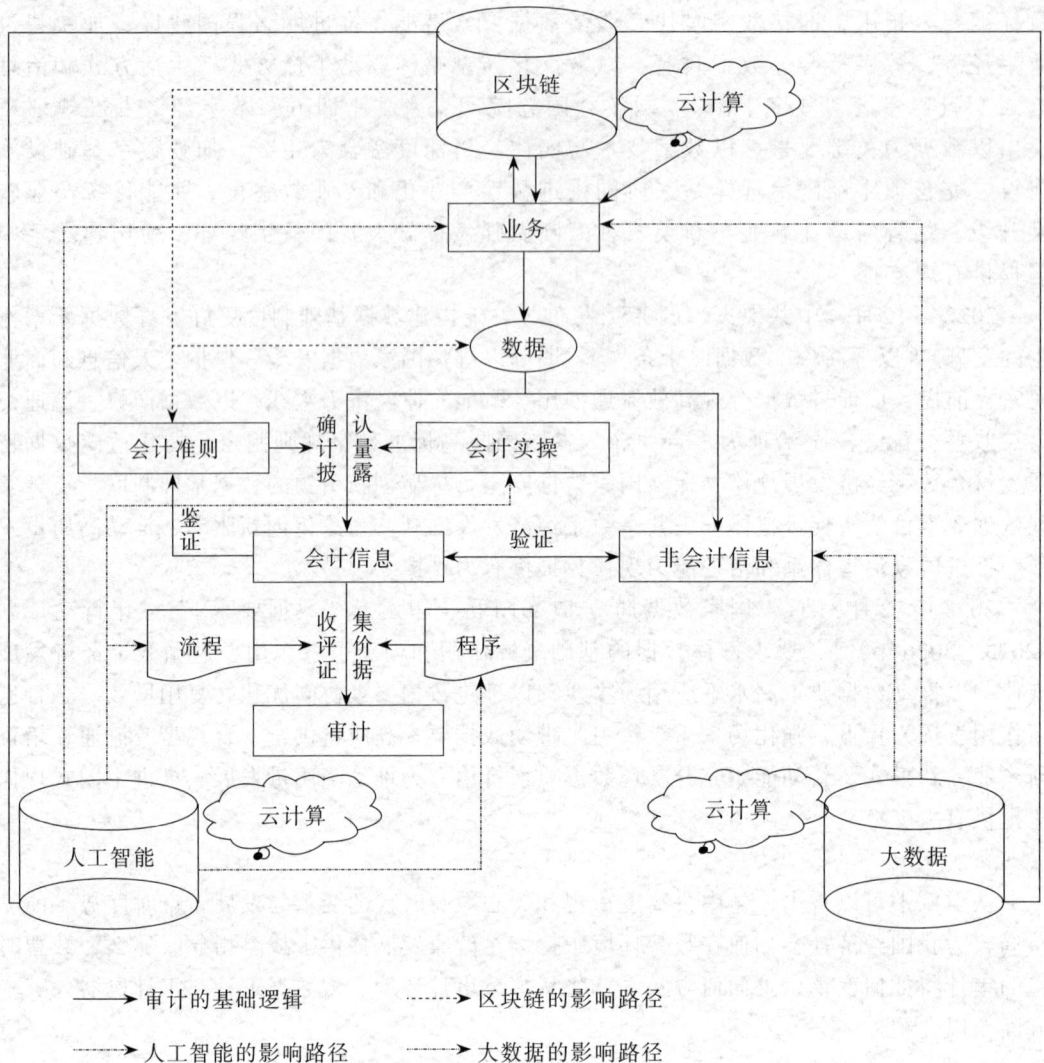

图 14-1　智慧审计环境及其影响机理图

资料来源：陈汉文. 审计［M］. 5版. 北京：中国人民大学出版社，2022.

一、大数据：证据来源极大扩充

研究机构 Gartner 将"大数据"（big data）定义为：大数据是指无法在一定时间范围内用常规软件工具进行捕捉、管理和处理的数据集合，是需要在新处理模式下才能具有更强的决策力、洞察发现力和流程优化能力的海量、高增长率和多样化的信息资产。通俗来说，大数据是指传统数据处理方式无法充分处理、量大且复杂的数据。

通常，大数据具有以下特点：（1）大量（volume），即海量数据。《Big Data：A Revolution That Will Transform How We Live，Work，and Think》一书的两位作者维克托·迈克-舍恩伯格 （Mayer Schonberger V.）和肯尼思·库克耶 （Cukier K.）曾提出现代生活"一切皆可数据化"的理念。当今全球的数据量已经从GB级发展到PB级，甚至开始向EB级、ZB级发展。（2）高速（velocity），即数据获取、处理、分析的速度快。据统计，全球每天能产生12.5万亿字节的数据。（3）多样（variety），即数据来源和形式的多样性。大数据中既有结构化数据也有非结构化数据以及介于二者之间的半结构化数据。结构化数据简单来说就是数据库，如企业ERP、财务系统；非结构化数据是指因数据结构不规则或不完整、没有预定义的数据模型而不方便用数据库二维逻辑表来呈现的数据，如文本、图片、HTML、图像、音频、视频信息等，其中，非结构化数据占大数据总量的90%左右。随着爬虫、文本与音频识别、传感与成像、定位等技术的成熟与发展，非结构化数据的比例还将持续增大。（4）真实性（veracity）：即数据的质量。大数据的来源广泛、形式多样且处理方法与过程外界难以获知和了解，其真实性存在不确定性。（5）价值（value）：即大数据的价值创造。大数据如同蕴藏能量的"煤矿"，煤炭按照性质有焦煤、无烟煤、肥煤、贫煤等分类，而露天煤矿、深山煤矿的挖掘成本又不一样；与此类似，大数据不在于"大"，而在于"有用"，在于运用专业化处理手段挖掘这些含有意义的数据的价值，对于很多行业而言，如何有效利用这些大规模数据是赢得竞争的关键。

财务报表审计的对象是财务报表及其相关附注信息，最直接的审计证据是与之相关的会计信息。从会计信息的生成逻辑看，仅依赖会计信息执行审计的效果和效率都不甚理想。会计信息是基于会计准则对企业业务活动及其结果的一种数字化反映，除了会计信息，还存在大量不满足会计准则要求但对于了解企业确有价值的其他信息，如企业拥有的客户数、客户忠诚度等。这些信息根源于企业的业务，可用来与会计信息进行印证，因此大数据的出现自然会极大地扩充财务报表审计可利用的数据来源。

会计是对企业经济现实的一种反映，数智时代会计的变化可能源于企业的业务及其开展业务的方式已发生变化。在一些企业中，已经做到将芯片置入存货和固定资产中、将跟踪设备装置在设备和员工身上等。通过这些智能装置所获取的大数据，可辅助运营（如存货控制）、监督（如生产检测）、管理（如员工管理）决策并可能改变运营、监督、管理方式。这些改变将会改变会计信息的收集、确认、计量、披露的内容与方式，进而影响审计实践。

总之，数智时代的业务、会计、审计都处在同一个数智化变革生态圈中，相互影响、相互推动。

二、区块链：记账规则完全颠覆

区块链，是指利用块链式数据结构验证与存储数据，利用分布式节点共识算法生成和更新数据，利用密码学的方式保证数据传输和访问的安全，利用自动化脚本代码组成智能合约，进而编程和操作数据的全新的分布式基础架构与计算范式。区块链技术（blockchain technology）被认为是近年来最具爆炸性和影响力的技术，具有去中心化、强验证、无法篡改等优点。简单理解，区块链是一种多人同时记账的分布式记账模式，根据少数服从多数原则确定正确的记账并记录在区块链中，一经记录无法篡改和撤回。第一代区块链源自比特币的底层技术。2008年，中本聪（Satoshi Nakamoto）发布了《Bitcoin：A Peer-to-Peer Electronic Cash System》一文，向读者展示了在没有第三方提供信用保障的情况下不信任的人之间可以直接用比特币进行交易。第二代区块链则催生出了智能合约（smart contract），或者说区块链技术的出现使得智能合约的概念重获生机。智能合约是一个用户根据事先设定的条件执行行动的软件程序、一个方便合约协议达成过程（包括执行、验证、履行合约条款）的计算机协议。比如，一个人的遗嘱可以编码为智能合约，如果预定条件满足，遗产就可以自动遗赠给接受者。智能合约可以安全地运营一个区块链，这些合约的监督权将被下放给区块链的每个参与节点。

财务报表是会计人员在会计准则及相关规范的约束下所编制的财务信息。注册会计师在审计财务报表时，需对照被审计单位适用的编制基础审查记录在财务报表中的信息是否有证据支持并符合准则规定。会计这种记账规则、查账方式可能会被区块链完全颠覆，审计自然也会被波及。

三、人工智能：审计流程自动化

人工智能（artificial intelligent，AI）是指基于人工智能算法，通过计算机等对人类智慧的模拟。人工智能最典型的特点是自动化，最具代表性的人工智能有机械机器人、软件机器人（如RPA）以及遥控无人机等。

当前企业的业务流程、会计系统以及会计师事务所的审计程序中均存在不少机械性、重复性的人工工作，人工智能的应用将在很大程度上辅助或替代这些工作，兼具效率与效果。例如，机械机器人可替代审计师执行一些比较危险、繁重、乏味的程序（如抽盘病毒库里储存的病毒和集装箱内堆积的货物，观察生产车间的作业流程）；可开发审计工作的RPA系统，使得业务承接分析与决策、被审计单位风险评估、审计计划制订、具体审计程序执行（如函证、重新计算）中的大量工作实现自动化；无人机比人类更擅长检查、观察和监控，可航拍奶牛场、在建工程、大卖场门口停车场的情况等。除了机器人外，人工智能近来的发展也得益于在捕获和处理大数据上的进步，如计算机视觉、自然语言处理、机器学习等技术分别在获取和转化视频和图片数据、提取和处理文本数据（如公司公告、合同、会议记录、管理层讨论、内部控制手册、媒体报道等）以及数据预测（如财务舞弊、恐怖袭击、盈余变化、放款决策）等方面发挥着积极作用。

人工智能除了直接影响审计，还可通过影响会计、业务进而影响审计。企业可开发RPA系统来实现财务、会计工作与自动化。高度自动化的会计信息系统一方面将提高会计处理的客观性，另一方面将更加凸显信息系统内部控制的重要性，这将改变审计的工作量和重难点。另外，企业业务开展也可实现（或部分实现）机器人流程化，进而催生出新的商业模式或业务形态，改变企业的整体画像，审计工作内容与方式也需要调整以适应改变。

四、云计算：智慧审计大平台

云计算（cloud computing）是一种能够便捷、按需网络访问可配置计算资源（例如，网络、服务器、存储、应用程序和服务）共享池的模型，这些计算资源可以通过最少的管理工作或服务提供商交互来快速配置和发布。云计算在以下方面具有明显优势，例如，因按需自助服务可满足个性化需求，因按使用付费导致成本较低，因更广泛的互联网访问（不受物理位置限制，仅受条件限制）而提高便捷性，因具有弹性和可扩展性而可避免资源浪费和短缺。与此同时也存在明显劣势，例如，与传统模式相比，计算资源共享池将带来与数据的所有权与控制权、数据管理与安全相关的问题。

云计算对审计影响也有两条路径：（1）直接路径，即会计师事务所建设自己的云系统，以提高数据的集成性、计算的便利性（如远程、大量且复杂计算）、分析的综合性、工作的交互性。当前数智时代的审计变革以分散性、修补式的大数据和RPA应用为主，尚未形成一个完整的智慧审计思路体系；而且，现有应用更多强调技术本身，忽视了审计师以及项目组内部沟通的重要性，因此缺乏一个整合的共享与交流平台，云计算为构建一个既能体现数智技术整合又能兼顾审计沟通需求的智慧审计平台系统提供了技术支持。（2）间接路径，即被审计单位的云平台建设将为审计提供便利性。调查显示，94%的企业已经使用云服务，66%的企业已配备专门的中心云团队，50%的企业每年在云服务上的花费超过120万美元，到2025年存储在云端的数据将超过100ZB。企业数据接入云服务对审计最直接的影响是审计的便利性将大大提高，如数据获取、分析与比对更有效率。

◎ 第二节　大数据审计

为提升审计工作效率效果，审计工作会随着审计对象的变化及时作出相应调整。在会计信息化进程中，审计信息化也相应开展。1998年，审计署启动"金审工程"项目建设，建成对财政、银行、税务、海关等部门和重点国有企业事业单位的财务信息系统及相关电子数据进行密切跟踪，对财政收支或者财务收支的真实性、合法性和效益性实施有效审计监督的信息化系统。随着数智时代的到来，为了适应智慧审计环境，审计信息化需要进一步变革，大数据审计应运而生。

一、大数据审计与大数据审计分析

（一）大数据审计

大数据审计是指审计机构遵循大数据思维，采用大数据技术，利用数量巨大、来源广、格式多样的结构化或非结构化数据，对审计对象开展全方位、多层次、立体化的审计工作。相较于审计信息化，大数据审计的审计思维更加开放、统计数据更加多元、审计技术更加复杂，审计内容也已经突破在信息化环境下对信息系统和电子数据进行审计，大数据审计是审计信息化的进阶。

（二）大数据审计分析

在大数据审计的基础上进一步强化对审计对象具体资料内容的分类和分辨，形成了大数据审计分析。由于大数据对所有数据（全样本）进行分析处理，因此，大数据审计分析也是全样本审计。审计信息化、大数据审计与大数据审计分析之间的逻辑关系如图14-2所示。

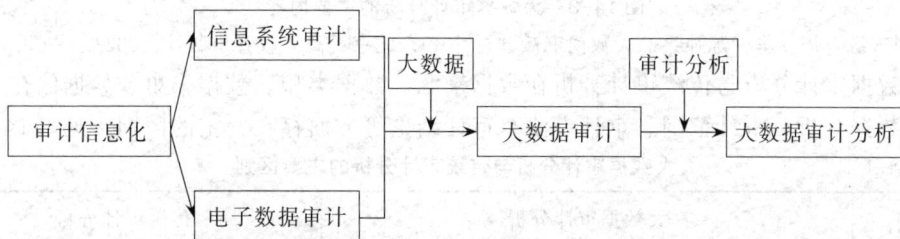

图14-2　审计信息化、大数据审计与大数据审计分析之间的逻辑关系

资料来源：周冬华，陈强兵. 大数据审计分析 [M]. 北京：高等教育出版社，2023.

大数据审计分析具有以下特点：（1）数据量大：大数据审计分析可以处理海量的数

据，包括结构化数据（如数据库中的表格数据）和非结构化数据（如文本、图像、音频等）。这使得审计人员能够更全面地了解审计对象的情况，发现潜在的问题和风险。（2）数据类型多样：除了传统的财务数据，大数据审计还可以整合业务数据、外部数据等多种类型的数据。例如，企业的销售数据、生产数据、客户数据等，以及政府部门的公共数据、行业数据等。通过综合分析这些数据，可以提供更丰富的审计证据。（3）处理速度快：大数据技术能够快速处理大规模的数据，提高审计效率。审计人员可以实时获取数据，并进行快速分析和反馈，及时发现问题并采取措施。（4）数据分析深入：利用大数据分析工具和技术，审计人员可以进行更深入的数据分析，发现数据之间的关联和趋势。例如，通过数据挖掘技术可以发现隐藏在数据中的模式和异常情况，为审计提供有力的支持。

二、大数据审计分析的主要内容

在大数据环境下，市场以及企业频繁的交易与事项中产生的大量结构化或非结构化数据被呈现出来，审计人员可使用的潜在审计证据越来越充分。随着大数据技术的发展，机械性、重复性的审计程序可以由计算机自动完成。此外，现有的人工智能模型能够高效、智能地对审计数据进行分析，为审计线索发掘、审计问题查实、审计风险预警等工作提供有效信息。

在大数据技术的加持下，审计的重点已由过去的经验判断转变为数据分析。大数据审计分析是一种全新的审计工作方法，贯穿数据获取-程序实施-证据分析全过程，具体包括获取海量的审计数据、实施自动化的审计程序、进行智能化的审计分析。海量的审计数据保证了审计证据具有充分性，自动化的审计程序确保了审计流程高效无误地得到了执行，智能化的审计分析使审计证据具有恰当性，最终帮助审计人员得出高质量的审计结论。大数据审计分析的主要内容如图14-3所示。

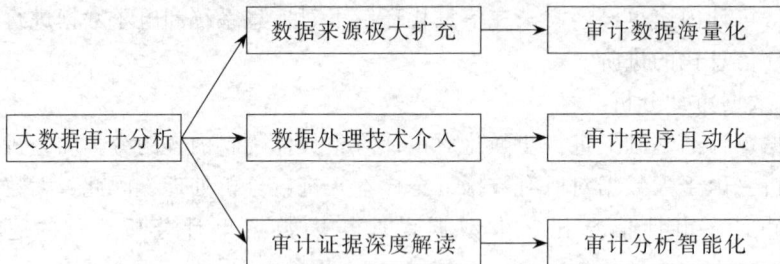

```
                         ┌──────────────┐      ┌──────────────┐
                      ┌─→│ 数据来源极大扩充 │─────→│ 审计数据海量化 │
                      │  └──────────────┘      └──────────────┘
   ┌──────────┐       │  ┌──────────────┐      ┌──────────────┐
   │ 大数据审计分析 │──────┼─→│ 数据处理技术介入 │─────→│ 审计程序自动化 │
   └──────────┘       │  └──────────────┘      └──────────────┘
                      │  ┌──────────────┐      ┌──────────────┐
                      └─→│ 审计证据深度解读 │─────→│ 审计分析智能化 │
                         └──────────────┘      └──────────────┘
```

图14-3　大数据审计分析的主要内容

资料来源：周冬华，陈强兵. 大数据审计分析［M］. 北京：高等教育出版社，2023.

大数据审计分析与传统审计分析在数据来源、数据类型、数据采集、数据储存、数据处理、数据分析、审计范围、审计方法、审计结论等方面存在一定的区别（见表14-1）。

表14-1　　　　　　　大数据审计分析与传统审计分析的主要区别

区别	大数据审计分析	传统审计分析
数据来源	被审计单位的内部数据+外部数据	主要是被审计单位的内部数据
数据类型	结构化数据+非结构化数据+半结构化数据	以结构化数据为主

续表

区别	大数据审计分析	传统审计分析
数据采集	传统的采集方式+远程联网+数据接口+网络爬虫等	直接复制或通过中间文件采集+使用专用的采集工具
数据储存	分布式存储，存储在云服务器	存储在个人电脑或本地服务器中
数据处理	对结构化数据、半结构化数据、非结构化数据进行处理	只对结构化数据进行处理
数据分析	采用多数据源综合分析技术、智能分析技术、可视化分析技术等	以账表分析、数据查询为主，主要是常规的统计分析
审计范围	财务审计+多种类型的业务审计，一般关注长期数据，并对特定风险进行数据预测	以财务审计为主，一般只关注审计年度近期的已有数据
审计方法	采用全量审计、数据挖掘、SQL查询、可视化等方法，遵循总体分析、分散核实的思路	主要采用统计查询、抽样审计的方法
审计结论	揭示相关关系，总结大量数据的趋势性结论，提示风险	揭示因果关系，一般为精确的、遵循统计学原理的结论

资料来源：周冬华，陈强兵. 大数据审计分析［M］. 北京：高等教育出版社，2023.

三、大数据审计分析的基本步骤

围绕"总体分析、系统研究、发现疑点、分散核实、精确定位"的思路展开，大数据审计分析包括数据采集、数据存储、数据预处理、数据分析、分散核实和审计分析结论等步骤：

步骤1：数据采集。审计人员梳理数据需求与来源，进行数据采集。数据来源不仅包括企业内部的数据库、文件系统、业务系统等，还包括企业外部的公共数据、行业数据等。数据采集的方式可以是自动化的，也可以是手动的，但需要确保数据的准确性和完整性。

步骤2：数据存储。审计人员将采集到的数据进行存储，以便后续的分析和处理。大数据审计通常采用分布式存储技术，如 Hadoop 的 HDFS（Hadoop Distributed File System）等，以满足大规模数据存储的需求。

步骤3：数据预处理。在进行数据分析之前，审计人员需要对数据进行预处理，包括数据清洗、转换、集成等。数据清洗是去除数据中的噪声和错误，确保数据的质量；数据转换是将数据转换为统一的格式和标准，便于分析；数据集成是将多个数据源的数据进行整合，形成一个完整的数据集。

步骤4：数据分析。这是大数据审计分析的核心环节，审计人员利用数据建模、机器学习、统计分析、数据可视化、数据挖掘等各种数据分析技术和工具，对数据进行深入分析，发现疑点，并进一步锁定疑点。

步骤5：分散核实。对锁定的疑点进行核查，收集补充信息后进一步分析，精确定位审计疑点，进一步获得审计证据。

步骤6：审计分析结论。审计人员依据数据分析结果及获得的审计证据，得出审计结论。

四、大数据审计分析的工具

（一）通用编程语言及相关库

R 语言：是一种用于统计分析和数据可视化的编程语言，拥有丰富的数据处理和分析功能。在大数据审计中，可以使用 R 语言进行数据导入、清洗、转换、分析以及结果可视化等操作。常用的 R 语言包有 dplyr（用于数据操作）、ggplot2（用于可视化）、tidyr（用于数据整理）等。审计人员可以利用这些包对大量的财务数据、业务数据等进行深入分析，发现潜在的异常和风险。

Python：具有强大的数据分析和处理能力，并且有许多相关的库和工具，如 pandas（用于数据处理和分析）、numpy（用于数值计算）、matplotlib（用于可视化）、scikit-learn（用于机器学习）等。Python 可以方便地处理各种格式的数据，包括结构化数据、半结构化数据和非结构化数据，适用于对大规模数据进行审计分析，例如通过编写脚本自动抓取和处理网页上的相关审计数据。

（二）数据库管理系统

Oracle：是一种功能强大的商业数据库管理系统，广泛应用于企业级应用中。它具有强大的数据存储、管理和处理能力，能够支持大规模数据的存储和高效查询。在大数据审计中，审计人员可以使用 Oracle 的查询语言（如 SQL）对数据库中的数据进行提取、分析和验证，确保数据的准确性和完整性。

MySQL：是一种开源的关系型数据库管理系统，具有较高的性能和稳定性，被广泛应用于各种规模的企业和项目中。对于大数据审计来说，MySQL 可以作为数据存储和查询的工具，审计人员可以通过编写 SQL 语句对财务数据、业务数据等进行分析和审计，发现数据中的异常情况。

达梦数据库：是国产的数据库管理系统，具备数据管理、存储、备份等功能，支持多种数据类型和复杂的查询操作。在信创环境下，达梦数据库可以为审计人员提供可靠的数据存储和处理支持，方便进行大数据审计工作。

（三）专业审计软件

ACL（Audit Command Language）：是一款专业的审计数据分析软件，能够帮助审计人员快速、准确地分析大量的电子数据。它具有强大的数据提取、转换、分析和报告功能，可以对各种数据源的数据进行整合和分析，例如财务系统数据、业务系统数据、电子表格数据等。审计人员可以使用 ACL 进行数据抽样、异常检测、趋势分析等操作，提高审计工作的效率和质量。

IDEA（Interactive Data Extraction and Analysis）：也是一款常用的审计数据分析软件，具有直观的用户界面和强大的功能。它可以快速导入和处理大量的数据，支持多种数据格式和来源。IDEA 提供了丰富的数据分析工具和技术，如数据筛选、排序、分组、汇总、关联分析等，方便审计人员进行数据挖掘和审计分析，发现潜在的风险和问题。

（四）数据可视化工具

Tableau：是一款功能强大的数据可视化软件，可以将复杂的数据转化为直观、易懂的图表和图形。在大数据审计中，审计人员可以使用 Tableau 将分析结果进行可视化展示，帮助审计团队更好地理解数据之间的关系和趋势，发现数据中的异常情况和潜在问题。Tableau 支持多种数据源的连接和数据整合，可以方便地与其他审计工具和系统进行集成。

Power BI：是微软推出的一款商业智能工具，具有强大的数据可视化和分析功能。它可以连接到各种数据源，包括数据库、电子表格、云服务等，将数据进行整合和分析，并以图表、报表等形式进行展示。在大数据审计中，Power BI 可以帮助审计人员快速生成可视化的审计报告，提高审计结果的沟通和传达效果。

（五）数据采集工具

ETL 工具（Extract，Transform，Load）：如 Informatica、Kettle 等，用于从不同的数据源中提取数据，并进行清洗、转换和加载到目标数据存储中。在大数据审计中，ETL 工具可以帮助审计人员将分散在各个系统中的数据进行整合，以便进行统一的审计分析。例如，从企业的财务系统、业务系统、人力资源系统等中提取相关数据，并将其转换为统一的格式，加载到审计数据库中进行分析。

数据爬虫工具：可以自动从网页上抓取相关的数据信息，对于一些需要获取外部数据进行审计分析的场景非常有用。例如，审计人员可以使用数据爬虫工具抓取竞争对手的财务数据、市场行情数据等，与被审计单位的数据进行对比分析，发现潜在的问题和风险。

五、大数据审计分析的应用

（一）国内大数据审计分析的应用情况

2013 年 12 月，审计署在全国审计工作会议上指出：积极跟踪国内外大数据分析技术的新进展、新动态，探索在审计实践中运用大数据技术的途径，为推动大数据背景下的审计信息化建设做好准备。

2015 年 12 月，中共中央办公厅、国务院办公厅印发的《关于实行审计全覆盖的实施意见》等文件明确指出，构建大数据审计工作模式，加大业务数据与财务数据、单位数据与行业数据以及跨行业、跨领域数据的综合比对和关联分析力度，提高运用信息化技术查核问题、评价判断、宏观分析的能力，提高审计质量和效率，扩大审计监督的广度和深度。

2016 年 12 月，在中国审计署的倡导下，世界审计组织大数据工作组成立，并于 2017 年 4 月 18 日在南京召开第一次会议，时任审计署审计长胡泽君指出"要积极推进大数据审计"。

2017 年 3 月，中共中央办公厅、国务院办公厅印发的《关于深化国有企业和国有资本审计监督的若干意见》提出"创新审计理念，完善审计监督体制机制，改进审计方式方法"；同年，中国注册会计师协会也提出了研究大数据、人工智能等先进信息技术在注册会计师行业的落地应用，促进会计师事务所信息化。

2018 年 1 月，审计署在召开的全国审计工作会议上指出"积极推进大数据审计"；2018 年 5 月，习近平总书记在中央审计委员会第一次会议中指出，"要坚持科技强审，加强审计信息化建设"。

2019 年 4 月，审计署办公厅印发了《2019 年度内部审计工作指导意见》，提出"积极创新内部审计方式方法，加强审计信息化建设，强化大数据审计思维，增强大数据审计能力，综合运用现场审计和非现场审计方式，提升内部审计监督效能"。

（二）国外大数据审计分析的应用情况

英国国家审计署（National Audit Office of UK，NAOUK）借助开源工具R语言等软件与工具，应用统计、机器学习、文本挖掘和可视化等技术开展大数据审计；印度审计署（Comptroller and Auditor General of India，CAG）2016年9月设立了数据管理和分析中心，广泛使用来自印度审计署内部、被审计单位和第三方的各类数据，采用统计、可视化等技术开展大数据审计；巴西联邦审计署（Tribunal de Contas da União，TCU）审计信息管理办公室自2006年以来一直注重审计数据的采集与应用工作，目前，已采集了巴西56个最重要的政府部门相关数据库，汇总了7TB的审计数据，供审计部门根据需要使用这些数据开展审计，审计人员可以使用SQL、审计软件、R语言等软件与工具开展数据分析。

美国注册会计师协会（American Institute of Certified Public Accountants，AICPA）于2014年8月发布了一份名为《在数字世界里重构审计》（Reimagining auditing in a wired world）的白皮书，分析了大数据环境对审计工作的影响，指出可以利用相关大数据作为实际被审计数据的辅助数据，通过数据分析技术，识别和发现被审计数据中的关联，从而发现审计线索。

国际内部审计师协会2017年发布了《理解与审计大数据》指南，通过对企业内部的财务数据、业务数据进行分析，可以及时发现异常交易、违规行为等，为企业的风险管理和内部控制提供支持。

六、大数据审计分析面临的挑战

（一）数据安全和隐私保护

大数据审计分析涉及大量的敏感数据，如企业的财务数据、个人的隐私信息等。因此，数据安全和隐私保护是大数据审计面临的重要挑战。审计人员需要采取有效的措施，确保数据的安全和隐私不被泄露。

（二）数据质量问题

大数据的质量问题可能会影响审计结果的准确性和可靠性。例如，数据中的错误、缺失值、重复值等可能会导致分析结果出现偏差。审计人员需要对数据进行严格的质量管理，确保数据的质量符合审计要求。

（三）技术和人才短缺

大数据审计分析需要掌握大数据技术和审计专业知识的复合型人才。目前，这样的人才相对短缺，这给大数据审计的发展带来了一定的困难。审计机关和企业需要加强对人才的培养和引进，提高审计人员的技术水平和综合素质。

（四）法律法规不完善

大数据审计分析涉及数据的采集、存储、使用等多个环节，目前相关的法律法规还不完善，这可能会导致审计人员在进行大数据审计时面临法律风险。因此，需要加快完善相关的法律法规，为大数据审计分析提供法律保障。

----------◎ 第三节　审计机器人

随着数据科学不断发展，机器人流程自动化（RPA，Robotic Process Automation）、认知科学等数字化技术不断融入企业，让机器代替人工去完成重复的、标准化的作业流程，企业通过使用自动化及智能技术实现降本增效。RPA，是一类通过用户界面使用和理解企业已有的应用，根据预先设定的业务处理规则和操作行为，模拟、增强与拓展用户与计算机系统的交互过程，自动完成一系列特定的工作流程和预期任务，有效实现人、业务和信息系统一体化集成的智能化软件。RPA是存在于计算机中的虚拟机器人。不管信息技术发展到何种程度，增效降本是企业在任何时代都会追求的永恒命题。审计工作中应用RPA技术，把审计人员从高度重复性、结构化、无须复杂判断的审计任务中解放出来，使其将精力集中于审计风险更高的工作领域，从而提高审计效率和效果。

一、审计机器人的概念及特点

（一）审计机器人的概念

审计机器人是一类遵循既定的程序和步骤，将审计领域发生的各项业务处理加工，经RPA技术转换到审计业务流程自动化系统中，辅助审计人员高效地完成重复、机械、易于标准化的结构化审计任务，能够实现审计人员、审计业务和信息系统一体化有效集成的自动化软件。

（二）审计机器人的主要特点

审计机器人作为RPA技术在审计领域应用时呈现出以下特点：

1.不是代替审计人员，而是人机协作共生

审计机器人除了在全自动场景胜任，还能在很多人机协作场景胜任。人机协作，是指机器以通知的形式反馈给审计人员进行人工处理，然后再将控制权交还给审计机器人的方式来进行的。

虽然RPA可以实现流程自动化，但并非所有的审计工作都能交给审计机器人。应用审计机器人的目的是把审计人员从重复、烦琐的审计任务中解放出来，让审计人员能够从事更有价值的工作。此外，审计机器人工作过程中还存在一些复杂的业务和重要的信息需要审计人员的确认，如初步业务活动需要注册会计师进行职业判断，这就需要人机协作完成。

2.不是代替现有审计系统，而是非侵入式的业务协同

审计机器人作为审计人员和审计系统之间的"黏合剂"和"连接器"，配置在当前审计系统和应用程序之外，是非入侵式的部署，能够有效降低传统IT部署中出现的风险和复杂性。机器人可以与现有的鼎信诺、中普、中审、E审通、IDEA、ACL、Excel等审计软件及应用程序协同工作，自动完成审计证据持续采集、审计工作底稿填写、审计项目管理文档初步审阅和报告生成等审计业务。

3.部署无区域限制，可以全天候工作

审计机器人是一类可以在计算机端部署的软件，无论何时何地都可以使用，不受区域影响，并且位置不会影响成本效益分析。RPA审计机器人一旦上线运行，可以保持规则

如一，做到7×24小时无人值守的全天候不间断稳定工作。

4.错误率低，合规性强

审计机器人将每个审计业务流程进行系统录入并执行其中的操作，可以避免人因为长时间操作系统出现疲劳可能导致的错误，从而有效降低错误率。同时，审计机器人可以记录审计业务流程的每个步骤，提供完整和透明的信息合规管理数据，更好地满足合规控制要求。

5.安全性和可靠性高

审计业务往往涉及一些敏感业务数据的操作，手工处理这些数据可能会存在篡改和泄漏的人为操作风险。如果使用RPA审计机器人来处理，可以减少相关人员接触敏感数据，减少欺诈和违规的可能性。

审计机器人还可以通过不断记录工作日志和工作录像数据，使其易于跟踪。在系统关闭或存在其他故障的情况下，RPA审计机器人可以通过备份日志恢复数据，高可靠性得到保证。

6.低代码开发，可拓展性强

审计机器人开发使用的是说明性步骤，低代码开发，很多简单的审计自动化流程可以通过记录、应用配置完成，不需要复杂的编程技巧，但保持流程的持续改善需要设计技巧。

RPA审计机器人的开发平台具有强大的可伸缩性，不管是RPA的基础技术还是人工智能技术，功能扩展都较方便。

二、审计机器人的主要功能

审计机器人的主要功能有数据采集、数据迁移、数据录入、数据核对、数据上传和下载、OCR图像识别、指标计算与统计分析、编制底稿与报表报告等。具体如下：

（一）数据采集

来源于被审计单位外部的证据通常比来源于被审计单位内部的证据更可靠，因此，审计人员需要获取大量的外部证据来支持审计结论。审计机器人通过预先设定的规则，可自动访问内外网，灵活获取页面元素，根据关键字段获取数据，提取并存储相关信息。例如，函证机器人可以自动登录快递信息查询网站搜索并获取询证函发出与接收的物流全过程的详细数据；审计机器人还可以通过外网查询被审计单位的股东、高管、投资企业、疑似关联方等关联关系。

（二）数据迁移

审计业务的开展要求从被审计单位的多个信息系统中获取财务数据和业务数据，这往往需要进行数据迁移。审计机器人具有灵活的扩展性，可集成在多个系统平台上，跨系统自动处理结构化数据，进行数据迁移，并检测数据的完整性和准确性，且不会破坏系统原有的结构。例如，RPA审计机器人能够自动登录被审计单位的ERP、OA以及业务系统，查询并导出相关数据，然后将之迁移到审计业务系统中，按需提供给审计人员使用。

（三）数据录入

审计过程和审计管理需要录入大量数据，审计机器人能够模拟在计算机的键盘上操作鼠标，完成数据录入。例如，审计机器人可以每日登录会计师事务所的审计业务系统，筛选符合报备到注册会计师协会的报备数据，然后登录省注协系统，将报备信息录入；对于需要录入工作底稿的纸质文件数据，审计机器人可以先借助 CR 进行识别，然后以结构化类型的数据形式存储到 Excel 文件中，再完成到工作底稿的数据录入。

（四）数据核对

审计过程中，审计人员需要不断进行数据核对，以保证审计数据的准确性。数据核对不仅是确定数据正确的重要手段，还是提高数据采集和数据预处理质量、降低数据采集和数据预处理风险的重要工具。审计机器人可以自动校验数据信息，对错误数据进行分析和识别。例如，根据业务规则，审计机器人可以检查会计分录中借贷是否平衡，或者检查凭证是否断号、重号。

（五）数据上传与下载

审计过程中涉及文件上传与下载，审计机器人可以模拟人工自动登录信息系统，将指定数据及文件上传至特定系统；也可从系统下载指定数据及文件，并按预设路径进行存储。例如，在注册会计师审计中，为了了解被审计单位及其环境应当实施风险评估程序，审计机器人可以模拟人工自动登录政府网站，下载相关的国家政策及法律法规文件，形成文件并分类存储供审计时使用。

（六）OCR 图像识别

OCR 图像识别（光学字符识别技术）能实时高效地定位与识别图片中的所有文字信息，返回文字框位置与文字内容，简单来说，就是将图片上的文字内容智能识别成为可编辑的文本。OCR 图像识别支持多场景、任意版面的整图文字的识别，以及中英文、字母、数字的识别。OCR 图像识别的本质是利用光学设备去捕获图像并识别文字，将人的视觉和阅读的能力延伸到机器上。

审计机器人依托 OCR 对扫描所得的图像进行识别、处理，然后进一步优化、校正分类结果，将提取的图片关键字段信息输出为能结构化处理的数据，极大地提高审计工作效率和提升数据的准确性。例如，可以对扫描的合同图像文件进行识别，提取出合同上的金额、付款进度、权利与义务等关键信息，并与电子合同数据进行比对，以防范合同不一致风险；另外，对电子发票上诸如发票号、服务名称、日期等关键信息实现自动识别，并与凭证数据进行匹配，判断是否一致。

（七）指标计算与统计分析

审计中的重新计算程序涉及大量的计算工作，需要审计人员以手工或电子的方式，对记录或文件中的数据计算的准确性进行核对。同时，分析程序也涉及指标计算，以发现不同财务数据之间及财务数据和非财务数据之间的内在关系。对于原始的或处理后得到的结构化数据，审计机器人可按照预先设定的规则自动筛选数据，并进行指标计算和统计分析。例如，RPA 审计机器人可计算销售毛利率、应收账款周转率、存货周转率等关键财务指标，并与可比期间数据、预算数据或同行业其他企业数据进行比较。

（八）编制底稿与报表报告

在审计业务过程中，审计工作底稿与报表报告往往依赖人工完成，工作量较大，经常存在编制时间较长、信息反映不及时、数据不充分、人为掩盖问题等情况，导致信息不真实、不完整、不及时。审计机器人可以有效地解决这方面的问题，例如，根据审计报告与报表附注模板，审计机器人可按照工作底稿与模板之间的数据映射关系，自动实现报表的数据填入，工作效率和工作质量都可以得到保障。

三、审计机器人的主要工具

（一）数据采集工具

1.数据库连接工具

数据库连接工具可以直接连接企业的各种数据库系统，如 MySQL、Oracle、SQL Server 等，从中提取相关的财务数据、业务数据等。数据库连接工具能够高效地获取大量结构化数据，为后续的审计分析提供基础。例如，通过设定特定的查询语句和连接参数，快速抽取企业销售业务相关的数据表，包括销售订单表、发货单表、收款记录表等。

2.网络爬虫工具

网络爬虫工具用于从网页上抓取非结构化或半结构化的数据，帮助审计人员获取行业动态、竞争对手数据、监管政策变化等与企业相关的外部信息，例如，应用网络爬虫工具抓取行业新闻网站上关于企业所处行业的市场趋势报道，以帮助审计人员评估企业面临的市场风险。

（二）数据分析工具

1.统计分析软件

审计人员可以利用统计分析软件对采集到的数据进行各种统计分析，如均值、方差、标准差计算，回归分析、相关性分析等。通过这些分析，可以发现数据中的异常值、趋势和关系。例如，对企业的财务数据进行回归分析，以确定不同财务指标之间的关系，从而评估企业的财务状况和经营绩效。

2.数据可视化工具

数据可视化工具将复杂的数据以直观的图表形式展示出来，如柱状图、折线图、饼图等。这有助于审计人员快速理解数据的分布和趋势，发现潜在的问题。比如，用柱状图展示企业不同部门的费用支出情况，一眼就能看出哪个部门的费用较高，可能需要进一步审查。

（三）流程自动化工具

1.机器人流程自动化（RPA）软件

RPA 软件可以模拟人类在计算机上的操作，自动执行重复性的任务，如数据输入、文件整理、报表生成等。大大提高了审计工作的效率，减少了人为错误。例如，自动从电子邮件中提取附件中的财务报表数据，并将其导入到审计软件中进行分析。

2.工作流管理系统

工作流管理系统用于定义和管理审计流程，确保各个环节的工作按照预定的顺序和规则进行。通过实时跟踪审计任务的进度，提醒审计人员及时处理待办事项。例如，当一个审计项目启动后，工作流管理系统会自动分配任务给不同的审计人员，并监控每个任务的完成情况，确保整个审计过程高效有序。

四、审计机器人的应用场景

审计机器人作为一种新兴的审计工具，已经在审计实践中得到了广泛的应用。

内部审计在重复性任务中应用RPA，可以降低管理费用；可以将控制措施编程到自动化流程中降低风险。会计师事务所的注册会计师可以将审计机器人应用于审计项目管理、文档初步审阅、审计证据自动化与持续采集、审计底稿和分析报告编制等工作领域，显著提升审计效能。审计机器人在内部审计和注册会计师审计中的应用场景如图14-4所示。

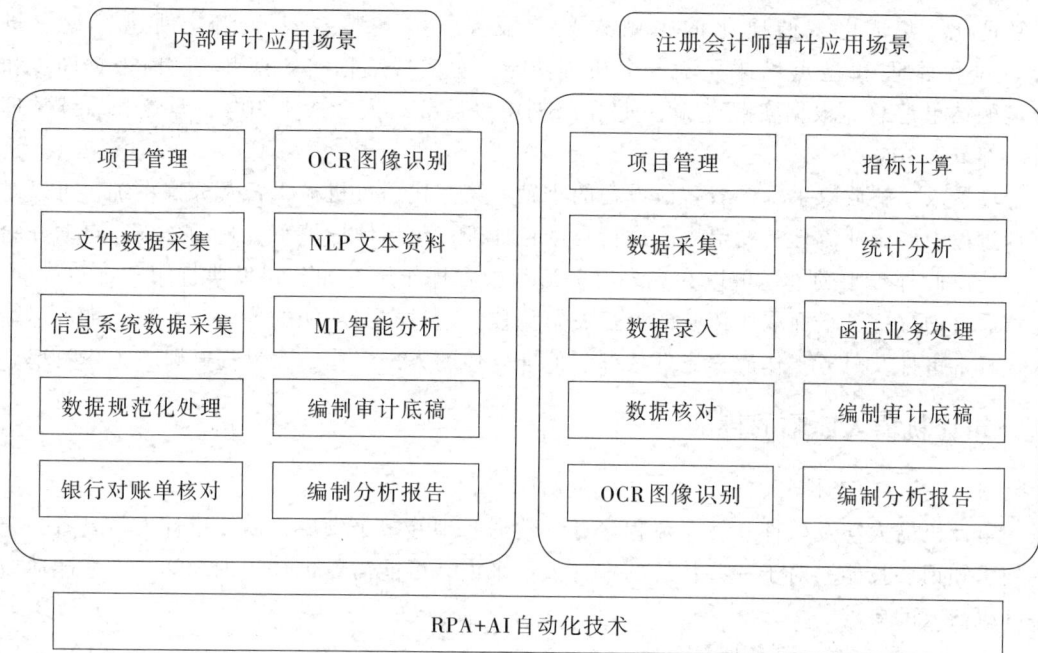

图14-4 审计机器人在内部审计和注册会计师审计中的应用场景

资料来源：程平. RPA审计机器人开发教程——基于来也UiBot［M］. 北京：电子工业出版社，2021.

下面以德勤的审计机器人为例进行应用场景介绍：

德勤的RPA系统——小勤人于2017年上半年开发成功并投入使用，经2018年、2019年两次迭代，目前是第三代。其应用场景很多，包括但不限于以下方面：

场景一：审计数据提取、转换及加密。小勤人搭载的勤数通（Data Raptor）不但实现了自动化的财务数据提取及底稿生成，而且能提供从财务系统到财务分析和其他审计流程的自动化通道。根据实践经验，Data Raptor在取数及底稿生成两个环节均可节约超过90%的时间。

场景二：企业关联风险查询。根据供应商和代理商名称清单，利用小勤人自动查询第三方资料库来获取关联公司关系图谱，以数字化手段重塑企业关联风险识别流程，有效提升企业关联风险识别效率。根据时点项目使用状况，人工成本节约率高达100%，查询时间和处理效率提升86%。

场景三：文档阅读及分析。利用人工智能技术，小勤人二代搭载的IDRP智能文档审阅和OCR工具组件，可帮助审计人员在阅读及分析文档方面节约80%的人力投入，时间投入节约率达50%。可支持文档类型超过20种，如租赁合同、贷款协议、资产管理合同及财务报表等。同时通过机器学习，IDRP的精确度进一步提升。

场景四：会计知识问询。在审计过程中，审计人员经常需要就最新的会计准则进行更详细的了解。小勤人作为聊天机器人，对用户审计流程、会计准则、知识、财务术语及各种简称进行自动解答及多轮对话，辅助审计人员在日常工作中对会计及审计专业知识的精准把握。

场景五：库存盘点。小勤人第三代搭载的 1 STOP 智能盘点组件及配备的无人机提供了智能化、集成化、便捷化的一站式盘点服务，完美整合盘点任务创建、盘点进行、过程管理和盘点结果汇总与分析等功能，可实现远程实务盘点、实时数据同步和智能的结果汇总。根据实践经验，使用 1 STOP 以后节约人工成本 30%，盘点和后续整理时间都节省 30%。

场景六：解放双手。搭载智能设备的小勤人第三代通过机械手臂及分拣系统，可以对审计过程中的函证流程及发票查验进行自动化处理，包括地址填写、自动分拣、自动查验等功能。此外，小勤人还可以在更多财务流程中发挥作用，如公司发票打印、自动盖章、盖章后自动分拣，全面取代传统的人工发票流程。通过类似功能的部署，小勤人也可逐渐取代日常审计及财务工作流程中低效率、低准确性的人工工作，大大提升财务工作效率。

五、审计机器人面临的挑战

（一）技术复杂性

审计机器人涉及软件开发、流程设计、数据管理等多个领域，需要审计人员具备一定的技术知识和技能。对于一些传统的审计人员来说，可能需要进行培训和学习，才能适应审计机器人的要求。

（二）数据安全与隐私保护

应用审计机器人进行审计时，需要处理大量的企业数据，包括敏感信息。因此，数据安全和隐私保护是一个重要的问题。审计人员需要确保审计机器人的安全性，防止数据泄露和滥用。

（三）流程变更管理

引入审计机器人可能会导致审计流程的变更，需要对现有流程进行重新设计和优化。这需要审计人员与企业的其他部门密切合作，共同推进流程变更管理，确保审计工作的顺利进行。

（四）审计机器人的可靠性

审计机器人虽然可以提高工作效率和准确性，但也存在一定的风险。例如，审计机器人可能会出现故障、被恶意攻击等情况，影响审计工作的正常进行。因此，需要建立有效的监控和风险管理机制，确保机器人的可靠性。

审计机器人作为一种具有高度自动化、强大数据分析能力和定制性的审计工具，已经在实践中取得了显著的成果。随着人工智能技术的不断发展和完善，审计机器人将在未来的审计领域发挥更加重要的作用。

本章小结 ----------◎

智慧审计是指将数智技术和场景应用于审计工作之中，通过减少人工工作以辅助、改进审计，进而提高审计效率与效果的审计思维总称；智慧审计环境是由大数据、区块链、人工智能和云计算等支撑智慧审计的核心技术及其所导致的变革组成的审计环境。传统审计工作需要变革才能适应数智时代的发展需要。大数据审计是指审计机构遵循大数据思维，采用大数据技术，利用数量巨大、来源广、格式多样的结构化或非结构化数据，对审计对象开展全方位、多层次、立体化的审计工作。大数据审计是审计信息化的进阶。大数据审计分析是在大数据审计的基础上进一步强化对审计对象具体资料内容的分类和分辨，具有数据量大、数据类型多样、处理速度快、数据分析深入等特点，可以为审计工作提供更有力的支持。大数据审计分析的内容为海量的审计数据，运用通用编程语言及相关库（R 语言、Python）、数据库管理系统（Oracle、MySQL、达梦数据库）、专业审计软件（ACL、IDEA）、数据可视化工具（Tableau、Power BI）和数据采集工具（ETL、数据爬虫工具等），按数据采集、数据存储、数据预处理、数据分析、分散核实和审计分析结论等步骤实施。同时，大数据审计也面临着数据安全和隐私保护、数据质量问题、技术和人才短缺、法律法规不完善等挑战。审计机器人是一类遵循既定的程序和步骤，将审计领域发生的各项业务处理加工，经 RPA 技术转换到审计业务流程自动化系统中，辅助审计人员高效地完成重复性、机械化、易于标准化的结构化审计任务，能够实现审计人员、审计业务和信息系统一体化有效集成的自动化软件。审计机器人是人机协作共生，是非侵入式的业务协同；审计机器人的部署无区域限制，可以全天候工作，错误率低，合规性强，安全性和可靠性高，低代码开发，可拓展性强。审计机器人具有数据采集、数据迁移、数据录入、数据核对、数据上传和下载、OCR 图像识别、指标计算与统计分析、编制底稿与报表报告等功能，通常需要数据采集工具、数据分析工具、流程自动化工具，并已经在实践中得到了广泛的应用，但同时也存在技术复杂性、数据安全和隐私保护、流程变更管理以及审计机器人本身的可靠性问题。审计人员需要不断学习和掌握大数据审计分析和审计机器人的相关技术，以适应数智时代审计发展的新要求。

课后思考题

1.什么是智慧审计？什么是智慧审计环境？

2.什么是大数据审计？什么是大数据审计分析？两者之间是什么关系？

3.大数据审计分析的主要内容是什么？大数据审计分析与传统审计分析有什么区别？

4.大数据审计分析的步骤有哪些？

5.大数据审计分析通常会使用哪些工具？

6.什么是审计机器人？其特点和功能是什么？

7.审计机器人通常会使用哪些工具？

8.大数据审计和审计机器人各存在什么挑战？审计人员应如何应对？

本章测评

主要参考文献

[1] 陈汉文，杨道广，董望. 审计 [M]. 5版. 北京：中国人民大学出版社，2022.

[2] 秦荣生，卢春泉. 审计学 [M]. 11版. 北京：中国人民大学出版社，2022.

[3] 何秀英，张颖萍，王志杰. 审计学 [M]. 5版. 大连：东北财经大学出版社，2015.

[4] 陈汉文，韩洪灵，曹强，等. 审计理论与实务 [M]. 北京：中国人民大学出版社，2019.

[5] 晏维龙. 关于开展研究型审计的几点认识 [J]. 审计观察，2021 (11): 34-40.

[6] 张宜平，李云. 对基层开展研究型审计的思考 [J]. 审计月刊，2021 (5): 23-25.

[7] 晏维龙，庄尚文. 试论研究型审计的国家治理效能 [J]. 审计研究，2022 (1): 13-19.

[8] 王秀明，项荣. 关于审计机关绩效评价若干问题的思考 [J]. 审计研究，2013 (4): 24-27; 48.

[9] 邢文龙. 我国农村公共投资项目绩效审计理论与实践 [D]. 泰安：山东农业大学，2011.

[10] 程亭，张龙平. 环境审计国内外研究综述 [J]. 经济问题探索，2012 (11): 183-190.

[11] 梁帆. 国家治理观下的环保资金绩效审计的发展战略及其实施路径研究 [D]. 青岛：中国海洋大学，2014.

[12] 侯洪沄，孟志华，李璇. 基于环境管理目标的政府绩效审计评价指标体系研究 [J]. 新疆社会科学，2016 (6): 36-39.

[13] 钱存端. 美国软硬指标相结合 [J]. 瞭望新闻周刊，2004 (29): 28.

[14] 温美琴. 政府绩效审计评价指标体系的设计 [J]. 统计与决策，2007 (19): 67-69.

[15] 王丽，王燕云，吴晓红. 政府绩效审计方法体系研究 [J]. 财会月刊，2012 (29): 70-73.

[16] 颜盛男，孙芳城，王成敬，等. 精准扶贫政策跟踪审计与问责路径研究 [J]. 财会月刊，2019 (2): 114-120.

[17] POZIEMSKI E，BAUDOT L. When enough is enough: the use of stopping rules in

auditor determinations of evidence sufficiency ［J］. SSRN Electronic Journal，2019（1）：1-8.

［18］汪峰，钱瑞，王帆，等. 政策跟踪审计的方法与成果运用研究——以某省创投基金审计为例［J］. 中国注册会计师，2016（8）：81-85.

［19］刘国城，黄崑. 扶贫政策跟踪审计机制研究［J］. 审计研究，2019（3）：11-19.

［20］文华宜，庄作钦，刘鸿儒，等. 研究型审计的探索与实践——以社会保险基金审计为例［J］. 审计研究，2022（1）：25-31.

［21］中国注册会计师协会. 审计（2024年全国注册会计师统一考试辅导教材）［M］. 北京：中国财政经济出版社，2024.

［22］胡中艾. 审计［M］. 4版. 大连：东北财经大学出版社，2014.

［23］中国注册会计师协会. 审计［M］. 北京：中国财政经济出版社，2024.

［24］周维培，和秀星. 审计学通论［M］. 北京：高等教育出版社，2022.

［25］鲍国明，刘力云. 现代内部审计［M］. 北京：中国时代经济出版社有限公司，2022.

［26］王嘉鑫. 审计法律研究与案例［M］. 北京：经济科学出版社，2023.

［27］袁广达. 审计理论与实务案例［M］. 北京：中国财政经济出版社，2022.

［28］孙阳. 审计理论与实务案例［M］. 北京：经济科学出版社，2023.

［29］周冬化，陈强兵. 大数据审计分析［M］. 北京：高等教育出版社，2023.

［30］樊斌，周忠宝. 大数据审计分析［M］. 北京：高等教育出版社，2018.

［31］陈伟. 审计信息化［M］. 2版. 北京：高等教育出版社，2022.

［32］程平. RPA审计机器人开发教程——基于来也UiBot［M］. 北京：电子工业出版社，2021.